江戸幕府政治史研究

辻　達也　著

続群書類従完成会

はしがき

本書は江戸幕府政治に関して私が学会誌等に発表してきた論考二十編を集録したものである。但、これらの原稿は一貫した計画のもとに執筆したものではなく、そのため重複する部分もあり、今回はこれを十五章にまとめた。また当初は一般読者を対象とする教養書として作成し、これに典拠を明示して収載したものもある。それ故、全般にかなり加筆し、ほとんど書下ろしに近い章もある。その初出を示すと次の如くである。

第一章　近世初期の大御所と将軍
『日本の近世』2（一九九一年、中央公論社）「3徳川政権確立過程の公武関係」および「寛永期の幕府政治に関する若干の考察」（『横浜市立大学論叢』人文系二四―二・三、一九七三年）第一章の記述を土台に、ほとんど書下ろした。

第二章　近習出頭人について
日本女子大学史学研究室編『大類伸博士喜寿記念史学論文集』（一九六二年）所載。

第三章　家光親政期の幕府政治
前出『日本の近世』2「4公武融和」および「寛永期の幕府政治に関する若干の考察」二・三章を土台に、大幅に加筆。

第四章　「下馬将軍」政治

「〈下馬将軍〉政治の性格」(『横浜市立大学論叢』人文系三〇―二・三、一九七九年)および「酒井忠清〈下馬将軍〉説再考」(『専修史学』二五、一九九三年)に補説。とくに寛文八年の倹約令を網羅的に収載。

第五章　天和の治について

「〈天和の治〉について」(『史学雑誌』六九―一一、一九六〇年)に、一部註記加筆。

第六章　享保改革の主体勢力について

「享保改革に於ける主体勢力について」(『史学雑誌』六三―三、一九五四年)に「勘定奉行昇進表」を付載。

第七章　享保改革と儒学

「享保改革と儒学」(三枝博音記念論集『世界史における日本の文化』所載、一九六五年、第一法規出版)および「〈政談〉の社会的背景」(『日本思想大系』36「荻生徂徠」解説、一九七三年、岩波書店)に加筆。

第八章　田安宗武の籠居と松平乗邑の失脚

――『続三王外記』の信憑性をめぐって――

「田安宗武の籠居をめぐって――『続三王外記』の信憑性――」(『専修史学』二四、一九九二年)に、『日本の近世』2「6幕藩体制の変質と朝幕関係」の一部を援用、加筆。

第九章　徳川御三卿の性格

「徳川御三卿の相続について」(『横浜市立大学論叢』人文系三七―二・三、一九八六年)に一部加筆。

第十章　享保改革から田沼時代へ

「幕政史からみた享保より田沼への過程について――宝暦期に関する試論――」(『歴史学研究』二六四、

一九六二年）および Edo Bakufu Policy in the Late Eighteenth Century（一九六七年ミシガン州立大学における第二七回国際オリエンタリスト会議報告、『横浜市立大学論叢』人文系一九—三、一九六八年）・『日本の近世』10（一九九三年、中央公論社）「3政治の対応—騒動と改革」を土台に、ほとんど書下ろした。

第十一章　一橋治済の邸制改革

「一橋治済の邸制改革」（『専修史学』20、一九八八年）

第十二章　一橋治済と松平定信

「一橋治済と松平定信」（『学士会会報』七九四、一九九二年）および「〈徳川実紀〉における原典加筆一斑」（『ぐんしょ』二一、一九九三年）を土台に、ほとんど書下ろした。

第十三章　『源公実録』について

「〈源公実録〉について」（『専修人文論集』五五、一九九四年）

第十四章　『享保通鑑』について

『享保通鑑』（一九八四年、近藤出版社）解説

第十五章　『御取箇辻書付』と『御年貢米金諸向納渡書付』

「〈御取箇辻書付〉および〈御年貢米・御年貢金其外諸向納渡書付〉について」（『横浜市立大学論叢』人文系一五—三、一九六四年）に一部補筆。

これは松本四郎君（当時三井文庫研究員、後都留文科大学教授）と共同で試みた江戸幕府財政の数的史料収集の一成果であり、右『論叢』には連名で掲載した。但、文献の調査・筆写・校訂および校正は共同作業であるが、史料の考証および解説文の作成は私の個人作業であるので、今回ここに収録した。

尚、聊か蛇足に類する嫌いもあろうが、右に記した各論著を公刊年次に従って記すと次の如くである。

1 一九五四年 享保改革に於ける主体勢力について（史学雑誌 六三―三）
2 一九六〇年 「天和の治」について（史学雑誌 六九―一一）
3 一九六二年 幕政史からみた享保より田沼への過程について（歴史学研究 二六四）
4 同 年 近習出頭人について（大類伸博士喜寿記念史学論文集）
5 一九六四年 「御取箇辻書付」および「御年貢米・御年貢金其外諸向納渡書付」について（横浜市立大学論叢 人文系一五―二、松本四郎連名）
6 一九六五年 享保改革と儒学（三枝博音記念論集『世界史における日本の文化』）
7 一九六八年 Edo Bakufu Policy in the Eighteenth Century（横浜市立大学論叢 人文系一九―三）
8 一九七三年 寛永期の幕府政治に関する若干の考察（横浜市立大学論叢 人文系二四―二・三）
9 同 年 「政談」の社会的背景（『日本思想大系』36「荻生徂徠」）
10 一九七九年 「下馬将軍」政治の性格（横浜市立大学論叢 人文系三〇―二・三）
11 一九八四年 『享保通鑑』解説（近藤出版社）
12 一九八六年 徳川御三卿の相続について（横浜市立大学論叢 人文系三七―二・三）
13 一九八八年 一橋治済の邸制改革（専修史学 20）
14 一九九一年 『日本の近世』2（中央公論社）
15 一九九二年 一橋治済と松平定信（学士会会報 七九四）
16 同 年 田安宗武の籠居をめぐって（専修史学 24）

17　一九九三年　『日本の近世』10（中央公論社）
18　同　年　酒井忠清「下馬将軍説」再考（専修史学　25）
19　同　年　『徳川実紀』における原典加筆一斑（ぐんしょ　21）
20　一九九四年　『源公実録』について（専修人文論集　55）

回顧すると、私が大学の卒業論文として享保改革を課題に選んだ頃、日本近世史の研究は、農村史の方面においてこそ、古島敏雄氏の業績を筆頭に、次第に活況を呈して来たが、幕府政治史への関心は甚だ低く、三上参次・栗田元次などという大先達の足跡を、杳遥の彼方に望むともいうべき状態であった。それだけに、この方面の研究蓄積の層の薄さは否めないと思う。

しかし私にとって幸運だったのは、大学卒業後程ない一九五一（昭和二十六）年が八代将軍吉宗歿後二〇〇年に当り、日光東照宮の事業として『徳川吉宗公伝』の編纂を依嘱された。これによって私が卒業論文作成の際着手したこの時代の文献史料の捜査を、かなり広汎に行なうことができた（一九六二年公刊）。その後伊東多三郎氏のもとに編成された藩政史研究会の一員に参加することを許され、多くの先輩・知友諸士に接し、啓発を受けること少なからぬものがあった。さらに一九七〇年代に入って、徳川御三卿の一家である一橋徳川家から、同家伝来の記録・文書類の整理・編纂の依頼を受け、横浜市立大学日本史卒業生諸君の多数の応援のもとにこれを実行した（一九八三年『新稿一橋徳川家記』として公刊）。これによって享保以降の幕府政治の細部にわたって、側面から考察する機会を得た。

このようにして、江戸時代中期に位置する享保期を基礎に、将軍をめぐる幕府権力の構成を私なりに幕初に溯上して追跡し、また享保以降の政治の展開の一面を、素描することができたと思っている。

この間、旧制学位制度が改廃されることになったのを機として、それ迄の研究の結果を『享保改革の研究』と題してまとめ、一九六一（昭和三十六）年に学位請求論文を作成したが（一九六三年公刊）、その後も機会を得て発表したものが若干貯えられてきた。

たまたま一九九三年、私は専修大学より短期在外研究員として三箇月の海外出張を認められたので、ハーヴァード大学E・O・ライシュアワー日本研究所に要請して客員研究員としての籍を与えられ、同年五月から八月にかけて同研究所において、既発表の文章の加筆・補訂に着手した。元来怠惰の身に加えて、年と共に体力も低下し、仕事はその後順調に進んだとはいい難いが、丁度今年は私が卒業論文の課題を享保の改革ときめた一九四六年から五十年、またこの七月には所謂古希の誕辰を迎えることになる年に、一応自分のこれ迄の研究生活の結果をまとめて公刊することになったのである。

私が近世政治史の論文を発表するようになったのと相前後して、次第に幕藩政治に係る論考が発表されるようになり、近年に至ってはその質量共に進展著しく、まことに今昔の感に堪えぬものがある。新しい研究業績に接して、その刺戟を受け鞭撻される所多大であったが、今回の加筆に際しては、直ちに小論の修正・補強に援用し得る部分にのみ言及するに止めた。

右に述べたように、今回の論文集作成については、専修大学が私に在外研究員としての時間を与えられた事、ハーヴァード大学ライシュアワー研究所が私を客員研究員として受入れを承認せられた事および同大学燕京図書館がその蔵書の利用を許可せられた事が、私にとって、既発表の諸論文に大幅な加筆修正を開始する契機をなした。諸機関に深く感謝するところである。更にハーヴァード大学教授ハロルド・ボライソ博士御夫妻には、右諸研究施設に関する事項をはじめ、私の滞米中の日常生活の細部に至る迄、懇切なお世話を忝くした。ここに謹しんで謝意を申述べる。

なお本書の刊行は、悠思社々長であった岩田堯君の甚大な御好意に負うものであることを申添えねばならない。私は同君との多年の友誼に甘えて、種々勝手な希望を述べたところ、それらは同君の快く容れるところとなり、存分の形態を具えることができた。また文元社河村忠雄君は、たまたま横浜市立大学における私の古い受講生であるが、論文の編集・校正、あるいは印刷所との交渉等に、夙夜の労を惜まれなかった。両君の御尽力に対し、心より御礼を申上げる。さらに予期せぬ事情により、急遽本書はその出版・販布について続群書類従完成会の手を煩わすこととなった。これを快諾された同会に対し、ことに太田史君の御高配に対し、深く感謝を申述べる。

一九九六年七月三日

辻　達也識

江戸幕府政治史研究　目次

はしがき

第一章　近世初期の大御所と将軍

一　政権の短期移譲

徳川家康は慶長八（一六〇三）年征夷大将軍の宣下を受けたが、周知の如く、僅か二年後にこれを三男秀忠に譲っている。家康は永禄九（一五六六）年三河守に任ぜらるべく、近衛前久や吉田兼右に働きかけて、藤原氏に結付く系図を作ってもらったが、恐らく関ヶ原役後と思われる頃、征夷大将軍任官を目的として、吉良家から源義国（足利・新田両氏の祖）以来の系図を貰い受け、清和源氏新田氏の子孫を称するに至った。このようにして得た折角の地位を、何故かくも早く下りてしまったのであろうか。[1]

通説では、中央政権の世襲を天下に明示する目的だと解釈されている。家康に先行して豊臣秀吉も、天正一三（一五八五）年任ぜられた関白の職を、六年後に甥の秀次に譲っている。これは秀吉世子鶴松を喪ってほどなく行われたが、それは徳川家康その他有力な大名に対し、取急いで政権の豊臣氏世襲を示す必要に迫られたからだともいわれる。家康の場合も、大坂の豊臣秀頼の存在を念頭においての行動であったという解釈もできよう。

しかし、二代将軍秀忠が家光に譲った場合について、同様の解釈が可能であろうか。秀忠は元和九（一六二三）年七月廿七日に将軍の職を家光に譲っている。形式的には、秀忠の将軍就任は慶長十（一六〇五）年四月であるから、在職一八年余りとなるが、実質権力を握ったのは元和二（一六一六）年四月、家康の死後であるから、七年余りにすぎない。しかもこの時、秀忠は四十五歳、病身というわけでもなく、秀吉の辞譲が五十六歳、家康が六十四歳であったのに比べて甚だ若い。また譲られた家光も漸く二十歳に達したばかりであった。[2]

秀忠は家光の成長に合せて着々と将軍交替を準備していたように窺える。すなわち元和六（一六二〇）年九月、家光十七歳で元服。[3] 翌七年三月、家光剣法の奥義を柳生宗矩に受け、その翌八年九月に具足始、同十一月には江戸城本丸の改築完成。そうしてその翌九年七月に三代将軍になった。

この間、元和六年には秀忠近侍の三臣の一人板倉重宗を京都所司代とした。[4] 同八年には家康時代の実力者本多正純を失脚させる一方、近侍の三臣の二人、井上正就[5]と永井尚政[6]を奉書加判の衆、つまり老臣の列に加えた。こうして秀忠誕生以来近侍してきた土井利勝と井上・永井を江戸において閣老とし、京都に板倉重宗を配し、秀忠腹心をもって幕府首脳部を固め上げて、家光に将軍職を譲ったのである。つまり秀忠は大御所となって、ますます意のままに政治を進めうる状態となったのである。

註

（1）近衛信尹宛近衛前久書簡「東求院殿御書、将軍家准摂家徳川家系図事」（陽明文庫蔵）、渡辺世祐「徳川氏の姓氏について」（『史学雑誌』三〇―一一、一九一九年）、辻達也「伝統的権威の継承と下剋上の論理」（『日本の近世』2　中央公論社　一九九一年）。

（2）政権の座移譲の年齢をみると次の通りである（これ以外はいずれも将軍死去による代替りである）。

豊臣秀吉（五十六）→秀次（二十四）　天正十九（一五九一）年
徳川家康（六十四）→秀忠（二十七）　慶長　十（一六〇五）年
徳川秀忠（四十五）→家光（二十）　元和　九（一六二三）年
徳川吉宗（六十二）→家重（三十五）　延享　二（一七四五）年
徳川家重（五十）　→家治（二十五）　宝暦　十（一七六〇）年

徳川家斉（六十五）→家慶（四十五）　天保八（一八三七）年

八代吉宗の辞譲は、すでに将軍在職三〇年に達し、前年が彼の還暦に当り、この年家康百三十年忌の法華八講を営んでの退職と認められる。

九代家重の場合は、この年四月廿六日唯一人頼りにしていた側用人大岡忠光を喪い、落胆甚しく、その半月後に隠退したものであり、それから一年余りして彼も死去した。

十一代家斉の場合は、将軍在職五〇年という長きに及び、世子家慶も四十五歳の高齢になったために譲ったものと認められる。

これらの事例の中で、秀忠の場合は、辞譲時の年齢といい、実権を握っていた年数といい、異例と認定してよかろう。昭和三十三（一九五八）年芝増上寺内の徳川家墓所の発掘に参加した鈴木尚「徳川将軍の墓」（同『骨』一九六〇年　学生社）によると「頭髪は半白であるが、むしろ濃厚とさえ思える腕とすねの毛はまだ黒々としていて、老境とは感じられない。にもかかわらず薨去の年よりすでに九年も前に、やっと二十才になったばかりの家光に将軍職をゆずったのはなぜだろうかと、歴史にうとい私はふとそんなことを思った。」という、遺骸に接した筆者の感想が述べられている。

(3)　『本光国師日記』一九、元和元年十一月十五日付板倉勝重宛崇伝書状に「来春ハ竹千代様可為御参内御沙汰ニ候。左様ニ候ハヽ、大御所様可被成御上洛御内證之由、伊丹喜之助放被申候」とあり、その後も幾度か竹千代来春上洛を伝えているが、十二月廿二日の勝重宛の状には「一、上様来年五月被成御上洛、九月迄可為御在京御内意ニ候。一、竹千代様御上洛者、可為八月由ニ候。九月京都ニ而御元服と、内々御諚ニ候」と、上洛の期日はおそくなったものの、それが元服のためであることを秘かに伝えている。

年を越して同二年正月四日付の状では、竹千代は江戸に勅使を迎えて任官し、それから上洛すると、家康は崇伝にのみ語ったと伝え、ついで十三日付では、勅使を迎えての元服は前例がないので取止め、家康が江戸へ出て元服させるという考えを土井利勝に申渡したとある。

このように変遷はあったが、家康は竹千代の元服について心を配っていたが、同月二十一日夜、家康は放鷹先の田中で発病、ついにその生存中に竹千代の元服は行われなかった。その翌年後陽成上皇崩去、さらにその翌年には後水尾天皇が四辻公遠の娘を寵愛し、皇子も生まれたことを幕府が不快として、和子入内が延期されるという「およつ御寮人」事件が発生し、朝幕間がもめたこともあって、家光の元服も延期されたものと思われる。結局家光は弟忠長と同時の元服であった（官位はもちろん家光が従二位大納言、忠長が従四位下中将兼参議と差がある）。

（4）『寛政重修諸家譜』（以下『重修譜』と略）巻八一、板倉譜。
重宗、天正十四（一五八六）年駿府に生る（秀忠より七歳下）。元和元（一六一五）年より近侍兼書院番頭。
（5）『重修譜』巻二四一、井上譜。
正就、天正五（一五七七）年遠江に生る。同十七年秀忠に目見、御側に近侍。慶長十九（一六一四）年徒頭、元和元（一六一五）年小姓組番頭、同三年より奉行人。
（6）『重修譜』巻六一九、永井譜。
尚政、天正十五（一五八七）年駿河に生る。慶長七（一六〇二）年秀忠の近習。元和元年小姓組番頭。

二　寛永三年上洛供奉について

秀忠・家光の将軍交替の理由について、栗田元次は、それによって秀忠が責任の所在を曖昧にし、思う儘の強圧策を行うのが主たる意図であったと解釈している(1)。しかしこの説は十分説得力があるとは思えない。

第一に、思う儘の強圧策とは、朝廷や大名に対する圧迫の強化をさしているのであろう。たしかに寛永九（一六三二）年大御所秀忠が死去し、将軍家光親政期に入ると、後述するように幕政にかなり大きな変化が現れ、対朝廷・大名等、支配階級内部の関係には融和の空気がひろがる。しかし秀忠が実権を握っていた間は、彼が将軍在職中でも大御所になってからも、特に対朝廷・大名政策に顕著な変化があったとは認められない。

例えば朝幕関係において、近世初期における最大の衝突は、寛永四（一六二七）年に始り、同六年後水尾天皇の突然の譲位を惹起するに至る「紫衣事件」である。これは確かに秀忠大御所時代の事件であり、秀忠を中心に江戸城西丸で推進していった強硬策である。しかし朝幕間の軋轢は突如としてこの時表面化したものではなく、すでに慶長十四（一六〇九）年後陽成天皇譲位意志表示の頃から両者の関係は融和が失われ、同十八年の「公家衆法度」・「勅許紫衣法度」、ついで元和元（一六一五）年の「禁中並公家諸法度」・「五山十刹法度」等の発布と、幕府の朝廷への圧力の度は加っていった。そうして前節註（3）でも言及した元和五年の「およつ御寮人」事件では、後水尾天皇が譲位の意向を表明するに至っている。[2]

大名処分に至っては、むしろ秀忠将軍在職時代の方が厳しく、且、政治的意味が大きい。すなわち家康の死後、元和二（一六一六）年五月から家光将軍宣下前の同九年六月迄ほぼ七年間に、大名の取潰し一〇家、二七二万三〇〇〇石、年平均一・五家弱、三八万九〇〇〇石に達する。しかもその一〇家の中には松平忠輝（元和二年、越後高田六〇万石）・福島正則（元和五年、安芸広島四九万八〇〇〇石）・最上義俊（同八年、出羽山形五七万石）・本多正純（同年、下野宇都宮一五万五〇〇〇石）・松平忠直（同九年、越前福井六七万石）と大きな大名家が半数を占め、その処罰には政治的な意味が濃厚である。

これに較べて秀忠大御所時代の元和九（一六二三）年七月から寛永九（一六三二）年一月迄八年半ほどの間には、処分の大名五家、没収石高一八万三〇〇〇石、年間平均〇・六家、二万石強にとどまる。この数字は家光時代よりも少く、四代家綱の時代の数字に近い(3)。

要するに、対朝廷策は秀忠の将軍時代・大御所時代を通じて、家康晩年の延長線上にあったと認められ、対大名策はその将軍時代が最も強圧的で、大御所時代には数字上からみると、むしろかなり方針の緩和が指摘し得る。秀忠将軍辞譲の意味についての栗田元次説は、幕府の政策面から考えても納得し難いところがある。

更に大御所秀忠は栗田説のように、将軍の陰にかくれて責任の所在を曖昧にしょうとする態度をとってはいない。むしろ秀忠と西丸閣老は、その後も常に幕政の表面に立っていた。それを最も顕著に表現したのは寛永三（一六二六）年の上洛であり、そこに当時の大御所と将軍の政治的立場が明瞭に示されている。寛永三年幕府は二条城に新しい御殿を建て、その年九月ここに後水尾天皇を迎えた。天正十六（一五八八）年四月、豊臣秀吉が聚楽第を築いてここに後陽成天皇を迎えたのに匹敵する盛儀であったという。そのため秀忠は五月廿八日、家光は七月十二日に江戸城を出発し、上洛の途についた。その両者の供奉の行列こそ、大御所と将軍の地位の相違を一目瞭然と表すものであった。

『大猷院実紀』巻六（秀忠）と巻七（家光）に記載された両方の供奉者名を表示しよう（表1・2）。

秀忠の隊列は先駆の先頭を仙台伊達政宗・忠宗父子、ついで秋田佐竹義宣・米沢上杉定勝・盛岡南部利直・重直父子と奥羽の外様大藩主が進み、それから菅沼忠隆（加納）・遠藤慶隆（郡上八幡）・岡部長盛（大

表2　寛永三年上洛供奉者名(国別)
〈将軍家光〉

(先駆)				
松平(蒲生)忠郷	会津	600,000	外様	陸奥
徳川(水戸)頼房	水戸	280,000	親藩	常陸
(本陣)				
土方雄重	窪田	20,000	外様	
酒井忠世	厩橋	125,000	譜代	上野
松平(榊原)忠次	館林	100,000	〃	〃
真田信吉	沼田	30,000	外様	〃
前田利孝	上野甘楽	10,000	〃	〃
本多忠純	皆川	28,000	譜代	下野
日根野吉明	壬生	15,000	外様	〃
那須資重	那須	14,000	〃	〃
大田原晴清	大田原	12,400	〃	〃
浅野長重	笠間	53,000	〃	常陸
秋田俊季	宍戸	50,000	〃	〃
細川興昌	谷田部	16,200	〃	〃
松下重綱	小張	16,000	〃	〃
大久保忠職	騎西	20,000	譜代	武蔵
松平(戸田)康長	松本	70,000	〃	信濃
保科正光	高遠	30,000	〃	〃
(万石以下2家略)				
(供廻り)				
稲葉正勝	佐野他	90,000	譜代	上野
阿部忠秋	新田郡	10,000	〃	〃
伊丹康勝	大住郡	500	〃	相模
大久保忠成	行方郡	3,000	〃	常陸
島田成重	設楽郡	2,000	〃	三河
松平忠隆	額田郡	1,000	〃	〃
同　信綱	――	2,000	〃	
同　勝隆	――	6,500	〃	
(万石以下3家略・小姓他諸役人略)				
(跡)				
酒井忠勝	深谷	50,000	譜代	武蔵
安藤重長	高崎	56,000	〃	上野
徳川忠長	駿河府中	500,000	親藩	駿河

表1　寛永三年上洛供奉者名(国別)
〈大御所秀忠〉

(先駆)				
伊達政宗	仙台	615,000	外様	陸奥
〃　忠宗	――	――	〃	〃
南部利直	盛岡	100,000	〃	〃
〃　重直	――	――	〃	〃
上杉定勝	米沢	300,000	〃	出羽
佐竹義宣	秋田	205,800	〃	〃
本多忠利	岡崎	50,000	譜代	参河
〃　俊次	西尾	35,000	〃	〃
水野忠清	刈屋	20,000	〃	〃
丹羽氏信	伊保	10,000	〃	〃
戸田忠能	田原	10,000	〃	〃
松平(菅沼)忠隆	加納	100,000	〃	美濃
徳永昌重	高須	57,000	外様	〃
岡部長盛	大垣	50,000	譜代	〃
遠藤慶隆	郡上八幡	27,000	外様	〃
織田長則	野村	10,000	〃	〃
金森重頼	高山	37,000	〃	飛驒
一柳直盛	神戸	50,000	〃	伊勢
(万石以下2家略　譜代)				
(本陣)				
丹羽長重	棚倉	50,000	外様	陸奥
脇坂安元	飯田	55,000	〃	信濃
佐久間勝之	川中島	18,000	〃	〃
脇坂安信	美濃の内	10,000	〃	美濃
織田長政	大和式上	10,000	〃	大和
織田尚長	柳本	10,000	〃	〃
谷　衛友	山家	16,000	〃	丹波
(万石以下18家略)				
(供廻り)				
土井利勝	佐倉	142,000	譜代	下総
永井尚政	古河	89,100	〃	〃
酒井忠行	板鼻	20,000	〃	上野
秋元泰朝	総社	15,000	〃	〃
松平正綱	玉縄	22,000	〃	相模
井上正就	横須賀	52,500	〃	遠江
高力忠房	浜松	31,500	〃	〃
板倉重昌	深溝	11,850	〃	参河
(万石以下4家略・小姓他諸役人略)				
(跡)				
牧野忠成	長岡	74,000	譜代	越後
堀　直寄	村上	100,000	外様	〃
溝口宣勝	新発田	50,000	〃	〃
〃　善勝	沢海	14,000	〃	〃

垣）・徳永昌重（高須）などの美濃の勢、更に金森重頼（飛驒高山）の後には本多忠利（岡崎）・水野忠清（刈谷）・丹羽氏信（伊保）・本多俊次（西尾）・松平〈竹谷〉清昌（宝飯）・戸田忠能（田原）などの三河勢が続いた。

本陣一番手には脇坂安元（飯田）・佐久間勝之（川中島）・脇坂安信（美濃）ら、二番手には丹羽長重（陸奥棚倉）・織田長政（大和式上）・谷衛友（丹羽山家）など、外様の小大名や交替寄合衆・高家衆が参上した。秀忠の本陣周辺は土井利勝・井上正就・永井尚政・青山幸成・高力忠房・松平正綱・板倉重昌・秋元泰朝など、秀忠近侍の重臣が行列を固め、これに太田資宗をはじめとする小姓二四名、加々爪忠澄その他目付四名、使番七名の諸役人が従った。

それに秀忠警備の親衛隊として、井上正就・永井尚政・青山幸成・松平正綱・板倉重昌・秋元泰朝が各番頭を兼務する書院番士一二六人、小姓組番士一〇六人、小十人番士五三人、徒頭五人所属徒士一五〇人、先手弓頭七人所属与力三〇騎・同心二三〇人、先手鉄砲頭一二人所属与力二〇騎・同心五四〇人、青山幸成が組頭を兼務する百人組鉄砲同心一〇〇人が動員された。

最後に牧野忠成（長岡）・堀直寄（村上）・溝口宣勝（新発田）・同善勝（沢海）の越後勢が跡を押える部隊となった。

これに対し家光の隊列は、先陣は蒲生忠郷（陸奥会津）と水戸頼房。頼房は叔父、忠郷は母が家康三女振姫であるから家光の従弟に当る。

本陣は秀忠隊が一番手以下濃尾出身の小大名や日根野・多羅尾等の旧家を宛て、万石以上は二五家中七家にすぎないのに対し、家光隊は一八家中一六家が万石以上である。それらは家光付老中酒井忠世（上野厩橋）・榊原忠次（上野館林）・戸田康長（信州松本）その他関東と信州の諸代と外様の小大名とで固められている。その意味については次節で検討するが、私は将軍の武家統轄権の範囲がここに示されていると考えている。

次に家光の供廻りには、大名としては家光付老中稲葉正勝（上野佐野九万石）と近習の阿部忠秋（上野新田郡一万石）の二名で、他は松平信綱・伊丹康勝など後に政務に大活躍する面々もいるが、少禄の旗本である。

ことに秀忠が書院番・小姓組・小十人の親衛隊や、先手組・徒士隊の大人数を従えていたのに対し、家光の部隊は書院番二名・小姓組七名・小十人三名・大番三名・先手一名・使番四名の小人数にすぎず、小姓や目付の記載もない。そうして押えは家光付老中酒井忠勝、書院番頭安藤重長、それに家光弟の駿河中納言忠長であった。

この事実は、将軍交替後四年を経て、なお秀忠が実質的征夷大将軍であり、家光は依然世子の地位を脱していなかったことを示すとも解釈できよう。しかし私は大御所秀忠こそ天下の実権を握る公方（公儀の権を握る者）であり、将軍は関東を中心とする、徳川譜代の武士の統率者にすぎないことを、敢えて天下に示す行動であったと解釈したい。秀忠が将軍辞譲を急いだ理由もそこにあったと思う。

註

（1） 栗田元次『江戸時代』上（『総合日本史大系』九　内外書籍　一九二七年）第三章一節。

（2） 辻善之助『日本文化史』Ⅴ　第四三章（春秋社　一九五〇年）、同『日本佛教史』八　近世篇之二（岩波書店　一九五三年）。

(3)家光・家綱時代の大名処分は次の如くである。
家光(一六三二―五〇)二〇家、二二九万九〇〇〇石、年平均一・〇五家、一二万一〇〇〇石。

家綱(一六五一―八〇)一〇家、四五万二〇〇〇石、年平均〇・三三家、一万五〇〇〇石。但、家光親政期のこの数字の中、寛永九(一六三二)年秀忠死去直後に処分が集中していることに注目する必要がある。すなわちこの年、加藤忠広(肥後熊本五二万石)と徳川忠長(駿河・遠江・甲斐五五万石)という大大名が政治的意味合濃く取潰され、忠長に連坐して鳥居忠房(甲斐谷村三万五〇〇〇石)・朝倉宣長(遠江掛川二万六〇〇〇石)・三枝守昌(甲斐の中一万石)・屋代忠正(安房北条一万石)が処分された。この年の大名処分七家、石高一一六万石で、前掲の数字の中、件数三割五分で、石高五割強が寛永九年のものであり、翌年からは急減する。因に翌年以降一八年間の数字は次の如くである。

処分件数一三家(年平均〇・七二)　石高一一三万九〇〇〇石(年平均六万三〇〇〇石)。

三　慶長十六―七年「法式三箇条」の署名者について

前節で指摘した大御所と将軍との公儀権力における立場は、一代前の家康と秀忠の場合にも明瞭に認められる。秀忠と家光の関係が寛永三(一六二六)年の上洛の際の供奉行列に典型的に示されるように、大御所家康と二代将軍秀忠との関係は、慶長十六年(一六一一)年四月と翌十七年正月、京都または江戸において「法式三箇条」の末尾に、その遵守を誓って署名した諸大名の名の連ね方によく表れている。

慶長十六年四月十二日後水尾天皇即位式の日、それに参列のため上京していた家康は、二条城に在京の諸大名を集めて、次の三箇条の法式を申渡した。(1)

一、如右大将家以後代々公方之法式可奉仰之、被考損益而自江戸於被出御目録者、弥堅可守其旨、
一、或背御法度、或違上意之輩、各国々可停止隠置事、
一、各拘置之諸侍已下、若為叛逆殺害人之由於有其届者、互可停止相拘事、
右條々、若於相背者、被遂御糺明、可被處厳重之法度者也、
慶長十六年四月十二日

この後に、表3の大名達が連署している。松平忠直を除き、いずれも東山道・北陸道以西の西国外様大名である。

翌十七年正月、将軍秀忠は江戸に参勤して来た諸大名に法令三箇条を示し、前年の二条城におけるのと同様に署名させた。第二条・第三条は前年四月の令と、語句に多少の異同はあるものの、ほぼ内容は一致しているが、第一条のみはやや異なっている。

一、去年四月十二日前右府様如被仰出、任右大将家以来代々将軍家法式可奉仰之、被考損益、重而於被出御目録者、弥堅可相守其旨事、

つまり前年家康が京都で発した法令に倣って、この三箇条を発布するというのである。

後世編纂された幕府の法令集(2)に載っているこの法令の奥には、表4の十一人の大名が署名している。縁者の松平忠直以外は陸奥・出羽および関東の外様大名である。前年京都で家康に呈した署名と合わせて、有力な外様大名は網羅されているといえよう。いわば前年の署名を補完しているのである(3)。

このようにみると、この法令三箇条は専ら外様大名を対象とし、まず後水尾天皇即位式に京都に集った西国外様大名に署名させ、その時京都に来なかった東北外様大名には、翌年正月江戸で署名させたものと

表３　慶長16年４月12日　於二条城署名　西国外様大名

氏　　名	領　　地	石　高	地　域
豊前宰相（細川）忠興	豊前小倉	359,000石	九　州
越前少将（松平）忠直	越前福井	670,000〃	北　陸
播磨少将（池田）輝政	播磨姫路	520,000〃	近　畿
安芸少将（福島）政則	安芸広島	498,000〃	中　国
薩摩少将（嶋津）家久	薩摩鹿児島	729,000〃	九　州
美作侍従（ 森 ）忠政	美作津山	186,000〃	中　国
加賀侍従（前田）利常	加賀金沢	1,195,000〃	北　陸
周防侍従（毛利）秀就	長門　萩	369,000〃	中　国
丹後侍従（京極）高知	丹後宮津	123,000〃	近　畿
若狭侍従（京極）忠高	若狭小浜	92,000〃	北　陸
備前侍従（池田）利隆	備前岡山	380,000〃	中　国
加藤肥後守清正	肥後熊本	520,000〃	九　州
浅野紀伊守幸長	紀伊和歌山	390,000〃	近　畿
黒田筑前守長政	筑前福岡	523,000〃	九　州
藤堂和泉守高虎	伊勢　津	243,000〃	近　畿
蜂須賀阿波守至鎮	阿波徳島	186,000〃	四　国
松平（山内）土佐守忠義	土佐高知	202,000〃	〃
田中筑後守忠政	筑後久留米	325,000〃	九　州
生駒讃岐守正俊	讃岐高松	171,000〃	四　国
堀尾山城守忠晴	出雲松江	240,000〃	中　国
鍋島信濃守勝茂	肥前佐賀	357,000〃	九　州
金森出雲守可重	飛騨高山	38,000〃	東　山

表４　慶長17年正月15日　於江戸城署名　東国外様大名

氏　　名	領　　地	石　高	地　域
米沢中納言（上杉）景勝	出羽米沢	300,000石	奥　羽
丹羽宰相長重	常陸古渡	10,000〃	関　東
越前少将（松平）忠直	越前福井	670,000〃	北　陸
大崎侍従（伊達）政宗	陸奥仙台	615,000〃	奥　羽
立花侍従宗茂	磐城棚倉	30,000〃	〃
会津侍従（蒲生）秀行	陸奥会津	600,000〃	〃
最上侍従義光	出羽山形	570,000〃	〃
安房侍従（里見）忠義	安房館山	112,000〃	関　東
秋田侍従（佐竹）義宣	出羽秋田	205,800〃	奥　羽
南部信濃守利直	陸奥盛岡	100,000〃	〃
津軽越中守信枚	〃 弘前	47,000〃	〃

表5　慶長十七年署名関東大名分類（石高）

	譜代		外様	
10万石以上	鳥居忠政	120,000(岩城平)		
	榊原康勝	105,000(館林)		
	奥平家朝	100,000(宇都宮)		
5万石 〃			真田信幸	95,000(信濃上田)
	石川三長	80,000(信濃松本)	村上忠勝	90,000(越後村上)
	本多忠朝	50,000(上総大多喜)	相馬利胤	50,000(陸奥中村)
	酒井家次	50,000(上野高崎)	溝口秀信	50,000(越後新発田)
	小笠原秀政	50,000(信濃飯田)	浅野長則	50,000(常陸真壁)
			秋田実季	50,000(同　宍戸)
			仙石久秀	50,000(信濃小諸)
3万石 〃	松平忠良	40,000(下総関宿)	水谷勝高	45,000(常陸下館)
	松平信吉	40,000(常陸土浦)	戸沢安盛	40,000(同　手綱)
	内藤政長	30,000(上総佐貫)	佐野信吉	39,000(下野佐野)
	保科正光	30,000(信濃高遠)		
	酒井重忠	30,000(上野厩橋)		
2万石 〃	諏訪頼満	27,000(信濃高島)	杉原長房	25,000(常陸小栗)
	高力忠長	20,000(武蔵岩槻)	佐久間安正	20,000(常陸小田)
	酒井忠利	20,000(武蔵川越)	成田泰直	20,000(下野烏山)
	牧野忠成	20,000(上野大胡)	大関正増	20,000(下野黒羽)
	松平康長	20,000(下総古河)	滝川正利	20,000(常陸片野)
1万石 〃	鳥居成次	18,000(甲斐谷村)	那須資景	17,000(下野那須)
	岡部長次	12,000(上総・下総)	松下重綱	16,000(常陸小張)
	松平勝重	10,000(下野板橋)	日根野但吉	15,000(下野壬生)
	稲垣重綱	10,000(上野伊勢崎)	大田原晴清	12,415(下野大田原)
	北条正勝	10,000(下総岩富)	土方勝重	15,000(下総田子)
	土岐定吉	10,000(下総相馬)	堀　秀成	12,000(下野真岡)
	小笠原信之	10,000(武蔵本庄)	六郷政乗	10,000(常陸府中)
	松平定綱	10,000(下総山川)	細川興元	10,000(下野茂木)
	小笠原忠脩(秀政嫡子)		土方雄氏	12,000(伊勢薦野)

表6　慶長十七年署名関東大名分類（国別）

	譜代		外様	
武　蔵	高力　忠長	20,000(岩槻)		
	酒井　忠利	20,000(川越)		
	小笠原信之	10,000(本庄)		
上　総	本多　忠朝	50,000(大多喜)		
	内藤　政長	30,000(佐貫)		
上総・下総	岡部　長次	12,000(――)		
下　総	松平　忠良	40,000(関宿)	土方　勝重	15,000(田子)
	松平　康長	20,000(古河)		
	北条　正勝	10,000(岩富)		
	土岐　定吉	10,000(相馬)		
	松平　定綱	10,000(山川)		
上　野	榊原　康勝	105,000(館林)		
	酒井　家次	50,000(高崎)		
	酒井　重忠	30,000(厩橋)		
	牧野　忠成	20,000(大胡)		
	稲垣　重綱	10,000(伊勢崎)		
下　野	奥平　家朝	100,000(宇都宮)	佐野　信吉	39,000(佐野)
	松平　勝重	10,000(板橋)	成田　泰直	20,000(鳥山)
			大関　正増	20,000(黒羽)
			那須　資景	17,000(那須)
			日根野但吉	15,000(壬生)
			大田原晴清	12,415(大田原)
			堀　秀成	12,000(真岡)
			細川　興元	10,000(茂木)
常　陸	松平　信吉	40,000(土浦)	浅野　長則	50,000(真壁)
			秋田　実季	50,000(宍戸)
			水谷　勝高	45,000(下館)
			戸沢　安盛	40,000(手綱)
			杉原　長房	25,000(小栗)
			佐久間安正	20,000(小田)
			滝川　正利	20,000(片野)
			松下　重綱	16,000(小張)
			六郷　政乗	10,000(府中)
陸　奥	鳥居　忠政	120,000(岩城平)	相馬　利胤	50,000(中村)
甲　斐	鳥居　成次	18,000(谷村)		
信　濃	石川　三長	80,000(松本)	真田　信幸	95,000(上田)
	小笠原秀政	50,000(飯田)	仙石　久秀	50,000(小諸)
	保科　正光	30,000(高遠)		
	諏訪　頼満	27,000(高島)		
越　後			村上　忠勝	90,000(村上)
			溝口　秀信	50,000(新発田)
伊　勢			土方　雄氏	12,000(薦野)

考えられる。ところが尊経閣には、同じく正月五日付で法令も同文ながら、別に諸大名が連署した文書が所蔵されている。(4) それには佐久間安正（常陸小田二万石）を筆頭に、奥平家朝（下野宇都宮一〇万石）に至る大名四九人（譜代二五家・外様二四家）と、小笠原秀政（信濃飯田五万石）の嫡子忠脩、合計五〇人が署名している。

その模様を別表（表5・6）に掲げたが、地域的にみると関東大名が二六家（譜代一九、外様一七）と断然多い。また領地も鳥居忠政（岩城平一二万石）を最高に、一〇万石以上は譜代三家にすぎず、これに対し三万石以下が譜代一六、外様一四計三〇家で、その中でも二万石に達せぬ大名が譜代八、外様九、合わせて一七家を占めている。つまりこの文書の署名者は関東中心の小大名といえる。

関東の外様大名の大部分は、別表（表6）の如く下野と常陸に集っている。下野の大田原(5)・大関(6)（黒羽）・那須(7)（那須）・成田(8)（烏山）および常陸の水谷(9)（下館）はいずれもその地域の土豪領主で、家康関東入国後本領を安堵された家である。六郷(10)（出羽仙北→常陸府中）・戸沢(11)（出羽角館→常陸手綱）・秋田(12)（出羽秋田→常陸宍戸）は、関ヶ原の役後、常陸の佐竹を出羽に移すために、出羽から常陸に移された家である。これらは外様とはいっても豊臣政権との縁故は薄い。

この他、掘親良(13)（下野真岡、署名は秀成）は豊臣秀吉取立大名の掘秀政の二男であるが、一度隠居していたのを家康に召出された人である。浅野長重(14)（署名は長則）は秀吉縁故の浅野長政の三男であるが、幼少から徳川秀忠に仕えた関係で関東に領地を与えられた。細川興元(15)は兄忠興の部屋住みの身であったのを、特に秀忠に召出された人である。これらはいずれも外様というよりは、新参の譜代と見なすことができる。

譜代大名の方をみると、これで網羅しているわけではない。この署名に加っていない譜代も数多い。例えば土井利勝は、この時秀忠の命により、駿府の家康のもとへ年賀の使者として赴いているから、署名に加わるべくもないが、江戸の長老大久保忠隣や、家康の側近で江戸にいた本多正信などの名が見えない。つまり単に江戸城に参勤していた大名が署名したというような便宜的なものではなかったのではあるまいか。

また『駿府記』によると、慶長十七年正月、元日と二日両日にわたって、越後少将松平忠輝をはじめ多数の大名・旗本が、駿府の家康のもとに年賀に参上している。それらの中、一万石以上と目ぼしい万石以下を領地の国別にまとめてみたのが別表（表7）である。それによると譜代大名は遠江・参河・美濃の領主達である。外様は大和・丹波その他もあるが、多数は美濃・伊勢・志摩の領主達である。これらの大名達も、法令三箇条については、京都においても江戸においても署名していない。駿府の家康のもとでも署名した形迹はない。

そこでこの三箇条の署名をめぐって大名を分けてみると、京都で署名した西国外様大名二二名、翌年正月江戸で署名した東北外様大名十一名、関東を主とし甲信越にわたる譜代と外様の小大名五〇名（部屋住一人を含む）、それに駿府に年賀のため参集した東海・美濃・伊勢・志摩の譜代と外様ということになる。この中、慶長十六年四月京都で署名の二二家と、翌十七年正月江戸で署名の東北大名十一家とは、相補って外様の大藩を網羅するものであり、これに駿府出仕の東海・美濃・伊勢・志摩の譜代と外様とは、大御所家康に服属していた。一方将軍秀忠は関東・甲信越の譜代と外様（これも譜代の新参に近い）小藩を統率していた。こういう仮説をこれらの文書に基づいて立ててみたい。

そうしてこれを前節の寛永三年の上洛の際の大御所秀忠と将軍家光の供奉の大名と比較すると、表8・

表7　慶長十七年正月駿府出仕大名

氏　　名	領　　地	石　高	譜代・外様	
松平(久松)定行	遠江掛川	30,000石	譜　代	
〃 (竹谷)忠清	参河吉田	30,000〃	〃	
〃 (深溝)忠利	〃 西郡	10,000〃	〃	
水　野　勝　成	〃 刈屋	30,000〃	〃	
本　多　康　俊	〃 西尾	20,000〃	〃	
〃　　康　紀	〃 岡崎	50,000〃	〃	
戸　田　尊　次	〃 田原	10,000〃	〃	
松平(大給)家乗	美濃岩村	20,000〃	〃	
徳　永　昌　重	〃 高須	50,600〃	外　様	
西　尾　光　教	〃 揖斐	30,000〃	〃	
遠　藤　慶　隆	〃 郡上八幡	27,000〃	〃	
竹　中　重　門	〃 岩手	6,000〃	〃	交替寄合
堀　　　直　寄	信濃飯山	50,000〃	〃	
近　藤　政　成	信濃・美濃	10,000〃	〃	
分　部　光　信	伊勢安芸郡	20,000〃	〃	
一　柳　直　盛	〃 神戸	50,000〃	〃	
古　田　重　治	〃 松阪	55,000〃	〃	
九　鬼　守　隆	志摩鳥羽	55,000〃	〃	
山　岡　景　以	近江——	9,000〃	旗　本	甲賀組
松　倉　重　政	大和——	10,000〃	外　様	
桑　山　一　直	〃 布施	16,000〃	〃	
池　田　重　信	摂津豊島郡	5,000〃	〃	
三　好　房　一	河内——	2,300〃	〃	御相伴衆
堀　田　一　継	河内・近江	8,800〃	〃	御咄衆
谷　　　衛　友	丹波山家	16,000〃	〃	
別　所　吉　治	但馬——	15,000〃	〃	
市　橋　長　勝	伯耆矢橋	21,300〃	〃	駿府旗本
有　馬　直　純	肥前有馬	40,000〃	〃	家康近侍
岡　　　家　俊	――――	6,000〃	宇喜多秀家旧臣	
長谷川　正　尚	――――		外　様	駿府勤仕
松平(越後少将)忠輝	越後高田	――――	親　藩	

表8　寛永三年上洛秀忠供奉者と慶長十七年駿府出仕者比較

〈秀忠供奉者〉		〈駿府出仕者〉	
〈先駆〉			
本多忠利	三河岡崎	本多康紀	岡崎
本多俊次	〃 西尾	本多康俊	西尾
水野忠清	〃 刈屋	水野勝成	刈屋
丹羽氏信	〃 伊保		
戸田忠能	〃 田原	戸田尊次	田原
松平(菅沼)忠隆	美濃加納		
徳永昌重	〃 高須	徳永昌重	高須
岡部長盛	〃 大垣	(関)岡部長次(長盛)	上総下総
遠藤慶隆	〃 郡上八幡	遠藤慶隆	郡上八幡
織田長則	〃 野村		
金森頼重	飛騨高山(金森氏は慶長十六年京都で署名)		
一柳直盛	伊勢神戸	一柳直盛	神戸
〈本陣〉			
丹羽長重	陸奥棚倉(丹羽氏は東北大名として署名)		
脇坂安元	信濃飯田		
佐久間勝之	〃 川中島		
脇坂安信	美濃の内		
織田長政	大和式上		
織田尚長	〃 柳本		
谷衛友	丹波山家	谷衛友	山家
〈供廻り〉			
酒井忠行	上野板鼻		
土井利勝	下総佐倉		
井上正就	遠江横須賀		
永井尚政	下総古河		
高力忠房	遠江浜松	(関)高力忠房	武蔵岩槻
松平正綱	相模玉縄		
板倉重昌	三河深溝		
〈跡押え〉			
牧野忠成	越後長岡	(関)牧野忠成	上野大胡
堀直寄	〃 村上	(駿)堀直寄	信濃飯山
溝口宣勝	〃 新発田	(関)溝口秀信	越後新発田
溝口善勝	〃 沢梅		

表9　寛永三年上洛家光供奉者と慶長十七年署名大名

家光供奉本陣		慶長十七年関東大名	
土方雄重	陸奥窪田	土方勝重	下総田子
酒井忠世	上野厩橋	酒井重忠	上野厩橋
松平(榊原)忠次	〃 館林	榊原康勝	〃 館林
真田信吉	〃 沼田	真田信幸	信濃上田
前田利孝	〃 甘楽		
本多忠純	下野皆川		
日根野吉明	〃 壬生	日根野但吉	下野壬生
那須資重	〃 那須	那須資景	〃 那須
大田原晴清	〃 大田原	大田原晴清	〃 大田原
浅野長重	常陸笠間	浅野長則	常陸笠間
秋田俊季	〃 宍戸	秋田実季	〃 宍戸
細川興昌	〃 谷田部	細川興元	下野茂木
松下重綱	〃 小張	松下重綱	常陸小張
大久保忠職	武蔵騎西		
松平(戸田)康長	信濃松本	松平康長	下総古河
保科正光	〃 高遠	保科正光	信濃高遠

9の通りである。そこに読取れる大御所と将軍との関係は、家康と秀忠、秀忠と家光、共に同じことが指摘できる。

すなわち秀忠上洛供奉の先駆は、表1の如く、まず仙台の伊達政宗・忠宗父子に始まり佐竹・上杉（代替り定勝）・南部利直・重宗父子と続く。慶長十七年署名東北大名十一家の中、これに加わっていないのは、丹羽長重は本陣の列に参加、松平忠直は配流、立花宗茂は筑後柳河の旧領に戻り、蒲生秀行代替り忠郷は将軍家光の先駆、里見は廃絶。いずれも不参加の理由は明白である。津軽信枚のみが何故か供奉に外れているにすぎない。

これに続く先駆は、表8の如く、いずれも三河・美濃・伊勢の譜代または外様で、慶長十七年駿府の大御所家康のもとに年賀に出仕した大名と、地域的に一致する。しかも十二家の中七家は、当主の代は替っていても、家としては重なっている。これに署名は西国大名の中に名を連ねていた金森氏が加わっている。また関東大名として署名した岡部長次（長盛）は、丹波亀山を経て美濃大垣に移っていたので、寛永三年には秀忠の先駆に入っている。秀忠の本陣には新たに召連れられた者が多いが、その中には東北大名として署名した丹羽長重、駿府に出仕した谷衛友が加わっている。更に越後の大名が寛永三年の上洛には秀忠の行列の跡押えを勤めている。その中、長岡の牧野忠成は上野から移った家であり、新発田の溝口は関東大名として署名して居り、村上の掘直寄はもと信州飯山の領主で駿府に出仕していた。

一方家光の陣営をみると、表9で明らかなように、その本陣として供奉した大名一六人の中、一三人が慶長十七年に関東大名として署名した家である。十七年の署名者の中に入っていない三家についてみると、前田利孝[16]は前田利家の五男。元和二（一六一六）年の上州甘楽郡一万石に封ぜられた人なので、慶長十七年に署名すべくもない。

本多忠純[17]は本多正信の三男、慶長十（一六〇五）年に下野国榎本一万石を領していたが、何故か十七年の署名には加わっていない。或は忠純はなお正信の部屋住の扱いで、この一万石は食扶持の意味だったのであろうか[18]。その後、元和の戦功により下野皆川二万八〇〇〇石を与えられた。

大久保忠職[19]は大久保忠隣の嫡孫である。父忠常が慶長十六年、忠隣に先立って死去したので、当時八歳の忠職が父の所領武蔵騎西二万石を相続した。しかし同十七年の署名には、恐らく幼少のためか、加わっていない。その後祖父忠隣の処罰に連坐して封地に蟄居していたが、寛永二（一六二五）年赦免、かくて翌三年の上洛に家光の本陣に参加した。

また、慶長十七年に署名した関東大名で、寛永三年家光に供奉しなかった者の多くは、その後関東の外に移された家である。表10は、慶長十七年に署名した関東大名の寛永三年迄の移動の状況を表示したもの

表10　慶長十七年署名関東大名—寛永三年迄の移動

〔譜代〕			
武蔵	高力忠長	岩槻→遠江浜松	秀忠供廻り
上総	本多忠朝	元和一戦死、政朝、大多喜→播磨龍野→姫路	
	内藤政長	佐貫→岩城平	
上総・下総	岡部長次(長盛、下総山崎)	→丹波亀山→美濃大垣	秀忠先駆
下総	松平(久松)忠良	関宿→美濃大垣、忠憲→小諸	
	松平(戸田)康長	古河→上野高崎→信濃松本	家光本陣
	北条正勝(氏重、保科正直四男)	岩富→駿河久能	
	土岐定吉(定義)	相馬→摂津高槻、頼行→下総相馬郡	
	松平(久松)定綱	山川→遠江掛川	
上野	酒井家次	高崎→越後高田、忠勝→庄内鶴岡	
	牧野忠成	大胡→越後長嶺→長岡	秀忠跡押え
	稲垣重綱	伊勢崎→越後藤井→三条	
下野	松平勝重(成重)	板橋→三河西尾→丹波亀山	
常陸	松平信吉	土浦→上野高崎→丹波笹山	
陸奥	鳥居忠政	岩城平→出羽山形	
信濃	石川三長	松本→改易	大久保忠隣に連座、改易
	小笠原秀政	元和一戦死、忠眞　飯田→播磨明石	
〔外様〕			
下総	土方勝重(雄重)	田子→陸奥窪田	家光本陣
下野	佐野信吉	佐野→改易	兄富田信高に連座、改易
	成田泰直	烏山→断絶	無嗣廃絶
常陸	戸沢安盛	手綱→出羽新庄	
	佐久間安正	小田→信濃飯山	
	滝川正利	片野→断絶	無嗣廃絶
	六郷政乗	府中→出羽本庄	
越後	村上忠勝(義明)	村上→改易	丹波篠山へ配流

であるが、とくに譜代大名が元和元年の大坂の陣の後、大きく関東の外に移動している。その後も関東にとどまった大名は、そのほとんどが譜代も外様も将軍家光に供奉して上京している。

このように対比してみると、慶長十六―十七年の法令三箇条の署名者と同十七年駿府参賀者に基づいて私が設けた、大御所と将軍に関する仮説は、寛永三年の上洛の際の大御所と将軍の間にも適合していることは明らかであろう。すなわち大御所秀忠は外様大藩主（西国大名は直接京都へ上っているので、行列には参加していないが）と東海・美濃・伊勢の譜代と外様の小大名、さらに越後勢をも統率していた。これに対して将軍家光は関東中心の譜代と外様小藩主をその統率下に置いていた。これは近世初期の征夷大将軍という存在が、どういう性格のものであったかを明示している。

慶長十六年の法令の第一条に「公方之法式」とあり、十七年の法令の第一条に「将軍家法式」とあるのも、私は単なる表現の相違ではないように思う。つまり将軍家、朝廷から任官されている征夷大将軍は関東とその周辺の軍団の長であるのに対し、朝官から離れた大御所は、東海から濃尾の譜代を軍事的基盤としつつ、外様の大藩主など広く天下を統一する公儀権力の主宰者であったのである。私は家康も秀忠も、天下の実権者として早く朝廷の影響下から離れようとしたものと理解している。

註

（1）前田家尊経閣文書、『教令類纂』初集四、『御当家令条』巻一、『憲教類典』四ノ一は四月十六日付とする。

（2）『御当家令条』巻一、『憲教類典』四の一、『教令類纂』初集四、『台徳院実紀』巻一八。
『御当家令条』は日付を正月十五日とし、『憲教類典』は奥日付は正月五日、端書日付は十五日、『教令類典』は奥・端書共に五日、『実紀』は一五日に係けている。

（3）丹羽長重と立花宗茂は石高こそ他の大名に較べて著しく少いが、これは関ヶ原の戦で本領を没収されたためで、官位は一人は参議、一人は侍従で、明らかに外様の大藩の家格として待遇されている。松平忠直は親藩であるが、将軍秀忠の兄の家で、当時「制外の家」つまり将軍の支配の外にある家として扱われていたので、外様に準じてここに名を連ねているのであろう。但、忠直は前年と重複して署名している。

（4）尊経閣には、東北外様大名連署の文書はないようである。

（5）大田原氏（『重修譜』巻六五七）、代々那須氏に属し、大田原城主。慶長七（一六〇二）年晴清家康より四五〇〇石加増、旧領と共に一万二四〇〇石を領する。

（6）大関氏（『重修譜』巻六五八）、代々黒羽の住人。正増（『重修譜』は政増）の父資増、家康に従い、慶長七年加増、旧領と合せて二万石を領する。

（7）那須氏（『重修譜』巻七三五）、天正十八（一五九〇）年、那須資晴豊臣秀吉の小田原攻めに遅参し、所領没収。後謝罪し五〇〇〇石復活。慶長七年家康の咄衆として合計六〇〇〇石を与えられる。その子資景も秀吉より五〇〇〇石を与えられ、慶長十四（一六〇九）年父の遺領等を合わせて一万四〇〇〇石余（『藩翰譜』九下「那須」譜は一万七〇〇〇石）を領す。

（8）成田氏（『断家譜』巻一四）、もと武蔵忍城主、小田原北條氏に属す。小田原落城の時、秀吉に謝罪、下野烏山三万七〇〇〇石（『藩翰譜』十二下「成田」譜は二万石）を与えられる。

（9）水谷氏（『重修譜』巻八六九）、代々常陸下館城主。

（10）六郷氏（『重修譜』巻八八九）、政盛常陸移封の際、加増により一万石となる。

（11）戸沢氏（『重修譜』巻五六三）、代々出羽角館城主、豊臣秀吉本領安堵。慶長七年常陸に移封。

（12）秋田氏（『重修譜』巻六三一）、代々秋田城介。慶長五年常陸に移封。

（13）掘氏（『重修譜』巻七六四）、親良は掘秀政の二男。豊臣秀吉に仕え、天正十八年父秀政の死後、越前において二万石を領す。慶長三年越後蔵王にて四万石。同七年病気のため、兄秀治の二男鶴千代を養子として封を譲り隠居。同十一年家康に勤仕を願い、許されて蔵米一万二〇〇〇石を賜り、同十六年蔵米を改め、下野真岡を領す。

(14) 浅野氏（『重修譜』巻三一〇）、長重は浅野長政の三男。父長政の願いにより、慶長五年十三歳の時、秀忠の側近として仕える。同六年下野真岡にて二万石、同十六年常陸真壁へ移り、五万石を領す。

(15) 細川氏（『重修譜』巻一〇六）、興元は細川藤孝の二男、兄忠興と不仲となり、京都に住す。慶長十三年家康兄弟を和睦せしめ、翌年秀忠に召出され、下野茂木にて一万石余を与えられる。

(16)『重修譜』巻一一三三。

(17) 同巻六九二。

(18)『重修譜』によると、忠純の父正信も一万石。住所も通例は相模甘縄というが、上州八幡、あるいは下総佐倉との説もあり、同譜には「祥ならず」と記している。

(19)『重修譜』巻七〇七。

四　大御所家康下における将軍秀忠発行文書について

公儀権力の主宰者としての大御所と、関東中心の譜代大名と外様小藩主から成る軍団の統率者としての将軍、こういう両者の立場は慶長十六―七年の法令署名者と駿府出仕者、および寛永三年上洛部隊の供奉者を重ね合せることによって、かなり明瞭に認定できることは前節に述べたところである。その両者の機能について、まず大御所家康と将軍秀忠の発行した文書の面から考えてみよう。

公儀の代表者、最高権力者という点から、外交文書・渡航朱印状・所領給与者・諸法度発布者がこの時期誰であったかということを、中村孝也『徳川家康文書の研究』所載文書について検討してみる。慶長十（一六〇五）年から元和元（一六一五）年迄、発行された該当文書は三百余点であるが、その大部分は家康名義である。秀忠の名で出された文書は、若干の疑点のあるものを含めて、別表11の如く二十数点にとどまる。

イ　外交文書

まず渡海朱印状は秀忠発行のものは全くない。外交文書に関しては、ルソン大守宛二通、ゴア総督宛一通があるが、いずれも先方から寄せられた書簡に対する復書である。つまりそれぞれの国から、大御所家康と共に秀忠へも書簡を送って来たので、それに対して返事を認めたものであり、秀忠が単独で、こちらから発した国書はない。

ロ　武家所領関係

秀忠発行の文書は、判明している限り、慶長十三—四年に集っている。この中、尾張義利（義直）宛の文書は、明らかに秀忠の文書が知行宛行状で、家康のは附家老平岩親吉への仕置指示の定書である。また堀忠俊への文書も、秀忠のは、「如前々無相違申付之訖」とあるのに対し、家康のは、「従将軍如前々被申付旨、令満足候」とあり、将軍秀忠による本領安堵と認められる。但、尾張義直は弟であり、堀忠俊は家康養女を妻としているので秀忠の義弟に当たり、いわば将軍家の親族として、将軍より所領の給付または安

表11　大御所家康時代，将軍秀忠発行文書

1608	慶長13-	2-25		稲葉大夫紀通	
〃		3- 7		松平（堀）越後守忠俊	
〃		7-17		比叡山延暦寺領寄進	
〃		8- -		徳川右衛門督義利	家康（平岩親吉宛 慶長12-8-2）
〃		8-24		呂宋国大守（復書）	
〃		9-15		富田信濃守信高	
1609	14-	5- 1		園城寺照高院掟書	
〃		〃		聖護院修験道掟書	
〃		11-21		東寺掟書	家康（法度）
〃		〃		高野山衆徒掟書	家康（法度）
1610	15-	4-28		伯耆大山寺西楽院	（本光国師日記六 P.137）
〃		5- 4		呂宋（前国主へ復書）	
1611	16-	10-18		伯耆大山寺岩本院	
				（御当家令条巻五　№48　本光国師日記六 P.137）	
1612	17-	9		五和国刺史（復書）	ゴア総督
1613	18-	4- 6		近江成菩提院安堵状	家康（慶長13-10-4）
〃		6- 6		醍醐三宝院修験道	役銭法度
〃		〃		同　上	入峯法度
〃		〃		関東新義真言宗法度	家康（5-21）
〃		7-17	家康	戸隠山社領安堵状	或は秀忠か？
〃		23		石清水八幡社務職	家康（慶長15-9-25）
〃		8-26		関東天台宗法度	家康（2-28）　喜多院
〃		9-11		石清水八幡宮宝蔵坊	
1614	19-	3-13		伯耆大山寺西楽院	（御当家令条巻五　№49）
〃		9- 5	家康	榛名山巌殿寺	
					（禁令考40，秀忠判とするも，誤と認む）
〃		23		前田利光（利常）安堵状	

堵を受けたものかとも考えられる。[1] しかし稲葉紀通[2]と富田信高[3]の場合については、将軍家との特別の関係は判明しない。稲葉の場合、家康発行文書には「弥将軍え可抽忠勤者也」とあり、これは堀忠俊宛と同文である。従って尾張義直宛・堀忠俊宛文書が特に親族扱いであったか否か、なお検討を要するところである。

　富田信高は加増される三年前の慶長十年、妻の兄坂崎直盛によって、大御所・将軍に告訴された。その事件というのは、直盛の甥坂崎左門が直盛の召仕う小童を寵愛していたが、その小童に罪があったので、直盛は侍臣に命じてその小童を討たせた。左門はこれを怒り、その侍を小童の仇として斬った。それ故直盛は左門を罰しょうとしたところ、左門は叔母の縁で富田信高を頼り、匿われた。直盛はこれを大御所に訴えたところ、家康は今は天下の事はすべて将軍に譲ったので、将軍の裁断を仰ぐように命じた。そこで江戸において両者は対決したが、双方に証拠乏しく、将軍の裁決は下らなかった。

　殺害人の隠匿禁止は、これより後年の法令であるが、前節に掲げた慶長十六―七年の法令三箇条の第三条にうたわれているところであり、「武家諸法度」元和令の第四条にも載っている。これは近世になって設けられた法令というよりは、鎌倉時代の守護の大犯三箇条の中の殺害人の検断という伝統をひくものと考えてよいであろう。富田信高にそういう容疑を含みつつ、三年後に大幅な加増をしたのは何故であろうか。[4]また信高と入れ替わりに、藤堂高虎は伊予今治から伊勢津に転封となった。高虎に対する領地の判物は、同年十一月に家康が発行している。[5]

　慶長十五年閏二月、二年前に秀忠によって所領を安堵された堀忠俊が改易、鳥居忠政に召預けられた。これは忠俊の一族で家臣筋に当たる堀直次と直寄が争い、両者は駿府において対決した。その結果兄直次の非義と裁決され、所領没収、最上義光へ召預けとなった。忠俊も直次側に味方したため、邪正を弁えぬという理由で所領四五万石を没収されたのである。(6)富田一件の時は、家康は江戸で将軍の裁断を仰げと指示したのに、堀の場合は駿府で対決させ、裁断を下している。江戸の場合と駿府の場合と、家康の指示は一貫しないようにも見えるが、註(4)に記した通り、富田信高が慶長十八年に坂崎直盛と再度対決させられたのも江戸城である。領地の判物も秀忠名であり、裁きを受けたのも江戸の将軍のもとであるというところから推して、富田は将軍統率下の大名であったのであろう。

立証し尽せぬところが残るが、所領に関する文書は圧倒的に家康名によるものが多く、この点について秀忠の権限はかなり限定されていたと見ることができよう。

ハ　寺社関係

寺社領の給与や安堵、あるいは「寺院法度」関係の文書も、量的に断然家康名によるものが多い。『徳川家康文書の研究』から秀忠発行のものを拾い上げると一四点ある。それらに共通した特徴を指摘することは出来ないが、注目すべき点をあげてみよう（他に『本光国師日記』『御当家令条』『石清水八幡宮文書』等にも若干点散見する）。

まず慶長十三年に比叡山延暦寺領の寄進状がある。これは七月に秀忠が発行し、八月には家康名で出ている。秀忠の文書は判物の本文には「目録在別紙」として、所領目録を別に添えている。家康の文書は目録の内容を本文の中に書込んだ文章となっている。

所領寄進状において、領地の目録を別に添えた文書と、その地名・石高を本文中に書込んだものと、そのいずれがより正式の文書か、他の寺領寄進状との比較においてもにわかに断定し難いが、私は双方の書止めの部分に注目したい。すなわち秀忠の判物には「可被全寺務之状如件」とあり、家康のは「全可被領知之状如件」と結んでいる。つまり、「寺務」と「領知」という相違がある。

翌慶長十四年五月に秀忠は三井寺照高院へ宛て判物を発行しているが、それにも「三井寺領之事、近代寺務之分、全不可有相違」とある。[7]「寺務」とは一宗一山を統轄管理する役職またはその職に在る僧を意味するが、[8]秀忠文書の場合は年貢収納を含めて、寺領の管理・行政を指しているといえよう。[9]内容から考えれば「領知」も「寺務」もほとんど同じ事を指しているのであるが、「領知」の方がより包括的に、領有権を意味し、「寺務」はやや限定された、管理・行政権を意味しているのではあるまいか。

同年八月廿八日家康は東寺と高野山にそれぞれ三箇条の法度を下した。秀忠も同年十一月廿一日に両者に黒印状を発行している。[10]翌十五年四月廿日家康は改めて「高野山寺中法度」を発行し、また東寺・醍醐寺に寺領安堵状を与えた。寺領関係はしばらくおき、「高野山法度」は前年のものとほとんど同内容で、わずか八ヶ月ほどの間に二度も法度を発行したところに事情が含まれている。そうして十五年の法度は家康の文書のみで、秀忠のものはない。

そこには高野山遍照光院頼慶という手腕家の暗躍が考えられる。[11]すなわち蓮華三昧院主であった頼慶は、遍照光院快正と高野山における主導権を争い、慶長十三年七月駿府の家康の前において両者対決し、ついに頼慶勝利して遍照光院も賜り、家康の厚い信任を得ることに成功した。翌十四年八月の東寺・醍醐寺・高野山に対する法度の発布は頼慶の運動によるものであった。

私はとくに江戸に迄行って秀忠の文書を求めたところに、頼慶の野望が感ぜられる。家康・秀忠共に法度の主旨は学問興隆にあるが、秀忠文書には「修学懈怠之僧、行儀不律之仁、於汚古跡学室者、忽可被入替学者持律之住持者也」(東寺)、「於有修学懈怠而貪寺料之輩者、以衆評、急度可改替其住持者也」(高野山)と、住持の交替に言及しているところに注目する必要がある。[12]

頼慶はこの文書を得て上京し、醍醐寺の義演に対し、直ちに住職の改替を迫った。しかし義演は高野山における頼慶の反対派と組み、所司代板倉勝重や、二年前家康に召出された金地院崇伝、増上寺源誉あるいは奥女中に信用厚い呉服師亀屋栄任等に働きかけ、駿府に訴え出た。家康も一時は頼慶の手腕に期待し、彼によって真言宗の改革をはかったのであろうが、頼慶はあまりにも過激な独裁者であったのであろう。ついに義演等に敗れた。

家康が「高野山寺中法度」を発した八日後、すなわち慶長十五年四月廿八日、秀忠は伯耆大山寺学頭西楽院に黒印状を与えた。[13]それには「伯耆国大山寺領三千石之事、并山林境内諸役等、近代如有来、不可有相違者也」とあるので、寺領安堵状とも思えるが、『本光国師日記』によって前後の事情を案ずるに、むしろ学頭任命の文書と解すべきである。

『本光国師日記』によると当時大山寺内には紛争が続いていたようである。[14]同十六年夏西楽院が死去すると、その弟子岩本院が後継者となり、十月二日駿府において家康に謁し、ついで大久保忠隣・本多正信宛、崇伝・元佶の添状をもって江戸へ下り、将軍秀忠から十月十八日付の黒印状を得た。[15]

ところが大山寺内はその後もおさまらなかったようで、[16]ついに同十八年八月頃、比叡山薬樹院[17]を大山寺西楽院の後住とし、岩本院に代えて学頭とすることが、駿府において内定した。しかしこれに岩本院が強く異論を唱え、崇伝も扱いに困っていたようであるが、どうも南光坊天海が強引に動いたらしく[18]、年を越えて同十九年三月十三日付をもって、西楽院（薬樹院）へ秀忠の朱印状が発せられた[19]。

同十八年五月五日、駿府において修験道の公事があった[20]。修験道には醍醐三宝院（真言宗）の管理する当山派[21]、天台宗聖護院の管理する本山派[22]とがあり、慶長初年から争い、しばしば家康の裁断を仰いでいた。ことに慶長十四年照高院興意親王（聖護院兼帯）が江戸へ下り、五月一日秀忠がこれに修験道の判物を与えてから[23]、本山派は当山派への攻勢を強め、入峯役銭をかけ、乱暴を働くことしばしばであった。そこで当山派はこれを駿府に訴えた。

家康は十八年五月五日、照高院・三宝院両門跡をはじめ関係者を駿府城に集めて対決させ、裁断を下した。その結果五月廿一日両者に下された「修験道役銭法度」では、「本山之山伏、対真言宗、不謂役儀令停止畢」と三宝院当山派の言分が認められた。また同時に「修験道入峯法度」も下され、「修験道之事、従先規如有来、諸国之山伏、任筋目可致入峯、当山・本山各別之儀候条、諸役等互不可有混乱」と定められ、両派の争いもここに結着した。この後三宝院義演は江戸に下り、六月六日付で秀忠からも判物を得た。またこの時、去る十五年四月家康から与えられた醍醐寺領安堵状について、秀忠からも「任去慶長十五年四月廿日先判之旨、不可有相違」という安堵状を得た[24]。

これら将軍秀忠発行文書の事例を通じて、大御所家康の下における秀忠の文書の性格を考えると、いずれも宗派内または寺内における権限に係るものである。真言宗における頼慶の場合も、彼が義演に住持の改替を求める権限の根拠として秀忠文書をかざした。伯耆大山寺への文書も、学頭継統権に係るものであった。照高院への文書も、本山派の勢力拡大の根拠に用いられた。これらの文書はあらかじめ駿府において家康の内意を得ているものと認められるが、家康自身が発行せず、江戸で秀忠が出しているところに大御所と将軍との職務の分化が考えられる。少くとも寺院行政に関してみると、包括的な「領知」「法度」は大御所が発令し、やや限定された行政事務すなわち「寺務」は将軍の名において出されたと考えてよいと思う。

この他、数年前家康が発行した文書の再確認を意味すると思われる文書を、秀忠が発しているものもある。慶長十八年四月、秀忠は近江坂田郡の成菩提院に対し、寺領安堵と寺院法度確認の判物を発行した。これは同十三年十月に家康が発行した「成菩提院法度」と寺領寄進状を再確認するものである。(25)『本光国師日記』に同年三月晦日付本多正信宛の添状が載っている。

一、一書令啓上候。江州成菩提院、将軍様へ為御礼参上被申候。可然様ニ御取成被仰上被遣候者、忝可被存候。於当地、大御所様へ御礼被申上、従是被罷下候。次ニ先年彼寺へ大御所様御黒印被遣候。其趣ニ而、将軍様御黒印頂戴仕度由被申候。様子被聞召、被成御馳走可被遣候（下略）。

同十七年五月、家康は比叡山竹林坊をもって多武峯の学頭とし、学頭領三〇〇石を寄進した。(26)その翌十八年八月に竹林坊は江戸へ下って秀忠の朱印を求めている。(27)

慶長十七年五月家康は信州戸隠山に対し、神領寄進状と「戸隠山法度」を発しているが、『御当家令条』五に同十八年七月十七日付の黒印を欠く社領安堵状が載っている。「任去年五月朔日先判之旨」という文章から推して、秀忠の文章と認めてよかろう。(28)

『御当家令条』巻六に「関東天台宗法度」（六一号）が載っている。これは慶長十八年八月廿六日の日付の下に家康公御判とある。しかし本文末尾に「右条々、任今年二月廿八日先判之旨」とあるように、半年前の文書を承けたものである。その二月廿八日の法度は『御当家令条』には載っていないが、『本光国師日記』九に載っており、同日記には「右御直判一通（「関東天台宗法度」を指す）、御朱印五通（「常陸下妻千妙寺法度」その他）、慶長十八年三月十日ニ相調、各へ渡之。南光坊（天海）へ渡ス也」と記してある。八月廿六日の法度については同日記には全く言及していない。八月の法度は『徳川家康文書の研究』（下巻之一、第八篇）に秀忠の発行と認定しているが、私もそれが正しいと思う。これは天海が改めて将軍に請うて発布を受けたものであろう。

この頃天海は「関東天台宗法度」の発布を受け、自分が住職である川越喜多院の山号を東叡山と改めて関東天台宗の総本山とすると共に、日光山をも支配下に収めた。(29) 彼は家康の信任を絶対の権威として天台宗の実権を手中に収めたのであるが、さらに将軍秀忠からもその保証を求めたのであろう。十八年になって、成菩提院・多武峯竹林坊・戸隠山がすでに家康から寄進状を得ている領地の安堵状を、改めて秀忠に請うているのも、いずれも天台宗であることから考えて、恐らく天海の斡旋するところであったのであろう。こうして天海は宗内の支配体制を固めていったものと推察する。

秀忠はまたこの年七月、石清水八幡宮の神領に関する条目五箇条を社務職の田中秀清・新善法寺重清・壇栄清・善法寺舜清宛に発した。これは同十五年九月に家康が同じ社務職に下した条目を再確認するものである。(30) また同年八月に、家康は石清水八幡宮宝蔵坊に、坊領一〇七石余を寄進したが、秀忠も九月十一日付をもって安堵状を発している。これについて、金地院崇伝は江戸の本多正信に斡旋している。(31)

慶長十（一六〇五）年二代将軍を継承してから元和二（一六一六）年大御所家康が死去する迄十一年間

に、将軍として秀忠が発給した文書は、右に列挙した以外にもなお存在すると思うが、家康文書に較べて著しく少かったことは誤りあるまい。そうして、一律にそれで割切るわけにもゆくまいが、延暦寺領についての文書に表れているように、「領知」（家康）と「寺務」（秀忠）との相違が、概して大御所と将軍との立場の相違を物語る文言であると認めたい。

つまり文書の面からみても、大御所家康は天下に君臨する公儀の主宰者としての機能をもっていたのに対し、将軍秀忠はその公儀権力の内部において、補足的な機能を働かせていたのである。

前節において、諸大名との関係からみると、大御所家康は全国外様の大藩と東海・濃尾の中小藩を従える公方であったのに対し、将軍秀忠は関東中心の譜代と外様の小藩から成る軍団の長であったことを論じたが、文書の面からみても、将軍は大御所権力に内包される一機関であったことは明らかである。

大御所と将軍の関係は、元和九（一六二三）年から寛永九（一六三二）年に至る大御所秀忠と将軍家光においても、同様の事実が指摘できる。これは前節に述べた寛永三（一六二六）年の上洛供奉者の比較からも知られるが、その機能の面について、次節において考えてゆきたい。

註

（1）『重修譜』巻七六四（堀）。『幕府祚胤伝』二（家康養子女）。
堀忠俊妻は本多忠政の女。家康の養女として忠俊に嫁す。その母は家康長男信康の女。すなわち忠俊妻は家康の曾孫である。

（2）『重修譜』巻六〇七（稲葉）。
稲葉道通、伊勢田丸城主四万五七〇〇石、慶長十二年十二月死去。その子紀通（初名大夫通吉）相続、五歳。

この時稲葉氏は断絶の危機にあったといえよう。すなわち同年十二月、道通兄通重（美濃清水城主、一万二〇〇〇石）は津田信成（山城三牧、一万三〇〇〇石）・天野雄光（旗本二〇〇〇石）等と京都祇園に遊び、折から来合せていた後藤庄三郎・茶屋（四郎次郎カ）らの女房に乱暴した。これが家康に聞えて、稲葉通重は改易、常陸筑波へ配流、その他の者もいずれも改易、処罰された。彼等はいずれも「かぶき」者であったという（史料によって慶長十一年とするものもあるが、『重修譜』〈稲葉〉『台徳院実紀』巻六および『大日本史料』の年代に拠る）。

この事件と前後して稲葉道通が三十八歳で死去し、その遺児は僅か五歳であった。従って紀通の相続は幕府の特別の恩恵であったとも考えられる。大御所・将軍双方からの文書の発給は、かかる特別措置と関係あろうか。

なお稲葉通重・道通の妹（稲葉重通の養女）は三代家光の乳母ふく（春日局）である。しかし彼女は家光の乳母となってなお年浅く（慶長九年）、それによって稲葉氏が幕府から特別扱いを受けたとも思えない。

（3）『藩翰譜』巻一二下（富田）、『重修譜』巻一二九七（富田）。

慶長十三年伊勢安濃津の城主富田信高は五万石の加増を受け、伊予宇和島城主として十二万石を領するに至った。その領知宛行状は秀忠が発行している（『諸家文書纂』十三）。『台徳院実紀』巻八にはこの文書発行についての記事はないが、同年八月条に加増の記事を載せ、九月廿三日に小袖十、銀五十枚献上と記してあるので、駿府で加増移封の命を受け（秀忠も九月三日迄駿府に滞在）、九月十五日に江戸で領知宛行の判物を受けたのであろう（『重修譜』〈富田〉には慶長十二年とあるが、『実紀』に十二年は誤りと注記してある）。

（4）坂崎直盛は慶長十八年に至って確証をにぎり、再び江戸に訴え、江戸城において両者対決し、ついに富田信高は罪に伏し、所領没収、岩城平鳥居忠政に召預けとなっている（『重修譜』巻一二九七、『台徳院実紀』巻廿四）。従って信高が受けた罪の容疑は、幕府にとって軽視すべきものではなかったと思われる。

（5）『重修譜』巻九〇〇。

中村孝也『徳川家康文書の研究』(下巻之一)によると、この頃家康は江戸に滞在していた。従って高虎への知行の判物も江戸で発行したわけである。その前日の十一月十四日秀忠も高虎へ書状を遣しているが、それには「其許仕置之儀、無油断申付之段尤候」とあるが、領地給付については全く言及していない。

(6)『重修譜』巻七六四、七六六(堀)、『台徳院実紀』巻一二、『藩翰譜』七上。

(7)秀忠文書に相応すべき家康文書は『大日本史料』にも載っていない。

(8)『愚管抄』巻二、一條天皇の年代記に「山座主権大僧都餘慶」について「永祚元(九八九)年九月廿九日宣命、七十一、同十二月廿六日辞退、山僧不用之故、此後智證大師門人、名ぎ座主なれども、永く不㆓寺務㆒」とある。また『折たく柴の記』巻中に、奈良興福寺の両門主の争論裁決にふれているところで、近衛前久の長男に対し、家康が何事でも望みを叶えてあげると述べたところ、「我氏寺なれば、興福寺の寺務となりて、其衰しを起さばやとこそおもふなれ」と答えたと記してある。

(9)三井寺の判物に「近代寺務之分、全不可有相違」と記してあるのに続いて、守護不入、山林竹木伐採不可、殺生禁断、坊舎・門前・寄宿等免除をあげていることからも、「寺務」が所領の管理を意味していることが判る。寛永十二年以降の「武家諸法度」に「知行所務清廉沙汰之」とあるが、この「所務」と「寺務」とはほぼ意味が近いといえよう。

秀忠は慶長十七年十二月に石清水八幡宮の社僧等に社領の安堵状を発しているが、それらにも「所務」「寺務」の語が用いられている。

社領事、文禄三年以来所務分、弥不可有全相違者也(『大日本古文書』石清水文書六〈菊大路家文書〉四七四、善法寺宛)

公文所領之事、天正拾三年以来令所務分、弥不可有全相違者也(『本光国師日記』八、公文所法眼宛)

当坊領事、文禄参年以来令所務分、弥不可有全相違者也(南部晋氏所蔵文書、橋本坊宛)

これらの黒印状を承けて、板倉勝重・土井利勝・安藤重信・青山成重の諸老臣が連署の証文を発行しているが、それらにはいずれも「任今年慶長拾七年十二月二日御黒印旨、可有全寺務者也」とある（『石清水八幡宮史』史料第六輯）。

(10)『徳川家康文書の研究』下之一には、家康発行の文書を「法度」とし、秀忠のを「掟書」として区別している。「法度」の方は箇条文になっており、適当な区分と思えるが、「掟書」の方は必ずしも定義が明確でない。

(11) 辻善之助『日本佛教史』八 近世篇之二、第十章第四節「寺院法度の制定」真言宗法度。

(12) 家康の文書にも、東寺宛では「至無学問者、寺領之所帯不可叶、早速可有修学興行者也」とあり、高野山宛でも「学問次第可相続事」「可有碩学相続事」「必以碩学之中器量、可為住持候事」と、学問重視をうたっているが、秀忠文書のようにはっきり住持の入替と迄は言及していない。

(13)『本光国師日記』六 慶長十六年十月廿四日条。

　これにはただ「御黒印」とのみあって、家康か秀忠か判明しないが、同『日記』五 同年十月四日付、大久保忠隣・本多正信宛、崇伝・円光寺元佶書状に「伯州大山之西楽院、去年従将軍様御朱印《（ママ）》被致拝領候」とあるので、秀忠のものと判る。

(14)『本光国師日記』四 慶長十六年四月条に、卯月十四日付で西樂院が崇伝・円光寺元佶・板倉勝重に宛て、正覚院との対立を訴え、「此等之趣被達上聞、御朱印被下候様御取成奉頼候」と願っている。丁度一年前に将軍秀忠の黒印状をもらったばかりで、また朱印状を求めるのもやや不審であり、或はこのあたり『日記』に錯簡があって、前年の記事が混じている可能性もある。しかしこれに対する崇伝・元佶の返事が同月廿日付で、しかもその文言は「目安書直候而給候ハゝ、添状可遣候」というもので、その八日後に秀忠の黒印状が発せられるには、あまりに期間が迫りすぎている。そうすると、折角秀忠の文書を貰っても寺内は依然おさまらず、改めて家康の朱印を願ったのであろうか。しかし同年夏西楽院は死去したので、恐らく沙汰なしになったのであろう（「大山諸事覚」〈『鳥取県史』8所収〉に、十六年辛亥六月五日豪円〈西楽院〉遷化とあり、『本光国師日記』五　前出大久保忠隣・本多正信宛崇伝等書状にも「当夏中西楽院逝去候」とある）。
(15)『本光国師日記』五　前出十月四日付大久保忠隣等宛崇伝他書状、十月六日付板倉勝重宛書状、十月廿五日付栄任宛・板倉勝重宛書状（同『日記』には岩本院宛将軍秀忠黒印状の日付を十五年としているが、十六年の誤記であることは明瞭である。なおその文書は『御当家令条』巻五にも第四八号文書として載っている。但、『日記』には黒印とあり、『令条』は朱印と記す。また共に誰の印かは記してないが、『日記』によって秀忠のものであることも明瞭である）。
(16)『本光国師日記』六　慶長十七年二月十三日付岩本院宛崇伝・元佶状に「所化下向候而、貴老西楽院へ移、我儘被成候由申候而訴訟申候。雖然、取合不申候へハ、此間直奏申上、目安差上候」とあり、これについて家康が崇伝らに尋ねたので、岩本院のために取成したと報じている。同年三月二日付の岩本院宛の状によると、その所化は妙浄坊といい、家康の鷹場へいって直訴したという。
(17)『大山諸事覚』によると、久運法印という。
(18)『本光国師日記』一〇　慶長十八年八月十八日・九月十七日・十月十七日・廿日・廿一日・廿三日。
天海は十八年八月頃駿府にいたので、当然内定に参画していたといえる。その後の岩本院の異論の背後に崇伝がいるような噂があり、崇伝はかなり迷惑していたようである。「南光坊へも、我等無如在よしを能々御物語所仰候」という文言のある手紙を、駿府へ下向する岩本院に託している（宛名が栄任尊老とあるから、家康側近の有力者亀屋栄任であろう）。
(19)『御当家令条』巻五　四九号。
(20)『本光国師日記』九　慶長十八年五月五日条、辻善之助『日本佛教史』八　近世篇之二、第十章第四節「寺院法度の制定」修験道法度。

(21) 秋峯または逆峯といい、秋七月吉野から入って大峯へ登り、熊野三山を経て、紀州から葛城に至って祈念成就となる。
(22) 春峰または順峯といい、春正月葛城から山に入り、熊野を経て大峯に至る。
(23) 秀忠の判物は「修験道之事、可被任往古之法度」と「愛宕山之儀、為諸国山伏同前之上者、結袈裟金地等者令免許之」という内容であるが、照高院はこの後武蔵・陸奥等の山伏支配に乗出した。園城寺領に対する秀忠の安堵状(「三井寺領之事、近代寺務之分、全不可有相違」とあるもの。本節註(7)参照)。なお照高院に対する家康の文書はないようである。
(24) この時も崇伝は本多正信宛に、義演の下向と、秀忠の判物を頂戴したい旨の義演の意向を伝える書状を、義演に托している(『本光国師日記』九　慶長十八年五月二十三日条)。
(25) 「共以任去慶長参年拾月四日先判両通之旨」、(『本光国師日記』九)という文言がある。同十八年五月朔日成菩提院が江戸から駿府へ戻って来て、崇伝に挨拶した時、秀忠から貰った判物(御直判とある)を提示し、崇伝がこれを写したものである。
(26) 『本光国師日記』七　慶長十七年六月十日条、(この頃崇伝は京都南禅寺に居り、竹林坊が駿府から上洛して崇伝を訪ねた際、家康の朱印状を見せ、崇伝に多武峯社領の割付文書に署判を求めている)。
(27) 『本光国師日記』十　同十八年八月十八日条。この日崇伝は本多正信宛の書状をもって、竹林坊が「将軍様御朱印頂戴申度」内存である旨を伝えている。但、秀忠発行の文書は判明しない。
(28) 『本光国師日記』には、十八年七月の安堵状についての記載はない。従って駿府で家康が発したものではあるまい。一年ほどの間に二度も同趣旨の文書を出す意味も認められないから、戸隠の社僧が江戸で秀忠から受けたものであろう。
(29) 辻善之助『日本佛教史』八　近世篇之二、第十章第三節「南光坊天海」。

(30)「石清水八幡宮文書」(『石清水八幡宮史』史料第六輯「社領編」所収)。
(31)『本光国師日記』十　慶長十八年五月廿三日・八月十八日・廿六日・十月廿七日条。

五　大御所秀忠と将軍家光

大御所秀忠の時代になっても、秀忠名による文書の発行は、大御所家康名のものと較べて著しく少いようである。その理由の一は大御所や将軍名の文書に代って、年寄・奉行連署の文書が増加したことに求められる。『異国日記』寛永二(一六二五)年正月廿日の条によると、この日本丸において、安南国への返書を将軍直書にするか。年寄の返書にするかが議された。この時崇伝は「相国様(家康)之時以来安南国へ被遣候書之留六通、其後は皆年寄衆ヨリ之書ニ而候」と記している。其後というのは家康死後を意味する。つまり秀忠親政期に入ってからは、年寄名による文書となったと申立てた。家光もそれがよいと思ったが、大御所の意向を聞くよう指示した。そこで二月三日西丸に出仕して秀忠の指示を求めたところ、奉行の返書がよいとのこと、またその奉行としては酒井忠世・土井利勝・酒井忠勝を指名した。[1]

外国への返書の場合に限らず、秀忠の代になると、年寄・奉行の会議が幕政の重要機関になってきた。すでに家康の死後ほどない元和二(一六一六)年八月、幕府は外国船の寄港を制限し、キリスト教国の商船は平戸か長崎に限ることとし、イギリスも家康時代の寄港自由の特典を奪われて、平戸のみとなった。リチャード・コックスはその撤回を求めて、家康の腹心本多正純に陳情したが、「今日の彼はもはや老皇帝時代と異り、たゞ現帝の顧問会議の一員たるに過ぎす」とその日記に認めている。[2]家康を喪って本多正純の発言力が弱くなったというばかりでなく、秀忠の周辺には年寄・奉行が組織化されつつあったのである。

すでにその傾向は家康在世中にもあった。家康の周辺には本多正信・正純父子をはじめ、種々雑多の出頭人が集っていた。それらは家康との個人的な結付きで、組織的なものはなかった。これに対し江戸の秀忠の下には次第に行政機構が形成されてゆきつつあった。慶長十九(一六一四)年二月十四日、大久保忠隣改易に関連して、家康・秀忠両御所への忠誠を誓う九箇条の起請文に、酒井忠世等八名が連署している。(3)『慶長年録』には江戸年寄衆并江戸老中・町奉行・御留守居が起請文を奉ったとあり、『家忠日記増補』には江府老臣・執事・奉行とある。(4)『御当家令条』には「公事裁許人起請文前書」と題してあるが、職名も組織も未確定であったと思われる。しかしともかく、秀忠の下で幕政が組織的に運営されようとする趨勢は、この連署から窺うことができる。(5)

リチャード・コックスに対する本多正純の返事や、金地院崇伝の国書様式についての指摘を通じて、秀忠実権の時代に入って政治の組織化はさらに進行したことが知られる。秀忠大御所時代はその趨勢が一段と進んでいったのであるが、老臣合議の場は西丸の秀忠のもとであった。以下その状況を列挙してみよう。

元和九(一六二三)年閏八月五日、折から家光将軍宣下のため、秀忠も共に上洛中であったが、二条城において暹羅国への返書を議した。この時将軍家光は伏見城に居り、家光付老臣酒井忠世も伏見にあってこの議に参加せず、会議は秀忠のもと、土井利勝・井上正就・永井尚政と崇伝が参加して行われた。忠世宛の状の返書は、後日崇伝が作成した。(6)

寛永元(一六二四)年三月廿四日、国王の書簡をもって通商再開を求めて渡来した伊須般国の使者の処遇について、西丸において土井利勝・井上正就・永井尚政および崇伝が会議、将軍への対面を許さず、国書

同二年、安南国への返書の様式について、まず正月廿日には本丸において議したが、大御所の上意を得るようにとの家光の意向により、二月三日西丸において秀忠の指示を仰いだことは前述した(8)。

この年家光の守役を勤めてきた青山忠俊は将軍の不興を蒙り、城地を召上げられて蟄居させられたが、秀忠はこれに対し遠州において一〇〇〇石を給した。その領地の引渡しを代官浅井長四郎（秋鹿朝正）へ指示する文書には、土井利勝・井上正就・永井尚政の西丸三老臣と、勘定頭松平正綱・伊丹康勝が連署している(9)。

寛永五年二月廿八日幕府は美濃高須城主徳永昌重（五万三七〇〇石）を大坂城石垣普請助役怠慢により、また丹波綾部領主別所吉治を参勤懈怠により、それぞれ改易に処した(10)。この時将軍家光は川越へ鷹狩りに出かけて居り、本丸老中酒井忠勝・内藤忠重・稲葉正勝もこれに供をしていた。酒井忠世のみは江戸にいたから、或は西丸での議に参与したかと思われる。

またこの月、土岐頼行は下総相馬郡一万石の地を改め、一万五〇〇〇石加増の上、出羽上の山城主となった。『寛永諸家系図伝』『譜牒余録』によると、秀忠の直命であった(11)。翌六年八月八日に秀忠は交代寄合高木貞次に対し、美濃国石津郡において一〇〇一石四斗の知行の朱印状を与えている(12)。

同五年七月廿四日寄合藤堂嘉以が死去したが、その遺言として三男嘉次に家を継がせたいと請うた。しかしその舅松倉重正は、罪もない長男・次男をさしおいて三男に家を継がせるのはいかがなものであるから、どうか兄二人に父の遺領二〇〇〇石を分けて一〇〇〇石ずつ継がせていただき、三男は幼稚（当時十一歳）なので外祖父として自分が養い、成人したならば改めて俸禄のことを願いたいと申出た。これに対し秀忠は、家督は父の遺言によるのが家康以来の国法であるとてこれを却けた。しかし重正が懇願してやまなかったので、ようやくそれを聴入れ、長男に家督を継がせ、寄合に列し、二男に一〇〇〇石を分与し、三男には重正の所領の中から二〇〇〇石を与えるよう命じた。(13)

このように対外関係・武家所領関係はいずれも大御所秀忠のもとで西丸付の老中の協議により決定されていったが、対朝廷関係も同様であった。

寛永三(一六二六)年秀忠と家光は、前にもその行列についての比較をしたように、後水尾天皇を二条城に迎えるべく上洛したが、その七月五日、行幸の際の作法についての記録作成を、二条城において土井利勝・井上正就・永井尚政の三老臣と伝奏衆に協議せしめた。この時家光はまだ江戸を出発していなかった。(14)ついで十月四日幕府は「女院御所条目」を発した。(15)また翌五日には「女院御所女中下知条々」を出した。(16)これより前、九月十五日江戸において秀忠夫人・家光生母浅井氏がなくなった。家光は同月廿五日離洛した。従ってこれらの条目の発布は専ら秀忠のもとで行われたことは明らかである。五日の下知状は土井・井上・永井の秀忠三老臣と所司代板倉重宗の奉書の形式をとっているが、重宗は井上・永井と共に秀忠近侍の三臣といわれた人である。(17)

翌四年には紫衣事件が始まった。この年七月十三日所司代板倉重宗は京に帰任すべく、江戸城西丸へ登って大御所秀忠に挨拶した。秀忠は重宗に対し、京都における政務について指示したが、(18)紫衣法度・諸宗出世の法度違反の議はここで問題になったようである。

ついで十六日、西丸老中土井利勝邸に板倉重宗と崇伝が参会、この時崇伝は「権現様之御時、御仕置之留書」を持参するように利勝からたのまれて、その案紙三一冊を持参して相談した。(19)そうして同十九日秀

忠は西丸において淨土宗の増上寺霊巌の説法を聴聞の後、板倉重宗に対し、

諸宗出世之儀、故相国様御法度書ニ相背、漫ニ有之由被聞召候之間、三條・中院[20]を以窺叡慮、御法度書以後出世之者、先相押、其上重而器量を被成御吟味、可被仰付事。

以下五箇条を指示した。これを所司代名で七月廿一日付で発布した[21]。こうして元和元（一六一五）年家康が諸法度を発布して以後の諸宗の出世・紫衣に対する勅許は、すべて無効となってしまった[22]。

これで後水尾天皇の面目をすっかりつぶしてしまった幕府は、天皇の譲位もやむなしと腹をきめたのであろう。表には天皇の機嫌をなだめつつ、裏では譲位の準備に取りかかっていた。『東武実録』によると[23]、寛永五年三月十四日将軍家光は紀伊頼宣邸を訪うた。将軍還御後、紀伊頼宣は相伴として招いた駿河大納言忠長と水戸中納言頼房と共に、来臨の御礼に本丸に登り、ついで秀忠の御機嫌窺いに西丸へ廻ったところ、秀忠は老臣達と会議中だったので、目付豊島信満にその旨を申置いて下城した。この時西丸においては、京・大坂へ板倉重昌を派遣するについて、指示すべき事項を検討していたのであるが、その主たる内容は、天皇譲位に備えて仙洞御所作事に関することと、徳永昌重（半月前の二月廿八日改易）の怠っていた大坂城石垣普請の措置に関することであった。この議についても将軍家光は全く与っていなかったのである。

このように私が寛永三年の上洛の際の供奉に関して指摘した、大御所秀忠と将軍家光の徳川政権における立場は、幕政運営における両者の立場についても同様のことが認められる。公儀権力の主宰者は大御所秀忠であって、将軍家光は政権内部の人であった。

現在の征夷大将軍が権力の中心にいないというところは、大御所家康・将軍秀忠の時代と同じであるが、慶長の幕府と寛永とでは、内容に若干の相違がある。その第一は前にも指摘したように、家康の時代は、多くの出頭人を従えながら、政治組織は未熟で、家康の独裁で政治は運営された。秀忠の時代となると年寄・奉行層がかなり組織的な動きをとるようになっていったことは、重要な決定が西丸における重臣達の会議によってなされたという『本光国師日記』や『東武実録』の記事から考察し得る。こういう傾向は寛永九年に秀忠が死去し、将軍家光親政期に入って程なく、同十一年にはすでに後の老中・若年寄に相当する職掌の成文化に連なるものである。(24)

その二として、私は同六年の「武家諸法度」の改訂の中に、新しい動きを考える。この時の改訂についてはは従来ほとんどその意味が検討されて来なかった。(25)しかし『本光国師日記』の次の記事には注目する必要がある。

(寛永六年八月廿二日)

一、同日、土井大炊頭殿御出、武家御法度之内、乗物之ヶ条御このミ有之、一、五十以上、一、五万石をきり、一、一城被仰付候者、一、国持之子息達、一、身本高衆、此分被仰出、書改候様ニとの義、双談申也。

一、同廿三日、御法度書如御好書改、大炊頭殿へ持参、文躰ハ御法度書ニ見へたり。御左右次第、御城へ持参候筈也。

家康の定めた「元和令」第十一条は次の通りである。

一、雑人恣不可乗輿事

古来依其人、無御免乗家有之、御免以後乗家有之（中略）、於向後者、国大名以下一門之歴々者、不及御免可乗、其外昵近之衆并医陰両道、或六十以上之人、或病人等御免以後可乗、家郎従卒恣令乗者、其主人可為越度（下略）、

秀忠の法度（第九条）はこれを次のように改めた。

一、雑人恣不可乗輿事（中略）

於向後者、国大名、同子息、一門之歴々并一城被仰付衆、付五万石以上、或五十以上之人、医陰両道、或病人等者、不及御免可乗、其外之輩者御免以後可乗、至国国諸大名之家中、於其国者、其主人撰仁躰、遂吟味可免之（下略）、

つまり「元和令」においては免許を必要とした老齢者（これも六十以上を五十以上に引下げている）や医陰両道、病人等を免許に及ばずとし、諸大名の家中の者も、その領国内での乗輿認可の途を開くなど、乗輿の制限を大いに緩和した。また諸大名については、「元和令」では徳川一門を除くと国大名としか定めてないのに対し、寛永六年令では国大名・一城被仰付衆・五万石以上と区分している。「元和令」の段階では諸大名の格式について、単に諸大名（第九条）といい、または国々大名小名（第四条）と称し、或いは国主（第十三条）と表現して必ずしも明確でない。寛永六年令にもそういう表現の条文は残っているが、乗輿の条文改訂に際してこのような区分を設け、さらに国大名についてはその当主ばかりでなく、その子息の身分を設けている。これは次第に大名の家が安定してゆくことを示すものであろう。またこの条文改訂は、次の寛永十二年の家光の法度第十一条に大きく近付いている。

秀忠大御所時代は、これ迄述べて来たように、多分に家康大御所時代を継承しながら、また一面次代の

家光親政期の、幕府支配体制安定へ連なる様相を、右の二点に窺わせていたのである。

この頃から秀忠は実権を家光に譲る準備を始めたかと思われる。例えば改訂法度発布のやや後の同年九月廿七日、崇伝は秀忠から家光へ譲渡す金銀を、本丸金蔵へ永井尚政が納入すべき吉日の占定を求められ、十月廿日・廿四日・廿七日を選んでいる。[26]

因に徳川家康も大坂の豊臣氏を滅ぼし、「武家諸法度」・「禁中並公家諸法度」や一連の「寺院法度」を発布して、生涯の事業の締括りをつけた後、元和元（一六一五）年の暮頃から、伊豆地方に隠居所を求めている。竹千代（家光）を連れて上洛し、元服・任官の儀をあげた後、実権を秀忠に譲って隠居する心積りであったのではないかと推測する。しかし彼は元和二年一月廿一日駿河の田中で発病し、同年四月十七日に死去してしまったので、竹千代元服も隠居もならなかった。[27]

秀忠は家康の法度励行という形で紫衣一件の上に関東の威圧を十分に発揮し了ったところで、父に倣って公儀の実権を家光に渡そうとしたのではあるまいか。そうしてその最後に秀忠は公家・門跡に対する公方の礼式を定めようとした。

寛永七（一六三〇）年十一月京都にいた崇伝は、京都において御用があるから、近々上京する板倉重昌の到着を待ち、用件を済ませてから江戸へ戻るようにという土井利勝からの書状を受けた。十一月末京都に到着した重昌の携えて来た用件というのは、大御所秀忠が摂家・親王家・諸公家・門跡を饗応する時の秀忠の賜盃、その返盃の礼式をきめることであった。

そこで崇伝は摂政一條兼遐・板倉重宗・重昌と相談して、十二月初旬にかけて賜盃の方法、返盃を秀忠が受けるべき家格等を定めた。これは天盃に準拠したもので、一条兼遐が参考迄にと見せた摂家における饗応の作法については、いらざる物といって摂政へ返した。これは大御所秀忠すなわち公儀の主宰者を、礼式において、天皇に比肩する立場におこうとするものであった[28]。江戸の公儀が政治上の実権をにぎっているばかりでなく、儀礼上でも摂家・親王家に優越し、天皇と対等の存在であることを明示しようとした措置として注目する必要があろう。秀忠は政治権力と金銀財宝ばかりでなく、儀礼上の優越性も確定して、公儀の地位を家光に渡そうとしたのであろう。しかしその後秀忠は病気がちとなり、江戸における公家饗応もなかったので、この礼式が実行される機会はなかったようである。

やがて寛永九（一六三二）年秀忠が死去し、大御所政治は解消する。ついで慶安四（一六五一）年三代将軍家光が四十八歳で死去した時には世子家綱はなお十一歳、家光が将軍を辞して大御所政治を展開する遑はなかったといえるが、それよりも幕府の支配体制が確立して、敢えて大御所政治という形態をとる必要がなくなったのである。それについては後章に述べるが、諸方面に対する緊張した関係が著しく緩み、その中で現任の将軍即公儀の主宰者を妨げる条件が解消したのである。

註

（1）　崇伝は『本光国師日記』や『異国日記』の中で、秀忠太政大臣任官（寛永三年九月十三日）以降は、秀忠を相国様と表現している場合もあるが、この時秀忠はなお右大臣である。家康については、権現様もしくは故相国様と記す場合が多いが、ここでは相国様は家康をさしている。

（2）　「リチャード・コックス日記」　一六一六年十月廿三日付（『大日本史料』一二―二五、元和二年九月十三日）。

（3）　『御当家令条』巻三四　五一七号。

署名人の中に井上主計頭とあり、当然これは井上正就をさしていると思われるが、正就主計頭任官は、『寛永諸家系図伝』己二（清和源氏頼季流）・『重修譜』巻二四一共に元和元年正月廿七日とする。従って慶長十九年に主計頭と記すのは疑問とせねばならないが、この時江戸重臣等が起請文を呈したことは『慶長年録』等にもあり、誤りあるまい。

（4）『大日本史料』一二―一三。

（5）行政機構の整備は家康とても求めるところであったろう。しかし組織化が進行して、それが家康の意志とは異なる政治上の動きをするようになることは、強く警戒せねばならなかったであろう。私は大久保忠隣取潰しの意味をそこに求めたい。

つまり江戸の行政組織化の頂点にあった元老大久保忠隣を叩くことによって、その組織に対する家康の威信を絶対化しようとしたのである。そうしてこの秀忠付きの八人の重臣の起請文は、いわばその駄目押しであったと理解している。

（6）『異国日記』上。

（7）同右。

（8）同右。

（9）『秋鹿家文書』寛永三年閏四月廿四日老中等連署指令、『重修譜』巻七二七（青山）。

（10）『重修譜』巻一一〇五（徳永）、巻四七二（別所）、『大猷院実紀』巻十一。

（11）『寛永諸家系図伝』清和源氏頼光流　丁五（土岐）、『譜牒余録』巻五二（土岐）、『東武実録』巻廿二。

（12）『譜牒余録』後編巻六　交代寄合之五。

（13）『大猷院実紀』巻一四　寛永六年八月廿五日条、『重修譜』巻九〇一・九〇二（藤堂）。

『実紀』は典拠として『重修譜』を記しているが、同譜（藤堂譜）には、嘉以の遺言については触れていない。

(14)『本光国師日記』三五、『大猷院実紀』巻七。

(15)『東武実録』巻廿、『武家厳制録』巻一　四号、『教令類纂』初集一。『徳川禁令考』巻一、『禁令考』のみ五日と記す。

(16)『武家厳制録』巻一　五号、『教令類纂』初集一、『徳川禁令考』巻一。

(17)『徳川禁令考』のみ『女院御所条目』の日付の下に「家光黒印」とあるが、『武家厳制録』『教令類纂』には「黒印」が誰のもととも記してない。『東武実録』には「黒印」の記載もない。『禁令考』は日付も違っており、「家光」という表記法も尊称を欠く点で近代の追記と思われる。本文に記す通り、家光離京後の作成であり、これと対をなす「女中下知条々」が秀忠付老臣の奉書であるから、共に秀忠の発布と認める。

(18)『大猷院実紀』巻一〇。

(19)『本光国師日記』三七。

板倉重宗は結局この件のために八月七日頃迄江戸に滞在していたようである。

(20)武家伝奏大納言三条西実条・中納言中院通村。『本光国師日記』『東武実録』『教令類纂』いずれも三条西を三条と記す。

(21)『本光国師日記』三七、『東武実録』巻廿一、『教令類纂』初集九〇。

『本光国師日記』によると、崇伝は秀忠の指示に基き、年寄衆と右筆部屋で終日談合し、文案を練った。それを右筆建部伝内に書写させたという。

(22)紫衣事件の詳細な内容については、辻善之助『日本佛教史』八　近世篇之二　第十章第四節「寺院法度の制定」参照。なお辻達也編『日本の近世』2　第3「徳川政権確立過程の公武関係」、辻達也『江戸開府』(中央公論社『日本の歴史』13)「公家諸法度」にも概要を記してある。本文においては、専らこの事件推進の主導が秀忠を中心とする西丸にあったことの論証に、主力をおいて記述を進めている。

(23)『東武実録』巻廿三。

仙洞御所造営については、すでに寛永四年十一月に小堀政一に造営奉行を命じ(『大猷院実紀』巻一〇、『重修譜』巻一〇二二)、同五年二月六日使番駒井親直・徳山直政を上方目付として派遣する際に申渡した九箇条の中に、次のようにふれている。

一、此度院御所御殿之儀、御位之御殿よりも少も大口は無用たるへき事、

一、致結構候事も、御位之御所同前たるへし、但、二條行幸之時の御殿共ハ、その儘もとのことく可相立事、

一、末代迄之事に候間、切組其外丈夫成所ハ念を入可申事、

(『東武実録』巻廿二、『大猷院実紀』巻十二)

このように幕府は後水尾天皇譲位の準備を、紫衣一件断行後程なくから始めていた。そうしてこれ迄述べて来たところからも、西丸の秀忠側で計画されたことは容易に想像し得るが、小堀政一の奉行任命や駒井親直らの上方派遣に関する前掲の文献には、誰の指示かは明記していない。しかし『東武実録』巻廿二に載る次の書状によって、その裏付けは得られる。

去廿四日之御状、今朝到来、令拝見候、此中御横目衆被遣候而之一左右、被聞召度思召候之間、御書中之趣、則達上聞候、

一、御横目衆に懇ニ覚書を以被仰遣候ことく、院御所御作事之儀、御位御所より勿論万事ちいさき可為御作事儀ニ候得共、是は余之御隠居と相替候と思召、御位御所程と先度被御遣候、併はや立申御殿、又は切組候御家をちいさくいたし候ハゝ、却而如何と思召候間、左様のをハその儘可有御用候、今より仕候御殿之内を、右之心持被致、尤候事、

一、二條よりひかせられ候御殿は、最前如申入候、其儘可被相建事、

一、先度被御越候御二階之儀は勿論、去年貴殿御もたせ候御殿数之御書付之外、新儀之御作事は、内膳正（板倉重昌）被罷上候迄、可有御待候、ヶ様之段、爰許より申入候様に無之、貴殿内々心得を以、御作事奉行衆へも可被申談候、委細御報待入候、恐々

二月廿八日

永　信（永井尚政）
井　主（井上正就）
土　大（土井利勝）

板倉周坊守殿

かなり天皇側に気を配った内容であるが、差出人は西丸の三人の老中であり、これによって前年十一月以来の仙洞御所造営計画が、何処によって進められて来たのかは明らかである。さらにそれは『東武実録』同五年三月十四日の記事によって確認できる。

(24)　第三章「家光親政期の幕府政治」参照。

(25)　近世の主要な法令集をみても、秀忠の改訂した寛永六年の法度は『御触書寛保集成』『武家厳制録』『教令類纂』『憲政類典』には載っているが、『御当家令条』『大成令』には載っていない。

(26)　『本光国師日記』四一。

但、その金銀譲渡が果して何時行われたのかは『本光国師日記』『東武実録』『大猷院実紀』いずれも記していない。『東武実録』巻二八（『実紀』は『東武実録』に拠る）に、十月廿日・廿二日・廿三日にわたって、西丸新山里において秀忠が盛大な茶会を催し、将軍家光はもとより頼宣・頼房・忠長をはじめ一門・外様の大藩主が相伴にあずかっているが、或はこれが譲渡の儀式であったのであろうか。しかし『実録』には譲渡の記事は見えない。

(27)　『本光国師日記』一九・廿の記事を辿ると次の通りである。

元和元年十二月四日細川忠興宛書状

一、大御所様御隠居所、伊豆ニ相定り申由ニ候、
一、大御所様、来年四月ニハ可為御上洛御沙汰ニ候。竹千代様御上洛、御参内可被遊由ニ候、
同年十二月十四日本多正純宛書状
一、与安法印を以被成御尋候方角之儀、駿府にて被成御越年、来年東之方伊豆三嶋へ御移、一段と上吉之方にて御座候（下略）。
同年十二月十七日板倉勝重宛書状
一、来年者伊豆三嶋へ可被成御隠居旨ニ候間、方角以下御尋候故、具ニ申上候。来年東ハ一段と能方ニ而御座候通申上、是又御機嫌能御座候。所をはいつミかしらと申由候。三嶋のきわにて御座候由候（中略）、
一、来年四月、竹千代様御上洛、御参内可被成御沙汰ニ候。大御所様可為御上洛御沙汰ニ候、
同　十二月廿二日板倉勝重宛書状
一、竹千代様御上洛者可為八月由ニ候。九月京都ニ而御元服と、内々御諚ニ候、
元和二年正月四日板倉勝重宛書状
一、七日ニ為御鷹野、先田中迄被成出御、それゟ中泉迄被成渡御、様子ニより吉良迄も可被成御座候かの御沙汰ニ候。併中泉ゟ還御とも申候。来月初比、伊豆御隠居所之御屋敷、縄ばりニ被成御座、其ゟ熱海へ御湯治之御沙汰ニ候、
一、御上洛ハ、最前ハ五月と被仰出候ツル、併いまた必定ハしれ不申候、
一、竹千代様御官位之儀も、先江戸へ勅使を被立、其以後可有御上洛之様ニ、上様御内證被仰出候。さりながら、此儀ハしかと重而仰出候ハヽ、御左右可申候。先可被成御隠密候。御前にても、我等一人を召候て、ひそかに御諚候間、御内證申入事ニ候。必御沙汰有間敷候、
同　正月八日板倉勝重宛書状

一、上様十五日か一七日かニ当地を被成御立、豆州泉頭へ被成御成、十九日ニ御縄張、御鍬初可被仰付旨ニ御座候、

同　正月十四日板倉勝重宛書状

一、十三日之書中ニ如申入候、泉頭之御普請被為止、当地竹腰山城屋敷ニ可被成御座ニ相極、はや昨十三日彼屋敷之絵図上り候而、中井大和被召出、指図以下被仰付候、

同　正月廿二日酒井忠世・土井利勝・安藤重信・酒井忠利宛・金地院崇伝・藤堂高虎書状

一、急度令啓達候。大御所様田中へ御鷹野ニ被為成、廿一日之夜半時分、御虫指出候由、駿府ニ而承付、則廿二日早々御見廻ニ参上仕候。早速被成御本復、両人共ニ御前へ被召出、御気色之躰見申候（下略）、

(28)『本光国師日記』四二一　寛永七年十一月三日・四日・九日・十日・廿四日・廿五日・廿八日・十二月三日・四日・五日・六日。

第二章　近習出頭人について

一

新井白石は『折たく柴の記』の末尾に、側用人の起源を次のように述べている。

> 第三代の（家光）御時（中略）堀田加賀守正盛朝臣はじめのほど奉書連判の衆になされ、程なく其事とゞめられ、御側にさぶらひて老中の人々に仰下さるゝ御旨をも、また老中の人々申すべき事など、此人に就て申されき。（中略）第四代には（中略）正盛朝臣の事のごとくなる人もあらず、第五代の御時、牧野備後守成貞の朝臣は藩邸よりしたがひまいらせしかば、むかし正盛朝臣が時のごとくに、老中に仰をもつたへ、申次をもせられき。

つまり元禄から正徳にかけて幕政上強い発言力をもった側用人は、三代家光の時の堀田正盛の職務に淵源するというのである。『藩翰譜』堀田正盛の項によると、正盛の職務は当時「近習出頭人」とよばれたという。

恐らくこの白石の解釈の影響であろう。『大猷院実紀』元和九年十一月十九日の条に「此ころ御側出頭人と申けるは、今の御側用人の事なり」と成島司直は註している。『武家名目抄』（職名部七下）には出頭人について「これは尊卑のしなもなく、時に遭たる者の、老臣・奉行人なとに立ならひて国政にあつかるものをいふなり。これはたまさしき職名となりたるにあらさりしは、その等輩に定まれる階級のなきを以て思ふへし。今の世に側用人・奥用人なといふは、大かた出頭人のしなの定まれるものなり。」と説明している。明治以降の著書をみても、例えば小中村清矩『官職制度沿革史』、松平太郎『江戸時代制度の研究』、石井良助『日本法制史概説』等、側用人は初期には近習出頭人と称したと記してある。

白石は堀田正盛の子正俊に仕えたことがあるから、正盛の事蹟についてもよく知っていたかもしれぬ。しかし『折たく柴の記』のその箇所は、彼や間部詮房が要路から失脚し、それ迄の彼らの行動・施策に悪評があびせかけられたことに憤慨し、自分達の立場について弁明に努めている箇所である。(1) 側用人の起源についての記事も、その職が幕初に淵源することを主張して、詮房の立場を擁護する一端としようとしたものと考えられる。

果して白石の主張の如く、側用人は近習出頭人に淵源するものであろうか。確かに将軍側近にいて幕政運営に大きな発言をもっていたことは両者共通といえよう。しかしこの点だけで幕府職制史上両者を同一に扱い得るであろうか。或は出頭人は一定の職制ではなく、それが制度として確立すると側用人となるという『武家名目抄』の解釈は、両者の活躍する時期と幕府の諸制度整備の関係からみて、一応成立つかもしれぬ。しかし制度史的にみて両者には連続性が認め得るであろうか。

私は両者が連続するものではないと考える。近習出頭人が幕府成立期において、側用人が元禄期以降において、幕府政治上演じた役割はかなり違っている。それは一つの職制の役割が時期によって異るというのではなく、幕府の制度発展の歴史の上で異なっていると思うのである。

側用人出現の意義については一応私見を発表してある。(2) 近習出頭人と側用人と比較する場合先ず注意すべきは老中との関係である。即ち牧野成貞・柳沢吉保・間部詮房ら側用人は、いずれも正規の老中にはならなかった。柳沢吉保は俗に大老といわれるが、それは大老格であって、殿中の席次その他儀礼上の待遇に止まる。その他の側用人も老中格であった。柳沢吉保らはいかにその権勢が強くとも、幕府の行政執行機関を支配する制度上の根拠はなかったのである。しかしまた一面、幕府の職制は、とくにその上層部が形骸化し、実際の政治の運営が変則的になっていたことを示す。つまり側用人政治は一度確立した幕府の職制の一部が形骸化した時に出現したものといえる。固定した制度の矛盾の中から出てきたものなのである。

これに対し近習出頭人は当時の幕政上どういう意味をもっていたか。本稿は主としてこの点について制度史的考察をしようと思う。そうしてこれを近世初期幕政史研究の、私なりの手がかりとしたいのである。

註

(1) 享保初年の新井白石・間部詮房らの立場については、拙稿「享保改革に於ける主体勢力について」(『史学雑誌』六三―三、本書第六章)、「新井白石と間部詮房」(『日本人物史大系』3 朝倉書店、拙著『近世史話』悠思社)参照。

(2) 拙稿「天和の治について」(『史学雑誌』六九―一一、本書第五章)。

二

近世初期に近習出頭人と称せられた人は『藩翰譜』によると松平正綱(巻二)・牧野親成(巻四下)・板倉重昌(巻五)・秋元泰朝・堀田正盛・内田正信(以上巻六)等である。彼らの職務経歴を『寛政重修諸家譜』(以下『重修譜』と略す)によってみると次の如くである。

松平正綱(『重修譜』巻二五五)

文禄元年家康の近侍となる。慶長末年板倉重昌・秋元泰朝と共に近習出頭人、勘定頭を兼ねる。寛永初年書院番・小姓組両番頭を兼ねる。
牧野親成（『重修譜』巻三六七）
幼少の頃より家光の小姓を勤む。寛永十年御膳番、ついで徒頭、同十九年書院番頭、近侍旧の如し、承応二年番頭免除。同三年京都所司代。寛文八年辞職。(1)
板倉重昌（『重修譜』巻八二）
慶長八年六歳にて家康に仕える。慶長末年近習出頭人となる。
秋元泰朝（『重修譜』巻九五八）
慶長末年近習出頭人となる。元和初年小姓組番頭。寛永八年辞職。
堀田正盛（『重修譜』巻六四四）
元和六年家光に近侍。寛永三年小姓組番頭。同十年松平信綱・阿部忠秋・三浦正次・太田資宗・阿部重次と共に六人衆と称せられる。番頭兼任のまま老中格。同十二年番頭免除。同十五年職務免除。大事の政務に際して評定所伺候を命ぜらる。(2)
内田正信（『重修譜』巻一〇一四）
寛永七年より家光に仕え、十二年奥小姓。十三年手水番。同十六年小姓組番頭。慶安二年出頭人を兼ねる。
右の経歴をみると、板倉重昌を除き、他はいずれも書院番・小姓組の番頭を兼ねている。即ち将軍側近の役を兼ねて将軍身辺警備の頭を勤めているのである。『大猷院実紀』巻一には出頭人として朽木稙綱・池田長賢・佐野正直の三人をあげているが、彼らについても同様の事が指摘し得る。

朽木稙綱（『重修譜』巻四一七）

元和四年に家光に仕える。寛永八年小姓組組頭。同十年書院番頭。同十二年小姓組番頭、三浦正次・太田資宗・阿部重次・酒井忠朝・土井利隆と同じ勤務を命ぜらる。[3] 同十五年三浦正次と共に旗本を支配、番頭免除。慶安二年辞職。

池田長賢（『重修譜』巻二六七）

元和三年より家光に近侍。同八年小姓組組頭。寛永十一年書院番頭。慶安三年大番頭。

佐野正直（『重修譜』巻八五二）

秀忠に仕え、徒頭となり、寛永十六年辞職。

右の如く近習出頭人と称せられた人々は将軍に近侍すると共に、将軍親衛隊長を兼ねていた（佐野正直のみは異るが、徒頭も将軍身辺警備の職であるから両番頭に近いといえよう）。そうしてその或者は老中に昇り、或者は若年寄や勘定奉行（いずれも名称は後のものである）を兼ねたのである。近習出頭人はその職掌を明確に定め難く、『武家名目抄』の如く「まさしき職名」ではなかったとするのが妥当なのであろうが、右にあげた諸経歴から推して、将軍近習の中、親衛隊長その他の要職を兼務した者を称したと考えられるのである。

註

（1）『藩翰譜』には書院番頭と将軍側近とを兼ねたという記事の後に割注で「御側出頭人衆といふ」と記してある。

（2）『大猷院実紀』（巻廿九）によると、正盛は寛永十二年十一月松平信綱・阿部忠秋と共に連署即ち老中に任ぜられている。また『藩翰譜』には「程なく加判の事御免ありて、世には御近習出頭といひしなり」とある。
（3）『大猷院実紀』巻廿九には小老とある。

三

近習出頭人を将軍の近習で他の要務を兼ねた者と規定すると、『藩翰譜』等には出頭人と見えぬ人々の中にも殆んど同様の職務の人々を指摘し得る。特に堀田正盛と共に寛永年間六人衆といわれた松平信綱・阿部忠秋・同重次・三浦正次・太田資宗の五人は、その経歴からみて堀田正盛と大差ない。即ち次の如くである。

松平信綱（『重修譜』巻二五六）
　慶長九年家光付きとなる。元和九年小姓組番頭。寛永九年老中格、同十年六人衆、ついで老中となる。
　同十二年番頭免除。

阿部忠秋（『重修譜』巻六三五）
　慶長十五年家光の小姓となる。元和九年小姓組番頭。寛永三年松平信綱と共に小姓頭となる。(1) 同六年小姓組番頭に復す。同十年六人衆。ついで老中格。同十二年老中となり、番頭免除。寛文六年老中辞職。

阿部重次（『重修譜』巻六三二）

幼少の頃秀忠の近習となる。元和元年小姓組組頭。のち小姓となる。寛永九年小姓組番頭。同十年六人衆。同十五年老中となる。

三浦正次（『重修譜』巻五二一）

慶長十二年家光付きとなる。元和八年小姓組組頭。寛永元年書院番組頭。同五年小姓組番頭。同十年六人衆となる。同十五年番頭免除。朽木稙綱とともに旗本を支配する。

太田資宗（『重修譜』巻二五三）

幼少より家康に近侍。慶長十七年秀忠付きとなる。寛永八年小姓組組頭。同九年書院番頭。ついで小姓組番頭。同十年六人衆。同十五年奏者番となる。

六人衆とは『大猷院実紀』巻廿二に「小事は六人相議してはからふべしと仰付らる」とあり、連署の衆の一段下という意味では後の若年寄に近い職といえよう。彼らの職歴は右の如く将軍近侍に始まり、ついで書院番・小姓組の番頭を兼ねるという点において、近習出頭人と甚だ似ている。この六人は出頭人と称せられた人々の一段上に昇進した者と見るべく、広くとればこの六人（その中一人は出頭人と称せられている）も近習出頭人に加えてよいものと思う。

この六人は家光の時政務の枢要を握った人達であるが、秀忠の時にも「近侍の三臣」と称せられた人達があった[2]。即ち板倉重宗・永井尚政・井上正就の三人である。この三人の職歴も次に記すように家光の六人衆その他近習出頭人と類似しているのである。

板倉重宗（『重修譜』巻八一）

幼少より秀忠に仕え、永井尚政・井上正就と共に近侍の三臣と称せられる。元和元年書院番頭を兼ねる。同六年京都所司代となる。承応三年辞職。

永井尚政（『重修譜』巻六一九）
慶長七年秀忠の近習となる。元和元年小姓組番頭。同八年老中となり、ついで書院番・小姓組・小十人の番頭を兼ねる。

井上正就（『重修譜』巻二四一）
天正十七年秀忠に謁し、後近侍する。慶長十九年徒頭。元和元年小姓組番頭。同三年奉行人に列す。同八年加判の列に加わる。(3) 寛永三年両番（書院番・小姓組）頭を兼ねる。

これらの人々はその個人の経歴が似ているばかりでなく、その家系にも甚だ似ているところがある。それはこれらの家がいずれも近世に入ってから世に出てきた家であって、戦国期における家系が明瞭でない。少くとも有力な土豪・領主層ではなかった。或は曾ては豪族であったかもしれぬが、没落・浪人等によって旧所領との関係が遮断された人達である。以下それを列挙しよう。

板倉氏
九州探題渋川氏の子孫と称するが、重宗の曾祖父頼重以前は明らかでない。(4) 頼重の時三河国額田群小美村に住し、深溝松平の祖松平忠定に属す。その孫勝重は幼時出家、長じて還俗し、徳川家康に仕えた。

永井氏
長田荘司の子孫と称するも不祥。『重修譜』も長田白次《あきつぐ》（広正）から載せている。白次は家康の父広忠より天文十六年三河大浜郷上の宮の社領を与えられた。その孫直勝（尚政の父）の時永井と改め、家康の近侍より出世した。

井上氏

正就の祖父清宗以前は『重修譜』に載っていない。清宗は大須賀康高に属す。父清秀は佐久間信盛に属し、のち大須賀康高に属す。正就の時徳川氏の臣となる。

松平氏（大河内氏）

秀綱（正綱の父、信綱の祖父）以前数代は『重修譜』に俗名・法名を載せるのみ。秀綱の時家康に仕え、代官となる。

堀田氏

尾張の住人。斯波氏ついで織田氏に仕える。正盛の父正吉（正利）の時小早川隆景に仕え、慶長二年浪人。同十年舅稲葉正成の妻春日局の縁により、稲葉氏と共に家康に召抱えられ、書院番士となる。

阿部氏

『重修譜』には忠秋・重次の高祖父正俊から載せているが、『寛永系図』には祖父正勝以前はなく、『藩翰譜』にも「徳川譜代の御家人也」と記してはあるが、名前は正勝から載せている。『重修譜』は寛政の呈譜によって高祖父・曾祖父二代を補ったものである。即ち近世中頃までは正勝以前の事は明らかでなかったと思われる(5)。

三浦氏

三浦介の子孫と称するも、『重修譜』には正次の父正重以前八代はただ名前を記すのみ。『藩翰譜』には

「徳川殿の外様武士と云々、一説に三河国刈屋の地下人となりと云々」とある。正重が土井利勝の妹を妻とし、その縁故で徳川氏に用いられた家である。

太田氏

太田道潅の子孫という。没落して安房・常陸等に移り、家康関東入国の際、資宗の父重正が名族の子孫として召出され、五〇〇石を給せられた。その妹がお梶の方として家康の寵を受け、資宗はその養子となり出世したのである。

秋元氏

寛政の呈譜には宇都宮頼綱の子孫と称するも、寛永の系図に泰朝の祖父元景以前を載せず、『重修譜』もこれを疑って元景から記している。

内田氏

『藩翰譜』・『重修譜』共に正信の高祖父正利から載せている。代々遠江国勝間田郷に住し、今川氏に仕え、今川没落後徳川氏に仕えた。

牧野氏

『重修譜』は寛政の呈譜をとらず、先祖不祥として親成の曾祖父定成より載せている。定成ははじめ今川氏真に仕え、子康成と共に永禄八年徳川氏に仕えた。

以上の如く、系譜からみてこれらの家は漸く戦国末期乃至近世初期に至ってその活動が知られる家である。同じく徳川氏譜代といっても、酒井・榊原・井伊・本多のいわゆる徳川四天王や、石川・大久保または水野・松平諸流等とは戦国期における系譜を異にしているのである。こういう人々が近世初期に将軍の周辺に集まり、側近として仕え、親衛隊を支配し、更に行政中枢をにぎっていたのである。これは近世初期幕政における著しい特色というべきである。

註

（1）この事は松平信綱の譜には見えぬが、『大猷院実紀』（巻八）寛永三年是年の条にも載せている（或はこれは阿部忠秋の譜から引いたものかもしれぬ）。

（2）『重修譜』巻八一　板倉重宗譜。

（3）『台徳院実紀』には元和三年二月五日正就を老臣の列に加えるとあり、同じく八年是年条に連署の衆に加えると見えている。後の通念からいえば連署の衆が即ち老中であるが、初期の奉行人又は奉行職というのは町奉行や勘定奉行など個々の部局の長官より一段上の、幕政全般の総括者をさすので、『実紀』はこれを老臣とよんだのであろう。

（4）『重修譜』は『尊卑分脈』に見える渋川義俊と頼重との間に、寛政の呈譜によって義鏡・義堯の二人を入れているが、寛永の系図では頼重の前数代は中絶しているという。寛永当時その数代前の名前すら明らかでなかったわけで、極めて微々たる存在であったことが察せられる。

（5）藤野保『幕藩体制史の研究』には阿部を岩津・安城譜代に入れている（頁二二）。しかし私は忠秋・重次らの阿部氏は三河時代には微々たる存在で、譜代の中に加えるべきでないと思う。清康・広忠の頃、松平氏に阿部大蔵某という有力な家臣がいたことが知られるが、この家と忠秋らの家との関係は明らかでない。

四

上述のような特色をもつ将軍側近層はいつ頃から形成されたのであろうか。私は天正十八年の家康関東入国がその契機となっていると思う。即ちこの時家康は榊原康政を総督とし、青山忠成・伊奈忠次を奉行として知行割を行わしめ、ついで本多正信・青山忠成・内藤清成を関東の奉行とし、また板倉勝重を江戸町奉行とした。(1)これらの中、板倉氏については既に触れた。本多正信は系図上三河以来の豪族本多氏の一族の如くなっているが、果たしてそれが正しいか否か疑問である。もし仮に系図が正しいとしても、正信の家は本家とは六代前に分れており、本家が三河有数の豪族であっても、正信の家とはさして関係なかったと思える。正信の家は彼の時にはじめて世に出た家といってよいであろう。

青山氏は『重修譜』には忠成の八代の祖から載せている。即ち南北朝時代青山師重に始まり、その子忠治が三河において家康八代の祖親氏に仕え、以来光長—光教—忠治—長光—忠世—忠門—忠成に至る。ところが『寛永系図』には忠成の父忠門以前を記していない。また『藩翰譜』(巻五)には「忠門初めて参河国に来り、額田郡百々村に住して、徳川殿の御家人には成てけり」とある。これについて考えるに、光教—忠治—長光—忠世という系図は松平氏の信光—親忠—長親—信忠と諱が一字づつ重っている。これは恐らく偶然ではなく、主家の片諱をもらったものであろう。石川氏も親康が松平親忠の片諱をもらって以来それが家例となり、以後忠總に至る六代これをうけているが、(2)青山氏は石川氏より前から諱を受けていたということになる。即ち甚だ古くから松平氏と親近関係をもつ、酒井・石川等に比すべき有力家臣であったというべきである。然るに『寛永系図』・『藩翰譜』共に全くこれに言及していない。或は近世中頃まではかかる事実は知られていなかったのではあるまいか。『重修譜』によると忠成七代の子孫忠高(宝暦十年より天明元年まで藩主)の時、「諸国の旧跡・寺院等を捜索してやゝその徴を得」て改正の譜を奉ったという。蓋しその際忠門以前の系図が作られたと見るべく、実際には『寛永系図』や『藩翰譜』に従って、忠門以前は不明とすべきであろう(3)。

忠成は幼少より家康の小姓となり、天正八年以後は秀忠付きとなり、家康関東入国後奉行衆の一人となる。慶長六年には奉書加判の列に入り、市町の司と関東の奉行職を兼ねた。

内藤清成は青山忠成と殆んど常に行動を共にしている。その本家は古くから有力な部将だったようで、『重修譜』には清成の曾祖父義清は松平信忠・清康に仕え、岡崎五人衆の一人といわれたとある(4)。清成の家は祖父忠郷が義清の二男、父忠政はその四男であるから、かなり末の家である。清成は幼少から家康の小姓となり、関東入国後奉行職を勤めた(5)。青山忠成の譜によると、慶長六年には忠成・本多正信と共に加判の列に加っている。

伊奈氏は『重修譜』によればもと信州伊奈郡の豪族で、忠次の曾祖父の時所領を失い、三河に流浪したという。祖父忠基は広忠・家康に仕えて小島の城主。父忠家はその十一男、小島の城主となったが、永禄の三河一向一揆に加わり、その後帰参して家康の長子信康に仕えたが、信康自刄後堺に寓居した。忠次は天正十年堺において家康に仕え、小栗大六某の与力となり、同十四年家康の近習に列したという。しかし『塩尻』巻一二には(6)、

伊奈氏先祖、尾州荒子村住人佐藤弥藤次家人、熊蔵といふ。熊蔵其質才ある故、弥藤次取立、侍とな

して三河へ遣はす。則神君へ奉仕、十万石の御代官をつとむ。

とある。『重修譜』所載の系譜は寛政呈譜の際作為があるかもしれぬ。

また伊奈忠次や松平正綱と共に幕府の財政的基礎確立に功をたて、初期の名勘定奉行の一人に数えられる伊丹康勝も、系譜・経歴についてこれ迄あげた人々と同様のことがいえる。即ち伊丹氏は『重修譜』によると代々摂津伊丹の城主であったが、享禄二年落城し、康勝の父康直はその際伊勢へ逃れ、ついで今川義元に仕えて同朋となった。今川氏没落後武田氏に仕え、武田氏滅亡後徳川氏に仕えて代官となる。康勝は天正十四年秀忠の近侍となり、慶長五年以後代官、ついで勘定頭に進んだ(7)。

阿部重次の父正次も幼少より家康の近侍となり、慶長五年書院番頭、同十六年大番頭となり、元和二年奏者番、ついで同九年には老中に昇り(8)、寛永三年大坂城代に転じた(9)。これも前にあげた人々の中に加えるべき人である。

このように戦国期には微々たる存在でしかなかった家の人々が家康側近に集まり、天正十八年関東入国を機として徳川政権の中枢部に進出し、やがて重臣となってゆく。こういう過程が秀忠・家光と三代にわたって繰り返されたのである。それらの人々を近侍した将軍ごとにまとめると次のようになる(人名の下の職名は歴任し、または兼職した主要役職を示す)。

家康の近習

本多正信（関東奉行・奉書加判）、同正純（執政）、青山忠成（関東奉行・奉書加判）、内藤清成（同前）、松平正綱（書院番頭・小姓組番頭・勘定奉行）、秋元泰朝（小姓組番頭）、板倉重昌、阿部正次（書院番頭・大番頭・老中・大坂城代）、太田資宗（書院番頭・小姓組番頭・家光六人衆）、伊奈忠次（関東郡代）、同　忠政（関

東代官）、板倉勝重[10]（駿府町奉行・江戸町奉行・京都所司代）

秀忠の近習

板倉重宗（書院番頭・京都所司代）、永井尚政（書院番頭・小姓組番頭・小十人頭・老中）、井上正就（書院番頭・小姓組番頭・奉行人・奉書加判）、森川重俊[11]（奉書加判）、青山忠俊（書院番頭・家光傅・老中）、阿部重次（小姓組番頭・家光六人衆・老中）、伊丹康勝（勘定奉行）、佐野正直（徒頭）

家光の近習

松平信綱（小姓組番頭・六人衆・老中）、阿部忠秋（同前）、堀田正盛（同前）、三浦正次（小姓組番頭・六人衆）、牧野親成（書院番頭・京都所司代）、内田正信（小姓組番頭）、朽木稙綱（小姓組番頭・書院番頭・第二次六人衆）、池田長賢（書院番頭・大番頭）

註

（1）『東照宮実紀』付録巻六、『重修譜』巻八一・六九三・七二七・八一三。
　『実紀』には関東の知行割を伊奈忠政が勤めたとあるが、忠政は天正十三年生で関東入国の際あまりに幼少なので、恐らく忠次の誤りであろう。

（2）『重修譜』巻一一八。

（3）藤野保氏は青山を岩津・安城譜代の中に入れているが（『幕藩体制史の研究』頁二二一・一八九）、私はもっと新しい家だと思っている。

（4）『重修譜』巻八〇六。

（5）同巻八一三。

(6) 随筆大成本による。巻六一にも同様の記事が載っている。
(7) 『重修譜』巻二七六。
(8) 『重修譜』及び『徳川実紀』同年の記事には正次老中就任のことは見えぬが、『藩翰譜』（巻五）には「九年七月宿老の職になされ（諸役人帳に、今年左大臣家の将軍宣下の時、正次老中なりと註す）」とあり『大猷院実紀』慶安元年七月十八日の条所載の正次の略伝に「七月執政の職蒙り」とある。
(9) 『重修譜』巻六三一。
『重修譜』その他に城番または定番とも見えるが、『実紀』には城代とある。老中から転じたのであるから城代と見るべきであろう。『明良帯録』によれば、城番は城代よりかなり役格が下である。
(10) 板倉勝重は家康の近習にはならなかったが、一応その仲間に加えておく。
(11) 森川氏は『重修譜』（巻四〇六）には重俊十代の祖から載せているが、曾祖父まではただ名前を記すのみである。曾祖父・祖父は尾張国比良郷に住し、織田信秀に仕えたというが詳しい記事はない。父氏俊は永禄八年岡崎で家康に仕えた。『藩翰譜』（巻五）によると、御先手鉄砲頭廿人衆の一人という。重俊はその三男。秀忠の近習となる。慶長十九年大久保忠隣の子忠常の病気を見舞うため、無断で小田原へ赴いたことを咎められ、酒井家次に召預けられたが、寛永四年赦免。同八年奉行職に任ぜられ、奉書加判の列に入る（『重修譜』巻四〇八）。

五

上述の如く、戦国期に微々たる存在であった者や豪族としての系譜を中断された者が形成する側近層は、家康の関東入国を機として擡頭し、徳川政権の基礎確立に活躍し、さらに政権の中枢部に進出した。三代将軍家光の寛永年間に至る迄、かかる存在は繰返しあらわれた。幕藩体制の確立する過程において、その諸政策をめぐり、諸藩との関係をめぐり、また三河以来の譜代の豪族との関係をめぐり、彼らの果した政治的役割は極めて大きなものがあった。その政治史的意義の究明は幕藩体制成立史の研究上重要な問題だと思うが、本稿はただそういう存在を明らかにするに止め、もう一段の掘下げは他日を期したい(1)。

最後に結論にかえて、かかる近習出頭人の解消について一言触れよう。出頭人は寛永年間までは譜代門閥の中に融合していない。その一例証に殉死の問題がある。即ち秀忠には森川重俊、家光には堀田正盛・阿部重次・内田正信が殉死した。また秀忠の際の永井尚政、家光の際の松平信綱は殉死しなかったために非難せられた(2)。いずれも出頭人の仲間である。つまり譜代門閥がいわゆる世臣・社稷の臣であるのに対し、出頭人は一代の臣という観念があったのではあるまいか。

やがて寛永末年から寛文にかけて出頭人は解消した。特に私は島原の乱を中心とする寛永十年代が大きな転機をなすと見ている。即ち寛永十年六人衆の職制が設けられ、ついで松平信綱・堀田正盛・阿部忠秋が酒井忠勝・土井利勝に准じて連署に加えられた(3)。十一年三月には宿老と六人衆の職務規定が成文化された(4)。更に十二年十月には信綱・正盛・忠秋が正規の老中となり、十一月には老中以下諸奉行の支配権限の規定が設けられた(5)。

やがて起った島原の乱においては周知の如く板倉重昌、ついで松平信綱が総指揮官となった。阿部正次は大坂城代として西国大名の動員に当った。三浦正次・太田資宗は有馬・天草との連絡に当った(6)。これには江戸に止って幕閣にいた堀田正盛・阿部忠秋・同重次を加えれば、この戦争は終始彼ら出頭人によって遂行されたといって過言でない。

この乱が終って後、寛永十五年十一月土井利勝・酒井忠勝はいわゆる大老になった。[7]この措置はこの二元老の権勢が増大した結果、老中より一段上の地位についたと解すべきではなく、むしろ体よく棚上げされたと見るべきであろう。即ちこれと同時に行われた一連の措置からそれが察せられる。

一、土井利隆（利勝の子）・酒井忠朝（忠勝の子）の若年寄辞任。

この二人は寛永十二年以来若年寄であった。もし利勝・忠勝の大老昇進が権勢増大の結果ならば、その子がかえって幕政の中枢を退いたのは疑問とせねばならぬ。

一、阿部重次の老中昇進。

一、松平信綱・阿部忠秋・同重次の大番ならびに寄合支配。

一、三浦正次・朽木植綱の旗本支配。

一、大番頭・留守居・寺社奉行・町奉行・大目付・勘定頭等主要役人の職務はすべて信綱・忠秋・重次に上申。

かくて譜代の門閥は政局から遮断せられ、[8]信綱ら出頭人の実権が制度化されるに至ったのである。近習出頭人はこのようにして幕府の重臣としての地位を確立した。その過程は幕府に諸制度の整備、即ち諸役職の格式の確立する過程と一致している。格式の整備が進むにつれて、曾て一体をなしていた将軍側近層と政治中枢とが分離してくる。例えば家綱の小姓を勤めていた永井尚庸（尚政の三男）は、父の遺領二万石を相続し大名に列したがため、万治二年小姓を免ぜられた。[9]小姓がいわゆる旗本役であるという格式の成立を示すと共に、将軍側近の地位の低下がうかがわれる。

勘定方役人の地位も低下し、特殊な職務と見なされるようになった。初期には松平正綱・伊丹康勝・勝長父子・伊奈忠次・忠政父子の如く一万石以上の勘定頭や郡代があったが、やがて旗本役となった。[10]

幕府の職制の整備・格式の確立によって近習出頭人は解消した。曾ての出頭人松平信綱・阿部忠秋は、四代将軍家綱の代には保科正之・酒井忠勝と共に元老として将軍補佐というべき地位についた。元禄・享保期になると出頭人の子孫達は既に譜代の門閥の一員として新参の家人と対立する立場にあった。確立した職制・格式は今後伝統として始終幕政に少なからぬ影響力をもったのである。

しかし職制・格式の固定化は社会の発展との間に矛盾を生じてくる。天和に始まり享保改革において一応完結する一連の諸政策は、幕府のかかる矛盾への対応策であった。[11] 本稿の冒頭に述べた側用人はかかる機構改革の過程の中に出現するのである。従って近習出頭人との関係は、出頭人が自分をその中に解消させつつ整備・確立していった行政機構の矛盾の中から側用人が出現したのであって、両者は単なる連続、或は単なる制度化とは見られぬのである。

註

（1） 栗田元次氏以来の通説として、近世初期の幕政を武断政治と規定し、戦国の余風であると見る。しかし戦国的系譜をもたぬ出頭人中心に展開するという点から考えて、戦国の余風とするのは不適当だと思う。

（2） 辻善之助『日本文化史』Ⅳ　第四五章。

（3） 『大猷院実紀』巻廿一。

（4） 『実紀』巻廿四。ただし松平信綱のみはすでに九年十一月准宿老となっている（同巻廿一）。

(5)　同巻廿九。
(6)　同巻三六・三七・三八。
(7)　同巻三九。
(8)　後章「下馬将軍」政治一　註3参照。
(9)　『重修譜』巻六二〇、『厳有院実紀』巻一八。
(10)　松平氏・伊丹氏は正綱・勝長以後役についていない。伊奈氏は忠政の子忠勝の継嗣なく所領を失った。郡代は忠政の弟の家が継いだが、石高は三九六〇石余である。
　寛文以降の勘定方役人の格式については、拙稿「享保改革に於ける主体勢力について」(『史学雑誌』六三―三、本書第六章）参照。
(11)　拙稿「天和の治について」(『史学雑誌』六九―一一、本書第五章）参照。

第三章　家光親政期の幕府政治

一　寛永九年―十三年の幕政

寛永九（一六三二）年一月廿四日大御所秀忠が死去し、幕政はここに一転機を迎えた。(1)まず将軍家光の行動に、いかにも父の束縛から解放されたという感を読取れる。例えばこの年四月十七日は祖父家康の十七回忌に相当した。家光は父の服喪中にもかかわらず、日光東照宮参拝に出かけた。さすがにこの時は、父の死の穢れに接した直後だからと、天海に社参をとめられ、下野今市から代参を立てざるを得なかった。家光は祖父家康を深く慕っていた。しかし父秀忠には疎遠な気持が強かったようである。家康に対する思慕の情も、父の生前にはあまり表立たぬように心がけていたらしい。父の死と共に家光はその抑制から解き放され、祖父家康の年忌法会のため、喪中をも顧みず、日光社参を敢えてするに至ったものといえよう。

この年七月、幕府は諸国に巡見使を派遣した。(2)当時はまだ将軍代替りに巡見使を派遣する制度にはなっていなかったが、この時の派遣は、幕府首脳部に新政発足の気分が漲っていたことを示すものと考えてよかろう。また同十一年閏七月、城主および五万石以上の大名に、領知の判物または朱印状を与えたこと(3)にも、当主交替の意識が窺われよう。

家光親政となって、土井利勝は閣老に残ったものの、前々から家光についていた酒井忠世・同忠勝の中に利勝が加ったという形となり、その立場も、全く政務の中心にあった秀忠大御所時代とは、かなり異なって来たといえよう。そこに松平信綱・阿部忠秋・堀田正盛など、家光近侍の人達が政治の中枢へ進出し、やがてこれらの人が主動的立場に立つようになった。(4)しかもそれは単に首脳部の人的交替を意味するにとどまらず、政策の内容の上からも、前代とは一期を画し、幕府の支配体制が安定期に到達したことを表すものであった。

先ず幕府の政治機構の整備が前代とは格段に進んだ。寛永十一年三月には、老中・若年寄に相当する幕府最高首脳部の職務内容が成文化された(5)。翌十二年十一月には、主要役人の職務分担が、老中・若年寄をはじめ、留守居・寺社奉行・町奉行・勘定奉行・作業奉行・大目付（当時はまだこれらの職名は確定していなかったが）について制度化し、月番制が規定された(6)。

これらの制度はまた訴訟分担の規則でもあった。すなわち諸大名の訴訟は老中、旗本・御家人は若年寄、寺社方と遠国関係は寺社奉行、江戸の町方は町奉行、関東幕領の百姓の訴訟は勘定奉行がそれぞれ担当するという役割分担である。それらの機関において訴訟を取扱う日、および諸奉行が評定衆として寄合をする日も定められた。翌十二月二日には、土井利勝・酒井忠勝によって、評定所に関する諸規則が発布された(7)。

訴訟制度の整備は、一般行政組織の確立と表裏相補って、幕府の支配体制の基礎をなす身分制度を固める政策でもあった。これより前、寛永十年八月幕府は「公事裁許定」を設けた(8)。その主要な箇条は以下の如くである。

一、町人の跡職（第一条）
一、主人と家僕との公事（第二条）
一、親子間の公事（第三条）
一、家僕に目安を上げらるる輩の事（第四条）、〈第五～第八条略〉

一、代官所・給人方町人・百姓目安の事（第九条）
一、国持之面々家中并町人・百姓目安の事（第十条）
一、寺社領之百姓目安の事（第十一条）
一、寺方之公事（第十二条）、〈以下九条略〉

これらを見ると、原則として、主従・親子・本寺と末寺など、身分の上下関係にある者の間の論争は、上の者の意見に任せる事、幕領・旗本領・寺社領の住民の訴訟は、その地の代官・領主がこれを裁き、たとい住民がその判決に不服であっても、その代官・領主の承認を得ないで、直接江戸へ訴え出ても、幕府はこれを受付ぬこと、大名領の家来・住民には、幕府への上訴を認めない事などの方針が示されている。つまり身分関係や支配関係における差別を、訴訟制度の面からも明確に定めたのである。

幕臣に対する監察制度もこの頃に成立した。寛永九年十二月には秋山正重・水野守信・柳生宗矩・井上政重を惣目付（後の大目付）に任じ、次の事柄について、監察し聞知した事をただちに申上るべきことを命じた。(9)

一、諸大名・旗本の法度違反
二、公儀に対し、忠誠心の欠ける者
三、老中以下諸役人の勤務不良ならびに不正行為
四、軍役常備の状態
五、幕臣上下共家計困窮者の様子
六、人民の窮乏状態

七、その他諸人の苦痛とする事

幕府の軍事組織も整備された。寛永十年の軍役改定については後述に譲るが、直属の軍事機構はほぼ寛永九年に制度化されている。すなわち『吏徴』および『吏徴別録』によると、次の通りである。

旗奉行二　与力各一　足軽各一五（寛永九—六—廿五）
百人組（鉄炮隊、根來組・甲賀組・伊賀組・廿五騎組）
　組頭一　与力　二五　同心　一〇〇
　組頭三　与力各二〇　同心各一〇〇（寛永九—六—廿一）
鎗奉行四　同心各一〇（寛永九—六—廿五）
持弓頭三　与力各一〇　同心各五五
持筒頭四（元和九—六—一創設、寛永九—六—十五増員）
先手弓頭一〇　与力各五～一〇　同心各三〇～五〇
先手鉄炮頭一五（寛永九—六—廿五）
千人頭一〇　同心各一〇〇（天正十）[10]

また創設の年には一定でないが、各番士の定員は次の如くである。

大番組　番頭一二　組頭四八（一組四人）　番士六〇〇（天正十五年）
　与力一二〇（一組一〇人）　同心二四〇（一組二〇人）
書院番　番頭　六　組頭　六　番士三〇〇（慶長十一年）
　与力六〇（一組一〇人）　同心一二〇（一組二〇人）

小姓組　番頭　六　組頭　六　番士三〇〇（慶長十一年）

〔与力・同心なし〕

新番　番頭　六　組頭　六　番士一二〇（寛永廿年）

〔与力・同心なし〕

小十人頭　七　組頭一四　小十人一四〇（元和九年）

〔与力・同心なし〕

徒頭　一五　徒組頭　三〇　徒士四五〇（慶長八年）[11]

幕府の機構の大綱はほとんど家光の親政期になって整ったのである。

註

（1）　将軍家光の治世において、大御所秀忠の死が一期を画すという見解は、北原章男「家光政権の確立をめぐって」（『歴史地理』九一―二・三、一九六五年十一月・六六年十一月）、「家光政権覚書」（同　九二―二、一九七二年五月）、煎本増夫「家光政権の考察」（『日本歴史』二九二、一九七二年九月）にも述べてある。

（2）　『大猷院実紀』巻二〇。

（3）　同巻廿六。

なお、城主および五万石以上の大名を区別する意味については、第一章五節の寛永六年の「武家諸法度」改定および本章後述の寛永十二年の「武家諸法度」改定に関する記述参照。

（4）　家光近臣の中では、稲葉正勝（春日局の子）が最も早く昇進し、元和九（一六二三）年には五〇〇〇石ながら奉書加判の列に加わったが、家光親政になってからは病気がちとなり、寛永十一（一六三四）年正月に三十八歳で死去したので、松平信綱などのような活躍はしなかった（『寛政重修家譜』〈以下『重修譜』と略〉巻六〇八）。

（5）『教令類纂』初集三九（御役之部）、『徳川禁令考』巻一四。
酒井忠世・土井利勝・酒井忠勝は老中相当。

松平信綱・阿部忠秋・堀田正盛・三浦正次・阿部重次・太田資宗は若年寄相当（六人衆と呼ばれた）。
（6）『御触書寛保集成』一　一二号、『教令類纂』同右巻。
老中相当は土井利勝・酒井忠勝・松平信綱・阿部忠秋・堀田正盛、（酒井忠世は失脚）
若年寄相当は土井利隆（利勝の子）・酒井忠朝（忠勝の子）・三浦正次・太田資宗・阿部重次
留守居相当は酒井忠世・松平家信・松平重則・牧野信成・松平乗寿・杉浦正友（松平家信は証人関係のみ、他は金銀納方も兼務）
寺社奉行相当は安藤重長・松平勝隆・堀利重
町奉行相当は加々爪忠澄・堀直之
勘定奉行相当は松平正綱・伊丹康勝・伊奈忠治・大河内久綱・曽根吉次
作事奉行相当は佐久間実勝・酒井忠知・神尾元勝
大目付相当は水野守信・柳生宗矩・秋山正重・井上政重
（7）『御触書寛保集成』一　一三号。
（8）『御当家令条』三四　五一八号。
（9）『寛明日記』巻一四には寛永九年十二月五日、秋山修理（正重）ら四人へ条文申渡、同十七日惣目付被仰付とあり、『教令類纂』初集三九は条文申渡を十二月十八日に係け、『東武実録』巻四〇は十一月十八日とす（『教令類纂』『東武実録』には惣目付任命の記事なし）。
（10）幕府の常備武器合計は、仮に同心一人に一個とすると、次の如くなる（先手は一組、与力七・同心四〇と仮定）。

鉄炮　一二二〇（百人組四〇〇・持筒組二二〇・先手組六〇〇）
弓　五六五（持弓組一六五・先手組四〇〇）
槍　一〇四〇（鎗同心四〇・千人同心一〇〇〇）
旗　三〇（旗足軽三〇）

(11)　書院番・小姓組・新番・小十人・徒士は将軍の親衛隊である。その中で書院番・小姓組は両番とよばれ、格式が高かった。

二　寛永十二年の「武家諸法度」改定

法制整備を象徴するのは、寛永十二（一六三五）年六月の「武家諸法度」の改定発布である。「武家諸法度」は家康の「元和令」（慶長廿＝元和元＝一六一五年）を秀忠が寛永六年に一部改めたが、(1) 家光の法度は新たに制定したともいえるほどの大改定であった。その条文を比較してみよう。（〔元〕は「元和令」、〔寛〕は「寛永十二年令」）。

イ　「元和令」の条文削除

〔元〕第二条　可制群飲佚遊事
第三条　背法度輩不可隠置国々事
第五条　（寛永六年に削除、註1）

第十三条　国主可撰政務之器用事

この第二条は「建武式目」第二条をほとんどそのまま引用したもので、中世・戦国の風俗を念頭においたものと思われる。従って寛永の時点では既に必要でなくなったものといえよう。

第三条はその注文に「法是礼節之本也、以法破理、以理不破法」とある。これは中世・戦国期に所謂「下克上」を支えた〝非理法権天〟の思想である。家康・秀忠の時までは、法と道理とが抵触するときは、法を優越させねばならなかった。しかし家光の時代となると、法と理の矛盾・抵触の危険性はだんだん薄らいでいった。法律や制度の欠陥や不合理性は、どんどん改めて合理化することが、支配体制の強化にこそなれ、権力を動揺させる危惧はすでにそこにはなくなってきたのである。(2)

第十三条は「建武式目」第七条「諸国守護人殊可被撰政務器用亊」の「諸国守護人」を「国主」と置き換えたものである。この「国主」とは大名の家格が確定してからの国持大名一八家に限定したものではなく、大名一般と考えてよかろう。そうして〝政務の器用〟を撰ぶ主体は、「建武式目」の答申者が「撰ばるべき亊」と、その選任を足利尊氏に期待しているところから推して、当然幕府＝公儀と考えるべきである。つまりこの条文は、大名家側に必ずしも世襲を認めぬ宣告と解釈できる。この箇条を家光の改正法度が削ったことは、大名世襲制がようやく安定期に入ってきたことを表すものである。

ロ　「元和令」の改訂

〔元〕第四条　国々大名小名并諸給人、各相拘之士卒、有為叛逆殺害人告者、速可追出事

〔寛〕第十二条　本主之障有之者不可相拘、若有叛逆殺害人之告者、可返之、（下略）

「元和令」第四条は慶長十六―七年の法令三箇条の第三条を承けたものであるが、寛永の法度はこれを後半に下げ、その前に、〝本主之障〟云々の文句をいれた。これはある武士が何か事情があって仕えていた藩を浪人した。その侍が他の藩に再奉公しようとしても、もとの主人が故障を申立てれば、それが不可能となるという規定である。

中世の武士は農村に強く結び付いていたから、主君に対しても独立性を保持することができた。近世の武士は兵農分離によって農村から遊離し、都市に消費生活をおくる身となった。収入源はもっぱら主君から支給される俸禄に頼らねばならなくなった。従って中世の武士のように、主君に対する独立性など保持できるものではなかった。もし主君の意にそむいて、俸禄を奪われたならば、忽ちにして生活の根拠を失ってしまうのである。

この第十二条の規定は、近世の武士の去就の自由の剝奪に追い討ちをかけるものであった。浪人をして再仕官が許されなければ、彼らは都市の貧民層の中に落込んでゆくほかなくなる。それ故、武士はどうしても現在仕えている藩に絶対服従せねばならなくなった。主従関係の固定、社会秩序の安定の上に大きな意味をもつ規定であった。

〔元〕第六条　諸国居城雖為修補、必可言上、况新儀之搆營堅令停止、

〔寛〕第三条　新儀之城郭搆營堅禁止之、居城之隍壘以下敗壊之時、達奉行所、可受其旨也、櫓塀門等之分者、如先規可修補事、

元和五年の福島正則の改易は、居城の無断修理を咎められたものであった。その規制が家光の時、大いに緩和されたのである。

〔元〕第七条　於隣国企新儀、結徒党者有之者、早可致言上事、
〔寛〕第六条　企新儀、結徒党、成誓約之儀制禁之事、
隣国に対する監視の義務を解いている。これも全国的秩序安定の結果であろう。
〔元〕第八条　私不可締婚姻事、
〔寛〕第八条　国主・城主・壹万石以上并近習・物頭者私不可結婚姻事、
婚姻に公儀の許可を必要とする範囲を限定する改訂である。大名を国主・城主および一万石以上と区分していることは、後述の条文改訂と合せて、大名の家格を定めると共に、その身分や地位の安定化を表すものといえよう。
〔元〕第九条　諸大名参勤作法之事、
〔寛〕第二条　大名・小名在江戸交替所相定也、毎歳夏四月中可致参勤、従者之員数近来甚多、且国郡之費、且人民之労也、向後以其相応可減少之、但上洛之節者任教令、公役者可随分限事、
「元和令」は従者の人員の数の大概を規定した条文であって、秀忠はこれを削った。家光の改訂は毎年の交替を明記したところに、画期的な意味がある。
〔元〕第十条　衣装之品不可混雑事、
君臣上下可為各別、白綾・白小袖・紫裏・練・無紋小袖、無御免衆猥不可有着用、近代郎従諸卒、綾羅錦繡之飾服、非古法、甚制焉、
〔寛〕第十条　衣裳之品不可混乱、白綾公卿以上、白小袖諸大夫以上聽之、紫袷・紫裡・練・無紋之小袖、猥不可着之、至于諸家中、郎従・諸卒綾羅錦繡之飾服、非古法、令制禁事、

この条文は、武家の格式を、公卿・諸大夫という公家の位階で表しているところに注目すべきである。第八条で言及したところや、次の第十一条の乗輿の規定と合せて、幕藩関係や朝幕関係の安定の問題として考えるべきことである。

〔元〕第十一条　雑人恣不可乗輿、

(中略)於向後者、国大名以下一門之歴々者不及御免可乗、其外昵近之衆并醫陰両道、或六十以上之人、或病人等、御免以後可乗、家郎従卒恣令乗者、其主人可為越度、

(下略)

〔寛〕第十一条　乗輿者一門之歴々、国主、城主、一万石以上并国大名之息、城主暨侍従以上之嫡子、或年五十以上、或醫陰之両道、病人免之、其外禁濫吹、但免許之輩者各別也、至于諸家中者、於其国撰其人可載之、(下略)

これについては第一章第五節に言及したように、寛永六年秀忠の改訂の際、国大名の子息と城主、五万石以上、老齢者（これは年齢を六十以上から五十に引下げている）と醫陰両道・病人を免許不用とし、大名家中の者も主人の人選によって免許するというように、乗輿の制限を大きく緩和した。これは家光の改訂にかなり近いといえるが、秀忠の法度には「侍従」の身分がない。これについてはまた後節に触れることとする。

〔元〕第十二条　諸国諸侍可被用倹約事

〔寛〕第九条　音信・贈答・嫁娶儀式、或饗応、或家宅營作等、当時甚至華麗、自今以後可為簡略、其外万事可用倹約事、

「元和令」は「建武式目」第一条の文章を一部削除修正したものである。「建武式目」は当時流行の風俗〝婆佐羅〟の取締りを念頭においたものであるが、近世にはそういう風俗はなく、そこを削除したので、抽象的な文章になっている。これに比べ、家光の法度の条文は具体的である。

八　「寛永十二年令」における新設の条文

第四条　於江戸并何国、仮令何篇之事雖有之、在国之輩者守其處、可相待下知事

第五条　雖於何所而行刑罰、役者之外不可出向、但、可任検使之左右事

第七条　諸国主并領主等不可致私之諍論、平日須加謹慎、若有可及遅滞之義者、達奉行所、可受其旨、

第十三条　陪臣質人所献之者、可及追放、死刑時者、可伺上意、若於当座、有難遁義而斬戮之者、其子細可言上事

第十四条　知行所務清廉沙汰之、不致非法、国郡不可令衰弊事

第十五条　道路・駅馬・舟梁等無断絶、不可令致往還之停滞事

第十六条　私之関所、新法之津留制禁之事

第十七条　五百石以上船停止之事

第十八条　諸国散在寺社領、自古至今所付来者、向後不可取放事

第十九条　万事如江戸之法度、於国々所々可遵行之事

この末尾の条文が、寛永十二年の「武家諸法度」を一貫する性格をよく表現しているといえよう。つまりこの法度は、幕府と諸大名との支配・服属の関係が全く安定し、円滑に行われる状態になった事を前提と

している。常にむきだしの強権による威圧で公儀の意志を押付けなくとも、法令発布によってその意志は十分に全国に浸透させ得るようになった。制度と規則によって秩序が保たれる見通しを幕府がもったのである。

その上で幕府は公儀すなわち全国政権としての主張をしている。突発事件の際の大名の独自の行動の制限（第四条）、道路等交通機関の整備令（第十五条）、関所・津留の禁止（第十六条）等は、いずれも江戸を中心とする統一体制の徹底を目指す条文である。就中、私は第七条の私闘の禁止に注目する。

これに関連して、寛永十六年に次のような事件が起っている。即ちこの年五月、江戸の町奉行酒井忠知と小十人頭小林正重とが、知行所の百姓の人返しについて争った。その決着を果し合いによってつけようと小林が申入れたのに対し、酒井忠知もこれに応じた。しかし幕府はこれを許さず、二人の身柄を拘束し、裁きにかけた。その結果、二人共公儀の重職に在りながら、奉行所にも訴え出ず、私闘を企てたことを咎め、争論に理のない正重父子に切腹を命じ、忠知には理はあるも、果し合いに応じた罪によって、追放の刑に処した。(3) 第七条による公儀の裁判権を絶対的なものとする措置である。

寛永十二年の「武家諸法度」は、このように幕府の権力が、封建諸侯の盟主の地位から一段昇って、国家権力としての立場を確立したことを明らかにしたものと認められる。

註

（1）　秀忠は元和令の中の次の二箇条を削った。
第五条（自今以後、国人之外、不可交置他国者事）
第九条（諸大名参勤作法之事）

また第十一条（雑人恣不可乗輿事）を改定したが、それについては前章第五節および本節の本文に述べてある。

(2) 〃法と道理〃については、詳論は辻達也編『日本の近世』2　第二章・四章にゆずる。なお後述、紫衣事件後の朝幕府関係についての節においても言及する。

(3) 『大猷院実紀』巻四〇、『重修譜』巻六七（酒井忠知）、同譜巻一〇三三（小林正重）。

三　幕藩関係の安定

家光親政期の幕府政治に顕著なのは、第一に幕府と諸大名との関係が安定期に入って来たことを示す現象である。「武家諸法度」について見ても、「元和令」第十三条「国主可撰政務之器用事」を削ったことは、国持大名の世襲制が安定してきたことを示すと解しうる。また乗輿免許の範囲を家光の令で拡大して、国持大名の息子（庶子を含む）と城主および侍従以上の嫡子を加えたことは、将来主要藩主たるべき者への優遇措置と考えられ、大名世襲制度を前提とした改訂とみなしてよかろう。

これに関連して、大名処分もかなり寛かになっている。まず改易・減封の数をみると次の通りである。(1)

		件数（年平均）	没収　万石（年平均）
家康	（一六〇二―一五）	二七家（一・八六）	一五三・二（一一・七）(2)
秀忠	（一六一七―三二）	一五家（一・〇〇）	二九〇・六（一九・三）
将軍	（一六一七―二三）	一〇家（一・四三）	二七二・三（三八・九）
大御所	（二四―三二）	五家（〇・五六）	一八・三（二・〇三）

家光	（一六二三―五〇）	二〇家（一・〇五）	二二九・九（一二・一）(3)
△	（一六三二―五〇）	一三家（〇・七二）	一一三・九（　六・三）(4)
家綱	（一六五一―八〇）	一〇家（〇・三三）	四五・二（　一・五）

家光親政期に入った直後の寛永九年は、加藤忠広（肥後熊本五二万石）と駿河大納言忠長（駿河・遠江・甲斐五五万石）が取潰され、また忠長に連座して、忠長付属の大名、鳥居忠房（甲斐谷村三万五〇〇〇石）・朝倉宣正（遠江掛川二万六〇〇〇石）・三枝守昌（甲斐一万石）・屋代忠正（安房北条一万石）が改易に処せられた。加藤忠広の場合は豊臣恩顧の大名排除という意味があり、忠長については一族・親藩に対する主従関係の確立政策による処分と解せられる。そういう点で秀忠将軍期の大名対策と共通する所がある。(5)この一年を除くと、秀忠大御所時代となってから、大名政策は一挙に緩やかになったといえよう。

その方針は大名家のお家騒動に対する幕府の態度にも表れてくる。寛永九年四月備中松山城主池田長幸の家に騒動が起った。その事件というのは当主長幸の長男長常は病弱で、しかも父とかねがね不和であった。そこで四月六日長幸が江戸の屋敷で危篤に陥ると、おそらく遺言でもあったのであろうか、会合した親族達は、遺領の過半を次男長純に与えようとした。これに対し長幸の弟長頼は、独り長男の長常に残らず譲るべきだと主張したので、親族会議の場から外されてしまった。長頼は怒ってその座へ斬り込み、次男長純の舅脇坂安信（美濃一万石）を傷つけ、その弟安常を殺してしまった。そこで参会者の従者や池田の家臣が入り乱れて大騒動となった。これを聞いて長常の舅堀直寄（越後村上城主一〇万石）が三〇〇余人の手勢を引き連れて来て、漸く騒ぎを鎮めた。

翌七日池田長幸は死去した。幕府はこの事件を裁いて、人を殺傷した池田長頼に切腹を命じ、また恐らく長頼と斬り合ったことを咎めたのであろうか、脇坂安信の所領を没収した。しかし、池田家自体に対しては、この事件が将軍家のお膝下の江戸で、しかも将軍家光がまさに日光社参に出発しようとしていた時、乱闘、殺人に迄至った相続争いを引き起したに拘らず、何の咎めもなかった。そうして切腹こそ命じたが、嫡子相続を主張する長頼に理を認め、長男長常に備中松山六万五〇〇〇石を相違なく相続させた。つまり仮令病弱であり、親の意に叶わなくとも、長子相続に理を認めたのである。

この措置は、大名家世襲制の安定化と共に、政治における道理の尊重が、家光親政期に入るとすぐに兆してきたことを示すものと解してよかろう。

この頃、幕府の裁きに持込まれる大名家の騒動が相次いだ。池田騒動の三ヶ月後の同年七月、伊予松山(二四万石)の蒲生忠知の家老蒲生源左衛門郷喜と同じく家老福西吉左衛門・関十兵衛とが争い、福西等は幕府に訴え出た。そこで幕府はこれを裁き、同十一日福西を伊豆大島へ流罪、関を追放の刑に処し、蒲生郷喜に封内蟄居を命じたが、藩主忠知には何の咎めもなかった(6)。

この年、筑前福岡藩で藩主黒田忠之と家老栗山大膳とが争う、いわゆる黒田騒動が起った。栗山大膳は忠之に謀反の疑いがあると、幕府に訴え出た。そこで幕府はこれを裁き、翌十年三月十五日判決を下し、大膳父子を罰して南部藩召預けに処し、黒田忠之に対しては、不敬の罪なきにあらずといえども、その罪をなだめ、本領を返し与えると申渡した(7)。

細川忠興は忠利宛の書状で、黒田騒動その他大名家に問題が多いことに触れ「大名衆気違多候て、笑止と存候事」と述べているが(8)、幕府の方は大名家の当主に対しては寛大で、大名と家臣との争いでは、家臣を罰する原則を立てていたかのようである。

その最も顕著なのが、寛永十二年に下した対馬藩の騒動に対する裁決である。対馬藩では藩主宗義成と家老柳川調興との間に争いが起り、寛永十一年柳川は、幕府に、義成が朝鮮外交において不正をしていると訴えでた。そのため対馬藩が幕府と朝鮮国との間にいて行なってきた国書の偽造が暴露してしまった。[9] 仮令それは家老が行なったことであっても、藩主の責任は問われるべきものであろうが、幕府は家老柳川調興のみを罰して、これを津軽に流罪としたが、藩主宗義成は咎めを受けなかった。

これら四件の大名家騒動に対する幕府の裁断を見ると、幕藩関係が安定期に入ったため、諸藩における多少の内紛も、全国的秩序にとってさほどの危険性を感ぜしめず、むしろ頻繁な大名取潰しの方が混乱の因となるという判断に首脳部が立っていたことを窺わしめる。[10]

また藩主と家老との争いに、いずれも家老のみを罰したことと関連すると考えられるのは、寛永十年八月制定の〝公事裁許定〟である。すなわち

(第二条) 主人と家僕との公事、勿論主人次第たるべし、

(第三条) 親子間之公事、親次第たるべし、

とある。これらの条文は百姓・町人或は武家召仕等の訴訟に関するものであり、例えば家老を家僕とは表現しないであろうが、条文に表れている主従・親子という上下関係の重視は、お家騒動裁決における幕府の態度と共通するものではあるまいか。

さらに寛永十二年の「武家諸法度」第十二条に「本主之障有之者不可相拘」という文言が入り、これによって家臣は永久牢籠を覚悟せぬ限り、主君の意に逆らえなくなった。これも主従関係における主君の絶対優越性の確立という点で、前述の幕府の態度と共通する精神に則るものといえよう。

幕府の安定は諸大名家の安定と矛盾しない。むしろ体制秩序の維持について、幕府は諸大名家に依存する面が出て来たと私が考えるのは、寛永十（一六三三）年の軍役の改訂である。[11] 私は元和二（一六一六）年の軍役規則と比較して、とくに石高と武器の関係の相違に注目したい（元和の規則は一万石迄なので、一万石以上は仮にその倍数としてみる）。

（石高）	（鉄炮〈挺〉）（元和）	（寛永）	（弓〈張〉）（元和）	（寛永）	（鎗〈本〉）（元和）	（寛永）
五百石	一	—	—	—	三	—
千　石	二	一	一	一	五	二
二千石	三	二	二	一	一〇	五
三千石	五	三	三	二	一五	五
四千石	六	五	四	二	二〇	一〇
五千石	一〇	五	五	三	二五	一〇
一万石	二〇	二〇	一〇	一〇	五〇	三〇
二万石	（四〇）	五〇	（二〇）	二〇	（一〇〇）	五〇
三万石	（六〇）	八〇	（三〇）	二〇	（一五〇）	七〇
四万石	（八〇）	一二〇	（四〇）	三〇	（二〇〇）	七〇
五万石	（一〇〇）	一五〇	（五〇）	三〇	（二五〇）	八〇
六万石	（一二〇）	一七〇	（六〇）	三〇	（三〇〇）	九〇

七万石	（一四〇）	二〇〇	（七〇）	五〇	（三五〇）	一〇〇
八万石	（一六〇）	二五〇	（八〇）	五〇	（四〇〇）	一一〇
九万石	（一八〇）	三〇〇	（九〇）	六〇	（四五〇）	一三〇
一〇万石	（二〇〇）	三五〇	（一〇〇）	六〇	（五〇〇）	一五〇

これを見ると、一万石以下の場合には、「寛永令」の武器負担は「元和令」より軽減されている。

例	五〇〇〇石	鉄炮	元和	一〇	寛永	五挺
		弓		五		三張
		鎗		二五		一〇本

また一万石以上について、「元和令」を一万石の倍数によって「寛永令」と比較してみると、弓・鎗については、「寛永令」はかなりの軽減になっている。

例	五万石	弓	元和	五〇	寛永	三〇張
		鎗		二五〇		八〇本
	一〇万石	弓	元和	一〇〇	寛永	六〇張
		鎗		五〇〇		一五〇本

しかし鉄炮は異なる。「寛永令」では五〇〇〇石までに較べて、六〇〇〇石以上では、鉄炮の負担数が石高の比率をはるかに上回るようになっている。

例	五〇〇〇石	五挺	（一〇〇〇石一挺だから石高に比例）
	六〇〇〇石	一〇挺	（五〇〇〇石の倍）

一万石　　二〇挺（六〇〇〇石の倍、「元和令」と同数）
二万石　　五〇挺（一万石の二・五倍）
五万石　　一五〇挺（二万石の三倍）
一〇万石　三五〇挺（五万石の二・三倍強）

つまり一〇〇〇石取りの旗本が一〇家集まっても一万石の大名の半分（「元和令」では同数）、一万石の小藩主は一八家集まらないと、一〇万石の大名一家分の鉄炮数を凌げない規定である。

軍事力の大小を考えるには、弓鎗の多少よりも、鉄炮の数の方がはるかに重要なことは、戦国末期以来生き残ってきた武将達の痛感していたところであろう。それ故、「寛永令」のこういう規定は、幕府の方針が旗本より大名、それも小藩の多い譜代大名よりも大藩の多い外様大名に、軍事力の依存の比重をおくようになったことを示していると認められる。しかも外様大名は、軍役令の規定を上回る兵力の養成を〝嗜み〟として幕府から奨励されていたというから、[12]外様の大藩が幕府の軍事体制に占める比重は更に大きかったといえよう。

幕府の直属の軍事組織については第一節で触れておいたが、この軍役令に先立って大体整備された。それを「寛永軍役令」に照らしてみると、鉄炮はほぼ四〇万石、弓は一一〇万石、鎗は七〇万石の大名にしか相当しない。これに全旗本五〇〇〇余家（その家禄の平均は五〇〇石であるから、大半の家は一〇〇〇石以下であり、鉄炮を常備しているか否かわからぬが）を加えても、鉄炮ではせいぜい外様の大藩の二、三家分にしか相当しないであろう。幕府の常備兵力は案外少かったのである（この点、軍役体制を廃止して、直接中央政府が全軍事力を握った明治政府と大きく違っている）。

もしこの当時、幕府が少しでも外様大名の動静に危惧するところがあったならば、このような「軍役令」はとても発布できなかったであろう。つまりこの時点で幕府は領主階級内部の矛盾がすっかり克服されたとの認識に立っていたと考えられる。それ故、お家騒動にも寛容であり、大名家の廃絶も激減し、更に軍事力を外様の大藩に依存する態勢も示した。こういう情勢のもとに、朝幕関係も変化していったのである。

註

(1) 大名の改易・減封数については、第一章第二節において、秀忠と家光時代の数の比較を記しておいた。

(2) 年代には将軍・大御所時代を含む。件数からは豊臣秀頼・古田重然を除く。

(3) 家光親政期。

(4) 寛永九年を除く数。

(5) 秀忠将軍時代には弟松平忠輝と兄秀康の子忠直を処分している。これは家光が弟忠長を取潰したのと、通じるものである。また豊臣恩顧の大名排除としては、福島正則を改易に処している。奇妙な陰謀事件という点では、家康の腹心であった本多正純の取潰しも加藤忠広事件と共通している。なお福島・加藤両事件に関しては、笠谷和比古「徳川幕府の大名改易政策を巡る一考察(一)」(国際日本文化研究センター紀要『日本研究』3 一九九〇年)がある。

(6) 『大猷院実紀』巻廿、『重修譜』巻八〇六(内藤)。

蒲生忠知と郷喜は、ともに妻が内藤政長(岩城平七万石)の女であったため、郷喜は藩政に専権をふるい、そのため重代の老臣福西・関等と対立した。福西等は、郷喜が松山城の櫓を新築した事、その息子の妻に真田幸村の娘を迎えた事を告発したが、櫓はすでに幕府老中の許可を得ている事が明らかになり、息子の妻も幕府使番滝川一積の娘とばかり心得ていたという郷喜の申抜きが認められた。滝川一積は妻が真田昌幸の女つまり幸村の妹なので、幸村の遺族の窮状を救うべく、その娘を養女にした。その時は本多正純の許可を得たというが、この蒲生騒動のため、改めて咎を蒙り、七月十六日追放の刑に処せられた（『大猷院実紀』巻廿、『重修譜』巻六四九〈滝川〉・六五四〈真田〉）。

(7)　『大猷院実紀』巻廿二、『重修譜』巻四二五（黒田）。

(8)　寛永九年六月廿四日書状（大日本近世史料『細川家史料』四）。

(9)　対馬藩の国書偽造については、辻善之助「朝鮮との修交と当局者の失態」（『海外交通史話』所収　大正六年）に詳しい。なお辻達也『江戸開府』（中央公論社『日本の歴史』一三）にも述べておいたので、内容はそれにゆずる。

(10)　寛永十五年からは、幕府の大名処分はまた厳しくなる。すなわちこの年には島原の乱の責任を問うて、松倉重治（肥前島原六万石）・寺沢堅高（肥前唐津十二万石）を処罰した。お家騒動に対しても、同十七年に池田輝澄（播磨山崎六万八〇〇〇石）・生駒高俊（讃岐高松一七万一〇〇〇石）、同二十年に加藤明成（陸奥会津四二万石）、慶安元年に古田重恒（石見浜田五万五〇〇〇石）というように、藩主を処罰している。これは寛永十四年頃からいわゆる寛永の大飢饉が始まり、安定した軌道に乗ったかに見えた幕府の支配体制も、根柢からゆさぶられた。このような混乱に対する幕府首脳部の危機感の表れと私は解釈している。

(11)　この改訂は翌十一年の家光の大挙上洛のための準備として発布されたものであるが、公的にはこの後改訂はなかった。慶安二（一六四九）年の「軍役令」を載せる文献（例えば『徳川禁令考』巻四第一六章）もあるが、これは軍学者の作った参考資料が、やがて「軍役令」として誤認されるに至ったものという説を私は妥当と考えている（根岸茂夫「所謂『慶安軍役令』の一考察」『日本歴史』三八三、一九八〇年四月）。

(12)　山口啓二「藩体制の成立」（岩波講座『日本歴史』近世2　一九六三年）。

四　公武融和

寛永九（一六三二）年七月、つまり秀忠死去の半年後、紫衣事件で幕府にたて突いて、流罪に処せられた大徳寺の沢庵宗彭・玉室宗珀と妙心寺の単伝士印・東源慧等が赦免された。これは大御所秀忠の死による恩赦という意味もあったかもしれないが、沢庵が故郷の但馬出石城主小出吉英へ送った手紙によると、越後村上城主堀直寄が、この事件の発端から終始奔走してくれたことがかなり与って力があったようで、また南光坊天海の将軍家光への赦免執り成しが効を奏したものという。(1)

翌十年一月十日、秀忠におくれることほぼ一年、金地院崇伝が死去した。この二人の政治上の重要人物が、一年の中に相次いで死去したことが、幕政の転換に少なからぬ影響を及ぼしたことは否めない。その二年後の十二年家光は沢庵・玉室・江月を江戸に呼寄せた。(2)そうして「大徳寺・妙心寺法度」について、三人それぞれの意見を聴聞した。細川忠利が父忠興に送った情報によると、家光は玉室に対し、権現様（家康）の御仕置のように、三〇年間骨を折って工夫し、五十歳になって長老にするのがよかろうといったところ、玉室は、百歳になっても悟らぬ者は長老にすることは出来ないのであって、年にかまいなく、悟道次第でなくてはならないと答えた。玉室の返答は流罪の因をなした主張と全く変わっていないのであるが、家光はこの意見が正しいと納得したという。「此以前国師之被申様不届と被思召と存候」、かつて金地院崇伝が自分に申し述べたことは誤りであったと、家光は判断したのであろうと細川忠利は推測している。(3)

元禄時代の土佐藩の学者谷重遠（一六六三—一七一八）の著と伝えられる『新蘆面命』に、寛永六年十一月八日後水尾天皇が突然譲位したことを、秀忠が大いに立腹し、前例のように隠岐へでも遷したらよかろうといったのに対し、家光が強くこれを諫めて、「是は仙洞様（後水尾院）の御道理至極也。再三御詫なされ候へ」といったので、結局武家伝奏中院通村の責任ということにして事が済んだという記事がある。(4)

この書の記事は直ちに事実として採るわけにはゆかないが、家光が道理を以って秀忠を諫めたという言伝えには注目する必要がある。沢庵も小出吉英への手紙の中で「当御所（家光）様、道理を分させられ、如前々（大徳寺の制度を復旧）被仰付候」と述べている。(5) 秀忠も崇伝も家康の法度を翳して綸旨をも無効とし、道理を挑げて抵抗する沢庵らを弾圧した。まさに「武家諸法度元和令」第三条、〝法を以て理を破り、理を以て法を破らざれ〟の励行であった。これに対し、家光が沢庵や玉室の言い分に道理を認め、崇伝の主張を不届きとしたことは、理を以て法を破ることを是認したことになる。後水尾院を道理として秀忠を諫めたという逸話も、この発想に則るものである。寛永十二年の「武家諸法度」から非理法権天の思想が消えたのも、同じ流れである。法と道理の矛盾・抵触がだんだん考えられなくなってきた。法律や制度の欠陥や不合理性をどんどん改めて合理化することが、支配体制の強化にこそなれ、権力を動揺させる危惧はすでにそこには認められなくなってきたのである。

幕藩関係にみられるのと同様、朝幕関係においても緊張は弛み、融和の状態が始まった。それは幕府の支配体制の確立に伴うものであったが、現象的には幕府の一歩後退の観を呈することもあった。例えば大御所秀忠が江戸城で公家に応対する場合、天皇に準ずる賜杯の礼式を崇伝に定めさせたこと、但、それは秀忠発病のため実施されなかったことは前に述べた。それが家光の代になると変更された。寛永九年八月、芝増上寺の台徳院（秀忠）霊廟が完成したので、その法要のため下向した公家を、同月六日家光は江戸城大広間で饗応した。その時の席次を見ると、上段中央に将軍家光、左側に高松宮好仁親王・前関白九条幸家・内大臣鷹司教平、右側に八条宮忠仁（智忠）王・前関白近衛信尋・右大将九条道房の順に着座した。中段はあけて、下段左に大納言烏丸光広・中納言飛鳥井雅宣ら、右に中納言柳原業光・参議勧修寺経広らが座した。現職の摂政や関白、左右大臣は下向していなかったが、親王家・前関白、内大臣・摂家子息は将軍と同じ上段に着席している。また宴が終って親王・摂家が退席の時、家光はこれを下段迄送っている。[6]つまり家光は親王家・摂家と対等の礼を用いたのである。これは大御所秀忠時代と比べて、京都に対する一段の譲歩とみるべきである。

さらに注目せねばならないのは、幕府が大名の格付に朝廷の権威を籍りるようになったことである。宮地正人は、幕府が天皇の即位式に譜代の重臣を賀使に立てるとともに、諸大名の中、五万石以上および四品に任ぜられた者も、それぞれ進献の使を京都に派遣し、また将軍家へも祝いの進献を行う制度になっていた事、その規定は明暦二（一六五六）年の後西天皇即位の時に明確化された事を指摘し、「幕府が五万石以上の大名（格としては城主以上となり、ほぼ一郡支配以上の大名）に対し、朝廷へ一定の独自な関係をもたせることによって、一種の国家的家格を付与するのと同時に、将軍家を朝廷と同様慶賀する対象におくことによって、朝幕の一体化を強調した制度[7]」と解釈している。

『徳川実紀』によると、寛永七（一六三〇）年明正天皇の即位に際しては「尾紀駿水の四卿及び十万石以上の輩よりも使奉り、ものささぐる事差あり。」とあり、同二十年後光明天皇の時には進献の記事がない。後西天皇の即位の時には、三〇万石以上・一〇万石以上・五万石以上の三段階に区分して、進物の規定が明記してある。つまり文献上からは、宮地説のように即位式の際の献上物の規則は、後西天皇の時から明確になる。

しかし私は天皇との関係による大名家の格付設定は、家光親政期の始めに迄溯ると考える。後述するように、家光は寛永十一年大挙上洛したが、その時天皇・上皇への拝謁は将軍と三家に限られていた前例を変更し、七月十八日には将軍・三家に続いて四位以上の大名も参内し、明正天皇と後水尾上皇に拝謁を許されている。つまりこの時点で幕府は四位以上の大名とそれ以下の家との間に格差を設けているのである。さらにその翌十二年改訂した「武家諸法度」の乗輿の制（第十一条）において、「国大名之息、城主暨侍従以上之嫡子」も許可を受けずに乗ることをみとめている。侍従に任官した大名は例外なく四位に叙せられており、城主と五万石以上とは、宮地説のように一応相当すると見做してよいから、この法度の「城主暨侍従以上」という区別は、「五万石以上および四位以上」という表現とほぼ同義と考えてよかろう。これより前、寛永六年改訂の「武家諸法度」で、大御所秀忠の発意により、乗輿の特典は国大名之息・一城被仰付衆および五万石以上に迄拡張されたことは既に触れたが、これも家格の区別においては略同じであるが、侍従や四位という公家の官位による格付はない。家光の改訂に至って、公家の官位を武家の格付に用いるようになった事に注目すべきである（家光の法度では、更に衣裳の制（第十条）においても、「白綾公卿以上、白小袖諸大夫以上聴之」と公家の格式を取入れている）。公武融和の結果、幕府は武家の権威の裏付けを、朝廷の格式に求めるようになったのである。

朝幕間の融和を確定的にしたのは、寛永十一年の家光の上洛であった。将軍の上洛はその前年五月三日に公表された。(8) これについて細川忠利は、今度の上洛は後水尾院を天皇に復位させるためで、その根回しとして土井利勝が特使としてまず上洛するらしいという情報を忠興に送っている。(9) 実際には家光の側近松平信綱が大目付二人（その中の一人は道中奉行兼帯）を伴って、将軍上洛の道筋や宿駅検分のため派遣された。[10]つまり事務的な用務による派遣であって、噂のような政治的使命を帯びた特使ではなかった。しかしそのような噂が家光上洛公表と同時に取り沙汰されているのは、それだけ幕府の朝幕融和路線を多くの人々が認めるようになった証拠であろう。

将軍家光は寛永十一年六月廿日に江戸を出発した。[11]行列は仙台の伊達政宗父子を先駆の第一番とし、上杉定勝・佐竹義隆・南部重直ら東北の大藩主がこれに続いたのは、八年前の大御所秀忠上洛の時と同様であったが、その規模は総勢三〇万人余、従来の上洛に三倍するものであった。京都の内外は軍勢で満ち溢れてしまったであろう。明正天皇の即位の祝賀はいわば名目で、圧倒的な大部隊による家光の一大デモンストレーションであったといってよかろう。

この物凄い示威に加えて、家光は気前よく大盤振舞いをした。かねて幕府は後水尾院に対しては、その譲位後に至る事情からあまり好意的ではなく、上皇御料もしばらく献上しなかった。譲位一年近く過ぎた寛永七年九月、明正天皇即位式の後になっても、関東から何の音沙汰もないので、たまりかねた朝廷側は、仙洞御所の経済をどうするつもりかと武家に訊ねた。実はこれより前、七月十三日所司代板倉重宗が江戸から帰洛する際、秀忠から受けた指示の中に、院の御料は故後陽成院の旧領をそのまま充てるとあったが、重宗は何故かその旨を朝廷に告げなかった。そうして朝廷側から催促を受けて、ようやく十月三日、故後陽成院の旧領三〇〇〇石を献じたのである。秀忠時代の朝幕間の感情のしこりが推察できる。

その四年後家光が上洛するや、従来の三〇〇〇石に七〇〇〇石を加え、仙洞料を一挙に三倍余の一万石とした。[12]また前関白九条幸家の第三子千代鶴丸に家禄一〇〇〇俵を給し、摂家松殿家を再興した[13]（これで一時六摂家となったが、千代鶴丸の夭逝で再び絶えてしまった）。

朝廷・公家ばかりでなく、京都の町人に対しては、銀一二万枚を与えた。沢庵の書状によると、これを間口の大小に関係なく、各戸等分に支給した。当時京都の町屋は三万五〇〇〇戸程あり、一戸あたり銀三枚余となったという。「かゝる御下物、前代未聞と申義候」「三国ニ無之事と涙を流シ、忝かり申候。」とは、それぞれ沢庵・細川忠利の報じているところである(14)。

家光はその後大阪へ行き、大阪・堺・奈良の町人に対し、地子銀を免除した(15)。そうして八月廿日江戸に戻り、九月朔日には江戸の町人に銀五〇〇〇貫目を与えた(16)。大御所秀忠の死後、対朝廷融和の態度を示しつつ、家光は今回の大挙上洛によって、関東の実力を、武力・財力両面からまざまざと、上方の人々、上は朝廷から下は京・大阪の町人に至る迄見せ付けた。この上洛によって示された武家の圧倒的な力は、多くの怨念をも押し潰し、これから暫くの間は、公武の関係が甚だ安定した状態を保ってゆくのである。

註

（1）寛永十一年六月朔日小出大和守宛（岩波文庫『沢庵和尚書簡集』一二五号）。
我等事、六七年已来、御出頭衆へ顔を一度出申たる事も無之、誰を頼申事一言無之候。掘丹後殿（直寄）一人、内外共、七年以来之気遣、語も不被尽儀に候。就其、僧正（天海）無他事、此度も直々問答被成、聞テ笑止ナル程の様子共にて御座候由候へ共、被申候分、御聞分候とて、次日僧正を御よひ可被仰渡候。
（2）江月宗玩、大徳寺の僧、沢庵らと共に紫衣事件の抗議に加ったが、その科が軽いというので、刑を免れた。
（3）寛永十三年九月廿七日細川忠利宛細川忠興書状（大日本近世史料『細川家史料』六　一四五七号）では、忠興の文章のように読めるのであるが、当時忠興は肥後八代に居り、江戸の忠利が報じたところを、そのまま返書に認めて、忠利に送ったものと思われる（『綿考輯録』巻三七に「九月廿三日、八代え被仰上候御書之内〈三斎君より此御返書も御座候へ共、不相替ゆへ略之〉とあり、その後にこの事を報ずる文章を載せている。忠興の忠利宛の返書には、他にも忠利からの文章をそのまま写したようなものがある）。

(4) 谷重遠は山崎闇斎流派の儒者・神道家であるが、天文にも通じ、宝永元（一七〇四）年江戸に出て、かねて文通によって師事していた幕府の天文方渋川春海（安井算哲、貞享暦の作者、一六三九―一七一五）を訪ねた。この書は重遠の滞府日記であるが、連日のように駿河台の渋川邸を訪問し、春海の談話を記している。秀忠・家光に関する記事も、春海の語ったところかと思われる。ただし本書に載る逸話の記事などには、虚実明らかでないところが多い。

(5) 寛永十一年七月廿九日小出大和守宛（『沢庵和尚書簡集』二二六）。

(6) 『本光国師日記』巻四七　寛永九年八月六日条。

(7) 宮地正人『天皇制の政治史的研究』（校倉書房　一九八一年）第一部第一章1「幕藩制国家における朝幕関係の本質」。

(8) 『大猷院実紀』巻廿二。

(9) 『綿考輯録』巻三五「五月三日八代え被仰上候御書之内」。

一、大炊殿　禁中へ御使ニ御上之由、取さたと申來候。いつとも不申來候。院様え又々御位被即候様ニとの儀、又来年御上洛ニ付而、道中・上方之様子も御申付候筈と申候事。

(10) 『大猷院実紀』巻廿二　寛永十年五月十七日条。

寛永十年五月三日細川忠利宛忠興返信（『細川家史料』一〇九八）。

(11) 同巻廿五。

(12) 同巻廿六　寛永十一年閏七月三日条。

（13）同巻廿五　同年七月廿九日条。平清盛全盛の頃、藤原忠通の子、近衛基実の弟、九条兼実の兄に基房という人があり、松殿と称し、六条・高倉両帝の摂政または関白をつとめた。しかし一代で衰え、鎌倉時代に五摂家が成立する頃には絶家していた。家光はその家名を復興させようとしたのである。

（14）寛永十一年七月廿九日小出大和守宛沢庵書状（『沢庵和尚書簡集』二六）。「上下京へ銀五千貫被下候。一間之家も十間之家も、分打ハ等分ニ、家数次第ニ分申由候。か丶る御下物、前代未聞と申義候。」『綿考輯録』巻三五　寛永十一年閏七月五日榊原飛騨守（職直、長崎町奉行）宛細川忠利書簡。「京中ニ銀子五千貫目被下候。家壱軒ニ三枚之上と申候。三国ニ無之事と涙を流シ、忝かり申候。」（銀一枚は目方にして四三匁、一二万枚では五一六〇貫目となる。沢庵や細川忠利の書簡に五千貫目とあるのは、いずれも概数を記したものであろう）。

（15）『大猷院実紀』巻廿六　寛永十一年閏七月廿六日条。

（16）同右　九月朔日条。

五　寛永後期の幕政における将軍家光の立場

寛永九（一六三二）年秀忠の死後、家光親政期に入ってからの幕府首脳部は幕藩関係の安定を前提に、支配体制の法的・制度的確定政策を着々と推進したことは前述の如くである。

ところが領主階級内の矛盾が解消してゆくのと並行するように次第に顕著になってきたのが、階級間の矛盾であった。それは寛永十四―十五年の島原の乱や、寛永末年のいわゆる寛永の大飢饉に最も顕著に露呈し、支配体制の完成を目前にした幕府首脳部に大きな動揺を生ぜしめた。この混乱をめぐる問題については すでに論考も多いが、(1)私はこの完成直前の危機に関する幕府内部の問題を述べてみたい。

幕府内部について考える場合、社会的混乱に付加すべき事実は、将軍家光の病気である。すなわち寛永十四年八月十一日諸番士に次のような命令が発せられた。(2)

一　御不例之故、御養生の御為、万事不被成御構候之間、不作法ニ候ハヽ、常よりもつよく曲事可被思食候、御改易程之儀ハ、切腹可被仰付事　（他一条略）

家光はこの頃病気のため、公務には一切関与しなかったのである。

家光という人は体が弱かったとみえて、『徳川実紀』に毎年数回は病気の記事がのっているが、寛永十四年はとくに甚しく、正月から連日のように病気で翌十五年三月に至っている。三家・諸大名もしばしば見舞に登営し、朝廷でも将軍病気平癒の祈禱を行なった。

家光の病気は病床に臥すという性質のものではなく、連日のように土井利勝・酒井忠勝・堀田正盛・阿部忠秋あるいは春日局など寵臣の邸を訪問したり、近郊に狩猟に出たりしている。また城中で能楽開催も甚だ頻繁にあり、風流踊や相撲の見物もあった。しかし一年以上もの間、勅使・院使との会見や諸大名の拝賀はなく、政務にも関与しなかったのである。(3)

家光がこのように政務から離れている間には島原の乱が勃発した。出羽白岩の酒井忠重領では家老が殺されるほどの大一揆が発生した。(4)関東・伊豆・甲信地方では治安が悪化し、盗賊・悪党の類が横行した。(5)大暴風雨等による凶作も懸念された。(6)かかる事態に、幕府首脳部は将軍抜きで対処していったのである。

同十五年三月六日家光は勅使・院使から二年分の歳首の賀を受けているから、(7) かれの病気も一応平癒したと見てよかろう。同じ日に肥前原城攻略の報も江戸に届いた。

この二日後の三月八日、堀田正盛は宿老の職を免ぜられ、家光に近侍することになった。(8) 十一月七日には土井利勝・酒井忠勝がいわゆる大老に昇った。同じ日、利勝の子土井利隆・忠勝の子酒井忠朝は若年寄を免ぜられ、阿部重次は宿老に昇り、三浦正次・朽木稙綱が旗本を支配することになった。

またこの日松平信綱・阿部忠秋・同重次の三宿老は大番ならびに寄合の支配を命ぜられ、さらにその二日後の十一月九日には、右三宿老が大番頭・留守居・寺社奉行・奏者番・町奉行・大目付・作事奉行・鑓奉行・勘定頭・伏見奉行・大坂町奉行・駿府町奉行・堺政所・船手・川船奉行・鉄炮役井上外記・弓役吉田久馬助を支配することとなった。(9)

この一連の措置について、北原章男氏はこれを家光独裁政権の完成と解釈している。(10) すなわち土井利勝・酒井忠勝の大老昇進とその子供の若年寄免職は、政治中枢から門閥譜代を遮断する措置であったこと、松平信綱ら家光側近系宿老によって政治中枢を掌握させたこと、さらに堀田正盛に側用人的役割を与え、かねて家光近臣として権威をもっていた中根正盛と共に、側近として信綱・忠秋ら宿老と対置させ、宿老・側近の均衡の上に家光が独裁者として立ったこと、これらの意味を十五年の一連の措置はもっているという。

私はこの北原氏の説く家光独裁政権完成説には賛成しない。とくに問題となるのは堀田正盛の役割である。前に述べたように、堀田正盛が宿老の職をはなれて家光の側近に入ったのは、家光が漸く健康を恢復して表向きに顔を出せるようになった直後である。それ迄一年あまりの間は、家光は公的な儀式にすら出られる状態になく、まして政務からは全く遊離していた。この間島原の乱をはじめとする難局の処理は、専ら松平信綱・堀田正盛ら閣老を頂点として行われていたのである。

それではなぜ家光健康恢復と同時に堀田は閣老を離れたのか。私はこれを閣老グループによる将軍側近勢力擡頭の抑圧策と解する。つまり堀田正盛は、健康をとり戻して政務に関与しうるようになった将軍家光の側近者が、将軍の権威を背景に、政務に発言権を増大させるのを防止するために、将軍側近に閣老側から乗り込んだのである。

信綱・正盛らは近習出頭人であった。将軍に近侍することによって将軍の信任を得、その権威を背景に幕政の中枢に進出して来た人達である。しかしこの時点において、かれらは自分達の後続者の道、つまり近習出頭人再生産の道を断たねばならなかった。内廷（奥向）勢力が外朝（表向）に進出するのを防止しなければならなかったのである。

信綱・忠秋・正盛等閣老の動向の背景には、寛永九年以降の幕府職制の整備を考えなければならない。後の老中・若年寄あるいは諸奉行等に相当する職務内容が成文化したことは、幕府の職階・職制の整備であると共に分化であり、それはやがて外朝（表）・内廷（奥）の分化を指向すべきものであった。将軍の近侍に発して書院番頭・小姓組番頭等の親衛隊をにぎり、さらに奉行・宿老等の政治中枢に参画するいわゆる近習出頭人の存在[11]は、かかる分化の趨勢の中で解消され、再生産の道を断たるべきものであった。

こういう政治の趨勢を促進したのは、体制完成直前の矛盾露呈に遭遇した幕閣首脳部の危機感であったと思う。島原の乱は鎮圧したものの、社会的混乱はなお存続している。かかる事態の中で、新たな将軍側近勢力が幕政に進出して、幕府中枢に勢力争いが発生しては、事態は収拾つかなくなる。将軍が健康を取り戻した後は、将軍側近層から当時の幕閣への対抗勢力が擡頭する可能性は十分にあったのである。信綱・忠秋・正盛等は家光に近侍し、家光の信任絶大なものがあったがその地位は必ずしも常に安泰ともいえなかった。例えば寛永十年五月下総生実領主酒井重澄が勤務不良により改易された事件[12]など、かれらの地位が多少不安定であったことを示すものである。酒井重澄は飛驒高山城主金森可重の七男であったが、将軍家光に近侍し、大いにその寵を得、幕命によって酒井忠勝の養子となった。ところが寛永十年五月、平常勤務不良につき死を賜うべきところ、病身故に一等減ぜられて、備後福山の水野勝成に召預けとなった。この重澄は堀田正盛と家光の寵を競った存在といわれ、処罰の前には二万五〇〇〇石を領していた。その頃堀田正盛は一万石、阿部忠秋が一万五〇〇〇石、松平信綱が重澄処罰の八日前に一万五〇〇〇石の加封を受けて漸く三万石となった[13]ことから考えると、重澄の寵のほどが察せられる。

重澄処罰の二月前に、松平信綱・阿部忠秋・堀田正盛・三浦正次・太田資宗・阿部重次のいわゆる六人衆が成立し、八日前には堀田正盛・阿部忠秋が松平信綱と共に宿老に准ぜられていること[14]から推して、一時は信綱・忠秋・正盛をしのぐほどの強力な対抗者であった重澄も、この時点に至ってかれらとの勢力争いに敗れたわけである。

寛永十五年父忠勝の大老昇進と同時に若年寄を免ぜられた酒井忠朝の場合も、単に門閥譜代なるが故に政治中枢から排除されたというだけではなく、その政治的才腕の故に信綱・正盛らと権力を争うべき存在であったらしい。これをみて父忠勝は、忠朝の若年寄辞任後、かれをしばらく籠居させたという[15]。

右二例はいずれも酒井忠勝が関係しているが、忠勝は三河譜代の中でも最高の門閥の人であると共に、かれと春日局とは家光から慈父・悲母の如く慕われていた人であったから、自ら忠勝の関係者の中に将軍の寵を得、権勢をふるう者も出現したのであろう。従って信綱・正盛らが、忠勝を大老として政治中枢の外へ棚上げする一方、かれらの仲間の中から春日局の縁故者たる堀田正盛を将軍側近に送り込んだのも、忠勝に対する意識が働いたのかとも思われる。

中根正盛なども新しい近習出頭人たりうる可能性をもっていた人であろうが、結局はその権勢は奥向に止っている。その俸禄が五〇〇〇石にとどまったことについて『寛永小説』には、将軍家光が、あまりにかれの権勢が強いので、敢えて加増しなかったのではないかと推測しているが、大名に迄至らなかったのは結局それだけの政治上の地位をもてなかった証拠であろう。歴代将軍の側近で相当強い政治上の発言力をもった者として、万石以下に止まった例は他にはない。最も側近勢力の抑制に将軍が留意したという享保期においてすら、御側御用取次を勤めた加納久通・有馬氏倫ともに一万石に至っている。寛永後期の家光側近の代表というべき中根正盛が五〇〇〇石に止められたことこそ、この時期の将軍側近の政治上の勢力が抑えられていたことをよく示す事実といえよう。堀田正盛が幕閣から側近へ乗り込んだ目的も達せられたとみるべきである。

こうして将軍側近勢力の新たな擡頭をまず堀田正盛によって抑え、ついで譜代門閥の代表たる土井利勝・酒井忠勝を大老にまつり上げ、その子供を幕閣からしりぞけ、ついで幕府の主要役職を閣老が支配する制度を樹立した。この制度は後の老中支配の諸役職に近いが、後の制度では老中支配下になく将軍に直属する寺社奉行・奏者番をもこの時にはかれらの支配下に入れているところをみても、松平信綱ら三人の閣老が強大な権限をにぎったことがわかる。

寛永末年の危機は、こうして将軍独裁ではなく、むしろ将軍を政治から遊離せしめ、強力な閣老専制体制を樹立して乗り切ったのである。慶安四（一六五一）年将軍家光が死去し、僅か十一歳の家綱が四代将軍に就任し、慶安の変が起っても幕府は動揺せず、却って浪人対策などに余裕ある態度を示し得たのも、閣老専制体制がすでに十数年以前に確立し、軌道に乗った政治が行われていたからである。もし将軍の独裁体制であったならば、その将軍が幼少の継嗣を残して四十八歳の壮年で死去した際、当然かなりの動揺・混乱も生じたであろう。

なお私が前に、近習出頭人が側用人の前身であるという新井白石以来の説を否定し、両者の間には政治の展開過程の上で段階の差があると述べた[16]ことについて、北原章男氏はこれを批判し、堀田正盛は閣老をやめて家光の側近となった段階で「近世的側近」の性格をもつに至り、この「近世的側近」が側用人へ連続するのだと論じている。[17]北原氏の場合、堀田正盛の性格を考えるのに、中根正盛の存在が重要な意味をもっている。すなわち中根正盛は家光の側近として甚だ権威があったこと、かれは後の側用人と同様評定所にも出座したこと、そうしてかれは近習出頭人とは異り、後の側用人へ連続する性格であることを指摘し、同時期に将軍側近であった堀田正盛と並ぶ存在であったと述べている。

私も中根正盛が家綱時代の側衆の前身だと思う。しかし堀田と中根と、同じく家光の側近にいてもその役割が違う。堀田は中根ら奥向きの勢力が表向きに進出するのを抑えるため、換言すれば近習出頭人後続の途を遮断するために、閣老側から奥向きに派遣されたのである。中根は将軍側の、つまり奥向きの人間として、種々の取り次ぎに当り、将軍の耳目となったのである。

然るに北原氏はこの両者を同一の性格として理解している。その根抵には家光の独裁体制という認識がある。しかし少なくとも寛永十四年には家光は全く幕政から離れ、政治は近習出頭人から上昇した閣老達によって推進された。十五年の一連の施策は、十四年の状態を将軍健康恢復後も持続するために行われたもので、堀田正盛の側近入りもその一環である。つまり寛永十四年から閣老専制政治に入り、十五年にはそれが確立したと私は解釈している。側近としての堀田正盛の性格が後の側用人に連続するか否かについて北原氏と私と異なった見解が生ずる理由の第一点は、寛永後期の政治を家光独裁体制とみるか、家光は政治から遊離し、閣老専制体制が確立したとみるかの点である。

第二点は綱吉時代の問題で、側用人を家綱以来の側衆の連続と理解するか否かである。綱吉が側用人を設置した意味については別に論じた[18]ので改めて詳論はしないが、側用人の設置は単に従来の側衆の待遇をよくしたというだけのことではなく、幕府政治が綱吉将軍の登場によって新しい段階に入ったことに伴う重要な制度的改変の一である。

以上のように、北原氏の批判はうけたが、私はやはり近習出頭人(堀田正盛)を側用人の起源とする新井白石以来の説は正しくないという持説をここに再確認する。

註

(1) 例えば北島正元『江戸幕府の権力構造』第三章第一節・第四章第一節、佐々木潤之助『幕藩権力の基礎構造』五、山口啓二「藩体制の成立」等参照。
(2) 『御当家令条』巻廿四 二九一号。
(3) 『大猷院実紀』巻三四乃至三七。
(4) 同巻三六・三七、『重修譜』巻六七、山口啓二「藩体制の成立」。
(5) 幕府は寛永十四年十月廿六日付で、これらの地方の領主・代官に厳重な取締令を下している(『御当家令条』巻二三 二七七号)。

(6)　同年八月廿五日には諸国に米作巡視を派遣している（『大猷院実紀』巻三五）。
(7)　『大猷院実紀』巻三七。
(8)　同右、『重修譜』巻六四四、『折たく柴の記』巻下。
(9)　『大猷院実紀』巻三九。
(10)　北原章男「家光政権の成立をめぐって」（『歴史地理』九一―二・三）。
(11)　拙稿「近習出頭人について」（日本女子大学史学研究会編『大類伸博士喜寿記念史学論文集』所収、本書第二章）。
(12)　『大猷院実紀』巻廿二、『重修譜』巻三六三、（『藩翰譜』第十一には、重澄を重隆とし、また酒井忠勝の養子を忠世の養子としている）。
(13)　『重修譜』巻六四四（堀田）・巻六三五（阿部）・巻二五六（松平）。
(14)　『大猷院実紀』巻廿二。
(15)　同右巻六一　正保二（一六四五）年閏五月三日条。
　酒井忠勝という人は譜代の中でも最高の門閥であるが、逸話など通じて窺うのに、その政治的見識はかなり当時としては進んでいたのではないかと察せられる。かれが嫡子忠朝を籠居せしめたというのも、幕府の支配が動揺している時、幕府首脳部において忠朝が信綱・正盛らと権勢を争う事態が起れば、政治の混乱を助長すると考えたからではあるまいか。
(16)　拙稿「近習出頭人について」。
(17)　北原章男「家光政権の確立をめぐって」。
(18)　拙著『享保改革の研究』第二章、拙稿「幕政の新段階」（岩波講座『日本歴史』十一　近世三）。

第四章　「下馬将軍」政治

一　寛文期幕府制度整備の評価について

四代将軍家綱時代の幕府政治について長い間通念化してきた概評を最もよく表現しているのは、『厳有院実紀』の末尾（巻六〇）に記してある次のような治世の評論であろう。

幼眇の御身にて御代うけつがせ給ひしかど、海内安寧無事にして、刑錯の治とも申べきほどの事なりしは、全く祖宗の盛徳、神威のいたすところといへども、其一には当時宗室執政の輩、みな祖宗の養畜し給ひし遺老、井伊掃部頭直孝・松平伊豆守信綱・阿部豊後守忠秋等の名臣にて、経国の大躰をしり、朝憲に精熟し、人心帰服せしかば、よく輔導の術を得たるゆへなるべし。（中略）ただおしむべきは、御稟受御虚弱にて、尊体御病がちにましましけるにより、政務みな権臣に委任ありて、多くはみづから聞召れざりける故に、寛文・延宝の頃にいたりては、弄権の輩すこぶる威福をはり、擁蔽の風おこり、下言通ずる事まれなり。いかにも寛仁恭倹の御徳ましましながら、慈恵左右にとどまり、徳政闔内を出ずとて、なげくものも少からざりしとぞ聞えし。

明治以降近年に至るまで、この時期の幕政に言及した論著は少なしとしないが、基礎的研究が前後の時期に較べて甚だ浅いといわざるを得ず、「下馬将軍」酒井忠清についても評論の域を出ていない憾みがある。このような研究の現状の中で、若干の基礎的事実の再検討をふまえて、示唆に富む新しい見解を打出したのは朝尾直弘である(1)。

朝尾の論文は「公儀」という語で表現される領主階級統合の公的権力の構造の変遷を、三代将軍家光時代を中心に論じたものである。そこで私がとくに注目するのは、朝尾が家光時代と家綱時代との比較に際し、従来ほとんどその差異を看過されてきた寛永十二（一六三五）年と寛文三（一六六三）年の「武家諸法度」・「諸士法度」の相違点に着眼していることである。(2)すなわち寛永の法度に見える「上意」「近習・物頭」の辞句が寛文の法度の条文から消え、代りに「奉行所」と「家」が強調されていると朝尾は指摘する。その意味するところは、「家門・譜代」に依存してきた「公儀」権力の中枢に、家光時代に至って「近習・物頭」すなわち将軍直臣団を編入することによって、将軍「上意」による「公儀」掌握が可能となった。然るに幼将軍家綱の代になると「公儀」の最高の権威を体現する「第一人者」不在の状態が現れ、ここにまた門閥譜代の巻返しによる「家門・譜代」重視の動向が生じた。「家」の重視は幕府の吏僚制においても門地・家格の重視となり、「奉行所」も「上意」を頂く「近習・物頭」が掌握してきたのに代って門閥譜代が支配するようになった。酒井忠清の路線はその一つの結着であったという。

門閥譜代の巻返しは幼将軍家綱の登場をまたず、家光時代の後半寛永十九（一六四二）年頃からと私は考えるが、(3)それはしばらくおき、諸法度をはじめとする寛文期に入ってからの行政機構の整備は、単に寛永十年代に樹立された諸制度の最終的修飾にとどまるものではなく、朝尾の指摘するように、この時期の幕府政治の動向を考える上に大きな意味をもっている。

家綱時代の諸制度の整備は寛文三―四（一六六三―六四）年を中心に、その前後にまとまって施行されている。その主要事項を列挙すると次の如くである。

寛文二（一六六二）年

二月廿二日　若年寄を復活し、側衆久世広之・土屋数直をこれに任じ、旗本を支配せしむ。

二月　晦日　老中・若年寄の支配区分を成文化する。
寛文三（一六六三）年
五月廿三日　「武家諸法度」発布。殉死の禁令を出す。
八月　五日　「諸士法度」発布。
寛文四（一六六四）年
三月廿九日　老中署判の制を改め、大事のみ連署し、小事は月番一人の署名とする。
四月―七月　諸大名に領地の朱印あるいは判物を頒賜する。
五月　九日　小普請を留守居の支配とする。
此頃、評定所の寄合を、式日・立合・内寄合に区別する。(4)
六月　三日　「禁中並公家諸法度」が去る万治四（一六六一）年正月十五日の皇居火災で焼失したので、その写しを作成し、家綱と関白二条光平連署して、これを京都に送る。
寛文五（一六六五）年
三月十八日　番方を主とする諸役人に役料を支給する。
七月十一日　神社・寺院・僧侶の法度を発布。
八月―十月　寺社領朱印状一三九七通および諸門跡領朱印状を交付。
十一月　宮家、摂家以下諸公家に領地判物朱印状発行。
寛文六（一六六六）年
七月廿一日　諸役人に役料を支給する。

このように寛文期の幕府当局は朝廷・寺社をはじめ大名・旗本あるいは幕府の諸組織等についての諸規則を数年の中に相次いで発布した。その幕府内外にわたる法令の総合的・網羅的な点も、まず前後に比をみぬものとして注目せねばならない。しかもこれらは幕初以来漸次発布してきた法令をここにただまとめたにとどまらない。例えば「禁中並公家諸法度」も、単に京都の法度原本が焼失したから江戸から写しを送ったにすぎぬというものではあるまい。幕府が全大名にいわゆる寛文印知を交付して将軍との主従関係を再確認する作業をしている過程で、改めて宮家公家へ領知の判物・朱印状を発行し、また将軍家綱と関白二条光平が署名した法度を京都へ送ったということは、幕藩体制下における朝廷公家のあり方を再確認する意味をもつものであろう。(5)

「寺社法度」にしても、その主眼である各宗派の法式厳守・新義の禁止・本末秩序の維持は、すでに慶長から元和にかけて各宗派別に発布した法度の主眼でもあり、それらの共通項目をここに抽出してまとめたものとの感もうける。しかしこの法度の発布と寺社領朱印状交付と併行して、幕府は改めて日蓮宗不受不施派の弾圧を強化し、ついにこの宗派の寺院を檀那寺とすることを禁止してしまい、(6)また寺社裁判を通じて、本寺・末寺関係の明確化、寺院内の上下秩序の確立を強く推進するという宗教行政の裏付けとして、この法度の制定は積極的な意味をもっているといえよう。(7)

つまり幕府がこの時点で実施した全面的な制度上の再整備は、政治の新しい局面への展開の出発点をなすものと理解したい。酒井忠清による「下馬将軍」政治も、ここから発した幕政の流れの上に出現すると考えるべきであろう。

註

（1）朝尾直弘「将軍政治の権力構造」（岩波講座『日本歴史』戦後第二版近世二　一九七五年十二月、同『将軍権力の創出』IV　一九九四年　岩波書店）。

（2）寛文の法度は寛永十二（一六三五）年の法度と比較してほとんど辞句を修正したにすぎないと見なされ（栗田元次『江戸時代』上　第四章第三節二「綜合日本史大系」）、その発布の意義は看過されて来た。

（3）寛永十五年十一月土井利勝・酒井忠勝大老昇進が、松平信綱・堀田正盛・阿部忠秋等家光側近出身の閣老による幕政中枢掌握、門閥譜代層の後退を意味しているという解釈はほぼ定着したとみてよいであろう。朝尾が幼将軍家綱の時になって門閥譜代の巻き返しが起ったとみるのも、右の解釈を前提としている。職掌からいっても、土井利勝・酒井忠勝は大老任命の際、朔望の出仕以外にも「大政の事あらばまうのぼり、老臣と会議」（『大猷院実紀』巻三九）を命ぜられている。間もなく病気となった利勝はともかく、酒井忠勝が老中と共に将軍の面命を受けるという記事は『実紀』に散見する。藤野保はこれをもって家光側近と門閥譜代との融合と解釈している（「寛永期の幕府政治に関する考察」北島正元編『幕藩制国家成立期の研究』所載）。その融合の証拠として、藤野は利勝・忠勝に井伊直孝を加えた門閥譜代が松平信綱ら側近出身閣老としばしば「老臣会議」を開いている事実をあげている。私も「老臣会議」は寛永期の幕府政治考察の上に軽視しえぬと思う。しかし「老臣会議」は寛永期、とくに家光親政期を通じて断絶なかったであろうか。『大猷院実紀』に脱漏ないものとしてこれを追ってゆくと、寛永十三（一六三六）年三月迄はかなり頻繁にその記事がある。十三年について列挙すると次の如くである。

正月廿五日　諸老臣と政事討議。
　廿九日　土井利勝のもとに諸老臣会議。
三十日　酒井忠勝亭に会議。

二月　二日　阿部忠秋宅に会集。
　七日　土井利勝のもとに会議。
　八日　酒井忠勝亭に会議。
　十二日　松平信綱宅に会議。
　廿二日　阿部忠秋宅に会集。
三月　二日　堀田正盛がもとに会集。
　廿二日　堀田正盛亭に会議。

然るに十三年三月廿二日以降「老臣会議」の記事は『実紀』に現れない。僅かにこの年八月廿日老臣評定所に会して津軽信義の家士の訴訟を聴断すとあり、ついで十五年六月廿六日、島原の乱に関し、鍋島勝茂・榊原職直を評定所に召し、軍法違犯を諸老臣尋鞠すとあるが、これらはいずれも特定の事件についての裁断であり、大政を議する「老臣会議」とはやや性格が違うのではないかと考える。

やがて十九年十二月に至り、「老臣会議」は再び『実紀』の上に現れて来る。すなわち次の如くである。

寛永十九（一六四二）年
　十二月四日　紀伊頼宣・井伊直孝・酒井忠勝その他諸老臣禁中の事を会議す（素鵞宮＝後光明天皇親王宣下）。
寛永廿（一六四三）年
　四月廿九日　井伊直孝はじめ諸老臣御前会議。
　五月　朔日　同じく御前会議、俄に尾州邸に諸老臣・紀伊・水戸両卿集って会議。
　五月　二日　諸老臣御前会議。ついで酒井忠勝邸に諸臣会集し、会津加藤明成の所領没収を発表。
　八月廿八日　尾紀水三卿・土井利勝・酒井忠勝等諸老臣、家光と密談数刻（九月朔日付禁裏諸役人宛黒印状の件か)。

この後、時には三家をも含めて、門閥譜代と家光側近系とから成る老臣会議の記事は、しばしば『実紀』に載っている。つまり「老臣会議」は寛永十三年三月以降六年八ヶ月ほど断絶して、十九年十二月に復活したと見なしてよいと思う。

この「老臣会議」空白の六年余りの間の政治の動きをみると、家光の大病による政務からの離脱、島原の乱その他の混乱の克服、そうして土井利勝・酒井忠勝の大老への棚上げ、ついで松平信綱ら家光側近出身老中の幕府主要行政組織の掌握と進んで寛永十五年を終る。ここ迄は側近系老臣による門閥譜代排除の過程であり、「老臣会議」断絶もその線上の事態といえよう。

然らば何故「老臣会議」が側近系老中実権掌握四年後に復活したか。私はそこに幕府行政中枢が背負うべき権威の変化を指摘したい。信綱ら側近系は将軍家光の個人的信任を背景に中枢へ進出した。そうして中枢を握ると次には表と奥の分離、つまり将軍の個人的恣意や新しい側近すなわち内廷勢力の外廷への介入を遮断しようとした。堀田正盛が家光病気回復と同時に老中を辞し、将軍側近に入ったのも、表側の代表として奥向の抑制をはかるためであったと解釈している(拙稿「寛永期の幕府政治に関する若干の考察」『横浜市大論叢』二四巻人文系二・三号、本書第三章)。こうして将軍の個人的権威が外廷への影響を薄くしていった代りに、行政中枢が背負おうとしたのが、しばしば三家を含む「老臣会議」の権威であった。恐らくその契機は寛永末年の大飢饉による権力の危機にあったのであろう。なお、かかる「老臣会議」の復活は当然門地・家格の重視を背景としている。この傾向はすでに寛永十八年二月『寛永諸家系図伝』編纂に着手したことにも伺いうる。

(4) 『厳有院実紀』(以下『実紀』と略)巻二六には五月此月条に記載しているが、その典拠としている『武家厳制録補』は年月日必ずしも信頼しかねる。例えば『実紀』がこの評定所令に続けて、同じ出典で記載している諸番士当直の令は『御当家令条』(以下『令条』と略)巻二四によると元和八(一六二二)年十一月のものである。『令条』所載の法令では、延宝九（一六八一）年正月のものに、はじめて式日の他に立合の期日が見える（巻三四）。ただし『徳川禁令考』後集巻一所載、享保四（一七一九）年十二月評定所一座呈出「評定所始之事」に、寛文の頃より式日・立合・内寄合に分れたという評定所留役の伝承を記している。

（5）朝尾が「禁中并公家諸法度の再確認がなされ」と記しているのも同じ解釈であろう。

公家領に対する給与・安堵の文書の発行は、慶長十八（一六一三）年家康が一部の公家に発したのについで、秀忠は元和三（一六一七）年、つまり家康死去の翌年、親王家・摂家その他かなり広く判物・朱印状を発給した。家光は寛永九（一六三二）年、つまり秀忠の死後、発給の準備をしたことが『本光国師日記』によって知られるが、発給はしなかった。そうして寛文五（一六六五）年の家綱の発給となったのであるが、これは秀忠の時よりもはるかに広く、おそらくすべての堂上家を対象としたものと考えられる。

明治政府成立の際、旧幕府発給の領地の文書を提出せしめたが、法令の不徹底による提出漏れ、その後の皇居火災、関東大震災等による焼失や廃棄によって、現在内閣文庫に『徳川家判物并朱黒印』として保存されているのは、公家については七八家にとどまる。そのうち秀忠の元和の発給は二九通、家綱の寛文の発給は五八通、その後の発給は二〇通である。これから推して、寛文の発給がかなり網羅的であったことが察せられる。

武家に対して、家光の代には五万石以上を対象に寛永十一（一六三四）年に発給したのに対し、寛文四（一六六四）年の家綱の発給が一万石以上の大名すべてを対象としたのと一連の施策である。これからはこれを前例として、将軍の代替りに発せられるようになった。

（6）辻善之助『日本仏教史』近世篇之三　第十章第十一節参照。

（7）『実紀』より寺社訴訟裁断を抽出すると次の如くである。

寛文元（一六六一）年

三月　智積院能化・所化争論、所化僧処罰。

寛文二（一六六二）年
　八月　中山法華経寺を京都本法寺・頂妙寺・和泉妙国寺の三本寺に輪番管理させる。
寛文三（一六六三）年
　二月　伊勢専修寺と越前専修寺本末論争、伊勢を勝訴させる。
　十二月　高野山学侶行人訴論裁決。
寛文五（一六六五）年
　三月　京都清水寺執行等追放。
寛文七（一六六七）年
　十一月　備中吉備宮訴論裁判。京都大徳寺真珠庵・酬恩庵本末裁断。
　十二月　京都本国寺住持・役僧論争裁決、役僧追放。
この後も、延宝年間を含めて寺社訴訟頻繁であるが省略する。なお辻善之助『日本仏教史』近世篇之三　第十章第八節参照。

二　行政機構における支配・監察の強化

寛文期の行政機構整備の結果、その運営上にあらわれて来る大きな特徴は、幕臣全般に対する行政機関の支配・監察の強化である。制度上からみても、若年寄の復活によって、諸役人の支配が老中と若年寄と二手に、明確に分けられ、さらに小普請が留守居の支配下に移り、支配関係の分掌化が行れたことは、それだけ幕臣への支配を綿密にし、監督強化を可能にしたといえよう。それに加えて番頭・物頭や大目付・

目付、さらに巡見使に対してしばしば監察督励を命じている。例えば寛文三（一六六三）年八月十三日家綱は大目付・目付を召し、今回発布の法度違反者をよく監察し、憚りなく言上すべき旨面命し、番頭・番士へも謹慎を専らとすべき旨戒諭した。(1) 同五年二月廿五日にも家綱は若年寄侍座のもと、全目付に面命した。(2)『厳有院実紀』には寛文四年頃から後、旗本等の処罰の記事は極めて頻繁に記載されているが、早い頃には喧嘩あるいは博奕など私的な非行によるものが多く、公的勤務にかかわる処罰は寛文六年頃から次第にその数を増している。その監督・処分の状況を、一般の幕臣と代官および領地支配に分けて記してみよう。

イ　一般幕臣の監督

寛文七（一六六七）年

三月　晦日　書院番・小姓組両番士に対し、城内勤務・将軍御供・休暇・病気等についての規則二一ヶ条を発令。(3)

五月廿九日　小十人番士岩佐吉純、番頭三宅重正の遠郊へ健足を試みに誘うを拒否。重正怒って吉純の月俸に裏判せず、来宅に際しても無礼に扱うこと聞え、重正は閉門、吉純は牧野忠成へ召預けとなる。(4)

六月廿九日　前日の儀式に高談失儀の者ありとて、目付がよく指揮すべき旨、奏者番・大目付へ命せらる。(5)

寛文八（一六六八）年

六月　三日　殿中不作法な輩を監察、言上すべき旨、家綱大目付・目付へ命令する。(6)

寛文九（一六六九）年

三月十三日　諸番頭に対し、万治二（一六五九）年より寛文八（一六六八）年迄十年間の番士の勤怠の報告を命ずる。(7)

閏十月十八日　精勤（過去十年間欠勤十二日迄）の番士・腰物奉行・納戸番・右筆四〇一人を表彰。(8)

十一月十四日　奈良奉行土屋利次、春日社造営についての命令を誤解し、門跡より抗議を受け、免職・閉門。(9)

寛文十一（一六七一）年

九月　朔日　大番頭水野忠増、己は諸番頭の上首なりとて、目付の指揮に従わぬため免職・閉門。(10)

延宝元（一六七三）年

二月　四日　小姓組番頭奥勤内藤正勝・酒井忠良、奉職御意に応ぜずとて閉門に処せられる。(11)

四月　六日　小細工奉行満井加右衛門・岩手三左衛門、奉職無状により追放、福田市兵衛は病死により家禄没収。(12)

ロ　代官の督励

寛文五（一六六五）年

三月廿五日　豊後代官小川正久、その手代の不正に対する農民の訴訟の裁きよろしからずとて改易、手代二人は死罪、五人追放。(13)

寛文六（一六六六）年

四月

代官へ支配所見廻・荒地等吟味・年貢・貸借・縁組等七条の訓令を下す。(14)

覚

一、御代官所中切々見廻り、堤川除等無油断可被申付之、永荒川成地不足過分有之由、御帳え仕上ヶ候御代官衆数多有之候、御奉行被遣、検地可被仰付候間、兼て其吟味無之、百姓任申旨、地不足ニ相立置候面々は、可為越度事、

一、御年貢収納之金銀は、早速御金奉行衆え可被相渡之、翌年春夏之内、中勘定目録仕上、三年目三四月之比、必可在皆済候之事、

一、御年貢方金銀米銭小物成等まて上納仕候百姓中、割符壹人前宛委細書記之、一帳ニ仕立、并諸役人用是又別帳ニ書載、庄屋小百姓不残判形為致、年々御代官ニ取置可被申、年貢并諸役人用等、庄屋組頭非分之割付仕之旨、毎度後日争論有之間、無紛明細ニ割帳可被申付事、

一、御蔵入中町人百姓え、御代官衆并親類縁者手代等まて、借し物仕間敷候、他人之借し物取次、肝煎借し候儀も可為無用事、

一、年々御成ヶ高下之差引相考ために候之間、去巳年より前十ヶ年物成、年々書分、郷帳仕上ヶ可被申候、但近年請取候御代官所之儀は、請取候年より以来を書上ヶ可被申事、

一、五畿内近国之御蔵入所は、万事京・伏見・大坂・奈良・堺所之奉行より被申付候御法度之旨相守、御代官所も同事可被申付之、勧進能相撲操類之見物、在郷ニ留置、諸

人群集可仕儀は可被致無用之、
附、かけ之諸勝負博変之類、堅く停止可被申付事、
一、御代官衆仲間并御勘定衆ともに、新規縁組養子等被仕間鋪事、
四月

寛文七（一六六七）年
八月十三日　代官近山安高・細田時徳、前年常陸谷原開墾（布川新田）の際、水利につき農民を困窮させたため訴えられ、安高は秋田盛季に、時徳は内藤信良に召預け。(15)
十一月十二日　播州代官多羅尾光好、農民の隠田を検査せず、坪数・年貢不足せるにより、子光忠と共に閉門、手代三人は伊豆大島へ流罪。(16)
寛文八（一六六八）年
八月　六日　遠信代官宮崎道次病死するも、生前会計を怠るにより相続許されず。長子道常・次男道直は翌年九月隠岐へ流罪、三男・四男も松平直良へ召預け。(17)
寛文十（一六七〇）年
正月十二日　当年関八州国廻り検使差遣につき、諸代官諸事入念、正路に、蔵入所務減少せざるよう訓令を発す。(18)
一、関東御代官衆御触状
覚
一、当年為関東八州国廻御検使可被遣旨、去年被仰出之畢、然は御代官所之儀は給所方

掟ニ成候條、諸事入念正路に可被申付候事、
一、御代官方私欲雖無之、手代輩仕置悪敷におゐては、越度に可相成候條、無油断遂吟味、急度可被申付事、
一、近年御蔵入御所務令減少、百姓亦困窮いたしたる様に取沙汰有之間、向後諸事入念、百姓前田畠無高下様に遂僉儀、連々百姓身上つのり、御所務上り候様に仕置可被申付事、
右之條々可被相守之、此外従御勘定頭書注趣、急度可被申付之、国廻之面々見分之上、非儀私曲在之御代官方は、随科之軽重、急度曲事可被仰付之者也
寛文十年正月十二日

延宝四（一六七六）年
五月十九日　長崎代官末次平蔵、不正により、子供と共に隠岐へ流罪。(19)
延宝五（一六七七）年
七月廿六日　年貢滞納により、代官福村長右衛門・佐野平兵衛は三宅島へ流罪、関口作左衛門とその子二人は切腹。(20)

ハ　領知支配の監督強化（領主の処罰）

寛文五（一六六五）年
七月廿九日　一柳直興（伊予西条二万五〇〇〇石）、寛文元年女院御所普請助役に遅参し、また今回参勤

におくれ、常々家中および領分の仕置悪く、且好色不法ありとて改易、前田綱紀召預け。[21]

寛文六（一六六六）年

五月　三日　京極高国（丹後宮津七万五〇〇〇石）、一門と不和にて、父高広より訴えられ、しかも家中の跡式を宛行わず、家中にうとまれ、未進の百姓に高利貸付け、未進の者を売り、領内を亡所にする等により改易、南部重信へ召預け、その子供達も配流。[22]

寛文七（一六六七）年

十二月廿七日　小普請内藤忠成（五〇〇〇石）改易。知行所下総椿村名主庄左衛門、天領の名主も兼ねたるも、評定所の裁きもまたず、不正ありとて誅するによる。[23]

寛文八（一六六八）年

二月廿七日　高力隆長（肥前島原三万一〇〇七石）、領地仕置悪く、非分の課役をかけ、農民困窮して、国廻り・浦廻り役人へ訴訟する。しかも家中の仕置も悪く、家士を苦しめるにより改易。仙台伊達家へ召預け。子供達も配流。翌廿八日、家綱諸大名に対し隆長の処罰を告げ、藩政に努むべきことを戒諭面命する。[24]

三月　五日　小普請日下部宗芳（三二〇〇石）、禄高に相応の家来を召置かず、小科の者を多数殺害し、知行所の仕置悪く、百姓を苦しめるにより、領地没収、追放。[25]

寄合福富平左衛門（二五〇〇石）、累年知行所の仕置悪く、百姓に非分の課役をかけて困窮せしめ、家来を非道に召使うにより領地没収、追放。[26]

八月　三日　奥平昌能（宇都宮十一万石）、二万石減封、出羽山形へ移す。去る二月十九日父忠昌死去の

時、禁を犯して家臣殉死せるによる。[27]

寛文十一（一六七一）年
十月　朔日　国廻役人関東巡見の際、諸与力・同心の知行所の百姓困窮の所多き旨言上により、今後その頭々支配し、所務廉直に沙汰せしめ、もし衰弊せしむれば、領地を蔵米に替えるべき旨、各頭へ通達する。[28]
十月十九日　寄合松野正昌（三〇〇〇石）、領知仕置悪く、農民困窮し、かつ分限相応の人馬をおかず、親戚とも不和により改易。[29]

寛文十二（一六七二）年
六月　四日　大番山上吉勝（甲斐二〇〇〇石）、知行地の百姓年貢・課役の過重を徒党して訴う。幕府糺明するに吉勝非分なし。よって農民等追放に処するも、吉勝もその措置不行届とて、知行地を蔵米に替えられる。[30]

これらの事例から考えると、家綱の治世とくに寛文五―六年以降は、必ずしも『実紀』が「刑錯の治」と称えるような状態ではなかったといえよう。頭支配の監督・監査の強化は、一方で精勤者の表彰という形をとったとしても、番士以下の旗本・御家人に強い圧迫を感ぜしめたのであろう。また大目付・目付等の監察機関の活動は代官・領主の支配に少からず脅威となったと想像する。

この時期の幕府政治のこのような動向の背景には、幕府をふくめて全封建領主の支配の弛緩が指摘しうる。まず財政の不健全化がその顕著な現象である。[31]さらに幕府に関していえば、直轄領行政の弛緩が当局者の重要問題として現れてきている。前述の寛文六年四月の代官への訓令をみると永荒・川成・地不足を

「吟味無之、百姓任申旨」、過分に郷帳へ仕上げる代官数多あるを第一条で戒めている。[32] また同じく前掲の同十年正月十二日付「関東御代官衆御触状」[33]には次の条文がある。

一 御代官方私欲雖無之、手代輩仕置悪敷におゐてハ越度に可相成候条、無油断遂吟味、急度可被申付事

一 近年御蔵入御所務令減少、百姓亦困窮いたしたる様に取沙汰有之間、向後諸事入念、百姓前田畠無高下様に遂僉儀、連々百姓身上つのり、御所務上り候様に仕置可被申付事

後年(正徳二年 一七一二)新井白石は勘定吟味役設置の頃の年貢収納状況について次のように記している。[34]

前代の御時に至て、諸国御料の乃貢年々に減じてわづかに二つ八分九厘といふ事に至りぬ。御料の百姓等進する所のむかしにかはれりとも聞えねど、御代官の手代などいふものの私にせし所あるが故なるべし。

白石は前代すなわち五代将軍綱吉の時から幕府の年貢収納が減少の途をたどったとしているが、実は四代家綱時代の中頃には、既にそれが当局の問題となっていたのである。[35]

寛文延宝期の幕府にとっての重要問題には、また百姓一揆が次第にその発生度数を増加させて来たことがある。[36] 前述した代官や領主の処罰の中にも、領地農民との紛争、或いは農民による告発が原因と考えられるものが少なくない。領地の所務、行政の適否の監察に、当局はかなり意を用いざるを得なかったことが察せられる。さらに延宝元(一六七三)年分地制限令を発布したことから窺えるように、農民の階層の変質もようやく当局の問題に上って来たのである。

このような社会の変動が政治面に影響しはじめた寛文六（一六六六）年には、春から秋へかけて全国的に風水害に見舞われた。(37) これを直接の契機として、幕府はその常設・臨時の支配・監察組織を全面的に活用して、行政機構の振粛に努めた。その結果が前に列挙した幾多の役人・領主処分となって現れたのである。しかもこれは幕府諸機関に緊張を求めたにとどまらず、広く諸大名に強い刺戟を与えているのである。

註

(1) 『厳有院実紀』（以下『実紀』と略）巻二六。
(2) 同巻三〇。
(3) 同巻三四、『令条』巻二五　三〇三号は十一月付とするも、今は『実紀』に従う。
(4) 同巻三四。
(5) 同右。
(6) 同巻三六。
(7) 同巻三八。
(8) 同巻三九。
(9) 同右。
(10) 同巻四三、『寛政重修諸家譜』（以下『重修譜』と略』）巻三三〇・三三一。
(11) 同巻四六。
(12) 同右。
(13) 同巻三〇、『重修譜』巻八六四。
(14) 『御触書寛保集成』（以下『触書集成』と略）一三　一三一一号。
(15) 『実紀』巻三五、『重修譜』巻一八二・九四二。

(16) 同巻三五、同譜巻九四六。
(17) 同巻三七・三九、同譜巻一〇五三。
(18) 『武家厳制録』巻二一　二二九号「関東御代官衆御触状」。
(19) 『実紀』巻五二。
(20) 同巻五五、『重修譜』巻一三三（福村）・八五四（佐野）。
(21) 同巻三一、同譜巻六〇三、『令条』巻三五　五三九号。
(22) 同巻三二、同譜巻四二〇、『令条』巻三五　五四〇号。
(23) 同巻三五、同譜巻八一〇。
(24) 同巻三六、同譜巻五一一、『令条』巻三五　五四六号。
(25) 同巻三六、同譜巻六七〇、『令条』巻三五　五四七号。
(26) 同巻三六、同譜巻五九三、『令条』同右号。
(27) 同巻三七、同譜巻五四六、『令条』巻三五　五四八号。
(28) 『触書集成』一三三　一一九七号。
(29) 『実紀』巻四三、『重修譜』巻三六六（右譜には牧野成長とある）。
(30) 同巻四四、同譜巻八五五。
(31) 寛文延宝期の幕府財政については具体的にはつかめないが、例えば荻生徂来『政談』巻二に、勘定頭伊丹播磨守がひそかに懇意の者に対し「公儀ノ御使用、入ルヲ量て出ルヲ校レバ、早出ル方多ク成テ、御蔵ノ金ヲ毎年一―二万両程ヅヽ足ス也。」と語ったということを父方庵から聞いたと記してある。その伊丹播磨守とは恐らく慶安三（一六五〇）年から寛文二（一六六二）年迄勘定頭を勤めた伊丹勝長であろう。幕府が延宝四（一六七六）年天守金蔵の金分銅二〇箇の中七個をもって小判五万七千八〇〇両余を鋳造し、翌五年には銀分銅二〇六箇の中四〇個を鋳潰して銀貨一七五八貫余をつくったことも『政談』の記事の裏付けとなろう（栗田元次『江戸時代』上第四章第七節三　「綜合日本史大系」）。

諸大名の財政窮乏もほぼ同様に表面化している。例えば寛文七年には館林（綱吉）家が七万両、同八年には尾紀両家が各一〇万両、老中板倉重矩が二万両、延宝三年には甲府（綱重）家・館林家が各三万五〇〇〇両、同六年にも両家が各五万俵幕府から拝借している（『実紀』）。仙台藩においても寛文年間から商人への支払が滞り、延宝六年には借金が元利合計二四万五〇〇〇両余に達した（『伊達家文書』四　柴田朝成覚書、『同文書』五　柴田宗意外四名連署起請文）。その他この頃から債務返済の滞った大名が少くない（例えば松本四郎「寛文—元禄期における大名貸しの特質」『三井文庫論叢』創刊号、参照）。

(32)　『触書集成』一二三　一三二一号。
寛文七年播州代官多羅尾光好処罰理由はこれに該当するであろう。

(33)　『武家厳制録』巻二一　一二一九号。

(34)　『折たく柴の記』巻中。

(35)　寛文八年八月没後会計不正発覚して処罰された代官宮崎道次の支配していた遠州豊田郡阿多古領・川合村・熊村においては、承応元（一六五二）年から寛文四（一六六四）年にかけて、連年のように年貢が本途に対し一割乃至数割下げられている（佐藤孝之「近世幕領における永高制」徳川林政史研究所『研究紀要』昭和五二年度所載）。この年貢割引が何故実施されたのか、またこれが宮崎氏の会計不正といかに関係するのか、なお検討を要するが、「所務令減少」の一実例である。

(36)　青木虹二『百姓一揆総合年表』所載「年次別一揆件数」によると、寛文—延宝期二〇年間に一九三件あり、年平均九・七件となる。これは元禄以降に較べれば少いが、正保—万治期十七年間八二件、平均四・八件に対して倍増している。

(37)『実紀』巻三一・三二には次のように記載されている。

三月　伊予・土佐・伊勢洪水（七月十九日条）

四月　常陸永雨（七月八日条）

五月　武蔵・常陸大風雨洪水（五月二日・七月八日条）

六月　常陸大風雨・雷雨洪水（七月八日条）

七月　豊後・尾張・美濃大風雨洪水（八月十日条）

淀・大和・木津三川堤防築造（八月廿一日条）

武蔵・相模・駿河・河・伊勢・美濃・近江洪水地巡察（九月十五日条）

三　寛文八年の倹約令

寛文八（一六六八）年二月には江戸に大火が頻発した。[1]二月十五日将軍家綱は式日に登城して来た諸大名・旗本に対し、今度の火事につき、諸事急度軽くし、家中在々を困窮せしめざるよう面命した。[2]これから三月末にかけて広汎かつ頻繁に倹約令が発せられた。すなわち次の如くである。

二月

十五日　老中将軍の命を承け、諸番頭に対し、倹約厳守を配下の番士に諭告させる。[3]

十九日　家綱大目付・目付に面命する（恐らく倹約のことか）。また老中納戸頭に対し、幕府納戸方の冗費節減を命ずる。[4]

廿日　番士に平常紬の小袖、木綿の袴着用を許し、諸隊同心は当番の日木綿を着し、羽織は着るにおよばずと令す。[5]　また三月朔日より番士一組三分の一ずつ、一年間休暇を取らせる。[6]

廿二日　江戸町中蒔絵師に対し、梨地道具を作ることを禁止する。[7]

廿四日　一反銀三〇〇目以上の小袖表を禁じ、もし呉服屋等より預かる者はこれを返させ、呉服屋等に売残る品は番所へ持参させる。[8]

廿八日　徒・若党の衣服、紗綾・縮緬・綸子等を禁ずる。また直参の者粗服着用を令せられるにより、諸藩士は殊更質素にすべき旨命ずる。[9]

三月

朔日　諸大名の留守居を召集し、公儀への献上品を除き、祝儀の際の贈答、家臣への下賜、柳樽贈答等の廃止・軽減を命ずる。[10]

三日　老中家来衣服絹紬以外禁止せるにつき、旗本召仕の者も衣服倹約を命ずる。[11]

各地高札の用材に雑木を使用させる。[12]

諸役人寄合等の食事、勤番の際の弁当の品数を制限する。[13]

屋敷長屋石垣・塀・腰板等を質素にさせる。[14]

七日　類焼せる旗本の家再建に際し、長押作・杉戸・付書院・彫物・塗床縁・欅門等を禁ずる。[15]

大目付より諸大名に対し、直参に准じ、家臣の衣服を質素ならしむるよう命ずる。[16]

十三日　三奉行配下に倹約を厳諭せしめる。[17]

十四日　農民に対し、家作・衣服・食物・祝儀・葬祭等倹約を守るよう令す[18]（農民への令の内容は従来のものの繰返しに近い。例えば寛永廿年三月「土民仕置条々」参照）。

十五日　町人はたとい扶持人たりとも帯刀して江戸中徘徊するを禁ずる。[19] また町人に家作・衣類の倹約を命じ、蒔絵・梨子地・切金道具の製造を禁ずる。[20]
廿日　町人の屋作を軽少にし、長押・杉戸・付書院・彫物・組物等を停止し、嫁娶・衣類・振舞・葬祭等倹約を命ずる。[21]
堺町・木挽町みせ物の結構美麗を禁じ、役者の衣裳、人形の装束を制限し、新吉原の屋作等は江戸町中の法式に応じて軽減せしめ、衣類も絹紬木綿を着用せしめる。[22]
江戸町中の棟梁・請負人に対し、大名・旗本・寺社より三間梁以上の大建築を誂うるとも請負うべからず旨命ずる。[23]
廿五日　寺院の造作に梁行京間三間以内等の制限を指令する。[24]
廿八日　禁裏付役人に対し、禁中の衣服・諸道具・酒宴等の節約、公家の遠所出行の制限等を指令する。[25]

幕府の倹約令は江戸時代を通じて間断なく発せられていたといって過言でないが、このように上は朝廷から諸大名・旗本・御家人・諸藩士およびその奉公人・町人・百姓あるいは寺社・芝居・吉原と、社会の全階層にわたって詳細に規制を加えた倹約令は、前後に比をみないものである。[26] さらにこの倹約令が広く多数の藩に大きく影響していることにも注目せねばならない。その状況を次に記してみよう。

岡山藩

池田光政はこの年五月七日帰国、翌八日家老・番頭・物頭等を集め、

火事ニ付、御直ニもけんやくの事被仰付、其以後も度々被仰出候事共在之、就其、上之御心ニ叶候様ニと存候間、法仕改事可在之、左様ニ心得可申。

と申渡した。[27] ついで六月朔日光政は家中を西丸広間に集め、次のような諭告をした。

此度申出制法、当春公方様御直に被仰出上意を本として申出候間、左様に可相心得候、只今迄の様におろそかに心得、法を背者於有之は急度可申付候、（中略）当春上意を承候得は、只今之時に当て、奉対上候御奉公は、国中末々迄倹約を堅申付、国中飢寒之者無之様に仕候程忠は無之と存候、然共、此段我等一身之志斗にては不成事に候。是偏に家中侍共覚悟に依て、奉対上候御奉公申上候義者、我等に対して無比類忠節と可存候間、自今以後は何も左様に心得、随分堅可相勤事。

そうして光政自身の衣裳をはじめ、夫人の衣裳・膳部、家中の女着類・家作・武具・諸道具・振舞・祝言・衣類・土産餞別・喪礼について、こまかい制限令を発した。[28] 同日、村代官・忍之者・大船頭・歩行・鷹匠・料理人等下級の家士に対しても、衣服・振舞・家作等についての制限令を発し、百姓に対しても衣服・祭礼・葬礼について倹約を命じた。[29]

鳥取藩

三月朔日幕府から指令を受けると直ちに家中の武士とその召使いの衣類音信などについての法度を下したが、藩主池田光仲帰国後、六月十一日に屋作・武具・振舞・湯治・衣類・音信・祝儀・仏事にわたって倹約令を発布すると共に、岡山藩とほとんど同文の諭告を読聞かせた。これは池田光政と相談しての措置であったという。[30]

ついで六月十九日には、公儀よりの条々堅く守るべしとて、町人に対しては帯刀・屋作・衣服・道具製造・祝言・音信・振舞・盆踊りについての制限令を発し、百姓に対しては衣服・音信・諸勧進・祝言・葬祭についての法度を下した。[31]

加賀藩

三月朔日大目付より留守居戸田与市郎が申渡しを受け、翌日これを金沢へ伝達した。[32] 在江戸の諸士に対しては朔日付をもって衣服に関する制限令を発したが、七月六日に至って、家中侍分・足軽・小者・中間・女中の衣服、家中の振舞、百姓の振舞・音信・家作・衣類・食物・町人の衣類・振舞・家作・葬礼・嫁娶、寺院の建築（これは幕令通り）など広汎にわたる倹約令を発し、さらに八月十四日には百姓新調の衣服の紋型染を禁じた。[33]

福岡藩

四月朔日大目付伊藤小兵衛・毛利長兵衛連名で、家中侍寄合料理・家作・衣服・刀の長さ・馬具・髪型・音信・宇治茶喫飲など一三条の禁令と、嫁娶の儀式に関する一〇条の倹約令を発し、廿四日には江戸参府の武士へ衣類制限令五条を下した。[34]

これらは幕令をうけて諸藩が独自の倹約令を発したところであるが、熊本[35]・中津[36]・長州[37]・広島[38]（三次）・津[39]・秋田藩[40]などは幕令をそのまま伝達している。倹約令は陳腐常套の感を免れない問題であるから、恐らく地方史などで看過された所もあると考えられ、この年の倹約令の諸藩への影響はより広かったと想像し得る。幕令に対し諸藩がこのように反応を示していることは、寛文期の幕府政治の要点として注視せねばならない。

この倹約令は二月初めの江戸大火を契機として発せられたのであるが、寛文八年は寛文延宝期の幕政の特徴を示す諸政策が集中的に施行された年であった。まず領主・諸役人の処分について、前に列挙したように、この年肥前島原城主高力隆長・寄合福富平左衛門・日下部宗芳・下野宇都宮城主奥平昌能・遠信代官宮崎道次が処分されている。「刑錯の治」とはいえぬにしても前後の時代に比して改易・減封件数の少い家綱の治世においては、この年は領主処分の集中した年である。殉死の禁に抵触した奥平氏を除いて、いずれも支配地行政の失敗による処分であり、前三者は恐らくその前年の諸国巡見使の監察に基くもので、領地農民の抵抗・告発の結果と考えられる。また代官宮崎道次の場合は、父祖以来の旧領に根拠を置く土豪年貢請負人型代官が、年貢会計精算不能により失脚、処罰されるという綱吉時代の代官処分の前駆である。[41]

次に、町人の帯刀制限を強化し、武士と町人の身分差別の明確化をはかったことに注目せねばならない。従来も町人の帯刀についての法令はあったが、それは町人一般に対する令ではなく、「かぶき者」の長刀禁止令であった。[42]然るに寛文八年三月の町人に対する倹約令では「町人刀帯之、江戸中徘徊之儀、堅可為無用」と町人の帯刀を禁止し、免許の者を呉服所・金銀座・本阿弥・狩野・大久保主水など特定の御用商人・職人に限定した。[43]ついで五月朔日には能役者に対しても、観世・宝生・金剛・金春・喜多諸座の頭父子その他若干名を指定して帯刀を免許した。[44]八月には江戸の町に対し、春に申渡した倹約の励行を命ずる触を出したが、その付りとして、「表店ニ罷在候むさとしたる者とも、上下むさと着し申間敷候事」と令し、[45]表店をかまえるほどの富裕な町人といえども、みだりに武士をまねて裃を着用することを禁じている。つまりこの倹約令には、経済的に向上する町人層への政治的対策を含んでいるのである。この方針は諸大名にも影響が認められる。[46]

商品経済に関する新しい施策のあったことも見逃せない。前に述べたようにこの年二月廿四日には江戸中の呉服屋等に対し、一反銀三〇〇目以上の小袖表の在庫品を番所へ持参するよう命じたが、[47]ついで廿七日には町中の諸問屋・諸商人に対し、次の十五品目の在庫量を自分の蔵、借蔵ともに申告せしめた。

米・大豆・菜種・大麦・油・鯨油・塩・小麦・小豆・荏・薪・酒・炭・胡麻・魚油

これらの売却は勝手であるが、その場合には買手から証拠を取り、また今後入荷の分は町々名主・五人組立合って員数を改めて証文を発行し、新入荷分は別置せよと命じている。(48) これらはいずれも日常生活必需品であって、直接にはこの月初めの大火による物価騰貴抑制を目的としたものといえるが、都市消費生活物資の価格問題は近世後半期を通じて幕政上の重要課題となる。幕府はすでに寛文八年にこれを問題として取上げているのである。また四月には諸国に対し、其所で古来産出の諸色または他所より移入の商品について、津留を施行している所があれば報告せしめている。(49) これも恐らく江戸大火後の物資供給という当面の目的から出たものであろうが、全国的商品流通への幕府の関心が窺いうる。

さらにこの年から天和三(一六八三)年迄一六年間、幕府は合計一九七万貫文という多量の寛永通宝(通称文銭)を鋳造した。(50) 元文元(一七三六)年以前すなわち近世前半期においては群を抜く大量の鋳銭であり、(51) その貨幣経済におよぼした影響は多大であったと考える。

要するに直接には寛文八年の江戸大火、あるいは遡ってその二年前の全国的風水害が契機となったのであろうが、これ迄列挙してきた諸政策は、この頃から露呈しはじめた全領主支配の弛緩に対し、幕府が整備を完了した行政組織の機能を広く活動させて取組もうとした結果である。

それは倹約令を中心としてとくに寛文八年に集中した。その倹約令に諸藩が敏感に反応したのは、単にそれが将軍家綱の面命であったからではなく、財政難や農民の反抗等、支配上の弱点を次第に隠しきれなくなってきた諸藩にとって、強化された監察機能をはじめとする幕府の姿勢が少なからぬ脅威と圧迫を覚えさせたのであると解釈したい。私はここに寛文期の大きな特色を認めるのである。

註

（1）朔日、酒井忠音牛込下屋敷より失火、番町・糀町・市谷におよび、また元吉祥寺前から出火、神田台・石町・本町・通町・日本橋におよび、夜また糀町焼く。焼失家屋、侍屋敷二四〇七軒、寺一三六軒、町屋一三二町、百姓家一七〇軒。

四日、上野車坂下長慶寺より失火、下谷・浅草・鳥越・本所・深川におよぶ。また四谷伊賀町より出火、青山・赤坂におよび、さらに麻布より失火、三田・芝に延焼する。

六日、午後小日向より失火、小石川・牛込・台所町・田安・代官町・雉子橋辺の武家屋敷全焼、本丸大奥も類焼（『実紀』巻三六、『令条』巻二七　三四四号）。

（2）『令条』巻二七　三四四号、『実紀』巻三六。

今十五日公方様御白書院出御、御一門方、諸大名、御旗本、詰衆、番頭、者頭、段々御前え被召出之、倹約之儀、兼々雖被仰出、今度就火事、諸事急度かろく相改之、家中并在々所々不困窮様可申付之、作事之儀猶以軽ク可仕旨、御直被仰出者也。

戌申二月十五日　（『御当家令條』）

（3）『実紀』巻三六、『教令類纂』初集六一。

寛文八戊申年　御番衆ぇ申渡候覚

一、諸事倹約を可相守上は、番頭・組頭中ヶ間ニ而之儀、目ニ懸り候事も候はゝ、互ニ無遠慮通合、任其意倹約を用可申事、此等之趣申含候間、御番衆中、中間ニ而も目ニ懸り候義、互ニ通合被相守候様可申渡吏、（『教令類纂』倹約之部）

（4）『実紀』巻三六。

(5) 同右、『教令類纂』初集六一。

寛文八戊申年　休被御付候節、上意之趣

一、上意之趣者、倹約の儀跡々ゟ被仰出候通、弥堅ク相守申候、此度火事ニ付、下々迄困窮致之由被聞召候之間、面々屋作等萬事軽ク仕、倹約を用可申事、番頭共は組々え此旨可申渡之由、上意也、

一、御老中被仰渡候者、御番衆一組之内三分之一休セ可申旨、上意之趣被仰聞候、御直ニ被仰出候上者、諸事急度倹約を用、衣類之儀、公家門跡方御礼之刻、又は五節句は格別、常は御礼日にても紬紬之小袖、木綿袴ニ而も不苦候間、寝道具以下、葛籠ニ而無之共、致如何様ニも、為持可申候、壱年休申候内者、縦小者壱人召連候様ニ成共、不苦候、(『教令類纂』倹約之部)

(6) 『教令類纂』初集四〇、『徳川禁令考』巻二〇、『実紀』巻三六。

御番衆え申渡覚

一、御番衆一組三分一、三月朔日より一年為休可申事、

一、休之内ハ番頭・組頭え付届無用之事、若自然之用所之時は可為格別事、

一、御番休被申内者、大火事出来候共、番頭宅へ人を付置被申事可為無用事、

一、自今以後、作事被致候節、番頭・組頭え様子可被申聞候事、

一、当年休候類火ニ逢候衆之内、差替申度と申人候ハヽ、其子細承届、望可叶事、

一、諸事倹約を可相守上は、番頭・組頭仲ヶ間之儀も、目に懸候作事も候ハヽ、互ニ無遠慮通合、倹約を用可申事、是等之趣申合候間、御番衆仲間ニ而も目ニ懸り候義ハ、互ひニ通合、被相守候様ニ可申渡候事、

一、休之内、湯治御暇之義被申候は、日数常之ことく、但断之様子により、五廻も六廻も又ハ再篇も遣可申事、

申二月二日

知行所之参候ニ相極候時之覚

一、休之内、知行所より江戸え被参候は、早速案内、組頭方へ可被申候、又知行所ゟ帰り被申刻は案内可被申事、
一、知行所えは逗留之内ニ見積り、知行之為ニ罷成候普請等被申付候は、外々之百姓むさと不召仕、いたまさる様ニ用捨可有之事、
一、休之内、知行所ニ在之、其所ゟ湯治被致度に、番頭・組頭え断被申越、差図次第可被仕、但常々之ことく、五廻も六廻も又ハ再篇も遣可申事、

番頭自分之覚

一、無足衆ハ類火ニ逢候共、休と申間敷事、
一、自分知行、親兄弟之知行、妻子引越度と被申候とも、遣し申間敷事、
一、当年休被申御番衆は、類火逢被申衆三分一より多候とも、翌年え鬮取ニ而くりこし遣し可申事、乍去一両人多分ハ、当年休之内へ入、類火逢、当年休之人数三分一より少々は、休内にて鬮取ニ仕たく可申事、
一、申之年は、休之刻、先條の趣ハ用可申事、
一、酉之年ハ、申之年之残ニ、知行取・御切米取、鬮取ニ而一所ニ分、其内ニ而戌之休鬮取ニて可相極事、
一、無足衆ハ、酉之暮御切米被下候分は、戌之年休セ可申事、知行取・御切米取打込三分一人数多候共、二三人之分は休ミ候方へ付可申事、

寛文八申年二月廿日

一、御番衆休之内、知行所え被参候儀、土井能登守殿御伺候処ニ、知行処え被参度子細承届ケ、番頭・組頭了簡次第可遣候、日数之儀ハ其様子次第差置尤ニ候、親兄弟之知行所えも、右之方を以て遣し候様ニ可仕之旨、被仰渡候間、知行暇之時之覚書之通り、御番衆え被仰渡可然候、以上

寛文八年二月廿一日　（『教令類纂』御番之部）

（7）『正宝事録』四三〇号。

（8）同右四三一・四三二号。

覚

一、去年御触之通、今度呉服屋并ひちり共、手前三百目以上之小袖之表御改ニ付、町中ニ呉服屋、ひちり方ゟ預り置候者於在之ハ、早々其主人方え返可申候、若隠置候ハヽ、以来御穿鑿之上、急度可被仰付事

右之通町中不残可被相触候、少も油断有間敷候、已上、

申二月廿四日　町年寄三人

覚

一、去年御触之通、小袖之表壱端ニ付代銀三百目以上之表、今度呉服屋并ひちり共相改、売残表於在之ハ、御番所え不残持参可仕候旨被仰付候間、町中呉服屋并ひちり共詮議仕、代銀三百目以上之小袖之表残、早々御番所え不残持参可仕候、若隠置候者候ハヽ、御僉儀之上、急度可被仰付候、以上。

二月廿四日　町年寄三人

「去年御触」とは寛文七年四月廿二日付（『正宝事録』四一八号）で、「女院御所・姫宮方上之御服、一表ニ付而白銀五百目」「御台様上之御服、一表ニ付而白銀四百目」「御本丸女中上之小袖、一表ニ付銀三百目」を最高と定め、「御定より高直成呉服商売不可仕候、来年ゟ町中呉服相改、何ほど結構成呉服ニ而も、右之直段ニ可取上候間、高直成呉服有之候ハヽ、当年中売払可申者也」という触書である。従って八年二月の令は前年の令を承けて、それを実行したもので、火事とは直接関係はないが、やはり火災後の一連の倹約令の中で、それを強行したと考えてよいであろう。

（9）『実紀』巻三六。

(10)　加賀能登郷土図書叢刊『自他群書』巻二一、『触書集成』一九　一〇五六号、『令条』巻二九　三八九号、『実紀』巻三六、『毛利十一代史』巻十三（但、『実紀』は二月此月、『触書集成』は二月、『令条』は三月）。

覚

一、今度火事付て、弥堅倹約を相守候様ニと被仰出候間、参勤継目等之御祝儀に、公儀え被献之外、下々えは太刀馬代黄金壱枚、白銀五枚、三枚、貳枚、壱枚、鳥目百疋迄之内、相応に被遣之可然事、

一、国持大名衆之惣領たりといふとも、部屋住之内は、公儀之外、音信物不入儀候事、

一、端午、重陽、歳暮、御祝儀之節、公儀え被献之外、下々へハ時服被遣之儀、御無用之事、

一、諸国にて酒造之儀、当年よりハ去年迄之半分造候様ニと御定之上ハ、公儀之外、樽肴取かハしは、樽代鳥目百疋より千疋までの内、相応に被遣可然候、但其所之名酒ハかろき手樽なとにて被遣可然事、

一、嫁娶之節は、小袖代、柳樽取かハし可然事、

一、在所より為伺御機嫌、書札并奉書之御請等は、依其品、飛脚にて被差越可然事、

一、於江戸、用所有之て被差越之使者ハ各別、書状、口上書等、歩行、若党持参いたし可然事、以上、

二月　（『御触書寛保集成』倹約之部）

(11)　『実紀』巻三六、『令条』巻二五　三〇四号。

覚

御目付衆被申聞候ハ、今度火事付て、倹約之儀堅被仰出、御旗本中も衣服等絹紬ニても不苦之旨御諚候、依之、御老中方にも御遠慮を以、家来中向後紗綾縮緬毛織之類着用之儀停止、はふたへ平嶋ハ着ふるし次第、重てハ絹紬之外無用之由、御申付候由御座候、面々召仕之者をも其通に申付之、万事無遠慮軽仕可然由、御申候間、何も下々被致其心得、右之衣類所持之ものハ、当分目に不立様着仕、以後拵候儀無用尤候事、

申三月三日　（『御当家令条』）

(12)『実紀』巻二六、『触書集成』巻二四　一二三三号。

覚

一、浦々札立候儀、此以前は結構候間、此度は雑木にて用意可申付候、下台石多所にてハ、野つら石垣に可仕、不自由之所にてハ、芝土居ニ可仕事、

一、雨覆は所に有之木にてふかせ可申事、

一、札ふるく成、文字不見候ハゝ、其所之地頭代官迄申之、地頭より書替、立可申候、御代官は御勘定頭迄申伺之、可任差図事、以上、　（『御触書寛保集成』村方掟浦方山方牧場等之部）

(13)『実紀』巻二六、『令条』巻二五　三〇五号（『実紀』は三月廿日条）。

覚

一、組中振廻又ハ相役等寄合之節は二汁五菜と御定にハ在之候え共、向後組中振舞之節は二汁三菜、二之膳なし、吸物肴一色、菓子一色可然事、

一、寄合之節、一汁二菜之外、香之者肴一色、菓子一色可然事、

一、御番衆弁当一汁二菜可然事、

一、自分之弁当一汁一菜、菓子一色之事、

一、長屋塀下石垣之儀、雖為大身、向後ハ野つら石垣に可致之、但有来分ハ其儘指置之、重て築直候節、野つら石垣に可被致事、

一、長屋塀腰板之儀、跡々のハ結構に候、向後は雖為大身、何木にても勝手次第、軽可被致事、

一、壱万石以下之面々ハ、縦雖為番頭、座敷貳間半梁に過へからす、但台所は三間不苦候、有来家は作直候時分、右之間数可用事、

一、諸国ニて酒造之儀、当年より半分造候様にと御定之上ハ、公儀之外、樽肴取かハシハ、樽代鳥目百疋より千疋迄之内、相応に遣之可然事、但其所之名酒ハ、軽き手樽なとにて遣可然事、
一、嫁娶之節ハ、小袖代柳樽取かハし可然事、
申三月三日　（『御当家令条』）

(14)『実紀』巻三六、『令条』巻同右号、『触書集成』二九　一六四二号（但、『実紀』は二月此月、『触書集成』は二月）。

(15)『実紀』巻三六、『令条』巻二九　三八九号、『触書集成』二九　一六四三号。

覚　但番頭より惣御番衆え申渡ス

一、なけし作之事、
一、杉戸之事、
一、附書院之事并何方にもくしかたの類、
一、ほり物くミ物之事、
一、結構成木にてぬくひ板之事、
一、床ふち其外さんかまち等ぬり物事、付、から紙のはり付、
一、けやき門之事、
右之通、家作今度類火にあひ候ものハ無用たるへし、有来家は其儘差置、重て作直し候節は、此ヶ條之趣守候様ニと申渡之、
三月　（『御触書寛保集成』　普請作事并上水道等之部）

(16)『実紀』巻三六、『教令類纂』初集六一。

寛文戊申三月　大目付之面々申渡覚

一、今度火事以後は、御直参之歴々ェも、紬平嶋之小袖并木綿裏付之肩衣袴ニ而も不苦候間、勝手次第可着之旨被仰出之、勿論至諸家中者可応之事、

一、綸子ハ跡々ゟ御法度候、自今以後ハ紗綾縮紗又ハ毛織之羽織褐羽不可着用之、羽二重も御法度雖可被仰出之、当分可及難儀之間、持来輩ハ可着之、以後ハ可為無用之事、

一、例月之御礼相延申節、跡々ハ老中雖被相触之、向後は従面々可被承合事、

申三月　（『教令類纂』倹約之部）

(17)　『実紀』巻三六。

(18)　同右、『令条』巻二三　二八六号、『触書集成』二四　一三三四号。

(19)　同右、『令条』巻二一　四二三号、『武家厳制録』巻三〇　三二七号、『正宝事録』四三五・四三八号。

（令条は廿日付の倹約令の条文に載せる。『正宝事録』によるに発令は両度ある。なお『令条』にはとくに帯刀免許の御用商人・職人の名を載せている）。

覚

一、町人刀帯之、江戸中徘徊之儀、堅可為無用、但免許之輩は制外事、

一、何方より蒔絵道具雖誂之、惣梨子地、惣金の粉たみ、惣きり金の道具、一切不可仕事、

一、御扶持人之町人、刀御免、但法体之者ハ無用事、

付、召仕之下人是又刀無用之事、

右刀御免之輩

呉服所七人、金銀座七人、本阿弥七人、狩野九人、大佛師左京、木原縫殿助、大久保主人、伊勢屋作兵衛、岩井与左衛門、丸田喜右衛門、辻弥兵衛、伊阿弥角之丞、土屋右衛門、台屋五郎右衛門

一、新吉原屋作、嫁娶振舞、惣て之儀、江戸町人中之法式承合、随其分限、成程軽可仕事、
一、同所之者衣類、絹紬布織もめん可着事、
付、遊女之衣類、何地にても可為紺屋染事、
一、新吉原之内、乗物、馬ニて通候もの有之ハ、其断仕、よせ付申間敷候、無理に参もの於有之は、奉行所へ急度可申上之、
付、手負たるもの不隠置、可申上事、
一、堺町、木挽町見世物不可結構、惣て役者衣類、絹紬布織木綿可着之、舞台之装束、平嶋はふたへ絹紬可為紺屋染、紫裏紫頭巾縫之類停止事、
付、人形装束不可結構、何にても金銀の押薄無用たるへし、但大将人形計、烏帽子金銀不苦事、
一、堺町、木挽町之野郎、舞台之狂言仕廻、奉公人と不可出会、尤百姓町人たりと言とも、猥に長座いたさせ間敷事、
申三月廿日　（『御当家令条』）

(20)　『実紀』巻三六、『令条』巻三一　四一三号、『武家厳制録』巻三〇　三一七号、『正宝事録』四三五・四三八号。

(21)　『触書集成』一九　一〇五七号、『令条』巻三一　四一一号、『正宝事録』　四三六号、『実紀』巻三六（『触書集成』には京都・大阪・奈良・堺・伏見・長崎・駿府・山田へも通達とある）。

覚

一、町人屋作致軽少、なけし、杉戸、附書院、くしかたほり物、くミ物無用、床ふち、さん、かまち塗候事并から紙張付停止事、
付、遊山船、金銀之紋、座敷之内絵書申ましき事、

一、嫁娶之刻、万事成程軽可仕事、
付、刀脇指出候儀無用之事、
一、町人衣類上下随其分限、倹約を相守可着之、毛織之羽織、かつは弥無用事、
付、召仕之者其外軽職人、猶以麁相なる衣類可着之事、
一、町人振舞成ほとかろくすへし、縦雖有徳、二汁五菜不可過之、但家督又は嫁娶之時は、名主にうかゝ
ひ、可受差図事、
一、金銀之から紙、はま弓、はこ板、ひなの道具、五月之甲、金銀之押箔、一円に無用之事、
一、祭礼之渡物不可結構、かろく可仕事、
一、葬礼佛事、有徳之輩たりといふとも、目に不立様に、成程かろく可仕事、
右之通、江戸町中え、従町奉行相触候間、可被得其意候、以上、
三月　日
右之貳通、京都、大坂、奈良、堺、伏見、長崎、駿府、山田えも被遣之、（『御触書寛保集成』倹約之部）
(22)『触書集成』四六　二六九五・二六九六号、『令条』巻三一　四二二号、『武家厳制録』巻三〇　三二九号、
『正宝事録』四三九号。
(23)『正宝事録』四二七号。
一、大名衆、御旗本衆并寺社方、三間梁ゟ大キ成家、御誂被成候共、今度御法度ニ被仰付候間、自今以後請
負仕間敷候旨、町中棟梁大工并請負仕町人共ニ急度此旨申渡、少も相背申間敷候事。
申三月
右は三月廿日御触。
(24)『実紀』巻三六（『触書集成』二二　一一七七号、『令条』巻一一　一三七号、『武家厳制録』巻三〇　三三三号に

は二月とあり）。

覚

一、梁行京間三間を限へし、

但、桁行は心次第たるへし、

一、佛檀（ママ）つのや京間三間四方を限へし、

一、四方しころ庇京間壹間半を限へし、

一、小棟作たるへし、

一、ひち木作より上の結構無用たるへし、

右、堂舎客殿方丈庫裏其外何ニても、此定より梁間ひろく作へからす、若ひろく可作之子細於有之は、寺社奉行所え申伺之、可任差図候、以上。

二月　（『御触書寛保集成』寺社之部）

（25）『実紀』巻二六、『武家厳制録』巻一　九号。

禁裏臨時御条目

覚

一、今度万民甘のためと被思召、毎年倹約之儀諸国え被仰出候、然は、禁中、御所方女中衆衣服軽く、諸道具美麗ニ無之様に可然候、左候えは、下々への御いましめニも可罷成かと被思召候事、

一、御能御振舞等之時、万端省略、御酒宴も軽く被仰付、宜被思召候事、

一、左義長御作法迄にちいさく被仰付、并盆之燈籠軽くいたし被上候様に可然候事、

一、堂上方之御会合之節は、万事倹約を被用、下々に至迄不作法無之様ニ可然事、

一、堂上方の衆、無子細して遠所へ御越之儀不可然事、

一、禁中、御所方御門出入之儀、守先々之御条目、愈入念相改、若不審の儀於有之は、可被致僉儀事、

一、禁中方よろしき御作法の儀、於言上は、御満足可被思召之間、可被致注進事、

右條々相守之、油断有間敷候、若猥之儀被承之、於無言上は、面々可為越度者也、

寛文八年三月二八日

内膳（板倉重矩）

但馬（土屋数直）

大和（久世広之）

美濃（稲葉正則）

豊後（阿部忠秋）

雅楽（酒井忠清）

青木遠江守殿（義綱　禁裏付）

服部備前守殿（具常　禁裏付）

野々山肥前守殿（兼吉　女院付）

簗田隠岐守殿（直次　女院付）

中川飛騨守殿（忠幸　本院〈明正院〉付）

松下伊賀守殿（房利　本院付）

小笠原丹後守殿（信吉　新院〈後西院〉付）

鈴木淡路守殿（重高　新院付）

条目の奥に諸老臣と並んで阿部忠秋が連署に加っていることが注目される。忠秋は寛文六年に老中の職は免ぜられているが、同十一年致仕するまでは元老的存在であったことがこれで判る。その忠秋まで酒井忠清らと

共に連署しているところに、幕府にとってこの条目の重要性が認められる。

しかも全七条の中、直接倹約に係る条文は前四条で、後三条はいわば倹約令に藉口して朝廷・公家への締め付けを強化したもので、さらに「臨時」とはうたってあるものの、今後これが恒常化していったのである。

つまりこの年二月の江戸大火を契機とする広汎に出された倹約令の一環ではあるが、また寛文四年の「禁中並公家諸法度」、同五年の公家に対する領知判物・朱印状の頒布とも関連する朝廷公家管理強化政策と解すべきである。

なお本文で述べているが、この倹約令全体が、単なる災害対策にとどまらず、幕府の支配体制再編成の意味を強くもっているのである。

(26)　この年の倹約令について言及している歴史書は極めて少い。『実紀付録』に、家綱の代になって幕府初の倹約令を下したとあるが、「当代御承統のはじめ」と記しているので、果して寛文八年の令を意味しているのか否か明らかでない。内藤耻叟『徳川十五代史』(明治廿六年)に法令を列挙してあるが、その後三上参次・栗田元次等の著書にも触れられてない。僅かに尾藤正英が小学館版『日本の歴史』十九(昭和五〇年)に数行にわたって言及し、新しい現象と評しているのみである。恐らく倹約令は陳腐な現象として多くの研究者が看過してきたのであろう。

(27)　『池田光政日記』。

鳥取藩の場合も同様であるが、この倹約令が将軍家綱の直命として重視されているところに注目する必要があろう。家綱時代、将軍は幕政にほとんど関与することがなかったというのが通説であるが、この倹約令をふくめて、『実紀』には家綱の直命の記事がしばしば載っている。

(28)　『有斐録　亨』。

覚

一、自分の衣裳、紗・綾・縮緬・羽二重・練しまの類、之を著るべく、寝道具も同前たるべき事、
一、奥方衣裳、公儀御法を相守り、倹約たるべし、但、一表に付、代二百目より上、之を著るべからず、末々も夫に隋ひ、軽く仕るべく候事、
一、膳部の事、他客祝儀は各別、常は二汁三菜たるべき事、
一、家中侍共より上、肴・菓子等器物、塗物又は鉢などに入れ申すべく候、縦ひ祝儀の時も箱肴無用、其儘台に居ゑ申すべく候事、
一、湯治帰り、其外暇申、他所へ参り帰り候時、誰々に寄らず、土産無用の事、

女著類の定

一、老中上々表百五十目、上々帷子七十目、上々召仕表　七十目、上々帷子　三十目
一、千石以上　同　百目、同　五十目、同　五十目、同　二五匁
一、千石以下　同　七十目、同　三十目、同　三十目、同　十五匁
右御定より下直の衣類、常々著用せしむべし、假令晴の衣裳たりとも、是より高直なる着類、堅く停止たるべき事、

(便宜、堀田璋左右・川上多助編『日本偉人言行資料』〈一九一六年刊、国史研究会発行〉本に依る。同本は原漢文を読み下し文に改めている。なおこの倹約令は続いて「家中へ申聞覚」として詳細な指示を載せているが、後出註(30)所引『鳥取藩法集「御家中御法度」』の倹約令と、若干精疎の相違はあるものの、ほぼ同内容なので、それに譲り、以下は省略する)。

(29)『藩法集』岡山藩上所載「法例集」巻七　九七六。

寛文八申六月　村代官・忍之者・大船頭・歩行・鷹匠・料理人等へ命令、

一、衣類之儀、着物羽織袴共に木綿紬より上不可着、但村代官・忍之者ハ日野迄は可免之候、

付、歩行目付・大船頭并村代官・忍之者共に、日野田舎絹の羽織可免之事、

一、妻女之衣類の事、夫々（之か）着類に隋ふへし、尤鹿子紅入縫之るい紫染停止之、帷子ハさらし明衣染地布可着之、但、持掛り帷子は当年来年ハ可免之事、

一、召仕之下人、着物帷子共に、かた紋所付申間敷候、但、持掛り之分ハ当年中は可免之、

一、同下女、着物木綿、帷子ハ地布可着之、但、帯襟袖口とも絹類紬共に可為停止事、

（〈岡山藩〉「法例集」第四二、衣服）

同右巻一〇一六号。

寛文八申六月、村代官・忍之者・大船頭・歩行・鷹匠・料理人等へ命令、

一、振舞可為停止、但嫁娶又は無據義於有之は、頭々迄相断可任指図、

一、一汁二菜之内、一色精進物、

一、菜之盛合仕間敷事、

一、酒三返、盃事も三献之内にて仕廻可申事、

一、食後之菓子無用之事、

料理出シ申間敷事

鴨之類、青鷺、雲雀、鶉、蚫、鴫、鷭、鱒生、鱘、鯉、鱸、鱈生、鮭生、

右之外にても、高直之肴不可出之、縦羅物にても、此書付之肴ハ可為無用事、

（〈岡山藩〉「法例集」第四三、飲食）

同右巻十一　一五五三号。

寛文八申六月

一、村代官・忍・大船頭・歩行・鷹匠・料理人等へ仰ニ曰、家作之儀、新屋舗を遣シ作事仕候歟、亦は仕候

ハて不叶義於有之は、材木其外入用を積り、絵図を以書出シ、頭々まて相尋、可任指図、自今已後、天井張候儀并柱立具等至まて、杉桧唐紙張之障子、尤ふち漆塗可為停止事。（〈岡山藩〉「法例集」第五八、宅地）

同右巻七　九七五。

寛文八申年

一、百姓之衣類、十村肝煎、庄屋之妻子共可為紬布木綿、脇百姓は布木綿計可着之、但其外とても、人により奉行吟味之上可免之、

付、ゑり袖口上帯下帯とも絹布之類可為停止事、

一、着類染色、男女共に紅紫は不及沙汰、御法之通、色ニもかたなしに染可着之、但上下ハかた付不苦、付、紋所ハ十村肝煎其外にても人ニ寄、奉行吟味之上可免之、持掛り之分、当年中は可免許事、（〈岡山藩〉「法例集」第四二、衣服）

同右一〇一五号。

寛文八申年

一、氏祭之節、親子兄弟は各別、其外之客人可為無用事、

一、葬之節、見舞之者、何ニても持参可為無用、但貧者に対シ助ニ成候義は可為各別、尤亭主振舞不及申、酒出し候事も可為無用事、（〈岡山藩〉「法例集」第四三、飲食）

(30)『藩法集』鳥取藩「御家中法度」一　五七。

寛文八年三月朔日

一、御家中御直参歩行者並迄着類、田舎絹・日野絹・紬・木綿可用之、夏之衣類は絹・縮之外ハ着用之事、付、裏付之上下羽織ハ、おく嶋・かねきん・木綿等之類不苦事、

一、足軽並之者并家中之歩・若党着類、日野絹・紬・木綿、夏之衣類はさらし・はつかう布可申之《ママ》、但、家

中之知行取中小姓迄は、御直参之者ニ准シ、相応可用之事、
一、右之外御法度衣類、或ハ道服・かつはのゑり或ハ袖つきたりとも可為無用事、
一、下々着類、布・木綿之外、上帯下帯に至迄、絹布之類弥無用之事、
一、御家中餞別・土産物・平生之音信物、縦庭前ニ有之物たりといふとも一切被停止之、但、於親類之内、常々振舞等被免許間柄は各別之事、
一、右之趣、於江戸・御国も同前之事、
一、祝言之儀式、追て可被仰出事、（鳥取藩「御家中御法度」一）
同右五八号。

寛文八年六月十一日

覚

一、従公義諸事倹約之儀被仰出ニ付、今度家中えも左之趣被仰出
一、屋作之事、当春従公義被仰出趣を申渡通候、此已後弥堅相守可申候、はりつけの儀、着座分之者ハ不苦候、惣て作事之儀、可成程致堪忍、仕候ハて不叶作事は絵図ニ記し、其頭を以横目え相断、麁相なる材木ニて軽可仕候。
附り、簡略もの、家繕作事ニても、仕候ハて不叶義は、従最前如定置、組頭吟味之上を以、簡略奉行・横目え相断可受差図、頭無之ものは直ニ可申理事、
一、武具之事、常々申渡通、応分限可相嗜候、自今已後進退に《(ママ)》過結構仕間敷候、馬具同前也、刀脇指之拵、是又結構可為無用、惣て梨地・蒔絵・金かなかいの道具堅停止也、但、持来は各別、将又馬之事かんでう乗料第一ニ仕、高馬求候儀停止之事、
一、振舞之事、先年如申出、着座分之ものハ一汁三菜、内一菜ハ精進物并肴一種ニ可仕候、従番頭以下ハ一

汁一菜たるへく候、菜之盛合、精進物を加へ、軽物三色迄ハ不苦候、酒三へん、肴無用ニ候、手前不成もの、大身小身ニよらす、礼儀之振舞堅停止、物頭之外、三百石迄以下之ものハ、振舞有之共、濃茶不可出之、惣て家中大身小身共に数寄無用候、然上ハ茶之湯道具堅調申間敷候、将亦簡略ものゝ振舞も端々有之様ニ伝聞候、兼て申付通とハ相違、不届候、自今已後簡略仕候て、従奉行受差図候者ハ、親類之間柄、常々免許之外ハ向後無用之事、

一、湯治并知行所、其外鳥取之外ニてハ、定之振舞ニても堅停止之事、

一、他人は不及申、縁者・親類中、年頭・五節句・歳暮之祝儀并如何様之祝儀とても、肴ニても内外ともに堅停止、但、親子ハ各別之事、

一、家中衣類、頃日申渡通、堅可相守事、

一、壱万石以上之妻女着類、うわき代百目より上可為停止、ねり嶋、羽二重、さあやより上之絹布不可着之、地へにぬいはく、かのこ、惣て高直之染色停止之、九千石より三千石迄之妻女、羽二重・ねり嶋・田舎絹、三千石より以下ハ田舎絹・ひのゝ類可着之、同帷子は大身之妻女たりといふ共、銀壱枚より上ハ堅無用ニ候、小袖・帷子共持来は不苦事、

一、召仕候女之着類之事、日野絹・田舎絹之外無用、但し、ちゃの間より以下之下女は、帯共にもめんたるへし事、

一、家中之歩・若党、五節句之外はかま無用之事、

一、家老共方を初、土産・餞別其外常々音信、庭前之なり者たりといふとも無用、付り、湯治・知行所え罷越候とも、為見廻、飛脚并音信、右同事ニ無用候、但、親子兄弟各別之事、

一、家中祝儀之節并病人有之時、又他国え往来之刻、見廻之儀、家老共所を始可為無用、併縁者・親類・組中は不及申、常々心安申通もの、且又用所有之ものハ各別之事、

一、例月家中互之礼、家老共之所を始無用候、但、年頭・五節句ハ各別之事、
一、佛事之儀、軽修行可有之候、惣て寺方え、内外共に不応進退合力《(マゝ)》仕間敷事、
右之通、堅可相守者也、（鳥取藩「御家中御法度」一、右法度にはこの条令に続き、倹約の訓示を載せるも、本文所載岡山藩之訓示と同文につき省略）

「因府年表」（『鳥取県史』七所載）。

「因府年表」の編者岡嶋正義は、光政との相談が因州・備州の藩中音信贈答停止の事のみかと推定しているが、藩主諭告がほとんど同文なので、恐らく全般にわたって両藩密接な連絡があったのであろう。

(31)『藩法集』鳥取藩「町方御法度」一　一五号。

寛文八年六月十九日

一、当春従公儀被仰出条々堅可相守事、
一、扶持人之町人、只今迄刀指来候者之外可為無用、中脇指さやの上壱尺五寸より上可為停止、惣て常に武士之作法にせ申まじき事、
一、屋作之事、分限に過結構仕ましき事、
一、着類、大年寄たりといふ共、男女共に日野紬、隣国之田舎絹、木綿可着之、末々ニ至ては木綿可着之、女帷子地、へに・ぬひはく・しけ・かのこ可為停止、持来ハ当年・来年ハ可免之事、
一、末々之町人、ゑり・袖・上帯共に絹布之類可為停止之事、
一、召仕候女之衣類ハ家中え申渡通之事、
一、諸職人、何方より誂候共、梨地・金かなかひ・蒔絵・惣金之ふんだミ并刀・脇指・武具之外ハ、惣金付之道具仕ましき事、
一、衣類売買之商人、女之着類、一表ニ付代百目より上、付り、帷子は代銀壱枚より上買置、売申間敷事、

一、祝言之事、分ニ過、花麗有ましき事、
一、侍方え祝儀物并常々音信、堅停止之事、
一、振廻并遊山之事、分に過たる結構仕間鋪事、
一、諸商人共ニ、家中法度之結構なる物、或数寄道具并無用之器物等、他所より買取、売申間敷事、
一、盆おとりの儀、男女共十五歳より上停止之、且亦かけおとり并奉公人と入交候儀可為無用、着類ハ常之帷子を着、金銀付申ましき事、（鳥取藩「町方御法度」一）
同「在方御法度」一　六九号。
寛文八年六月
一、此度従公儀被仰出条々堅可相守事、
一、百姓之衣類、大庄屋・肝煎・庄屋之妻子共、紬布木綿たるへし、脇百姓は布木綿斗可着之、但、其外とても、人により奉行吟味之上可免之、
付、ゑり・袖・上帯・下帯共に絹布之類、可為停止之事、
一、着類染色、男女共に紅紫は不及沙汰、如御法、何色にてもかたなしに流可着之、但、上下ハかた付不苦候、
付り、紋所は大庄屋・肝煎其外にても、人ニより奉行吟味之上可免之、持来之分、当年中は可免許事、
一、給人え正月礼之持参、其外常に何にても持参可為無用、然上は、外之侍中出入之方え音信持参堅無用之事、
一、常々如申付、何にても諸勧進・見物之類、在々ニ少之内も留置申間敷事。
一、祝言之事、庄屋吟味仕、其分限に応し、成程軽差図可仕候、若分に過候儀仕ニをひてハ、庄屋可為越度事、但、分限之書付別紙ニ可遣事、

一、歳暮・年頭・五節句之祝儀并土産・餞別取遣可為無用事、
一、氏祭之節、親子兄弟は各別、其外之客人可為無用事、
一、葬之節、見廻之者、何ニても持参可為無用、但、分火(貧カ)者に対し、助ニ成儀は可為各別、尤亭主振廻ハ不
及申、酒出し候事も可為無用事、
右之旨可相守之、惣て在々之儀、只今迄申付通り、弥不致奢、農業を精入、屋作・衣類・食物等に至迄、
随分倹約に可仕候、若相背者於有之は、奉行・代官え急度可申届候、隠置候は、大庄屋・肝煎・五人組可為
曲事者也。　（鳥取藩「在方御法度」一）

(32)『自他群書』巻二（加賀能登郷土図書叢刊）
寛文八年二月二日・四日・六日、江戸大火事、依レ之天下一統、衣食住之倹約数十ヶ條被二仰出一、右御条
数、三月朔日大目付衆より諸侯留主居役之者殿中へ被レ招、之に依て戸田與市郎罷出、右御条数請取、委
細は北条阿波守殿へ與市郎相尋、同二日奥村因幡より金沢寄合中へ申越、御条目之内、御家中へ衣服等之
儀被二相触一、

(33)『加賀藩史料』第四編。
二月、諸士邸宅の建築に関する制限を令す、
二月、御番衆の勤務に関して規程を定む、
（幕府触とほぼ同文、省略、『加賀藩史料』四（御定書））
御家中在江戸面々被仰渡御定書之写
衣服御定
一、羽二重　一、平、
此二色、有来分は当分著用可仕、向後御停止被仰出候条、新敷拵候義者無用之事、

一、絹・紬・木綿・布、
右之外は頭巾・帯・袖縁・合羽のゑり等に至迄、一切用申間敷候事、
足軽已下
一、木綿・布
右同断
右之通、無相違様、急度可被申触候、又家来之儀は、其主人より堅申付候様に尤候、
三月朔日　〔『加賀藩史料』四〔御定書〕〕

定

一、侍分衣類、絹・紬・木綿・布之外は著用仕間敷事、
一、家中之面々へ遣候衣類、御紋並梅輪内之紋有之分は、於国元可著用之、江戸に而は可為無用事、
付、又家中之者、主人よりとらせ候と云共、絹・紬・木綿・布之外著用堅令停止事、
一、足軽・小者・中間衣類、木綿・布可著用之、但、足軽小頭紬免之事、
一、女中之衣類並家中振舞之儀、今度相定通りたるべき事、
付、無用之器物、惣而費成諸道具相調候儀、堅停止之事、
右條々、堅可相守之、若於相背輩有之者、急度可沙汰者也、
寛文八年七月六日　〔御定書〕

御家中女方衣類直段之定

一、小袖上之表　百三十目、一、同　中之表八十目、一、同　下之表　三十五匁、
一、上之帷子　四十三匁、一、中之帷子　三十目、一、下之帷子　二十五匁、
雖為高知之面々内室、此直段より高直成衣服、向後調候儀、堅御停止之事、

一、只今迄有来候衣類著用不苦事、
一、下々召仕之女共、主人衣裳に応じ、成程かろく可仕事、
右被仰出之通、相違有間鋪者也、
寛文八年七月六日　〔御定書〕
覚
一、羽二重・練嶋・綾嶋・かめや嶋・唯今迄有来分は、来酉之年迄著用御赦免之事、
一、紗綾・縮緬・跡々より有来候分は、襟をさし、下著可用事、
一、羽二重・練嶋・あや嶋・かめや嶋・有来分は酉之年以後にても、襟をさし、下著に仕儀者不苦事、
一、熨斗目小袖、年頭並表向御祝義、其外之祝義に而も、急度仕たる刻者可至著用、但著用不仕分は不苦事、
一、武具・馬具等者、毛織・びろうどの類、其外何に而も不苦、但虎・獵虎・豹之皮之鞍覆は御停止之事、
一、御昵近之小々将（子小姓）衣類、何に而も不苦事、
一、法躰人衣類、侍分可為同前事、
一、御小人頭衣類、御歩行之者同前之事、
一、掃除坊主、紬・木綿・布之外著用仕間敷事、
一、御停止之衣類・頭巾・袖へり・巾著・笠の緒・合羽之襟等至迄、一切不可用事、
一、郡内嶋之類・りきん嶋・東京紬・京織・八丈・もうる織・金平織・楠織・糸さんとめ・浅草嶋・飛驒嶋・上田嶋・奥嶋・さんとめべにがら嶋・じやがたら嶋・あれしや嶋・せいらす嶋・唐木綿・しやむろ染・此類著用不苦事、
一、京絹縮・明石縮無用、其外之縮は不苦事、

一、八丈綾すけ織之類無用、其外常之八丈は不苦事、
一、茶宇嶋かた色、此分羽織・袴之裏には不苦候、表には無用之事、
一、嫁娶其外祝義取かはし、小袖代一つに付銀子二枚、樽代百疋より三百疋之内、心次第之事、但嫁娶之節、柳樽取かはし不苦事、
一、高知惣領之子たりと云共、部屋住之内、公儀之外、音物無用之事、
一、諸勧進に入候事無用、但入候はで不叶節は、組頭迄断、可受差図事、
右被仰出之通、相違有間鋪者也、
寛文八年七月六日 〔御定書〕

家中振廻之定
一、急度仕たる祝儀振舞並他国客人在之刻は、二汁五菜香物とも、外吸物・取肴一色、酒可為三篇之事、
一、常々振舞、一汁三菜外香物、酒二篇之事、
一、後段之振舞無用、但重菓子等出し候儀者不苦事、
一、鶴・白鳥・他国肴・木具停止之事、
一、もりまぜ菜無用之事、
右之通、堅可相守之者也、
寛文八年七月六日 〔御定書〕

覚
一、小百姓は不及申、御扶持人、十村・長百姓たりといふとも、常に振廻之つきあひ仕間敷候、神事或葬礼・年忌之法事、或よめどり、むこ入祝義之刻、親類縁者寄合候共、一汁三菜、かんのものともに、酒二へんたるべし、後段之振廻、何に而も出すまじく候、御扶持人・十村・長百姓にても、諸鳥並不似合之肴な

ど調候義御停止之事、
付、祝儀に付、刀・脇指等遣義無用之事、
一、御郡百姓並御扶持人・十村より、給人其外侍・町人え音信仕義、御停止之事、
附、年々蔵宿など仕もの、跡々之通たるべき事、
一、誰々によらず往行之刻、宿主たりといふとも送迎仕間敷候、御用又は断有之罷出候義は各別之事、
申七月六日　〔御定書〕

覚

一、此以前より如申付、在々諸百姓奢たる儀不仕、農業を専にいたし、進退つゞまやかに常々心懸、諸事無油断はげまし可申事、
一、家作は自今以後二間梁、ひざし六尺に過べからず、但高多持百姓、土之間広仕候義は不苦、但往還筋人宿仕者は各別之事、
一、なげし作・杉戸・付書院・くしがた・彫物・組物一切無用、床ぶち・さん・かまち等ぬり候義、並から紙はり付、堅令停止事、
一、衣類之義、跡定の通、木綿・布之外は著用仕間敷候、但十村並御扶持人之義は、男女共に紬令免許事、
一、向後百姓之衣類、男女共紫・紅不可染、此外色、かたなしに染可著用事、
一、百姓喰物、常々雑穀を可用、米猥に不可食事、
一、十村並御扶持人・惣百姓共に、乗物一切停止之事、
一、神事或は葬礼、年季之法事或は婚礼、諸事之祝義等に、不似合不可致結構事、
附り、相撲・あやつり人形つかひ、其外見物之類一円停止之、勿論一夜に而も宿貸申間敷事、
一、常々申付置候改作之定、急度可相守事、

附り、脇指一切停止之事、

右之条々相守候様、十村並扶持人・村肝煎、常々改之可申付、若令違背者有之者、十村・扶持人・村肝煎より、郡奉行・改作奉行へ急度可申達、自然隠置、脇より令露顕ば、十村並扶持人・村肝煎迄可為曲事、

寛文八年七月六日　（「聴事通載」）

定

一、ばい人は其しやうばい、しょく人は其かしょく、もっぱらにすべき事、

一、町人の衣類、男女共きぬ・つむぎ・もめん・布、其ぶんげんにおうじ可著用事、

附り、刀をたいし、はいくはい無用之事、

一、ふるまひの儀、たとへばとみたるものといふとも、一汁三さい不可過事、

一、家作諸事けんやくを相まもり、成程軽く可致事、

附り、なげし作り・杉戸・付しょゐん・くしがた・ほり物・組物無用、床ぶち・さん・かまちぬり候義、並から紙はり付、ちゃうじせしめ候、但、上使宿十二軒はかくべつの事、

一、かしうの刻、万事成程かろく可致事、

附り、刀・脇指等遣候義無用之事、

一、女小袖・同帷子、定之ねだんより高直之表、しやうばい一円不可仕事、

附り、何方よりまきゑ之道具これをあつらへるといふとも、惣梨子地・惣金ふんだみ・惣切金之道具、向後一切不可仕事、

一、そうれい・佛事之義、其分限にすごすべからず事、

右之条々堅可相守之、若令違乱者、可為曲言者也、

寛文八年七月六日　御印　（「国事雑鈔」）

定

一、町人衣類、きぬ・つむぎ・布・郡内嶋・ひの絹・御国染・ちゞみ・八丈、但京おり共に、木綿嶋之類、たうもめん不苦事、

一、町中ふるまひ一汁三菜、かうの物共に、酒二へんたるべき事、鶴・白鳥・他国肴・木具出候義、並もりまぜさい、後段無用之事、

附り、他国客人並御家中歴々ふるまひ候共、右定之通これを相守べし、重ぐわしなど出候義はくるしからず候事、

一、跡々より被仰出ごとく、諸事過分に買置いたし、直段高直に罷成候様に仕義、並侍と申合、しゃうばい物一切御ちゃうじ事、

一、品々けおり・びろうど・しゆす・しゆちん等の巻物るい・りんず・さや・ちりめん・きぬちゞみ・あかしちゞみ、並女小袖一端に付百三十目、同帷子一端に付四十三匁より高直成表、しゃうばい一円御ちゃうじ、但、右けおり其外巻物、武具・馬具の用に立申程、きれにて売申義、並女之帯はくるしからず事、

一、御家中侍、家作二間ばり、ひざし六尺、長屋は二間ばり、台所は三間ばり、並長押づくり・杉戸・付書院・くし形・床ぶち其外さん・かまち等ぬり候儀、金銀絵座敷、又者てこもりたる儀、一切仕間敷旨被仰出候条、若右御定を背、作事をたれぐ好候とも、かつて請取間敷由、大工中へ急度可被申付候事、

一、寺方作事二間半ばり、しころひざし一間半にむねづくりたるべし、肘木作り、其外ほり物・くみ物等之けつかう無用之由、被仰出候間、是又大工中え可被申渡事、

一、公儀え上り候外、進物だる、下の用所として、たれぐあつらへ候共不仕様に、酒屋・桶屋中え急度可被申渡候、但やなぎだるは各別之事、

一、百姓のいるい、くれない・むらさきの外、何色にてもかたをつけず、無地にそめ候やうに、こんや中え

可被申渡事、

一、正月のはご板・ばい並ひなの道具・五月の菖蒲刀・かぶとなど、金銀おしはく一円無用の事、

一、年頭・五せつく等の祝儀、いんもつ・ぞうとう無用、但一るいのうち、おやかた分へかろく遣候儀は心次第之事、

一、正月のもち、面々祝ばかりにかろく可仕事、

一、かしゆ・しんたく・まへがみを取候祝儀、並二日寄合の刻、振舞一円無用之事、

附り、嫁娶之節、一類中祝儀、柳樽欤樽代に而取かはし不苦、一類之外は無用之事、

一、しよくわんじんに入候儀無用之事、但入候半で不叶節は、町肝煎迄断、可受指図事、

右被仰出候通、無相違様に、町中急度可被申触候也、

申の七月六日

今枝　民部
奥村　因幡
奥村　但予(マヽ)
前田　対馬
横山左衛門
長　九郎左衛門
本多　安房

里見　七左衛門殿
岡田　十右衛門殿

〔御定書〕

覚

一、梁行京間二間半を限べし、但桁間は可為心次第之事、
一、佛壇つの屋、京間二間半四方に可限事、
一、四方しころ付、京間一間半を可限事、
一、臂木作、其外彫物・組物等之結構無用之事、
右、堂舎・客殿・方丈・庫裏、其外此定より梁間広作間鋪之由、寺庵方え急度可申渡候、但、広作候はで不叶子細於有之は、断聞届、寄合所迄可相達者也、

申七月六日　　御印

永原左京殿

篠原織部殿

〔御定書〕

(34)「福岡藩主記録」(『福岡県史料』四)。

寛文八年

四月朔日、家中の諸士に倹約の令を出さる、大目付伊藤小兵衛・毛利長兵衛より、覚書二通を以、諸士に伝ふ、其一通の詞に曰、

口上之覚

一、御家中侍衆寄合之刻、料理被出候は、、一汁三菜、盛合なしに可被致候事、
一、家作之儀、繕は可為各別、但雖為繕作事、押立たる儀は、頭衆を以、各え伺可被申候、少にても新規之家作は、猶以可被相伺候事、
一、大身小身共に、衣類日野紬・木綿着可被仕候、帷子はさらし并有来候古ききぬ、ちゝみ等は不苦候、地

布之帷子着用之儀、尤可然候、羽織袴之表、ひの紬、木綿奥嶋・弁から嶋・しゃかたら嶋・あるみさい、裏はからきぬ・丹後きぬ不苦候、但、かた色之裏も、有来り候古きは可被用候、帯は何にても不苦候事、

附り、従他方御使者有之刻、相判并御馳走に被罷出候衆、御取次被仕候面々之衣類、ひの紬可用事、

一、諸侍衆妻女方衣類、是又日野紬・木綿着被(可脱カ)仕候、帷子は代壱枚以上之分無用候、小身之衆は此校量を以、軽を可被用事、

一、刀之寸弐尺七寸、鞘之上にて弐尺八寸五分、脇指は壱尺八寸、鞘之上にて壱尺九寸五分、右より長御停止之事、

一、馬具之儀、先年御法度之旨被仰出候通、今以相違無之候之条、弥堅可被相守候、紫之手綱・房・鞭は、たとひ古く共無用候、熊之障泥是又可有用捨候、常々責馬之刻、馬皮之板あをり可然候事、

一、又内之士・若党共、衣類もめんの外、一切着仕間敷候、袴之裏に絹無用に候、但馬乗分之侍并兒小姓は、羽織袴之地、弁から嶋・しやかたら嶋、裏はきぬにても不苦候、帯はひの紬・弁から嶋之類、軽を可用、下帯は加賀絹・丹後きぬ・ひの紬くるしからす候、たひの緒、何にても、きぬのゑり、袖裏無用之事、

一、中間・小者は衣類・下帯迄も、もめん之外一切着仕間敷事、

一、なてつけ、はんかうひけ、其外一切かふきたる躰御停止之事、

一、侍衆妻之召仕候女房達分之者、并又内之侍之妻衣類、下着にももめん、帯はひの紬・弁から嶋・しやかたら嶋の類不苦候、地もめんたり共、金入一切無用に候、たひの緒、何にても可用候、きぬのゑり、袖へり、袖裏無用候、并帷子地布可用候、上方染は代銀拾匁より上之帷子着仕間敷候、小身之衆召仕被申候女房達之仕着、此校量を以、軽を可被用候事、

一、中居之女より下女に至は、衣類・帯迄もめんの外、一切着間敷候、并かたひらは地布可用候、若上方染

着仕候とも、女房達分之者之帷子より下直成を着可仕事、
一、音信贈答御停止之旨、先年被仰出候通、今以堅可被相守候、親類中、歳暮・年頭・五節句之祝、并竹箸・杉樽等取遣無用之事、
一、千石以上之衆、宇治茶詰候儀無用候、大身たりといふ共、傍輩中寄合之時は、濃茶被出候義一切御停止に候、然上は大身衆も余計之壷、宇治へ上せ被申儀、用捨可然候事、
附、大身小身共、上方酒出し申儀、一切無用之事、

四月朔日

毛利長兵衛
伊藤半兵衛

口上之覚

一、嫁娶之儀式、諸事軽仕、嫁之衣類・寝衣に至るまて、日野紬を可被用事、
附り、幸ひし・練之かつき、絹可為無用、下女之衣類・帯等之儀、別帋有之通堅可被相守事、
一、娘之乗物、ござ包たるへし、網代并蒔絵等、可被致無用候事、
一、自今以後、娘之手道具被調候儀、縦大身たりといふ共、梨地・高蒔絵・金銀之金具無用、黒塗・軽平蒔絵可被用也、但三千石以下之衆中は、娘之諸道具、蒔絵之類一切無用可被仕事、
一、娘持参之長持数、大身たり共十掉に不可過之、小身候者は、此校量を以、可被減少事、
一、言入之使差越候刻、時服等遣候儀一切御停止に候、樽肴遣候共、代を以取遣可然候、代物之儀、三種二荷、金壱歩三ツ、二種一荷同弐ツ、一種代銀子壱両、向後此通取遣可被仕候、樽肴之員数は、婚礼相済候節、為祝儀御館献上之儀に隋ひ可被申事、
一、祝言被相調候時、双方振廻之儀、常々寄合御定之通、一汁三菜、尤塗物可被用之、但白木台物一面は不

苦候事、
一、聟引出物、雖為大身、新身之道具可被仕候、若古作たりとも、札折紙之道具可為無用、况小身之衆は必新身を用、拵等軽可被仕事、
一、祝言相調候以後、兄弟は身上相応に、樽肴代取遣不苦、其余之諸親類、一切祝儀物取遣無用可被仕事、
一、祝言に付、双方客来、男女共引出物一切無用可被仕事、
一、何も子供出生之時、産衣遣被申儀、祖父祖母は不苦、其外近き親類縁者たりといふ共、曽而無用候、但祖父祖母より産衣代にて遣可被申候、於然者、大身といふとも代銀貳両不可過、尤小身之衆は、右之趣を以、減少可被仕事、以上、

四月朔日　　毛利長兵衛
　　　　　　伊藤半兵衛

同月廿四日、当冬参府の供に召連らるゝ諸士に令し玉ふ条々を、又伊藤半兵衛・毛利長兵衛より触渡しける、其ヶ条に云、
一、御家中衆、大身小身共に、さやちりめん・りんす・あや嶋着無用、尤下着にも仕間敷候事、
一、お江戸御供衆、御使者、御屋敷中にても日野小袖着可被仕候、但羽二重之小袖、有来は着用、自今以後新規に拵申間敷候事、
一、毛織の羽織・合羽、一切着仕間鋪候事、
一、鞍覆馬氈之儀、羅紗らせ板、ひろうと其外毛氈之類、一切無用、尤毛氈之類、おしかけ、尻かひに用申間鋪候、尾挿付は苦かるましき事、
一、又内馬乗若党、下々に至迄、衣類之儀、先達被仰出候書付之通、相違無之候間、江戸へ召連被申候共、

任其旨可申付事、事）。
(35)　寛文八年三月「従公儀被仰出候御書付之写」（『熊本県史料』近世篇三「部分御旧記法度部」在中御法度之事）。
(36)　寛文八年十二月「今度従公儀御書出之写覚」（『大分県史料』十七「中津藩在中御条目并御書付」）。
(37)　『毛利十一代史』。
　この時の幕府倹約令をすべて三月朔日にまとめて載せている。或は編者が『実紀』『徳川十五代史』から採録したものとも考えられる。その場合は幕府倹約令に対する長州藩の反応の史料とはなし得ないであろう。
(38)　寛文八年三月「村方諸事倹約を申付ける触書（三次支藩）」（『広島県史』近世資料篇「鳳源君御伝記」六）。
(39)　寛文八年三月「百姓風俗取締覚」（『天理市史』上　歴史〔近世〕所引　上野市立図書館蔵　西島八兵衛「万大控」）。
　『天理市史』によると、この倹約令は永く藤堂藩の風俗取締りの基本法となったという（現天理市域はもと伊勢津藤堂藩の領地であった）。
(40)　寛文八年五月三日「公儀被仰渡」七号（『新秋田叢書』十二）、同日「江戸御書付之写」（『第二期新秋田叢書』三　『上肴町記録』一　三七号）「五月五日於御広間被仰出個条」（『新秋田叢書』一　『羽陰史略』巻二）
(41)　拙稿「天和の治について」（『史学雑誌』六九―十一）、『享保改革の研究』第二章五　および本書次章参照。
　代官宮崎氏は、道次の祖父泰景の代迄信州伊奈郡座光寺村に住し、武田氏に仕えたが、武田氏滅亡後没落。天正十六（一五八八）年家康により旧領復活。その後一族信州遠州の代官を勤めたが、いずれも寛文―元禄の間に免職または他の役職に転じている。
(42)　例えば『正宝事録』三号正保五（慶安元年＝一六四八）年二月廿二日町中連判「御請負申事」に、「町人長刀并大脇差を指、奉公人之真似を仕、かふきたる躰をいたし、かさつ成儀并不作法成者有之に付ては、御目付衆御廻り、見合次第御捕、曲事に被仰付候間、向後奉公人之まねを仕、刀を指申間敷候」とあるのは、武士と町人との身分差別令ではなく、当時旗本奴に対抗して横行した町奴の禁令と解すべきである（なお同二五号参照）。因にこの頃は町人のみならず、武士のかぶき者取締りも強化された時期であった。

(43)『正宝事録』四三五・四三八号、『令条』巻三一　四二三号、『武家厳制録』巻三〇　三二七号（註(19)参照）。

(44)『殿中日記』、『実紀』巻三六。

(45)『触書集成』十九　一〇五八号。

(46)鳥取藩では六月十九日の町人への倹約令第二条に「扶持人之町人、只今迄刀指来候者之外可為無用（中略）惣て常に武士之作法にせ申ましき事」と令している（「町方御法度」一　二五号）。金沢藩でも七月六日の町人への倹約令第二条の付りとして「刀をたいし、はいくはい無用之事」と令している（『加賀藩史料』第四編所引「国事雑鈔」）（註(31)、(33)参照）。

(47)『正宝事録』四三一・四三二号（註(8)参照）。

(48)『触書集成』三六　二〇四八号、『正宝事録』四三三号、『実紀』巻三六。

覚

一、米、一、大豆・小豆、一、大麦・小麦、一、酒、一、塩、一、薪・炭、一、荏、一、菜種、一、胡麻、一、油、一、鯨油・魚油、

右品々、町中諸問屋并諸商人、売物に買置、今迄自分之蔵又はかり蔵ニ入置候分、当二月廿八日より相改、品々何程有之候と、有体ニ書上ヶ可申候、改書上候内も、買手有之候ハ、何程ニても売払、慥ニ其証拠を取置、以来書上候都合相違無之様可仕候、

附、右之品々相改、書上ヶ以後、諸国より追々至来候分ハ、其町々名主五人組え相断、立合候而員数相

改之、名主五人組より証文を取置、其荷物は別ニ仕置、員数重而書上可申候、是又売払候儀は勝手次第ニ売払、其証拠を取置、以来書上之都合相違無之様可仕事、

右之趣、町中家持は不及申、借屋・店かり・地借諸問屋・諸商人ニ堅ク申渡、品々員数相改、書付差上可申候、重而其蔵々を御改可被成候間、少も相違無之様書上可申候、若違背申者在之は、急度可被仰付事、

申二月廿七日（『正宝事録』）

(49)『触書集成』二五　一三八一号。

(50)『折たく柴の記』巻下、『三貨図彙』巻四。

(51)拙著『享保改革の研究』第七章四参照。

四　酒井忠清の立場

寛文期の幕政において、大老酒井忠清が「下馬将軍」の異名（その史料的根拠については「補論Ⅰ」参照）を受けるほどの権勢をにぎったことについては、幾多の解釈が述べられてるが[1]、その権勢の根拠の一は忠清の家系に基いている。すなわち忠清の家はいわゆる雅楽助流酒井の嫡流であって、伝えによれば徳川氏との関係は甚だ古く、歴代その老職の地位にあり、門閥譜代の最高ともいうべき家であった[2]。

忠清は承応二（一六五三）年三十歳の若年で、他の役職を経ることもなく、前代の遺老松平信綱・阿部忠秋をさしおいて老中上首の地位についた[3]。やがて寛文二（一六六二）年には松平信綱・酒井忠勝が死去した。ついで同五年八月五日には阿部忠秋が、老衰の上多病という理由で、月番・評定所出座を免ぜられた[4]。

その翌六年三月廿九日忠清は忠秋と共に、通常の奉書連署を免ぜられた。これが忠清の大老職就任である。[5]忠秋と共にとはいっても、忠秋が幕政の中枢からの隠退であったのに対し、忠清は閣老を一段ぬきんでた地位をいっそう明確化したのである。

忠清がこの地位を得たのは、まずはその家格によるものと見るべく、それに加えて前代の遺老の相次ぐ死去、隠退がこれを固め上げたといってよかろう。しかしこれだけならば、それは幕閣内部の勢力関係の変化ともいい得よう。しかし、忠清の握った権勢に対しては、幕閣の外からの畏怖が伴っているように見受けれる。例えば池田光政の「酒井雅楽殿へ御建白の御草稿[6]」に、「御老中之内、貴様御一人の御覚悟にて、残候衆へもうつり可申候。天下の安否、只今の時節、貴様御一人のやうに奉存候」と忠清の強大な実権を指摘し、「諸大名共勝手能候へば悪き心出来候物にて候、すりきり申様に御仕置候由、御老中の御心様に御座候旨申ならはし候。いかばかり左様には御ざ有まじく候へ共、若左様事申者御座候ては、御心ひかれ候へばと存、申上候。」と忠清の対大名政策に警戒の念を表明すると共に、「勝手不相成故、下民せめ付、家中下民共に困窮仕候様に候はゞ、やる方なくあらぬ心もいでき申物と申つたへ候。」「只無心元存候は、諸国こんきう故、一揆第一と存候。とても、うへ死可仕よりはと存、方々に一揆おこり申候はば、左様之時節は大名共之内に逆心の者も出来可申と存候」と警告している。この建白書の立場は、領主の支配・財政の安定こそ天下の安定の基礎とし、当時の幕政の方向が、権力を独占する酒井忠清により、領主の支配や財政の不安定化に乗じてこれを圧迫する傾向にあることを批判しているのである。

当時の幕政に対し諸大名が畏怖・警戒の念を懐いていたことは、次の事実からも窺いうる。すなわち榊原家に『御当家紀年録』（別名『秋月記』）という史書が秘蔵せられている。これは寛文四（一六六四）年榊原忠次が編纂させたもので、徳川（松平）氏発祥より慶安四（一六五一）年家光の死に至る徳川家の編年史で、類書中早期のものであるが、とくに榊原家に伝わる秘事などが記されているとは認め難い。これに寛文十年十一月三日の家老以下重役連署の「添巻物」があり、それに次のような文章がある。

寛文拾年戌八月、柴田六左衛門江戸在番之節、弘文院（林鵞峯）御屋敷へ御見廻候て、六左衛門ニ隠密ニ御物語被成候ハ、従公儀先年被仰付候本朝通鑑此比出来候而指上申候。就夫稲葉美濃守（正則）殿被仰候ハ、御当家記録御仕立被成可然候。（中略）彼記録（御当家紀年録）先年松平式部大輔（榊原忠次）殿御仕立候由及聞候。（中略）式部殿別而被掛御目ヲ候私儀ニ候へは、殊に彼書物式部殿堅ク御秘事被成、何方へも御見せ不被成、御手前に有之段（中略）若御尋之時分、公儀へ可被指上哉、又は何とそ御請可被申上哉、各為心得申聞候。（中略）六左衛門江戸より罷帰候刻申越候ニ付而、大中老再三相談仕候処ニ（中略）長山（忠次）様御一代御越度無御座所ニ、彼御書物公儀へ指上、露顕之上、万一相違之儀も御座候歟、又ハ善悪之取沙汰ニも御座候而ハ、御為以外不宜御事と何も相談仕候。（下略）

こうしてもし幕府から尋ねられた時は焼失した旨答えることとし、同書は国許へ取寄せて、大中老が固く封印して秘蔵することとし、稀に家老が封印を改めたのみで今日に至っている。(7)

この「添巻物」にはすでに榊原忠次自身がこれを厳秘したように記してあるが、忠次自撰の奥書末尾に「非敢誇之世人而使後世児孫得知之也」と記してあるところからみると、誇示はしない迄も、これを秘蔵する意志はなかったと考えうる。つまり寛文四年から十年迄の間に幕府内の情勢の変化が生じ、榊原家が幕府の対大名政策に危惧の念をいだくに至った結果が、『御当家紀年録』の厳秘となったと認めるべきである。(8)

この期間は酒井忠清の大老就任、そうして一連の支配強化政策の施行された時期である。池田光政の建白について述べたように、社会の変動への幕府の対応策が諸大名への圧迫と受取られたことが、榊原藩の態度からも読取れるのである。しかも榊原氏は酒井にも匹敵する譜代の門閥である。榊原忠次はその累代の由緒の故に、寛文三年二月には保科正之と同列の大老に任ぜられている。(9)その榊原氏がこのように幕府当局に強い畏怖の念をいだくに至ったということは、酒井忠清の立場が単に門閥譜代の権威に依拠するにとどまらず、そこに異質の要素が加って来ていることを想わしめる。

このように寛文延宝期の幕府政治の内容を、幕府上層部の一点に権力が集中し、政治の方向が領主支配の弛緩に乗じてこれを圧迫するという形でとらえると、これは忠清時代に続く五代将軍綱吉の「天和の治」(10)の前駆的現象と理解することも不可能ではない。しかし社会の変質に対応して政治を新しい方向に展開させるには、忠清の立場にかなり制約が認められるのである。

その制約を一言にしていえば、固定化した格式のもたらすものであった。忠清自身その家格の権威に依拠して大老の地位についた。「武家諸法度」をはじめ種々の法令や将軍の面命等によって、その機能発揮を強く求められた「奉行所」を構成する諸役人、すなわち町奉行・勘定奉行あるいは大目付・目付等の撰任も、その家格・昇進順路が固定化してきた。例えば勘定奉行についてみると、寛文以前の奉行七人の前歴は一定せず、その中には関東勘定奉行(曽根吉次)(11)・郡代(岡田善政)(12)・代官(伊丹康勝、但小姓兼任)(13)と三人も財政・民政関係の職を経験した者があり、また将軍側近と兼帯の者(松平正綱・伊丹康勝)(14)あるいは小姓から登用の者(伊丹勝長)(15)もあり、奉行の撰任には個々の手腕を考慮した跡が認められる。またその石高も、二万二〇〇〇石の松平正綱から一七〇〇石の村越吉勝(16)までさまざまである。

ところが寛文二（一六六二）年任命の妻木重直[17]以降は、昇進順路にひとつの型ができ上った。すなわち勘定奉行への路は、まず小姓組か書院番、稀に大番・小十人の番士となった者が、使番か徒頭を経て目付となり、ついで遠国奉行に出て、数年後江戸にもどって普請奉行か作事奉行になり、それから勘定奉行に昇る。その後町奉行・大目付・留守居へと昇進してゆく者もあった。石高も一〇〇〇石から三〇〇〇石の家が多い。代官や勘定方など財務経験者からの昇進がなくなり、中級の旗本の家に生れた者が、このような経路を大過なく通ってたどり着くのが勘定奉行の職ということになったのである。[18]

町奉行については、初期にあっては使番から直ちに就任という型が続き、寛永八（一六三一）年の堀直之[19]以降番士出身の奉行があらわれているが、慶安四（一六五一）年の石谷貞清[20]以降、勘定奉行とほぼ同様、番士→徒頭・使番→目付を経て昇進する順路が整って来ている（町奉行の場合、目付から直ちに昇進する者が少なくない）。家禄も寛永十五年の神尾元勝[21]以後は一〇〇〇石から三〇〇〇石の者がほとんどであって、それ以前が九五〇〇石乃至五〇〇〇石であるのと対蹠的である。

使番・目付・大目付という監察機関も、上述のように中級の旗本が番士に任ぜられて後、一定の順路を昇進してゆく一段階となっている。その番士については万治二（一六五九）年六月番入規則が設けられ、とくに書院番・小姓組の両番士となるには、親兄弟の現職・前職等の筋目によることが明文化された。[22]

代官については、近山安高・細田時徳・宮崎道次・多羅尾光好など父祖代々続いた代官処罰もあった。また延宝六―七（一六七八―七九）年の検地に際し、幕府は代官を検地担当者とせず、最寄りの大名にこれを命じた事実[23]について、在地と関係深い代官と農民とのなれあいによる不正防止を目的とするもので、これによって代官は近世初期以来の機能を喪い、単なる徴税吏の地位に陥るという解釈も出ている。[24]さらに寛文六（一六六六）年四月の代官への訓令[25]において、支配地の町人・百姓への貸付け[26]（第四条）、代官仲間や勘定衆との間の新規の縁組・養子[27]（第七条）を禁じている。

このように多少は代官に対する改革も実施しているが、他方代官の世襲は『実紀』にもしばしば記載され、ほとんど原則となっていたように見受けられる。[28]寛文九年には前に改易に処された代官小川正久を復職せしめている。[29]これは将軍家綱生母十七回忌法会の恩赦によるものであるが、改易せられたものが、家禄のみならず職務まで父祖以来の職に復せしめられたところに、家格・家業の観念の強さが窺い知られよう。

経済界や社会状態など政治を取囲む環境が新しい局面を呈してきている時、幕政もそれに対応するひとつの方向を大老酒井忠清のもとに指向しながら、そのために大いにその機能を発揮すべき「奉行所」すなわち行政機構の構成が、かえって家格・家業の枠によって固定化していったのが、いわゆる「下馬将軍」時代の幕府政治の顕著な特色であったといえよう。

格式の制約は今後もしばしば幕政につきまとう問題であるが、ともかく酒井忠清の罷免を手はじめに、賞罰厳明の励行によって、行政機構の固定化を上下にわたって破っていったところに、幕政刷新の大きな画期としての五代将軍綱吉の「天和の治」の意味が認められるのである。

註

（1）伊東多三郎『日本近世史』II（昭和二十七年）には、所謂執権政治に近い形態とある。私も『日本歴史講座』IV（昭和三十一年）で、一種の執権政治と解釈した。藤野保は『幕藩体制史の研究』（昭和三十六年）でこれを批判し、幕府権力の体制的確立に基く、老中政治の変質形態として把握すべしと説いている。これに対し私は執権政治の意味を敷衍して、忠清の独裁政治ではなく、将軍が元老・門閥層にのせられている存在となった中で、譜代の最高の門閥という家格上の権威により、老中合議制の主導権を忠清がにぎったと述べた（『享保改革の研究』第二章三、昭和三十八年）。北島正元『江戸幕府の権力構造』（昭和三十九年）では、譜代勢力による幕政の独占が大老・老中等による御用部屋政治として展開し、忠清の専権はその極限の形態を示すものと解釈している。

（2）『重修譜』巻五九。
（3）『実紀』巻五には「今より後、国家の大事には酒井讃岐守忠勝と同じく連署すべしと命ぜられる。」とあり、『重修譜』巻五九には「禁中および異国の事、その余政事の要務にをいてはこれをうけたまはり、連署加判の上首たるべきむね台命をかうぶる。」とある。つまり単に老中の首位についたにとどまらず、月番による日常政務は、はじめから免除されていたのであろう。
（4）『実紀』巻三一。
（5）同巻三一、『重修譜』巻五九。
（6）『史学雑誌』八―九所載「池田光政酒井忠清へ建白せし書」、『池田光政公伝』第五五章にこれを全文転載し、標題の下に（寛文八年）と記してあるが、根拠不明。
（7）榊原政春氏所蔵文書。
（8）『御当家紀年録』は、松尾美恵子氏の調査によると、榊原家蔵の原本の他に⑴徳川宗家本、⑵内閣文庫本、⑶東大史料編纂所本、⑷上越市立高田図書館本の四本がある。⑴は天明三（一七八三）年六月に榊原家から幕府へ献上された本と認められる（献上については『寛政重修諸家譜』巻一〇〇、「榊原政永譜」参看）。⑵は一九七八年五月国立公文書館『内閣文庫所蔵大名の著述展示目録』には「ほぼ寛文ごろ」の写本という解説があるが、恐らく天明の献上本の筆写と推定しうる。⑶は徳川宗家本の写しである。⑷は或は原本の下書かもしれぬという（松尾美恵子「『御当家紀年録』の秘蔵と伝来」、学習院大学史学会『呴沫集』三所載　一九八一年）。

なお松尾氏は寛文十年家老等連署「添巻物」に記してあるように、すでに榊原忠次自身これを厳秘としていたという見解である。しかしこの「添巻物」は、寛文五年三月榊原忠次が死去し（『御当家紀年録』はその奥書によると、四年八月脱稿）、続いて二年後の寛文七年五月、継嗣政房が二十七歳で死去、当時わずか三歳の熊之助政倫が遺領を継いだが、幼少のため城地を播州姫路から越後村上へ移されたという、榊原家存亡の危機のもとに作成されている事情を年頭におく必要があろう。

（9）『殿中日記』、『実紀』巻二五、『千年の松』巻三。

（10）拙稿「『天和の治』について」（『史学雑誌』六九—十一）、『享保改革の研究』第二章三—六、本書次章参照。

なお、「御仕置裁許帳」八（『近世法制史料叢書』一）に次のような事件が記載されている。

寛文十一年五月十一日　小石川餌指町地借藤兵衛出居衆作助、方々にて犬を盗み殺すにより、薩摩へ流罪（六六八号）。

同　十五日　右藤兵衛召使三右衛門、浅草田原町にて犬二匹理不尽に刺殺すにより、薩摩へ流罪（六六九号）。

同　十六日　右同断にて、小石川金杉村加左衛門出居衆戸右衛門等三人、薩摩へ流罪（六六九号）。

寛文十三年五月　二日　餌指町地借藤兵衛、犬殺しを訴えられ、悴権四郎と共に、佐渡へ流罪（六七〇号）。

同　七日　小石川帰雲寺門前店借権兵衛、方々にて犬を殺すにより、三里近辺追放（六七一号）。

これらの事件の中、はじめの四件は恐らく同一事件であり、出居衆やその置主・召使等、いわばかぶき者に類する者の無頼な行動が処罰の対象になったとも考えられるが、犬を殺したことにより流罪または追放の刑に処せられたという点を取上げると、五代将軍綱吉の特異な性格から発したといわれている「生類憐みの令」がすでに寛文年中にその前駆が認められることになる。あるいは「生類憐みの令」は綱吉によって極端に増幅されたとはいえ、その前提条件は寛文年中にあったと考えるべきかもしれない。

(11)『重修譜』巻一六七。
(12)同巻三二六。
(13)同巻二七六。
(14)同巻二五五。
(15)同巻二七六。
(16)同巻一〇二〇。
(17)同巻三〇一。
(18)拙稿「享保改革に於ける主体勢力について」(『史学雑誌』六三―三)、『享改革の研究』第二章五、第五章二。本書第六章参照。
(19)『重修譜』巻七六八。
(20)同巻八九一。
(21)同巻一〇四四。
(22)『実紀』巻一七　万治二年六月二五日条によると次の通である。
大番頭の子、父兄弟書院番の者、父小姓組の跡、遠国役人の子、目付・使番の子、大番組頭の子一人、両番に入るべき家筋でその親兄弟大番に在る者……小姓組。

父兄弟小姓組の者……書院番。

父兄弟両番にあらざる者は、鬮にて両番の内へ入れる(明記してないが、この場合も両番へ入るべき家筋の者ではあるまいか）。

（23）『実紀』巻五七—六〇、延宝六（一六七八）年十二月から同八年三月にかけて、諸国の「公料査検奉りし」大名の家臣に、幕府が銀・時服・羽織を賞賜したという記事が一六件ある。

延宝六年（巻五七）

十二—十九　摂津　青山幸利（尼崎）

延宝七年（巻五八・五九）

一—十五　丹波　松平信庸（篠山）

二—廿一　河内　本多政利（大和郡山）

三—　五　播磨　松平信之（明石）

　　廿一　近江　戸田氏西（大垣）

　　廿六　和泉　岡部行隆（岸和田）

四—　九　和泉　石川總良（伊勢神戸）

　　　　　丹波　小出英利（園部）

　　廿六　摂津　九鬼隆律（摂津三田）

六—十五　播磨　松平直矩（姫路）

　　廿一　山城　石川憲之（淀）

七—十一　播磨　脇坂安政（龍野）

八—十六　近江　井伊直該（彦根）

　　廿三　備中　木下㒶定（備中足守）

九—　七　大和　本多忠国（陸奥福島）

延宝八年（巻六〇）

三―廿九　陸奥　内藤弌信（磐城平）

他に延宝七年十二月三日、諸大名の公料検地に参与した幕府勘定衆が賞賜されている。

(24) 北島正元『江戸幕府の権力構造』第四章第一節三。

(25) 『触書集成』一三三　一三二一号。

(26) 曽根ひろみ「在地代官支配と初期地主小作関係の展開」（北島正元『幕藩制国家成立過程の研究』所収）によると、幕府代官ではないが、浜松藩の代官高林家は旧土豪型在地代官として、寛永頃には農民の年貢補塡の貸付をなし、次第にその規模を大にし、商人・武士をも貸付対象としていった。

(27) 代官・勘定方役人間の姻戚関係はかなり根強かったと想像される。例えば寛永十三（一六三六）年から寛文元（一六六一）年迄勘定頭を勤めた曽根吉次（『重修譜』巻一六七、祖父・父共に伊豆代官）の妹が同族曽根吉重（同巻一四三一、代官）の妻、その次男盛重（勘定組頭）が諸星盛政（同巻一九九、歴代代官）の養子、盛政二女は大番窪田正綱（同巻二五二）の妻、正綱の父通正の妻は荻原昌重（同巻六〇一）の女、昌重の曽孫が元禄―正徳期の勘定奉行荻原重秀である。また昌重の女が代官設楽能業（同巻一一三六）の妻、その子能政（代官）の養子が窪田正綱五男太郎兵衛（代官）である。

勘定方役人・代官の複雑な姻戚関係は寛文六（一六六六）年の訓令以降も解消しなかったようで、例えば正徳―享保期に活躍した地方役人についてもこれが認められる。すなわち寛文八（一六六八）年宮崎道次に代って遠州代官となった雨宮勘兵衛（『重修譜』巻一〇五九）の叔母が杉岡重政（同巻一二六九）に嫁し、その甥が正徳―享保期に勘定吟味役・奉行として活躍した杉岡能連である。能連の妹が小宮山昌言（同巻一五一一、勘定衆）の妻、その養子杢之進昌世は代官、「地方の聖」と称せられ、実父は辻守誠（同巻一四九七、代官）、叔父は勘定吟味役で、やはり「地方の聖」といわれた辻守参である。また守誠の妻、昌世の母は岡田俊易（同巻一一七六、勘

図示すれば次の通り（□は勘定方役人または代官）。

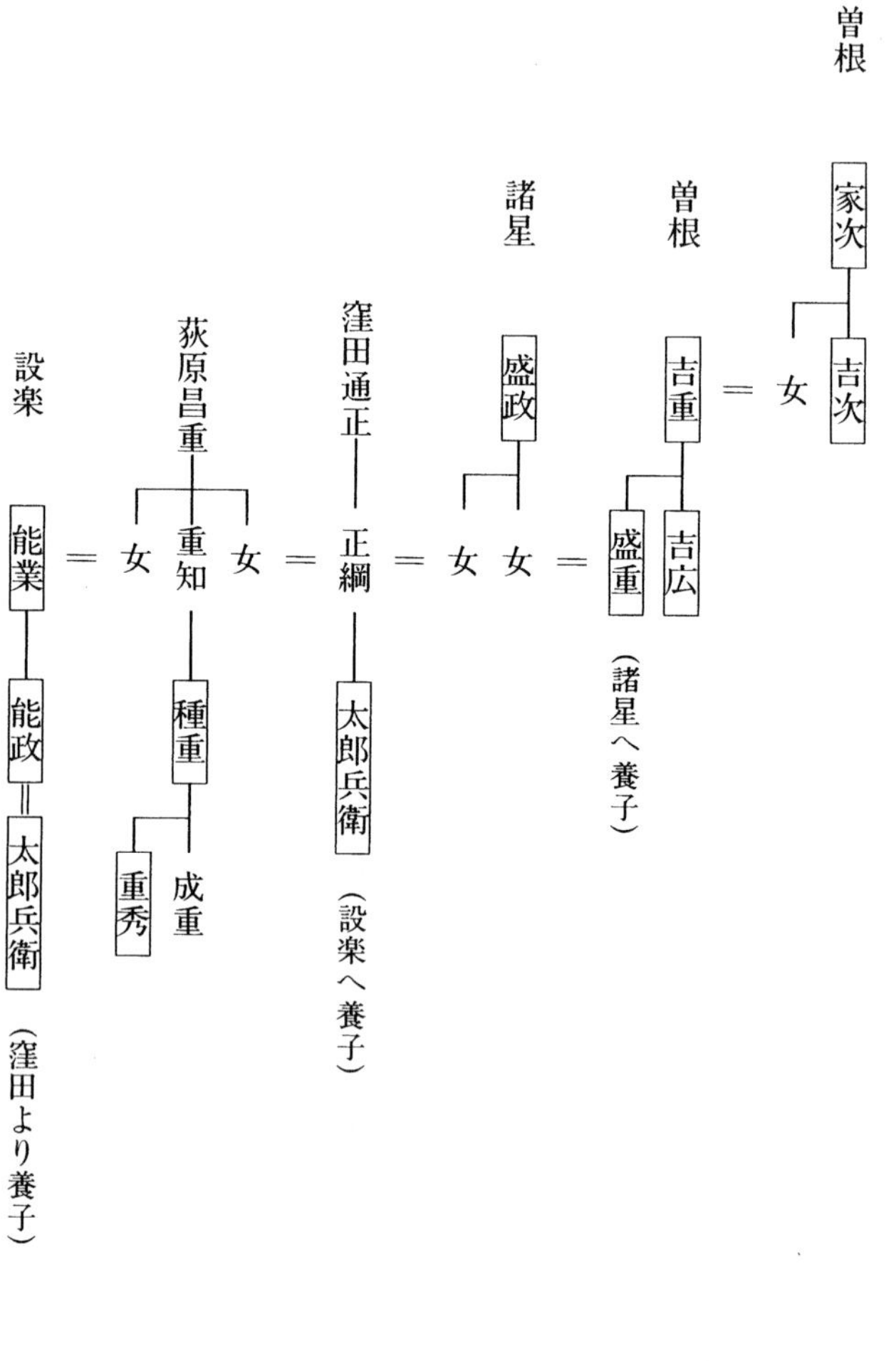

定衆・代官）の娘、俊易の弟俊陳（勘定衆・代官）の子孫は代官・郡代・勘定吟味役等として享保期以降活躍する。さらに小宮山昌世の義妹は初期以来代官を勤める石原正顕（同巻九八一）に嫁している。

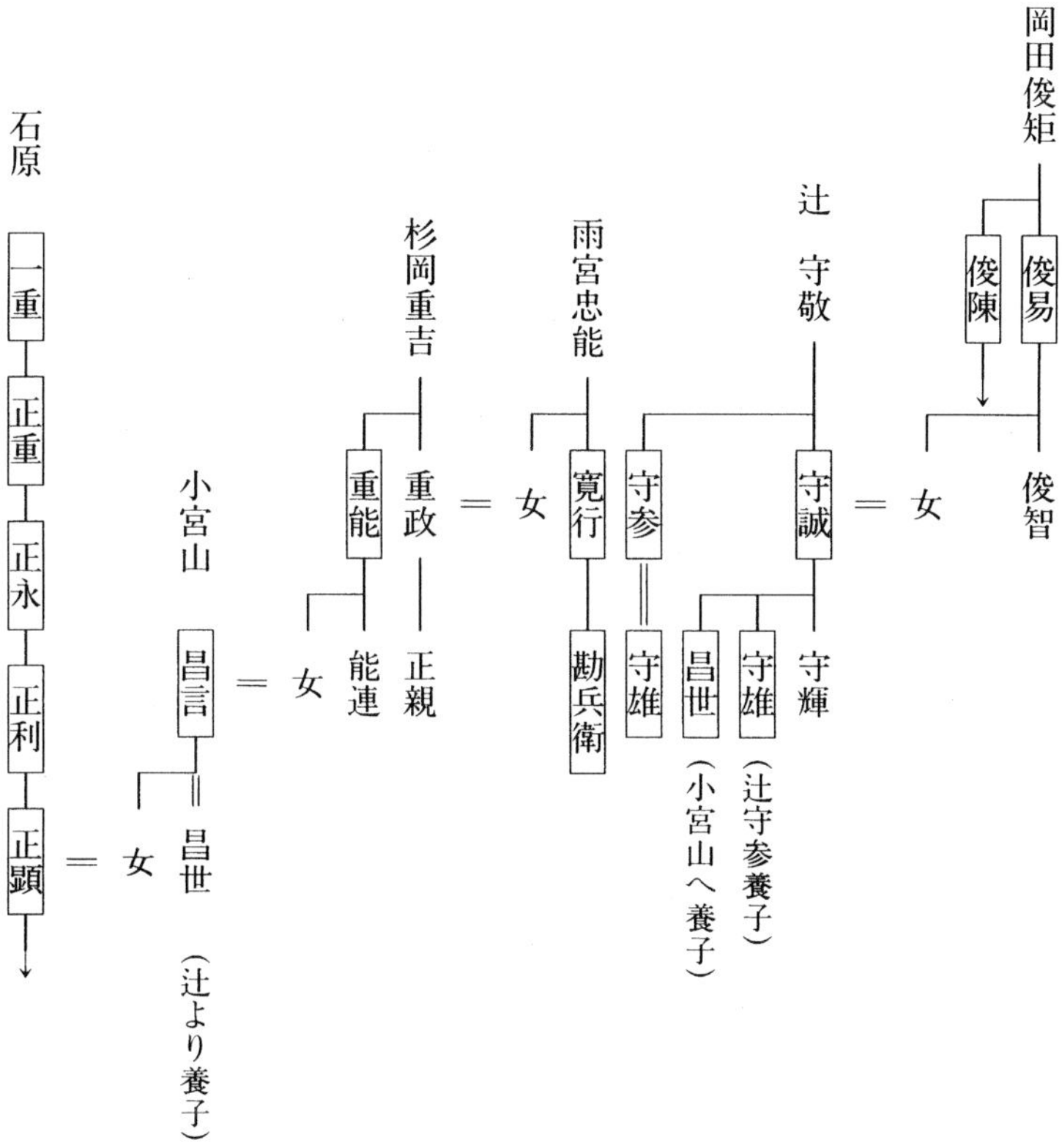
岡田俊矩
俊易
俊陳
俊智
女
辻　守敬
守誠
守参
守輝
守雄
（辻守参養子）
昌世
（小宮山へ養子）
守雄
雨宮忠能
寛行
勘兵衛
女
杉岡重吉
重政
重能
正親
能連
女
小宮山
昌言
昌世
（辻より養子）
女
石原
一重
正重
正永
正利
正顕

(28)『実紀』にあらわれる代官世襲は次の如くである。
寛文元年四月　近江芦浦観音寺住職交替、代官職も後住が世襲（巻二一）。
同　六年四月　延沢代官松平親正老衰により、長男親茂世襲。二男正親も召出され、代官となる（巻三二、『重修譜』巻四一）。
同　十一年二月　代官の子、父の家をつぎ原職を奉ずる者四人（巻四二）。
延宝三年十二月　松平親安、父親茂の遺跡をつぎ代官を勤む（『重修譜』巻四一）。
同　五年九月　代官の子、父致仕して原職を命ぜられる者一人（巻五五）。
同　年閏十二月　代官の子原職をつぐ者一人（巻五五）。
同　六年八月　代官の子父の原職を命ぜられる者三人（巻五七）。
また天和—享保間に多数の代官が処罰、職を奪われたが、その中で近世初頭からの代官と判明する家が二九家に達する。その氏名と『重修譜』の巻数を次に示す。
なお拙稿「天和の治について」、『享保改革の研究』第二章五、第六章一、本書次章参照。
（天和—宝永年間）
伊奈忠利（九三三）、彦坂平九郎（三二七）、岡上次郎兵衛（一一二五）
藤林惟真（一一七五）、小泉次太夫（三九一・九三六）、設楽佐太郎（一一三六）
平野藤次郎（九九〇）、井狩十助（一一二五）、豊島正勝（五四二）
伊奈忠易（九三三）、壷井次右衛門（一一五三）、熊沢良泰（一一二五）
宮崎重堯（一〇五三）、高室昌貞（二二五）、小野貞頼（五九六）
八木権平（六六九）、井出正基（一〇〇一）、吉川源蔵（『断家譜』十一）
（享保年間）

平岡資親（二八〇）、諸星同政（一一九九）、成瀬市郎右衛門（九五〇）
平野重賢（九九〇）、長谷川長昌（八六六）、樋口左兵衛（三四五）
鈴木政弘（一一六一）市川新右衛門（一二一五）、窪田貞房（一二一三）
近山安敬（一八二）、上林久豊（一二五六）

このほか処分によるものではないが、末吉嘉干（九九〇）・宮崎泰之（一〇五一）・秋鹿朝就（九六五）・松平親安（四一）・曽根広定（一四三二）・近山正次（一八二）・芦浦観音寺（『実紀』巻二一）など、天和以降になって父祖以来の代官職を転ぜられた家も少なくない。これらの事例から推しても、寛文―延宝期の代官のいかに多くが、その職を世襲していたかが考えられる。

(29)　『実紀』巻三八、『重修譜』巻八六四。

〔補論Ⅰ〕

酒井忠清「下馬将軍」説再考

——落書に見る寛文延宝期の閣老評——

一 『武門諸説拾遺』について

四代将軍徳川家綱の時の大老酒井忠清は、前代の遺老酒井忠勝・松平信綱・阿部忠秋・保科正之などが相次いで死去または隠居の後、将軍家綱が病弱で政務をみることができなかったのも伴って、幕政に権勢をほしいままにした。その忠清の役屋敷が江戸城大手門下馬札前にあったので、下馬札前の将軍すなわち「下馬将軍」という異名を受けたといい伝えられている。

この説は三上参次『江戸時代史』、栗田元次『江戸時代』上（『綜合日本史大系』九）という二人の近世史研究先駆者の代表的著書に載って、ほぼ通説化している。この両書が文献的根拠に用い、具体的にその記事内容を記しているのは『武門諸説拾遺』である。そこでまずその記事を掲げてみよう（内閣文庫本巻之三「阿部豊後守忠秋招二酒井雅楽頭并御老中三人を一、異見の事」）。

　同年（寛文十二—引用者註）十一月十七日、近年御老中諸大名へ切々振舞に参り、且又御旗本の小身の方えも招請すれバ参る。其亭主の弊甚し。殊に酒井雅楽頭ハ奢つよきゆへに、世の人是を下馬将軍と唱ふ。是ハ追手の下馬前に其屋敷有故也。その外、稲葉美濃守・久世大和守・土屋但馬守も、雅楽頭ほどにハあらざれども驕満《(ママ)》強く、尤振舞に参る事毎度なり。此儀阿部美濃守伝聞て、奢といひ振舞といひ、御為不レ可レ然と思ひ、右四人の御老中へ書状を遣し、少々申談じ度事有レ之候間、御透を御見合、私宅え御入来可レ給、若四人御揃御出難レ被レ成候ハヾ、被二上意一御出可レ有レ之と云々。板倉内膳正ハ近頃京都より下向して未程なきゆへに振舞にも不レ参、奢を敬《(ママ)》ひ、御老中の形勢を目覚しく思ひ、隠便の躰なれバ此人を除て不レ招、依レ之四人の御老中、右之趣達二上聞一候処に、早速可レ参旨被二仰出一、依レ之今十七日四人相ともに豊後守が隠居の屋敷へ入来ス。豊後守則対面して曰、各を申請る事別儀にあらず。雅楽頭殿并に濃州・和州・但州えも諫申度事有之、先雅楽頭殿え申候、貴客近年驕甚敷、有二威光一故に、世人下馬将軍と号す。是二人将軍有レ之躰也。上を軽じ給ふに似たり。是ひとへに高師直が奢に超過するか。師直将軍尊氏を蔑如にして奢といへども、世の人将軍の号をバ不レ付、今貴客にハ既に将軍の号を付、此儀後代迄語り伝へバ、将軍家御威光軽き故と誹謗せん。是不忠の第一也。次に諸大名の方え為二饗応一切々被レ参よし、是又不レ可レ然。御存知有や否や、貴客を招にハ、肴や・八百や・菓子屋其外酒等に至まで、貴客へ朝夕出入するものを召寄て、其手前より諸事を相調ゆへに過分の高利を取、或ハ雅楽頭餅とて世上に専ら賞翫す。近年ハ切々の火事に付て、大名も小名も殊之外に困窮して、家人の知行を借ると称して半知とす。か様に家人を苦しめ、百姓を虚《(虐カ)》ぐ、諸人に辛苦を懸、町人の買掛りを不レ払、商人に迷惑さする人の方へ切々御越有て、金銀を弊させ、其大名家人等并懸金有町人等まで各を誘る事不レ斜、是第二也。次に小身の旗本ハ尚以火事ゆへ困窮のよし、其沙汰有。然るに其小身の方迄饗応センと申すに随ひ、御こし有る、何事ニや。大名すら右のごとし。いわんや小身の人おや、是三也。此三ツハ将軍家の御為、大小名の為、家人・百姓・商人のため、一ツとして無益乃事也。此義を深く御慎ミ可レ給。若又此儀同心無レ之バ、豊後守と差違て相果給ふべし。然バ中々公方の御為と成べし。次に残り三人の御方へも申旨同じ。切々振廻に御越の事、只今雅楽頭殿え申ごとく也。(中略)予が事ハ御存之通り、軽きものを大猷院殿御取立、執権職の列に加り、大録《(ママ)》をいたゞき、位ひ昇進す。大猷院殿の御遺言にも、公方の御為と成らん事にハ身命を不レ惜、所存を可二申上一と被仰付、公方えだに如レ此、いわんや各へ遠慮すべきよふハなければ、心底を不レ残過言す。各御同心か、大慶不レ過レ之、若御同心なくバ、某何とぞ出仕して、右等之趣、御直に言上仕、其上ハ兎も角も可レ奉レ伺二上意一にと云々。御老中皆々雌伏して、いまだ返答なき所に、雅楽頭申曰、仰の通り承り、驚入候。下馬将軍の事、日本の神慮を以、只今始て承り候。誠に不忠の第一也。兎角可レ申様無レ之。某心中に全く驕る心ハ無レ之候得共、事の心を案ずるに、其始め某を執権職の列に被二仰付一候切《(ママ)》、威を付んとの御事にや、酒井讃州・松平豆州・貴客はじめとして恐敬の躰にし給ふゆへに、世の人強に重んじ崇敬す。依て心ならず驕の躰に見へ候らん。次に大名へ招請の事、更に予が所レ欲にあらず、其ゆへハ、身ニも応ぜざる大録《(ママ)》を給わり、事欠ると申事なし。御蔭をもって天下の珍物・名物も自二諸大名一請る間、宿に罷有山の《(カ)(ママ)》まゝの料理させて給べ候事、心安く候得ども、度々招請仕度旨、直にも被レ申、或ハ人を頼、縁をもとめて幾度も申さるゝゆへに、無レ拠参向すれバ、又余人も強て招かる。参間敷と申せバ、彼れへハ参り是れへハ参るまじきと申迚、恨の間、無二是非一参る也。又小身の旗本の面々被レ招時、弊をいとひ参るまじくと申候得バ、大名へハ参り、小身の者へハ不レ参、奢りたるわが侭成と批判するの由承り候て、又無二是非一参候。只今の仰を承り、某が方へ出入のもの迄呼集めて高利をとらせ候事、奢の甚敷所なり。依レ之下馬将軍と呼事、尤至極と存候。自今以後ハ堅く他国《(ママ)》を禁じ、諸事心を付て、奢と見へざるやうに相慎み可レ申と云々。残て三人の老中も同様に返答す。豊後守大に悦び、定て各立腹あらんと存る処に、御得心候事、老後の本望時事《(ママ)》とて甚喜悦す。其後御老中ミな〳〵退出被レ致ける。

『武門諸説拾遺』全四〇巻の中には、前引の巻三の記事をはじめ「酒井雅楽頭忠清落書の評判」（巻一〇）、「延宝八年の風聞」（巻一一）、「四代目将軍御治世」（巻一三）、「酒井忠清盛衰」（巻一四）、「酒井雅楽頭御茶差上」（巻二二）、「延宝五年・六年聞書」（巻二三）、「酒井空印（忠勝）言行録」（巻二五～二八）など寛文延宝期に関する記事も多いが、はるか後世の記事も少なくない。その最も時代の降るのは巻三一「御当家御花押之字」で、十一代将軍家斉の天明八年九月十一日付判物の写も入っている。巻三二には「天明八年正月晦日夜内裏炎上」の記事もある。

巻三一以降はことに後世の記事が多く、巻三三「天正元年より延享年中迄事物之権輿」、巻三四「享保七年浅草御蔵米春夏冬三度御切米惣渡俵数」「宝暦六年日本国御領私領惣人数」、巻三五「春台上書」（享保十八年）、巻三九・四〇「酒井忠昌〈江戸考〉」（寛延四年、明和二年）などが収載されている。しかし終りの方は後世に追加、加筆された部分とも認定できない。例えば巻六に載る掘田正盛の記事には「当時大御所様吉宗公の若年寄堀田加賀守正陳（在任寛延元年～宝暦元年）の先祖」という註記がある。また巻一九には「新田大炊介義重公真蹟之写（享保十七年）」「新田左中将旧跡（元文二年）」、さらに神沢貞幹『翁草』（寛政二年成）所載のものとほぼ同文の「大岡裁き」の小話が載っている。

このように、通覧すると、『武門諸説拾遺』という本は恐らく寛政年間か或はそれ以降に成立したもので、その内容は好事家の見聞雑書と考えるのが妥当ではあるまいか。その中にはかなり信用するに足ると思える記録の抄出もあるが、また風聞・伝聞にすぎぬものもある。前引の酒井忠清「下馬将軍」説の典拠となる記事も、年代も隔っていることでもあり、傍証を得られなければ、巷説としても寛文延宝期に流布していたと認めるべき典拠とはなし得ないであろう。

二　『君臣言行録』について

酒井忠清「下馬将軍」説を載せる文献として、他には管見の限り人見竹洞『君臣言行録』がある。すなわち同書巻九に「延宝八年正月十二日、酒井雅楽頭忠清〈世ニ下馬将軍ト号〉二万石御加増」（〈　〉内は原本二行に割）とある。

人見竹洞は『寛政重修諸家譜』巻一一二一によると、正保二（一六四五）年九歳の時将軍家光世子家綱の御伽となり、寛文元（一六六一）年『本朝通鑑』の編纂に参加し、その後元禄九（一六九六）年死去するまで幕府の儒者であった。それ故酒井忠清とは同時代の人であったから、「下馬将軍」説の根拠としては甚だ有力な文献といい得る。

しかしその割注は、竹洞よりかなり時代が降ってから書加えられたものと思われる。(1) その時期を限定するのは容易でないが、同じく九巻に「寛延ノ比、二月、一日ニ十三度火事アリケル也」という割注がある。寛延年間（一七四八〜五〇）というと竹洞の時代より半世紀以上隔っている。

しかもこういう大災害についてはかなり克明に載せている『武江年表』『泰平年表』には、寛延年間に該当しそうな火災はない。該当すると考えられるのは、その前の年号である延享三（一七四六）年二月晦日の大火である。もしその大火を指しているとするならば、この割注の筆者は十八世紀中頃の年号である延享と寛延とを混同しているわけで、その加筆の年代も十八世紀中葉よりはかなり後代に降るものと見なければならない。

さらにこの割注の年代混同の例をあげると、同じく巻九、寛文元（一六六一）年にかけて「東照宮ノ将軍ヘ被レ遣長歌トテ楽《（ママ）》書」というものを掲げている。その中に「イヤシキ者の心ニモ、ヲトリ果タル臣下ドモ、今ノ悪心其儘ニ」という文言があり、そこに〈酒井忠清ラ乎〉と割注を加えている。

『君臣言行録』のこの落書の部分は脱字・誤字が多く、読みにくいのであるが、ほぼ同文の落首が『玉滴隠見』巻十一に「慶安ノ比、上野ニ立タル落書」として載っている。それには割注はない。歌句の結びが「能州の夢想」となっているが、これは三河刈谷城主松平能登守定政のことである。つまり幼将軍家綱の代となった直後の慶安四（一六五一）年七月九日、松平定政が突然当時の閣老等を批判する意見封事を井伊直孝・阿部忠秋に呈し、東叡山に入って遁世するという事件が起った。その一件に係る落首である。

当時酒井忠清は官位こそ従四位下侍従で老中並であったが、無役の身で、批判さるべき立場にはなかった。この割注の筆者は忠清に対し、悪い先入観を強く懐いていたかに思える。それ故、この割注に記してある酒井忠清下馬将軍説の信用度もかなり低いものとなるのである。

『君臣言行録』巻九は将軍家綱の時代の記事で、従って酒井忠清に関する事項も多く、また当時の閣老らを諷刺した落書もかなり載せている。しかしその本文で忠清個人を批判しているのは次の記事のみである。

（承応二年＝一六五三）閏六月、酒井雅楽頭忠清老中並加判可レ仕旨仰渡サル。此後私モアリシト也。

その他は忠清を含めて閣老全体を批判しているものと認められ、とくにそれを忠清と名指しているのは前述の「割注」の文言である。次にそれらを掲げてみよう。(〈 〉は原本二行に割り、( )は引用者註記、適宜濁点をふる)。

老中舞楽《(落)》書(2)

老中舞ヲ見サイナ〱、ゴザッタ〱、ヲ《(お)》振舞ニゴザッタ、雅楽頭ヲ先ニ立テ、老中ノゴザッタ、老中ノ能ニハ、一ニ一切無慈悲デ、二ニ人民ナヤマシテ、三ニ酒ヲ作ラセテ、四ニ世ノ中ツマッテ、五ニイツモノ御為ヅク、六ニ婿《(ヲカ)》ノヱリ取テ、七ツ何ノタスケナク、八ニ屋舗ヲヒロゲテ、九ツ米ヲ高フシテ、十ニトチメンボウヲフラスル(3)、老中舞ハ是マデト。

三上参次『江戸時代史』には、忠清の権勢について述べる文章の間にこれを引用しているが、「雅楽頭ヲ先に立テ」というのは、忠清は三十歳で老中に任ぜられるや、その家柄によって直ちに五十八歳の松平信綱、五十二歳の阿部忠秋という二人の前代の遺老を飛越えて老中首座についたので、「先ニ立テ」と表現しているのであって、必ずしもすでにに忠清が抜群の権勢を承応—明暦(一六五二—五七)の段階でふるっていることを示しているとは認め難い。

落書に数え上げている事項それぞれについて、具体的事実を当てはめるのは容易でないが、例えば「六ニ婿ヲヱリ取テ」とは、或は阿部忠秋を指しているのかと思われる。すなわち忠秋の嫡子正能は実は従兄阿部正澄の長男である。正澄の家が阿部の宗家であり、その長男を弟筋に当る忠秋が承応元(一六五二)年に自分の養子としたことを諷しているのではあるまいか(4)。

次に「八ニ屋舗ヲヒロゲテ」とは松平信綱が該当するかと思われる。『寛政重修諸家譜』松平信綱譜に明暦の大火の際、「居邸ならびに別荘とも延焼せしかば、良材千本、榑木千挺をたまひ、金若干をかしあたへらる」と記してある。大火後の処置として、大名屋敷を大移動し、大名・旗本に復興資金を貸与しているが、その系譜にこのように特記してあるのは、これが格別の恩典だったからであろう。それが当時の世人の眼には、俗にいう「焼け太り」と映っても当然だったのではあるまいか。

このように推測すると、この「老中舞」の落書は独り酒井忠清を諷するものではなく、批判は全老中に向けられていると解すべきである。

（明暦の大火をめぐって）

此節ノ狂歌ニ

火事雅楽《うた》〈忠清〉テ（うたて）、心尽シノ豊後殿〈忠秋〉、江戸ニハツント伊豆（松平信綱）がヨカロウ〈忠清・信綱ヲソシリ、忠秋ヲバホメシ〉

上様ノヲ《お》菓子（火事）に事ヲカヽジトテ、侍従少将種々ノナリモノ〈コレハ忠清抔ヲソシリケルト〉

前者は「割注」の如く理解できるが、後者の侍従・少将は必ずしも酒井忠清のみではない。当時忠清も少将（慶安四年＝一六五一任）であるが、酒井忠勝（寛永二十年＝一六四三任）・保科正之（正保二年＝一六四五任）も少将、また松平信綱（寛永二十年任）・阿部忠秋（慶安四年任）は侍従である。つまり大火の頃の大老・老中はすべて侍従か少将の官を受けていた。

（寛文八年の倹約令をめぐって）(5)

古ハサスガ一フシヨクゾキク、当世ハヤル雅楽ノワルサヨ（酒井雅楽頭忠清）

眉ヲシボメ、推量がホノ豊後梅、花モ実モナシ、味モナシ（阿部豊後守忠秋）

大キナル事ニハイラズ美濃紙ノ、障子アンドウ（行灯）ハル斗《ばかり》也（稲葉美濃守正則）
味ヒモツキソウニナル大和柿、シブ〳〵用ヒ、ヘタ（蔕）ナ事也（久世大和守広之）
献立ノヲ《お》触ヲキケバ悉《ことごと》シ、向ヒテ見レバサイ（菜、才）ハ内（無い）膳（板倉内膳正重矩）
上ハユタカ、下ハ肥後ウ（非業）ノ死《しに》ヤセシ、ヨソナガラ云、倹約ハナニ（保科肥後守正之）(6)

これらをみると、評判がよかったといわれる阿部忠秋・板倉重矩さらに保科正之までが、この倹約令に関しては諷刺の対象となっている。つまり人見竹洞の『君臣言行録』の本文には、当時の老中すべてに対して批判的な落書が載っているのであるが、それをかなり後世の「割注」の筆者が、酒井忠清に特定しているのである。

三　『談海』『玉滴隠見』に表れた幕閣世評

『談海』（内閣文庫本全二七巻）は慶長十（一六〇五）年から寛文十二（一六七二）年に至る六九年間、つまり江戸前期の政治や社会上の諸事件の編年記録で、落書・巷説も数多く載っている。編者や成立年代は明らかでないが、人見竹洞『君臣言行録』本文記事にも数箇所その名が見えるから、延宝から元禄初年、すなわち記事の年代をさほど隔てぬ頃に成立したと考えられる。

『玉滴隠見』別名『談海集』全二五巻は、天文十一（一五四二）年斎藤道三が主家土岐頼藝を美濃から追出す話に始り、延宝八（一六八〇）年四代将軍家綱死去に至る迄の諸事件を、ほぼ年代順に記載したものであるが、巻十一以降は家綱時代の事件や巷説の記録である。これも編者や成立年代は明らかでないが、とくに記事の年代をはるかに隔って作成されたと認めねばならない根拠はない。従って両書に載る落書雑説は、それぞれの時期に作られたものと考えられる。そこでそれらを通じて酒井忠清をはじめとする寛文延宝期の幕閣に、いかなる世評が寄せられていたかを眺めることとする。

まず寛文七年「善悪説」として、「渡会郡ノ祢宜、神勅ヲ奉テ撰レ之」という前書きに続いて、次のように掲げている。(7)

四君子　板倉内膳正重矩・松平新太郎光政・紀伊大納言頼宣・阿部豊後守忠秋

十善　相馬長門守忠胤（相馬中村城主）・保科肥後守正之・水戸宰相光圀(8)・久世大和守広之・鈴木伊兵衛（重辰、天草代官）・松平日向守信之（播磨明石城主）・五味藤九郎（豊旨、京都代官）・服部備後守（貞常、禁裏付）・河野権右衛門（通成、長崎奉行）・板倉市正重大（大番頭）

その次に「十七悪」と掲げているが、

十七人の数のミいって、其名をさゝざる事ハ願くハ改めん事を。是大舜の人の悪を隠し、善を揚給ひし御心にならふ也（下略）。

と記し、十七悪が誰を指すかは記していない。当時の閣老の中では、板倉重矩・阿部忠秋・保科正之・久世広之が「善」に掲げられ、酒井忠清・稲葉正則が外れている。

ついで前にも言及した寛文八年の倹約令に対する落書・狂歌は夥しく両書に載っている。その中で各老に関しては次のものが注目される。(9)

御代ハおさ　知恵ハあ　上ハし

金ハた　世ハセ　下ハツ

商ハと　借銭ハ不知にて　誰もこ

是ハ保科肥州の紋故書付、[10]屋敷迄ニ立申候よし

これは「御世ハおさまる」「智恵ハあまる」「上ハしまる」「金ハたまる」「世ハセまる」「下ハツまる」「商ハとまる」「借銭は不レ知にて（たカ）まる」「誰もこまる」とよませるのであろう。[11] この倹約令についての諷刺が、保科正之に向けられているのは興味深い。

（倹約古今序）

大和《やまと》（久世広之）雅楽《うた》（酒井忠清）ハ美濃（稲葉正則）の仕事を種として、萬の倹約とぞなれりける。世の中にある倹約おほきものなれバ、見るもの聞ものにつけていひ出せる也。（中略）。しかなれど世の中のあほうを尽けるハ、大形の人にして絹紬《きぬつむぎ》、美濃・保科なるべし。

（能　組）

高砂　有情・非情の其声、皆うた《（雅楽）》に洩るゝ事なし　雅楽頭（酒井忠清）
頼政　おぼろ〳〵として、是非を分ぬ気しき《（景色）》かな　但馬守（土屋数直）
松風　捨てもをかれず　とれば俤に立まさり　美濃守（稲葉正則）
海士《あま》　藤咲門の口を閉て、いはじや水鳥のおし《（鴛鴦）》う《（主）》の名をばくたすまじ　豊後守（阿部忠秋）
鉢木　枝をため、葉をすかして、かゝりなれと植直《（置）》し、その甲斐今ハなかりけり　内膳正（板倉重矩）
芦刈　なる両人《（あなたへカ）》さらり、こなたへさらり　大和守（久世広之）
景清　目こそくらけれど、人のおもはく一言の内にしる物を　肥後守（保科正之）

これらは実際に諸老中のいかなる行為を諷しているのかは判らないが、例えば「皆うたに洩るゝ事なし」の文句に、酒井忠清が万機主導権を握っていたことを窺わせているのであろうか。また土屋数直を「おぼろ〳〵として是非を分ぬ気しき」、久世広之を「なる両人《（あなたへ）》さらり、こなたへさらり」と表現しているのは、この両老中の分別の欠如、態度の曖昧さを諷するものか。板倉重矩について「その甲斐今ハなかりけり」というのは、寛文八年五月に重矩が京都所司代に転じてしまったからであろう。稲葉正則・阿部忠秋・保科正之については好意的な評のように思える（なお謡曲の文言をとくに改変しているところはない）。

このように当時の落書や狂歌を通観するに、とくに酒井忠清の専権を批判するものは見当らない。他の老中と共に諷せられているところはあるが、しばしば忠清との対比において、その事蹟を高く評価されている保科正之や阿部忠秋に対しても、当時の風評は必ずしもすべてよいものではなかったことが知られる。

一方、酒井忠清の行動・性格を好意的に述べている記事もある。特に『玉滴隠見』巻三〇には次の記事が載っている。

酒井雅楽頭忠清御法度ノ外饗應ヲ呵給フ事

一、同月（延宝五年八月）ニ亦雅楽頭殿ヲ細川越中守綱利ノ宅ヘ招請有ケリ。惣ジテ雅楽守殿ニカギラズ、御老中ヲ諸家ヘ御申請ノ時ニハ、二汁七菜ニ極リタルコト也。然ルニ今日ハ二汁十五菜ナリ。依レ之雅楽頭殿気色替テ、内証ニ公義ノ御料理人、誰人トモ不レ知、コレヲ被レ召候テ仰候ハ、自分達モ兼テノ御条目ノ通リヲバ存ジタルベシ。タトヘ亭主方、御馳走ニ献立等美々敷書立ラレ候トモ、其タメ我等式被レ為レ呼タリ、左様ニ結構ハ御禁制ニテ御坐候ト申テ、差留ラレケル筈ノ人ナルニ、如レ斯法外ナル仕形ハ、此雅楽頭ヲ世ノ人ノ評判ニサセントノコトカトテ、散々呵玉ヒテ、右ノ引菜ドモヲコト〴〵クトラセラレテ、御法ノ通リニ七菜残サレテ、其饗応終テ早々ニシテ退去アリシトナリ。

また『談海』巻二二に「物は付」として、

大海ハ　酒井雅楽頭
こわき者ハ　稲葉美濃守
物のつよめ（カ）ハ　久世大和守
大腹立の者ハ　土屋但馬守
死て名をのこすハ　板倉内膳正

と当時の老中を並べている。[12] この忠清評も好意的といえよう。

このように恐らく後世の加筆や作為を経ていないと思われる寛文延宝期の落書・巷説において、当時の幕閣は概して評判は悪いが、とくに酒井忠清について「下馬将軍」という異名も見当らないし、彼独り権勢をほしいままにし、或は賄賂を貪っていたという諷評もないのである。

結び

寛文延宝期は幕藩体制の変質がはじめてその兆候を顕した時である。詳細については本章本論に述べておいた。領主の支配は弛み、農民の抵抗は次第に昂揚しはじめ、領主財政は不健全化した。幕府自体も当然そういう問題に直面したのであるが、この頃幕府は大名旗本の領主的支配と諸役人の勤務に厳しい監視の眼を向けた。『談海』『玉滴隠見』の中にもそういう記事が幾多も載っている。当時特筆すべき事件だったのであろう。

落書や狂歌による諷刺の対象に、閣老達がしばしば揃って引出されているのも、幕府の厳しい行政方針の中に彼らの存在が大きくなってきたがためと考えられる。酒井忠清はその首座として一段と際立っていたのも当然である。

しかし私は本稿でしばしば説くように、酒井忠清「下馬将軍」説は後世の加筆もしくは創作と考えたい。後世とはいつ頃か判然としないが、前引の『武門諸説拾遺』および『君臣言行録』の割注から推して、明和―天明期いわゆる田沼時代に成立した風評ではなかろうか。

寛文延宝期と明和天明期、ほぼ一世紀を隔てた両時期には多少の類似点がある。第一に四代将軍家綱と九代家重・十代家治、共に幕政における将軍の存在感が薄い。少くとも世評ではそのように考えられていた時期である。第二に将軍に代って、寛文延宝期にあっては閣老が、明和天明期にあっては閣老と将軍側近が、幕政上に重きをなしていた。第三に幕政の背景にある社会体制が、前者にあってはその変質の兆候が顕在化し、後者にあっては深刻化するという、共に歴史の一つの屈折点であった。ほぼ一世紀を隔てて、両時期が類似する時代相をもっていたがため、後の時代に立って前の時代にその幻影を描き出したのが、酒井忠清「下馬将軍」説ではないかと私は想像する。

註

(1) 内閣文庫蔵九巻本に依った。同文庫目録によると、他に教部省旧蔵八巻本があるが、対校はしていない。

(2) この落書は『談海』巻十一にも載っている。但『君臣言行録』では承応三年に収めてあるが、『談海』では明暦三年に載せてある。私はその内容から推して、明暦三年の方が適当ではないかと思う。

(3) 椀麺棒を振る。大あわてする。途方にくれる。

(4) 阿部家は正次が二代将軍秀忠に用いられ、やがて大坂城代にまで昇った。忠秋はその弟忠吉の子である。正次の長男正澄は父に先立って早世し、弟重次が正次の跡を継ぎ、三代将軍家光に仕えてその重臣となった。正澄の遺児正令《まさよし》(後に正能と改名)は、祖父正次の所領から一万石を分与されていたが、嫡流から外れてしまっていたので、男児のない忠秋がこれを養子に迎えたのである。しかし世人の眼には、いかに老中に昇ったとはいえ、庶流の身でありながら、宗家の嫡孫を己の養子としたのは、時を得顔の振舞と映ったのかもしれない。

(5) この年幕府は、江戸大火を機に、上は皇室から下は百姓町人に至るまで、広く詳細に倹約を命じた。江戸時代の倹約令の基本法ともいい得る。

(6) これらの狂歌は『談海』巻二〇、寛文七年にも載っている。

(7) 『談海』巻二〇・『玉滴隠見』巻一八、各人に短評が記してあるが省略する。

(8) 水戸光圀は寛文二年任参議、元禄三年中納言に昇進。

(9) 『談海』巻二一、『玉滴隠見』巻一九、その中に「地獄極楽之倹約」というのは、後に享保改革の際の倹約令への諷刺としても、同様のものが遺っている(『享保世話』巻一)。寛文期の落書は後世の模範となっているのかとも思える。

(10)『重修譜』保科松平譜に「はじめ保科を称せしときは、角九曜梶の葉の紋を用ふ」とある。

(11)九曜の落書は享保期・天明期にも作られている（『享保世話』巻一、辻善之助『田沼時代』)。

(12)『談海』はこの「物は付」を寛文八年に収載しているが、板倉重矩は延宝元年に死去したので、これも延宝年間の作かと思われる。

〔補論Ⅱ〕

四代将軍家綱の立場

本論冒頭に引用した『厳有院実紀』末尾の評論にも述べているように、将軍家綱は生来虚弱であって、政務はほとんど権臣に委せて自ら聞かなかった。そのため前代の遺老がよく補佐していた治世の前半は海内無事であったが、それらの功臣が死去・隠退の後は、将軍は権臣に擁蔽せられ、全く虚器を擁する状態となり、政治は乱れた。その弄権の臣こそ「下馬将軍」酒井忠清であるというのが通説であった。

しかし〔補論Ⅰ〕で指摘したように、「下馬将軍」という異名もかなり時代が降ってから成立したと考えられる。当時すなわち寛文延宝期の世評は、老中全体に対してかなり批判的であり、その代表者としての忠清に対しても厳しい眼が向けられているが、しかし落書・風説を通ずる限り、忠清独裁専権の非難は認められない。

むしろ忠清を含めた幕閣、というより広く公儀自体の動向が、社会体制変質の兆す中でそれぞれ内部に支配上の問題を抱える封建領主各層にとって、脅威に感ぜられるようになったのがこの時期であった、と見なしてよいであろう。

こういう見解の上に立って、改めてこの時期の将軍の存在について考えてみたい。この問題に関してまず注目する必要があるのは、本論に詳述した寛文八年の倹約令についてである。この令は武士・町人・百姓・寺社はもとより、吉原や朝廷にもおよぶ全社会層を対象とし、その内容も衣食住全般を詳細に規制するもので、享保・寛政・天保のいわゆる3大改革における倹約令も、その綜合性・網羅性においてこれには及ばぬといえる。

そうしてこの倹約令を承けて、多くの藩が敏感に反応していることも、前後に例を見ないところである。それは、「当春公方様御直に被二仰出一、上意を本として申出候間、左様に可二相心得一候、只今迄の様におやそかに心得、法を背者於レ有レ之は、急度可二申付一候」という岡山藩主池田光政の家中への申渡に明らかなように、この年二月十五日、式日のため登城して来た諸大名・旗本に将軍家綱が下した直命に基くものである。つまりここでは将軍家綱の存在は甚だ大きかったと認められる。

〔補論Ⅰ〕に記したように、この倹約令に関する幕閣への諷刺として現れた「九曜の丸尽し」の落書は保科氏の家紋なので、保科正之に向けられたものと思われる。あるいは将軍家綱の直命の背後に、将軍補佐の正之の影ありという諷刺かもしれないが、とにかく将軍家綱は大きな権威として表に立っていたのである。

家綱はこの倹約指令に限らず、政務に関し直接諸役人に指示する場合があったと認められる。それは『厳有院実紀』に、家綱成人後晩年に至る迄、将軍「面命」の記事が稀でないところから推察される。その模様を次に列挙してみよう。

明暦三（一六五七）年　七―四　はじめて大目付・目付を悉く召す。今後将軍自ら命ずることもあり、また憚らず建白すべき旨面命する。

同　年　七―十三　大番・両番（書院番・小姓組）・新番の頭に、配下の番士への訓諭を面命。

同　年　七—廿一　寺社奉行・勘定頭へ勤務入念を面命。
同　年　十—十八　番士等の作法訓諭を目付・小十人頭へ面命
万治二（一六五九）年　五—九　大目付二人、目付三人に面命。
寛文二（一六六二）年　六—十一　船手頭向井正方に、安宅丸等三船を預ける旨面命。
寛文三（一六六三）年　四—十　家綱日光社参の間、戸沢正誠等八大名に、府内火番を面命、また永井尚征に二丸火番を面命。
同　年　四—十一　作事・普請奉行等に、紅葉山東照宮等の火番入念たるべき旨面命。
同　年　四—十二　東叡山火番へ面命。
同　年　四—廿三　目付に対し、日光供奉の者の作法、意に叶える旨面命、番頭・奉行等へは老中よりこの旨伝達。
同　年　八—十三　大目付・目付に対し、この度発布せし「武家諸法度」・「諸士法度」違反の有無観察、遵守訓諭すべき旨面命、番頭等へはこの旨若年寄より伝達。
同　年　九—五　寺社奉行に対し、職務精励を面命。
同　年　九—八　町奉行・勘定頭に対し、評定所等における職務、精審を面命。
同　年　九—十二　大目付北条氏長・作事奉行保田宗雪に宗門改精励を面命（寛文の「武家諸法度」より、耶蘇宗門禁制の条文創設に関連することであろう）。
寛文四（一六六四）年　九—十四　町奉行に対し、博奕厳禁・防火を面命。
寛文五（一六六五）年　二—廿五　目付ことごとくに対し面命、若年寄のみ侍座。

同　年　三―十八　大番頭以下番方諸役人対し、役料を支給する旨面命。
同　年　四―三　東照宮五〇年忌法会につき、酒井忠清に面命。
同　年　十一―朔　先手頭水野守正に対し、関東地方横行の強盗追捕を面命。
寛文六（一六六六）年　六―七　小姓組・書院番士等遊廓にて争闘せしため処刑せらる。それにつき三番頭・新番頭・小十人頭に対し、番士告諭に念を入れるべき旨面命。
同　年　七―廿一　留守居以下役方諸役人に対し、役料を支給する旨面命。
同　年　八―廿六　大目付へ面命あり。
寛文七（一六六七）年　九―廿九　大目付北条氏長・作事奉行保田宗雪へ、宗門改めにつき面命。
同　年　十一―七　勘定頭へ面命あり。
寛文八（一六六八）年　二―十五　月次の礼に登城せる家門・諸大名に対し、大火災により、いよいよ倹約を厳にすべき旨面命。
同　年　二―十九　大目付・目付へ面命。
同　年　二―廿八　月次の礼に登城せる諸大名に対し、肥前島原領主高力隆長、虐政により領民を困窮せしむるにつき除封の旨を告げ、隆長以外にも政績よろしからざる聞えの者あり、今後弊政を改むべき旨面命。
同　年　三―十三　三奉行に対し、配下の者に倹約を厳諭すべき旨面命。
同　年　六―三　大目付・目付に対し、近頃殿中伺公の輩に無作法の者あり、かかる輩を速かに聞え上ぐべき旨面命。

同　年　六―廿六　町奉行・勘定頭へ面命。
同　年　十―七　留守居・三奉行へ面命。
同　年　十一―三　三番頭・新番頭・小十人頭へ対し、配下の者の倹約厳守を面命。
同　年　十一―十九　井伊直澄に今後大政参与を面命。
寛文九（一六六九）年　二―廿三　大目付・三奉行へ面命の旨あり。
同　年　三―六　宗門改役并に目付へ面命の旨あり。
同　年　三―十三　三番頭・新番頭・小十人頭を御座所に召し、いよいよ倹約厳守を命ずると共に、万治二（一六五九）年より寛文八（一六六八）年迄十年間の番士の勤怠の状を査検、報告せしむ（面命の語はないが、「御座所に召し」とあるので、恐らく面命であろう）。
同　年　十一―廿三　寺社奉行・勘定頭へ面命の旨あり。
寛文十（一六七〇）年　正―廿六　町奉行・勘定頭へ面命の旨あり。
同　年　十二―廿一　京町奉行雨宮正種に面命の旨あり。
寛文十一（一六七一）年　八―十九　三奉行の職事精勤を褒賞し、いよいよ訴訟裁断に念を入るべき旨面命。
同　年　八―廿三　大目付・目付を召し、職事を垂問す。
同　年　八―廿六　宗門改役を召し、職務につき垂問あり。
同　年　九―二　関東巡検使を召し、政道の得失、民間の風俗等を垂問す。
寛文十二（一六七二）年　十―七　大目付・目付へ面命の旨あり。

延宝元（一六七三）年　十一―八　京町奉行能勢頼宗に面命の旨あり。
延宝三（一六七五）年　二―十九　三奉行へ面命の旨あり。
同　年　二―廿三　大目付・作事奉行・目付へ面命の旨あり。
同　年　四―七　寺社奉行小笠原長矩・戸田忠昌・勘定頭甲斐庄正親に、三代家光二五回忌法会につき面命。
同　年　六―十三　京町奉行前田直勝・大坂町奉行石丸定次へ面命の旨あり。
同　年　八―廿三　駿府城代松平乗真へ面命の旨あり、手づから着せし羽織を賜う。
同　年　九―八　崇源院（二代秀忠夫人）五〇回忌法会に与る諸役人に面命。
同　年　九―九　法会惣督土屋数直にとくに面命。
同　年　十二―八　三奉行に面命の旨あり。
同　年十二―十二　大目付・目付に面命の旨あり。
延宝四（一六七六）年　八―廿一　京都所司代戸田忠昌上洛により、面命の旨あり、手づから着せし羽織を賜う。
同　年十一―廿六　宝樹院（家綱生母増山氏）二五回忌法会につき、事に与る役人に面命。

右のように明暦三（一六五七）年から延宝四（一六七六）年に至る二〇年間は、ほとんど連年のように「面命」の記事があり、とくに明暦三年、寛文三・八年、延宝三年は頻繁であった。「面命」の対象としては、例えば寛文八年二月の倹約令や高力隆長改易に伴う戒諭のように諸大名に向けられたもの、或は老中・所司代等に対するものもあるが、その多くは大目付・目付に対する諸役人監査の強化の指令、寺社・町・勘定三奉行に対する職務精励の訓示、或は諸番頭に対する番士督励の命令など、行政機構の振粛に係るものである。

「面命」のとくに頻繁であった年について考えると、明暦三年は江戸大火後の復興と係ると思われる。寛文三年は家綱が日光に社参し、「武家諸法度」・「諸士法度」を改訂し、爾後一連の新制発布に着手した年である。また同八年は本論に詳述した倹約令発布の年、延宝三年はとくに顕著な施策は認められないが、財政窮乏等領主的支配の弛緩を戒めようとしたのであろう。

「面命」は大広間あるいは白書院・黒書院で行われた場合もあったが、多くは御座間で行っている。その際、側衆は当然侍座したであろう。また寛文五年二月、目付ことごとくを召して面命の際、『実紀』に若年寄のみ侍座し、老中はあずからずと記してあるところから推すと、通例は老中・若年寄も侍座したものと思われる。将軍家綱が老中・若年寄を侍らせて、特定の役人を召呼び、職務精励を親しく命ずることが必ずしも稀でなかったという事実からは、「寛文延宝の頃にいたりては、弄権の輩すこぶる威福をはり、擁蔽の風おこり、下言通ずる事まれなり」という『実紀』の評論以来通説となっているこの時代の評価とは、かなり異った印象を将軍家綱や当時の幕政の上に懐かされるのである。

「面命」はあるいは将軍補佐保科正之や大老酒井忠清など閣老がお膳立をして、表に将軍を立てたにすぎぬことかもしれない。しかし寛文延宝期の幕政において、将軍家綱は病弱の故に奥へ引籠っていたのではなく、仮令それが彼の主導によるものではなかったかもしれないが、しばしば政務推進の要点に立っていたことを認めねばならない。これはやがて五代綱吉から八代吉宗にかけての、将軍主導による政治改革の伏線をなしたと考えてよいのではあるまいか。

第五章　「天和の治」について

はしがき

江戸幕府政治の推移をみる場合、享保の改革を正徳の政治の否定として理解するのが栗田元次氏以来の通説であった。しかし近年これが批判され、対立とみられる現象は本質に由来するものではなく、むしろ正徳と享保の政治には一貫するものがあるという説があらわれている。(1) 筆者もこの説に賛成する。つまり新井白石と徳川吉宗という当事者の主観においては相対立していたかもしれないが、白石の意図し、実施した諸政策の本質的な部分は、実質的には享保改革に継承され結実しているといい得るのである。(2)

ところで享保改革は元禄享保期にあらわれた社会経済的諸条件の変化に対応せる幕政の転換であるということは、今日全く常識化しているところであろう。そこでもし正徳と享保の政治とが本質的に一貫しているならば、幕政の転換は享保改革に始まるものではなく、既に正徳においても幕政の新しい方向が認め得るはずである。それでは一体いつ幕政は転換をはじめたのか。私はそれを五代将軍綱吉の初政たる「天和の治」に求めたい。

大体綱吉という人は江戸時代には甚だ評判の悪い将軍であった。『徳川実紀』においてすらその失政を認めて「非常の君主、ややもすればかゝる過失ある習なり。……尋常庸主にはかならずかゝる過失もあるべきにあらず」などと苦しい弁解をしているほどである。(3) 然るに明治に入ると綱吉に対する評価は変る。先ず重野安繹博士は綱吉を以て家光・吉宗・家斉と並べて明君と称すべき人であると述べ、(4) ついで池田晃淵氏は彼の初政を天和・貞享の改革と名付け、享保・寛政と並べて幕政緊張期の一に数えている。(5) 三上参次博士も天和の政治を以て享保・寛政・天保の三改革と並べ称すべき善政とみなしている。(6) また吉田東伍博士も「五代天和の幕府は新政也」と述べ、「海内ひたすらに公方の威に従ひ、徳川一代の全盛を開きたるなり」と評している。(7) 池田氏および三上博士が天和の政治を前代の弊政・弛緩に対する改革と考えるに対し、吉田博士はこれを徳川政権の絶頂期とみなすところに相違はあるが、いずれもその治績を高く評価しているのは同様である。また綱吉の治世一般を論じた重野博士の場合は別として、他の人はいずれも堀田正俊の死を機として、以後は弊政続出、綱紀弛緩の時代とみなしている。つまり明治時代の一般的見解としては、綱吉の初政に特別の意義を認めているのである。

かかる見解はいわば古い常識として学界に伝えられているが、その後近年まで通説となってきたのは、栗田元次氏に始まる文治主義論である。(8) それ以前にも新井白石の政治を文飾政治とよぶ人はあった。しかし栗田氏の説は文治主義を単なる文飾政治とはみず、また白石の施策に局限するものでもない。慶安の変に端を発し、新井白石に至って極点に達する政治理念であって、幕初の武断主義が幕政の発展・向上によって転化したものであり、やがて吉宗の登場により武断主義へ逆行するという意見である。

文治主義の意義については、人により見解の差があるが、武断から文治へ、そしてまた武断へという幕政展開の把握のし方は、その後多くの人々に受継がれ、近年に至っている。(9) これによると天和という時期は、慶安から正徳に至る文治主義発達過程の一段階ということになり、明治時代の説のように、ここに特別の意義は認められなくなる。また天和と享保との関係も、文治と武断という全く相対立した関係になる。

然るに近年の説では、前途の如く享保改革と本質的に一貫せる政治の性格が、正徳或はそれ以前に端を発するものと考えようとしている。これは当然栗田氏以来の文治主義論に対する根本的検討を必要とするのであるが、それはしばらく別稿に譲り、ここでは先ず古い常識たる「天和の治」に再び光をあて、その意義を再検討してみようと思う。

「天和の治」において幕府はいかなる政策を施行したか。それについては三上博士の『江戸時代史』上に、ある程度具体的事実が記してある。即ち農政・裁判親裁・賞罰厳明・人材登用・風俗取締等が、綱吉の善政として博士の列挙するところである。本稿においても特に新たに付加すべき事項はない。ただその中で、賞罰厳明・人材登用および農政についてもう少し掘下げて考えてみて、「天和の治」が幕政転換の第一歩であることを論証してみようとするものである。

註

(1) 例えば津田秀夫「江戸時代の三大改革」或は「徳川吉宗と田沼意次」(『日本人物史大系』四所収)。但し、津田氏には具体的事実の指摘がない。
(2) 辻達也『享保の改革の研究』(一九六三年 創文社)。
(3) 『常憲院実紀』巻五九。
(4) 重野安繹「徳川綱吉事蹟考」(明治廿一年十一月、東京学士会院講演『東京学士会院雑誌』一一編一号、『増訂重野博士史学論文集』下 一九八九年、名著普及会)。
(5) 池田晃淵「徳川氏施政の張弛を評す」(『史学雑誌』四―四〇 明治廿六年)。
(6) 三上参次『江戸時代史』上 第十章、同下 第二十章。
(7) 吉田東伍『徳川政教考』上。
(8) 栗田元次『江戸時代』上(『綜合日本史大系』九 昭和二年)第四章。
(9) 辻達也『享保の改革の研究』(一九六三年 創文社)。

一　酒井忠清の宮将軍擁立説について

「天和の治」は徳川綱吉の五代将軍就任に始まる。その際まず問題となるのは、古くからいわれている酒井忠清の宮将軍擁立説である。この事件については、『徳川実紀』をはじめ、明治以降の論著においても一応事実として取扱い、忠清の真意が奈辺にあったかを問題としている。[1] もしこれが事実ならば、この論を進めてゆく上に甚だ好都合なのであるが、果して史料的に事実と断定し得るであろうか。

この事件を伝える最も主要な史料は戸田茂睡の『御当代記』巻一と、『武野燭談』巻二〇である。前者は著者も明らかであり、同時代の見聞を記したものとして、一般に元禄時代研究のよい史料として用いられている。後者は近世初期以来の武将達の逸話などを集めたもので、全般的には真偽判然とせぬ記事が多いが、宝永六（一七〇九）年の序文があるところから考えて、この事件に比較的近い年代の編著であるので、参考史料たり得るものといえよう。

この二史料をみると、宮将軍擁立説は巷の噂話にすぎぬことが知られる。即ち『御当代記』にはこの話を「一説にいはく」と書き記し、終に「皆雑説にて実正はしれず」と注記している。『武野燭談』にも、「其真偽は知らずと雖も」と断り書きをしている。或は幕府をはばかったがためとも考えられるが、『御当代記』などは他の箇所で綱吉批判を盛んに行っているのであるから、殊更この事件にのみ当局を憚るとは思えぬ。また『同記』によれば、綱吉・忠清対立の理由について、この事件の他に数多の噂話を載せている。この事件はそれら巷説の一として扱われているにすぎない。つまり忠清の宮将軍擁立説は抹殺すべき

根拠もないが、確実性も乏しいのである。(2)

しかし、そういう説が比較的早くから流布していたことは、右の史料からいい得る。何故それが流布したかといえば、それは忠清の罷免を人々が意外としたからである。『御当代記』に「雅楽頭は御代々御家老職にて、定りたる御役儀といふ事なし、病気の節なれば登城も不仕、心まゝに緩々と養生仕候へなどとも被仰付べき事なるに、是は思ひの外なるよし諸人うたがふ」と記して、その後に宮将軍説その他の諸説を掲げている。一条兼輝もその日記に忠清の死去を記し、「是将軍家世臣也、去年背武命、以病気分致仕籠居」と注記している。(3) 要するに忠清が宮将軍擁立を提唱したために失脚したのではなく、罷免されたが故に宮将軍説が流布したと考えるべきである。

とに角将軍綱吉にとって、下馬将軍とまでいわれ、権勢をほしいままにしてきた大老酒井忠清との対立、そうしてその排斥が、彼の政治の第一歩であった。この対立については、両者の性格の相違や、嗣立をめぐる感情問題などが理由としてあげられているが、単にそういう個人的対立にのみとどまるものではない。その背後に幕府政治の趨勢が大きくあずかっている。その趨勢について、天和の治の諸政策の検討を通じて考えを述べてゆこう。

註

(1) 『常憲院実紀』巻一、三上参次『江戸時代史』上 第八章、栗田元次『江戸時代』上 第四章、児玉幸多『江戸時代史』上(『新講大日本史』六) 第三章等参照。

(2) この事件の史料としては、他に私の知る限り『久夢日記』(国書刊行会『近世風俗見聞集』一所収)および『及聞秘録』がある。前者は延宝から貞享にかけての見聞録であるが、文中所々に享保乃至文化の年号が見え、また「いま文化三寅……」とか「いま文化四卯年……」などという割注がある。これによって国書刊行会の編者も、その解題において「今文化三寅年云々とあれば、当時の編なるや明かなり」と断定している。

もしそうだとすれば、事件を去ること一二〇余年の後の著作であるから史料としてあまり信頼はおきえない。但、割注は後人の注記したもので、それが筆写の際誤って書き伝えられたとも考えられる。享保以降の年号の見えるところも文章の調子からみて、後の書加えと考えられぬでもない。しかしそれは刊本のみでは何んとも断定しかねる。或は本文は事件を去ること程遠からぬ元禄・享保年間に成立したとしても、事件の記し方があまりに詳細で、議事録をみるような感があるのは、かえって内容を疑わしめる。ことに綱吉が忠清に詰問した一五条の書付などというものを掲げているところをみると、一そう俗書たるを思わせる。結局、柳沢吉保や松平乗邑・田沼意次らが権勢の地位を退いて後、彼らの罪状を難詰する書付が巷間に流れたが、『久夢日記』の記事もそれらと同様のものといえよう。

『及聞秘録』については、私はまだその全貌を知らない。しかしこの事件の記事に関しては、『久夢日記』と同様、あまりに記載がまことしやかであるので、やはり史料としての価値を疑わしめる。或は他にもっと確実な史料があるかもしれぬが、現在のところ私は聞知していない。

（3）『兼輝公記』天和元（一六八一）年五月廿七日条。

二　綱吉の「賞罰厳明」策の意義

天和の政治の特色の一はいわゆる賞罰厳明にある。綱吉は越後騒動を親裁して越後家廿五万石を取潰し、世間の耳目を驚かせたのをはじめとし、大名を改易・減封処分すること四六家、[1]旗本は一〇〇余家に達し、そのほか閉門、逼塞、役儀罷免等を加えれば、幕臣の処罰は実に夥しい数にのぼる。「少過ありともしらぬものに、御科にあふもの多ければ、誰が身の上にいかやうの事かあらんと、人々やすき心もなくあやぶみおる」。「厳有院様御代には御奉公を仕、いかやうなる御役にてもいたし候て先祖子孫への面目にせんとかせぎ候が、今の御代には御役を被仰付候と、一家一類まで薄氷をふむ心地して、なに事なく御役御免あるやうにと、仏神へもきせいをかくる」という状態であった。[2]今、大名の改易・減封を前後の時代と比較すると左の如くである。[3]

（年　代）		（件数）	（没収高）	（一年平均）	
		家	万　石	家	万　石
家　綱	（一六五一―　八〇）	二六	八〇	〇・八六	二・六
綱　吉	（一六八〇―一七〇九）	四六	一六一	一・六	五・七
家宣・家継	（一七〇九―　一六）	五	一八	〇・七	二・五
吉　宗	（一七一六―　四五）	一二	三一	〇・四	一・〇

即ち末期養子を認めなかった慶安四年以前を除けば、綱吉の時代の大名処分は断然その前後に較べて多い

のである。

綱吉がかくも厳しく幕臣にのぞんだのは、その個人的性格や意図に基くもので、かなり気まぐれなものであるというのが従来の通説である。[4]たしかに綱吉にはそういう気まぐれなやり方がみられる。しかし将軍の恣意の通用するのが専制政治の特色であり、綱吉の場合にはそれが極端にはしったのだと割切ってしまえば問題は何もなくなってしまう。将軍の恣意とは別にそこに、何か政治性が求められぬであろうか。

そこで彼の大名処分を検討してゆくと、第一に譜代大名が外様よりかなり多いことに気付く。即ち四六家中、譜代二九外様一七という比である。これについても、譜代の方が外様よりはるかに幕府の役職につく機会が多く、将軍に接する折も多いから、従って罰せられる件数も多いのが当然だという意見もあろう。そこで次に処分の理由について検討してみよう。[5]

先ず綱吉ならずとも改易・減封止むを得ぬと思われる事情のものは一七件（譜代八、外様九）ある。

イ　無嗣……譜1　水野勝岑
　　　　　　外4　遠藤常久・小出英及・小出重興・水谷勝美
ロ　刃傷……譜2　内藤忠勝・稲葉正休
　　　　　　外1　浅野長矩
ハ　発狂[6]……譜5　松平綱昌・松平忠之・伊丹勝守・松平忠充・井伊直朝
　　　　　　外4　織田信武・溝口政親・森長基・森衆利

残る二九件（譜代廿一、外様八）は一応綱吉の賞罰厳明政策に関係ありと思われる。それを次の如く類別してみる。

イ　役職・勤務に関する過失または不興
譜6　喜多見重政（側用人）・坂本重治（寺社奉行）・本多忠周（同上）・板倉重種（老中・西丸老中）……不興
西郷寿員（小姓）……勤務不良
松平忠勝（奏者番・寺社奉行）……下賤の者と文通
外4　佐久間勝親（小姓召出拒否）・山内豊明(7)（若年寄辞退）・真田信利（架橋助役遅滞）・桑山一尹（公卿接待不敬）
ロ　お家騒動・相続争いとその連坐
譜6　松平光長（越後騒動）・松平直矩・松平近栄（宗家連坐）・松平忠弘(8)（家臣対立）・本多重益(9)・丹羽氏音（家臣騒擾）
外3　土方雄隆（弟と甥の養子争い）・有馬豊佑（土方の親戚として連坐）・那須資徳（養子・実子の相続争い）
ハ　素行不良（外様はなし）
譜2　本多政利・小笠原長胤(10)
ニ　藩政不良（外様はなし）
譜2　本多政利・本多利長(11)
ホ　その他
譜5　永井尚長（内藤忠勝に殺さる）・加々爪直清（領地境界論に敗訴）・酒井忠能（幕命を受けず籠居(12)）・堀田正親(13)（理由不明）・鳥居忠則（家臣の罪に連坐(14)）

外1　伊達村和（行列の途中、従者と旗本と衝突）

以上、譜代と外様の処罰の内容を比較してみると、無嗣・刃傷など政治性を含まぬと思われる事情のものが外様は過半をしめるに対し（一七件中九件）、譜代は三分の一にみたぬ（廿九件中八件）。つまり譜代の場合は大部分綱吉の厳明政策に関係あるものである。その中、勤務に関するものは譜代・外様の比較がしにくい。綱吉は盛んに外様大名を幕府の役職につかせたが、やはり役につく機会は譜代の方がはるかに多いから、過失や不興の度合も従って多いわけである。しかし藩政や藩内事情については、譜代に対して特に態度が厳しかったことが右の件数の比から想像出来よう。ことにその他の理由をみると、譜代に対する厳しさは一そう明らかである。

まず永井尚長の場合、殺された時実子・養子がなかったがために改易となったのであるが、実弟もあることであり、何故末期養子が認められなかったのであろうか。これに対し、延享四（一七四七）年細川宗孝が板倉勝該に殺された時には、嗣子がなかったに拘らず、幕府自身その弟重賢を末期養子とすべく取計っている。[15] この両度の措置は全く相反しているわけである。[16]

加々爪直清の場合、問題となった土地は父忠澄の時加増を受けた所である。幕府は忠澄が寺社奉行などを経験しながら十分境界をも明らかにせず領地を受取ったのを咎めたのであるが、父の責を子に負わせて一挙に全領地没収とは、聊か極端な措置といえよう。

酒井忠能・堀田正親はそれぞれ忠清・政俊という大有力者の一族で、その失脚乃至死亡後、遺族達が将軍から圧迫冷遇を蒙るようになった結果と思われるが、いずれにしても酷にすぎると思われる。鳥居忠則に至っては、家臣発狂の責を負わされてしまったわけである。

このように見てくると、幕府は特に譜代大名に対し、僅かの過失をも看過せず厳しい措置をとっていたと思われる。つまり外様より譜代の改易・減封が多いのは決して偶然ではなく、綱吉の賞罰厳明策が譜代に向けられていた結果であることが理解できるであろう。即ち、将軍は譜代を圧迫するに努めていたのである。

註

(1) その中、本多政利は最初減封、後改易されたので重複している。

(2) 『御当代記』巻一。

(3) 『廃絶録』下巻。

(4) 例えば前にあげた三上・栗田・児玉等の諸氏の論著参照。

(5) 大名処分の理由について、幕府側の公的な史料では説明が甚だ表面的・形式的な場合が少なくない。また他の史料は噂話をのせるにすぎぬこともしばしばある。それぞれの藩の史料によれば具体的に内容を知り得る場合があろうが、現在藩史料利用はそこ迄に至っていない。そこで真相は十分究明し得ぬうらみはあるが、当面専ら『徳川実紀』『御当代記』・『藩翰譜続編』・『廃絶録』等によって知り得る限りに止める。

(6) 発狂とは実際にどういう状態をいうのか明らかでない。中には常人であっても、発狂・乱心などの名目で政治的に処理された場合もあったであろう。

(補註1) 例えば大和松山の領主織田伊豆守信武(織田信雄の曾孫)は、『廃絶録』下に次のように載っている。

元禄七(一六九四)年十月七日、狂気し、罪なき家従を殺し自害せしにより、八年二月五日、男壱岐守信休に二万石を賜り、丹波国柏原に移され、八千石ハ収らる。

これによって発狂の部類に入れたが、実情はお御家騒動であったようである。内山美樹子「『女土佐日記』の実録劇的側面」（『江戸文学研究』所載）によると、この戯曲の主人公夜須大膳は土佐四〇万石の大名であったが、不行跡を諫言する家老二人を斬ったことを、将軍織田信永《（ママ）》（傍点引用者）から咎められ、切腹を命ぜられる。その上意を読上げるのが木の下藤七秀吉であるという筋になっている。

その演劇としての特色はしばらくおき、内山教授は主人公夜須大膳に織田信武の投影を想定している。すなわち柏原藩『御用部屋日記』（柏原町歴史民俗史料館蔵『藩政日記』〈現表題〉）によると、信武は父長頼（元禄二年死去）の代から登用してきた、経済的手腕に富む中山助之進を引続き寵用した。これに対し、中山を収斂の臣と憎む家老生駒三左衛門と年寄田中五郎兵衛は、信武を強く諫めた。

これを怒った信武は、元禄七年九月廿九日居間で田中五郎兵衛を手討ちにし、また家臣に命じて生駒三左衛門を上意討に処し、それらの一族も処刑した。しかし事件後、忠義の家臣とその一族を惨殺した暴君という噂がひろまったため、信武は十月廿九日に自殺したというのが真相であるという。

これをみると、藩の財政難を背景に、財政的手腕の故に主君に登用・寵愛を受ける新参の家臣と、これに反対する伝統的譜代の重臣勢力との対立という、近世中期のお家騒動の一典型がそこに認められる。ただ藩主が自殺し、発狂として処理されてしまったところが他の御家騒動と較べて特異といえようか。
(7)　豊明は本来三〇〇〇石であったが、延宝五（一六七七）年兄が死去し、その子幼少のため後見をかねて兄の家督三万石を相続、大名となる。元禄二（一六八九）年兄の子死去し、後見の必要がなくなったので、再び三〇〇〇石にもどる。しかしそれは表向きの理由である。同年五月豊明は若年寄を仰付けられたが、勤務に堪え難いとて辞職を願い、八日後に免職、それと共に逼塞を命ぜられていたので、奪封処分も綱吉の怒をかったが故であろう。

（8）小姓より出頭の家老黒屋数馬と、譜代の家老奥平金弥が対立し、金弥側が多数藩を立退くという事件が起こったためという（『御当代記』四）。

（9）『御当代記』四によれば、重益が座頭を登用したので、家老以下藩を立退いたがためという。また『常憲院実紀』巻三一・『廃絶録』には、家中おさまらず、家臣の食物を絶つなど非道のふるまいがあったとある。

（10）二人とも具体的には不明である。

（11）同右。

（12）幕府は酒井忠清の越後騒動の裁き方の不正を咎め、その死後、嫡子忠挙に逼塞を命じた。その際忠能は幕命をもうかがわず、一族として勝手に居城に籠居した罪によるという（『常憲院実紀』巻四）。また一説には命も受けず江戸に来たがためともいう（『藩翰譜続編』巻五上）。

（13）一説には父正英死去の際、二三男に分封のことのみ願ったため、それは許可されたが、長男の分は没収されたという（『常憲院実紀』巻一八）。また一説には伯父正俊が殺された際、取りみだしたがためという（『御当代記』三）。

（14）忠則の家臣が発狂し、旗本平岡頼恒の邸をのぞき見しているところを捕えられた際、忠則も勘気を蒙り、その後ほどなく死去したので減封された。

（15）『惇信院実紀』巻六。

（16）但し宗孝の場合、板倉勝該が人違いをして切付けたのであるが、永井と内藤との間には丁度吉良と浅野の如き事情があったので、（『延宝録』・『久夢日記』）或は喧嘩両成敗という意味で永井も改易になったのかもしれぬ。

三　綱吉初政における将軍と譜代

綱吉の譜代圧迫と酒井忠清の排斥とは当然相関連する。つまり忠清罷免に口火を切って譜代抑圧が始まるのである。綱吉には何故その必要があったのであろうか。

常識的にいって江戸幕府の譜代とは、三河以来徳川氏に仕え、徳川氏の全国制覇に手足となって活躍してきた家である。その中でも酒井・石川・井伊・榊原などという有力な豪族は、徳川政権における元老的存在として、将軍を補佐・後見し或は将軍権力を制肘し得るような強い発言力を有していた。しかし一方、初期における幕府政治の仕組みをみると、将軍は自己の周辺に有能な行政官・技術者を集め（彼らは系譜的にみて戦国末期まで存在が明らかでなく、近世に入ってはじめて抬頭してくるのが特徴である）、彼らを通じて政治の中枢を握っていた。つまり初期の幕政は、将軍およびその近臣と元老に代表される三河以来の豪族との関係の中に展開するのである(1)。

やがて一七世紀中頃（私は一六三〇年代、つまり秀忠の死後、島原の乱前後と考えている）に至り、将軍近臣層は譜代の中に発展的解消をとげる。そうしてその頃までの幕府内の地位に応じ、幕臣の家格が定り、職制にもそれに従って格式ができる。つまり幕臣の身分階層が固定したのである。例えば大老は酒井・井伊の如き門閥の中から任ぜられ、これに次ぐ譜代の城主級から老中が出ることとなり、以下諸役人それぞれの家格がきまったのである。

もはや政治の中枢を直接にぎり得なくなった将軍は、元老・門閥層の上にのせられている存在となった。

このような将軍の地位は、たまたま家綱が幼少で将軍となり、その後も病弱であったがため一そうはっきりするが、しかしそれは決して将軍の年齢や健康という偶然性のもたらしたものではない。身分階層の固定化という政治の趨勢の結果である。こうなると幕政上における将軍の存在は小さくなり、元老・門閥層の発言力は甚だ大となる。その極点に達したのが酒井忠清の下馬将軍政治である。

かかる事情の下に綱吉は将軍に迎えられた。そこで綱吉としては、家綱の如く門閥勢力の上にのせられて、いわゆる虚器を擁するか、或は政治体制の刷新を断行して政治の主導権をにぎるか、このいずれかをえらばねばならなかった。そうして彼は断然後者をえらんだ。それは単に彼が儒教的理想主義者としての抱負によるばかりではなく、後に述べるような、政治の転換を必要とする社会的条件が存したからである。が、とに角、将軍の政治的発言力を増大させるためには、どうしても下馬将軍勢力と対決せねばならぬ。それは将軍と酒井忠清との個人的対決にとどまるものではない。忠清の権威は譜代の幕臣としての家格に基いている。従って綱吉は、忠清を頂点とする譜代勢力の権威をおさえ付けねばならなかったのである。折から社会は転換期に入り、諸大名いずれも大なり小なり藩内に複雑な問題をかかえていた。それが綱吉の政治的圧迫によい条件となったと思われる。(2) また幕府においても身分的な階層秩序固定の結果、内部に腐敗が生じてきた。(3) 綱吉はそこをついて賞罰厳明策を推進しえたのである。

ところで将軍と三河以来の諸代層との関係がやや疎遠となったことは、次のような儀礼上の変化にもうかがい得る。即ち『厳有院実紀』寛文五（一六六五）年四月十七日の条に、将軍家綱が紅葉山東照宮に参詣した事を記し、その供奉の者の名前を列挙した後に、編者は次のような注を記している。

古昔大礼の時、御太刀・御剣の役は尤其人をえらばれしことにて、御太刀は必四位以上の輩、御刀は普代大名の中にて其器を得て命ぜらる。常憲院殿の御時にも松平隠岐守定直御刀の役せしことあり。これ武家の古礼なり。いまこの礼久しくたへたり。

そこでこの古礼がいつ頃まで守られているかを『徳川実紀』によってみると、家綱の時代には大たい太刀は高家、刀は譜代大名か、その分家がその役を勤めているから、ほぼ守られているといえよう。綱吉の時になって、延宝八（一六八〇）年閏八月十二日将軍宣下後の諸大名拝賀の際、館林藩から従った牧野成貞が刀持ちの役を勤めている。恐らくこれが古礼の破れた最初ではあるまいか。その後、同じく館林藩から従った有田光明、或は綱吉に抜擢された喜多見重政らが太刀或は刀持ちの役を勤め、天和二（一六八二）年頃からはむしろそれが常例の如くなってくる。

これは儀礼上の甚だ些細な変化である。しかし太刀・佩刀は武家の象徴であり、将軍護身の具である。これを儀礼の際誰が持つかということは、つまり将軍が最も身近の護衛を誰に求めているかを形の上に表したものといえまいか。とするならば、綱吉の時になって幕初の功臣の子孫がその役から離れ、代って新参の幕臣がその役についたことは、つまり将軍と譜代との関係が疎遠となってきたことを示すものである。

譜代層から離れた将軍は新しい支柱を築き上げようとした。そのため腹心を側近に集めた。その側近は牧野成貞・柳沢吉保の如く館林藩から連れてきた者、喜多見重政の如く在来の幕臣の中で低い身分から抜擢した者、および外様大名の中から登用した者で形成された(4)。かくして元禄から正徳へかけての側近政治がはじまる。彼らは将軍との結付きによって幕府内の勢力甚だ強く、特に綱吉時代の前半は牧野成貞、後半は柳沢吉保が絶大の権勢を張ったことは周知の事実である。

彼らの権威の根拠は専ら将軍の恩寵にあった。しかし制度的にみても側近の地位は前代より一段と上になった。側用人の設置がそれである。側用人は天和元年牧野成貞の任命を最初とする。[5] それまで将軍の側近者の最高の職は側衆であった。その地位は若年寄より下であり、旗本が任ぜられることもあった。[6] これに対し側用人は石高・官位共に老中に准ずるもので、柳沢吉保の如く老中の上におかれた者もいる。つまりこの職の設置によって、側近の地位は制度的にも老中と肩を並べるに至ったのである。その権勢に至っては老中をはるかに凌ぎ、政務も側用人を中心に執行された。本来幕府政治機構の最高位にあるべき老中は、ただ員に備わる名目的存在となってしまい、政治の運営を変則的にするに至ったのである。

ところで綱吉の腹心としては堀田正俊の存在も甚だ重要である。正俊は前代の老中であり、綱吉の時には大老として政務に重きをなした。天和の治も正俊の補佐によって治績をあげ得たものといわれている。この正俊の存在をどう理解すべきであろうか。伊東多三郎氏はこれを酒井忠清と同様の性格と理解している。[7] たしかに正俊は忠清の後をうけて大老となり、忠清が下馬将軍の異名をうける原因となった大手前役宅も、忠清の代りに与えられた。[8] その権勢も甚だ強く、戸田茂睡など「筑前守日々夜々におごる心出来、天下の心ざしもありけるにや」などと見ていた。[9] 丁度忠清にとって代ったものとも考えられる。しかし同じく大老といっても、忠清と正俊は同一視し得るであろうか。

酒井忠清は承応二（一六五三）年三十歳で老中に任ぜられるや、直ちに前代以来の老臣松平信綱・阿部忠秋を飛越えて老中首座につけられ、寛文六（一六六六）年には榊原忠次の後をうけ、四十三歳で大老に任ぜられた。[10] その経験・功労からいうならば当然信綱・忠秋の下につくべき者が、はるか弱年でその上についたのは、専ら譜代中の門閥というその家格によるのである。これに対し堀田は、正俊の父正盛が家光の側近として仕え、その腹心として活躍してはじめて幕臣の上層部に昇ってきた家であって、家格からいえば信綱・忠秋と同格である。しかも正俊は正盛の三男に生まれたのであるから、忠清の如く門閥の権威を背負っているとはいえない。彼が家綱の小姓をふり出しに、奏者番・若年寄を経て、延宝七（一六七九）年四十六歳で老中に昇進した経歴をみても、彼は忠清の如く特別の扱いをうけてはいない。従って正俊が大老に任ぜられ、大きな権勢をはり得たのは、忠清とは別の事情によるものといわねばならない。(11)

結局正俊は綱吉によって破格の抜擢をうけたものといえよう。恐らく綱吉は彼を腹心として新しい政治を推進してゆこうとしたものと考える。通説では正俊が最も強く酒井忠清の宮将軍説に反対し、綱吉擁立を主張したといわれている。もしこれが事実ならば、正俊の栄進を考えるのに甚だ都合がよい。しかし遺憾ながらそれは確実な史料的根拠を得られぬ。けれども彼は綱吉の代になるや、相次いで大幅の加増をうけ、四万石から一三万石に至っている。これは牧野成貞の三〇〇〇石から七万三〇〇〇石、柳沢吉保の五二〇石から一五万石には及ばぬが、実に三倍強の加増である。そうして彼は、後に述べるように天和の政治の最も重要な政策である農政刷新の最高責任者に専任されている。後になるとどうも綱吉との間がうまくゆかなかったと伝えられるが、(12)最初は綱吉から厚い信任をうけ、その恩寵によって栄進したものといえよう。それ故彼の立場は忠清とは異り、むしろ成貞・吉保らに近いと思える。一般に正俊の死後幕府の政治が崩れ、そこに側近政治が始まるといわれている。しかし制度的にみても、側近の地位を一段高めた側用人の設置は正俊の在職中であり、且正俊自身が側近政治の前駆と見られるのである。要するにそれは、将軍と譜代門閥との関係が疎遠になり、将軍が新しい政治の体制を築こうとしたことを示しているのである。

註

(1) 第二章「近習出頭人について」参照。

(2) 前にあげた大名処罰の理由をみても、お家騒動・藩政不良等に対する幕府の干渉がかなり多い。また藩主発狂というのも、或は藩の内部事情がからんでいるものがあるかと思われる。

(3) 『徳川実紀』をみると、寛文の中頃以降、幕吏の汚職等がかなり頻繁に発生している。本書前章参照。

(4) 外様大名で登用された者については、栗田元次『江戸時代』上第四章参照。その多くは外様の支藩で、石高もほとんど五万石以下である。

(5) 新井白石は『折たく柴の記』の末尾に、側用人は近世初期の近習出頭人に淵源すると述べている。恐らく彼の説に因るのであろう。その後の制度史等いずれもそのように説明してある(例えば『大猷院実紀』巻一、『武家名目抄』職名七下、小中村清矩『官職制度沿革史』、松平太郎『江戸時代制度の研究』、石井良助『日本法制史概説』等)。たしかに近習出頭人も将軍の側近にいた人達であるが、まだ幕府の諸制度の一定せぬ当時にあって、彼らの職務は老中・若年寄・諸奉行に当る。彼らの発展的解消をとげてゆく過程において、老中以下の職制がはっきり制度化されてくるのである。

これに対し側用人は固定化した制度の矛盾の中から出現してくるものであって、出頭人の系譜をひくものではない。しかも出頭人はやがて老中・若年寄へと発展したのであるが、側用人は老中などのように、その下部に行政執行機関を支配しておらず、従って制度的には老中にとって代るものではない。それ故側用人の起源を近習出頭人に求めるのは、幕府制度史の理解を誤る結果になる。

白石がこの説を出したのは享保初年の政治情勢に影響されているのである。即ち当時幕臣一般に、元禄正徳期の政治に甚だ批判的であって、側用人についても、それが幕府本来の姿にもとるものとして反感が強かった。そこで側用人間部詮房一派である白石は、側用人を弁護すべく、これが決して後世新置の職ではなく、幕初にも存在したと主張したものと思われる。なお近習出頭人については、本書第二章・第三章参照。
(6) 享保八（一七二三）年足高制定の際、側衆は五〇〇〇石の役高となっている。
(7) 伊東多三郎『日本近世史』(二) 第二章。
(8)『常憲院実紀』巻三　天和元年正月十五日。
(9)『御当代記』二。
(10)『寛政重修諸家譜』巻五九。
(11) 同巻六四四。
(12)『御当代記』二。

四　天領統治機構の改革

三河以来の伝統的関係を捨てて譜代層を圧迫し、新しい政治体制を築き上げようとする綱吉の方策は、行政機構とくに天領統治機構の改革としてもあらわれた、即ち延宝八（一六八〇）年八月五日には老中堀田正俊に農民統治を専管すべきことを命じ、(1) 同月十六日には正俊の下に京都町奉行二名、勘定頭四名を附属し、計七人で天領統治の政務を協議執行させることとした。(2) 従来老中は、重要問題については列座で合議し、一般政務は月番で処理することになっており、この時はじめて特定の老中に専管事項を設けたのである。また右のような協議機関を作ったのもはじめてのことである。

ついで天和二（一六八二）年六月には勘定吟味役をおき、勘定組頭佐野正周・代官国領重次をこれに任じた。(3) この役設置の表向きの理由は、勘定方役人の中、日頃職務に精励し貞実な者に対する行賞の意味があったようだ。(4)しかしこの役の実際の役割は勘定方諸役人の執務の監督にあった。それは当然勘定奉行の職責であったが、恐らく奉行の職務補佐の意味で設けたものであろう。この役がはじめ勘定頭差添役という名称であったのもそのためである。

この役の格式は奉行より一段下であるが、奉行の指揮命令系統に入らず、直接老中の支配をうけていた。そのため奉行をも監視し得る立場にあった。この後頻繁に勘定奉行の免職が行われるが、恐らくこれは吟味役の活躍によるものであろう。(5)つまりはじめは補佐役であったものが、いつしか監視役になったのである。役名が差添役から吟味役にかわったのも、そういう実情によるものと思われる。(6)

吟味役は右のような役割を演じたが、その設置の意義はまた別の面にも認められる。即ちこれに任ぜられた人々は多年勘定方役人として経験を積んだ財政・民政上の熟練者である。ところで、近世初期はしばらくおき、各種の職制・格式の整備した十七世紀後半になると、勘定方諸役人は特殊な技術者として扱われ、原則として父子世襲し、他へ転ずることもなく、また昇進してもせいぜい勘定組頭に止り、奉行に任ぜられることはなかった。勘定奉行になる人は大てい書院番か小姓組番士を振出しとし、使番・徒頭を経て目付となり、ついで遠国・作事・普請奉行を経てここに至る。そうしてその後、町奉行・大目付・留守居へと昇ってゆく。つまり勘定奉行は番士が大目付・留守居へと昇進してゆく過程の一段階であった。(7)大たい書院番・小姓組に入るのは旗本としては比較的よい家格の人達である。彼らはまた家筋によって右のコースを辿るか、或は番頭への道を歩くことになっていた。それ故勘定奉行になる人必ずしも財政・民政の才腕ある人ではなかった。問題のおこらぬ安定した時にはそれでもよかったのである。

然るにここに至って幕府首脳部は勘定組頭より一段格の高い吟味役という職を設け、勘定方多年練達の者を登用した。これは当局が特に天領統治を重視し、従来のような番士出身の奉行にはまかせきれぬと考えたからであろう。更に貞享四（一六八七）年に佐野正周、元禄九（一六九六）年に荻原重秀と、二人であるが勘定方から奉行に登用される者もあらわれたのである。

以上のように一人の老中専管のもとに協議機関を設け、その下に実務練達の役人を登用するという組織で天領統治に力を注いだ幕府は、具体的にどういう政策を施行したのであろうか。法令の上からみると、先ず延宝八年八月七日（堀田正俊に農民専管を命じた二日後）綱吉は正俊および勘定頭に対し、近年天領の農民が疲困せる聞えがあるから、仁政を施し衰微させぬようにと面命した。(8) ついで同月十六日、右の協議機関を設けた際、諸代官に対し、年々代官の仕置よろしからず、天領の農民が困窮しているから、万事精を入れて勤むべき事、今後仕置疎略の輩は僉議の上厳しく罰するから油断すべからざる事と令した。(9) 更に閏八月三日には諸代官に次の七箇条の令を下した。(10)

一、民ハ国の本也、御代官之面々常に民の辛苦を能察し、飢寒等之愁無之様に可被申付事、

一、国寛なる時ハ民奢もの也、奢ときハ己か事業に懈りやすし、諸民衣食住諸事無奢様に可被申付事、

一、民ハ上へ遠き故に疑あるもの也、此故に上よりもまた下を疑こと多し、上下うたかひなきやうに、万事念入可被申付事、

一、御代官之面々常々其身をつゝしみ、奢なく、民の農業細に存之、御取ヶ等念入、宜様に可被申付之、惣して諸事不任手代、自身被勤之儀肝要候、然時ハ其手代末々迄私有之間敷事、

一、面々之儀は不及申、手代等に至迄、支配所之民私用につかハす、并金銀米銭民より借用又ハ民へ

かし不申様に、堅可被申付事、
一、堤川除道橋等其外諸事常々心に懸、物こと不及大破とき支配所へ達し、可被加修理、并百姓争論かましき儀有之節ハ軽き内に聞届、内証ニて可相済義は依怙贔負なく、不及難儀様に可被申付事、
一、面々御代官所得替、又ハ私領へ相渡候節、跡之未進其外諸事無油断、常々念入、第一御勘定無滞様に可被心掛事、

これらの法令をみると、全体に抽象的訓示という印象をうける。幕府は初期以来幾度も代官にまとまった訓令を出しているが[11]、いずれも具体的に代官の業務について指令したものである。然るに延宝八年の七箇条は、後の三条こそやや具体的であれ、前四条は「民ハ国の本也」という抽象的な文句に始まる為政者道徳の訓示である。要するに将軍綱吉は熱烈な儒教信奉者であり、堀田正俊また好学の人であったから、二人して儒教主義精神を代官に訓示したものであって、それ以上の実質的な意味は認められぬ法令であろうか。或は道徳的訓戒の裏に実質的意味をもっているのであろうか。

そこで注目せねばならぬのは、この時代に代官の免職・処罰が甚しく多いことである。即ち天和元(一六八一)年二月、当局は勘定役四人に総代官の年貢未進の検査を命じ[12]、これを機として代官の処罰が一斉に始まる。

天和元年　1人(伊奈忠利[13]……改易)

二年　5(彦坂平九郎[14]……流罪、長谷川猪兵衛[15]・大柴直増[16]・中村之重[17]……追放、中川八郎左衛門[18]……切腹)

三年　1(河合助左衛門[19]……免職、元禄二年　切腹)

貞享二年　2　（吉川源蔵[20]・市岡清次[21]……流罪）
四年　2　（竹内信就[22]……六郷政晴へ召預、岡上次郎兵衛[23]……流罪、後切腹）
元禄元年　3　（大久保平兵衛[24]……免職・閉門、西山昌春[25]……逼塞、藤林惟真[26]……斬罪）
二年　12　（大橋六左衛門[27]・高室昌貞[28]……切腹、小泉次大夫[29]・設楽佐太郎[30]……流罪、山田元貞[31]……相続延期、平野藤次郎[32]・井狩十助[33]……免職、豊島勝正[34]・伊奈忠易[35]・天羽七右衛門[36]……免職、元禄十年流罪、壷井次右衛門[37]・熊沢良泰[38]……免職、元禄十年追放）
五年　1　（井出正基[39]……改易）
八年　1　（五味豊法[40]……流罪）
十年　4　（宮崎重堯[41]・守屋助之進[42]・小野貞頼[43]・亘理八郎兵衛[44]……追放）
十二年　1　（吉田勝輝[45]……免職）
宝永元年　1　（八木権平[46]……追放）
四年　1　（鈴木正守[47]……改易）

以上綱吉の治世廿九年間に三五人の代官が死刑乃至免職となっている。大たい幕府の代官は四、五〇名であるから[48]、この処罰数がいかに多いかがわかるであろう。特に天和元年から元禄二年まで九年間に二六人が罰せられている。これを以てみても、代官の取締りが天和の政治の特色の一であるといえよう。

このような厳しい代官の取締りを通じて、私は次のような事実を指摘したい。その第一は近世初期或はそれ以前から続いたと思われる代官が、ここに至ってかなり多数没落したことである。以下それを列挙しよう。

伊奈忠易・忠利
伊奈備前忠次の孫。郡代伊奈氏の一族として歴代代官を勤めてきた。
彦坂平九郎
彦坂小刑部元成の弟宗有の子孫。歴代代官を勤む。
岡上《おかのぼり》次郎兵衛
その祖は後北条氏に仕う。祖父景親、家康関東入国以来代官となる。(49)
藤林惟真
曾祖父宗政が関ヶ原役後大和代官となる。その祖は代々足利氏に仕え、ついで信長・秀吉に仕え、山城国紀伊郡横大路村に住した。処罰の原因の一は支配地を越後に移されたのを拒んだがためであって、恐らく父祖以来支配地と密接な結付があったのではあるまいか。
小泉次大夫
高祖父吉次以来代官を勤める。
設楽《したら》佐太郎
後北条氏時代から八王子に住し、徳川氏に仕えて後代官を勤める。
井狩十助
祖先は近江佐々木氏に仕え、関ヶ原役後徳川氏の代官となる。
宮崎重堯《しげたか》
祖先以来信州伊那郡座光寺村の土豪。徳川氏に仕えて後も旧領を安堵され、一族代々伊那地方の代官を勤め、同地に居住。

小野定頼

高祖父貞則が家康に仕えて以来、その一族が代々大津乃至近江の代官。恐らく近江の旧家であろう。

平野藤次郎

貿易家末吉孫左衛門と同族といい、平野庄の豪族で、父祖以来代官を勤めている。

吉川源蔵

大和吉川郷の住人。祖父正親が家康に仕え、以後和州代官。

高室昌貞

祖先は武田氏に仕え、曽祖父の時幕府の代官となる。

豊島勝正

その祖は後北條氏、または武田氏に仕え、父の時家康の代官となる。

壷井次右衛門

その祖は後北條氏に仕え、その後浪人。曽祖父の時幕府に仕え、祖父以来代官を勤む。

熊沢良泰

その祖ははじめ太田道灌に仕え、曽祖父の時後北条氏に仕えた。その後しばらく浪人し、祖父忠勝の時幕府の代官となり、以後三代続く。

井出正基

今川氏の旧臣で、駿河・遠江の代官を勤めた。

八木権平

高曽父正重は今川の旧臣。その後武州金沢の代官を勤めた。

こう数え上げると、綱吉の時処罰された三五八人のなかば近くが父祖以来の代官であり、更には中世戦国以来の土豪として、支配地に何んらかの結付きを想像せしめるような系譜をもった人々であることが知られる。

更に処罰されたのではないが、父祖以来の代官職を転ぜられた例もある。例えば前述の貿易家末吉氏はやはり代々代官であったが、貞亨四（一六八七）年嘉千《よしゆき》の時に至って小普請となり、以後代官にはならなくなった。[50] また元禄六（一六九三）年には近山正次、[51] 同九年には松平親安、[52] 同十年には曽根広定、[53] さらに同十二年には宮崎重堯の一族泰之も父の時迄勤めた代官の職をつがず、以後別の職についている。[54] 更に秋鹿朝就の家は遠州国府八幡宮の神職であるが、高祖父直朝が家康に仕え、康長五年旧領遠州豊田郡野河沼原の地二〇〇石を賜り、中泉の代官に任ぜられ、以後朝正―朝重―道重と伝えて来たが、元禄十年道重の死後、何故か朝就は代官相続を認められず、神職に復した。[55] 同様に近江栗太郡蘆浦の観音寺も、寺院でありながら、秀吉時代から近江の代官を勤めてきたが、元禄年間に至って職を停められたという。[56] かかる例は調べればなお多く発見し得るであろう。つまり天和・元禄の代官取締り政策の結果、天領に対する代官の古い結付きが次々と断ち切られていったといえるであろう。

代官政策について知り得る第二の事実は、処罰の理由の多くが年貢納入の延滞にあったことである。即ち三五件の中二四件までが右の理由によるものである。年貢滞納が摘発された代官は、先ず免職乃至相続延期となって会計清算を命ぜられた。数年を経てなお決算し得ぬ者は、その程度に応じて切腹乃至追放となったのである。

代官の年貢滞納は決してここに始まるものではない。古くは大久保長安・彦坂小刑部の処罰以来しばしば問題となってきているところである。また新井白石が正徳二（一七一二）年勘定吟味役復活の理由の一に「前代（綱吉）の御時に至て、諸国御料の乃貢、年々に減じてわずかに二つ八分九厘といふ事に至りぬ。御料の百姓等進する所のむかしにかはれりとも聞えねど、御代官所の手代などいふもの〻私にせし所あるが故なるべし」という事実をあげ、(57)田中丘隅が『民間省要』の中で地方役人を「九万八千の邪神」とよび、「此神常に上を費し下を貪る」とか「法を犯し民を貪って止事なし」などと論じているところからみても、(58)問題は天和には解決されず享保に持越されていることがわかる。

一体いかにして代官の年貢滞納が生ずるのであろうか。罰せられた代官の中には、いわゆる公金浮貸しをやっていた者もある。(59)しかし、天和・元禄年間のように、かくも多数、かくも頻繁に不正が摘発されるのを見ると、一部の代官の不徳・不正ということだけではなく、代官という職務の性格、幕府徴租機構に問題があると考えなければならぬ。即ちその一は代官所の経費が、本年貢に付加納入される口米を財源としていたことにあると思われる。もし口米でまかない得ぬ時は本年貢を流用し、そのままずるずると未清算年貢が増加してしまったのであろう。(60)また慶安五（一六五二）年正月の訓令に「毎年三月五日より御勘定始、去年之分は被致中勘定、其余ハ皆済尤候」とある。(61)つまり秋納入の年貢は翌年三月暫定的な計算をしておき、清算は少くともその一年後になるのである。これは或は農民の未進や悪米等による納入遅延の整理、或は「国法によりて延売と申、当年上納すへき所を来年の秋に至て金納仕候類(62)もあったのであろう。だがそこに代官が年貢を使い込む可能性が考えられる。

たとえ年貢と口米とに分れてはいても、代官所の経費を領主側から支給せず、代官自身が農民から年貢と合せて徴集したこと、および農民の納入した年貢が直ちに領主の会計に入らず、少くとも一年以上代官の会計下におかれ、一定期間を経て後はじめて領主の会計に移される仕組みになっていたこと、この二点から考えると、近世の代官も決して完全な領主の徴租官僚にはなりきっていなかったのではあるまいか。換言すれば年貢請負人という性格を残していたのではないであろうか。即ち年貢収取という関係において領主と農民がなお直接に結付かず、その間に請負人を介在せしめていたのである。それはまた前述のように、中世・戦国の庄官・土豪の系譜をもつ代官が多かったことからも想像し得る。(63)

代官が右のような性格であるとすれば、年貢納入がしばしば延滞する可能性は初期以来あったわけである。それが従来は時折問題になる程度で、天和に至って一挙に大問題となったのは、勿論当局がそういう方針で摘発していったからではあるが、また社会的情勢が変って代官達が年貢の使い込みを糊塗し得なくなったからであろう。例えば寛文・延宝期は村落における土豪的経営が解体して、小農民の自立が一般的にあらわれたといわれる。代官自身土豪的性格をもっていたとすれば、この時期になると農村内部への結付きが弱まってくるわけである。またこの時期には一時減少していた百姓一揆の件数が再び増加したといわれている。(64) 幕府でもこういう傾向に関心を次第に強め、寛文十一（一六七一）年には諸頭等に向い、配下の与力・同心らが知行地の農民を衰微させるならば、知行地を召上げ蔵米を給することとする旨申渡した。(65) また同八年肥前島原城主高力隆長が、その虐政を農民が巡見使に訴えたがため改易になったのをはじめ、(66) 虐政によって処罰された者が相次いだ。(67)

こういう状態になっては、代官達は容易に年貢の穴埋めを農民に転嫁するわけにはゆかなくなった。そこで前に述べたように、代官の間に年貢滞納が一般化してしまったものと考える。これがどれほどの額に達したかは明らかでないが、『折たく柴の記』によると、正徳二年勘定吟味役を復活して年貢納入督励に努めた結果、翌年四十数万俵増加し、しかも百姓は大いに喜んだという。この数はほぼ幕府年収の一割に当る。これ以上が代官によって中間搾取されていたとするなら、幕府財政にとっても農民にとっても重大である。しかもそれは累年のことであるから数量は更にぼう大である、天和の農政は特にここを問題としたのであった。

要するに綱吉は、将軍となるや直ちに腹心堀田正俊に農民統治を専管させ、彼を首班とする天領行政の協議機関を作り、その下に財務・民政の熟練技術者を登用し、天領統治の刷新をはかった。その主要な目的は代官の年貢滞納の整理、中間搾取の排除にあった。がそれに伴って、支配地と古い関係をもつ代官が多数没落し、代官の性格を次第に変化させる結果となったと考えられる。即ち従来領主と農民の間に介在する土豪的・年貢請負人的存在であった代官が、この時の大移動によって幕府の徴租官僚化していったことが想像出来る。換言すれば、幕府権力が徴租関係を通じて従来より直接的に農民と結付いたということである。前に私は延宝閏八月の諸代官への訓令七箇条をあげて、それが一見観念的な為政者道徳の訓示であることを述べた。しかしこの訓令はその後の政策とは無関係な、単なる抽象的訓示ではなかった。やはりその後の幕府農政の原則、忠実な農政官僚としての代官のあり方を示したものといえよう。[68]

註

（1）『常憲院実紀』巻一、（以下『実紀』と略）。

（2）『御当家令条』三二一。

『実紀』には「国用の事」とあり、これによれば幕府財政一般を取扱うかに見えるが、『御当家令条』(以下『令条』と略)には「御蔵入御仕置之儀」とあり、財政一般ではなく天領統治を意味している。『実紀』もこれを典拠としているので、『令条』の文を漢文調になおす際、やや意味を取違えたのであろう。また『実紀』には勘定頭の一人大岡清重を目付としているが、清重は同年三月勘定頭に転じているので誤りである(『厳有院実紀』巻六〇、『寛政重修諸家譜』巻七五)。

(3) 『実紀』巻五。

(4) 佐野・国領任命の際、および元禄元(一六八八)年七月諸星忠直任命の際、当局はそういう理由を申渡している(『実紀』巻五・一八)。

(5) 奉行の罷免は次の如くである。

貞享四(一六八七)年九月　奉行彦坂重治・大岡清重・仙石政勝および差添役国領重次　奉職無状により免職・逼塞。代りに小管正武・佐野正周奉行となり、荻原重秀差添役となる。

元禄元年八月　奉行小管正武・佐野正周奉職無状により免職遠慮・宅地収公。

同　二年四月　奉行戸田直武　官事漏泄により免職、分部信政へ召預け。

(6) 『徳川実紀』によると、勘定吟味役の名称の初見は元禄元年諸星忠直任命の際である。

(7) 拙稿「享保改革に於ける主体勢力について」(『史学雑誌』六三―三)、本書次章参照。

(8) 『実紀』巻一。

(9) 『令条』三三一。

(10) この令は『実紀』(巻一)には八月三日の条に見え、『御触書寛保集成』(以下『触書集成』と略)二三および『令条』(二三)には閏八月三日とある。『実紀』は出典として日記と『延宝録』をあげているので、或は『実紀』が正しいかとも思われる。しかしこの令は堀田正俊一人の署名で出されている。彼が農民専管の命を受けるより二日前に、このように一人の署名で命令を出すのはややおかしく思われる。或は彼が月番であったかとも考えられるが、しかし月番で処理し得るような小さな問題ではない。内容的にも八月十六日の令よりよく整っている感をうける。それ故この令は十六日に正俊以下農政担当者が任命されて後、その協議によって発せられたものと考えたい。従って『触書集成』・『令条』により閏八月三日発令とする。

(11) 『触書集成』・『令条』・『徳川禁令考』によって幕初以来の代官へのまとまった訓令を拾い上げてみると、近世前半期には次の通りである。

慶長八（一六〇三）年三月（『令条』）寛永十九（一六四二）年五月（『触書』）、同二〇年三月（『令条』『触書』）、同廿一年正月、慶安五（一六五二）年正月（『令条』）、寛文六年四月（『触書』）、同年十一月（『令条』）延宝八（一六八〇）年（『令条』・『触書』）、貞享四（一六八七）年十一月（『禁令考』）、正徳三（一七一三）年四月（『触書』）。

(12) 『実紀』巻三。
(13) 『実紀』巻三、『寛政重修諸家譜』（以下『重修譜』と略記）九三三、『玉露叢』巻三一。
(14) 『実紀』巻五、『重修譜』三二七。
(15) 同右、同八六七。
(16) 同巻六、同一二〇七。
(17) 同右、同五八七
(18) 同右、同二六二。
(19) 同巻七・一九、同九八三。
(20) 同巻一一、『断家譜』巻一一。
(21) 同右、『重修譜』三九六。

(22) 同巻一六、同九六七。
(23) 同右、同一一二五。
(24) 同巻一七、同一五〇八。
(25) 同巻一八、同七九三。
(26) 同右、同一一七五。
(27) 同巻一九。
(28) 同右、『重修譜』一二一五。
(29) 同右、同三九一、九三六。
(30) 同右、同一一三六。
(31) 同右、同五九〇。
(32) 『御当代記』三、『重修譜』九九〇。
(33) 同右、同一一二五。
(34) 同右、同五四二、『実紀』巻三六。
(35) 同右、同九三三、同右。
(36) 『御当代記』三、『重修譜』一二一〇、『実紀』巻三六。
(37) 同右、同一二五三、同右。
(38) 同右、同一一二五、同右。
(39) 『重修譜』一〇〇一。
(40) 『実紀』巻三一、同八二八。
(41) 同巻三六、同一〇五三。

(42) 同右。
(43) 同右、『重修譜』五九六。
(44) 同右。
(45) 同巻三九。
(46) 同巻四九、『重修譜』六六九。
(47) 同巻五五、同一四二一。
(48) 『古事類苑』(官位部七五)に「延宝六年ノ武鑑ニ載セタルモノ四十一人」とあり、『吏徴』上巻には五〇人とある。
(49) 萩原進・丑木幸男『代官岡上景能』(一九七六年　新人物往来社)。
(50) 『重修譜』九九〇。
(51) 『重修譜』一八二。
(52) 同四一。
(53) 同一四三一。
(54) 同一〇五一。
(55) 同九六五。
(56) 『厳有院実紀』巻二一、『滋賀県史』三　第四編第一・二章。
(57) 『折たく柴の記』中。
(58) 『民間省要』上編巻之二。
(59) 天和二(一六八二)年に追放された長谷川猪兵衛は、年貢金を商人に貸し、回収不能になったためその不正が発覚した(註15参照)。また元禄二(一六八九)年免職された伊奈忠易は、在職中公金二〇両を鳥取藩士田中春庵に貸している（鳥取藩資料『部分古帳』六、公辺之部二）。
（補注2）　幕府の代官ではないが、遠州長上郡有玉村（現浜松市）土着の豪族高林家は、元禄七（一六九四）年まで、在地代官として歴代浜松藩主に仕えてきた家である。その高林家はとくに代官時代に活発に貸金活動をしていたことが、同家に残る貸金証文によって知られる。

その内容によると、寛永期は農民貸付が中心で、目的は主として年貢未進分の補塡であった。正保・慶安期となると、五〇～二〇〇両という大口貸付も現れ、また農民に対しても、単に年貢未進補塡目的ばかりでなく、商売のための貸付けが行われるようになった。寛文・延宝期となると農民への貸付が大きく減り、物成り抵当の武士への貸付、商品抵当の商人への貸付が中心となってくるという（曽根ひろみ「在地代官支配と初期地主小作関係の展開――遠州浜松藩の場合――」北島正元編『幕藩制国家成立過程の研究――寛永期を中心に――』一九七八年　吉川弘文館）。同じく在地土豪型の近世初期の幕領代官の活動を類推する一材料たり得るであろう。
(60)　『触書集成』二三、享保八（一七二三）年十一月代官への訓令。
(61)　『令条』二三。
(62)　『触書集成』二三、正徳三（一七一三）年四月代官への訓令。
(63)　庄官・土豪的系譜をもつ代官の中にも、江川・角倉の如く後世迄続いたものもある。また近江栗太郡蘆浦の観音寺の如く、寺院でありながら、秀吉時代から元禄年間迄近江の代官を勤めたものもある（『厳有院実紀』巻二一、『滋賀県史』三第四編第一・二章）。
（補注3）　近世初頭までは、代官層の下の庄屋・名主層にも中世以来の土豪の系譜をもつ旧家が少なくなかったと見られるが、それらも十七世紀中葉以降相次いで没落していった。例えば河内国丹北郡三宅村（現松原市）の妻屋家は、中世以来の旧家であるが、十八世紀に入って家運が傾き、享保五（一七二〇）年身上不勝手で借銀がかさんだという理由で、庄屋退役を願い出ている（藤本幸雄「河内国一庄屋家の権威とその特質」『日本歴史』三五

三、一九七七年十月）。

関東でも同様の事例をあげることができる。次の文書は、相模国愛甲郡浅間山村（現厚木市温水）で代々名主役を勤めた山口家の文書である。領主は三〇〇〇石の旗本土屋秀直で、当時は将軍吉宗の側衆の一人であった。

乍レ恐書付を以奉二願上一候事

一、拙者義相州御知行所浅間山村名主役数代相勤候ニ付、乍二無調法一被二仰付一、今年迄相勤候処ニ、近年打続米穀等下直ニ御座候処ニ、其上不仕合相続、段々不如意罷成、至極迷惑仕候、然処ニ両親共に及二老衰一、世伜共幼年ニ而、御役儀も難二相勤一御座候ニ付、奉二願上一候は、御屋敷様へ罷出、相應之御奉公相勤、両親之養育仕、幼年之世伜共も成長仕候様ニ仕度奉二願上一候、尤名主役之義、当分組頭共え成とも被二仰付一御用等相勤候様奉二願上一候、縦重キ御用筋之節は、在所へ罷越、何分ニも御用等相勤可レ申候、畢竟両親共極老ニ罷成候へは、何分ニ奉レ存候而も難レ成奉レ存候に付、御願申上候、委細口上ニ申上候通ニ御座候、御慈悲を以、何分ニも宜様ニ奉二願上一候、

以上

享保十四年酉十月相州愛甲郡浅間山村

十助判

土屋兵部少輔様御内

芦野万右衛門様

山口家は近世初期には将監という律令官職名を名のりとしていたから、土豪系の旧家といえよう。その家もとうとう享保十四（一七二九）年に勝手不如意のため、名主役辞任を願い出るに至った。ただしその願はどうも聴入れられなかったらしく、その後も名主にとどまっているが、宝暦八（一七五八）年には惣百姓三六名連判

で、山口家に名主役を勤めてもらう代りに、年額米五俵と金一両を提供する旨、申出を受けている。その文書も掲載しよう。

相定申一札之事

一、此度貴殿え名主役御勤被レ下候様ニ惣百姓一同ニ御願申上候。然処ニ御不勝手ニ被レ成ニ御座一候故、米五俵金子壱両、高割仕相助合指出し可レ申候、右弐ヶ年間指出可レ申候、為二後證一惣百姓連判如レ件、

宝暦八年

寅ノ四月

武右衛門㊞

（以下三六名略）

忠太殿

このように一七世紀中葉から一八世紀にかけて、領主権力の村落支配の末端には大きな変動が生じていたのである。

なお付言すれば、山口十助が名主役免除を願出た際、農業をもやめ、屋敷奉公を希望しているところに注目する必要があろう。つまりこの土豪の系譜をひくと思われる名主は、百姓ではなく武士の意識を保持していたのである。この意識は、河内の庄屋妻屋氏の場合、いっそう顕著だったようである。

(64) 青木虹二『百姓一揆総合年表』によると次のようになる。

年	件	年平均
寛永（二〇）	一四四	七・二
正保～万治（一七）	八二	四・八
寛文～延宝（二〇）	一九三	九・六五

(65)『触書集成』二三二。

(66)『厳有院実紀』巻三六、『令条』三五。

(67)　寛文八(一六六八)年三月　寄合福富平左衛門(二五〇〇石)・小普請日下部五郎八(三一〇〇石)追放(『厳有院実紀』巻三六、『令条』三五)。
同九年十一月　小普請山田八左衛門(五〇〇石)追放(同『実紀』巻三九)。
同十一年十月　寄合牧野帯刀(三〇〇〇石)改易(同『実紀』巻四三)。
同十二年六月　大番山上五郎左衛門領民強訴につき、山上に非理はないが処置不行届とて、知行地を蔵米に取替(同『実紀』巻四四)。
(68)　但しこの令は慶長以来の訓令或は正徳三年の令とは異って表現が抽象的なので、前後の令と具体的事項についての相違を比較し、その特色を知ることは出来ない。

結　語

賞罰厳明と天領行政の刷新、そこに私はいわゆる天和の治の本質的な意義があると考える。前者の政策を通じて将軍は虚器を擁する地位から脱却し、その権威を著しく増大させて、幕政の主導権を獲得した。これと併行して後者の実施により、代官の性格を変え、幕府権力と農民とが年貢収取の関係において直結するに至った。極端にいうならば、この時に至ってはじめて将軍は直接農民を把握することになったのである。これは一面からみれば、初期以来内包されてきた将軍専制政治の顕在化ともいい得よう。だが他面それは十七世紀中葉に完成した幕府行政機構の弛緩解決のための、幕政の転換でもあったのである。

ところで従来の見解によれば、綱吉の政治は奢侈・虐政・財政難・腐敗等、歴代将軍の中でも悪政の最たるものに数えられている。天和の治を高く評価する明治期の人々においても、彼の後期の政治についてはロを揃えて非難している。一体天和に芽生えた幕政の新しい展開は、堀田正俊の死と共に消滅してしまったのであろうか。

たしかに幕政は単純には新しい方向に直進してはいない。それには種々の制約があった。例えば元禄の悪政の一といわれる貨幣悪鋳の場合をみると、そこには経済界の発展に対する未経験と、権力に対する過信が認められる。また営業不振に陥った初期以来の御用商人のあがきがからまっている。こうして政治の方向はややゆがめられた。

伝統的な力も強く政治を束縛していた。例えば柳沢吉保すら正規の大老・老中には任ぜられなかった。それを妨げたのは家格である。実際の政治の運営においては、大老・老中などはあずかり知らなかったような状態であった。しかしまた彼らは依然として三河以来の伝統を背負う譜代勢力の代表であった。いかに将軍綱吉の権威を背景としても、吉保ら新参者がそういう伝統的勢力を排除してしまうことは不可能であった。その結果幕政は側近政治という変則的な形で運営され側近層と譜代層の対立が生じたのである。(1)つまり将軍専制政治を支えてゆく政治体制が十分成長しえなかったところに、元禄・正徳期の政治の混乱が生じた。綱吉或は新井白石が盛んに儒教的理想主義を唱えたのも、将軍専制政治を理念の面から滲透させようとしたものである。

だが、紆余曲折はあったにせよ、天和にはじまる幕政の新しい展開は中途で消滅したわけではない。やがてそれは享保改革に至って実質的に完結をみた。(2)しかしそれと時を同じくして、それまで陰に幕政の転換を促してきた幕藩体制の諸矛盾が、はっきりと当局者の前にその姿をあらわしてくるのである。

註

（1）この対立は綱吉の時には暗流であったが次の代には明瞭となり、正徳の政治を停滞せしめた。そうして享保初年には一時譜代勢力が政局の主導権をにぎった（拙稿「享保改革に於ける主体勢力について」）。しかし享保改革を通じて譜代層は幕政の局外に去り、田沼時代には彼らの支柱となっていた格式も部分的には崩れていった。例えば安永元（一七七二）年田沼意次ははじめて側用人から正規の老中となっている。また伊達重村が自分の官位昇進につき家臣に運動を命じた書簡の中に「近年ハ別而天下一統ニ覚語《(悟)》悪敷成、何方も向々江手入等無之衆ハ無之、たま〳〵手入不申者有之候得ハ、前例前格有之儀ニ而も公義より御吟味不発」（『伊達家文書』八）とある。格式などという伝統的な力も、濁れる田沼に落込んで腐朽し去ったのである。

（2）天和と享保との関係について、従来も若干類似点が指摘されている。例えば「武家諸法度」・朝鮮信使の応接等について享保は天和の例によったことなどである。しかし、両者の関係は右のような表面的類似にとどまらない。例えば享保期には代官の粛清を再び大規模に実施し、代官所経費も口米を財源とするのをやめて別に支給し、年貢決算も収穫の翌春とする等、機構改革を徹底させた。またいわゆる地方巧者を盛んに登用して勘定方の人容を整備し、勘定所の機構を改革し、将軍専制政治の支柱とした。かかる諸事実は天和の政策を一段と進展させたものである。

第六章　享保改革の主体勢力について

今日元禄・享保期が江戸時代の一転機であるということは略通説となっていると思う。しかし少なくとも幕府政治に関しては、その転換が具体的な事実を以て跡付けられているとはいいえぬ現状である。享保改革についても、社会経済史殊に農村社会史の方面に於ては、この改革に関連する興味ある問題も提起せられ、又着実な研究も進行しているようであるが、これに対応すべき政治過程それ自身の本格的研究は遺憾乍ら甚しく乏しい。例えば通例改革は将軍吉宗が独裁的に遂行したものとして、彼の意図・性格・行動等が問題とせられるが、しかし従来の研究成果は聊か彼の個人的な問題に限られている感が深い。改革の研究に将軍吉宗の性格やその政治的役割の究明が重要な課題となるのは当然であるが、それは幕府政治機構全般から考察せねばならない。即ち吉宗の独裁政治についてはその独裁機構の究明が必要であるにも拘らず、今日迄放置されて来ている。かかる意味から本稿は吉宗をめぐる幕府政局の変遷、それに伴って生じた幕府政治機構の変化について究明し、幕府政治転換の具体的な姿の一班を考察しようとするものである。

一

先ず吉宗が将軍となった際の幕府の内部情勢について考えてみよう。彼が紀州藩から迎えられて、江戸城二の丸に入った直後の正徳六(一七一六)年五月十六日、家宣以来将軍の側近にあった側用人間部詮房をはじめ側衆・小姓・小納戸等が殆んどすべてその任を解かれ、新井白石も儒者を免ぜられて寄合となった事は既に知られているところである。(1) 将軍の代替りに前将軍の側近の者がその職を免ぜられることは通例の事であり、家宣の継統の時も綱吉の側近は柳沢吉保・松平忠周・松平輝貞をはじめ多数免職となっている。(2)しかし享保の場合注意をひくのは間部詮房と並んで正徳時代に側用人を勤めていた本多忠良の立場である。即ち彼も吉宗の代となって詮房と共に側用人を辞したが、辞職の際吉宗は忠良に対して、門閥の家柄であり壮年であるので、いよいよ心を入れて仕えよとの言葉をかけ、享保七（一七二二）年には五万石ながら一〇万石の大名の格式を与え、その他何かと優遇している。(3)同僚であった詮房が辞職後全く不遇の地位にあったのに較べ甚しい相違であった。これについて幕府は常に、幕府創立期の本多忠勝の嫡流という家柄を重んじてかく取計うのであると述べている。

享保に入って幕府が門閥を一段と優遇するようになったことは忠良以外の例からも考えうる。享保元（一七一六）年七月吉宗は譜代の元老酒井忠挙・稲葉正往・小笠原長重を、既に隠居の身であるにも拘らず特に謁見し、老中に准ずる待遇を与えた。正往は間もなく死去したが、忠挙・長重はその後屢々召されて政治上の諮問に与り、又種々の優遇を受けている。(4)享保二年二月には本多助芳が一万石の加増を受け城主となった。助芳は忠良と同じく本多の一門であるが、父利長が天和二（一六八二）年領地を没収され、以後給せられた懸命の地一万石によって僅かに家名を継いで来たのであるが、今回吉宗は助芳の家柄を重んじて城主に復せしめたのである。又同じ月、越前家庶流の松平直之もその家柄によって従来の蔵米一万俵を領地一万石に改められた。(5)此等が格式の上でいかに異るかは改めて述べるに及ぶまい。いずれも門閥なるが故の措置であるところに注意せねばならぬ。

将軍及び幕府当局は更に門閥に限らず、譜代の幕臣全般の取り扱いにも特別の注意を払っている。正徳六年五月廿日には猶前将軍の喪中ではあるが譜代の人々に特に親しむという理由で、万石以上が将軍に謁した。[6]翌享保二年暮にも譜代大名を親密に思うというので饗宴が行われた。[7]同六年には吉宗は譜代大名一同を黒書院に集めて、身を慎み藩政に心がけて外様の手本ともなるようにと訓示したが、その中で彼は、今日天下が静謐で将軍以下一同が安泰なのは、全く東照宮の神徳と譜代の面々の先祖の武功によるものであること、又自分は譜代の面々を心安く思っていることを繰返し述べ、今日外様をよばず譜代のみを集めたのは、譜代こそ近臣であるからであると結んでいる。[8]幕府が譜代の家臣を外様と差別待遇するのは当然のことと考えられるが、当時は既に幕初以来一〇〇余年を経ているのであって、かかる事は既に慣例となっていたであろう。然るに享保に入ると殊更一々の場合譜代は将軍に親しいから特別に扱うと断っている。これは吉宗が慣例以上に譜代を重視するのであるということを、特に譜代層に知らせようとしたのではあるまいか。とすれば我々はその政治的意義に大いに注目せねばならぬ。

譜代と然らざる者との差別待遇は旗本御家人の場合一層はっきりした形であらわれた。即ち享保三(一七一八)年に当局は、今後譜代でない者が譜代の勤めるべき役職についても譜代としては取扱わぬ旨令し、[9]同六年には小普請組支配の者に対して、支配下の中で元来譜代ならざる者は譜代の家の者と区別するように命じ、又寺社奉行には、譜代でない者は仮令紅葉山火の番を仰付けられても譜代となったわけではないと申渡している。[10]これは幕臣達にとって最も重大な跡目相続に関する問題であり、又譜代でない者というのは専ら五代綱吉以降幕府に用いられた人達のことであった。『兼山秘策』によると既に享保二(一七一七)年頃、能役者から家人に取立てられた者は相当の地位に上っている者でも跡目相続は許されぬと噂されていた。[11]翌三年になると能役者に限らず、五〇年来の新参者は一代限りで取潰しになると取沙汰された。[12]室鳩巣も新参者の一人であるのでこの問題には甚だ関心が深く、その後も屢々言及している。しかしすべて跡目を許さぬというのではなかったようであるが、養子は認められなかった。新参の家人達は何時迄も実子が続くものでもないのでやがては断絶すると考え、頗る不安な気持ちであったらしい。(13)そこで鳩巣は享保七年四月吉宗に対し、又翌八年正月側役有馬氏倫・加納久通に対し、養子に関して譜代と新参の差別を設けることはよろしくないと進言している。(14)かくの如く新家人の跡目相続を制限するのは、幕府の財政上から人員整理であると見る事もできる。(15)確かに元禄頃から幕府の家人は著しく膨脹して居り、これを整理するには譜代の家人よりは新参の者を削るのが当然であろう。室鳩巣も之を冗官淘汰とみている。しかし私は単に財政上の理由によってのみとられた措置ではなく、そこには政治的な意味も加味されていると考えたい。即ち享保に入って新将軍吉宗を迎えると、大名・旗本を通じて門閥・譜代という伝統的勢力が著しく伸長した。当局も之に対し特権を与え、優遇をせねばならなかった。その具体的なあらわれがこれ迄列挙してきた諸事実である。養子の問題も之を譜代の特権として、新家人と差別を明らかにすることを目的としたのではあるまいか。

又吉宗はかかる伝統的勢力を顧慮した結果、紀州藩から連れて来た家人達の勢力抑制にかなり注意している。もともと彼は綱吉・家宣が自分の家を廃して宗家に入ってきたのと異り、紀州藩は存続したまま彼独り家を出てきたのであるから、召連れた人数も綱吉・家宣の場合より遥かに少ない。(16)しかも吉宗は特に選んで連れてきたのではなく、偶々その時番に当っていた者を召連れたのであるという。(17)彼等の中に特に将軍の恩寵を受け、過分の加増に与り、所謂出頭人となる者がなかった事は、山下幸内もその上書の筆頭に於て称賛し、鳩巣もほめている。(18)紀州から新たに家人に加った者の中、最も地位の高いのは側役兼御用取次となった有馬氏倫・加納久通であるが、彼等はいずれも前代・前々代の側用人には地位も権勢も及びもつかなかった。例えばその待遇をみても、側用人にあたっては牧野成貞が二〇〇〇石から八万石に加増を受け、官位も四位の侍従、老中格、柳沢吉保は三七〇俵の切米取から一五万石の大名に、官位も四位の侍従、老中格に昇り、間部詮房も能役者の弟子から五万石、四位の侍従、老中格に昇進している。これに対して氏倫・久通はいずれも一万石、官位は従五以下諸大夫で吉宗隠退迄在世した加納久通がその際漸く西丸若年寄に任ぜられたにすぎぬ。[19]『甲子夜話』(巻二)には、吉宗が御用取次を任命した後多勢の人々の前で取次に向い、その役目は如何なるものかと大声で問うた。取次は之に対し御用の旨をその通り伝え、下からの言上はその通り申上げると答えたところ、それでよいといった。これはその職務を人々に周知せしめ、且取次に君側の威を振わしめざらんがためであろうと、人々は感嘆したと記してある。その事実の真否は兎も角として、吉宗が側近勢力の増大を迎えようとしていたところからかかる逸話が伝ったものと考えられよう。享保九(一七二四)年には三奉行(寺社・江戸町・勘定)が将軍に上奏すべきことは従来側役を経て行っていたが、今後将軍より側役を以て質問があった場合は格別、三奉行から申す事は先ず老中に申出ることとなった。これは従来の制度によると事柄によっては側役の所で決定して、将軍や老中の知らぬ間に済んでしまうこともあり、間違いの因となるからであるという。[20]かくて側近の権限は一段と縮小したのである、吉宗の側近には主として紀州から来たものが任ぜられたから、これは自ら紀州系の家人の勢力を抑えたものと見ることができる。その他、吉宗宗家継嗣直後、紀州から来た用人内藤某が殿中不案内のため、老中列座の所を通った際無礼があったというので早速紀州に返し、之を案内していた同朋の某も紀州の者であったが、これをも処罰した。[21]又或時小納戸の渋谷良信・松下当恒が将軍の鷹狩の事で番士達を使おうとしたところ、小姓組々頭内藤主税が怒って、昨日迄紀州の陪臣であった者が譜代の功臣の子孫を軽々しく使うとは何事かと抗議した、澁谷・松下が之を吉宗に申したところ、吉宗は両番（書院番・小姓組）の者は家柄のよい者も多いから軽々しく使ってはならぬと諭したという。[22] 此等の事実によって吉宗がいかに紀州系の勢力の伸長を抑えたかを知ることができる。結局それは門閥・譜代の勢力との衝突を避けようとしたのであって、それだけ享保初年には伝統的勢力が伸長してきたということができよう。

註

（1）『有徳院実紀』巻一。
（2）『文昭院実紀』巻一。
（3）『有徳院実紀』（以下『実紀』と略）巻一・四・一五、『実紀』付録巻六、『兼山秘策』III　享保元年十月廿四日付。
（4）『実紀』巻二、『実紀』付録巻五、『兼山秘策』III　享保二年十月十四日付、同VI　同七年八月廿六日付。
（5）同巻四、『続藩翰譜』巻四・一。
（6）同巻一。
（7）同巻五。
（8）『享保通鑑』巻五、『実紀』巻一三。
（9）『御触書寛保集成』（以下『触書集成』と略）一八。
（10）『実紀』巻一三、『政要前録』。
紅葉山火の番とは紅葉山東照宮の火の番であるから、幕府として特に重んじて、譜代の家の者を之に任ずる例になっていたのであろう。
（11）『兼山秘策』III　享保二年十月十四日。

能役者が家人に取立てられたのは綱吉以後のことで、特に綱吉の時が多い。
(12)『兼山秘策』VI　享保三年四月廿三日付。
(13)同III　同二年十二月廿三日付、同VI　同三年十一月廿九日付、同五年六月廿八日付、同V　同七年正月廿三日付。
(14)『献可録』巻中、『兼山秘策』V　享保七年四月晦日付、同VI　同八年三月七日付。
(15)伊東多三郎『日本近世史』二。
(16)綱吉の場合は多数と記してあるのみで人数は明かでないが、恐らく列挙しえぬ程であったのであらう(『常憲院実紀』巻二)。家宣の場合は約二〇〇人である(『同実紀』巻五〇)。之に対し吉宗が連れてきたのは四十数人であった。(『実紀』巻一、『兼山秘策』III)。
(17)『兼山秘策』III　正徳六年五月十四日付、同VI　享保七年八月廿六日付、『実紀』付録巻二一・八。
(18)『山下上書』『兼山秘策』III　正徳六年五月十四日付、享保二年六月七日付、同VI　同五年十一月廿九日付。
(19)『寛政重修諸家譜』(以下『重修譜』と略)巻三六六・一六四・一四六一・四七〇・一四七一。
(20)『教令類纂』二集六五、『徳川禁令考』巻一四。
(21)『兼山秘策』III　正徳六年五月廿七日付。
(22)『実紀』付録巻八。

二

右に述べた如く享保初年には門閥・譜代という幕初以来の伝統的勢力が著しく伸長したが、それは如何なる意味をもつものであるかを聊か考えてみたい。但、そのためには元祿・正徳期の政治情勢を検討すべきであるが、本稿に於て之を併せて論ずるのは問題を拡大しすぎることとなり、且筆者の研究も猶不十分であるので他日を期したい。ただここに於ては若干の重要な事実を列挙して、当時に於ける門閥・譜代勢力の消長を概観してみることとする。[1]

第一にこれは周知の事実であるが、元祿期の牧野成貞・柳沢吉保等、正徳期の間部詮房・新井白石等将軍側近の発言力強く、所謂側近政治が行われて、老中はいわば員に備わるに過ぎぬという状態にあった。此等側近の系図を辿ってみるとその過半は幕府の重職に就くべき家柄ではない。或は綱吉・家宣の別家時代に仕えて主君と共に幕府に入った新参者、或は低い身分から将軍の恩寵により抜擢せられた成上者であった。彼らが譜代の中でも門閥を代表する老中を凌いで権力を握ったということは当時の譜代と新参の勢力関係を最もよく示している。

かくの如く譜代勢力が後退したことは所謂綱吉の親政と大いに関係がある。綱吉が将軍となるや前代の大老酒井忠清を却けて政治を引緊め、賞罰を厳明にし、その初期には少なからずその治績をあげたことは多くの概説に述べられている。賞罰の厳明に努めた結果は、抜擢・加増を受ける者も多かったが、改易・減封を蒙った大名・旗本もその前後に較べて飛躍的に多かったことも既に明らかにされている。[2]今その改易・減封の内容を見ると意外に門閥・譜代の家の多いのに気付く。即ち天和元（一六八一）年には越後騒動を親裁して松平光長（二五万石）を改易、又酒井忠清の弟忠能（四万石）を改易、翌年には越後家庶流の松平直矩（一五万石）、松平近栄（三万石）が夫々宗家に連座して八万石・一万五〇〇〇石の減封、本多政利（六万石）、本多利長（五万石）を改易、板倉重種（六万石）は一万石減封、貞享三（一六八六）年には越前家の松平綱昌（五二万石余）を改易、元禄五（一六九二）年には松平忠弘（奥平、一五万石）が五万石減、翌年には松平忠之（藤井、七万石）を改易、同八年には本多重次（鬼作左）の子孫である本多重益（四万五〇〇〇石）を改易、同十一年には小笠原長胤（八万石）を四万石減封、宝永二（一七〇五）年には井伊直朝（三万五〇〇〇石）を改易に夫々処している。此等は勿論藩の内訌・失政・過失・発狂等夫々理由は存するのであるが、かくの如く親藩や譜代の門閥・功臣及びその一族の家が前後に比を見ぬ程多く処罰されたのは単に偶然であろうか。又かかる厳しさはこれを極端に迄潔癖であったという綱吉の個人的な性癖に帰すべきであろうか。わたしはこれを将軍の門閥・譜代圧迫政策と考えたい。即ち綱吉の将軍襲職は下馬将軍と称せられた大老酒井忠清の権勢を排して行われたものであるが、家綱の時代に大老政治という一種の執権政治が行われたのは、門閥が強大な権力を握り得たがためでる。そこで綱吉は忠清を却けるばかりでなく、大老政治を出現させる背景となった門閥勢力を圧迫し、将軍の権力を強化し独裁的なものとしようと計ったのであらう。[3] 前に記した彼の門閥改易・減封の年代が彼の襲職初年である天和・貞享に多いのもその意図を物語るものであろう。当時漸く諸藩の藩制変動期に入って居り、殊に中小藩が多く、屢々移封の行われる譜代の諸藩は最も動揺を生じやすい条件にあった。その動揺が具体的な形をとったものが藩の内訌や失政であって、幕府は之を譜代圧迫の口実としたのである。

元祿期には改易・減封も夥しく行われたが、加増・抜擢も亦頻繁に行われ、石高の上で両者殆ど匹敵している。(4) その中注意を惹くのは第一に外様大名の幕府役人に登用された者が少くない事である。尤も大藩主にはその例はなく、主としてその庶流の家で、石高も鍋島元武の七万三〇〇〇石を最高として多くは二三万石であった。その役も奥詰・小姓等将軍側近の役であったが、中には山内豊明・加藤明英の如く若年寄に至った者があり、奏者番・寺社奉行に至ったものも若干ある。又金森頼旹・南部直政は側用人に迄進んでいる。かかる事実を以て幕府の外様大名との親和が一歩進んだものと見做すことは誤りではないが、一方で譜代を抑え乍ら他方で外様を登用したというところにより重大な意義を認めねばならぬと思う。

第二に注意せねばならぬのは新参の家人が多数加ったことである。綱吉の将軍襲職と共に幕府の家人となった者が多数に上ることは既に記したが、その他能役者・医者・儒者が多数用いられ、殊に能役者の数は『徳川実紀』によって知りうる限りでも夥しい。彼等の多くはさほど高い位置にも至らなかったが、能役者出身の役人の中にも布衣を許され、更に叙爵する者もあった。(5) 元祿の政局に於て絶大の権勢を張った牧野成貞・柳沢吉保も此等新参の家人の中から出たのである。

以上の如く元祿期には門閥勢力の圧迫、之に代わって外様・新家人の登用が行われた。之を要するに幕府政治に於て従来強い発言力を有していた諸家の勢力が減退して将軍の権力が強化し、独裁政治が進展したものと見るべきである。側近政治の出現も将軍の独裁強化の産物である。

正徳期に入って外様から登用された者は多く外様に復し、(6) 能役者の登用も殆どその例を見なくなる抔、幾分の修正が行われたが、しかしその大綱に変化は見られなかった。前述の如く享保に入って門閥・譜代の殊遇、重視が唱えられたのは正にかかる幕府政治の変遷に対する反動と考えるべきであろう。新家人の登用については享保以前にもかなり反感があらわれていたと思われる。既に宝永三(一七〇六)年家宣がまだ西丸に居た頃、新井白石は封事を呈して「今の世にあたりて天下の人をして首を疾しめ額を蹙めしむること最甚しきは優人の輩を撰用られて士人と歯するにしくはなし」と、能役人の登用に反対し、譜代相伝の家人達は口にすれば罰せられることを怖れて黙っているが、能役者と肩を並べることを慍りにくんでいる。若し家人に召加えるならば譜代の家人の子弟を召出すべきであると進言している。(7) 彼の意見が能役者登用反対に止って広く新参の家人に迄及んでいないのは、白石自ら新参者であるから当然といえよう。享保初年吉宗の優遇を受けた酒井忠挙は将軍に施政上の意見を述べたが、その中で彼は役人の撰任には家柄を重んずべきであると主張している。(8) 即ち家綱の頃迄は両番(書院番・小姓組)の組頭等は万石以上の者の二三男か、父祖が番頭を勤めた者の子孫から用いた。今もそうありたいものである。徒頭も重要な武備の職であるから両番の組頭と同様の方法を以て選ぶべきである。又家綱の頃迄は賄頭・小細工頭・小普請奉行等の職は皆大番・新番の番士を以て之に充てたので、その子が番士となって支障もなかったが、今は無下に賤しい小吏から昇進した者のみ此等の職に就き、その子が大番・小十人組などに召出されるので、譜代相伝の諸士はかかる賤しい者の子と交る事を恥じ、歎き悲しむ者もあろう。稀には賤吏から昇進するのも諸士の励みとなるであろうが、定例となっては勿体ない事である、と元禄以降の人事の然るべからざる点を指摘した。又彼は譜代の待遇に関して、従前は譜代の衆が致仕するか或は死去してその子が相続した場合、城内の席を譜代の席に復されることになっていたが、近来は重職の子は直ちに雁間詰となり、偶々過失ある場合譜代の席に返される。これでは雁間詰は一般の譜代より上ということになって譜代の衆は面目を失うこととなる。譜代の衆は開国以来の貴族であり、雁間詰には卑賤から成上った家も少くない。今後は譜代を特に優遇して人の耳目を改むべきであると主張している。忠挙は忠清の嫡子として譜代の中でも最も重きをなす家の人であり、彼のかくの如き意見は略〻譜代全般の感情を表明したものと見る事が出来よう。又室鳩巣は正徳三（一七一三）年八月の書簡に於て、旗本の過半は間部詮房・新井白石を譏り、大名も好意をもっていないと記して居り、[9]白石も『折たく柴の記』の末尾に「よのつねの時に、当家譜第の御家人など申さるゝ人々の、只今迄は幼主の御事いかにもこゝろぐるしかりしに、今より後は御家の事すでに定りぬなど相賀し申され」と、譜代の人々が詮房や白石の失脚を喜んでいる事を記しているが、此等は詮房や白石個人に対する反感というよりも、新参の家人が譜代に伍し、更に之を抜いて立身し、権勢も加ったことに対する反感である、かかる反感が家継の死去と共に表面化し、新将軍吉宗はかかる情勢下に迎えられたのである。前に述べた享保初年の譜代優遇、新家人圧迫もかかる情勢に対処する措置であった。

註

（1）　此場合、元禄・正徳期というのは恰も享保期が吉宗の治世である享保・元文・寛保・延享を意味するのと同様、綱吉・家宣・家継の時代をいう。即ち元禄期は延宝末から天和・貞享・元禄・宝永を、正徳期は宝永末から正徳末迄をさす。

（2）　『常憲院実紀』付録巻上、栗田元次『江戸時代』上　第四章第二節（『綜合日本史大系』九）、本書前章参照。

（3）　綱吉の初年にも彼を将軍に迎えることを主張した堀田正俊が大老として権力を握った。そこで伊東多三郎氏は之を忠清の場合と同様、大老の執権政治と見做して居られる（同氏『日本近世史』（二）第二章第一節）。しかし私は此の両者を同一視しえぬと考えている。本格的な検討は後日に譲らざるをえないが、例えば酒井忠清は門閥の中でも名家の嫡流であって、彼の地位も権勢も其処から生じたものであるが、堀田正俊の家はこれに較べて遙かに新しい。即ち正俊の父正盛は家光の近習として寵遇をうけ、殊に春日局の縁故もあって昇進し大名に迄至った人で、当時出頭人と呼ばれた。正俊はその三男であったが、彼も亦春日局の関係で家綱の小姓となり、やがて老中に迄抜擢されたのであるから、忠清等に較べれば全くの新参者である。同じく大老が実権を握っていたといっても、正俊の場合はむしろ後の側近政治に近いものがあると考えている。

(4)『常憲院実紀』付録巻上、栗田元次、前掲書。
(5)『兼山秘策』III　享保二年十月十四日付。
(6)『文昭院実紀』巻一。
(7)『進呈之案』。
(8)『実紀』付録巻五。
(9)『兼山秘策』II　正徳三年八月廿三日付。

三

右に述べて来たように元禄以降の将軍独裁の強化、それに伴う近臣政治の進展に対する反撥が享保に入ると共に急に表面化し、新将軍吉宗はそのため門閥・譜代を重視・優遇せねばならなかったのであるが、殊に吉宗にとって重大なのは老中に対する態度であった。室鳩巣は享保初年の将軍と老中との関係について次の如く記している。

天下御取被レ遊候て未日浅候故、諸事遠慮有レ之体に相聞へ申候、下にて存候とは相替り成程御遠慮可レ有レ之儀と奉レ存候、前に御両殿（神田館＝綱吉、櫻田館＝家宣——引用者註）より被二統継一候とは替り一等疎遠にて、御老中勧進の事に候へば、唐にても援立の臣と申候て中々人主も自由には難レ被レ成、急に抑へ候へば君臣離間致し禍難も出来申候、日本にても北条の世如レ此にて候、唐の末か門生の天子と申事有レ之、其時分王室度々無嗣に付、当時の権臣外より援立いたし候故、門生天子とは申候、明徳記とやらんにも新座の主人、譜代の家人に向て箇様の儀を申などゝ有レ之候、唐日本同事に候、此場合に臨んでは第一人心はなれ不レ申様に用意候て、そろ〳〵大臣の威を抑へ候様に仕事明智の君たるべく候、

（『兼山秘策』III　享保二年八月八日附）

吉宗が老中に遠慮気味であったのは単に援立の臣というだけでなく、いわば老中が譜代・門閥の代表者であるが故と考える。吉宗は襲職するや側用人を廃し、今後は何事によらず老中が直接将軍の前に出て言上することを許した[1]。元禄以降柳沢吉保や間部詮房等側用人が老中を凌ぐ大きな権力を獲得した主要な原因が、将軍と老中との間にあって双方の言を取次いだところにあったのであるから、今回の措置は老中の権力恢復に少なからぬ効果をもたらすものといえよう。又側用人の代わりに御用取次という役を設けたが、その格式は側用人に較べて遙かに低いものとされ、且吉宗はその権勢が拡大せぬよう注意していた事、享保九（一七二四）年には老中の権限を拡張し、側近の権限を縮小する措置が取られた事抔は既に述べたところである。

しかし此等の事実を以て、享保期には将軍の権力が弱く、老中等によって再び門閥政治が行われたと見る事はできない。実際はその逆であった。享保改革の端緒は家継の死と共に急激に伸長した譜代勢力によって側近政治が排斥され、新参の家人が圧迫をうけ、間部詮房・新井白石の施策が数多く廃せられたところにあると考えるが、吉宗は将軍の職に就くと一方に於いてかかる譜代勢力の意を迎えて離反を防ぎつつ、

他方に於いては将軍の主体性の確立に着々と努力している。吉宗は将軍襲職の際かなり人気があった事が『兼山秘策』などによって知られたが、それは将軍親裁によって善政を行うことを期待したものであった。(2)前に述べた酒井忠挙の建言にも、家光以前の如く将軍が万機を親裁してほしいという要望が述べてある。(3)結局譜代勢力の伸長といっても彼等が幕政の実権を獲得しようというのではなく、将軍親政下に、将軍の力によって自分たちが優遇・重視されんことを求めたものと解される。かく考えると前に列挙した享保初年の門閥・譜代優遇策も彼等に政治上の権力を握らせる措置ではなく、格式上の優遇であることに気付くであらう。むしろ格式を重視することによって譜代の人々は現実の政治面から次第に遊離してゆく結果となった。即ち格式を重んずるということは当然家格の上の者程の高い役職に就くことを意味する。酒井忠挙もその建言の中で、近年賤しい家の者が重要な役職に登用される傾向があることを非難し、役人の選任には家柄を考うべきことを主張しているが、彼が重要な役職として列挙しているのは大番・両番(書院番・小姓組)・新番等いずれも番方即ち警備の職である。これは単に忠挙個人の判断ではなく、当時の幕臣全般の考え方であったと思われる。例えば前にも述べたが吉宗側近の者と小姓組々頭が口論した時、吉宗は両番には家柄の者が多いから注意せよと側近を戒めたという話、或は、吉宗退職後であるが、紀州から従ってきた土岐朝澄を西丸小姓組番頭に任じた際、吉宗は特に番頭を集めて、両番の士は皆功臣の子孫であるから番頭も譜代相伝の士を選んでいるが、朝澄は紀州にあっても重職の家であるから番頭としたのであって、故なく番士を支配せしめるものではないという旨を輩下の番士に告げしめた事などは、吉宗が両番を格式の高い職とし、之には譜代の高い家格の者を任ずることとしていたのを察知せしめる。(4)享保六年には、従来大番から布衣以上の役に出世した者の子孫及び大番組頭の子は大番に入らぬことになって居るので、これでは大番は大切な役にも拘らず之に入るべき家筋の者が次第に減少し、軽い家筋の者をも番入せしめねばならなくなるとてその制度を改め、大番から出世した者の子孫はやがて大番に戻ることとして、大番入すべき家筋の減少を防いだ。(5)かくの如く番方就中大番・両番は高い役柄として重んぜられ、之には家格の高い人に任ぜられたのである。此等番方は戦国争乱期に於ける軍務関係の職の後をうけるものである。戦国の軍事体制を継承した幕府機構にあっては、創立期は勿論、それ以後に於ても伝統的に番方は尊重せられた。それが享保に入って譜代勢力の伸長と共に一層強く唱えられたのであるが、平和の永続する当時に於ては既に幕府政治上実質的な意味をもっていない。かかる格式のみ高い役職が譜代の家柄の高い人々の就くべきものとされたのである。

要するに享保初年に於ける譜代勢力の伸長は将軍権力を弱化するものではなく、却って側近政治を排斥して将軍親政を期待することによって将軍の独裁政治を促進せしめ、譜代層は家柄の高いもの程現実の政治から遊離し、格式のみ高い役職に就くという結果になっていったのである。(6)

かくの如く譜代勢力の伸長によって却って将軍の独裁政治促進の条件を得た吉宗は、其後の行動・施策によってその独裁力を強化していった。彼の起居行動が前代とうって変って甚だ無造作・活発で、しかも倹素であったため衆人を驚かしたことは周知の事実である。これについては一部では軽々しいとか粗野・吝嗇などという批判もあったが、将軍の権威を加えるのに一役果したのは確かであろう。しかし特に重要と思われるのは、彼が老中その他上層部の役人を経ないで直接下部の情勢を知りうる手段を有していた事と、人事を直接且適切に行なった事である。下情を知る手段として、彼は紀州藩に於て薬組と呼ばれていた約二〇人の者を幕府に召連れて締戸番として、常に密旨を授けて諸国の情報を探らしめた。(7)目安箱設置も直訴を制度化することによって幕府諸役人に対する将軍の権威を増大せしめたところに、大いにその効果が認められる。[8] 又吉宗は屢々三奉行・大目付その他諸頭級の役人を単独或は二三人ずつ呼んで引見した。[9] かくて彼は諸人の意外とする程諸情勢に通じていて、これが役人達殊に老中にとって少なからぬ脅威となったことは想像に難くない。人事の問題もこれと関連する事である。『兼山秘策』によれば大目付横田由松の加増、筧正舗の勘定奉行任命、萩原美雅の勘定吟味役復職等は人々の意外とするところで、しかも適切な措置であったという。[10] 享保七（一七二二）年には書院番頭を呼んで自ら組頭の選任について指示を行なった。[11]

此等の諸事実は幕府諸役人に対する将軍の権威を昂めるのに少なからず役だったと考えられるが、吉宗は又老中の任免に関しても甚だ慎重であった。彼が将軍として迎えられた時老中の職にあったのは土屋政直・井上正岑・阿部正喬・久世重之・戸田忠真の五人であったが、享保二年阿部正喬が、同三年に土屋政直が辞任し、同五年に久世重之が、同七年に井上正岑が死去して、戸田忠真のみが残った。然るにこの間阿部正喬の代りに水野忠之が任ぜられたのみで以後暫く補充を行わなかった。これはこの五人の老中が鳩巣の言の如く吉宗にとって援立の臣であり、彼等に対して吉宗も幾分遠慮を要したので、その自然消滅をまって首脳部を将軍の意の如く編成しようという意図を示すものと考える。井上政岑の死後猶戸田忠真が生存してはいるが、忠真はその時既に七十二歳の老齢で、しかもその性格は鳩巣の言によれば消極的で無口であったというから、[12] 吉宗にとっても既に遠慮は不要の状態になったわけである。しかも忠真は翌八年には月番・連署をゆるされているから全く名誉職に置かれたのである。[13] かくて井上正岑が病歿する頃には、老中として実質的に活躍しうるのは水野忠之独りとなった。ここに至って吉宗はその独裁政治を円滑に行いうる条件を完成したのである。彼は忠之を同七年五月十五日勝手掛に任じて幕府財政の再建に専念せしめたが、その時が井上正岑の死去する二日前で、既に危篤に陥っていた時であったのは決して偶然ではあるまい。[14]つまり吉宗は正岑の再起不能が確実になるに及んで、財政に関しては只独りの老中を相手にすればよいことになったのである。しかも水野忠之は吉宗の将軍就職後老中に昇進した人であるから、老中として吉宗を迎えた正岑等とは、将軍との関係も異っている。忠之に対しては吉宗は自分を擁立した門閥の一員であるという遠慮も最早不要であった。既に絶大となった将軍の権威を背景として、忠之を将軍の意志を忠実に執行せしめる機関の長官として取扱うことが可能となったのである。此後逐次老中は補充され、常に三人乃至四人在職し、列座による合議制も月番制も行われたが、最も根本的で重要問題である財政の再建が勝手掛老中の専管事項となっては、老中列座も最高決定機関としての意味を失ったといわねばならぬ。

勝手掛の制度は享保一五（一七三〇）年水野忠之の退職と共に一時停止されたが、[15]元文（一七三七）年から は松平乗邑が之に任ぜられた。[16]この両人に対しては幾多の悪評が浴びせかけられ、享保改革遂行に伴って生じた諸弊害をいずれも彼等の責任として非難攻撃している。[17]彼等の老中退職が、乗邑の場合は明らかに罷免であり、忠之も表面は兎も角も実際は罷免と考えられるのも、彼等に対する強い反感に因るものであろう。[18]それだけ此の両人には大きな権力が集められたのである。しかし彼等の権勢は酒井忠清の如くその門地・家格のよって生じたものではなく、将軍の信任を蒙り、その意志の忠実な執行者としての立場にあったがため増大したものである。この点柳沢吉保・間部詮房等側用人の権勢に近いものがある。しかし側用人は政策の決定に参与し且強大な発言力を有していても、制度上執行機関を支配してない。いわば幕府機構に於ては傍系である。これに対し忠之も乗邑も老中として全幕府機構の最上部にあり、その下には三奉行をはじめ各執行機関を支配している。殊に勝手掛として勘定方を配下に有している。吉宗の独裁政治はかかる機構の上に成立したものであって、この点側近政治とは大いに異っているといわねばならぬ。

要するに享保七年の水野忠之勝手掛老中任命は、吉宗の独裁政治確立を示すものである。この職は吉宗独裁機構の最上部に位置し、いわば将軍の最高級官僚的存在であった。勝手掛老中に対する反感・非難その他の当時の世評から考えても、その地位が甚だ大きな権勢を張りえたものであったこと、又将軍の下にあって実質的に政治の中心と目されていたことがわかる。即ち将軍――勝手掛老中、これが享保改革推進の主体の上部に当るものであった。

註

(1)『兼山秘策』Ⅲ　正徳六年五月　四日付。
(2)同五月十二日・十四日・廿四日・廿七日、十月廿四日付。
(3)『実紀』付録巻五。
(4)同巻八。
(5)『触書集成』四九、雑之部二九三〇号。
(6)家格の高い者が現実の政治から遊離していった理由は勿論かくの如き家柄と役柄との関係ばかりでなく、高禄の家に人を得なくなって来ているという世襲制度の矛盾に因る所少くあるまい。当時の論者にあっても、例えば新井白石は老中を評して、彼等は所謂大名の子であって、古の道も学ばず今の事も知らず、まして施政上の機務など弁ずる能力はない、これが側用人出現の原因であるとしている(『折たく柴の記』)。又荻生徂来は家筋の定められている者は心が寝入って居り、格式を堅く守ってゆくことしか念頭にない。これに対し賤しい身分から抜擢せられた者は才能もあり、出精して勤めるから使方によっては甚だ役に立つものであると述べている（『政談』巻三）。

（7）『実紀』付録巻九（後にお庭番と称した）。

（8）拙稿「目安箱設置に関する二三の問題」（『日本歴史』五五）。『享保改革の研究』第四章三。

（9）『兼山秘策』III　享保元年十月廿四日付、同二年八月八日付。同VI　同三年二月廿五日付、同四月廿三日付。

（10）同III　同二年六月三日付、同IV　同五年五月十四日付、同九月一四日付。

（11）『実紀』巻一四。

（12）『兼山秘策』III　享保二年八月八日付。同IV　同三年四月三日付。

（13）『実紀』巻一六。

（14）同巻一四。

（15）『徳川理財會要』巻一に此年廃止して月番制に戻すとあるが他の史料には見えぬ。しかし忠之に代って誰かが任命されたということもないので、恐らく忠之の退職と共に自然消滅したのであらう。

（16）『重修譜』巻九。

（17）水野忠之に対する批判は『兼山秘策』VI　享保七年十二月十二日付、同八年二月十九日付、同VII　同八年九月八日付に見え、又『兼香公記』同十五年八月七日条、『享保世話』、『世説海談』には彼に対する非難や、その免職を嘲笑する落書が載っている。松平乗邑に対する非難は『倭紂書』・『鄙雑俎』・『明君享保録』等に記されている。猶拙者『徳川吉宗公伝』（日光東照宮編）第七章参照。

（18）忠之は享保十五年六月十二日吉宗から、老年ともなり病身ともなったので辞任するよう申渡され、腰物代金を賜った（『享保日録』）。形式的には円満退職である。しかし室鳩巣が青地礼幹に送った書簡にはその裏に何か事情がありそうな口吻が認められる（『兼山秘策』Ⅷ）。又『実紀』附録巻六も忠之が人心を失ったがため吉宗が罷免したと記し、その他『兼香公記』・『不揚録』・『世説海談』・『続三王外記』等も之を罷免とみて様々な理由をあげている。忠之自身も、退職後作った詩をみると、その退職が本意でなかったかに察せられる（『兼香公記』同年十月九日、『甲子夜話』巻十九）。諸書に記してある退職の理由は遽に信用しえぬが、兎に角何かの理由で吉宗が彼を罷免したに相違あるまい。乗邑の場合は延享二（一七四五）年十月九日、幕府が彼に対し、前々から権勢を張り我意を通したとて老中を罷免し、その年三月受けた加増一万石及び上屋敷没収、蟄居を命じ、此旨布衣以上に告示したので形式も明瞭である（『惇信院実紀』巻一、『重修譜』巻九、『延享録』）。その原因については『徳川実紀』は秘して伝えざれば知る者なしと記しているが、『倭紂書』・『鄙雑爼』・『続三王外記』等に種々の理由が並べ立ててある。これも忠之の場合と同様容易に信用しえぬ。ただ両者に共通なのは忠之・乗邑共に強大な権勢を握っていたとしている事、及び罷免の原因となったという事件が彼等の在職中の主要な政策とそれに関連する事柄であるという事、此の二点である。これによって考えるに、彼等はいわば吉宗の身代わりとなって享保改革の責任を負わされたという形である。即ちこれは此の両人が享保期の政局の中心にあったことを示しているといえよう（参照拙著『徳川吉宗公伝』第七章、本書第八章）。

四

勝手掛老中任命の事情、その将軍との関係、その享保政治に占める地位などについては前に述べたところである。次にその勝手掛老中の支配下にあり、これと最も密接な関係をもっている勘定方の内容について若干考察してみよう。

第一にその人員が此時代に著しく膨脹している。勘定方の中心をなす勘定衆は『吏徴別録』(下巻)によれば寛永十五(一六三八)年に始めて一二人を置いたという。[1] それが八五年後の享保八(一七二三)年には一〇倍強の一三〇人となっている。此間の人員の変遷については遺憾乍ら知り得ぬが、勘定組頭が寛文四(一六六四)年に六人、同十二年に一二人あったというから、此頃既に相当の人数に達していたと思われる。[2] その後綱吉・家宣の宗家継嗣と共に幕府の家人に加えられた者の中、勘定衆となった者も少くない。[3] 即ち享保以前に於ても、殊に寛文以降は人員の膨脹が著しかったのであるが、享保に入ってからは一層増加している。享保八年迄の増加の傾向は不明であるが、八年の一三〇人が十八年には一八六人となっている。つまり一〇年間に五六人、四割強の増加である。[4] この後寛政八(一七九六)年に至って定員二三二人となり、四六人増加しているが、これは勘定衆の下役である支配勘定も含んだ数であって、支配勘定は四、五〇人であるというから、享保十八年以降は実際は増加していないのである。[5] 即ち享保期は勘定衆の人員の膨脹最も著しく且その定員の最大となった時である。しかも享保期に於ては他の諸役職は殆ど増加せず、ただ勘定方に於てのみかくの如く大膨脹をみたことに注目せねばならぬ。

第二に勘定所の職制がこの時代に大いに整備・制度化している。享保六年には勘定所の職務が公事方・勝手方に分れ、その両部門の内容が定められた。その翌年には奉行・吟味役共に両部門に分れ、一年交代で各部門に専任することとなった。又その翌八年には勘定組頭・勘定衆も夫々取箇改・帳面改・代官伺書小物成諸運上吟味・御殿詰・勝手向納払御用の五係に分れ、各係の定員が定められた。元文元(一七三六)年には全代官所を五分して五人の勘定奉行に夫々支配させることとなった。[6] 此等の諸制度の中、例えば勝手方奉行などという名称は享保以前にも見られるが、勝手方・公事方の職務内容が明瞭に規定され、且奉行・吟味役が一年交代で両部門に専念するという制度になったのは此時からである。又此等は以後若干修正され改廃されたが、根本的な変更ではなかった。つまり勘定所の職制の大綱はこの頃確立したといえよう。

かくの如く享保期に於て勘定所の機構が著しく膨脹し制度が大いに整備したのは、当然この時代の政策と密接に関連するものであった。享保期の幕府政治の最大の目標は幕府財政の健全化にあった。その方法として通貨の整理・統一・収縮及び財政支出の削減によって物価を下落・安定させるという緊縮政策と、貢租を増徴・確保する政策がとられ、此等はいずれも幕府政治に於ける勘定所の役割を重要にしてゆくものであったが、殊に貢租政策に関しては代官手代による小検見の復活、有毛検見の実施による貢租対象の確実な把握、定免制の励行による年貢収納の安定化、貢租率の引上げ、農民の再生産維持、新田開発の積極的推進等、悉く勘定方及び地方役人の多大の活躍をまってはじめて可能なことであった。又これに伴って諸役人の農民との接触の際、或は貢租収納の過程に於て幾多の汚職・弊害の生ずることは夙に識者の指摘するところであり、政策を円滑に推進するためには、此等の弊害を除去・防止すべく上層部の者の下級役人に対する監督・統制強化は絶対に必要であった。勘定所の機構の膨脹・職制の整備はかかる政策遂行上の目的から行われたものである。

それ故上部の下部に対する統制は強化されたが、又幕府内に於ける勘定方役人の地位も向上した。これが享保期にあらわれた勘定方に関する変化の第三である。勘定方関係の役人は奉行及び中途から設けられた吟味役は除いて、組頭・勘定衆・郡代・代官等いずれも幕府の他の役職とは異った特殊の職と見做され、『明良帯録』にはこれを高家・儒者・医師・鷹匠などと同じく世職の中に入れている。彼等は父子代々同一の職をつぎ、経験を重ね功績を立てても他の職に昇進せぬ。昇進しても勘定衆が組頭になる程度であった。勘定方の長官である勘定奉行に如何なる経歴の人が任ぜられたかを『寛政重修諸家譜』によって調べてみると、寛文以前は幕府の職制・格式等が未だ確立せず、従って役人の昇進の径路にも一定の規則というものは認められない。勘定頭（元祿以前には奉行をかく称した）という名称も未だ確定していない。しかし実質的に奉行の役にあった伊丹康勝（慶長五年任命）以下七人についてみると、その中に関東勘定奉行から進んだ者（曾根吉次）、代官から昇った者（伊丹康勝）、郡代から昇った者（岡田善政）と三人とも財政・民政関係の職を経験した人が入っている。即ち幕初には奉行の選任にかなり財政・民政上の手腕を考慮した事がこの事実からも察せられる。ところが寛文二（一六六二）年任命の妻木重直以降は昇進の径路が確定すると共に、財政経験者からの昇進が見られなくなってしまったのである。即ち奉行に任ぜられるのは先ず小姓組か書院番、稀に大番・小十人の番士に任ぜられ、使番・徒頭等を経て目付となり、ついで遠国・作事・普請奉行を経て勘定奉行に昇る。この後町奉行・大目付・留守居へと昇進してゆくのである。つまり勘定奉行の職は番士が大目付・留守居へと昇進するコースの一段階であった。寛文二年から享保十五（一七三〇）年迄六八年間三三人の奉行の中、僅かに貞享四（一六八七）年の佐野正周、元祿九（一六九六）年の荻原重秀の二人が勘定方から奉行となったのが例外であるに過ぎぬ。(7) 然るに享保十六年以降になると情勢は一変する。即ち十六年に杉岡能連・細田時以、同十九年に神谷久敬と続いて三人も勘定衆出身の奉行があらわれ、寛保三（一七四三）年に奉行となった萩原美雅も同じく勘定衆から昇進した人である。又勘定衆出身ではないが、元文二（一七三七）年任命の神尾春央は腰物方・細工頭・賄頭・納戸頭・勘定吟味役といずれも財務関係の職を歴任し、延享元（一七四四）年の逸見忠栄も同様腰物方・膳奉行・納戸頭・佐渡奉行を歴任している。元文三年の桜井政英は本来代々勘定衆の家であり、彼も納戸役・同組頭と財務関係をつとめ、更に吉宗生母用人・一橋家用人を経ているが、用人は当然その家の財政に関与したものと考える。つまり此三人も財政関係の職を各種経験して奉行になった人である。かくて享保期の後半即ち享保十六年から延享二年迄一四年間に一〇人の奉行が任命されたが、その中番方出身は三人、勘定方出身四人、その他の財務関係の職経験者が三人という割合である。享保十五年以前には二人の例外を除いて他の者がすべて番方、殊に番士↓目付↓奉行という順路によって昇った人であったのと較べて甚だ大きな変化といいうるのであろう。勘定奉行の中には晩年に至って漸く昇進し、全く名誉職的に僅かな間その職に就く人もあったが、大ていは幕府財政・天領統治の長官として諸役人中の重職であり、これに多年の経験と手腕を活用せんとして右の如き人達が登用されたのであろう。しかしそれは又此頃になって従来低かった財務経験者就中勘定方の地位が向上したことを示すものである。彼等にはかくして幕府政治中枢への参与の道がひらけたのである（別表『江戸幕府勘定奉行昇進順路表』参照）。

尤も享保十六年以前に於いても彼等が政治の中枢に参加すべき職はあった。それは勘定吟味役である。吟味役は元祿九年荻原重秀が吟味役から奉行に昇進して後は自然消滅となっていたが、正徳二（一七一二）年に新井白石の建言によって復活した。享保期に入って此職は大いに活用せられ、その後定員も享保五年には二名が三名に、同八年には五名に増加した。彼等は勘定組頭又は郡代から昇進したもので、多年の経験によって番士出身の奉行を補佐し、その地位も奉行の支配下になく直接老中の支配を受けていたので、財政・民政の中枢に直接参加することができた。享保に入って定員が右のように二人から五人と増加したのも当局の期待を示すものと考える。しかし一六年に吟味役の中から二人奉行に昇進して後は定員は漸減していった。即ち十六年には五人が四人となり、十七年には三人となり、十九年には遂に一人となった、元文元年に一人加って再び享保以前の如く定員二人となり、以後時折変化はあるがもう享保期の如き増員はなかった。つまり十六年以降は奉行への昇進の途が開けたので、従来の吟味役の果たしてきた役割の一部は勘定方出身の奉行によって行いうることになったため、最初の定員に戻したものであろう。

享保期にあっても番士出身の奉行も少くなかったのであるが、勘定方出身の奉行や吟味役の活躍は遙かに顕著で、当時の主要な政策はいずれも此等の人々がその中心に立っていたといって過言ではない。以下その事例を若干掲げてみよう。(8) 杉岡能連（正徳二年吟味役、享保十六年より元文三年迄奉行）は正徳金銀の発行を担当し、その後の通貨統一の中心となり、又土木工事に与り、享保十七年起った関西以西の大飢饉の救済・善後措置に功を立てた。公事方定書も彼がその主任であった。細田時以（享保八年吟味役、同十六年より元文二年迄奉行）は元文金銀の発行を専ら担当し、十七年の飢饉救済にも活躍した。神谷久敬（享保八年吟味役、同十九年より寛延二年迄奉行）は一七年の飢饉に現地に赴いて救済の指揮をしたのが最大の功績である。萩原美雅（正徳二年吟味役、一時左遷、享保五年復活、後佐渡奉行、長崎奉行を経て寛保三年から延享二年迄勘定奉行）は第一に正徳の金銀改鋳が功績で、新井白石も『折たく柴の記』（巻下）に「此事（改鋳）の緒をなせしは偏に此人の功なり」と記している。正徳の末一時左遷されたが享保に入って吉宗に認められ、新田開発・河川土木工事等に活躍した。又奉行にならなかったが、享保三（一七一八）年から一七年迄吟味役を勤めた辻守参は『辻六郎左衛門上書』で知られ、地方の聖といわれた。(9) 同八年に特に紀州から幕府の勘定衆に召出され、同十六年から元文二（一七三七）年迄吟味役をつとめた井沢為永も、紀州時代から治水・土木に功績を残している。更に、「胡麻油と百姓は絞れば絞るほど出るものなり」という言葉で有名な神尾春央は、元文元年吟味役、同二年から宝暦三(一七五三)年迄奉行を勤め、時の勝手掛老中松平乗邑のよき補佐役として、其頃から後世にかけて毀誉褒貶様々である。

此等の人々を含めて当時顕著なのは所謂地方巧者の進出である。[10]農政に深い経験と手腕を有し、著書などもある人々が役人として活躍し、或は登用せられた。前に吟味役辻守参が地方の聖と称せられたことを記したが、『田園類説』等の著者で、享保六年から代官を勤めた小宮山昌世も亦地方の聖と称せられている。[11]『民間省要』の著者田中丘隅は享保十四年に用いられて支配勘定格として天領を三万石預けられた。『農家貫行』の著者蓑正高も能役者から用いられて支配勘定格となり、更に元文四年には代官となった。紀州からは前述の如く治水土木の巧者井沢為永が召出された外、吉宗紀州藩時代に財政を担当した大島守正が幕府の財政顧問となっている。享保十八年には関東郡代伊奈忠達が勘定奉行支配から老中支配となり、吟味役首座(吟味役となったのではなく、その地位を示すもの)を命ぜられた。[12]伊奈家は幕初以来関東郡代として代々地方の経験を重ねている家であるから、その地位がかくの如く引上げられたことは、幕府政治に於ける地方巧者の進出、その重要性の増大を最もよく示すものといえよう。

此等勘定方として活躍した人々について注目されるのは新参の家人が少くないということである。例えば奉行の杉岡能連・細田時以、吟味役辻守参、代官小宮山昌世等は父祖又は自身が神田館で綱吉に仕え、やがて幕府の家人となった人、吟味役八木茂時は父が桜田館で家宣に仕えていた人、井沢為永は紀州から来た人、代官蓑正高は能役者から取立てられた人である。[13]前述の如く元禄から享保にかけて勘定所の機構は著しく膨脹して居り、その一部は勘定衆や代官等の次男以下を加えたとしても、新たに多くの人を加えたことは想像に難くない。右にあげた人々はその中から頭角をあらわした人であるが、その他組頭などに昇進した人も少くあるまい。享保の初年譜代と新参の家人の間に厳しい差別を設け、新家人の相続に制限を設けたことは前にも述べたが、享保七(一七二二)年に至ると相続の制限は目見以下に限り、目見以上の者は譜代と同等に扱われ、目見以下の者でも最初から本丸に召出された者、及び神田・桜田両所で新規に召抱えられた者でも、本丸の譜代と縁続きの者は譜代と同等ということになった。即ち譜代ならざる者として差別待遇を受けるのは極めて小範囲の者に限られるに至ったのである。[14] これは室鳩巣の差別待遇反対の進言[15]も効果があったのであろうが、又右に述べた如く新参の家人が多数政治の中心に立って活躍するに至った結果であり、且当局の彼等に対する期待を示すものである。

又新参の家人ではなくとも、勘定方から昇進した人々の家柄は低い。元文二年金銀改鋳に反対して浪人が目安箱に投書したという文の中にも、杉岡・細田・神谷は祖先以来布衣にもなった事のない家柄であるのに奉行に迄取立てるとは何事かと記してある。[16] 萩原・神尾・桜井・逸見等いずれも布衣を許さるべき家ではなかった。[17] 神谷の如きは曽祖父・祖父は広敷添番で目見を許される役になく、父も最初は支配勘定であったから目見以下であって、その後暫く勘定衆に上って目見を許された。[18] かかる家の人達が布衣を許され、更には叙爵し、勘定奉行の重職にも就いたのであるから、著しい出世として幕臣達の注意をひいたものと思われる。

以上を要約すれば、一、勘定所機構の膨脹、二、職制の整備、三、勘定方役人の地位の向上、そうしてそこには新家人及び低い家柄の者の擡頭がみられた事、此等が享保期の勘定所にあらわた注目すべき変化であった。つまり享保改革の主要課題である幕府財政の健全化は、此等新家人や低い家格の者の抜擢・登用によって推進されたといえよう。

註

（1）松平太郎『江戸時代制度の研究』第一六章によれば、寛永十五年創置説は疑わしいという。しかし松平氏は人員一二人の眞偽については言及していない。

（2）『吏徴別録』下巻。

（3）その数については調べてないが、後に勘定奉行・吟味役となって活躍した人々について調べたところ、綱吉、家宣に従って幕府に入り勘定衆となった者、或はその子孫が少くない。それから推せば奉行等に昇進しなかった者の中にはかなり多数、綱吉・家宣に従って入ってきた者があると思う（後述参照）。

（4）この数字は『吏徴別録』記載のものであるが、『徳川禁令考』巻二四によると十八年には一九一人となっている。但しその中助役というのが一〇人含まれている。これが如何なる身分の者であったかは明らかでないが、仮に之を除いても一八一人で、やはり著しい増加であるに相違ない。

（5）『吏徴』上巻、同『別録』下巻。
『徳川禁令考』巻二四にも、享保度の人数には組頭何人、勘定衆何人と明記してあるが、寛政以降の場合はただ人数何人と記してある。故に勘定衆以外の者を含んでいるものと認められる。猶支配勘定の人数は松平太郎、前掲書による。

（6）『徳川禁令考』巻一五・二四、『教令類纂』二集六五。

（7）元禄期の初年にはかくの如く勘定方から奉行に昇進する者があり、また勝手掛老中の制が設けられて堀田正俊が之に任ぜられ、更に勘定吟味役（当時は勘定頭差添役と呼ばれた）が創置せられるなど、幕府財政関係の制度に著しい改革が行われた。しかしやがて勝手掛老中は有名無実の存在となり、正徳に入って廃せられた。吟味役も自然消滅し、勘定方から昇進する奉行も荻原重秀の後なくなった。上層部は財政に甚だしく無関心となり、重秀が独断的に振舞った。享保期の勘定方関係の改革は元禄期初年の復活ともみることができる。

(8) 拙著『徳川吉宗公伝』第七章参照。
(9)『地方凡例録』巻三。
(10) 古島敏雄『近世日本農業の構造』第三篇第一章。
(11)『地方凡例録』巻三。
(12)『実記』巻三八。
(13)『重修譜』巻一二六九・九四二・一四九七・一五一二・一四六五・一二八七・一二三二。
(14)『触書集成』一八、『憲法編年録』。
前に新家人の相続制限が単なる財政上からする人員整理とは認め難いことを記したが、それは此令によって裏付けられる。というのは、享保七年は幕府財政の最悪の年で、旗本の切米支給にも事欠き、諸大名に上ゲ米を命じた程であるから、財政上の人員整理ならば此年に相続制限が緩和されるのは矛盾しているからである。
(15)『献可録』巻中、『兼山秘策』Ⅴ・Ⅵ。
(16)『武陽禁談』。
(17)『重修譜』巻四七三・一〇四六・九五四・一三八。
(18) 同巻一四五二。

結　語

通例元禄・正徳期から享保期への幕府政治の転換を文知政治から武断政治への移行という言葉であらわしている。伊東多三郎氏が近年日本近世史に於いて述べられた説も、これと同じ立場にあってその政治史的意義を一段と深めたものと考える。[1] その説は、幕藩体制の危機拡大に対処するため全封建権力の集中強化を必要とし、その方法として先ず将軍の覇者的性格を一掃して絶対君主的性格を確立し、職制を整備して将軍の下に臣僚組織を作り、法制を制定して国政の運営に当るという方法が家宣や白石によって試られた。しかし家宣の早逝、既成勢力の妨害、幕府の経済的基礎の薄弱等、内外の条件が揃わなかったため之を推進することができなかった。そこで吉宗の登場と共に此方法は排せられて、幕府成立期の将軍独裁政治が復活した。これは将軍個人の強大な人格と統率力によって権力を将軍に集中するという方法で、これによって危機に対処すべく改革を遂行したのが享保改革であるという説である。しかし享保期の将軍独裁政治を論ずるのに際して、将軍の個人的な性格や行動のみを問題とするのは一面的であり、殊にそれが幕初の体制の復活であると見做すのは、私がこれ迄述べてきた諸事実によって否定しうると思う。確かに将軍親裁が行われて側近政治は排せられたが、将軍の下には一種の臣僚組織が出来上ってきて、これが幕府政治運営の中核をなすに至ったのであるから、伊東氏の説に従えばむしろ白石等の理想とした体制へ実質的に一歩進んでいると見ることができる。

結局私は次のように考える。即ち享保改革は先ず、門閥・譜代の伝統的勢力の復活によって始まった。このため側近政治が否定され、新井白石の行った幕府政治に於ける儀礼的修飾が廃せられた。又これによって門閥・譜代の特権や格式が重んぜられ、その反面元禄以降の新参の家人達は不利な扱いをうけた。当時の政治に復古的性格があらわれているのも一つにはかかる勢力関係の変化によるものではあるまいか。しかしかくの如き伝統的勢力の復活は決して将軍の権力を弱化するものではなかった。却って享保期には幕初の如き強力な将軍親政が要望された。これは紀州から擁立された吉宗にとって自己の権威を絶大にする好条件であった。その上、彼は衆目を瞠らしめる程の前代とうって代った行動・生活と、下部の諸情勢についての知識と、幕臣の意表に出る人事とによって幕臣達を威服せしめる事に成功した。且吉宗は彼を迎えた前代以来の諸老中が相次いで辞任・死去してもその欠員を補充せず、老中の陣容を全く更新することによって独裁の条件を完成した。これが享保七年であって此年は享保改革に於て一期を画す年と考える。

此年彼は勝手掛老中の制度を設けた。これは老中といっても門閥を代表する性格が薄く、将軍独裁政治に於ける最高官僚的性格を強くしていた。その下には勘定方が属したが、その構成員には新参の家人や低い家格の者の擡頭が著しくなった。つまり一種の官僚的勢力が将軍の独裁政治を支えて、これによって享保改革の中心的課題が遂行されたのである。足高の制定、御定書その他の法典編纂もかかる体制出現に伴う産物であり、目安箱設置の効果もかくの如き将軍独裁制下の幕府の官僚的機構確立の上に発揮された。(2)

しかし我々はかくの如き官僚的勢力の擡頭によって、幕府政治の転換が完全に行われたと見做すことはできない。現実の政治面から遊離した存在となっていったとはいえ、門閥・譜代の勢力は享保期を通じて猶牢固たるものがあった。将軍親政即ち吉宗の独裁政治確立も此の勢力によって可能となったものである。然るに吉宗はその独裁政治推進のため新たな勢力を育て上げようとしたのである。勝手掛老中を勤めた水野忠之・松平乗邑が共に失脚するのも、かくの如き矛盾した吉宗の立場の犠牲となったものと見るべきである。故に享保改革の性格を論ずるためには、門閥・譜代勢力と新たに擡頭せる官僚的勢力の関係の本質について考える必要があると思われるが、それは遺憾乍ら他日を期せねばならぬ。

註

（1）　伊東多三郎『日本近世史』(二)第二章第一節。

（2）　拙稿「目安箱設置に関する一二の問題」（『日本歴史』五五）、『享保改革の研究』第四章三。

寛文—延享年間勘定奉行一覧表

○印勘定方出身　△印財務関係出身

氏名	新任	前職	相続石高	就任時石高	年月	加増	転退職年月	移動	備考
妻木重信	書院番	長崎奉行	1200石	1200石	寛文 2- 4	1800石加	寛文10-12	退職、寄合	
松浦信貞	小姓組	小姓組	1500石	1500石	〃 6- 6	1500石加	延宝 1- 7	同上	
松浦正照	同	小姓組	6000石	6000石	〃 8- 6	——	〃 8-*8	留守居	
徳山重政	書院番	書院番	3240石	3240石	〃 10- 5	——	天和 1- 3	退職	
甲斐庄正親	小姓組	小姓組	1700石	1700石	〃 12- 9	1300石加	延宝 8- 8	町奉行	
岡部吉昌	同	目付	2620石	2620石	延宝 3- 5	380石加	〃 8- 3	退職、寄合	
大岡清重	同	目付	1000石	1300石	〃 8- 3	1700石加	貞享 4- 9	罷免、逼塞	
彦坂重治	同	目付	600俵	600俵	〃 8-10	1000石加	〃	同上	天和２、700石加
高木守勝	同	目付	2800石	2800石	〃	1000石加	天和 2-10	大目付	天和２、700石加
中山吉勝	同	先手鉄砲頭	300俵	1100石	天和 2-11	1000石加	貞享 2- 9	退職、寄合	
松平忠冬	書院番	寄合	300俵	3000石	貞享 2-10	——	〃 2-12	側衆	
仙石正勝	小姓組	新番頭	2000石	2700石	〃 2-12	——	〃 4- 9	罷免、小普請	
小菅正武	大番	小普請奉行	300石	1000石	〃 4- 9	1000石加	元禄 1- 8	死去	
○佐野正周	勘定衆	勘定吟味役	500石	900石	〃	1000石加	〃	罷免、小普請	加増1000石没
松平重良	書院番	普請奉行	2500石	3000石	元禄 1- 7	——	元禄 3- 1	死去	
戸田直武	同	小普請	800石	1300石	〃 1-11	——	〃 2- 4	罷免、勘気	
稲生正照	小十人	作事奉行	10人扶持	1000石	〃 2- 5	500石加	〃 12- 4	退職、寄合	
井戸良弘	書院番	先手弓頭	3040石	3040石	〃 7- 2	——	〃 15-11	留守居	
○荻原重秀	勘定衆	勘定吟味役	150俵	1750石	〃 9- 4	1950石加	正徳 2- 9	退職、寄合	在職中加増頻繁
久貝正方	定火消	持筒頭	5000石	5000石	〃 12- 1	——	宝永 2-12	留守居	
戸川安広	書院番	西丸留守居	3000俵	3000石	〃 12- 4	——	〃 5- 2	退職、寄合	
中山時春	小十人	大坂町奉行	100俵	1000石	〃 15-11	500石加	正徳 4- 1	町奉行	
石尾氏信	書院番	長崎奉行	2200石	2200石	宝永 2-12	——	宝永 5-11	死去	
平岩親庸	同	持弓頭	800石	1300石	〃 5- 4	——	正徳 3- 3	退職	
大久保忠香	小姓組	大坂町奉行	1100石	1600石	〃 5-12	——	享保 1- 2	罷免、小普請	
水野忠順	書院番	普請奉行	300俵	1100石	正徳 2-10	500石加	〃 4- 4	退職、寄合	
水野守美	同	駿府町奉行	800石	1100石	〃 3- 3	300石加	〃 8- 3	旗奉行	
伊勢貞勅	大番	普請奉行	730石	1030石	〃 4- 1	——	〃 6- 8	退職、寄合	
大久保忠位	書院番	普請奉行	2360石	2360石	享保 1- 2	——	〃 8-11	留守居	
駒木根政方	小姓組	作事奉行	1700石	1700石	〃 4- 4	——	〃 17- 5	大目付	
筧　正鋪	大番	目付	200俵	500石	〃 5- 8	500石加	〃 19- 11	退職、寄合	
久松定持	小姓組	作事奉行	300俵	1200石	〃 8- 3	——	〃 14-12	退職、寄合	此年足高制定
稲生正武	徒頭	目付	1500石	1500石	〃 8-11	——	〃 16- 9	町奉行	
松波正春	書院番	小普請奉行	500石	500石	〃 14-12	——	元文 1- 8	町奉行	
○杉岡能連	勘定衆	勘定吟味役	150俵	500石	〃 16-10	——	〃 3- 7	死去	
○細田時以	同	勘定吟味役	150俵	500石	〃	——	〃 2- 9	死去	
松平政穀	小姓組	佐渡奉行	300俵	600石	〃 17-*5	——	享保19-12	退職	
○神谷久敬	勘定衆	勘定吟味役	150俵	500石	〃 19-12	——	寛延 2- 6	死去	
石野範種	小姓組	小普請奉行	300石	600石	〃	500石加	元文 2- 6	大目付	
河野通喬	書院番	小普請奉行	1000石	1000石	元文 1- 8	——	寛保 2- 8	大目付	
△神尾春央	腰物方	勘定吟味役	200俵	400俵	〃 2- 6	1100石加	宝暦 3- 5	死去	
水野忠伸	書院番	普請奉行	1600石	1600石	〃 3- 7	——	延享 1-12	大目付	
△桜井政英	納戸番	一橋用人	350俵	700石	〃	——	元文 4-10	退職、寄合	
木下信名	小姓組	作事奉行	1150石	1150石	〃 4-10	——	延享 3- 3	西丸留守居	
○萩原美雅	勘定衆	長崎奉行	150俵	500石	寛保 3- 1	——	〃 2- 4	死去	
△逸見忠榮	腰物方	佐渡奉行	200俵	500石	延享 1-12	——	寛延 1-12	罷免、小普請	

江戸幕府勘定奉行昇進順路表（慶長５→延享１）

（辻達也作成）

凡例　１．この票は慶長５（1600）年より延享１（1744）年の間に任命された江戸幕府の勘定奉行が、初めて幕府の役職についてから勘定奉行に昇進するまでの役職の経路を『寛政重修諸家譜』によって調べ、これを大略類別して表示したものである。
２．人名の後の年代は勘定奉行在職年代を示す。
３．末尾の石高は奉行就任時および在任中加増のあった場合の最高を示す。
４．勘定奉行から更に昇進した場合は、その最終職名を記す。但、兼職は省略した。
５．巻数は『寛政重修諸家譜』の巻数である。

Ｉ　寛文以前

人名	在職年代	経路	石	石	最終職	巻
伊丹　康勝	（慶長 5—慶安 1）	小姓→勘定奉行	500 →	12,000		276
松平　正綱	（〃 15—寛永10）	小姓→勘定奉行	3,000 →	22,100		255
伊丹　勝長	（慶安 3—寛文 2）	小姓→勘定奉行	10,000			276
曾根　吉次	（寛永13— 〃 1）	関東勘定奉行→勘定奉行	600 →	3,000		167
杉浦　正友	（〃 19—慶安 4）	納戸頭→留守居→勘定奉行	6,000		留守居	527
酒井　忠吉	（　〃　）	書院番→裏門番→留守居→勘定奉行	7,000		同	64
村越　吉勝	（慶安 4—萬治 2）	小姓組→膳奉行→二丸留守居→勘定奉行	1,200 →	1,700	町奉行	1,020
岡田　善政	（萬治 3—寛文10）	郡代→勘定奉行	5,080 →	7,200		326

II　寛文２(1662)年～享保14(1729)年

A．小姓組番士より昇進

人名	在職年代	経路	石	石	最終職	巻
松浦　信貞	（寛文 6—延宝 1）	小姓組→勘定奉行	1,500 →	3,000		475
杉浦　正照	（〃 8— 〃 8）	小姓組→勘定奉行	6,000		留守居	527
甲斐庄正親	（〃 12— 〃 ）	同→使番→（目付→大坂町奉行）→勘定奉行	1,700 →	3,000	町奉行	588
大久保忠香	（寛永 5—享保 1）	同→使番→（目付→大坂町奉行）→勘定奉行	1.600			705
岡部　勝重	（延宝 3—延宝 6）	同→徒頭→目付→勘定奉行	2,620 →	3,000		276
大岡　清重	（〃 8—貞享 4）	同→徒頭→目付→勘定奉行	1,300 →	3,700		75
高木　守勝	（〃 —天和 2）	同→徒頭→目付→勘定奉行	2,800 →	4,500	大目付	318
彦坂　重治	（〃 —貞享 4）	同→目付→（長崎奉行→作事奉行）→勘定奉行	600 →	2,300		327
駒木根正方	（享保 4—享保17）	同→目付→（長崎奉行→作事奉行）→勘定奉行	1,700		留守居	935
久松　定持	（〃 8— 〃 14）	同→腰物奉行→目付→（長崎奉行→作事奉行）→勘定奉行	1,200			1,137
中山　吉勝	（天和 2—貞享 2）	同→小姓組々頭→御先鐵砲頭→（新番頭）→勘定奉行	1,100 →	2,100		661
仙石　政勝	（貞享 2— 〃 4）	同→小姓組々頭→御先鐵砲頭→（新番頭）→勘定奉行	2,700			306

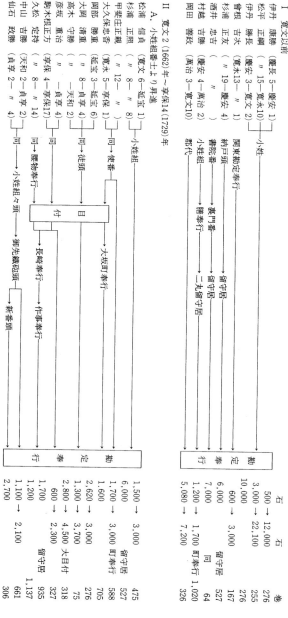

B．書院番士より昇進

徳山　重政	（寛文10―天和 1）	書院番→勘定奉行	3,240		308
妻木　重直	（〃 2―寛文10）	同→使番→目付→長崎奉行→勘定奉行	1,200 → 3,000		301
石尾　氏信	（宝永 2―宝永 5）	同→使番→目付→勘定奉行	2,200		838
戸川　安弘	（元禄12― 〃 ）	同→使番→目付→桐間番頭→西丸留守居→勘定奉行	3,000		974
平岩　親庸	（宝永 5―正徳 3）	同→使番→目付→持弓頭→勘定奉行	1,300		1,177
戸田　直武	（元禄 1―元禄 2）	同→目付→作事奉行→大目付→（小普請）→勘定奉行	1,300		912
大久保忠位	（享保 1―享保 8）	同→目付→普請奉行→勘定奉行	2,360	側衆	714
水野　忠順	（正徳 2―享保 4）	同→徒頭→目付→普請奉行→勘定奉行	1,100 → 1,600		337
水野　守美	（〃 3― 〃 8）	同→徒頭→目付→駿府町奉行→勘定奉行	1,100 → 1,400	旗奉行	334
松波　正春	（享保14―元文 1）	同→徒頭→目付→小普請奉行→勘定奉行	500	大目付	920
松平　重良	（元禄 1―元禄11）	同→本所奉行→目付→普請奉行→勘定奉行	3,000		32
井戸　良弘	（〃 7― 〃 15）	同→本所奉行→御先弓頭→勘定奉行	3,040	留守居	1,094
松平　忠冬	（貞享 2）	同→書院番組頭→新番頭→町奉行→（寄合）→勘定奉行	3,000		31

C．大番士より昇進

小菅　正武	（貞享 4―元禄 1）	大番→新番→小普請奉行→勘定奉行	1,000 → 2,000		232
伊勢　貞勅	（正徳 4―享保 6）	同→腰物方→新番→道奉行→船手→目付→普請奉行→勘定奉行	1.030		502
寛　　正舗	（享保 5― 〃 19）	同→大番組頭→勘定奉行	500 → 1,000		1,087

D．小十人より昇進

稲生　正照	（元禄 2―元禄12）	小十人→新番→新番組頭→目付→作事奉行→勘定奉行	1,000 → 1,500		1,078
中山　時香	（〃 15―正徳 4）	同→納戸番→納戸組頭→腰物奉行→目付→大坂町奉行→勘定奉行	1,000 → 1,500	町奉行	752

E．勘定役より昇進

佐野　正周	（貞享 4―元禄 1）	勘定役→勘定組頭→勘定吟味役→勘定奉行	900 → 1,900		853
荻原　重秀	（元禄 9―正徳 2）	勘定役→勘定組頭→勘定吟味役→勘定奉行	1,750 → 3,700		601

F．その他

久具　正方	（元録12―宝永 2）	定火消→持筒頭→勘定奉行	5,000	側衆	1,036
稲生　正武	（享保 8―享保16）	（小普請）→徒頭→目付→勘定奉行	1,500	大目付	1,078

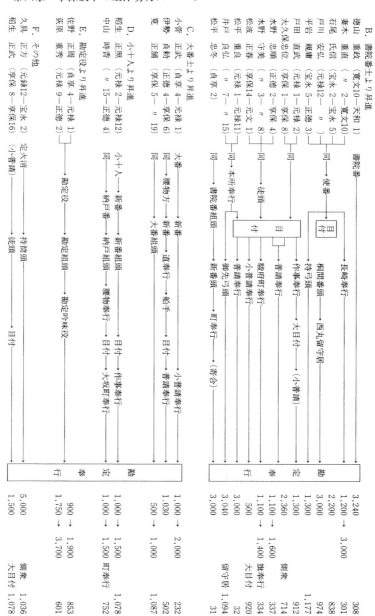

III　享保16(1731)年〜延享 1(1744)年

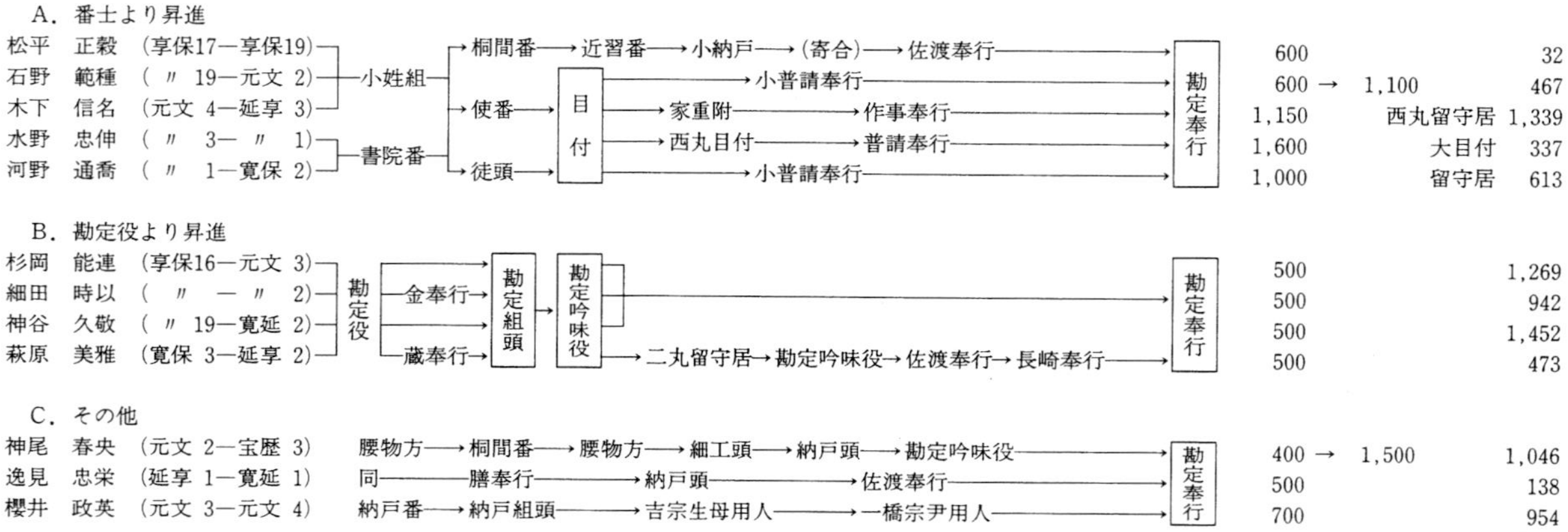

第七章　享保改革と儒学

はしがき

江戸幕府の行なった享保の改革に儒学がどれだけの意味をもっていたかということについては、従来あまり考えられていないようである。儒教教育史という観点からこの頃の儒学政策を取扱った論著はあるが[1]、その儒学政策が改革の中でどのような位置をしめていたかについては明らかでない。むしろ享保改革を文治主義破棄・武断復古と規定している従前の通説においては、「文化に対する無理解」という評価[2]はいささか極端としても、大たいにおいて享保改革と儒学との関係はほとんど問題とされていないのである。

元禄・正徳期と享保期とを比較して、幕政上この両期は質的に相違しているという通説は、その主たる論拠を政治と儒学との関係においている。つまり元禄・正徳期には綱吉・家宣・白石など儒学に造詣深い政治家が幕府首脳部を形成し、学問・礼楽の奨励、振興に努めた。ところが享保期に入ると幕政を濃く彩っていた儒教的理想主義が消え、甚だ現実的な実利主義、粗野な武断主義が政治の基調となったというのである[3]。私は幾度かの機会にかかる通説の首肯しがたいことを、主として幕府権力機構の上から強調してきた[4]。しかし幕府首脳部の主観的立場が異っていたことは事実である。例えば吉宗は白石に対し「筑後は文飾の多きもの」[5]、つまり白石は形式・外容の整備を重視しすぎる者という評価を下していた。これに対し白石も、吉宗の施策が実利にはしり、礼を失することの多いのについて、しばしば書簡の中で批判している[6]。吉宗の登場、白石の失脚によって幕政の基調が一変したとする論者は、かかる吉宗・白石両者の主観の相違を強調するわけである。

綱吉・家宣・白石などに較べると吉宗は著しく儒学的教養に乏しいこと、また元禄・正徳期の幕府首脳部にみられた儒教的理想主義が享保期の将軍吉宗以下にみられぬことは事実である。しかしそれは享保改革と儒学との絶縁を意味するといい得るか。享保改革の諸政策の中に儒学を位置付けようとすることは無意味なのであろうか。本稿はかかる関心から、専ら享保期の幕政における儒学の役割について考察しようとするものである。

註

(1) 例えば和島芳男『日本宋学史の研究』第三編第二章、平野彦次郎「吉宗と儒学」・藤沢章次郎「大阪の儒学」・高成田忠風「漢学を主としての私塾」(『近世日本の儒学』所載)等。

(2) 栗田元次「所謂享保中興の価値」『史学研究』一の一。

(3) かかる通説は遡れば享保期の儒者の見解に淵源するといえるが、とくに栗田元次氏の説が近年迄の通説の根源をなしている(栗田元次『江戸時代』上『綜合日本史大系』九、同「所謂享保中興の価値」)。

(4) 例えば拙著『享保改革の研究』第一章、拙稿「幕府の新段階」(岩波講座『日本歴史』近世3所収)。

(5) 『兼山秘策』六　享保八年正月廿五日付青地礼幹書簡。

一、先日被仰聞候は、御直に御尋被遊候は、新井筑後守学問は、如何様に候哉との御儀に付、筑後守儀、古今に通じ博識の者にて御座候、世間に博識の者多候へ共、多は中華の事迄に博御座候處、筑後守は日本の事に殊外委敷、和漢の事引合候て、能弁じ申候旨申上候處、暫あって、筑後は文飾の多きものと、御聞被遊候旨上意に候。其通とも何共難申上儀に付、只謹で罷在候へば、外の儀など御尋に付、退出被成候處、御近習の衆を以、筑後守何ぞ御尋被遊候共、可申上候哉、如何存知被成候哉との被仰出に候。是又可申様無之に付、上意を以御尋被遊候に、存知罷在候儀を不申上儀は御座有間敷と奉存候、但、近年老衰仕候て、物覚悪敷罷成候由申聞候、近年の儀も失念仕候事多く御座候旨申上候へば、其後は何の被仰出も無之候。其内筑後に逢候はゞ、此趣可申聞哉とも存候。

(6) 新井白石『與佐久間洞巖書』、拙著『徳川吉宗公伝』第二章。

『白石先生手簡』『與佐久間洞巖書』十二月朔日(白石全集五)。

(前略)天高く地卑く候は、礼の立ち候所にて、天気降り地気昇は、楽の教に候。天子・諸侯・卿太夫・士庶、たゞたゞ倹をのみ宗とし、礼の節文といふものなく候はむには、鴻濛未判の世にこそは候はむずらむ。天地すでにわかれたち候はむ後は、礼なく楽なくして、いかに人道はたち候はむにや。今の学士・大儒の論にもこれに似たる説候など承候。心得がたき事に候。孔子も、周公の才美候とも、驕且吝なるには、観るにたらずとこそ仰候つれ。驕ならむ、吝ならむ、世の大病と見へ候。(中略)秦始皇の如きも、十三より位につき、三十にたる、たらぬ時に六国をあはせられ、其智は聖人をも侮られ候ほどの事にて、政をも一夜に一斛の上書を見られ候と申伝候。されど驕気たくましく、己が心を師とし、古を師とせず、黔首を愚にし、刑罰を厳にし、威武を以て世をしづめられむとのみの事にて、しかも天下の財を府庫に聚斂め、子孫の帝も万世の業とせられ候故に、身死して肉寒からぬほどに、一代の功をむなしくして、さほどに併せられ候天下をうしなはれ候。これたゞ驕と吝とのなし候處にて候へば、孔子の御言、その験なしと申すべからずや。

一 吉宗らの儒者に対する態度

吉宗以下享保期の幕府首脳部が儒者乃至儒学に対しどのような態度をとったかは、吉宗と最も接触の多かった儒者室鳩巣の書簡等を通じて窺い得る。鳩巣は正徳以来幕府の儒者に列しており、享保になってもその地位は変らなかった。享保四（一七一九）年以降、幕府が林家以外の儒者に命じて八重洲河岸の高倉屋敷において講義を聞かせた時には、鳩巣もこれに加って論語の講義をしている。[1]しかし直接彼が吉宗に接するようになったのは享保六年以後である。すなわちこの年正月十四日、彼は木下菊潭・服部寛斎・土肥霞洲と共に吉宗に謁し、論語を講じた。[2]この時には若年寄石川総茂から「はやく埒明候様短く講じ可申」「必長く申間敷候、大義さへ聞へ候へばよく候間、其心得可仕」と繰返し念をおされ、しかも論語の何を講ずるのか早くきめよとせかされたので、一同すっかり困惑したらしく、ただ早くすませようという気持ばかりだったらしい。「近江守（石川総茂）殿初め無学故、ただはやく済み候て、上にも御退屈無之様にとの心遣ばかりにて候」「世上に申祝儀一通りと申様成事」と鳩巣は大いに不満をもらしている。ことに他の三人は綱吉・家宣時代にも将軍の前で講義をした経験があるのに対し、鳩巣ははじめてのことなので、心中すこぶる不安であったらしい。ところが後日将軍の側医師の言を伝聞したところによると、吉宗は鳩巣の講義をほめていたというので、「殊の外御聡明に候」と喜んでいる。この後彼は時折吉宗によばれ、『書経』『貞観政要』の講義を行っている。[3]

しかし鳩巣は吉宗をはじめ、幕府首脳部の学問に対する態度に不満を持っていた。その第一は首脳部が好学の人達でなかったことである。享保七年七月御用取次有馬氏倫を通じて旗本年少者の教育につき尋ねられた時、鳩巣は次のように答えている。

学問の道は畢竟上より不被行候ては、下々発起可申様無御座候、只今御学問御数寄候様に御座候へども、御真実に御勤被遊候御様子には相見不申候、上箇様の体にて、下々感発仕ものにては無御座候、扨老中方並各様などの内、学問の筋御存知にて御用候へば、末々にも出精可申候へ共、御壹人も左様の方無御座候、初よりの衆は其通にても、只今御取挙の方、少も其筋御存知の者に候へば、頼も出来可仕候へ共、此度安藤対馬守[4]御老中被仰付候へども、事外の嫌と申候、同列の内に、酒井修理大夫[5]は学問も数寄、人品も却て宜様申慣候処、此人は御取出不被遊候て、対馬守など罷出候に付、私共は望を失申候（『兼山秘策』六　享保七年七月七日付青地礼幹書簡）

鳩巣はこの時以外にも同様の意見を上申している。[6]

鳩巣の不満の第二は、当局の施政方針が甚だ実利的傾向をもっていたことである。大たい鳩巣自身、新井白石の評によれば「墨翟・晏平仲のゆきがたのごとく」功利的であるという。[7]その鳩巣も当局の方針には黙視し得ぬものがあった。そこで享保七年十月には『貞観政要』を講ずる際、唐の太宗に向って弓工が木心不正、故に良弓にあらずと語った故事を引用し、勝手掛老中水野忠之以下諸役人の緊縮財政方針を批判した。[8]

第三に鳩巣は、吉宗が荻生徂来・北溪兄弟をはじめ朱子学派以外の学者を召出すことについて不満をもっていた。江戸における唯一の正統的朱子学者を以て自任する彼は、[9]時折吉宗に対し異学批判を行っている。[10]しかしこの意見は吉宗以下幕府当局にはいれられず、一般にも異学が盛んになってゆく情勢をみて、「大廈の顛、一木の所支に非候得共、所聞を尊び、所知を行って一生を終申覚悟」をせざるを得なかったのである。[11]

学派の別に関する見解はしばらくおき、その他の点においては、鳩巣以外の儒者もしばしば幕府首脳部を批判している。吉宗が狩猟に熱を入れて、『貞観政要』の受講を疎かにすることを室鳩巣が歎いているのを聞いた青地礼幹は、兄斉賢への手紙で、「学問博識にてさへ正路の方へ参り申すは稀に相見へ申し候、然らば御不学と申し候」と吉宗の態度を批判し、[12]「一薛居州独如宋王何」[13]という故事を以て鳩巣の立場にあてている。また山崎闇斎学派に属する若州小浜藩の儒者松田善三郎は、若年寄石川総茂から学問振興策について質ねられたのに対し、「先各様より真実に学文御好み被遊候て御見せ被成候はゞ、人々興起致可申（中略）ケ様の御大役を御不学にて御勤被成候事、乍憚奉感候事に御座候」と、上層部の学問不熱心を批判している。[14]

当局の功利的態度に対しては、太宰春台も享保十八（一七三三）年西丸老中黒田直邦に呈した上書において、吉宗の代となって「天災屢降り、万民安心仕らず候は、如何なる事ぞと伏て考へ候に、只一ツ利を好ませ玉ふ御心、是第一の病根にて御座候」と指摘し、「只今天下万民の怨を解き、天災を弭めらるべき上計は、興利の徒を悉く逐退られ、此後一切に興利の政を禁とせらる」事であると論じている。[15]室鳩巣が勝手掛老中水野忠之を批判したことについては前に述べたが、鳩巣とほぼ同意見の投書が目安箱に入れてあった。これを吉宗が、その姓名の部分を切除いて忠之に見せたところ、「我等のこまり候者は只々儒者共にて候」とつぶやいたという。[16]

室鳩巣をすら功利の徒と見ている新井白石は、享保になってから自分の境遇を考えて、「今は大かた世の中の事、聞もし候はぬ様にと常々心がけ」[17]ていたが、時折黙視し得なくなったのであろう。その書簡中に批判・不満の意を記している。享保七年七月幕府が諸大名に下した「上げ米令」の中に、「御恥辱を不被顧、被仰出候」とあることについて、彼は「天下の人、不顧恥辱候やうになりゆき候ては、いかに可有之候やらむ、すべてこれらの事共おもひめぐらし候へば、物体《ママ》なき事と、更に〳〵夜もやすくまどろまれず候」[18]と述べている。また何年のことかは明らかでないが、「天子諸侯卿太夫士庶、たゞ〳〵倹をのみ宗とし、礼の節文といふものなく候はむには、鴻濛未判の世にこそは候はむずらむ、天地すでにわかれたち候はむ後は、礼なく楽なくして、いかに人道はたち候はむにや」と論じ、秦の始皇帝が子孫長く天下を保ち得なかったのは「これたゞ驕と吝とのなし候処にて候」と述べている。[19] これも吉宗の政治方針に対する批判と考えられる。

このように幕府首脳部の態度に対しては多くの儒者が直接・間接に不満を明らかにしている。しかし吉宗以下当局者は儒者の登用・活用に努めること著しいものがあった。しかもそれは鳩巣が不満としたように、学派の別を問わなかった。吉宗の代になって政治的に失脚した新井白石に対してすら、後には登用を考慮しているのである。[20]

当局が儒者の登用・活用に力を注いだことに関して注意せねばならぬのは、その時期についてである。吉宗は将軍就任直後の享保元（一七一六）年七月、江戸城中において林信智に講書を命じた。これは元禄以後中絶していたのを再興したものである。[21] 同二年七月には聖堂における講義をはじめて直参以外の武士・町人・農民に開放した。[22] 享保四年十一月には前にも述べたように高倉屋敷にて室鳩巣等に開講せしめ、貴賤の聴講を許した。このように吉宗は将軍就任早々から儒学教育の振興について努力していることが窺われるが、とくに享保六―八年に至って当局の学者登用・活用が一段と盛んになっていることを見逃せない。即ち享保六年正月には吉宗が室鳩巣ら高倉屋敷出講者四人にはじめて面前で講義させた。その後鳩巣はしばしば呼出されて講義したり、諮問に与ったりしている。吉宗の諮問に対する彼の答申十八篇を集めたものが『献可録』であるが、これを『兼山秘策』と対比してみると、答申はほとんどすべて享保七―八年になされたものであることがわかる。[23]

荻生徂来が吉宗と接触するに至ったのも享保六年九月以降である。すなわち吉宗は薩摩藩主島津吉貴の献じた『六諭衍義』を庶民教育に役立たせようと思い、その和訳を室鳩巣に相談した。しかしそれには清国の俗語が混じているので鳩巣には困難であったため、俗語に通じている徂来が命を受けたのである。(24) そうして七年三月以降は「引続御隠密御用被仰付、有馬兵庫頭宅へ毎月三度充罷出」たという。(25) 丁度鳩巣が頻繁に吉宗から質問をうけたのと同時期である。

然るに岩橋遵成『徂徠研究』付録「徂徠年譜」享保元年の記事に、「十二月四日黒田豊前守幕命ヲ以テ政治ヲ問フ、徂徠乃チ太平策一巻ヲ著シテ之ヲ献ズ」とある。『太平策』そのものが徂来の著であるか否か疑問視されているのに、この記事が確実ならばその疑問は忽ちにして消えてしまう。しかも吉宗と徂来の接触は『六諭衍義和解』の時より五年も早かったことが知られるのみならず、吉宗は将軍就任早々徂来に政治について質問したわけであり、享保の政治に徂来の思想が早くからかなり大きな影響を及ぼしていたことを想像せしめるのである。

しかし遺憾ながら、この記事を裏付けるべき確実な史料は岩橋氏の著書の中にはない。もとより管見の限り、享保改革関係の史料の中に『太平策』と吉宗、ならびに享保六年以前の吉宗と徂来との関係の存在を確證すべき史料はない。

岩橋氏が年譜にかかる記事を入れた理由を推測するに、およそ次のようなことが考えられる。

1　同氏は『太平策』の解題(26)において、これを吉宗の諮問に答えたものと見なす史料として『蘐園雑話』の次の記事を引用している。

徳廟ノ時、黒田豊前守殿ヲ以、政事ノ儀認メ差出スベキ旨仰出サル、ニ付、太平策ヲ上ラレシガ、加納遠江守・有馬兵庫頭御側ニテ端キキノ由、太平策モ両人ノ手ヨリ出シヨシ。

2　同氏は貝坂陳人『政談広義』により、『太平策』が先ず著わされ、後にそれを敷衍して『政談』が出来たものと述べている。

3　同氏は徂来の伝記的考察をしている章において、寛政年間荻生天裕が幕府に献じたという『親類書由緒書』を引用しているが、その中に

正徳六申年五月四日本多伊予守殿、同十二月四日墨田豊前守殿、学術之儀ニ付来館有之

とある。(27)

岩橋氏の「徂徠年譜」の記事は恐らくこれらの史料によって作られたものではあるまいか。つまり『太平策』は『政談』より前に著わされたものである（『政談広義』）。そうしてそれは吉宗の命を受けて黒田豊前守直邦が政事につき質問したのに応えたものであり（『蘐園雑話』）、直邦の来訪は享保元年十二月四日である（『親類書由緒書』）ということになったものと想像する。

私はこれらの文献を直接見てはいないが、同氏の引用された限りにおいても、享保元年に『太平策』を献上したという説は成立たぬといい得る。『親類書由緒書』の記事をみると、これはいわば徂来の功績書であって、将軍の命を受けた場合は勿論、大名等に関係ある場合も必ずその名前をあげている。従ってもし享保元年の黒田直邦の来訪が吉宗の命によるものであれば、当然その旨明記すべき所であるに拘らず、全く吉宗にはふれていない。しかも直邦は当時無役であるのみならず、彼のように元禄以降将軍の側近として取立てられた者は、享保初年には不遇の地位におかれていたのであるから、(28)彼が将軍からこのような命を受けたとは考えられない。直邦も、また『由緒書』に彼より少し前に徂来を訪問したと記してある本多

伊予守忠統も、共に徂来の門人というべき人で、徂来と親交のあった人であるから、その訪問は個人的なものであったと考えられる。要するに『由緒書』に見える享保元年十二月の黒田直邦の訪問と『太平策』の献上とを結付ける証拠はないのである。

この『由緒書』において吉宗と徂来との関係が出て来るのは享保六年九月の『六諭衍義和解』一件以来である。前述のようにこの『由緒書』は、徂来の功績書とみるべきものであるが、『徳川実紀』と照合し得る限り、期日や関係人名は正確である。しかも功績書であればこそ、これに吉宗との関係の記事が享保六年以前に見えぬのは、両者の接触がここに始まることを物語っていると解釈し得るのである。[29]

享保七年末か八年初頃には前述の如く吉宗は新井白石の登用をも一応考慮している。この頃になると、正徳末から享保初年にかけての時期とは幕府内の空気も大部変化してきていた。白石もその書簡に「たゞ〳〵なにとぞ名のなくなり候やうに〳〵と心がけ候に、もはや七八年に及び候へば、此頃はしかり候人もうすくなり候と申候」と記している。[30]この頃になると白石を鬼とよんで忌み嫌っていた正徳以来の老中はほとんど幕閣から姿を消した。ことに七年五月には最強硬派であった井上正岑が死去している。林大学頭信篤も、一時勢をもり返したかに見えたが、その後すっかり無能ぶりをさらしてしまった。これに代って白石の同門である室鳩巣や木下菊潭が将軍と接触するようになってきた。白石に対する幕府内の感情も大いに変化してきたのである。

こういう幕府内の情勢の変化は、将軍吉宗の立場の変化、すなわち将軍の権威の強大化、将軍独裁体制の成長をもたらすものでもあった。私は享保七年において幕府の政治が一期を画し、いわゆる享保改革は一段と発展したと考えているが、[31]そういう条件は七年以前から漸次成熟していたのである。室鳩巣が吉宗と頻繁に接し、また荻生徂来が将軍と接する機会を得たのが享保六年であることも決して偶然ではない。やがて七年になると鳩巣は『献可録』に見られる如くしばしば吉宗から直接・間接に諮問をうけるようになり、徂来もまた月に三度側衆御用取次の有馬氏倫邸へいって「隠密御用」を受けるに至った。さらに吉宗はいわば自分が失脚せしめた新井白石すら復活登用しようとしたのである。享保七年の改革政治の新展開と儒者の活用とは、密接な関係にあったと考え得るのである。

註

(1)『有徳院実紀』(以下『実紀』と略)巻九、『兼山秘策』四　享保四年十月九日付室鳩巣書簡、『御府内備考』巻五　御曲輪内三。

(2)『実紀』巻一二、『兼山秘策』五　享保六年正月十八日付青地斉賢その他宛、同年二月十三日付青地斉賢宛室鳩巣書簡。

(3)『兼山秘策』五　享保七年三月九日・四月九日、同六　同年九月廿四日・十一月四日、同七　八年十月九日付室鳩巣書簡。

(4)安藤信友(一六七一―一七三二)元禄十一(一六九八)年備中松山六万五〇〇〇石相続、宝永元(一七〇四)年奏者番、同六年兼寺社奉行、正徳元(一七一一)年美濃加納城主、享保三(一七一八)年大坂城代、同七年老中、同九年家重付、同十七年七月廿五日没(『寛政重修諸家譜』〈以下『重修譜』と略〉巻一一一四)。

(5)酒井忠音(一六九〇―一七三五)宝永三(一七〇六)年酒井忠囿末期養子、若狭小浜一〇万三五〇〇石相続、享保三(一七一八)年奏者番兼寺社奉行、同七年辞両職、同八年大坂城代、同十三年老中、同廿年五月十八日没(『重修譜』巻六一)。

(6)『兼山秘策』五　同六年六月四日付室鳩巣書簡。

（7）『白石手簡』『與佐久間洞巖書』巻二（享保七年）九月二日。
一、滄浪（室鳩巣）事も被仰下候。此人の事は、よのつねの如く時勢にひかされ候はむ人にもなく候。たしかなる事は、世の人しるべきやうもなき、勿論に候か。当時遭遇の事にて、重て誓紙など差上られ、機密の事にも預かられ候など申す事に候。これらの事、老拙へ逢れ候にては、申すも申さぬもむづかしき事に候へば、出合めされ候はぬ、尤とも可申事に候。
　此人ゆきがた明君家訓にてゆきがた御察し候べく候。土器につき候味噌にて、大臣の大饗をも済し候はんやうにとの心得にて、此一筋に至ては、墨翟・晏平仲のゆきがたのごとくにて、時に相応せられ候事にやと、いづれの道にも、榮遇は私祝に不堪候。

（8）『兼山秘策』六　享保七年十一月四日青地斉賢宛室鳩巣書簡。
私侍講于今不絶被仰付候。先月晦日にも相勤申候。御前へ罷出候へば、講前常々御咄など被遊、私式には無類の御懇意難有仕合奉存候。老生無材徳候へば、中々可奉感動様も無之、残念に奉存候。去ども貞観政要逐段御聞被遊候間、少々の御裨益には可相成かと奉存候。（中略）御先代以来府庫虚耗、年々の御使用も大分の事に候。何とぞ近年の内に御儲蓄も出来候様に被遊度被思召候御様子と聞へ申候。三年の儲なきは國非其國と申候へば、是も御尤と奉存候。其故水野和泉守殿を簡略奉行被仰付候。是によって万端吟味、彌泉州少も仕と存候處に、唐太宗良弓を弓工に為見被申候へば、弓工のいはく、此弓はいづれも木心不正候故、木の脈無用捨候故、諸役人も難儀の体に先日比は相聞へ申候。其砌侍講の節、何とぞ其筋の事も出で候はゞ講述可理皆邪に、良弓に非る由申上候。太宗のいはく、弓矢を以天下を取り、平生弓矢の事には習ひ候。其さへ相違有之候。まして朕天下を治る事日浅し。いよいよ存違可有之候間、群臣何も心底を無遠慮申上候様に被仰候。（中略）不正と申候は、必しも悪を申にては無之候。たとひ其事悪にて無之候ても、君心の少にても偏に候はゞ不正と申物にて候。君の心少にても偏に参候はゞ、群臣其旨を受候て、下へいよいよつよく申付候故、下の難儀にも罷成候事、毎々有之候。たとへば簡略を被遊候事は御尤成事に候へ共、思召其方へ少にても偏に参候へば、其方の御用承候者共、思召に叶候様にいたし候故、御為に畢竟あしき事をもかへりみ不申、人の難儀も用捨不仕候間、たゞ己一分の功を立たがり申候。当分は思召の通はか取候て、御意に應じ可申候へども、畢竟御為あしき事にて候。あらまし如比に候。

同十二月十二日　青地斉賢宛青地礼幹書簡（室鳩巣談話）。

（前略）当時の様子、施を御好の方は稀にて、御吝嗇の方御見被成候故、迎合仕候者のみ聞候て、色々聚斂の道を開申候。第一御倹約方主付被申候。水野和泉守殿老中の権を執て、聚斂を事と被致候故、御勘定頭など其方へ参申候。有馬兵庫頭殿なども指て学識も無之候へば、指当り泉州の被申候方へ傾被申候。昨夜も萩原源左衛門（美雅、勘定吟味役）へ参、物語の様子、此等の事に及び申候。御勘定方の内にては、源左一人聚斂は国家の為によろしからずと存寄罷在人に候。此比も町中へ色々見苦敷事を巧出し申懸、あなたより運上差上候様致成候に付、源左急度不可然趣を泉州へ被申述候。泉州不遜の言葉出申位に御座候由、源左申候は、十年前迄に候はゞ、中々是程の儀申得候拙者に無之候所、慥に不可然事と存、其趣を申述候は、皆先生の御教誨の效と存候旨、被仰聞候旨被申候。

（中略）

右御談話、十月末つかた承知仕たる事に御座候。急々如律令。

(9)　『兼山秘策』八　享保十三年三月廿九日付室鳩巣書簡。

一、荻生惣右衛門死去の事も前書に申入候。日外其元へも遣候俗書をも板行候て、若年寄本多伊予守殿序を書被申候。百世の公論を不待して、世上に非笑仕由に御座候。人生善に候故、是程衰申候得共、若年寄中序文にても、上よりも特旨にて去年御目見被仰付候ても、同心不仕候。上方辺の学者もいろいろ邪説を唱申候。（中略）其外伊藤が門流異説を申候得共、是は結句其程の害は無之候。山崎の流、神道に荷担いたし候て、大に正道を害し候由、不及是非事と存候。当地にても、宋儒の跡を守候者は、師儒と称し申内には無之候。老夫一人にて候。大廈の頽、一木の所支に非候得共、所聞を尊、所知を行て、一生を終申覚悟にて候。

(10)　同『秘策』七　同八年十月九日付、同九年十一月二十八日付室鳩巣書簡。

享保八年十月九日　青地斉賢他宛室鳩巣書簡。

私侍講の事御聞及の通、七月晦日以後御沙汰なく候處、前月四日俄に被為召、御用被仰付候。即日侍講も被仰付、同月九日御礼式過候て、及晩右の御用の物相調持参候所、其日又侍講被仰付候。同月晦日又被為召、御用被仰付、其日侍講被仰付候。右御用は五常五倫を仮名にて解候て上ケ可申旨に御座候。（中略）如例貞観政要の講済候て、膝行退出の節、上意有之候故相控候處に、右五常のかな書の事被仰出候て、古来五常の儀を和歌などに読置申は無之哉御尋に御座候。終に見及不申旨申候處に、私事は和歌をも好み申様御聞被遊候、堂上方などへ承申儀も有之哉と御意に候故、左様の儀は終に無之由申上候處、公家にては学文有之者誰と承候哉御意に候故、野々宮中納言殿学才有之候様に承及申候、唯今死去にて御座候。唯今は近衛前摂政殿御学文有之候様に承申候。御文章なども少々見申候處、余程の御学力と奉存候旨申上候處、其外に承不申哉と御尋候故、其外には未承候由申上候。偖、公家にも儒者などを寄合候て、学文詮議仕候様成事も有之候哉と御意に候故、委細の儀は不奉存候。伊藤源助と申す老儒京都に有之候。只今は相果申候。此者公家へも罷越、堂上方に弟子も有之候様に承候旨申上候へば、源助事は御聞及被遊候、如何の学文に候哉と御尋に候ゆへ、私申上候は、人物は宜敷ものゝ様に承申候。学問は異学と被存候旨申候處、何とて左様に存候哉と御意に候故、和漢ともに古来程子・朱子を用申候處、源助事は、自分の見を以、程朱を譏り申候。兎角学文は程朱の学を正統と仕事に御座候。明の中比、王陽明出申候て、朱子を譏り申候て、一分に見を立申候。夫より唐にても異見申者も有之候へ共、何も一旦ははやり申候へども、畢竟は程朱に帰し申候由申上候（下略）。

(11)　注（9）に同じ。

(12)　『兼山秘策』七　享保八年四月二十三日付。

(13)　薛居州は戦国時代の宋の人、善人であったので、宋臣戴不勝が用いて王を感化させようとしたことを批判した孟子の言という。

(14)　『兼山秘策』五　享保六年五月十九日付室鳩巣書簡。

(15)　この上書は天災と功利政策との関係を主題としている。これが提出された前年には近畿以西に蝗災による大飢饉が発生し、その影響でこの年に入って江戸の米価も暴騰した。そうして二月には大量の米を買占めていた幕府の御用米商高間伝兵衛の家が数百人の暴徒に襲撃された。大都市における「うちこわし」は江戸時代においてこれが最初である。この上書はこのような情勢に刺戟されて呈されたものであろう。

(16)　『兼山秘策』七　享保八年九月八日付青地礼幹書簡。

(17)　新井白石『與佐久間洞巖書』巻二　享保七年九月二日付、（年は記してないが、文中に高天漪の死去に言及しており、また「上げ米令」の文章に関する意見も記してあるので、享保七年であることがわかる。）

一、今一条被仰下候事、老拙、今は大かた世の中の事、聞もし候はぬ様にと、常に心がけ候。承候事は、とにかくにおもふ事も候は、人の習に候。おもふ事は口にも漏候故の事に候。（中略）管仲は霸者之佐、孔子には其功をゆるさせられ候へども、孟子並に董子は、孔門五尺の童もいふ事恥つ、とか申され候き。その管仲だに、孝弟・忠信・礼義・廉恥を国の四維と申し、この四つの綱きれ候ては、との事に候き。天下の人、不顧恥辱候やうになりゆき候ては、いかに可有之候やらむ。すべてこれらの事共おもひめぐらし候へば、物体なき事と、更に更に夜もやすくまどろまれず候。古人、腕は断へ候ても、此事をしるし候事はなり候はぬ、と申候故事も候。それらの草を起し候人も、また末世のものかきには候はむずらむ。とにもかくにも、時運のしからしむる事、不及是非候。

(18)　前掲書簡。「上げ米令」の文章批判とは明記してないが、時期が一致するので当然それについての意見と考えられる。この書簡は八月八日・十日二度にわたって佐久間洞巌が白石に送った手紙への返事で、この意見も洞巌が白石に求めたものである。「上げ米令」の「御恥辱」云々の文章は、儒者にとっては看過し得ぬ問題であったのであろう。青地礼幹も、この文章はよもや室鳩巣が手を加えたものではあるまいと思いつつ鳩巣に質ねている。しかし鳩巣も発令前には全く見て居らず、「近頃不入御文体、後世の議論も生じ可申様に存候、御文盲被成御座候故、只御質直に被思召まゝ御調被遊たるもの」と評し、これは吉宗「御自身の御文言にて、少御自慢の方に御座候」と報じている（『兼山秘策』六　享保七年七月七日付青地礼幹書簡）。

(19)　白石『與佐久間洞巌書』巻一（年不明）十二月朔日付　別啓。

(20)　『兼山秘策』六　享保八年正月廿五日付青地礼幹書簡、はしがき註(5)参照。

(21)　『実紀』巻二。

(22)　同巻五、『兼山秘策』四　享保三年九月廿三日付室鳩巣書簡。

(23)　『献可録』の各篇はほとんど何年に提出したものか記してないので、『兼山秘策』の当該記事（略して〔兼〕と記す）の判明するものを探し、その年月を対比して掲げる。

巻上

五常　享保癸卯冬十二月既望〔兼〕享保八年十月九日・十月廿四日

五倫　享保癸卯冬十一月既望〔兼〕同前

上呈　二月〔兼〕同年二月十八日

御先祖様へ御事被遊候品々（年月不記）〔兼〕同六年閏七月四日・七年三月九日・四月九日・晦日

壬寅十二月廿六日は東照宮御誕生之甲子月日に付御祝可被遊哉、其尋に付申上候覚書　十二月十九日〔兼〕

同八年正月四日
子孫たる者先祖へ事申候定法之覚　三月〔兼〕同七年四月九日
諸大名参観交替之儀に付申上候覚書　六月五日〔兼〕同年六月十三日
巻中
封建郡県之事　四月
周時世祿并周以後群臣穀祿之様子御尋に付相考候趣且又料簡之通申上候　四月〔兼〕享保七年四月晦日
周時世祿之儀申上候別冊之附録　十月
田祿出納常平之儀　十月
御国用之儀に付、養子之儀最前も申上候処に、先日又愚見之趣弥御尋被遊候付、重て申上候　正月十七日〔兼〕
同七年正月廿三日
士民困窮の儀に付申上候覚書　二月〔兼〕同八年二月十二日・十八日
巻下
百官等の法制を定め申候事、教道より先たるべく哉の旨御尋に付、古人の論並料簡の趣申上候　四月
『兼山秘策』には当該記事は見えないが、この上書中に「此たび六諭衍義なども風俗のために板行被仰付」とある。『六諭衍義大意』の出版は享保七年四月であるから（東恩納寛惇『庶民教科書としての六諭衍義』）、この上書も享保七年四月と考えてよかろう。
先祖の官位を以其家の格に仕、自分の昇進を願申儀、異国に其例も有之候哉との御尋に付申上候覚　七月六日〔兼〕同七年七月七日
歴代選挙抄　八月四日〔兼〕同年八月三日《（ママ）》
江戸火災の儀に付き、水道の儀に申上候処、追て所存可申上旨被仰出候に付、乍恐愚意の趣委細申上候　三

月〔兼〕同年四月九日
水は下より治ると申儀御尋に付申上候　三月廿一日〔兼〕同前
歩里寸尺の法、王制・公羊伝に出申候趣、且また兼て承及申候通記之差上申候　十一月
七所収)。

(24)『実紀』巻一三、『兼山秘策』五　享保六年十月廿四日付室鳩巣書簡、『荻生家由緒書』(『日本教育史資料』

『六諭』とは、一孝順父母、二尊敬長上、三和睦郷里、四教訓子孫、五各安生理、六毋作非為という六項の徳目で、明の洪武二一(一三八八、元中五〈嘉慶二〉)年三月、太祖の命によって宣布した「教民榜文」という庶民教諭の条文の中の一条である。この一条のみが次第に尊重され、独立した諭告文となった。これを清朝が継承し、世祖が順治九(一六五二、承応元)年に勅諭として頒布した(和田清「明太祖の教育勅語」『白鳥博士還暦記念東洋史論叢』所収、一九二五年)。それに范鋐という人が注釈を加えたものが『六諭衍義』である。これを琉球の学者程順則が康熙四七(一七〇八、宝永五)年大陸で印刷して持ち帰り、されに島津吉貴がそれを幕府に献上した(東恩納寛惇『庶民教科書としての六諭衍義』一九三二年)。

荻生徂来はこれに加点の命を受けた時、これは清の康熙帝の勅諚を琉球でも守る姿勢を清朝に見せるために刊行したもので、日本の体面を汚すという危惧の念を示したという(平石直昭『荻生徂徠年譜考』享保六年)。

(25)『荻生家由緒書』。

(26)『徂徠研究』本論第二章第四。

(27)同右第一章第五節。

『日本教育資料』七所収『由緒書』にはこの記事はない。

(28)拙著『享保改革の研究』第四章、本書前章参照。

(29)平石直昭『荻生徂徠年譜考』(一九八四年、平凡社)によると(同書註25)、吉宗と徂来とを結付けたのは、

吉宗が紀州藩主時代、在方役人として藩財政の再建に活躍し、将軍となってから江戸に呼寄せた大嶋守正（号古心）であり、その時期は『徂徠集』本多猗蘭宛第十七書によって、享保六年八月頃であったという。
(30) 白石『與佐久間洞巌書』巻三（年不明）正月二日付。
(31) 拙著『享保改革の研究』第四章及び結論。

二　改革の諸政策と儒者の知識

享保改革の諸政策が一段と発展する段階に至って、幕府首脳部と儒者との交渉が急に密接になったことは前述の如くであるが、その内容はどのようなことであったか。

先ず荻生徂来は享保七（一七二二）年三月以降「隠密御用」を命ぜられ、毎月三回側衆有馬氏倫宅へ出頭している。この「隠密御用」というのは室鳩巣が「機密の事にあづかりしも少からざりし」(1)といわれているのと同様、その該博な知識を当局者が政策立案に際して利用したものであろう。しかし彼に課せられた用件はわからない。僅かに、人材の登用と世襲家禄との関係についての諮問に対し、足高の制度を進言したということが知られるのみである。(2)

これに対し、室鳩巣の場合は『兼山秘策』及び『献可録』によって、甚だ具体的に内容を知ることができる。以下若干その主要な事実を列挙してみよう。(3)

1　先祖の祭祀・追孝、とくに家康崇敬について

『兼山秘策』によると、吉宗は享保六年閏七月と七年三月頃と、二度にわたって先祖祭祀・追孝について

質問している。また七年は家康生誕の天文十一（一五四二）年と干支が同じ壬寅なので、家康の誕生祝をしたいが、先祖の誕生日を祝うのはおかしいことではないかと尋ねている。

これは一つには倹約・儀礼省略に関係していると思われる。すなわち幕府は六年の綱吉十三回忌に際し、従来廟のある寛永寺と共に増上寺でも法会を営んでいたのを改め、上野のみで行うことにした。[4] 七年の家継七回忌には勅使下向を辞退し、万部の読経を一〇〇〇部に限った。[5] このような儀礼節略の限界の参考として質問したのであろう。

ところがまた一面、吉宗は自己の権威の強化の背景として、祖先とくに家康の崇敬につとめている。[6] 家康誕生日の祝賀はその一つである。鳩巣への質問はかかる二つの矛盾した目的からなされたものであろう。

2　世禄および養子について

幕府財政収支の不均衡が大問題となっていた折から、幕臣の俸禄制度、とくに登用した人材への加増とその相続が首脳部の重大関心事であった。そこで周以後の制度を参考としようとしたのである。また吉宗は鳩巣を通じて加賀藩の制度をも問合せている。[7] 足高の制度が設けられたのは、前述のように徂来の進言もあった。またほかに酒井忠挙・大島守正らの意見もあったというが、[8] この鳩巣の建言が大いに与っているといい得る。

鳩巣がこれに関連して強調したのは養子の問題である。享保初年幕府当局は元禄以降新参の幕臣の養子相続を制限した。これは室鳩巣など、財政問題に伴う冗官淘汰と理解している。しかし私は恐らく当時の幕府内部事情に基き、譜代と新参との差別を明瞭ならしめる一政策であったろうと解釈している。[9] とに角これは鳩巣ら新参者にとって重大な問題であったので、数度にわたって反対意見を上申している。このような建言の効果か、享保七年頃にはほとんどその差別はなくなっている。

3　役人の選出、官位と家格

前述の俸禄制度と関連する問題であるが、当局は人材登用に大いに配慮した。その結果大岡越前守忠相など有能な役人がこの頃輩出している。[10] 役人選出については加賀藩の例をも問合せている。[11] 足高の制度の創設は、かかる人材登用を容易にするものであった。

一方人材抜擢・登用に伴って当局が苦慮したのは家格と役職との関係である。元禄から正徳にかけて、柳沢吉保・間部詮房をはじめとする新参者が将軍の側近に仕え、多大の加増を受けると共に、幕政上大きな権勢をはった。その反動が享保初年急激にあらわれて、新参者が抑圧され、譜代の幕臣が著しく優遇された。[12] 譜代門閥の代表者ともいうべき酒井忠挙が、役人の選任には家格を重視すべきことを進言したのもこの頃である。[13] 人材登用に際して当然このような父祖以来の家格をほこる譜代勢力の存在を考慮せねばならなかったのである。「先祖の官位を以其家の格に仕、自分の昇進を願申儀、異国に其例も有之候哉」という吉宗の質問は、このような事情のもとに出されたのである。鳩巣はかかることはあるまじきことであると答えているが、吉宗の権威をもってしてもこれを無視することは不可能であった。結局格式のみ高く、当時としてはさして政治上実質的な意味のない、主として警備関係の役職に家格の高い幕臣を就け、財務・民政等の吏務の職は登用した人材をあてるという方針をとっている。

4　教育・学校について

吉宗は自らあまり儒学に熱心でなかったようであるが、旗本以下の教育にはかなり強い関心をはらった。とくに室鳩巣らに命じた高倉屋敷の講義における旗本の聴講状況にはかなり注目していたようである。しかし旗本らはあまりにも学問に熱心でないので、どうしたら彼らの勉学を振興し得るか、鳩巣らにしばしば意見を求めている。鳩巣らは将軍が旗本に勉学を強制するよう希望したが、吉宗はこれに反対した。また聖堂以外に幕府の学校を設立する意見も出たが、とうとうこれも実現しなかった。[14]

享保七年六月の末、吉宗は鳩巣を呼んで「此間誰彼相識共申候は、旗本中風俗悪敷罷成候間、是は学校建立いたし、急度教を立候はゞ可宜旨頻に申候、此儀は如何存候哉」と尋ねた。これに対し鳩巣は「管仲も衣食足て礼譲を知など申候、人世の大本は衣食の二ツに御座候、近年御旗本中衣食に足不申候故、教の所へは参候儀にて無御座候」と反対した。こうして学校設立は沙汰止みになってしまったのである。[15]

教化の問題と関連して、享保七年四月頃吉宗は「百官等の法制を定め申候事、教道より先たるべく哉」と質問している。[16]これは貴賤上下の階層を明確にし、衣服の制度を確立しようという意図と見受けられる。鳩巣はかかる制定に賛成しながらも、上に立つ者に徳がなければ、形式のみ整って実義を失うことを警告している。このような諮問の結果はどうも具体化された形跡はない。しかしこれによって、新井白石の強調する礼楽の振興、荻生徂来の力説する制度の樹立とはほとんど同じことを、享保期の吉宗ら幕府首脳部も考えていたことが知られるのである。

5　参勤交代について

享保七年七月、幕府は財政窮乏の当座の急を解決するため、諸大名に上げ米を課し、その代りに江戸参勤の期間を短縮して半年とし、在国を一年半とした。上げ米については鳩巣はあらかじめ何も相談を受けず、ただ六月の末に財政窮乏は二三年で解決の見通しがつく旨、吉宗から聞かされたのみであった。[17]

参勤交代の変更については、上げ米とは切離した形で諮問を受けている。吉宗は江戸の人口激増に伴う弊害を除くという理由でこれを問うたのである。しかし鳩巣はこれに反対し、もし制度を改めれば諸大名は江戸を軽く、領国を重く考え、幕府の弱みともなるであろう。人口集中を解決したいのならば、諸大名の従者を減らし、また江戸在住の小普請等無役の旗本を江戸の外五里三里の地に移したらよかろうと提案した。この旗本在郷の意見は吉宗も賛成した。しかし、彼はたとい大名の二人や三人謀叛しても手段は十分あり、また大勢謀叛した場合にはかえって江戸にあまり集っていない方がよいとて鳩巣の心配をしりぞけた。(18)しかも在府半年にすることは隔年交替の原則を破ることではないというので、鳩巣もこれに賛成したのである。(19)

この他、鳩巣は目安箱の設置について進言し、また火災・治水等についても質問を受けている。鳩巣以外の儒者に関してはあまり詳細に知り得ない。徂来に関しては僅かに足高を進言したということしか具体的にはわからない。しかし享保十二(一七二七)年四月朔日には、とくに将軍の方から召すという形で徂来は謁見を許された。『政談』も恐らくそれに近い頃献上したものと推定する。(20)かれは同十三年一月十九日六十三歳をもって世を去ったが、その翌年に吉宗は遺著『度量考』の献上を命じ、同十八年に出版させている。(21)

また当時の法律にさほど影響はなかったらしいが、学者を動員して、日本古代および中国の法典の研究を行わせている。すなわち人見美在・林信如・人見浩に『令義解』・『令集解』の加点を命じ、成島道筑に明律を講ぜしめ、荻生徂来に『明律国字解』を紀州藩の高瀬喜朴には『明律釈義』を作らせ、徂来の弟北渓には『唐律疏議』の校正を、深見(高)玄岱・有隣父子には『大清会典』の和訓をさせた等である。(22)

荻生北渓にはまた、徂来門下の山井崑崙らが足利学校から発見した宋本によって著した『七経孟子考文』

を、同門の根元武夷と共に諸本と校合を命じ、享保十三年に『七経孟子考文補遺』として献上させ、同廿年には服忌令改正参考のため『喪服考』を作らしめた。[23]

五代将軍の時には、将軍綱吉はもとより、大老堀田正俊もなかなかの好学であった。六代将軍家宣もほとんど毎日白石からの受講を欠かさなかったほどであったといい、これを補佐した新井白石は学者として政治に意見を述べたのである。これに対し享保期の幕府首脳部は前述のようにあまり学問を自ら身につけようとはしなかった。しかし右に記したように学者は大いに活用したのである。

それに加えて、堀田正俊や新井白石ほど中枢に参画した人ではないが、行政面で活躍した役人の中には好学の人が少なくない。

黒田直邦は綱吉に小姓として仕えて大名に取り立てられた人で、綱吉の死後無役であったが、享保八年吉宗に用いられて奏者番兼寺社奉行を勤めた。同十年の寺社奉行勤務改革の中心は直邦であったと思われる。同十七年かれは西丸老中に昇った。かれは徂来門下の一人である。[24]

本多忠統は猗蘭と号し、同じく徂来門下生で、若干の著書もあり、芝三田長松寺の徂来の墓の碑文を撰したほど徂来と親しい人であった。かれも綱吉に小姓として仕え、その死後無役であったが、享保四年に大番頭に用いられて後、同九年奏者番兼寺社奉行、同十年若年寄に昇った。[25]

奥坊主成島道筑も徂来を尊敬し、徂来学派と親しかった。かれは吉宗に認められ、しばしば将軍の休息所において吉宗に進講したばかりでなく、行政上の問題に関しても意見を述べ、情報を将軍に提供した。[26]

享保改革の前半期に農政実務で活躍し、後世「地方ノ聖」と称せられた代官小宮山杢之進昌世は、太宰春台の門下生であった。[27] 同じく地方の知識にすぐれている故を以て幕吏に登用された川崎の名主田中丘隅は、徂来門人の一人である。[28] かれは大岡忠相の配下として、関東の幕領三万石を預けられた。忠相の配下からはまた伊藤東涯に学んだ青木昆陽[29]が出た。その昆陽を忠相に推挙した与力加藤枝直[30]は国学者で、『享保度法律類寄』の編纂はこの人の手に成る。

このように様々の学者、ことに徂来門下が享保期に幕府に登用されて活躍した。かれらの学んだ学問が実務を通じて幕府にどのように反映しているかは直ちにはわからないが、頂点に好学の政治家がいて幕政を指導した元禄・正徳期とは甚だ対照的な形で、享保期の幕政にも儒学は滲透していたのである。

註

(1) 『実紀』付録巻十一。
(2) 『荻生家由緒書』。
(3) 前節注 (23) 参照。
(4) 『政要前録』乾下。
(5) 同坤下。
(6) 拙著『徳川吉宗公伝』第七章、『享保改革の研究』第四章。
(7) 『兼山秘策』五　享保七年六月三日付青地礼幹書簡。
(8) 『実紀』付録巻五・三。
(9) 拙著『享保改革の研究』第四章、本書前章参照。
(10) 同第五章。
(11) 『兼山秘策』五　享保六年六月四日、同七年三月九日付室鳩巣書簡。
(12) 拙著『享保改革の研究』第四章、本書前章参照。

(13)『実紀』付録巻五。
(14)『兼山秘策』五　享保六年二月十三日・四月十三日・五月十九日・六月四日付室鳩巣書簡。
(15)同右　同七年六月晦日付青地礼幹書簡。
(16)前節注(21)参照。また『兼山秘策』五　享保七年四月九日付室鳩巣書簡中の記事が、恐らく『献可録』のこの文に相当するものと思われる。
(17)『兼山秘策』五　享保七年六月晦日付青地礼幹書簡。
(18)同右　同七年六月十三日付青地礼幹書簡。
(19)注(17)に同じ。
(20)『政談』の献呈の時期について、私は巻四に「一頃水野隼人正が毛利主水に切りかけし時」という文章があり、これは享保十(一七二五)年七月廿八日、江戸城中で信州松本城主水野忠恒が長州清末領主毛利師就に切りかかった事件であるから、少くともこの日以後の成立である事、また巻二に「衣服等の制度を定めんには、替り目の際、境目なくては叶わざる事なり。まず東照宮へ御告あるべき事也。日光御社参を仰せ出され」と述べているが、幕府は享保十二年七月十七日に来年四月将軍の日光社参を公示している。徂来はこの社参計画を知りつつ意見を述べたことは読めないので、『政談』成立の下限はこの公示以前、つまり享保十年七月廿八日以降、同十二年七月十七日迄のほぼ二年間の中に成立したものと考えた(『日本思想大系』36「荻生徂徠」所収『政談』解題、一九七三年　岩波書店)。
平石直昭『荻生徂徠年譜考』注31では、『政談』巻三に「今年鹿島の辺より、あば大明神の祭を渡すという事はやり出て」という記事があり、これは享保十一年四月に始まるという事を考証し、また翌十二年四月一日の将軍吉宗の徂来謁見は、『政談』献上に対する褒賞の意味をもつと推定し、『政談』成立の時期をさらに狭めて、享保十一年五月以降、翌十二年三月迄の間としている。蓋し首肯しうる見解である。

(21)『重修譜』巻一五〇一（荻生）、『右文故事』巻六。
(22)『兼山秘策』五　享保六年十月廿四日付、『実紀』付録巻一〇・一一、『御代々文事表』巻五、三浦周行『法制史之研究』第一編第一、小出義雄「御定書百箇条編纂の事情について」（『史潮』四―三）。
(23)『実紀』巻廿九・四一、同付録巻一〇・一一、『兼山秘策』第六　享保八年二月十八日付、同八　同十三年七月二日・八月十三日・九月十三日付。
(24)『重修譜』巻六六〇（黒田）、平石直昭『荻生徂徠年譜考』。
(25)『重修譜』巻六八五（本多）、同右。
(26)『重修譜』巻一二四八、『実紀』付録巻九、なお『徳川実紀』の編者成島司直は道筑信遍の曽孫であることもあってか、道筑の記事は『実紀』に頻繁に出て来る。
(27)『重修譜』巻一五一二、『地方凡例録』巻三、『実紀』付録巻九。
(28)『重修譜』巻一三三一、『実紀』付録巻九。
(29)『重修譜』巻一三三三、『実紀』付録巻一一。
(30)『享保度法律類寄』序（『徳川禁令考』別巻）。

三　改革における教育政策

前に述べたように吉宗以下享保期の幕府首脳部は学問に不熱心で鳩巣らを歎かせたが、儒学教育の振興にはかなり苦心している。享保二（一七一七）年七月には、はじめて聖堂の講義を直参以外の武士・町人・百姓に開放し、丁の日は直参、半の日は貴賤混合と定めた。吉宗はその状況には強い関心をもち、毎月末聴講者名簿を将軍の手許まで呈出せしめた。しかし林家の講義に人々が魅力を感じなかったのか、はじめから聴講者は少く、ついには出席するものがなくなってしまった。これについて吉宗は、紀州などでさえ学問する者は大勢いるのに、まして江戸において聴衆がないのは大学頭が不精だからであると、林信篤を叱ったという。(1)

林家にまかせておいては効果がないと覚ったのか、吉宗は四年十一月から林家以外の儒者に命じて高倉屋敷で開講せしめた。本来は聖堂で幕府全儒者の講義を開かせようと考えたらしいが、林信篤の反対で実現せず、このようになったという。(2)ここでは毎日貴賤混合で講義が行われた。聴講者は聖堂よりはやや多く、数十人はあったらしいが、さほど盛況とはいえぬ状態であった。(3)吉宗はここでの講義についても強い関心を示し、室鳩巣らを直接引見した際にも、しばしばその振興策について相談した。しかしついに妙案の浮かばなかったことは前節に述べたところである。

一体吉宗の学問奨励は何を目的としたのであろうか。彼は室鳩巣に、旗本年少者の勉学と関連して唐土の及第の法を尋ねていることから考えると、(4)あるいは科挙の如き諸役人任用制度を意図していたのかもしれない。しかしそのためには直参と庶民との混合教育を始めたのは理解し難い。享保時代には田中丘隅・簑正高のように名主や能役者から地方役人に用いられた例もあるが、(5)吉宗が広く直参以外から役人登用をはかったとは考えられない。むしろ彼の主たるねらいは庶民教育にあった。貴賤混合教育は庶民を直参と同列に高めたのではなく、旗本をも庶民の域に引下げて教化しようとしたものと考えられる。つまり享保期の儒学教育は治者のための教育ではなくて、被治者教育だったのであろう。

綱吉・家宣と違って吉宗は儒学をあまり熱心に学ばなかった。儒者に講義をさせてもかなり形式的なものだった。むしろ彼はその機会に政治上の実用的知識を得ようとした。そういう吉宗が儒学教育振興に大いに熱意を示したのは、儒学が被治者教育の役割を期待したからであろう。

吉宗の考えていた儒学教育は極めて初歩的なものだったようである。彼は鳩巣に対し、いかにすれば旗本の年少者が小学・四書の素読程度は出来るようになるだろうかと尋ねている。(6) 当時の旗本の多くがこの程度の儒学の素養もなかったことを、これによって察し得るのであるが、また吉宗の要求もこのようなものだったのである。

彼は儒者の講義を受ける時、字句の解釈などはせず、大意を簡明に述べるよう要求している。(7)『六諭衍義大意』を室鳩巣に作らせた時も、はじめ鳩巣が三冊の予定で書いてその一部を見せたところ、一冊に短く大意をとって書くよう命じている。(8) これらのことは吉宗が学問を好まぬからであると、鳩巣はしばしば不満の意をもらしているが、吉宗のが儒者に求めているのが君主の教育でなく、初歩的な庶民教育であったことによると考えられる。

とくに吉宗は、かかる教育を通じて法秩序に従順な精神を養おうとしたことが窺い得る。『六諭衍義』が彼の関心をひいたのもそこにあったのではあるまいか。すなわちこれは六諭を一篇ごとに敷衍解説した後に、それと関係ある律令をのせている。吉宗は鳩巣に『六諭衍義大意』を作らせた時、その律令の部分は自分で考えて稿を作り、その通り載せるよう命じている。(9) 結局「其律例は我邦の法に異同ありて、用捨なくしては行ひかたく」と鳩巣が序文に記しているように、その部分は削除してしまった。しかし吉宗の本意は徳目の訓戒の末尾に、それと関連ある法令をのせて、人民に遵法の精神を説こうとすることにあったかと推測されるのである。

享保七年十月吉宗が江戸郊外葛西方面に放鷹に出かけ、島根村の吉田順庵の家に休息したところ、そこに代々の法度書を集めた巻物のあるのを見付けた。その理由を尋ねると、近所の子供達に教える手習の手本としているという。これに感心した吉宗は順庵に褒美として白銀十枚と特別製の『六諭衍義大意』を与えた。そうして勘定奉行を通じて代官に対し、かねがね百姓共に法度をよく守るように申聞かせてはいるそうであるが、末々の者は一通り申渡したばかりでは心に留めて覚えている者は稀であって、そのため法度に背き、科を受け、なお自己の誤りを知らぬ者もあるという。それにつき、手習の師匠などに申含め、主要な法度書や五人組帳などを書き習わせたり、読み覚えさせるようにと指令した。[10] 吉宗は常々「をしへざる民を罪するこそなげかしけれ」と近習に語っていたという。[11] 享保六年、直助権兵衛の一件として有名な、江戸深川の医師中島隆碩夫妻を下男直助が殺害・逐電した事件が吉宗の耳に入った。側近にいる人々は彼が必ずにくいことと、怒りの意を表すと思った。ところが彼は遠国・辺土はとも角、江戸の膝もとにおいてこのような者が出るとは残念だと、心を痛めたと伝えられている。[12] これらの事実が彼の庶民教育への関心の方向を示しているといえよう。

このような政策と関連して考えるべきことに『享保度法律類寄』の編纂がある。江戸幕府の刑事関係を主とする判例集が公的に編纂されたのはこれが最初である。[13] その前書によるに、吉宗は評定所一座に対し、自分の座右におきたいから、刑事関係の法律を類別に編集し差出すように命じた。しかし、評定所の面々が多忙で手間取ったため、将軍から催促を受けたので、取敢えず大岡忠相一人で行うことになった。ところが忠相も忙しくて延引し、重ねて催促をされたため、今度は与力二人に草案を作らせることにした。そこで忠相は与力上坂安左衛門と加藤枝直をえらび、将軍から『六諭衍義』の体裁にならって編集するようにとの命を受けたが、どうしたらよいか一向にわからぬので考えてみるようにと命じた。そこで加藤枝直が『六諭衍義』を当時の俗語に翻訳し、とくに律の部分のみを短く書いて、これを吉宗に見せたところ、この調子でよいから早く作れと命ぜられた。ところが同僚の上坂安左衛門が『六諭衍義』を理解し得ず、二人の相談が難航したので、ついに加藤枝直一人で編集した。かくて享保九年六月十五日将軍へ提出したものである。

「六諭衍義の趣に仕立候様」という吉宗の指示はかなり大岡忠相らを悩ませたのであるが、一体吉宗は何を意図したのであろうか。『享保度法律類寄』は加藤枝直が作成した。

逆罪附不仁、火附、盗賊、人殺、巧事・謀書・謀判・強訴・越訴・捉背・密通・不念・牢溜欠落附破御仕置の九類七八箇条に、評定所が近年の発令故省略し難いとて付加した博奕、酒狂人（三類）、引負金を加えて一四類八六箇条より成っている。吉宗はこれを嘉納したのであるが、一見したところ、果してこの判例類別編集が『六諭衍義』の趣にかなっているのか否かわからない。あるいは、これは全く史料的根拠をもたぬ想像であるが、前述のように吉宗は『六諭衍義大意』の中に適当な法令を入れるのを取止めた代りに、この『法律類寄』を基として庶民に対する教諭書の如きものを作ろうとしたのではあるまいか。「六諭衍義の趣云々」という要求を出したところに、何かそのような意図があったのではないかと、想像をたくましくしてみたいのである。

とに角『享保度法律類寄』は当時の私撰の判例集とも、また「公事方御定書」ともやや体裁が違っている。「御定書」制定はこの『法律類寄』(14)編集事業の延長発展ではなく、それぞれに対する吉宗の意図もまた異っていたと思われるのである。

以上、享保期の教育政策を眺めると、被治者に対する初歩的な儒学教育に集中していたことがわかる。従って「御講釈拝聞被仰付候も、面々学問心懸、自分之行跡相嗜、御仕置之為と被思召候(15)」という元禄時代の幕府首脳部の儒学振興の意図とも異り、また家宣・白石の場合のように、先ず君主から率先徳をみがき、四方を感化しようと努力したのとも違う。元禄正徳期の場合には、首脳部の観念においては、儒教精神はいわば全幕政と結付いているのであるが、享保の場合には、従順な被治者養成ということを当局者は儒学に期待しているのである。しかし儒学に関する政策としては享保の方がはるかに具体的である。また首脳部の観念に止まっていた儒学が、それだけ政治の中に滲透したともいい得るのである。

註

(1)『実紀』巻五、『兼山秘策』四　享保三年九月廿三日付室鳩巣書簡。
(2)『兼山秘策』前掲書簡。
(3)同　享保五年五月十四日付室鳩巣書簡。
(4)同六、同七年七月七日付青地礼幹書簡。
(5)拙著『享保改革の研究』第五章。
(6)注(4)に同じ。
(7)『兼山秘策』五　享保六年正月十八日・同七年三月九日付室鳩巣書簡。
(8)同　六年九月四日付室鳩巣書簡。
(9)同　九月十八日付室鳩巣書簡。
(10)『御触書寛保集成』一一三　御代官え被仰渡部、『兼山秘策』六　享保七年十一月三日・廿五日付青地礼幹書簡。

(11)『実紀』付録巻三。
(12)『兼山秘策』五　享保六年二月十三日付室鳩巣書簡。
(13)平松義郎「徳川禁令考別巻解題」。
(14)『享保度法律類寄』は「公事御定書」の準備事業と考えられている（例えば小出義雄「御定書百箇条編纂の事情について」『史潮』四―三）。私もその説に従っていた（拙著『徳川吉宗公伝』第五章）。しかしこれについてはやや疑問となってきている。
(15)『御触書寛保集成』一八　諸役人并組支配勤方等之部　元祿八亥年九月　覚。

むすび

享保期の幕府において、将軍吉宗以下首脳部自身は儒学の勉学にあまりはげまず、室鳩巣ら儒者をなげかせた。こういうことから、従来享保改革と儒学との関係はほとんど問題とされていなかったが、改革の諸政策に儒者が活用されたことは上述の如くである。とくにそれは享保七―八年を中心とする諸制度的改革と、庶民教育の面において著しかった。そこにおいて指摘し得る特色は、儒学知識の実用化と、政治のための手段化の傾向である。つまり儒学は幕府改革の遂行、すなわち支配秩序の強化のための手段・技術としての使命を専ら担わされているのである。

この点たしかに元禄正徳期の綱吉・家宣・白石ら幕府首脳部と享保期の首脳部とでは、儒学に対する観念は異っているように思える。とくに前者においては、首脳部率先して徳をみがき、その感化を下に及ぼそうと努めているのに対し、後者においては為政者個人の問題とは切離され、統治上の一手段に限定されているのである。

しかしまた、例えば新井白石の『武家官位装束考』によって彼の礼楽論をみるに、礼楽とは天子の尊厳性を明瞭にし、貴賤尊卑の別をたてて、民の僭乱を防ぐ、つまり身分的階層秩序を永久不動のものとする手段と解し得る。白石が聖人の道として最も重要視した礼楽も、要するに政治のための手段であるならば、享保期の吉宗らの儒学に対する期待と大同小異といえるであろう。しかも白石の場合には、それが枝葉末節の部分で僅かに実施されたにすぎぬのに対し、享保の場合にははるかに具体化されているのである。このように見れば、享保期の方が政治と儒学との関係はより密接であるともいい得るのである。本稿の冒頭に述べたように、従来あまり顧みられなかった享保改革と儒学との関係も、政治のための知識・手段という意味では、かなり深い関係にあるといわねばならない。

第八章　田安宗武の籠居と松平乗邑の失脚

――『続三王外記』の信憑性をめぐって――

一　宗武籠居の風説

『惇信院実紀』巻九、寛延二（一七四九）年五月四日条に、次の記事がある。

堀田相模守正亮、松平右近将監武元御使として田安の邸にまかる。よて右衛門督宗武卿出仕して謝せらる。西城にも同じ。これは卯年（延享四年＝一七四七）より三年の間、病のよしにて出仕せられざりければなり。けふ大目付石河土佐守政朝に、今まで田安邸に日々まいりしが、今よりはおほやけ事の間をうかゞひ、月のうち六七たびも参るべし。かつ先に奉はりし事は、もとのごとくなるべし。官俸千俵もこれまでのごとくたまふとなり。

大目付が御三卿（当時はまだ田安・一橋両卿）邸の監察の任に当ることは、同じ二年十二月朔日に一橋家老伊丹直賢が大目付に転じ、なお前職の如く時折一橋邸へゆき監視すべきことを命ぜられ、役料一〇〇〇俵を給せられている例もあり（『惇信院実紀』巻一〇）、御三卿邸に対する常例の措置とも思える。しかし大目付が日参して監視に当っていたという事実と、「病のよし」という実記の表現は、その裏の事実を思わせぶりのようにも読める。

これについて『続三王外記』巻二「惇王紀」には次のような記事がある。

田安王子宗武立たざるを怨み、嘗て王（惇王＝九代将軍家重）の短を数えて諫奏し、その侍医をしてこれを草せしむ。太王（大御所吉宗）曰く、およそ国悪を諱むは臣子の分也。宗武表疏親しく草せずして侍医に命ず。それ既にこれを知れば則ち必ずその所親に語る。しかして相告げ語らば則ち世人悉くこれを知る。豈孔子陳の司敗に答うの意ならんや。(1) 四年丁卯八月命じてその朝見を禁じ、深室に居し、都御史石河政朝をしてその第を監せしめ、侍医をその邸に囚す。居ることこれをしばらくして王子過を悔い、自怨自艾す。月光太夫人（六代家宣側室、七代家継生母勝田氏、月光院）時々これを言す。寛延二年五月に及び、命じてその朝を許す。しかしてなお入見を許さず。これを久しくして遂にその罪を許す。（原漢文、以下同）

つまり田安宗武は、兄家重が廃疾ともいうべき状態だったので、ひそかに九代将軍に立てられることを期待していたが、それが実現しなかったのを怨んだ。そうして兄家重の欠点を列挙し、それを諫奏文として侍医に草せしめた。これを大御所吉宗が咎め、謹慎させること三年にわたったのが真相だというのである。

これについては『近松公実厳秘録』にも次のように記してある。

家重公御舎弟徳川右衛門督殿（田安宗武）は学問を好み給ひ、風雅の道不㆑浅。平生音楽をことゝし給ひけり。簾中は一条殿御女御《おんむすめご》(2) 夫婦浅からずましましけり。然るに右衛門督殿、家重公へ何やらん御諫言の事厳敷被㆓仰上㆒しとなり。殊に諫書を漢文を以て調へ差上げられしが、御家人に認させられたるとの御あやまりにて、吉宗公御立腹被㆑遊、田安御屋形急度御遠慮被㆓仰付㆒、御出仕登城・御他出共に御止りあるべき様に被㆓仰渡㆒、三ケ年の内御逼塞被㆑遊けり。（中略）此子細は知る人まれなりと云々。

精疎の差はあるが、ほぼ同様の内容を載せている。

『続三王外記』の著者は館林藩士石井蠡《れい》（一七三八―一八一二）であることはほぼ定説である。(3) 頼春水（一七四六―一八一六）遺稿『師友志』に石井蠡、字子彭、条大夫と称す。江戸の人。館林侯に仕う。文辞に閑らい、関東の典故に通ず。私著を多くす。世に『三王外紀』なる者あり。作者を知らず。子彭常にその謬誤を挙げ、以て話柄となす。皆聴べし。後に『続三王外紀』を著す。館林侯相に居ること年久し。子彭その書史たり。故にその事に熟する也。後その本邑に帰り、学務を掌る。その存没を知らず。（原漢文）

とある。また山崎美成（一七九七―一八五六）著『海録』にも、「続三王外記作者、石井条太夫（名蠡、字子彭）、館林の臣也」とある。『海録』は美成が文政三（一八二〇）年六月から天保八（一八三七）年二月にわたって、群書渉獵のついでに集録したものという。(4) これから推して、『続三王外記』は寛政―文化年間に成立したといえよう。

『近代公実厳秘録』は講釈師馬場文耕の著といわれる。文耕は筆禍事件で宝暦八（一七五八）年に処刑されているから、彼の著とすれば宗武処罰一件から一〇年も経過せぬ頃、すでに巷説として流れていたわけである。しかし註記しておいたように、田安宗武簾中と一橋宗尹簾中を混同するなど、この記事についても内容は不正確なところがあり、要するに市井の一講釈師が耳にした噂話を筆にしたにすぎないといい得る。

『続三王外記』も同様で、その史料としての価値は甚だ低いという評価が、学界では夙に成立している。従って巷に風評は早くから流れていたことは事実としても、宗武の三年間の籠居が果して謹慎であったのか、病気の故か、その二文献では遽かに断定しかねる問題といえよう。

註

（1）『論語』述而篇。

陳司敗問、昭公知レ礼乎、孔子曰、知レ礼、孔子退、揖二巫馬期一而進レ之、曰、吾聞、君子不レ党、君子亦党乎、君取於呉、為二同姓一、謂二之呉孟子一、君而知レ礼、孰不レ知レ礼、巫馬期以告、子曰、丘也幸、苟有レ過、人必知レ之、

陳（国名）の司敗（官名、司法長官、司寇とよぶ国もあった）が孔子に対し、魯の昭公は礼を知る人かと尋ねたところ、孔子は礼を知ると答えた。孔子がその場から去った後、司敗は孔子の弟子巫馬期を近くへ招きよせていうには、「君子は党派をつくらぬものと聞いているが、君子もつくるようだ（孔子が自分の国である魯の昭公を、礼を知る人と答えたのは、身内びいきの態度だという意味）。昭公は呉の国から妻を迎えたが、魯も呉も姫氏であり、同姓娶らずという礼に背いている。そうしてそれを隠すために、夫人を呉孟子という特別な呼び名とした。それ故、昭公が礼を知るならば、世の中に礼を知らぬ者はいないだろう。」

これに対し巫馬期は返答できず、やがて孔子にこれを告げたところ、孔子は「私は幸福だ。もし過ちを犯せば、必ず誰かがそれに気付いてくれる」と語ったという。

孔子はもとより昭公が同姓を娶ったことは礼に背くことと知っていたが、敢えて他国の者に自分の国の君公の過ちを隠したのだと解釈されている（朝日文庫本『論語』吉川幸次郎解説、五井直弘教授の御教示による）。

大御所吉宗は、田安宗武が将軍である兄家重の欠点を列挙し、それを侍臣に草せしめ、自らそれが外へ知れるであろうことを考慮しなかった行為を、孔子が自分の君公の過ちを他国の者に隠した精神にもとるものとして、宗武を罰したというわけである。

（2）田安宗武簾中は近衛家久女森姫で、この記事は、或は一橋宗尹簾中（一条兼香女俊《まさ》姫顕子）と混同したのではあるまいか（『有徳院実紀』巻三九、『田安徳川家記系譜』、『新稿一橋徳川家記』巻一・二）。

（3）森銑三「太田南畝の旧蔵書」『森銑三著作集』第十一巻所収参照。同「続三王外記の著者」『上毛及上毛人』一七七号　一九三二年。

（4）国書刊行会本『海録』解題による。

二　『続三王外記』の記事の傍証

田安宗武謹慎については、松平春嶽『閑窓乗筆』にも次のように見える。

宗武卿ハ紀州にて御誕生被レ為レ在、吉宗公御本丸へ被レ為レ入候とき、御つれ被レ遊。頗賢明の御方なり。家重公ハ恐入候へども、御不足の御方にて、御温和の御様子なりとかきけり。夫故カ、衆人宗武卿の賢明を感じ、心をよせ、家重公ハ夫れほどにいたり兼候ゆえ、自然宗武卿の方御威光さかんなりとかきけり。吉宗公殊の外患へさせ給へども、さりとハいかんともなし能ハず。或る時、公宗武卿を御本丸に召させられ、しか〳〵の御物語りあり。宗武卿ハそれハやすき御事也。御父上様ニも御安心被レ遊候へと被二仰上一たりと。其時の御相談ハいかがの事か分りがたし。其後宗武卿ハ何事か御建言あらせられたり。大切の御事にして、御趣意ハ知らざれども、御建言を御側の人ニ御認させ被レ遊、自らハ筆を執り給ハずとの事也。此御建言書御さし出し相成候ところ、公儀の御不興を蒙らせられ、かゝる大切なる御建言に、御自筆にてこれなく、御側の人ニ被二仰付一候など、甚不レ得二其意一との事にて、三年の間御慎み被二仰出一たりとの事也。此御建言も、亦御代筆も、宗武卿と有徳公(吉宗)との御相談なるべし。罪を蒙らせられ、三年間の御慎も御相談の御やう子なりと、蜂谷茂橋・中村文蔵が、むかし宗武卿の御側ニ勤めし者よりたしかにきゝたりと、余の幼き頃はなしせり。

松平春嶽（慶永、一八二八―九〇）は血統からいえば一橋宗尹の曾孫に当る。田安邸は宗武の子治察の死去（安永三年＝一七七四）後、春嶽の父斉匡（一橋二世治済五男）が天明七年（一七八七）相続する迄一三年間、当主を欠いていた。しかしその領知一〇万石も、付属の邸臣も存置されたので、田安邸臣の間に宗武一件が言伝えられて春嶽幼時に至る可能性は十分にある。

ただし前述のように、宗武籠居からほどなく、この話は市中に流れていったようなので、春嶽が耳にする迄八〇年あまりの間に、かなりの潤色が加えられたことであろう。しかしともかく田安邸に言伝えられていたということは『近代公実厳秘録』や『続三王外記』などの俗書の記事よりは、はるかに信頼がおけるといえよう。

さらに一橋徳川家史料『覚了院実録』[1]（以下『実録』と略記）ならびに『惇信院実紀』（以下『実紀』と略記）の記事をさぐると、この頃田安宗武の身辺に異常事態が生じていたことが察せられる。

まず『続三王外記』にもあるように、延享四（一七四七）年八月二日、大目付石河政朝に田安邸監察を命じ、役料一〇〇〇俵を加俸した。[2]これが日参であったことは、本稿の冒頭に記したところである。

但、宗武の籠居がこの時すぐに始まったのではなかったようである。すなわち『実紀』巻三によると、同年九月朔日一橋宗尹は本丸に登り、兄宗武と共に月次の礼をすませ、ついで西丸にも入っている（或は将軍・大御所へは対顔せず、取次までの挨拶であったのかもしれない）。

このように月次・臨時の礼の際、田安・一橋同席が例であったことは『実録』から窺え、それは同年九月まで続いたが、十月になると田安宗武登城の記事が消える。宗武の謹慎が始まったのであろう。次の如くである。

（延享四年）

十月二十五日　宗尹本丸大奥へ年始の礼に簾中一条氏、長女保姫と共に赴く。[3]田安宗武の記事なし（『実録』巻三）。

十一月九日　将軍家重二男万次郎（清水重好）と対面のため、宗尹本丸大奥へ登る。田安宗武同道せず（同右）。

十一月十五日　月次の礼のため宗尹登城。万次郎髪置祝儀あり。田安宗武の記事なし（同右）。

（寛延元年）

正月朔日　例年の如く宗尹本丸に登り、公方家重と大納言家治に謁する。田安宗武同道せず（『実録』巻四）。

三月十四日　去る二月二十六日将軍家重側室お幸の方（至心院、十代将軍家治生母）死去につき、老中堀田正亮より、宗尹および紀伊嫡子宗将・尾張嫡子宗睦は法事中一度寛永寺へ参詣、紀伊宗直、尾張宗勝は一度代拝すべき旨指示される。田安宗武については指示なし（同右）。

（寛延二年）

正月三日　公方家重西丸に大御所吉宗の機嫌を伺う。宗尹先立って登城。田安宗武は所労につき登城なしとの記事あり（同右）。

こうして本稿冒頭に掲げたように、同年五月四日宗武の籠居が解かれた。しかしその後も『続三王外記』に「しかしてなお入見を許さず、これを久しくして遂にその罪を許す」とあるように、宗武は登城して側衆まで将軍の機嫌を伺うことはできても、将軍・大御所への対顔は許されなかったらしい。

一橋邸との関係をみても、この年七月十二日宗尹簾中一条氏が死去したことについて、同月廿二日田安宗武は家老建部広充を喪中見舞として差遣した。その口上を番頭河内隼人が受けた。通例それに対する当主の返答を申伝えるものであるが、宗尹は敢えて返答をしなかった（『実録』巻四）。恐らく公儀に対する遠慮からであろう。

翌三年二月朔日、将軍家重四十の賀宴が営まれ、大御所吉宗をはじめ、親族から種々の祝物が贈られた。宗尹も嫡子小五郎と共に祝品を献じた。しかし田安宗武よりは何も贈られていない（『実記』巻十一）。

結局宗武が全面的に赦されたのは、翌三月に入ってのことだった。『実録』巻五によると、三月廿日一橋宗尹は本丸に登城し、兄宗武と共に将軍に謁した。久々の事につき、この日宗尹は田安邸に歓びの使者を遣した。ついで廿六日には宗武は大御所吉宗に謁することができた。これについても宗尹は歓びの使者を送っている(4)。

ここに至る過程をみると、宗武将軍謁見の三日前、同月十七日午后一橋邸に御側御用取次大岡忠光と高井信房が、将軍の使ということではなく来邸し、宗尹と用談した（『実録』巻五）。用談の内容は明らかでないが、恐らく宗武赦免に関する事と推察して誤りあるまい。ついで同十九日、宗尹は呼出しを受けて登城し、本丸笹の間において一刻ばかり老中達と用談している。こうしてその翌日宗武の謁見となったのである。

これに先立つ同月十三日、月光院勝田氏が年始挨拶のため本丸に登城した際、宗尹も登城し、大奥で対面した。宗尹は将軍や大御所とは対顔せず帰殿した。

御三卿は登城日がきまっていた。月次の朔日・十五日・廿八日の他、五日・八日・廿日・廿四日が定日といわれた(5)。それ以外は不時登城といって、異例のことであった(6)。それ故、宗尹が不時登城してまで月光まい。

院と面会したのは、極めて重大な用件があったからに相違なく、これも宗武赦免に関することに誤りある

これによって一橋宗尹が兄田安宗武の処分解除に奔走したことと共に、月光院も宗武のために尽力したことも知られる。『続三王外記』の「月光太夫人時々これを言す」という記事の裏付けが『覚了院実録』によってなされるのである。

このように見て来ると、少くとも田安宗武籠居に関する記事については、『続三王外記』はかなり信憑性が高いといい得る。その情報の根拠を考えるに、著者を館林藩士石井蠡とすると、そこに浮んで来るのは松平武元である。

松平武元（一七一三―七九）は六代将軍家宣の同母弟清武に始まる越智松平の三代目である。元文四（一七三九）年奏者番、延享元（一七四四）年寺社奉行を兼ね、同三年西丸老中、陸奥棚倉から上野館林城主に移る。翌四年本丸老中となり、安永八（一七七九）年死去するまで三二年間在職。(7) 頼春水『師友志』に「館林侯相に居ること年久し」とあるのはこれを指す。

石井蠡はその右筆を勤めた。田安宗武籠居の頃は彼はなお幼少であるが、松平武元はすでに幕府の要職に居た。後に武元から機密に属する事実を聞かされる機会は多かったであろう。それがこの一件に関する『続三王外記』のかなり正確な記述の情報源と私は考える。

著者が松平武元の右筆であったと知った上で、改めて『続三王外記』を見ると、当時の幕閣の中、とくに武元に関する記事に、他書に求め得ない幕政上の秘事が述べられているように思える。例えば「徳王（吉宗）紀」に次の記事がある。

太王（吉宗）即位の初、故事に従い、尾公弟（五代藩主継友弟、松平通春、後六代宗春）を梁川に封ず。既にして将に宗室・三公の庶子を封ぜざらんとす。故にまず王子を封ぜず、その意を見わす。然るになおその不平を懐くを恐れる。既に伝位の後、時の列相佐倉侯（堀田）正亮・館林侯（松平）武元〔二侯、惇王（家重）即位の初、並に相となす〕を召し、これに謂いて曰く、今尾紀滬三公庶子ありて稍長ず。前朝皆その子弟を封ず。然るに世世相仍ってかくの如くなるべからず。今ただ爵を与え、これを封ぜざらんと欲す。それもし心私に封を待ちて得ざれば則ち望を失う。如かじ、預めこれを知らんには。武元宗族の支蘖なり。私に朝廷の意を三公に告げよと。武元命を受け、これを三国の相に伝う。寛延四年辛未五月、太王疾あり。館林侯をして疾に侍せしむ。六月大漸、館林侯を召し、左右を散遣す。言う所皆聞くを得ず。けだし天下の事を託する也。（中略）初め太常たる時、王しばしば便殿に召し、これを勉励す。惇王即位の初、擢んでて相となす。故に太王これに後事を嘱附する也。

この文章の前段は、後にも述べるが、将軍庶子を独立した大名とせず、食邑のみ与えて部屋住の地位に置くという、いわゆる御三卿の創置に係ることで、これを三家庶子にも適用する方針を、松平武元に命じて私に三家に伝えさせたという記事である。

尾張家の庶子通春を陸奥梁川に封じたのは享保十四（一七二九）年で吉宗就任の初とはいい難いが、吉宗が庶子宗武に田安邸を与えたのはその翌年であるから、年代は前後しない。またこの後、御三家庶子が官位のみ与えられて封地を与えられなかったのも事実であるが、松平武元が私に吉宗の意を三家に伝える役を演じたというのは、この記事のみで他に確証は得られない。

後段については、寛延四（一七五一）年吉宗の病状悪化により、松平武元が本丸老中であるに拘らず、西丸の吉宗のもとに詰めたことは『実紀』巻一三、同年廿九日・六月十九日条にも見える。しかし武元が特に遺言を受けたか否かは傍証は得られない。

しかし次の記事は、恐らく幕府首脳部のみに伝わる秘事というべきことで、しかも十分に傍証の得られる事実である。

王（吉宗）嘗て謂う、昔荘王（四代家綱）二弟を大国に封ず。清楊《ママ》王（綱重、清揚院）を峡（甲斐）に封じ、憲王（綱吉、常憲院）を館林に封ず。もし世々これに倣い、王子を封ぜば、窮みあるの地をもって、窮みなき王子を封ずれば則国家衰耗の基たり、如かじ、これに廩米を給し、もし子なければ則ちこれを御廩に還さんには。因て室直清（鳩巣）に問うに、すなわち秦漢以来列侯・関内侯[11]等虚封の事をもってし、遂に意を決してこれを行う。位を太子（家重）に伝うるに及び、二王子（田安宗武・一橋宗尹）に各廩米十万石を賜わしめ、もって歳費となす。既にして王子宗尹の長子をもって福井侯宗矩の養子となし、名を重昌と賜う。皆その素志を行う也。

これについて私は曽て『一橋徳川家文書』（茨城県立歴史館蔵）および水戸治保関係書簡集『文公御筆類』（水戸彰考館蔵）に依拠して論考を発表している[12]。すなわち享保十五（一七三〇）年庶子宗武に田安邸下賜の際表明された吉宗の「思召」というものが、書付として少くとも延享四（一七四七）年までは伝えられ、それによってこの年、一橋宗尹は有無をいわさず嫡子小五郎を越前松平家へ養子に出させられた。この頃は大御所吉宗在世中であるが、宗尹正室一条氏所生の嫡男を他家に養子として出させたところに、庶子所遇についての吉宗の「素志」は明瞭に表れている。

その後この書付は伝わらなくなってしまったが、「思召」の本旨は「有徳院（吉宗）様御議定」として幕府首脳部に口伝され、強く御三卿の処遇を規定する権威となっていく。

安永三（一七七四）年田安二世治察が死去した。治察には実子がなく、二人の弟の中、定国は伊予松山の松平を継ぎ、定信は白河松平への養子ときまっていた。田安邸では定信を当主に取戻そうと幕閣に運動し、一橋・清水も動いたが、とうとうそれは実現しなかった。その時側衆御用取次稲葉正明は、御三卿というものは「御部屋住料として御領知被レ為二進置一候御事ニ而、実之御子様被レ為レ在候得ば、又直ニ其御料被レ為レ進候御事ニ而、若御子様不レ被レ在候得ば、御部屋住料は上り候事ニ、有徳院様御定メ被レ置、元来御議定御座候御事ニ候」と申述べている。[13]

これを『続三王外記』では「不レ如、給二之廩米一、若無レ子則還二諸御廩一」というのが吉宗の「素志」であったと記している。稲葉正明の口達と全く一致している。石井蠡がこういう情報を主君松平武元を通じて得ていたことは十分推測できる。

要するに『続三王外記』の記事の中には、田安宗武籠居一件を始め、かなり他史料に傍証を求めうるものがあり、幕府に関する機密事項等についても、筆者石井蠡が右筆として近侍した老中松平武元から得た情報に基くと推察可能な記事があり、他書に見られぬものについても、一概に無根の創作と退けられぬものがあるように私は思うのである。

註

(1) 覚了院は一橋初代宗尹の法名。この実録は享保六（一七二一）年閏七月宗尹誕生に始まり、明和二（一七六五）年七月宗尹死後の諸措置終了に至る間を編年体に記述している。編纂者やその年代および典拠となった文献も明らかでない。しかし現在は失われてしまったが、かなり信憑性の高い記録・文書類を用いて作成したものと推定しうる。またその初期については、或はその典拠として用いられたかと推察される日記も若干存在する。詳細については拙稿「一橋徳川家史料について」（茨城県立歴史館編『一橋徳川家文書目録』所収）参照。

（2）『惇信院実紀』巻六、『寛政重修諸家譜』（以下『重修譜』と略）巻二一三　石河譜、但、同譜には役料加俸の記事はない。

（3）十月に年始の礼は異様の感があるが、時期がおそくなっても、その年最初の挨拶を年始の礼と称していたようである。

（4）『一橋徳川家史料』F三―四「公事一覧」によると、
寛延三年十二月十八日、宗尹は西丸下城の帰途、田安屋形へ寒中見舞。
同　十二月廿七日、田安宗武、一橋屋形へ寒中見舞。
共に延享四年以来初めてとある。

（5）月四日の御定日は大御所吉宗在世中の定で、吉宗の死後は八日・廿四日の二回となり、幕末に至る。

（6）幕末の事であるが、安政五（一八五八）年六月廿三日一橋慶喜は登城して、日米修好通商条約無勅許調印について大老井伊直弼を問詰した。幕府はその不時登城を理由に、慶喜に登城禁止の処分をした、不時登城はそれほど異例の行動と考えられていた。

（7）『重修譜』巻五〇。

（8）水戸家。『三王外記』が水戸を滬と記すのに倣っている。

（9）漢代より清朝に至る官名。宗廟礼儀を掌る（『漢書』百官、公卿表。清・黄本驥『歴代職官表』。五井直弘教授の御教示による）。江戸幕府の職名に当てれば奏者番に該当しよう（『読史備要』官職唐名一覧では寺社奉行に当てているが、寺社奉行は行政の職で、儀礼の職としては奏者番が適当であろう。尤も通例両職は兼務であった）。

（10）この年宝暦と改元。但、改元は十月廿七日、関東では十一月三日公布なので、本書が吉宗死去を寛延四年としているのは、時期によく配慮した記述態度といえよう。

(11) 秦漢の爵名。虚封。侯号あるも、京畿に居して国邑なし。

(12) 辻達也「徳川御三卿の相続について」(『横浜市立大学論叢』人文科学系列三七―二・三合併号、一九八六年三月)。

(13) 一橋徳川家文書「安永三年九月　田安御相続一件」、午九月七日稲葉越中守御口達書付。

三　松平乗邑の罷免の理由

上述のような『続三王外記』の信憑性についての考察をふまえて付言したいのは、老中松平乗邑罷免の真相についてである。享保改革後半期に将軍吉宗を補佐して敏腕をふるった老中松平乗邑は、延享二(一七四五)年吉宗が将軍職を家重に譲って間もなく、突如として罷免され、加増されたばかりの一万石を没収、隠居・謹慎を命ぜられた。その真相については『実紀』巻一、延享二年十月十日条に「その事の子細は、秘して伝へざればしるものなし」と記している。

松平乗邑罷免について、唯一確実といえる記事は『大岡越前守忠相日記』同年十月九日条に見える。(1)

今日左近将監(乗邑)殿事、父子共病気ニ付、名代松平主膳正(近形)・松平宮内少輔(忠恒)え、御黒書院溜り(之間に脱カ)おゐて、御老中列座にて、左近将監思召ニ不レ応候ニ付、差扣られ候様ニ、御書付を似、雅樂頭(老中酒井忠恭)殿被二仰渡一候由、主計頭(寺社奉行松平武元)ゟ申来候。右被二仰渡一之御書付、紀伊守(寺社奉行本多正珍)奥にて写候由、則爰ニ記、

松平左近将監

前々ゟ権高ニ相勤候様子相聞え候ニ付、先達而諸事慎相勤候様にと、大御所様ゟ御内意も有レ之所、無二其儀一不慎之上、我意を立取計候之段、不調法之至、思召ニ不レ叶候、大御所様ニも右之思召ニ候、依レ之御役御免被レ成候、差扣可二罷在一候、

右、御黒書院溜り之間おいて、(ニ脱カ)左近将監名代松平主膳正・松平宮内少輔え、酒井雅樂頭申渡候、老中右京大夫（松平輝貞）・隠岐守（西尾忠尚）列座、

翌日乗邑は一万石を没収、隠居を命ぜられた。

幕府中枢に異変が生ずれば、さまざまな憶測が巷に流れるのは常である。この一件に関しても、その成立年代は明らかでないが、『倭紂書』『鄙雑俎』などの雑書が流布している。(2)『倭紂書』の概要を摘録しよう。

松平左近将監御咎之趣、酒井雅楽頭委細読渡候七个条之題号

一、尾張殿遊女春日野を請出し候節、不埒之事、

一、榊原式部大輔遊女高雄を請出し候節、不埒之事、

一、五摂家方・御門主方、方々領分へ、神尾若狭守検地可改と踏込候事、

一、一条殿領分へ若狭守入候節、御立腹にて、叡聞にも達し、聖武皇帝の頃より領せられ、只今迄代々の将軍より手差無之処に、此度検地可申と申候儀、不埒に被思召、関東へも其趣可被仰達と、御使者にて被仰渡、其内若狭守は旅宿に十日計逼塞被仰付候。若狭守一分の了簡にて無御座候、左近将監差図と申上候。関東へ申来り候ては、左近・若狭守共に難立候に付、所司代牧野備後守（貞道）よ

り毎日伝奏へ御詫被申上候。奈良奉行但馬守（石黒易慎）も致世話、関東への御使者をも無理に留め置、段々御願申上候に付、御宥免有之、関東への御使者は相止み、若狭守も御捨免にて候、
一、席々におゐて諸奉行・諸役人へ権高に取計、御門々の番頭へ、往来に不礼有之候事、
一、隠し目付を申付、内説等を聞せ、一分の了簡を以て、毎日書上取置候事、
一、居宅の囲、泉水不相応に仕、奢の事、
一、兼康友軒を一分之了簡に取計ひ候事、
右七个条は、表立候而被仰渡候。
　此外之不埒（主要箇条のみ、内容省略）
一、贔屓の大名へ役付、
一、珍味美食を好み、色慾にふける、
一、領分佐倉を衰微、
一、城内侍屋鋪を取崩し、麦畑にする、
一、松平喜兵衛という家老、在所にて奢り、
一、江戸屋敷の家中へ親類よりの音物を厳敷あらため、入れさせず、
一、山王の祭礼を簡素化、
一、氷川門前の売女厳禁、
一、金銀の訴訟を年二回に制限、
一、祝儀の能の橋掛りの青竹を節約、

一、将軍宣下の衣裳に古物を用いる、
一、新田開発のため、秣場を取上る、
一、関東の山林を伐払い、新田とする、
一、新代官を任命し、年貢増徴、
一、宮地芝居を禁止、
一、吉原以外の売女を禁止し、江戸を衰微させる、
一、正月の女子供のよみガルタを博奕とみなす、
一、盗賊を死刑とせず、入墨叩きとして、再犯を激増させる、
一、金銀座の願いにより、貨幣を改鋳する、
一、細田丹波守の執成しで、銭屋を追放、遠島に処する、
一、田安宗武への合力金を拒否したため、田安守役自殺、

これらは虚実のないまぜであるが、事実と関わりある項目の多くは、享保改革の諸政策に結付く。すなわち風俗取締り、倹約、新田開発、年貢増徴、貨幣改鋳、新代官の取立等、いずれも改革における重要施策である。また尾張宗春・榊原政岑の処罰も、将軍の方針に対する反抗への措置として人々の注目を集めたところであった。これらをすべて松平乗邑の専権の所産として非難しているが、乗邑処罰に結付けて、享保改革に対する不満を吐露したものというべきであろう。(3)

乗邑処罰について老中酒井雅楽頭(忠恭)申渡7箇条なるものの第三条は、乗邑の指示によって勘定奉行神尾春央が五摂家領・門跡領へ踏込んで検地し、公家を憤激させたという一件がある。これについては『明

君享保録』にも次のように記してある。

『明君享保録』吉宗公、松平左近将監乗邑・大岡越前守忠相へ、政事御閑談の事

吉宗公、上意を以て松平左近将監乗邑に命ぜられ、神尾若狭守、日本国中惣巡見使を勤けるに、神尾若狭守は大和国中を縄を入て吟味しけるに、五摂家がた御領田へ縄を入し事、京都所司代松平豊後守（註、松平資訓、寛延二年より所司代、当時は牧野備後守貞道）へ、二条殿・鷹司殿・近衛殿より急度御断被成候は、神武以来摂家の領田、武家より縄を入れし例し是なり。不届千万なり。江戸将軍の差図なれば公方の誤りならん。且又其役人のわたくしならば、急度被申渡べきとの公家衆の憤り甚鋪、先尤の道理なれば、神尾は京都にて旅宿閉門を所司代より申付給ひ、いろ〳〵御詫を申上けれども、五摂家御心得なく、江戸表へ急度御断り可有之由也。然るに山田奉行田山重大夫、二条殿へ御内縁有之ニ付、相頼み色々御歎申上けるゆへ、漸々御免にて、然らば役人の心得違ひとあれば、江戸公方様への断りは御用捨可被下とて、若狭守御免にて立帰りけり。是若狭守不調法にては無之、御老中松平左近将監乗邑の江戸にて下知被致し故にこそ、右の縄を入たり。然らば左近将監あやまりなりとて、当公方様御代始めに、左近将監御咎め第一のケ条也。此乗邑は、吉宗公の寵臣にて（中略）されば左近将監の器量をば、吉宗公には殊之外御賞美被遊、乗邑当家のつとめ勘当を得、万人のそしりを得るとも、大丈夫の器量、誰かかれにつゞくものあらんや。先摂家の領田、神武以来其縄のしれざるを、武家へ予が代にして其高を知る事、莫大の手柄也。最早永々天下の帳面に記して、世々の公方家是を知る。然者乗邑の器量の手柄也。（下略）

この記事の中、摂家領が成立以来、武家はこれを把握できなかったというのは事実と大いに相違してい

る。二代将軍秀忠、それに四代家綱以降の歴代将軍は、代替りの度に公家に対して領知の判物・朱印を発布している。(4) 毎回検地をしていたわけではあるまいが、公家領の大概は武家側は把握していたのである。

例えば摂家の代表として近衛家領をみると、元和三（一六一七）年の秀忠の判物、寛文五（一六六五）年の家綱の判物、貞享二（一六八五）年の綱吉の判物、いずれも石高は同じ一七九七石余であるが、内容は元和の時は山城国内三箇村、寛文は山城久世郡内一村と摂津河辺郡内一村、貞享には久世郡はそのままであるが、摂津の一部分が減って、その替りに山城宇治郡内一村が与えられている。享保四（一七一九）年の吉宗の判物では、二八五二石余と一〇〇〇石余り増している(これは前将軍の時加増された分が、判物に載ったものである)。このように石高は同じでも村が動いた場合、または加増の場合には、当然新しい村が加わるので、その土地は武家の検地を当然受けているのである。それ故、「神武以来、其縄のしれざる」と吉宗が摂家領について述べたなどというのは、事実無根というべきである。

松平乗邑処罰理由に関しては、将軍継嗣に係る説がある。『落合郷八覚書』(5)というものによると、将軍代替りについて幕府は高家長沢資親を上京させたが、その際老中松平乗邑は、内々資親に託して、政務については隠居後も吉宗が心を添えるようにとの叡慮を蒙りたいと朝廷へ申入れた。ところが資親は実母死去のため、将軍からの書状を所司代に渡したまま、乗邑の内意を伝奏衆に告げずに江戸へ戻ってしまった。

そこで乗邑は止むを得ず、個人的書状を武家伝奏へ送ったが、伝奏は単独の老中から直接書状を受取る前例がないため、これを所司代の前で開封したので、乗邑の意向が所司代に知れてしまった。伝奏は所司代に対し、これを奏聞することはできないから、その旨関東へ申し下すように言ったので、所司代牧野英成はそれを老中へ申し送った。

これを受取った月番老中本多忠良は、所司代からの書状の宛名に松平乗邑の名が見えないので不審に思い、これを秘密にしておいた。やがて将軍宣下の勅使として伝奏衆が下向して来た時、老中達は事情を伝奏から聞き、乗邑の個人的策動が露見した。吉宗もこれを出過ぎた行動と怒り、ついに乗邑を罷免するに至ったという。

これには基本的な事実に誤りがある。その一は将軍宣下のための勅使下向後、乗邑が罰せられたことになっているが、乗邑の処罰は十月十日、勅使の江戸到着は廿七日である。また所司代を牧野英成としているが、英成はこれより十一年前の享保十九（一七三四）年に所司代を退任、当時の所司代は牧野備後守貞通（寛保二〈一七四二〉年就任）である。こういう事実の混乱をみると、仮に落合郷八（二代目居久か三代目久彊）自身の記述であったとしても、内容は信憑性の低い伝聞と考えられる。この話は創作と認定してよいであろう。[6]

『続三王外記』も松平乗邑の失脚を将軍継嗣問題に結付けている。

初め徳王（吉宗、有徳院）将に位を王（家重）に伝えんとする也、相佐倉侯乗邑、王の性懦弱にして多病なるを以て、之を廃して庶子宗武を立てんことを請う。徳王聴さず、遂に王に伝う。故を以て佐倉侯を怨み、即位月を踰え、佐倉侯を罷め、秩万石を削り、居邸を収む。憂憤病を成して卒す。[8]

甚だ明瞭に九代将軍に誰を推すかということで敗れたとしている。[7]

文献処理の一般的法則からいえば、巷間の俗書という定評のある『続三王外記』にのみ載るこの説は、採用し難いことになるが、私は一概にこれは捨て難いと思う。この説に拠れば、松平乗邑の失脚と田安宗武籠居は、九代将軍に家重が就任したことにからむ一連の事件である。その田安宗武一件に係るこの書の記事は『一橋徳川家史料』によって裏付けられる部分が少なくないことはすでに述べた。またその信憑性は、この書の著者石井条大夫彝が、当時幕府の枢機に参与していた松平武元の右筆として、機密にわたる情報を得る立場にあったという事を前提として、かなり高いものと認めたいのである。(9)

註

(1) 申渡し文は『続談海』巻一六、『御徒方万年記』巻四八その他にも載っている。またその要旨は『実紀』巻一に記してあるが、当時幕府の要職にあつた大岡忠相の日記で代表される。

(2) 『倭紂書』は松平乗邑を暴君殷紂王になぞらえたものであろう。『給松風説集』という題名のものもあり、これは大給松平の略である。『列侯深秘録』所収。

『鄙雑俎』は明の謝肇淛『五雑組(俎)』をもじったものであろう。松平乗邑一件の他に、遊女・歌舞伎・俗信仰・流行歌等世相風俗に関する記事、さらに尾張宗春『温知政要』、山下幸内「上書」等を収録。或は「享保の治」の裏面史の意図があろうか。『未刊随筆百種』第一三収載。

(3) 銭屋の追放・遠島というのは、元文元(一七三六)年の金銀改鋳に伴って、江戸の銭相場が大きく高騰した。当局は銭買占の禁令を繰返したが、あまり効果があがらなかった。そこで同年九月江戸中の銭屋を調査し、禁令をおかして銭を貯えていた者一三人を逮捕し、その中三人を遠島に処した(『両替年代記』)。これは勘定奉行細田丹波守時以ではなく、町奉行稲生下野守正武の手によるものである(辻達也『享保改革の研究』第七章)。

(4) 徳川家判物并朱黒印(内閣文庫蔵)。

(5) 落合郷八は『重修譜』巻一二六一(落合)によると三人いる。初代豊久は紀州家の人で、徳川吉宗が将軍を継いだ時、従って旗本となり、小納戸・小十人頭・先手鉄砲頭を歴任し、延享三(一七四六)年に六十六歳で死去した。二代居久は隠居後の大御所吉宗の側近として西丸に居り、その後一〇代将軍家治の小納戸などを勤め、天明元(一七八一)年に六十五歳で死去した。三代久疆は安永二(一七七三)年から家治の小納戸を勤め、家治の死後、天明八（一七八八）年に一度解任されたが、寛政七（一七九五）年に復職、将軍家斉世子家慶付きとなる。

この三人の中、「覚書」の筆者としては、晩年の吉宗に仕えた二代目居久がもっとも適当するといえようか。しかしこの「覚書」なるものは写本すら一部も見当たらない。私は昭和二十二（一九四七）年に卒業論文の題目に「享保改革」を取上げて以来、先人にも質問し、自分でもしかるべき図書館の目録等を調べたが判明していない。『国書総目録』にもなく、大正大震災で焼失した東京大学の『南葵文庫目録』にもない。この名前がみえるのは、管見の限り、内藤耻叟『徳川十五代史』（博文館　明治二十六〈一八九三〉年、「落合郷八物語」「落合郷八ノ筆記」とあり）、池田晃淵『徳川幕府時代史講義』（早稲田大学出版部、発行年不祥、大正年間〈一九一〇〉年代前半か）、三上参次『江戸時代史下』（富山房、昭和十九〈一九四四〉年、「落合郷八聞書」とある）である。なお徳富蘇峰『近世日本国民史』にもこの名が載っているが、郷八を吉宗のお庭番としているところは、池田晃淵と同じ誤りをおかしているので、或は池田の著書を孫引きしたものか（辻達也『日本の近世』2「天皇と将軍」第六章参照）。

（6）仮令その内容は虚構であるとしても、隠退後の吉宗に政治をみさせるという、「大御所政治」の実現に天皇の権威を藉りようとした発想は、重要視すべき現象である。『倭紂書』の松平乗邑咎めの理由の中にある摂家領検地、つまり公家領不可侵性の観念の出現と共に、恐らく宝暦期以降すなわち一八世紀後半に入ってのことであろうが、天皇と将軍との権威に係わる微妙な変化が生じて来たことを示していると私は考える。しかもそれらが史実そのものとは認められない市井の俗書に記されているだけに、庶民層の観念の趨勢を考える上に興味がある。

なお朝幕間の政治問題化したものではないが、延享元（一七四四）年幕府の厳しい年貢増徴に喘いだ畿内の農民が、翌年四月朝廷に年貢減免斡旋を願出るという事件が起った。これについては十章「享保改革から田沼時代へ」で取上げるが、苦しまぎれとはいえ、百姓が年貢減免運動に朝廷の権威を求めた事実は極めて重視すべき現象であり、『落合郷八覚書』や『倭紂書』に表われた観念も、こういう風潮を民衆が懐き始めたところに根ざしているといえよう（辻達也『日本の近世』2　第六章）。

(7) 家重の将軍宣下、官位任叙の式は十一月二日に行われたが、九月廿五日に家重は本丸の主となった。これを即位としている。

(8) 松平乗邑は失脚後半年ほど経過した翌延享三年四月十六日死去した。

(9) 三上参次『江戸時代史』下（第十六章第二節「松平乗邑の免黜と田安宗武不首尾一件」）にも「続三王外記は信用すべからざる書なりとはいへ、少なくとも此の事は事実なりしと思はる」と推測している。私はその根拠として『一橋徳川家史料』が存在することを明らかにし、また恐らく三上の時期には判明していなかったと思われる同書の著者とその経歴から、この記事の信憑性を高いものと推測する。

なおこれを事実として認めると、吉宗は次期将軍として、個人の能力や資質よりも嫡庶の別を重んじたことになる。その理由は判明しないが、『有徳院実紀』附録巻五には次のような逸話を載せている。

嫡庶の名分をたゞさせ給ひしこそ。あるが中にもいとかしこく尊き御事なれ。元文二年　浚明院（家治）殿生れさせ給ひし時。　竹千代君と御名をまいらせ給はむやと。宿老等聞え奉りしかど。この御名は　東照宮の御おさな名なればとて。御辭譲しば〳〵なりしが。遂に群臣の請にしたがひ給ひしとぞ。』此　君ことに御うつくしみあさからず。常にかきいだかせ給ひ。おもたゞしくもてなせ給へり。これよりさき　竹千代君の御生母お幸の局。この君を懐胎せられしとき。　公よりいはた帯を賜ひしが。其後又お千せの局妊めることありしかば。　惇信院殿より。こたびも帯を賜はり給はん事をねぎ奉られしに。竹千代を懐妊せし時は。嫡孫なれば。我よりあたへしなり。こたびは庶孫のことなれば。我よりはあたふまじと仰あり。後うち〳〵御けしきありて。　竹千代君の御生母より。いはた帯をゝくられける。其後お幸の局うせられし時。馬場にて馬を訓練しておはしけるに。申次の衆いでゝかくと聞え。音樂停止の令を下さるべきやとうかゞひければ。　竹千代が母の喪に。天下のもの。たれかものゝねをたつべきやとて御けしきあしかりし。』また　竹千代君いまだいとけなくて本城におはしましけるころ。萬次郎（家重二子清水重好）のかたにも同じくおはしければ。常に同じ所にてむつれあそび給ひけり。ある時山里の御庭にて。　公　竹千代君をいざなひありき給ふ御あとより。萬次郎のかたもおはしけるが。　竹千代君いつもの如く御戯れのあまり。いつの程にか萬次郎の方を押ふせ。其上にまたがらせ給ひ。馬に乗まねびし給ひしかば。萬次郎のかたの人人見て。こはあまりなる御たはぶれかな。あはれ御叱りあれかしと思ひたりしに。かへりて御けしきよく。落ざらむやうにのれよ〳〵と仰られしかば。かのかたの人々案に違ひけるとぞ。これよりさきは。御はらからの事なれば。かの方の人の中には。御嫡庶の名分をもわきまえず。事により。のりをこゆることもありしが。これより後。をのづから御嫡庶の分かぎりあるものなりとぞ。思ひわきまへける（『享保録』、落合郷八話）。

いずれも嫡孫・度孫に係る話であるが、家重・宗武の別を暗示するものであろうか。

第九章　徳川御三卿の性格

一　享保十五年の吉宗の「思召」

延享四（一七四七）年六月、一橋宗尹は嫡子小五郎を越前松平宗矩の養子とすべき旨の上意を請けた。これについて『藩翰譜』続編越前家の譜には、はじめ大御所吉宗は宗尹を越前家へ養子にしようと考えたが、宗尹が辞退したので、その嫡子に命が下ったと記してある。『徳川慶喜公伝』には「宗尹養子の説は疑はしき節あり」と記してあるが、[1]これは姫路酒井家文書に裏付けがある。[2]

（端裏書）

　六日山辺兵庫御届を以申候

　雅楽頭宅被参候事

　水戸殿家老へハ封候て芙蓉間ニて渡ス

御挨拶雅宅楽頭（月番カ）参佐（カ）大夫御請被申候

　　紀伊殿御挨拶籔主計頭へ

　　　申上ル

紀伊大納言殿於御城老中三人

扣

申上ル　目出度之旨被仰候由

紀伊宰相殿尾張中将殿御取次

御部屋ニて

「(本文)
松平兵部大輔、先年仮養子之儀ニ付、
万一不慮之儀候者、刑部卿殿家督ニ茂、
可被仰付　大御所様思召茂有之候処、
此節刑部卿殿ニ者、年齢不相応ニ付、
小五郎殿を兵部大輔養子可被仰付思召候

一橋邸に将軍上使として老中堀田正亮が来邸、宗尹嫡子小五郎越前家養子の上意を伝えたのが六月五日、従ってこの文書はその翌日この旨を三家とその世子に伝達したものであることが、端裏書で知られる。(3) その頃酒井家当主酒井忠恭は老中首座であった。

この文書によって明らかなように、はじめ吉宗は一橋宗尹を越前家への養子としようとしたことが知られる。しかし宗尹は二十七歳、それが三十三歳の松平宗矩の養子では、年齢不相応だというので、宗尹の嫡子、しかも簾中一条氏の生んだ長男小五郎を、越前家へ養子として出すことを命じたのである。(4)

『一橋徳川家文書』の中には、小五郎の越前家養子の件に関連し、吉宗が将軍庶子の処遇について何か意向を表明していることを思わせる内容の文書があるので、それを次に掲げよう。(5)

「上包紙　巳二月十日
御隠密御用　　但馬守
御筆　　肥後守
右ハ明十一日過相調可レ申事」

御用部やニ有レ之古キ書物之内、公辺并御隠密書物等も有レ之候ハヾ、取調之上、可レ入二御聴一事

但、此御筆之趣之書付等有レ之候哉、追而相糺可二申上一事

右之趣、治左衛門を以被二仰出一候事、

二月十日

（一橋治済筆）

延享四卯年五月三日

一、西丸え兵庫頭罷出候処、御用部屋脇於二御用談所一、遠江守殿ゟ一二付有レ之御書付弐通、兵庫頭え御渡被レ成、猶又御口上ニ而被二仰聞一候は、近々兼々上使等御座候節、刑部卿様御請被レ成方如何と思召候御儀も可レ有二御座一哉、依レ之、御本丸思召、且又十八年以前戌年大御所様思召等も有レ之たる品、為二御心得一入二御覧一置候間、此書付弐通入二御覧一、刑部卿様并御簾中様御承知之訳、明四日兵庫頭西丸え罷出、遠江守殿え可レ申候、左候ハヾ、籔主計頭殿え遠江守殿ゟ御申被レ成候趣ニ被二仰聞一候事

但、右一二附之御書付は至極御内々之儀故、爰ニ不レ記、別ニ有レ之

右之前書之趣、古キ帳面ニ相見へ申候、若用部屋ニ書物等も有レ之候哉之儀、家老共え可二申談一候

右の文書は天明五（一七八五）年二月頃、一橋二世治済が同邸の古い記録の中に、延享四（一七四七）年五月三日付西丸側衆加納遠江守久通より一橋家老伊丹兵庫頭直賢への指示の書留を発見し、その書類の中

で言及している箇条書に認めた極々内秘の文書二通が、家老の御用部屋の記録中に見当らないかと、用人鈴木治左衛門を通じて家老水谷勝富・林忠篤に調査を命じたものである。

加納久通の指示は、近々一橋邸へ上使が差遣せられた際、一橋宗尹がどのように返答すべきか、その心得として将軍家重の意向、且又十八年以前の吉宗の意向を文書として示し、宗尹と簾中の考えを翌日返答せよというのである。

恐らく延享四年五月の頃、近々の上使というのは、そのほぼ一月後の六月五日老中堀田正亮を上使として一橋邸へ遣し、宗尹嫡子小五郎を越前松平宗矩の養子たらしむべき上意を伝えたことを意味していると考えてよかろう。また極秘文書にいう十八年以年戌年とは享保十五（一七三〇）年に当り、この年十一月には吉宗が庶子宗武に田安邸を下賜し、その建築が開始されている。その時に際し、吉宗が今後の将軍庶子の処遇に関し、何か意向を表明したということは十分推測しうる。しかしこの時宗尹はまだ数え年十歳にすぎず、吉宗の思召というのが宗尹に対する越前家へ養子の勧奨であって、それを宗尹が固辞したと考えるのは無理であろう。越前家においても享保十五年は、当主宗矩が宗昌の養子となって家督相続後なお六年目、十六歳の若さであったから、養子を問題とするには早すぎる。

結局、一橋家老の御用部屋からも、この時の吉宗の「思召」の書付は発見されなかったらしい。また田安や清水或は幕府にもそのような記録はなかったものの如く、後述するように、天明末年尾水両家当主もその存在を確認していない。しかしその「思召」は「有徳院様御議定被ㇾ為ㇾ改候御義ハ不ㇾ被ㇾ為ㇾ成」とて、御三卿に対する幕府の処遇の背後に厳存する不可変の権威となっている。

すでに前掲の延享四年五月三日西丸衆加納久通が一橋家老伊丹直賢に下した指示の書留をみても、十八年前の吉宗の「思召」の箇条書をかざして、翌日には宗尹と簾中の返答を求めるという、まさに有無を言わさず、嫡子小五郎養子差出を承諾せしめている感を受ける。或はその前に宗尹が越前松平家への養子を断っている事実があって、公儀はこのように強く出ているのかとも思われる。いずれにもせよ、当然この時には文書として提示されたのであろうが、その文書が見失われた後も、この養子一件が吉宗の「思召」の存在の動かし難い証拠となるのである。

註

(1)『徳川慶喜公伝』巻一　第二章。

(2) 姫路市立城内図書館蔵『酒井家文書』(B7—1)「諸事注進書(松平兵部太夫養子)」。

(3) 田安邸へは六日老女を一橋邸より遣し、内意を伝えた(『覚了院実録』三、『新稿一橋徳川家記』)。

(4)『覚了院実録』には、宗尹自身が吉宗から越前松平家へ養子に差遣わさるべき内意を受けたという記事は見えない。しかしこの説はかなり早くから巷間に流布していたらしい。すなわち『近代公実厳秘録』には次のように載っている。

家重公の御舎弟徳川刑部卿殿御物領を小五郎殿と申奉る。御出生以後、吉宗公の思召を以、越前兵部太輔殿の御養子に遣され候也。今の於義丸殿是也(宝暦年中受領、越前守と改)。子細ハ、徳川家と越前家段々御縁遠く成玉ふに仍而なり。元来刑部卿殿御幼少の節、越前家へ可レ被レ遣思召有レ之処、いかゞ致し候や、無二其儀一ニ付、小五郎殿を越前家へ被レ遣しと也(『近代公実厳秘録』巻二「松平兵部太輔殿へ小五郎殿御養子之事」)。

本書はもとより俗書であり、まして公儀に係る事であるから、一般的にいえば幕命によって編纂した『藩翰譜』続編の方が信憑性が高いのは当然である。しかし『藩翰譜』も出典が明記されてなく、或はこの記事は本書を典拠としたとも考えられる。『有徳院実紀』附録も、『武家厳秘録』という名称で、本書をしばしば引用している。

（5）『一橋徳川家文書』Ｌ一―一二三四。

（6）『新稿一橋徳川家記』巻二。

（7）『有徳院実紀』巻三二。

（8）『文公御筆類』一二八〇「（天明七年）十月十九日、松平越中守（定信）市ケ谷（尾州）邸相越候節、尾州殿（宗睦）・我等（治保）ゟ申達候書付之写」。

（9）同「天明八年戊申正月八日、松平越中守宅え竹腰山城守（尾張家老）罷出候処、相渡シ候封物書付之写」。

二　田安邸当主中絶の経緯

田安邸においては安永三（一七七四）年八月廿八日二世治察が死去した。治察には二人成長した弟があったが、すぐ下の定国は明和五（一七六八）年伊予松山の松平（久松）家の養子となり、さらに末弟賢丸（松平定信）も安永三年五月陸奥白河の松平（久松）定邦と養子縁組が整った。治察には子がなかったので、その死去によって田安には当主を欠くことになった。その頃賢丸はなお田安邸に住んでいたので、田安邸では初代宗武簾中宝蓮院をはじめ極力幕府に運動し、賢丸の縁組を破談にして田安邸を相続させることを願ったが聴入れられなかった。そこで田安邸は、天明七（一七八七）年六月一橋二世治察の五男斉匡を当主に迎えるまで、あしかけ十四年の間その主を欠いていたのである。

この間の事情について松平定信は『宇下の人言』の中で、「元と此事は田邸にても望み給はずありけれども、其時の執政ら押しすゝめてかくはなりぬ。其頃治察卿にも未だ世子も持ち給はず侍れば、いとど御世つぎなきうちは如何あらんなど聞えけれども、さりがたきわけ有りしこと、此事は書きしるしがたし」とて、田沼意次等の強要と「さりがたきわけ」によって、治察も止むなく承諾したと記している。

また宝蓮院の言葉として「賢丸を久松家へ養ひにやりしは、元と心に応ぜざる事なれども、執政邪路の計らいより、詮方なく斯く為りし」と、田沼の奸計によって承諾させられた旨を記し、定信もそれを説明して「執権より台命のやうにあざぶきていひければ、其上はせんかたなく許し給ふ」とて、田沼意次が偽って将軍の命令と称して承知させたと述べている。

さらに大蔵卿治察の病が重くなった時、「大屋遠州（田安邸の家老）稲葉（御側衆也）にかけ合ひしとき、稲葉のいひしは、〈事いと重し、賢丸殿再び立復り給ふべし〉とはいひぬ。之にて人々心安く思ひぬ」とて、側衆御用取次の稲葉正明が賢丸の田安邸復帰を保証したので、治察を含めて田安邸一同安堵したにも拘らず、それが実行されなかった旨記している。

『楽翁公伝』[1]には、田沼が定信を強制的に白河松平氏の養子としたのは、定信の天性の才徳を忌憚し、田安邸より外へ出して、後日万一定信が御三卿の当主として将軍家に入るような事態を除去したものかと推測している。さらに定信が述べている「さりがたきわけ有りしこと、此事は書きしるしがたし」という、そのわけとは一橋治済の野心に基く陰謀ではないかと想像している。

『楽翁公伝』の解釈はもとより、定信の見解も文献的傍証に乏しい。この一件に関する幕府側の公的見解は『一橋徳川家文書』にある「安永三午年九月　田安御相続筋一件」という記録に見えている[2]。

大蔵卿様御大病ニ付御相続筋之儀一件

午九月朔月
一、左之通、於二田安一高岳(3)え宝蓮院様御直ニ御渡被レ成候由
宝蓮院様御願之趣写
大蔵卿先頃より病気の所、段々薬も転じ、さま〴〵養生致候得共、とかく通じもつき申さず、日増にふそくも多成、食事も段々げんじ、くたびれも付、一両日のやうだいことの外大切の様子ニ而、中々本復ハ致申まじき様子ニ御座候、夫ニ付、大蔵卿にハいまだ嫡子も御座なく候へば、此上万々一の事も御座候節は、跡式相続致候ものも御座なく候儘、一入心をいため申候、もちろん万々一の事も候ハヾ、いかやうとも公方様思召ニ而よろしき様ニ被レ遊可レ被レ下候得共、わたくし願おもむきまへびろに申上候儘、何分よろしくたのミぞんじ候、右願の趣は、御三卿の御ふり合も御座候得共、此上大蔵卿万々一の事も御座候ハヾ、跡式万事是までのとをりにて相違なく、いづれへ成共そうぞく被二仰付一被レ下候様ねがひ申上候、夫ニ付、賢丸事先だって松平越中守え聟養子被二仰出一候得共、いまだ結納等も済申さず、あの方え引越も致申さず、公方様え御目見も申上ず事に御座候儘、何とぞ公方様思召ニ而、賢丸事御とりもどし被レ遊被レ下、相続仰出され候之様ニ、いくへにも御ねがひ申上候、種姫事、未ゑん組も無二御座一候まゝ、御三家方御子達之内よりたやす相続被二仰出一被レ下候へバ、種姫事家督ニ成候間、血筋ハ同じ事ニ御座候得共、男子ニ而相続と女子ニ而そうぞくとハ、ことの外ふり合もちがひ候事故、何とぞ〳〵此所ハ公方様思召ニ而、賢丸事御取戻シ被レ遊被レ下、相続仰出され被レ下候ハヾ、いかほどかありがたき事ニ御座候、御ふり合のほども存申さず候得共、御先格も承りおよび申さず、万一の節はいかゞ成候事哉、おちつき申さず候、くれ〴〵何分にも思

召を以、ねがひの通りに賢丸え相続仰出され下され候やうに、ひとへに御ねがひ申上候、左様ニ相成候得ば、悠然院(4)さま御跡も相続いたし、すへ〴〵の者迠も安堵致候事ニ御座候、此趣をいづれにもよろしくたのミ存候

午九月二日（中略）(5)

午九月三日

一、左之進達書、清水一橋四人ニ而越中守(6)殿え御直進二達之一御請取被レ成候、至極御尤之御儀奉レ畏候、御答は追而可二申上一旨被二仰聞一候

但、同日兵庫頭(7)御直ニ入二御覧一

吉川攝津守(8)
本多讃岐守
設楽兵庫頭
新庄能登守(9)

伺

宮内卿殿・民部卿殿被レ申候、大蔵卿殿所労ニ被レ在レ之候処、此節甚不レ被二相勝一、無二心元一様子ニ而、中々快気も被レ致間敷様躰ニ御座候、就レ夫、大蔵卿殿嫡子無二御座一候間、相続之筋も相見不レ申、いか計歎敷被レ存候、何卒可二相成一儀ニ御座候ハヾ、格別之思召を以、無二相違一相続之儀被二仰

出一候筋も御座候様ニ、偏被二相願一度存念ニ御座候、右被二相願一度存念之趣ハ、賢丸事一旦松平越中守え聟養子被二仰出一候得共、未結納等も相済不レ申、越中守方え引越不レ申、御目見も相済不レ申候儀ニ付、可二相成一儀ニ御座候ハゞ、何卒右賢丸え相続被二仰付一被レ下候様ニ被二相願一度被レ存候、又は其儀難二相成一筋ニ御座候ハゞ、御三家御舎弟方之内より相続被二仰付一被レ下候様ニも被二相願一度被レ存候、宝蓮院殿より被二相願一候存念之趣も御座候段被レ承、何れニも無二相違一相続之所ハ同様ニ被二相願一度候、乍レ然御振合も相知不レ申候儀ニ付、右之趣を以被二相願一候而も苦ヶ間敷哉、先此段御内意相伺候様被二申付一候間申上候、以上

九月

吉川攝津守
本多讃岐守
設楽兵庫頭
新庄能登守

午九月七日

一、稲葉越中守殿御口達書付

大蔵卿様御病気御勝不レ被レ成候に付、万々一之御事被レ為レ在候而ハ、御子様も不レ被レ成二御座一御事故、御家督之御事何角御願被二思召一候趣共、委細書付評議致候処、御三卿様之御事は、御国・御城等被レ為レ進と急度御分国と申ニは無レ之、御部屋住料として御領知被レ為二進置一候御事ニ而、実之御

子様被レ為レ在候得ば、又直ニ其御料被レ為レ進候御事ニ而、若御子様不レ被レ為レ在候得ば、御部屋住料は上り候事ニ、有徳院様御定メ被レ置、元来御議定御座候御事ニ候得ば、当時ニ至り、思召ニ而被二仰出一候御議定を御背き被レ遊候儀は決而難レ被レ遊御事ニ御座候儘、此度御願之趣急度被二仰立一候而も、当時いか様にも思召相替候儀被レ為レ成間敷御事哉ニ、いづれも奉レ存候、御跡々御振合如何之御事も無二御座一、末々軽キ者迠も難儀成義も無レ之様、思召も可レ被レ為レ在御事哉ニも御座候得ば、右躰御願表立不レ被二仰上一様可レ宜奉レ存候、再応評儀致候趣、右之通ニ御座候付、此間拝見被二仰付一候書付致二返上一候

午九月八日（省略）[10]

右の文章を検討してみると、まず『宇下の人言』に述べてある、田安治察存命中の側衆稲葉正明の発言なるものの実否が疑わしくなる。もし稲葉正明が「賢丸殿再び立復り給ふべし」といい、それを聞いて治察が安心して瞑目したのならば、少くとも田安宝蓮院から本丸老女高岳への手紙には、それが奥向の間の非公式文書であるだけに、当然それについて言及しているべきであるにも拘らず、一言も触れてない。稲葉正明は田安家老大屋昌富にそのように語ったと定信は記しているが、もしそれが事実ならば、当然宝蓮院もその報告を受けたであろうから、大奥を通じての歎願にも一つの有力な根拠として強調された筈である。

九月三日付で清水・一橋両卿の意向を両邸家老四人連名で幕府に呈した進達書について、応待した稲葉正明が「至極御尤之御儀奉レ畏候」とて受領した旨、右進達書写の端書に記してある。これは或は稲葉正明が賢丸の復帰による田安存続に賛成していた証拠と考えられるかもしれない。しかしそれに続いて「御答

は追而可二申上一」とあるように、側衆にすぎない稲葉正明がかかる重大事について、文書を受取る際独断で賛否を表明し得る立場にあったとは思えない。「御尤」の意味は、両卿が田安存続について請願行動に出たことに対する彼の判断、つまり重好・治済両卿の名において、賢丸の田安相続を将軍に願出てよいかどうか、まず家老四名を通じて側衆まで内意を伺うという行為が、手続上首肯し得る請願行動であるとの判断を示した言葉と解すべきであろう。

稲葉正明は天明六（一七八六）年八月田沼一派として免職・減封処分を蒙る。すなわち松平定信の政敵である。そういう立場から、稲葉正明に背信的言動があったことを、定信は『宇下の人言』の田安当主中絶一件の記事中に強調しようとしているのではあるまいか。

田安中絶の公的理由は、九月七日付の稲葉正明口達書付によれば、吉宗の意向に基くものである。しかも延享の文書では単に「思召」とあったのが、「御議定」と明確化されている。その議定とは、御三卿の領知は「部屋住料」であり、「若御子様不ㇾ被ㇾ為ㇾ在候得ば、御部屋住料は上り候事」という内容である。これについて『宇下の人言』には全く触れていない。稲葉の口達書に該当する文書としては「治察卿うせ給ひても、御嗣の事は出来給はねども、上下安穏たるべしと聞えし」という箇所であるが、口達書の末尾に相当する部分を記しているにすぎない。仮にこの時点では賢丸にはその理由が告げられなかったとしても、後年の定信は宝蓮院の願いが聞届けられなかったのは「有徳院様御議定被ㇾ為ㇾ改候御義ハ不ㇾ被ㇾ為ㇾ成」という理由であったことを認めている(11)。然るに『宇下の人言』で「有徳院様御議定」が消えているのは、田安中絶が「御議定」を根拠にした措置であることを記すと、田沼奸謀説が根拠薄弱になるからであろうか。

註

（1）『楽翁公伝』第二章。

（2）『一橋徳川家文書』L一―四三。

時期は田沼治察の死後であるが、田安邸では九月八日迄喪を秘していたので、文書の内容はなお治察生存となっている。

（3）江戸城大奥老女、大崎などと共に天明―寛政期に大奥の実力者であった。

（4）田安宗武。

（5）老中松平武元より田安家老大屋昌富へ申渡しの覚書。大屋昌富より清水家老本多昌忠を経て一橋邸へ渡される。田安邸抱入の者、急度相慎み、御下知を待ち罷在るべき旨の通達。

（6）側衆御用取次稲葉正明。

（7）一橋家老設楽貞存。

（8）清水家老吉川従弼。

（9）一橋家老新庄直富。

清水家老が一橋家老より前に署記しているのは、この件につき清水が主導的地位にあった事を意味するものではなく、御三卿の序列は当主の官位の順序、もしくは先任順であるので、この場合、清水重好の方が一橋治済より先輩であったからである。

（10）老中松平武元より一橋家老への書付。田安邸領知其儘、御附人・御抱入の者も田安附となし置れる旨の通達。

（11）『文公御筆類』一二八〇「天明八年戊申正月八日、松平越中守宅え竹腰山城守罷出候処、相渡シ候封物書付之写」。

三　田安の再興をめぐって

天明七（一七八七）年六月十三日、一橋治済五男慶之丞に田安邸相続の幕命が下った。すなわち後の右衛門督斉匡である。これであしかけ十四年続いた田安邸無主の状態は解決したが、御三卿の継嗣はいかにあるべきかについて、御三家と松平定信との間に幾度か意見が交わされている。尾張宗睦は同年七月晦日付紀伊治貞宛で次の様に述べている。[1]

然ば一昨廿八日登城之節、居残り、越中守え対談之節申談候趣は、先達而申入候、右之節越中守申聞候趣御坐候ニ付、別紙ニ認メ取、掛二御目一候、別紙之通り越中守申聞、我等共如何存候哉之旨相尋候ニ付、先達而田安相続被二仰出一候節、我等共内々申相候は、有徳院様御議定も有レ之由承り及候得ば、此度之御沙汰何共気之毒成儀ニ存候、有徳院様思召甚御尤成御儀ニ奉レ存候、追々相続有レ之候而は際限も無レ之事ニ被レ存候旨及二挨拶一候処、我等共も左様ニ存候ハヾ、今日対談之節、右之儀も我等共申談候趣を以、同席へも申談、猶更評議も可レ仕旨申聞候ニ付、其通りニ被レ致可レ然段、水戸殿・我等申談候事ニ御座候、若々其許様思召も御座候ハヾ可レ被二仰下一候、猶又申遣候様可レ致候、此別紙一昨日掛二御目一可レ申候へ共、礫川及二相談一書附取調申候故、及二遅滞一申候、以上

七月晦日

尾張宗睦は今回の田安相続は「有徳院様御議定」に背くものとして、「気之毒」つまり不快に思っていた[2]ようであり、水戸治保もほぼ同様だったと認められる。これに関し松平定信は次のように述べている。

越中守申聞候趣

田安相続之儀は私御役以前之事ニ而、其節之万談合之所、委敷は不レ奉レ存候、御役被二仰付一候後了簡仕候処、御三卿方御合力十万石ヅヽ被レ進候処、以後上様御出生被レ為レ在候得ば、其節は三万石或ハ二万石被レ進候と申儀は不二相成一事ニ候得ば、上様御出生被レ為レ在候ニ随而天下之御所務相減候儀候間、此度之御相続之儀も天下之御為ニは不レ宜候様奉レ存候、世上ニ而は有徳院様御議定御座候而、御三卿方跡、御相続之嫡子無レ之時分ハ、其分ニ而被二差措一候由申候得共、人々申伝へ而已ニ而、曽而御議定之御書付等有レ之儀ニ而は無レ之候、依而此以後御分地多ク相成候而ハ天下之御為ニ不レ宜候条、以後は相続之嫡子無レ之時ハ御養子無レ之方と奉レ存候、乍レ去清水ニも御男子無レ之候間、此度田安え御相続相済候而、清水えハ何等之儀も無レ之と申も不二相成一儀ニ奉レ存候、左様ニ候得ば、御三家御三卿と六家之所は是迄之通りニ而、此以後は御出生之御方え御分地被レ進候而も、御相続之方無レ之時は御立被レ遊間敷と申御議定有レ之可レ然とも奉レ存候得共、未一同評議も不レ仕候、私事も宝蓮院殿ゟ被二申付一、一ツ橋え罷出候序、右田安御相続之事毎度相願候儀ニ候処、此度御役被二仰付一候後了簡仕候得ば、前件之通りニ奉レ存候

斉匡が田安相続を仰付ったのは、松平定信が老中に任ぜられるわずか六日前のことであり、すでに御三家や一橋治済と協力して田沼意次を失脚せしめ、その一派を処罰し、その施策の改変に逐次着手していた時であった。[3] しかも田安再興は自分がかねがね一橋治済等に運動していた件であったにも拘らず、相談に関与していなかったというのは注目すべき記述である。

次に定信は「有徳院様御議定」は「人々申伝へ而已ニ而、曽而御議定之御書付等有レ之儀ニ而は無レ之」

とその存在に対し否定的であり、相続の制限は今後の問題であるとしている。もっとも老中就任後はそれ以前と立場を異にしたためか、今回の田安相続も「天下之御為ニは不レ宜」と判断したが、今後の方針としては、御三卿も御三家と同様養子相続を認め、この後出生の将軍庶子に対する分地については養子相続を認めぬことにしたらよかろうという意見を述べているのは、やはり御三卿出身だからであろうか。

これに対し御三家側は、御三卿養子相続問題に厳しい態度をとり、「有徳院様思召甚御尤成御儀」とし、今回の田安相続について「何共気之毒成儀」と不快感を表明している。さらに御三家は協議し、三卿方の相続問題についての見解をまとめた。それを九月朔日定例登城の際定信に申渡そうとしたが、何故か延期し、十月十九日市ケ谷尾張邸に定信を招き、尾張宗睦・水戸治保二人から書付として申渡した。すなわち次の通りである。[4]

三卿方之儀は、是迄之通りニ而可レ然様存候、勿論、有徳院様御議定之御書付は無レ之由ニ候得共、既ニ覚了院[5]殿嫡子越前家え養子ニ被レ遣候儀は、有徳院様御在世之内之儀ニ相見え、其後右越前守卒去ニ付、当越前守も覚了院殿嫡子ニ而養子ニ被レ遣、且又民部卿殿相続之節も、只今迄刑部卿殿え被レ遣候拾万石、其侭民部卿殿え被レ遣旨被二仰出一、田安大蔵卿殿相続之節も同様之儀ニ而、家督相続之儀とは不二相見へ一、有徳院様思召有レ之候趣判然と相見え、深キ思召之段奉二感服一罷在候、然処先達而田安相続之儀慶之丞殿え被二仰出一、於二我々共一も珍重之儀ニ存候、然共天下之御為を以相考候而は、此以後追々三卿方家督相続有レ之、当御代追々御出生も被レ為在候ハゞ、段々三卿方も相増可レ申候、御領所は勿論大造成儀可レ有レ之候得共、段々御分地多相成り、限り有レ之土地を以、限り無レ之御分地ニ相成候而は不レ可レ然儀ニ存候間、我々共致二了簡一候而は、先達而田安慶之丞殿相続之儀は、宝蓮院殿被二相願一、無二御拠一訳ケを以、別段之御評議ニ相成、以後ハ有徳院様思召之通り之御取扱ニ相成可レ然儀ニ存候、将又宮内卿殿ニも末男子無レ之事候得ば、末々田鶴宮(6)被二相願一候筋も有レ之候節は、是亦田安同様之御取計ニ而、以後は三卿方嫡子無レ之候ハヾ、其家被二明置一、当御代御次男以下御出生之上、右之家御相続有レ之可レ然儀ニ存候事

三卿方之儀、別紙(7)之振りニハ候得共、此度慶之丞殿田安家相続被二仰出一候儀ニ候得ば、別紙之振り御議定も難二相成一事ニも御座候ハヾ、三卿方之儀は追々家督相続被二仰出一、当御代ゟ御次男以下之御方は、嫡子無レ之節は其家被二明置一、公儀ニ而御出生御方其家御相続可レ有レ之と之儀、此節御議定有レ之可レ然候、併一通り筋を以致二評論一候而は、別紙之趣ニ御議定之方宜様存候間、両様ニ存意之趣書記候事

御三家は「有徳院様御議定之御書付」はないとしても、「有徳院様思召」の趣は判然としている証拠として、一橋宗尹の嫡子が続いて越前松平家へ養子に遣わされた事実、一橋治済・田安治察相続之際、「家督相続」の語は用いられず、ただ領地をそのまま遣わすという表現が用いられている事実を指摘している。田安を慶之丞相続の件は拠ろない訳があったからであるが、今後は「有徳院様思召之通」、三卿方に嫡子がない場合はその家を明置いて、将軍に次男以下が出生の場合、その家を継がせるのがよいと主張している。結局松平定信も御三家の意見に従い、翌天明八年正月八日、尾張宗睦に次のような義定案を示している。(8)

御三卿御議定如レ此記し置可レ申哉、御相談申上候

御三卿方之義ハ御相続と申義無レ之御議定ニ而候ニ付、民部卿殿・大蔵卿殿御領地拝領之節も、御相続とハ不レ被二仰出一候義ニ候、大蔵卿殿御逝去後十四年之間御明キ御殿ニ而、田安領と被二成置一候義ハ、

逐而御二男様御出生被レ為レ成候節、右御領地御殿可レ被レ進義之御含ニ付、已ニ大蔵卿御逝去之砌、松平右京大夫為二上使一、逐而思召可レ被レ成二御座一旨被二申述一候ハ、右之御含ニて候事、然ル処、宝蓮院殿御存在之節ゟ、御相続之義厚く御心願有レ之、御末期ニも御遺願有レ之候事、是又無二御余義一御義ニ有レ之候、乍レ併、有徳院様御議定レ為レ改候御義ハ不レ被レ為レ成義ニ付、御遺願をも御黙止可レ被レ成処、当時公方様御年も不レ被レ為レ積御事故、御舎弟様え田安領被レ為レ進候ハゞ、格別御盤石之御基、別而恐悦之義ニ付、天下之御為を被レ為二思召一候御趣意ニて、慶之丞殿田安領被レ為レ進候、全く宝蓮院殿御遺願ニ被レ為レ寄候事ニハ無レ之候ニ付、已後格別ニハ不二相成一候事

　但シ、御相続とハ不レ被二仰出一義ニ可レ有レ之処、御相続と被二仰出一候ハ、此処ニ宝蓮院殿御遺願之御趣意を被レ為レ籠候御旨ニも可レ有レ之事

一体之処、宝蓮院殿御遺願ニ而御成就被レ成候御訳ニは無レ之趣ハ、已ニ大蔵卿殿御逝去之砌より、御相続之処甚御心願被レ成候へども、十四年之間田安領ニて被二差置一候事ニ候

田安之義ハ、大蔵卿殿御舎弟も有レ之候処、皆々他所え養子ニ被レ遣候義ニて、全く御男子無レ之と申ニも無レ之事故、是亦此度御相続有レ之候御評議之一ツにも可レ有レ之哉

右躰之御趣意ニ付、公方様御二男様方之外ハ、右御明キ領地被レ為レ進候事ハ不レ被レ成事

万一已来御三卿方ゟ御養子等有レ之、その上ニ御二男様方幾御方も被レ為レ成候節、十万石之御分知可レ被レ進も無レ涯御事ニ付、御三卿方ハ御実子有レ之候ても御相続は不二相成一深き御旨有レ之候御議定ニ候事

昨日ハ縷々愚意之趣奉㆓申上㆒候処、御承知被㆑下、忝奉㆑存候

一、御三卿御議定之義ニ付、ケ様ニも認置候ハゞ、此度田安御相続ハ類例とも相成がたく候て可㆑然と心付き候間、極御内々にて奉㆑入㆓御覧㆒候（此義は一橋えハ一向ニ未ダ申上置不㆑申候）(9)

松平定信もついに幕府の公式見解として「有徳院様御議定」をうたい、また御三家の主張の如く、御三卿には相続の語を用いないことを認めるに至った。また田安を慶之丞が相続した件について、これを宗武簾中宝蓮院の遺願に基くものではない旨を強調しているのは、恐らく清水重好に実子のないことを念頭においたものであろう。

その田安再興について御三家側は「宝蓮院殿被㆓相願㆒、無㆓御拠㆒訳」で認められたとしている。定信も七月廿八日付の書付では、老中就任前なので詳しい事情は知らぬとしながらも、「私事も宝蓮院殿ゟ被㆓申付㆒、一ツ橋え罷出候序、右田安御相続之事、毎度相願候」と記し(10)、翌八年一月八日の書付でも、本来御三卿には相続という表現は用いないのに、田安慶之丞の場合「御相続と被㆓仰出㆒候ハ、此処ニ宝蓮院殿御遺願之御趣意を被㆑為㆑籠候」と述べているように、宝蓮院の心願が強く働いていると考えている。

しかしその宝蓮院の心願が、ようやく十四年後に至って、「有徳院様御議定」の旨を破って実現するに至ったのは何故であろうか。私はそこに一橋治済の運動があったと想像する。慶之丞は治済の五男である。治済長男は将軍家斉、二男は一橋嫡子として天明六年五月元服、任官した刑部卿治国、三男は天明二年筑前黒田家を相続した雅之助斉隆、四男雄之助は夭逝。従って続いて天明七年頃には慶之丞の身の振り方を考えるべき番であった。一橋は将軍連枝であるから、養子としても先例は越前家松平或は筑前黒田という国主大藩である。しかし治済は三男雅之助の例に鑑みて、遠方の大名にはやりたくなかったように思える。

やや時期は下るが、寛政七（一七九五）年七月八日清水重好が実子のないまま死去すると、幕府はその跡を立てぬばかりか、田安の場合のように領地も残さず収公してしまった。その時治済は登城して老中松平伸明・戸田氏教に強く抗議したが、その申入れの書面の一通に次の如き文章がある。[11]

「上包紙
寛政七卯年七月十一日御登城之節、松平伊豆守殿・戸田采女正殿え被二仰含一候　御書取扣
御隠密物
俊徳院様御逝去後、清水御跡之義ニ而御座候」

亀之助儀、[12]筑前守仮養子ニ相成居申候処、此間中申候通相断、弐百里内之在所之諸候（ママ）え差遣度存念ニ御座候、然ル処、折悪敷清水殿逝去ニ付、大故相断候様ニ御察有レ之候而は、何共迷惑至極之儀ニ御座候、毛頭左様之訳ニ而は無レ之候、昨日も遠江守[13]え申談候儀、何分厚御評議之上、達二上聞一候様致度候、仮令亀之助儀、上ゟ清水え之御沙汰有レ之候而も、何ケ度も御断可二申上一心底ニ御座候、万一各方其所御疑も候ハゞ、誓詞ニても差出可レ申心得ニ御座候間、何卒清水之儀、領知之所は被二仰出一も相済、無二是非一儀ニ候間、上下屋敷并御附人・抱入之者共ニ清水附之名目相立、其儘ニ被二居置一候様仕度儀ニ御座候、何か不案内之事ニて候へ共、唐ニ而は皆一代切之趣ニ承候へ共、是は一統之儀、日本え其御引当ニ而は是而已之儀、其外大小共家督相続等被二仰付一候へバ、何共無二御情一御取扱と奉レ存候、何分御勘弁之程御頼申候

七月十一日

仮令幕命でも、亀之助を清水邸継嗣とするのは断るなど申述べているのは、いささか語るに落ちる感が

なくもない。恐らく前日側衆加納久周と清水邸存続について談判した際、心底を見透された上、巧みに言質を取られてしまったのではあるまいか。

右書面の冒頭にもあるように、治済は亀之助をなるべく近国の大名へ養子にやりたいと思っていた。それは恐らく三男雅之助斉隆を筑前黒田家へ入れた経験に基くものであろう。斉隆を養子に出したのは天明三年であるから、慶之丞斉匡の身の振り方を決めねばならなくなった時、その点も治済の念頭にあったという推察は可能である。そこで、後の亀之助の場合には失敗したが、慶之丞については田安宝蓮院の遺願もあり、将軍の父としての威光によって、田安相続を実現させたものと想像する。

しかし前に記したように、慶之丞の田安相続に対し、御三家側は「有徳院様御議定」に背くものとして、不快の念を表明している。天明末年田沼意次等の罷免から松平定信老中就任に至る迄、御三家と一橋治済は一致協力して幕政刷新の主導力を発揮してきた。なお今後もこの体制は継続してはゆくが、田安再興一件を機に、一橋治済と御三家あるいは松平定信との関係に、何かひび割れの兆しの如きものが感ぜられる。前掲の御三卿相続に関する御三家と松平定信との往復書面の中、天明七年七月三十日尾張宗睦が紀伊治貞に宛てた書状に、別紙として封入した「越中守申聞候趣」には、定信の次のような書状を付載している。[14]

昨日ハ於㆓宮中㆒被㆓仰聞㆒候旨、逸々奉㆓詳知㆒候、且其節之御覚書一通奉㆓返璧㆒候
御三卿之義、猶とくと相考候上、猶又可㆑奉㆓申上㆒候、夫迄ハ一ツ橋へも、まづ御沙汰無㆑之方可㆑然奉㆑存候、其余之事、同列ニて熟評仕、追而可㆓申上㆒候、頓首拝

七月廿九日

また翌八年正月八日付、定信が御三家に送った御三卿相続についての議定案の末尾にも、「此義は一橋え

ハ一向ニ未ダ申上置不㆑申候」と断り書をしている。(15) どうも定信は御三卿の相続取扱い方の協議に、一橋治済が口をさしはさむのを好まなかったようである。

治済はついにその議定の件を知らされなかったと思われる。何故ならば、前掲清水邸断絶に反対の文章中で、治済は他の大小名いずれも家督相続仰付けられているのに、清水のみ認められないのは無情の取扱いだと述べている。清水の断絶は天明七―八年における御三家と松平定信協議による「御三卿御議定」が適用された結果であろうが、治済の文章をみると、「有徳院様御議定不可改」も、御三卿に家督相続なしという原則も、念頭になかったように読取れる。治済は自家にも拘わる重大な議定を知らされなかったのか、或は知っていても無視したのか。いずれにせよ、五男慶之丞の田安邸相続一件を契機に、わずかながら一橋治済と松平定信および御三家との間に透き間が生じたことは否定できまい。

註

(1)『文公御筆類』一二八〇「越中守申聞候趣有㆑之候ニ付、市ケ谷ゟ糀丁え通達有㆑之候書面之写」。
(2) 同「糀丁え被㆓差越㆒候別紙之扣」。
(3) 辻善之助『田沼時代』九「田沼の没落」、本書第十二章「一橋治済と松平定信」参照。
(4)『文公御筆類』一二八〇「丁未十月十九日松平越中守市ケ谷邸相越候節、尾州殿我等ゟ申達候書付之写」。
(5) 一橋初代宗尹。
(6) 清水初代重好簾中。
(7)『文公御筆類』には一紙に続いて記してあるが、原文は恐らく紙を改めて記したのであろう。
(8)『文公御筆類』一二八〇「天明八年戊申正月八日松平越中守宅え竹腰山城守罷出候処、相渡シ候封物書付之写」

『新稿一橋徳川家記』編纂後記の中で、私は「一橋徳川家史寸描」を試みたが、そこに「天明七年七月廿九日松平定信書状写」として引用した文章は出典名を誤り、同年十月十九日松平定信宛の尾張宗睦・水戸治保の申渡書中のものであった。定信は翌八年正月八日の書付けで、宗睦・治保の見解を受入れたのである。

(9) （ ）内、原文二行ワリ。

(10) 『宇下の人言』に、定信は宝蓮院に対し「一つ橋には御子様方多くましませば、其うちを上の御養として此館へ下し給はゞ、御幼より御前の御膝下に御養育候はゞ、御恩愛所生にかはらせられ候事も候はじ、田邸・橋邸御連枝の御ちなみなれば、いづれかくとも云ふまじ」と進言し、宝蓮院も賛成したが、田安邸老女の反対でこの話は進行しなかったという。

(11) 『一橋徳川家文書』L一―四五五。
同日付で書面二通を出しているが、一通は省略する。内容は清水邸廃絶を無理な措置と断じ、同邸存続を「身ヲ捨、相願候」という強い文言を用いて要求している。

(12) 治済七男松平義居。

(13) 側衆加納久周。

(14) 『文公御筆類』一二八〇「糀丁え被二差越一候別紙之扣」。

(15) 同「天明八年戊申正月八日松平越中守宅え竹腰山城守罷出候処、相渡シ候封物書付之写」。

むすび

徳川御三卿が幕府の中でどのような地位にあり、どのような取扱いを受けたか。それには御三卿成立の端緒をなした田安宗武の処遇につき、享保十五年（一七三〇）に将軍吉宗が示したという「思召」が決定的な影響力をもっていた。その「思召」は少くとも延享四年（一七四七）迄は記録として伝えられていた。その証拠には、これを提示されて一橋宗尹は嫡男を有無をいわさず越前松平養子に出させられた。

その後「思召」の内容の記録は伝わらなくなった。しかしそれは「御議定」としてかえって権威をたかめ、それを根拠に安永三年（一七七四）には田安邸が中絶の運命に陥った。天明七年（一七八七）の田安邸再興はその権威にさからうものであった。恐らくそこに一橋治済の演じた役割は多大であったと想像する。

それに対して御三家側は不快感をもち、松平定信も、田安邸の出生でありながら、閣老の立場から、その措置を天下のため宜しからずとした。定信と御三家は「有徳院様御議定」の不可改を確認し、「御三卿御議定」を協議したが、一橋治済はその議には加えられなかった。

天明六年（一七八六）田沼政権打倒に協力した松平定信・御三家と一橋治済との間には、すでに同七—八年の頃には微妙な亀裂が生じつつあったと認めるべきであろう。

（補記）

将軍庶子の処遇（御三卿の創立とその待遇）をめぐる八代将軍吉宗の素志については、本稿に紹介した、『一橋徳川家文書』や『文公御筆類』によって窺われるところとほぼ同内容を石井蠢が『続三王外記』に簡潔に記している（第八章「田沼宗武の籠居をめぐって」参照）。

第十章　享保改革から田沼時代へ

享保改革と田沼時代を対蹠的に取扱わず、そこに一貫せる特質を認めることは、ほぼ常識化しているといって過言ではあるまい。私もこういう見解に異を唱えるものではない。むしろそれを更にひろげて、天和から天明に至る約一世紀間を、幕政史において一時期として括るべきだと考えている。但、その一世紀間には当然多少の変化があり、それによってこの期間は更に何期かに区分して考えるのが適当である。例えば享保改革三〇年間は、大体これを三期に分けるのがよいと思っている。[1] 享保から田沼へ移行する過程においても、私はそこに宝暦という時期を区切り、その間の特徴を考えてみたい。

年代からみると、将軍吉宗が引退する延享二(一七四五)年から、九代家重が隠退し、その側用人大岡忠光が死去する宝暦十(一七六〇)年乃至明和一―二(一七六四―五)年あたりを宝暦期とし、以後を田沼期とすれば、大体享保改革以降四〇年間を二分することとなる。従来の一般的見解では、この四〇年間の前半二〇年は、後半二〇年つまり田沼時代の付属物的取扱いをうけているように思える。しかし私は宝暦期には、享保期とも田沼時代とも異った特色があると考えている。

一　幕府首脳部の様相

従来この時期の幕府首脳部の特色等については、あまり詳しく述べている論著を見ない。わずかに九代将軍家重の疾病や無能、これに取入る側用人大岡忠光の権勢に言及するか、せいぜい老中松平武元の厳格方正、掘田正亮の温厚、西尾忠尚の忠直公正など、人物の短評を連ねる程度である。[2] とに角、平穏無事というべきか、停滞無為というべきか、あまり幕政上取立てて論ずべき事のない時期という印象を与えている。

しかし少しこまかく内情を調べてみると、必ずしも無事・無為の時代とばかりはいえないように思われる。まず宝暦期の幕政は、延享二（一七四五）年十月老中松平乗邑の処罰に始まる。これは将軍継嗣をめぐる対立に因る可能性が甚だ高いことはすでに八章で論じたところである。

延享二年九月家重が本丸の主となると、西丸で家重付の老中であった酒井忠恭が本丸に移って、老中首座となった。(3)ついで同年十一月には堀田正亮が大阪城代から老中に昇進した。翌三年西尾忠尚が西丸から本丸老中に移った。(4)同年四月には松平武元も西丸吉宗付から本丸老中となった。さらに寛延二（一七四九）年には出羽庄内の酒井忠寄が老中に任ぜられた。これらが主要な閣老である。

享保期には、前半は水野忠之、後半は松平乗邑が幕閣を主導する地位にあったが、宝暦期の閣老には、そのような突出した人物は出なかったようである。大御所吉宗もその点に留意していた跡がある。すなわち延享二年十二月廿八日、老中首座酒井忠恭が西丸に登り、大御所吉宗に目見した時、吉宗は直々次のように申渡した。(5)

政事其外万端ニ付而、段々被仰出、御定置被遊候儀とも、弥違失無之様ニ心得、何事も能々申合候而勤候義、肝要ニ可存也。

つまり吉宗の指示、法規を遵守すると共に、万事老中が十分協議するよう申渡しているのである。

また寛延三（一七五〇）年勝手掛老中を再置して、堀田正亮をこれに任じたが、その三年前、延享四（一七四七）年に若年寄の勝手掛が設けられて、板倉勝清がこれに就任しており、堀田正亮が勝手掛老中になって後も、勝清はその職を勤めていた。勝清の職掌は納戸頭関係つまり奥向きの出納と、全般にわたる少額の出納に限られていたようであるが、ともかく勝手掛老中と奉行達との間に若年寄が介在する事によって、曽ての堀田正俊や水野忠之、松平乗邑のように、権勢を一手に握る老中の出現を牽制させようとしたものかと思われる。(6)

このようにして宝暦期の幕府首脳部は勢力の均衡を保っていたと思われるが、その中にあっても注目すべきは、堀田正亮と松平武元である。

堀田正亮(7)五代将軍綱吉の時の大老堀田正俊の孫、堀田家は正俊の死後やや振るわなかったが、正亮は寛保元（一七四一）年三十歳で奏者番、翌年寺社奉行兼任、延享元（一七四四）年大坂城代と昇進し、翌二年三十四歳の若さで老中に昇った。寛延二（一七四九）年酒井忠恭が老中から溜詰へ移ったので、正亮はその後を承けて老中首座となり、その翌年には前述のように、松平乗邑罷免以来欠けていた勝手掛を命ぜられた。

『続三王外記』には次のように記している。

(家重)即位の年、大坂留守(城代)山形侯(堀田)正亮を召し、列相(老中)となし、封を佐倉に移す。(中略)王(家重)佐倉侯正亮を信任し、一に政事を委す。正亮人となり朗俊、才有り。その大理(評定所一座、正亮は寺社奉行として参加)として獄を治む。よく鈎距(8)として微を察す。大岡忠相毎にこれを推す。しかし仁愛に少なく、宰相の器にあらざるなり。おおく利を興し、以て費をたすく。稍〻私利を樹つ。諸侯の問遺(9)を受けて、その請を聴き、賄賂また行う。寛延二年荘内侯(酒井)忠寄列相となる。これを厚く佐倉侯に貸して得る所なり。(原漢文)

『続三王外記』の著者石井蠡の主君松平武元と堀田正亮とは、宝暦期の幕閣として相競い合うともいうべき立場にあったから、石井の正亮評にも自ずから厳しい点もあろうが、ともかくなかなかの手腕家であった様子は察せられる。

出羽庄内の酒井という家は、家康の四天王の一人といわれた酒井左衛門尉忠次の子孫で、代々武備の家として、行政職に就いたことはない。[10]そういう家柄の者が何故この時に老中に選ばれたのか、理由は明らかではない。強いて考えれば、将軍の権威が前代に比べて著しく低下を避けられなくなった時にあたり、譜代の門閥の代表である左衛門尉流の酒井を老中に加え、幕閣の権威を高めようとしたのではあるまいか。忠寄が老中になったのは寛延二年九月、その年正月老中酒井忠恭が溜詰に転じている。溜詰は高松・会津両松平など将軍家に親しい名門の座席で、将軍の政治顧問的存在である。そこに老中首座を経験した門閥家の酒井雅楽頭を加え、閣老と溜詰の元老と、双方から将軍輔佐の体制を固める措置と理解できる。[11]

松平武元[12]六代将軍家宣の弟松平（越智）清武の孫（養子）である。元文四（一七三九）年奏者番に任ぜられ、延享元（一七四四）年寺社奉行兼任、同三年吉宗付きとして西丸老中となり、本丸の事務も兼務を命ぜられ、翌四年本丸老中となり、安永八（一七七九）年死去するまで、三二年在任した。

武元は吉宗に特に目をかけられていたと思われる。寛延四（宝暦元、一七五一）年五月末吉宗の病気が重くなってからは、武元は本丸の老中ながら西丸に日参し、六月十九日からは西丸に宿直した。[13]『続三王外記』には「寛延四年辛未五月太王疾あり。館林侯（武元）をして疾に侍せしむ。六月大漸、館林侯を召す。左右を散遣し、言う所皆聞くを得ず。蓋し天下の事を託すなり。」と記している。[14]

老中ではないが、宝暦期の幕政に重要な存在であったのは大岡忠光である。[15]この家は大岡忠相の家の分家で、代々三〇〇俵の下級の旗本であった。忠光は享保九（一七二四）年十六歳の時、将軍世継ぎ家重の小姓となり、家重に気に入られて昇進していった。延享三（一七四六）年には側衆に進み、御用取次を命ぜられ、二〇〇〇石に加増、宝暦元（一七五一）年一万石の大名となる。同四年若年寄に昇り、五〇〇〇石加増、同六年側用人に進み、武蔵岩槻城主となり、二万石を領するに至った。前将軍吉宗が廃止した側用人がここに復活した。[16]

将軍家重は言語不明瞭であったが、不思議と忠光のみはこれを理解することが出来、家重に信頼されたという。しかし忠光は将軍の信任を背景に、権勢をほしいままにするような手腕家でもなかったらしい。但、忠光は進んで賄賂を要求するようなことはなかったが、贈られた物は拒まず、また小身から急速に立身したので譜代の家臣がなく、卑賤の者を用いたため、それらの中には賄賂を求める者もあり、主人の悪評をたかめたらしい。[17]

宝暦十（一七六〇）年四月廿六日忠光は五十二歳で死去したが、忠光の病気危篤を聞いて将軍家重はひどく落胆し、五月十三日に将軍職を嫡子家治に譲り、翌十一年六月十二日に五十一歳を以て死去した。

註

（1）辻達也『享保改革の研究』（一九六三年　創文社）結論一　改革過程の三段階。

（2）三上参次『江戸時代史』下巻（一九四四年　冨山房）第十六章第三節（一）名臣賢相の輔佐、（二）将軍言辞の不明瞭と取次人の必要、附、大岡忠光の事。

（3）『寛政重修諸家譜』（以下『重修譜』と略）巻五九（酒井）。

宝永七（一七一〇）年生れる。元文五（一七四〇）年四月大坂城代、延享元（一七四四）年五月西丸老中、翌二年九月本丸老中首座となる。寛延二（一七四九）年正月溜詰となり、前橋から姫路に移る。安永元（一七七二）

年没。
（4）『重修譜』巻三七六（西尾）。
元禄二（一六八九）年生れる。享保十七（一七三二）年奏者番兼寺社奉行、同十九年若年寄、延享元（一七四四）年十月老衰により鷹狩りの供奉免除、同二年九月西丸老中に進み、五〇〇〇石加増（三万石）、同三年五月本丸老中、翌四年三月吉宗付となり西丸老中、宝暦二（一七五二）年四月本丸老中、同十（一七六〇）年没。
（5）姫路酒井家文書、B―九―二八三「御目見之節御直渡被遊候書付」。
（6）寛延三年の勝手掛老中再置に関する発令については、『教令類纂』二集巻六六「御役之部」の記載が最も完全と思われるので、次に掲げる。
寛延三庚午年十月朔日、堀田相模守殿御入用掛被仰付候。同月六日左之御書付貳通、板倉佐渡守殿え被遣候。此一件御触書ニ而も無之、後年為覚悟記置之。

元方・払方御納戸頭、惣而御入用筋其外ニ、勝手ニ拘り候万事伺事并請取物、佐渡守え可被申聞候。相模守えは、佐渡守ゟ相達候事ニ候。

但、品に寄、相模守え直ニ相達度儀は、勝手次第に候。様子ニより、相模守直ニ相尋候儀も可有之候。
一、諸色渡方、相模守断ニ而可然候。差掛り少之儀は、佐渡守断に而相渡可有之候。
右書付、佐渡守殿ゟ順阿弥を以被遣之。
御入用に付書付差出候節、相模守・佐渡守え扣同様に認、壹通ツゝ、可被遣候。右御書付、佐渡守殿ゟ横田十郎兵衛被申触候。
寛延三庚午年十月
御勘定奉行え
惣而御入用筋、其外御勝手ニ拘り候万事伺事并請取物断、向後相模守え可被申聞候。諸色渡り方、相模守

断ニ而可相渡候。差懸り少々之儀は、佐渡守断ニ而も相渡ニ而可有之候。

右之通、向後可被相心得候。

（『憲教類典』二之六「老中」には板倉勝清宛覚書二通を収載、『御触書宝暦集成』一六諸役人并組支配勤方等之部には勘定奉行宛通達のみを載せている（八三〇号））。
（7）『重修譜』巻六四五（堀田）。
（8）釣針の距（つめ）、深く入り込んで、隠れた事を掘り出すという意味。
（9）安否をたずねて物を贈る。
（10）『重修譜』巻六六五（酒井左衛門尉）。
忠寄の父忠真は元禄六（一六九三）年二月十一日、将軍綱吉の側用人に用いられたが、僅か廿日足らずで三月朔日に辞任、翌七年六月再び奥詰を命ぜられ、同十五年迄勤めた。これは行政職というよりは、綱吉の個人的寵愛であったのではあるまいか。
（11）講釈師馬場文耕著といわれる『当時珍説要秘録』に次にような話が載っている。
酒井左衛門尉方よりして、執政相州（老中堀田相模守）方へ毎度々々御夜食として、急度結構に料理を仕立指遣し申され候。何れも七ツ半時には釣台二荷宛、酒井の屋敷より持出し、西の御丸下へ持運ぶ事、何とやら目に立ちければ、堀田家の役人酒井の用人へ申しけるは、「何とやら御夜食下さると目に立候て、人の批判もいかゞに御座候。何とぞ思召も可有事にはなく候哉」と申しければ、「いか様拙者共も左様に存候。然る上は夜食御料理、代金にて毎日金三両づつ指進申度候」と有ければ、堀田家の役人「いかにも左様に可被成」とて、右の通り受取被致けるとなり。夫故に相州宜しく取なしして、御老中加判の列に成給ふと也。元酒井家右の賄賂は、御老中の望みにて被致候にては無之由、何とやら羽州庄内所替の沙汰有之故、其所替を迷惑がりて、堀田へ取入しを、大きに了簡違ひにて、堀田推挙して御老中へ御役替被仰付しとなり。去に因て、酒井は執政役は甚だ迷惑がり給ひて、「此家に代々疵なし。此度老中職にて若しも変凶の事あらば、後悔益なかるべし」とて、御用番といふと引込、病気と号して出勤も無之とかや。是によって、酒井家の御用番には、是非に小口助口にて、本多伯耆守（正珍）・松平右近将監（武元）両人にて助け申さる、也。

『続三王外記』の堀田正亮と酒井忠寄との関係記事も、これに拠っているかと思われる。忠寄の老中就任は当時の人々にとっても、聊か奇異に感ぜられたのであろう。

(12)『重修譜』巻五〇（越智松平）。

祖父清武は徳川綱重の第二子、六代将軍家宣の弟、越智喜清に養わる。後上州館林城主、五万四〇〇〇石を領す。父武雅、美濃高須藩主松平義行次男、享保九年清武の養子。武元は松平頼明（常陸石岡）の次男、享保十三（一七二八）年武雅の末期養子となり（十六歳）、陸奥棚倉に移封。元文四（一七三九）年奏者番、延享元（一七四四）年兼寺社奉行、同三年五月西丸老中、事によりては本丸の事をも奉わる。同九月旧領館林へ移る。翌四年九月本丸老中。同十二年財用の事すべて掌るべしと命ぜらる。明和六（一七六九）年七〇〇〇石増加、六万一〇〇〇石を領す。安永八（一七七九）年七月廿五日死去。六十七歳。

(13)『惇信院実紀』巻一三　宝暦元年五月廿九日、六月十九日条。

(14)『続三王外記』徳王記には、これに続けて「武元の祖清武は甲府清楊王（徳川綱重）の庶子、而して朝士越智喜清なるものに養わる。即文王（家宣）の母弟なり。故に少にして相たり。初め太常（奏者番）たるの時、王（吉宗）屢々便殿に召し、これを勉励す。惇王即位の初め、擢んでて相となす。故に太王これに後事を嘱附せるなり。」と記してある。

(15)『重修譜』巻一〇六二。

(16)大岡忠光の後を追うように、田沼意次が略同じ経路を昇進していった。即ち表1の通である。

(17)『続三王外記』惇王記には、忠光の両面を次のように記している。

表1　大岡忠光と田沼意次の昇進比較

役　職	大岡忠光	田沼意次
小姓組番頭格	1745　延享二（37歳） 宝永六（1709）生	1747　延享四（29歳） 享保四（1719）生
2000石	1746	1748
小姓組番頭	↓	同
御側・御用取次	同　延享三（38歳）	1751　宝暦元（33歳）
5000石	1748　寛延元（40歳）	1755　同五（37歳）
10000石	1751　宝暦元（43歳）	1758　同八（40歳）
若年寄	1754　同四（46歳）	↓
15000石	同	1762　同十二（44歳）
側用人・従四位下	1756　同六（48歳）	1767　明和四（49歳）
20000石	同	同
老中格・侍従	――――	1769　同六（51歳）
25000石	――――	同
老中・30000石	――――	1772　安永元（54歳）
37000石	――――	1777　同六（59歳）
47000石	――――	1781　天明元（63歳）
57000石	――――	1785　同五（67歳）
免職・20000石減	――――	1786　同六（68歳）
27000石減=10000石	――――	1787　同七（69歳）
死去	1760　宝暦十（52歳）	1788　同八（70歳）

（宝暦十年）四月巌槊（岩槻）侯忠光卒す。忠光家を起し、侯に列し、常に王（家重）の側に侍す。身を慎み、其意に媚び、終身人に驕らず。爵位尊きを益すに至って、節操愈謙なり。嘗て其世子忠喜に謂いて曰く、寡人中郎より挙りて封侯に至る。故を忘れて人に驕るは不義也。汝は嗣侯たり。寡人を效うこと無くして可也と。然も性財を貪ること厭い無し。其侍中（側用人）として権朝野を傾く。諸侯之問遺悉く其臣に及ぶ。忠光卑賤より起り世臣無し。列侯たるに及び、遽に窮巷之処士を徴す。四方亡命之徒を聚め、諸臣に充つ。故に其臣皆華門圭竇、箪瓢屢空し。幾ばくもなく、皆他の世家承嗣の大夫より富む。是時列相其臣に命じ、諸侯の貨を受くる無からしむ。而して忠光独り禁ぜず。世人其貪濁を誹す。

三上参次『江戸時代史』下巻　第十六章第三節（二）。

二　大名処分の増加

宝暦期の施政の中でまず注目されるのは、諸大名の処罰が厳しくなったことである。享保時代には、藩主が幼少で死去して跡継ぎがなくなって潰れた家は別として、幕府の法度にふれて改易・減封を受けた事件としては、享保九（一七二五）年下総小見川の内田正偏が発狂し、妻を傷つけたために幽閉され、一万三〇〇〇石の中三〇〇〇石を減ぜられた上、その子正親が相続を許されるという事件(1)と、翌十年信州松本城主水野忠恒が発狂し、江戸城中で毛利師就に斬り付けたため、領地七万石の中、叔父忠穀に家名存続のため七〇〇〇石を残して、その他は没収された事件(2)と、二件を数えるのみであった。しかも両方とも発狂が理由で、政治的な意味は持っていない処分であった。

大たい享保期は大名処分が甚だ緩やかであった。将軍吉宗の緊縮政治を公然と批判し、放漫財政を施行して失敗した尾張の宗春(3)、遊女を身受けしたり、遊興に耽った榊原政岑(4)、享保十七年の大飢饉の救済措置を誤り、領民に多数の餓死者を出した久松定英(5)などは、五代綱吉の時であったら或は改易、少くとも減封は免れなかったのではないかと思われるものであるが、榊原が姫路から越後高田へ移封されたのみで、減封すら行われていない。

これに較べ宝暦期は、まず前述のように、延享二（一七四五）年老中松平乗邑が罷免、一万石減封されたのを始めとして、大名の処罰が増加する。すなわち次の通りである。

宝暦元（一七五一）年　植村恒朝　上総勝浦　一万石(6)

従弟千吉（寄合、一〇〇〇石）がこの年八月廿四日姉の夫朝比奈万之助(7)に殺害されたのを、家老や親族とはかり、幕府にはただ病気とのみ披露、この事件が世間にひろまっても、なお公儀を欺いたため、十月十二日所領没収、同族植村家道（大和高取城主、二万五〇〇〇石）に召し預け。

連座

三浦埅次(8)　元文二年より家重の側衆、五〇〇〇石。弟忠余が植村を継ぎ、更に千吉が真田からその養子となる。埅次、千吉殺害の事情を知りながら、それを偽って陳述したことを咎められ、改易、本多忠敞（下総古河）召預け。その子員次も宗家三浦義理（三河西尾）へ召預けとなる。

本多攄信(9)　寛延二年書院番組頭、二二三〇石。その父信門と植村千吉の祖父真田勘解由とが兄弟。攄信事実を知りながら、千吉に実子なきため、偽りの書面を作って進呈せる事を咎められ、真田信安（信州松代、父の実家の宗家）に永く召預け。

丹羽正知(10)　宝永四年小姓組番士、一〇〇〇石。父正道の先妻が真田信就の女、すなわち植村千吉の大叔母。本多攄信と共に偽りの書面を作った事により、柳生俊峯(大和柳生、真田信安の弟)に召預け。

水野長矩(11)　元文二年西丸小姓組、五〇〇石。義父信久妻すなわち長矩嫡母が、植村忠元の女、すなわち植村千吉の叔母。長矩事実を知りながら、公儀よりの糺問に言を巧みにして陳述せるにより、寄合井上正房に召預け。

中根正美(12)　寄合、四〇〇〇石。台命もうけず、若年寄小出英持の指図と称して植村千吉の検使に赴きしを咎められ、知行地半減、小普請入り。

横田清松[13]　寛延三年小姓組番頭、五五〇〇石。妻が三浦坣次の妹。植村千吉の事件を聞きながら、問い糺しもせず、等閑にせるを咎められ、免職、寄合に入れられる。

宝暦五（一七五五）年　安藤信尹　美濃加納城主　六万五〇〇〇石[14]

日頃の行状正しからず、家中も治らなかったので、一族安藤廣猛（寄合）・定英（書院番組頭）が意見したが聞入れず、家政取計い等閑のため、家臣三原田清左衛門これを公儀に訴えるにより、糾明を受け、籠居せしめらる。所領は嫡子信成が一万五〇〇〇石減封、五万石を相続、翌六年岩城平に転封。

宝暦八（一七五八）年　金森頼錦　美濃郡上城主　三万八〇〇〇石[15]

九月二日、老中本多正珍職務御旨に叶わず、免職、雁之間詰となる。[16]同十四日西丸若年寄本多忠央御旨に叶わず、免職、出仕停止。[17]同廿七日、金森頼錦御不審を蒙り、仮に松平忠名（摂津尼崎）に召預けとなる。

十月廿八日、前老中本多正珍在職の時、金森頼錦の領民、領主の命令を拒み、不法の行為に及ぶにより、頼錦内々正珍に相談せる時、頼錦の家来と正珍の家来との措置不正なりしを、正珍聞きながら深く糾明もせず、同僚とも相談せず、等閑に放置せしにより、逼塞を命ぜられる。

前若年寄本多忠央は同じ事により、内々請託を受け、勘定奉行大橋親義に密かに物語り、金森頼錦よりも大橋親義に依頼したので、親義は美濃郡代青木安清に指示し、不正の計らいをした事を咎められ、所領改易（遠江相良、一万石）、松平長孝（美作津山）に召預け。

大目付曲淵英元[18]は、はじめ金森頼錦の領地の問題が、大橋親義を介して青木安清に頼んで解決したと聞いていたところ、領民らの訴えによって評定所の審理にかけられるにおよび、親義が己の誤りに気付き、安清と遣り取りした書状をみな英元のもとに送ったのを、英元は評定の席に提出せず、その書状の件とこの度の百姓の訴訟とは、別件と心得違いをしていたと陳弁。これにより免職、小普請入り、閉門を命ぜらる。

勘定奉行大橋親義(19)は、若年寄本多忠央の依託を受け、金森頼錦からも深く頼まれたので、部下の青木安清に指示したところ、安清は奉行の指示なので公務同然と心得、百姓を糾明した。それに百姓が不満を抱き、江戸へ直訴したので、親義も安清に托したことを誤りと気付き、安清との往復書類を曲淵英元に送り、すべて英元の処置に委ねた。しかし評定所において尋問を受けた際、己の過失を隠そうとして、上を欺くことが多かったので、重職の者の所為にあらずとして、知行(二一二〇石)を没収、相馬尊胤に召預けとなり、その子三人も改易に処せられた。

美濃郡代青木安清(20)は、上司大橋親義の指示を重く受取り、また金森頼錦からも老中本多正珍も同意しているとの書簡を受けて、公務同然と心得、金森の領民を笠松の郡代陣屋に呼出し、糾問の上、百姓が不服にも拘らず、強いて承諾の捺印をさせた事を咎められ、免職、小普請入りの上、逼塞を命ぜられた。

十二月廿五日、美濃郡上城主金森頼錦は、封地三万八〇〇〇石を没収、南部利雄に召預け、その子供達も改易に処せられた。これは宝暦四(一七五四)年、従来定免制であった年貢を検見取にしょうとして、領民の強訴を受け、一度はその要求を容れたが、やがて幕府の勘定奉行大橋親義を頼み、美濃郡代青木安清に指示し、また老中本多正珍との縁故(21)により、閣老の同意を得たと称し、そのため安清は公務同然と心得、厳しく百姓に年貢の承服させようとした。郡上の領民はこれを不服とし、宝暦五年十一月総代を江戸へ送り、老中酒井忠寄に駕籠訴した。この件は幕府の評定所で取り上げられたが、恐らく老中本多正珍・若年寄本多忠央・勘定奉行大橋親義などの要職の者が関与していたためであろう、百姓側の納得のゆく裁断が下されぬまま、歳月を経た。そこで百姓達は宝暦八年三月再び江戸へ代表を送り、評定所前の目安箱に直訴状を投じた。これが改めて評定所の審理に係り、関係者はそれぞれの上記の通り処罰されたのである。なお金森の家臣も多数処罰され、また百姓側にも多くの犠牲者を出した。(22)

このように藩政不良や家中紊乱によって大名が改易・減封の処分を受けたことは享保期にはなく、また次の十代将軍家治の時にもないことなので、注目される。特に金森頼錦の一件は、百姓一揆によって、その領主はもとより、若年寄・勘定奉行が所領を没収され、老中・大目付・郡代が免職されている。民衆の抵抗が直接これほど大きな波紋を巻き起したのは珍しい事である。しかも目安箱への直訴が決定的な役割を演じている事も見逃せない事である。

註

(1)　『有徳院実紀』巻一九、『重修譜』巻一〇一四（内田）。
(2)　同巻廿一、『重修譜』巻三二〇（水野）。
(3)　同巻四九、元文四年正月十二日条（尾張宗春隠居、蟄居を命ぜらる）。
(4)　同巻五四、寛保元年十月十三日条（榊原政岑隠居、蟄居を命ぜらる）、同十一月朔日条（政岑子政永、越後高田へ移封）、『重修譜』巻一〇〇（榊原）。

（5）同巻三六、享保十七年十二月十九日条（松平定英、領内餓死者多数により、出仕停止を命ぜらる）、『重修譜』巻五四（松平〈久松〉）。
（6）『惇信院実紀』巻一四、『重修譜』巻二八七（植村）。
（7）『重修譜』巻七五八（朝比奈）。
（8）同巻五二一（三浦）。
（9）同巻六八三（本多）、巻六五五（真田）。
（10）同巻六七七（丹羽〈良峯氏〉）。
（11）同巻三三六（水野）。
（12）同巻九〇三（中根）。
（13）同巻四五一（横田）。
（14）『惇信院実紀』巻廿一、宝暦五年二月四日条、『重修譜』巻一一一四（安藤）。
（15）同巻廿八　宝暦八年十二月廿五日条、『重修譜』巻三六二（金森）。頼錦、松平忠名に召預けの事、『実紀』には見えず。『重修譜』巻六八二、本多忠央譜には内藤信興（越後村上）に頼錦を仮に召預けとあるも、金森譜に従う。松平忠名譜・内藤信興譜には見えず。
（16）同巻廿八、『重修譜』巻六九四（本多）。
（17）同右、同巻六八二（本多）。
（18）同右、同巻一八〇（曲淵）。
（19）同右、同巻一〇三五（大橋）。
（20）同右、同巻一四二四（青木）。
（21）本多正珍の妹が金森頼錦の縁女であったが、結婚前に没した（『重修譜』巻六九四（本多）。

(22)　『翁草』巻五四（濃州郡上噪動并金森家邑除大略」、『古事類苑』法律部三（下編下　訴訟上）所載「公案比事　四十四」

三　享保改革の後退

イ　幕府財政の趨勢

幕府の財政状態を数字の上から見ると、宝暦期は前代の遺産をよく守っていたといえる。向山誠斎『癸卯雑記』所収「御取箇辻書付」によると、江戸時代を通じて天領の石高、年貢収納高が最高額であったのは、

延享元（一七四四）年　（石高）四六三万四〇〇〇石　（年貢）一八〇万一〇〇〇石

である。しかし平均をすると、次のようになる（一〇〇〇石以下切捨）。

（年代）	（石高、一〇〇〇石）	（年貢、一〇〇〇石）
元文二（一七三七）	四、六〇〇	一、六〇七(1)
延享二（一七四五）		
同　三（一七四六）	四、四二八	一、六五四(2)
明和一（一七六四）		
同　二（一七六五）	四、四八一	一、五二九
安永八（一七七九）		

つまり享保改革の後期、勝手掛老中松平乗邑や勘定奉行神尾春央らが年貢増徴に励んだ時期よりも、九代将軍の宝暦期の方が、年平均五万石ばかり収納成績がよいのである。この一九年間を見ると、最高は延享三年の一七六万六〇〇〇石、最低は宝暦七(一七五七)年の一五五万二〇〇〇石で、大体一七〇万石から一六〇万石台の年貢額で、一五〇万石台は三年しかない。かなり年貢収入は高率で安定していたのである。

十代将軍家治の明和・安永期に入ると、収納量はじりじりと減少し、一六〇万石に達した年は一年もなくなった。最高は明和四(一七六七)年の一五九万八〇〇〇石、最低は同八年の一三五万三〇〇〇石である。さらに安永九年以降、天明期になると、年平均は一四〇万石台に落込む。一五〇万石台に達した年もなくなるのである。

宝暦期の幕府財政の安定は、その貯金銀の量からも裏付けられる。江戸城金蔵の貯金銀は、明暦の大火(一六五七年)の跡の調査では、小判に換算して四〇〇万両弱であった。(3) それがほぼ半世紀後の五代将軍綱吉の頃には、悉く支出してしまった。

享保期に入って、財政改革に努めた結果、享保十五(一七三〇)年頃には江戸城奥金蔵に一〇〇万両を蓄えることが出来た。(4) しかし折から米価調節や大飢饉対策のため、数年後には二一万両に減ってしまった。(5) 元文二(一七三七)年以降再度年貢徴収強化に励んだ結果、寛保二(一七四二)年には一〇〇万両に恢復した。

宝暦期にはさらに順調に蓄積が増加してゆく。その数字は次の通である。

宝暦三酉(一七五三)年　二五二万二六二一両
明和七寅(一七七〇)年　三〇〇万四一〇〇両

文献で知られる限り、これが元禄以降最高の貯金額である。その後の推移を辿ると、

安永四（一七七五）年　一七一万七五二九両

と五年間に一三〇万両近く急減し、[6]さらに

天明八（一七八八）年　八一万七二〇〇両

という数量に迄落込んでいる。

このように表面上は、将軍吉宗隠退後二〇年ばかりは、幕府政治はほぼ安泰であったと認めてよかろう。

註

（1）享保改革の後期、老中松平乗邑を勝手掛とし、神尾春央を勘定奉行に抜擢して、一度弛んだ財政収入の強化を再開したのが元文二年である。その年から将軍吉宗隠居迄九年を一期として括った。

（2）この一九年間を宝暦期として括る。本文で指摘するようにかなり高い年貢収納の水準を維持出来た期間である（表2「享保元（一七一六）年―天明八（一七八八）年幕府年貢収納高」参照）。

（3）『竹橋余筆』別集一〇には万治二（一六五九）年本丸御金蔵の焼金銀が小判に換算して金三五六万二〇〇〇両とある。但、これに銀分銅二〇六箇、銀銭六〇貫文を寛文元（一六六一）年の換算率によって加えると、約三九〇万両となる。また『一話一言』巻二「古帳」に「寛文元辛丑年七月　日御天守金銀帳」と題して、小判に換算して約三八四万七〇〇〇両という数字を記録している。すなわち明暦の大火直後に、江戸城には略四〇〇万両の貯金銀があったと見てよかろう。『折りたく柴の記』巻中によると、宝永六（一七〇九）年二月、勘定奉行荻原重秀は六台将軍家宣らに幕府の財政状況を説明した時、「只今御蔵にある所の金、わずかに三七万両にすぎず」と述べたという。しかしこの金は支払いに充てるべき金であるから、貯金とはいえない。

（4）向山誠斎『癸卯雑記』八所収「御勝手方覚書」、以下、幕府貯金に関する数字はこれに拠る。

表2　享保元(1716)年—天明11(1788)年幕府年貢収納高

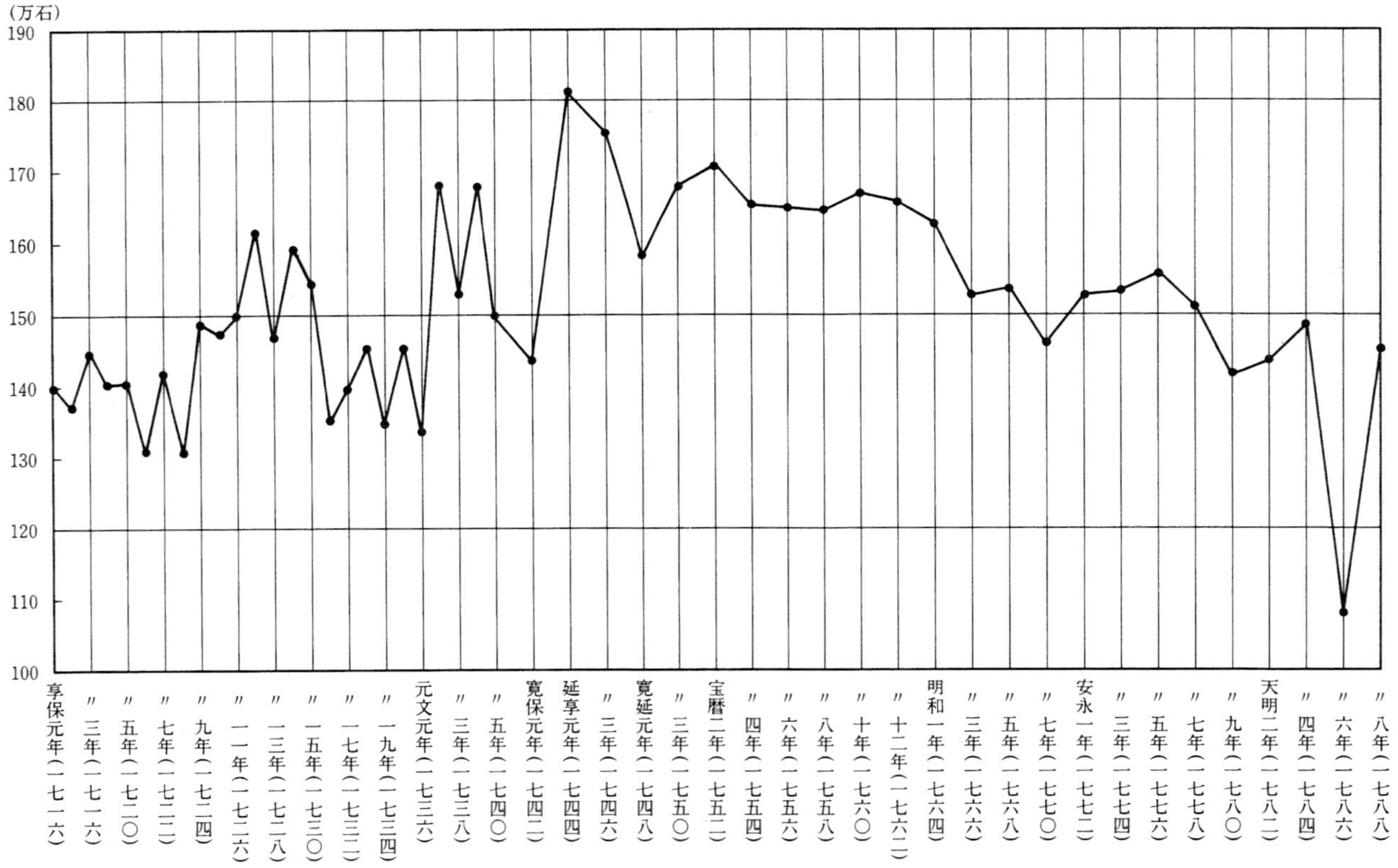

（5）貯金の減少は、また享保十四（一七二九）年以降、百姓の抵抗が次第に強くなったため、年貢徴収が漸減していった事も大きく響いている。その模様については後節に述べる。

（6）この数字は短期間にあまりに減りすぎているので、或は数箇所の金蔵の中、計上されていない所があるかも知れない。尚検討を要すると思うが、一応貯金額の変遷の目安として掲げておく。

ロ　勘定方役人の処罰

幕府政治の表面は一見平穏であったが、底流には体制にとって深刻な問題が醸成され、やがて噴出しようとしていた。幕府の勘定方の役人の中にも新しい動きが認められる。まず宝暦期における勘定方諸役人の免職・処罰の状況を見ると、処分の件数は五代将軍綱吉の初年「天和の治」の時、或は享保改革の初期に匹敵する（表3「寛延―宝暦処分幕府地方役人一覧」参照）。

それと共に注目すべきは、享保改革において能吏として抜擢を受け、活躍した役人達が、この時期に「奉職無状」[1]「勤務不良」という理由で免職されている事である。

寛延元年免職、小普請入りとなった勘定吟味役堀江荒四郎芳極[2]は、勘定奉行神尾若狭守春央と組んで、特に延享元（一七四四）年の年貢大増徴に中心的活躍をした人である。その能吏が四年後には「奉職無状」という理由で罰せられている。

翌二年勤務不良で代官をやめさせられた蓑笠之助[3]は、もと能役者であったが、将軍吉宗に認られ、享保十四（一七二九）年町奉行大岡忠相の配下に付けられ、関東の天領三万石を支配し、元文四（一七三九）年には正規の代官に昇進した。『農家貫行』という著書もあり、大岡忠相の信用厚かった地方功者である。

表3　寛延—宝暦処分幕府地方役人一覧

西暦	年号	役名	氏名	重修譜	理由	備考
1748	寛延1	勘定吟味役	堀江芳極	1436	奉職無状	小普請
同	同	勘定奉行	逸見忠榮	138	下役不正	同
同	同	代官	斎藤直房	1407	同	同
同	同	同	土井利豊	298	同	同
1749	同 2	同	蓑 正高	1221	勤務不良	同
同	同	同	木村長羽	1330	同	同
同	同	同	遠藤良安	1479	同	同
同	同	同	近藤威興	1449	同	同
同	同	同	小野正武	1219	同	同
同	同	同	奥谷直救	1304	同	同
同	同	同	井戸助左衛門	?	同	同
同	同	同	藤井九左衛門	474	同	同
1750	同 3	同	山中新次郎	584	公金横領他	遠流
1753	宝暦3	勘定吟味役	井沢正房	1287	勤務等閑	小普請
同	同	勘定奉行	松浦信正	476	勤務粗略	同
同	同	勘定組頭	早川久祿	1237	同	同
同	同	代官	田中喜道	1331	理由不明	同
同	同	同	富永景昶	1496	同	新番
同	同	同	嶋 豊勝	1468	同	小普請
同	同	同	小幡正陽	723	同	同
同	同	同	設楽能該	1136	故ありて	同
同	同	勘定吟味役	神尾幸之	648	次男不正	改易
1757	同 7	勘定奉行	中山時庸	752	勤務中不正	小普請
同	同	代官	小川盈長	1453	勤務怠慢	同
同	同	同	亀田三浦	1243	同	同
1758	同 8	勘定組頭	野村長敬	?	巡視卒爾	改易
同	同	同	室田雅矩	1476	伺書延滞	小普請
同	同	勘定衆	宮河孝受	1483	報告卒爾	同
同	同	同	町野左兵衛	1514	同	同
同	同	勘定奉行	大橋親義	1035	金森騒動	改易
同	同	美濃郡代	青木安清	1424	同	小普請
1759	同 9	代官	山中久忠	583	手代等不正	追放

宝暦三（一七五三）年に罰せられた松浦河内守信正[4]は、兼務していた長崎奉行関係の失態を咎められたのであるが、その大坂町奉行時代の逸話として、大岡政談の原型の一つとなっている話も伝えられているところから考えても、[5]能吏の一人と認めることが出来よう。

同じ年に免職になった勘定吟味役伊沢弥惣兵衛正房[6]は、吉宗が紀州から呼寄せた伊沢為永の子である。父が能吏であったからといって、子は必ずしも能吏とは限らぬが、正房は早くから高齢の父に代って、新田開発や治水土木工事に活躍していた。その正房が三河吉田橋の架橋工事の手ぬかりを咎められたのである。

また同年代官を免職された田中喜道の祖父は、川崎宿の名主で『民間省要』の著者として知られ、将軍吉宗に認められて、大岡忠相付きとなった田中丘隅である。丘隅は支配勘定格という低い身分であったが、その子喜乗、孫喜道は代官に任ぜられた。[7]その免職の理由は明らかでない。

これらの事実を通じて、わたしはその背景に、享保期と宝暦期とで、幕府直轄領行政上の課題や方法に、ある変化が生じて来たのではないかと推察する。例えば八章「田安宗武の籠居と松平乗邑の失脚」で言及した、乗邑の罪状と称する箇条を列挙した『倭紂書』に、「左近（左近将監乗邑）・若狭（神尾若狭守春央）御為の心得違にて、新御代官どもは古来の儀は夢にも存ぜず、百姓をとりたおしても取立候が御奉公と存じ、御為には人々損じ候にもかまわざるものと申候て、不仁の心底」と非難した文章がある。

新しい人材を登用して、彼らを通じて天領支配を強化し、年貢増徴を推進してきた享保改革の前途がここに行きづまり、財政政策の転換や後退を余儀なくされるに至った事を、相次ぐ前代の能吏の免職は物語っているのではあるまいか。

『惇信院実紀』巻廿八、宝暦八年八月二日条に、勘定組頭野村庄助長敬を俸禄没収、代官風祭甚三郎国辰を出仕停止、代官辻六郎左衛門富守・同天野市十郎正證を戒告、勘定衆宮河源内孝受・同町野左兵衛を小普請入、閉門に処したという記事がある。この記事と『重修譜』のそれぞれの譜および『漆山御料御代官記』(8)などによってその事件の概要を描いてみると、およそ次の様に理解できる。

宝暦五(一七五五)年七月頃から出羽漆山代官所一帯は雨が降り続き、田方は大凶作となった。このあたりは定免制が施行されていたが、百姓達は不作を理由に検見を願出た。そこで代官平岡彦兵衛良寛(9)が来て、坪刈りをしたが、損毛三分に達していないというので、年貢額は定免のままに据置かれた。しかし百姓達は納得せず、年貢納入を巡って紛争が続いたようである。

翌六年この地に来た代官風祭国辰は、収納すべき五年分の米の不足を、六年の年貢米で充当しようとしたので、問題はさらにこじれたようである。この報が江戸へ届いたので、検分のため七年七月、勘定組頭野村長敬・勘定衆宮河孝受・町野左兵衛が出羽国に派遣された。恐らくその報告に基いての事であろうが、同年十一月査問のため、代官達はそれぞれ次の通り諸大名に召し預けとなった。

代官平岡良寛　　青木一新(摂津豊島郡麻田領主　一万石)へ。

代官辻富守・同風祭国辰　　津軽信寧(津軽)へ。

代官天野正澄・同川田貞英(10)　　毛利広豊(周防下松　三万石)へ。

その結果、同八年八月二日前記の判決が下されたのであるが、それを見ると、百姓と悶着を起こした代官達よりは、その様子を検分に派遣された勘定衆の方が厳しい処分を受けている。判決の理由を『重修譜』宮河孝受・町野左兵衛両譜に拠って(11)みると次の如くである(宮河・町野両譜の処罰の記事は略同文である)。

（宝暦）七年七月二日出羽國におもむき、洪水せし地を検す。八年八月二日さきに出羽國にいたりしとき、一村かぎり困窮の趣を吟味し、御代官より言上せしむねとたがふ事あらばこれを糺し、常々御代官のはからひ、善悪虚実巨細に穿鑿すべきやのむね御旨をうかゞひ、その通たるべき指図ありしうへは、相違の事心付べきところ、組頭野村庄助某がまうす旨にまかせ、農民等の申口をとりもちひ、風聞推量のみにて、たしかならざる事を言上し、御代官所・御預所一躰にかゝれる事を卒忽に取はからひし条、曲事のいたりなりとて、小普請に貶され、閉門せしめらる。

こういう経過から事情を考えてみると、まず風祭国辰・天野正澄・川田貞英三人はその系譜からみても、『倭紂書』にいう新代官の典型であって、年貢増徴・確保を至上の任務として、容易に減免を認めず、翌年の年貢を繰入れてでも定免制を維持しようとして、百姓と紛議を起した。これを重く視た幕府は勘定方役人三人を派遣して、実状を把握しようとしたが、三人の検分役人は百姓側の一方的な情報のみによって報告をした。そこで五人の代官が大名召し預けとなり、査問を受けた結果、却って杜撰な報告をした勘定衆の方が厳しく罰せられたのである。

私はここに幕府首脳部を始め、勘定所の役人、それに百姓と接触する代官達いずれもが、年貢収納の確保と百姓の抵抗の激化との板挟みに苦悩している姿を読取ることが出来ると思う。

註

（1）「奉職無状」とは勤め方が様をなしていないという意味で、勤務不良と略同義であろう。
（2）『惇信院実紀』巻八　寛延元年閏十月廿三日条、『重修譜』巻一四三六。
（3）同巻九　同二年五月十六日条、同巻一一二一。

（4）　同巻一七　宝暦三年二月廿三日条、同巻四七六。
（5）　宝暦期の講釈師馬場文耕著と伝えられる『近代公実厳秘録』巻二に、「松浦河内守大坂町奉行の事」という題で載せている、大坂の豪商笘屋久五郎一件における松浦信正の裁きは、後に大岡政談に「小間物屋彦兵衛一件」として取入れられている。
（6）　『同実紀』巻一七　同年二月六日条、『重修譜』巻一一八七。
（7）　同巻一八　同年八月十四日条、同巻一三三一。
（8）　『山形県史』新編『鶴城叢書』下所収『漆山御料御代官記』。
野村長敬（『断家譜』巻一五）。

元文二（一七三七）年御徒目付（御目見以下）より勘定衆、宝暦元（一七五一）年同組頭に昇進。享保改革後期に抜擢された勘定方役人の一人である。

風祭國辰（『重修譜』巻一三六四）。

父の代迄御目見以下。国辰元文四年御徒目付より勘定衆に昇り、寛延二(一七四九)年代官に移る。これも改革後期の新勘定方役人である。

辻　富守（『重修譜』巻一四九七）。

享保前期の、〃地方の聖〃といわれた六郎左衛門守参の孫。元文元年より寛政三（一七九一）年迄代官。但、処分を受けたという記事はない。

天野正澄（『重修譜』巻八八六）。

曾祖父正勝の代迄三代台所頭、貞享四（一六八七）年正勝罪を受け、八丈島へ遠流、祖父・父連座、元禄六年赦免。正澄寛延二（一七四九）年西丸小十人より代官。

宮河孝受（『重修譜』巻一四八三）。

父の代迄御目見以下、孝受細工所同心・支配勘定（共に御目見以下）を経て寛延二年勘定衆に昇る。

町野左兵衛（『重修譜』巻一五一四）。

曾祖父以来代官又は勘定衆を勤める。左兵衛は寛延二年勘定衆となる。

(9)『重修譜』巻二八一（平岡）。

武田の旧臣。幕初以来代々甲州の代官。平岡良寛、享保十九（一七三四）年代官見習、元文元（一七三六）年遺跡相続、代官となる。但、処分を受けた記事はない。

(10) 同巻九四〇（川田）。

父貞清は大番士、二五〇俵。貞英も遺跡相続後、大番に入り、寛保二（一七四二）年代官に転じた。

(11) 宮河譜（同巻一四八三）・町野譜（同巻一五一四）、組頭の野村長敬は『断家譜』のため記事が詳しくない。

八　百姓一揆と年貢収納

農民の領主に対する抗争の激化を、百姓一揆の動向から視ると、享保期はその質量ともに一期を画す時期であった事は夙に知られている。一揆の件数を青木虹二『百姓一揆総合年表』によって辿ると、次のようになる（便宜上ほぼ二〇年程度を年号によって括ってみる）。

〈年　号〉	〈年数〉	〈件数〉	〈年平均〉
寛　永 （一六二四―四三）	二〇年	一四四件	七・二〇件
正保・慶安・承応・明暦・萬治 （一六四四―六〇）	一七年	八二件	四・八二件

寛文・延宝（一六六一―八〇）	二〇年	一九三件	九・六五件
天和・貞享・元禄（一六八一―一七〇三）	二三年	二七三件	一一・八七件
宝永・正徳（一七〇四―一五）	一二年	一五三件	一二・七五件
享　保（一七一六―三五）	二〇年	三七八件	一八・九〇件
元文・寛保・延享・寛延（一七三六―五〇）	一五年	三四六件	二三・〇七件
宝暦・明和（一七五一―七二）	二一年	四六四件	二二・一〇件

これによると享保期は一揆の最高揚期の一歩手前で、発生件数が著しく増加していることが判るが、それと共にその規模も大きくなっている。ことに改革の後半期である元文年代に入ると、同三（一七三八）年岩城平に起った一揆は「百姓都合八万四千六百余人」といわれ、また同年暮から翌年正月にかけて生野銀山周辺に発生した一揆に対しては、姫路・龍野など一二の藩や旗本領から出兵し、岡山・鳥取両藩も出動態勢に入るという事態となり、「天草以来の珍事」[1]と沙汰された。

享保改革の大きな目標が、百姓からの年貢増徴による財政の安定にあったから、どうしても年貢をめぐる幕府側と農民との軋轢は避けられなかった。ことに増徴を承諾した村に対しては、長い年季の定免制を施行して、高額の年貢収入を確保する方針をとったので、定免年季下の年貢減免要求が、この時期の農民の主要な争点であった。

幕府側は凶年の不足分は豊年の時の余分で補えばよいという態度で、当初は不作でも容易に年貢の減免を認めない方針をとった。しかし当時の政策では、ぎりぎりの所迄年貢額をせり上げて、負担の限界に達した所で定免制を施行しているので、僅かの不作でも負担に耐えきれない百姓も出て来る。そこで農民達側は、年貢を皆納すると来年の生産に支障を来すといって、夫食（食料）貸・種貸を次第に強く要求するようになった。当局がそれを制限すると、定免制下であっても検見をして、年貢を減免せよと求めた。

当局側は定免制実施当初は、「田畑旱損・風損・水損・虫付等にて、当作過分に損毛有之節、其一村之百姓不残願出候ハヽ、致検見、定免に不構、有毛之通、御取箇見取に可申付候」と指示し[2]、或はまた「一国一郡響候程之損毛之外、引方無之」とも伝えている[3]。しかし百姓側の強い要求に押されて、享保十二（一七二七）年からは平年の五分（五割）以上の損毛の場合には、定免を破棄して検見取にすることとした[4]。さらにその翌十三年には、年貢増徴を承諾した村に限り、四分以上の損毛の際、検見取を認めることとした[5]。

このように当局側はじりじりと後退していったが、それにも拘らず、ついに翌十四年陸奥信夫・伊達両郡（現福島県福島市・伊達郡）に一揆が起った。この地方は前年不作のため、百姓側は減免を求めたが、代官岡田庄太夫はこれを認めなかった。さらに夫食貸・種貸要求も拒否した。そこで同年三月、この地方の幕領六八ヶ村の農民は大森（現福島市）の代官所へ強訴し、隣接する福島（板倉勝里）・二本松（丹羽高寛）城下へも押寄せた[6]。

結局この一揆は鎮圧され、百姓側は獄門二名・遠島九名・田畑家財取上げ所払い五名をはじめ、合計九五名の犠牲者を出した。しかし『福島県史』によると、この地域はこの後元文元（一七三六）年迄、連年のように風水害や旱魃を理由に、年貢が減免されている。(7) この地域ばかりでなく、翌十五年には全幕領に対して、年貢増徴諸否にかかわりなく、四分以上の損毛の場合には検見を認めることを指示した。(8)

享保十八年に至り、幕府は諸代官に対し、近年夫食貸が激増しているが、いかにすれば原則としてこれを止め得るか、意見を求めた。これに対し関東郡代伊奈忠逵・代官小宮山杢之進・岡田庄太夫等一六名は連署して、定免年季下の損毛引方を三分以上に引下げることを提案した。その理由として「定免致なれ申さざるにつき（中略）凶作之償ハ豊年之余慶を以仕候積りニ而、四分以上之積り申上候得共、去申年（享保十三）より定免引方相積候処、四分以上ニ而ハ百姓連々痛候積りに付、三分以上ニ而引方相立可然奉存候」と述べている。(9) こうして翌十九年から損毛三分以上は定免破免の上、年貢減免ということになった。定免年季内での年貢額が頻繁に変動低下するようでは、折角の定免制の意義も薄くなる。享保十四年の陸奥信夫・伊達地方の一揆の影響する所は、甚だ大きかった。

その模様は『御取箇辻書付』の年貢収納高の数字の推移にも表れている。享保初年と、年貢増徴政策の効果が顕れた時期と、年貢政策後退期と、三時期の平均を示すと次の如くである。

享保元年—同　八年（一七一六—二三）　平均一三七万五四〇〇石
同　九年—同十五年（一七二四—三〇）　〃　一五二万八九〇〇石
同十六年—元文元年（一七三一—三六）　〃　一三九万三三〇〇石

このように享保十五年以降、数字は享保初年に戻ってしまったのである。

なおこの一揆に対する処分は、やがて『公事方御定書』制定の際、「地頭え対し強訴、其上徒党致し、逃散之百姓御仕置之事」という条文の判例として採用されている。[10] 幕府がこの一揆をいかに重視したかが察せられる。

やがて幕府は元文二（一七三七）年から態勢を建直し、老中松平乗邑を勝手掛とし、神尾春央を勘定奉行に抜擢して、再び年貢増徴に乗り出した。この後、吉宗が隠退する延享二（一七四五）年まで九年間の年貢平均は一六〇万石余で、前に徴収成績がよかった享保九—十五年の平均一五二万石を上回っている。ことに延享元年は、幕領の石高四六三万石余、年貢一八〇万石に達し、石高・年貢共に江戸時代の最高を示している事は前にも述べたところである。一揆の一撃によって、連年水害や旱魃を理由に年貢減免を続けてきた陸奥信夫・伊達地方も元文二年からは再び享保十四年迄の高い定免年貢に戻ったという。[11]

しかしこの年貢増徴には、当然ながら百姓側の抵抗も強かった。とくに神尾春央が勘定吟味役堀江荒四郎と共に廻村して、辣腕を振るった延享元年には、畿内以西の商品作物地帯の年貢負担は甚だしく重くなったようである。摂津・河内・和泉・播磨の百姓達も、再三にわたって代官所に減額を求めたが聞入れられない。そこで翌二年四月、約二万人の百姓が京都の青木次郎九郎の代官役所に押し掛けた。

青木の役所には手代元締の栗原藤八らがいたが、かねがね彼等は百姓達から賄賂を受取っていた。上からは年貢増徴の至上命令を受け、下からは百姓の強い突き上げにあった栗原らは、恐らく板挟みの苦し紛れからであろうが、自分ではどうにもならぬから、朝廷に願出たらどうかと示唆した。そこで百姓達は大挙して内大臣近衛内前と武家伝奏葉室頼胤・坊城俊将へ年貢減免斡旋を訴え出た。百姓に押し掛けられた公家達はさぞや驚いたと思うが、早速この旨を所司代に通報した。幕府が調査に乗り出した結果、この一件は代官手代の責任という事となり、栗原藤八は死罪、その他関係者は遠島・追放等の刑に処せられた。百姓の側も庄屋・年寄らは役儀取り上げ、村毎に過料の処分を受けた。(12)

幕府首脳部は「攝河百姓、堂上方え令出訴候ハ、青木次郎九郎手代共不届之筋より事起り候事ニ而、(神尾)若狭守廻村ニ拘り候儀ニ者無之、別段之事ニ候」という見解を代官達に通達したが、この百姓達の公家への出訴は、代官やその手代達にとってはかなりの衝撃であったらしく、年貢賦課に次第に手心を加えるようになっていった事が、幕府首脳部からの指令などから推察できる。(13)

また幕府の年貢収入が江戸時代の最高額に達した年に、百姓達の減免要求運動が公家を巻き込むに至り、幕府政治に朝廷がこういう形で初めて関わったという事、しかもそれが八代将軍吉宗の隠退直前の事であったのも、時代転換の兆しとして興味深いものがある。

註

(1)『元文世説雑録』巻一九。

(2)『刑銭須知』五「御取箇一件并夫食・種貸、荒地取計之部」三三四「定免年季之内、当作損毛之節、検見之儀御書付」享保七年水野忠之指令。

(3)同 三三五「五分以上損毛之引方相立候様御書付」享保十二年令朱書。「本文引方之儀、享保七寅年より同十一午年迄者、一国一村響候程之損毛之外、引方無之候処、吟味之上本文通、五分以上損毛に候得は、引方可相立旨、被仰渡候」。

(4)同上 本文。

(5)同 三三六「御取箇吟味并四分以上引方立様御書付」第八条。

一、定免場水旱損等之損毛有之節、五分以上損毛ニ候ハヽ、引方相立候積、先達而申遣候得共、四分以上ニ

而引方相立候ハヽ、百姓甘（クツロ）キニ可成候條、御取箇此度吟味之上、其村相応ニ百姓心得（得心カ）ニ候ハヽ、損毛四分以上ニ而引方相立候積可被申渡候。其村相応之御取箇ニ請不申村方ハ、先達而申達候通可被致置候。

（6）『福島県史』3　近世2　第二七章「幕領大森」第二節「享保の一揆」、第二八章「幕領川俣」第七節「農民一揆と川俣蚕糸業」一、享保十四年農民一揆、『福島県史』9　近世史料2　「一揆・訴願」一　一揆　六〔享保十四年信夫伊達両郡年貢減免訴状並に一揆〕

（7）『福島県史』前掲「幕領川俣」七ノ一によると、減免は次の如くである。

享保十六年　風水害による田方不作
同　十七年　麦作雪腐れと暴風・旱魃による畑方不作
同　十八年　旱魃にて田方不作
同　十九年　麦の晩霜害、畑方不作
同　　廿年　不明
元文　元年　水害による田畑不作

（8）『刑銭須知』五　三二七「定免ニ付、田畑四分以上損毛引方立様之覚」。

（9）同　三二八「定免三分以上損毛候ハヽ引方相立候積伺済」。

〔定免年季内損毛引方〕

享保十八年癸丑九月

定免三分以上損毛候ハヾ引方相立候積伺済

定免之内損毛有之節、引方相立候儀ハ、午年以前ハ一国一郡ェ響程之損毛ニ候得ハ、引方相立候積候処、享保十二未年ヨリ、御取箇五分之損毛有之候得ハ引方相立申候。同申年一村限根取吟味有之候以後、四分以上之損毛ニ候ハ引方相立候処、同寅年ヨリ夫食貸格別之損毛之訳無之候而ハ、御貸渡有之間敷旨被仰渡、向後三分以上損毛候ハゞ引方相立候積、伺相済候趣、左之通。

一、御料所村々夫食貸之義、前々ハ貸方少々有之候処、近年ニ至而夥敷相増申候。依之、向後ハ格別之訳無之候ハゞ、夫食貸等不被仰付相済候様之取計モ可有之候。夫ニ付、存寄之品モ可申上旨被仰渡、奉承知候。

一、前方御貸付有之候夫食返納、永年賦相立候様被仰付、向後夫食貸被仰付間敷旨、御触有之候ハゞ、夫食貸相止候而百姓之為ニ罷成候村々モ可有御座候。尤大損毛、家財焼失、其外格別之訳有之候ハゞ、已来共御貸付可然奉存候。

一、定免御取箇之義、四分以下之損毛ハ引方不相立候ニ付、三分余之損毛ニ而ハ百姓償方多、凶年続候節ハ、難儀仕者夫食相願候故、吟味之上、貸候義ニ御座候。向後夫食貸不被仰付候ハゞ、三分以上之損毛引方相立可然奉存候。左候得ハ、三分以下之損毛ハ、百姓定免之償仕能御座候。尤前方定免相極候節、拙者共ニモ御尋有之、四分以上之損毛引方可然旨申上候。此義定免致馴不申候ニ付、破免損毛之歩合少ク定置候而（ハ）、又歩合ヲ相増候義難仕、其上凶年之償ハ豊年之余慶ヲ以仕候積ニ而、四分以上之積《（ママ）》申上候得共、去年申年ヨリ定免引方相積候処、四分以上ニ而ハ百姓連々痛候積ニ付、三分以上ニ而引取方相立可然奉存候。尤定免年季、假令ハ五个年之処、三四年モ三分以上近キ損毛も相続候ハゞ、別段之御救モ吟味之上、相伺可申候。

一、山方里方共、外稼見込違ニ而、免高キ村方、或ハ近年百姓困窮ニ而肥等調候力モ無之、又ハ潰百姓等ニ而人数減候村方など、作物モ出来形不宜、当時之御取箇ニ而ハ不相応ニ(付き)、免引下度由願候村モ御座候得共、此義ハ定免切替之節遂吟味候様可仕候。然共格別訳立候村方ハ、得ト吟味仕、定免年季之内ニ而モ相伺可申候。

右者御尋ニ付、存寄申上候。書面之通被遊御用捨候ハゞ、通例之夫食貸ニハ及ビ申間敷候。以上

丑九月

伊　奈　半左衛門、　坂　本　新左衛門
原　　　新六郎、　鈴　木　平十郎
池　田　新兵衛、　松　平　九郎左衛門
小宮山　杢之進、　斎　藤　喜六郎
後　藤　庄左衛門、　保　木　左太郎
岡　田　庄太夫、　海　上　弥兵衛
幸　田　善太夫、　長谷川　庄五郎
野　田　三郎左衛門、　荒　川　権六郎

右者、先達而被仰渡候、向後格別之損毛之訳無之候ハゞ、夫食御貸被成間敷候、依之、存寄可申聞旨、此節御代官ニ申渡、彼是之評義仕候処、書面之通申聞候。只今迄貸置候夫食返納、永年賦取立候義、貸高之多少ニ寄、年数違可申候。弥右之通被仰渡候ハゞ、尚又御代官へ申渡、吟味ヲ詰可申上候。且又定免之内引方相立候義、三分通損亡仕候ハゞ引方相立可然奉存候。右両様之義、村々之モノ共ニ申聞、向後格別之損亡無之候ハゞ、夫食御貸被成間敷旨、常々其心得可仕旨申含候ハゞ、百姓共得心可仕候。

一、山方里方共、外稼見込違候類ニ而免高キ村方、定免切替之節吟味仕、格別之訳立候分ハ、定免年季之内ニ而モ吟味仕旨、御代官申聞候得共、此儀ハ夫食貸之義無之様ニ而モ難捨置候義ニ御座候間、定免年季無構、春ヨリ吟味仕候様、申渡可然奉存候。

右之趣ヲ以、御代官所住宅之御代官へ申遣可然奉存候。

右之通奉伺候。以上

御勘定奉行　同　吟味役

（『刑銭須知』五　三二八）

(10)『徳川禁令考』後聚巻一三「地頭え対し強訴、其上致徒党、逃散之百姓御仕置之事」。

寛保元年極

一、頭取　　　　　　　　　死罪

一、名主　　　　　　重キ追放

一、組頭　　　　田畑取上　所払

一、總百姓　　　村高ニ応し　過料

（中略）

是ハ享保十四酉年、奥州伊達郡立子山村組頭小左衛門、同村百姓忠次郎、此両人強訴願之発端頭取ニ而、外同国信夫・伊達両郡五拾四ヶ村之もの共致徒党、村方致逐電、御代官陣屋え押込、福島・二本松城下えも相詰、致強訴ニ付、頭取小左衛門・忠次郎ハ死罪獄門、其外之村々頭取ハ遠島、頭取ニ差続、及強訴候もの田畑取上所払、且又右村々之内、名主・組頭儀、強訴之風聞承候迄ニ而、右願ニハ不拘候得共、役儀不似合仕形ニ付、此分之名主・組頭ハ役儀取上、七拾日戸〆申付候。

(11)『福島県史』前掲「幕領川俣」七ノ一。

(12) 東大阪市長田（河内国若江郡長田村大方）栗山武一家文書「延享二年丑正月　諸事御願書写帳」（森杉夫「神尾若狭の増徴に対する農民闘争史料」大阪歴史学会近世史部会『近世史研究』四二一　一九六七年三月所載）。

乍恐口上覚

摂州東成郡・河州若江郡・渋川郡

拾弐ヶ村庄や・年寄

一、去子之御取箇之義ニ付、私共村々、堂上方へ御願ニ罷出候由相聞候ニ付、御尋被成候処、御代官様ニ而御取上無御座候故、御諸《(所)》司代様・京都・大坂町御奉行所并京都御目附様江御願申上候迄之由申上候ニ付、猶又段々入割被仰聞候故、委細左ニ申上候事

一、右申上候通、所々御役所ニ而御取上無御座候ニ付、惣百姓相歎、私共ニ段々申聞候ニ付、難義之余り堂上方へ御願ニ罷出候義ニ御座候、尤先達而堂上方へ罷出候ニ付、青木次郎九郎様・渡辺民部様ニ而も御吟味御座候へ共、堂上方へ罷出候義者無御座旨申上置候ニ付、今日御尋被成候節、一旦ハ申上兼候へ共、先達而御代官所之御吟味ニ不抱申上候様ニと被仰聞候ニ付、右有躰ニ申上候、尤堂上方へ罷出候義、誰申共なく堂上方へ願出たる沙汰有之ニ付、私共村方も御願ニハ登り候へ共、訴状等上候と申ニ而ハ無御座候、御公家様方御門前迄罷越帰り候義ニ御座候、先達而牢舎被仰付候上若江村与平次・横枕村惣七・太子堂村茂右衛門義、願頭仕候と申訳ニ而者無御座候間、御慈悲ヲ以御赦免奉願候事

一、堂上方へ願出候人数之義、御尋御座候、何方ゟ出候哉、夥敷人数ニ而凡弐万余も可有御座と奉存候事

右之通相違不申上候、以上

摂州東成郡今里村庄屋
清右衛門　印
同郡　深江村庄や
半右衛門　印
河州渋川郡足代村庄や
七兵衛　印
同　荒川村庄や
善左衛門　印

丑八月九日

同　くら作村庄や
　　庄左衛門　印
同　金岡新田支配人
　　嘉　助　印
河州若江郡玉井新田庄や
　　利兵衛　印
同　菱江村庄屋
　　兵左衛門　印
同　本庄村庄や
　　十郎右衛門　印
同　長田村庄や
　　清　七　印
同　荒本村年寄
　　加兵衛　印
同　川俣村庄や
　　治左衛門　印

御奉行様

一、残り之村方同十三日ニ御召被仰付、御吟味御座候処、右之段被申上候様承候
一、九月十三日、右十二人不残御召被仰付、去子年御検見之御礼ニ京都へ登り候節、栗原藤八殿へ金銀遣シ候哉と御吟味ニ御座候、是も持寄、一緒ニ進シ候由申上候

一、同廿二日不残御召被仰付、去々亥年も藤八殿へ遣シ候哉与御吟味ニ御座候、是も持寄遣し候由申上候

一、同日ニ栗原藤八殿、此分ニ而ハ願難相立候間、随分大催ニいたし、所々様へ願候様ニ横枕惣七へ内意有之段、惣七ゟ早束申聞ヶ候哉と加兵衛・伊右衛門・彦七・門右衛門・与七右衛門・源右衛門・清七へ御吟味ニ御座候、其段惣七ゟ早束承候由申上候、併月日ハ覚不申段申上候

一、中村加右衛門殿、堂上方様之様子惣七ニ御教候節、そはニ而承居候哉与御吟味ニ御座候、此義も誰殿与申義者不存候へ共、御教之節そはにて及承候段申上候、加右衛門殿と申義ハ、宿へ帰り惣七ニ承候由申上候

一、廿六日ニ栗原藤八殿、随分大催いたし願候様ニ、新家村伊右衛門へ内意有之由、伊右衛門ゟ早束申聞ヶ候哉と御吟味ニ御座候、此義ハ先達而惣七ゟ承候由ヲ申、取あゑす候段申上候処、其通之口書御取被遊候

一、十月十七日御番所様へ川俣治左衛門・長田清七・荒本加兵衛・新庄与三右衛門・かのふ与兵衛・菱江門右衛門・三嶋伊右衛門御召被仰付、青木次郎九郎様手代旨右衛門殿へ、去子冬銀壱〆二百目進シ候、旨右衛門殿当丑ノ二月上若江村与平次へ向ケ返シ被申、其節割賦いたし返し候由与平次申候、請取候哉と御吟味御座候、成程早束割合致請取由申上候

一、同日川俣治左衛門・七右衛門、長田清七、荒本加兵衛、新庄与三右衛門・悴孫次郎、箕輪源右衛門、加納太兵衛・藤右衛門、菱江門右衛門・彦七・三嶋伊右衛門拾弐人江堂上様方へ願ニ参候義、いか〻存寄参り候哉与御吟味ニ御座候、此義子年、前々ゟ覚不申御高免ニ被仰付、百性共以之外困窮仕、私共村方之庄屋役も仕候へハ、青木次郎九郎様へ段々御願申上候得とも、何分御取上無御座候ニ付、兼而青木次郎九郎様ハ堂上方様之御代官も被遊候由承居申候故、堂上様方へ参り候ハ〻、右御免合御引下ケも被下候様ニ、堂上様ゟ青木次郎九郎様へ被仰達被下候哉と奉存、何之弁も無御座うろ〳〵御公家様方御門前迄参り候段申上候、尤御代官様ゟ当春筋違へ御願申上間敷由被仰付候ヲ相背、所々様へ御願申上候義ハ申分ヶも無御座奉存候

右之段相違不奉申上候由申上候
一、然ル処前月九月廿五日ニ右拾二人村預ヶニ被仰付、翌丑ノ正月廿五日ニ相済申候
青木次郎九郎様元方藤八殿　御死才（罪）
同　　川上文六殿　遠　嶋
同　　中村加右衛門殿　御　払
其外（是ハ大坂にて）御役人様方、京都ニ而御払ニ御成候由承候

覚

与平次・惣七・茂右衛門・七郎右衛門・伊右衛門・吉右衛門・善左衛門・七兵衛・弥三右衛門
右之者共ニ村役人共并頭百性差添、明後廿五日明六ツ時東番所へ可罷出候、刻付遅滞仕間敷者也
丑正月廿三日
此外之者共も同日ニ御召被仰付、庄や・年寄役被召上相済候御事

其次長田村跡役庄や大方
善左衛門
弥兵衛
年寄　五郎右衛門
喜右衛門
善兵衛
小方庄や　源八へ預ヶ
年寄　五右衛門

(13)『牧民金鑑』第五　宝暦五亥年二月　日申渡書付

各御役所被取斗方之儀ニ付、去秋中一統え申達候趣書付、大屋杢之助へ相渡、通達有之様ニ申渡候間、右書付之面承知被致候而可有之候。弥以右書面之趣、違却無之様被心懸、第一御取箇筋之儀ハ、御役専務之事ニ候間、随分無油断心を用ひ可被取斗候。去戌年御取箇之義、米三千五百石余、酉年御取箇ニ相減し候故、再吟味之儀申渡、御取箇帳相返し候。此儀出来毛之善悪、百姓之痛ニモ無貪着、引戻等被致候様ニと申筋ニ者無之、其方初年と申、定而入念御取箇附被致候ニ而可有之候得共、夥敷引方ニ候間、猶又御取箇仕出之帳面等熟覧之上、若見落・心得違・認違・算違等之筋も無之哉、得与被相糺、且再應勘弁致候ため、相返し候事ニ候。然ル處、其方初年之儀故、別而出精被致、元〆初め、数年勤來手代共故、何も出精いたし、百姓共願候ニより又用捨被致、相励候様被申渡、御取箇附被致候得共、旱水損場所多く、無據引方故、引戻之儀難成旨答出被差遣候。右書面之内、延享元子年神尾若狭守廻村之節、検見・坪苅申付、右出合を以、数拾ケ村順合ニ為引請、木綿作ハ上々毛之取箇申付、俄ニ御取箇進之候故、百姓共騒立、堂上方迄及出訴、翌丑年ハ水損ニ付、益痛、潰百姓も有之趣被認候。若狭守度々御代官・御預所え申渡候趣共、御勘定所留書ニも有之上ハ、自分廻村之事ニ候得共、別而心を用、村柄・土地・立毛坪苅可申付儀、其節田主並村役人適当之出合見留候故、非分無之處を得心いたし、請印形差出候儀与相見、順合之儀も、聊非分と存候ニおゐてハ、数拾ケ村請印可差出謂無之、其上、其頃ハ同性十左衛門支配所高五百（万カ）貳千六百石余ニ而、御取箇辻前年より米壹万貳百石余取増候上ハ、一体出来方宜年と相見、旁以若狭守坪苅非分之筋有之候儀とハ不相聞候。

且又攝河百姓堂上方え令出訴候ハ、青木次郎九郎手代共不届之筋より事起り候事ニ而、若狭守廻村ニ拘り候儀ニ者無之、別段之事ニ候。全体右之事共ハ、此度之答書ニ被認候ニ不及義候處、彼是取合、子年若狭守廻村以来、百姓痛候趣ニ被認候ハ、畢竟若狭守取斗強過候と之底意ニ被存、手代共も其心得ニ而罷在候趣ニ相見候。右之存寄故、近年段々御取箇ゆるみ候事と相聞、甚心得違ニ候。御取箇之儀、手抜無之様ニいたし、百姓も不相痛様、其所ニ朝暮厚く心を被用、被取斗候義、随分無油断心を委ね被取斗、勿論手代共ニも、右之通之心得違不致、御取箇ゆるみ無之様ニ、常々得与可被申合候事。

（これは『牧民金鑑』には宛所が記してないが、文中に「其方初年之儀故」とあり、また「其頃ハ同性十左衛門支配所」とある所から推して、小堀豊之助邦直宛と認める。即ち『重修譜』巻一〇二四（小堀邦直譜）に、「寛保元年十二月二十七日遺跡を継。（時に十三歳）このとき邦直なお幼きにより、同族十左衛門政良その職に代りてこれを輔けしめらる。延享四年より政良に副て其職を見習ふ。（中略）宝暦四年六月八日御代官となり、（下略）」とあるのに合致する。なお『同譜』巻一〇二三（小堀政良譜）にも「寛保元年十一月二十一日同族小堀豊之助邦直幼稚なるにより、これを輔して禁裏の御代官をつとむべきむね、仰をかうぶり、（中略）宝暦四年五月二十八日二丸の御留守居に転じ」とある。）

これより前、延享二年十一月七日の申渡しに「此度、御代替りニ付、地方向之儀ゆるみ候様成雑説も相聞候得共、右体之儀ニ而決而無之、惣而何事ニ不依、諸事御先代之通少しも不相替取斗候様、先達而御内意等も被仰渡候間、右之趣可相心得旨（中略）、左候得ハ、御取箇も惣辻ニ而ハ、去年位歟、去年ニ増も可致年柄、其上、御先代ニ品々法御改御渡被遊、御代替初年之事ニ候得共、別而いつれも出精可有之候。乍然是迄引来候于《(マヽ)》減其外水所等ニ而訳立、引方不相立候而者不叶場所ハ、吟味之上引方相立、無理成儀者毛頭致間敷」とある。つまり前年の一揆の衝撃で、高い年貢を農民に押付けにくい雰囲気が、首脳部にも現場の代官の間にも醸し出されている事が読取れる。

その後も頻繁に年貢徴収について、代官への指令が出されているが、その文中からは、当局が享保時代末のような強硬な年貢増徴を断念し、現状維持にこれ努めるという姿勢の転換が窺い得る。年次を遂って列挙してみよう（要点のみ抽出）。

延享四卯年四月　御勘定奉行え

「向後御代官共え申渡、村々之様子実事ニ相糺、立毛計ニ不限、村柄等考之、不難之年は何程迄ニ取附可申と免附致し為差出、御勘定所え差置、年々右帳面ニ引合、其年之豊凶ニ随ひ、吟味候様」

（『御触書宝暦集成』二一　御代官え被仰渡等之部　一〇二〇号）。

寛延元辰年八月晦日申渡書付　神尾若狭守　（『牧民金鑑』五）。

「御収納之儀者第一専要之取斗之儀、例年与申内、当年より別而諸事厳密ニ無油断取斗可被申候。尤其節も申候通、少しも過免申付候筋ニ而ハ無之、合毛年々増減ハ有毛次第、定法を以取斗可被申候」

寛延三午年十一月申渡書付（『牧民金鑑』五）。

「御取箇吟味手抜無之、百姓痛ニ不相成儀、取斗方年々申達、今年も情々申渡候処、此節御取箇下組出候内、不吟味ニ而、御定法ニ違ひ、又候当年格別之出来方ニ候処、引方或ハ纔斗之増ニ而、不相当之伺も有之候。前より申達候通、有合毛通、手抜無之候得者、御取箇も相増、夫ニ准し、惣百姓収納も多、正道ニ宜候処(中略)、是迄御勘定所吟味、逐一不相糺候故、各出精手抜之趣府不相分候。依之大概宜敷相成候村々ハ、近年致手戻、当年ハ各取斗方之吟味之儀ニ付、堀（田）相模守殿被仰渡候趣有之、巨細ニ相糺候間、銘々手抜無之様可被致候」

宝暦元未年七月七日　神尾若狭守申渡（『牧民金鑑』五）。

「各御代官所当御取箇之儀、弥出精手抜無之様取斗可被申候。去年以来被仰出も有之、段々申達候通、前々被仰渡候趣、近年手戻之様相成候も有之候故、先年より被仰出候通、被取斗候様との御事ニ而、新規別段ニ被仰出ニ者無之候。(中略)去年中も追々申達候通、少も過免申付候筋ニ無之、有合も次第、年々増減ハ場所ニ寄可申事、有合次第、定法を以取斗可被申候」（『牧民金鑑』標題には「四月朔日申渡」とあるが、奥日付による）。

宝暦元未年十月二日　神（尾）若狭守申渡書付廻状。

「当年ハ諸国共ニ格段之豊作ニ付、(中略) 豊作ニ而、御取箇格外相進候而も、石代下り可申ニ付、随分被遂吟味、米金銀惣納辻ニ而、豊作之分、前々より進候様可取付候。尤有合之外、無筋之取増、少分ニ而も致間敷儀、勿論ニ候」（前掲文書と同様、奥日付による）。

宝暦五亥年二月　御勘定奉行・同吟味役宛。

「御勝手向　御先代御定式も相立候處、何となく相ゆるみ、一両年は別て御入用相増、御取箇ハ相減候。畢竟御勘定奉行共取計ゆるく、吟味行届不申故、諸役所も相ゆるみ候故之儀と思召候。依之、御勘定所取計ひ、御代官勤方等、万事之儀、神尾若狭守相勤候節之通、心得可申候。年来、有徳院様被遊御世話儀共相破り、甚如何成事ニ思召候」（『御触書宝暦集成』一六　諸役人并組支配勤方等之部　八三四号）。

なおこの申渡書に「有徳院様」または「神尾若狭守」云々と享保期を模範とする文言があるが、この頃、年貢以外でも享保回顧の文言が出て来ることにも注目する必要があろう。例えば次の如くである。

宝暦五年四月廿六日代官への申渡（略同年二月の勘定奉行宛と同じ）（『牧民金鑑』五）。

同六年三月勘定奉行等への令（前年二月の令と略同内容の文の後に、「諸事若狭守勤候趣ニ立戻候様取計可申」と付加している）（『御触書宝暦集成』一六　八四一号）。

同九年四月町触「享保年中被仰出候御書付之趣は、名主共猶更再応拝見致し、支配限、其相触候時節々、年々町人共え、末々迄急度可申渡候」（『御触書宝暦集成』一七　倹約之部　八五六号）。

同　年九月町触「享保年中度々御触有之候之通、諸事相守、別て不益を相止メ、倹約之義可相守旨、当四月相触置候」（『御触書』同前　八五九号）。

二　宝暦―明和期の優良地方役人

享保改革で活躍した能吏が次々と失脚してゆく一方、宝暦期に有能な地方役人として、幕府首脳部から認められるようになった人達もある。その代表というべきは、岡田・揖斐一族である。明和四（一七六七）

年七月、幕府は豊後日田の代官揖斐十太夫政俊につぎのように申渡した。(1)

其方御代官所、前々岡田庄太夫(俊惟)相勤候以来取〆宜、御取箇年々相増之儀、庄太夫は勿論、手付之もの共取計も行届、末々迄も帰服致し候故と相聞、引続倅九郎左衛門(俊博)并当時其方乍別家、庄太夫実子之事故、庄太夫家筋同様ニ、末々迄も存付不相替、出精相勤候ニ付、此度西国筋郡代被仰付候。向後庄太夫家筋之者と、其方家筋之者之内ニて、其節々主役可相勤相応之者可被仰付候間、兼て其趣相心得、以来猶以出精可相勤候。

岡田の家は神田の館(館林藩)で徳川綱吉に仕え、綱吉に随って幕臣となった家である。庄太夫俊惟の父俊陳は天和三(一六八三)年勘定衆に用いられ、元禄八(一六九五)年代官に転じた(なお四章「下馬将軍」政治の註でも示したように、岡田の家は姻戚関係を辿ると、辻六郎左衛門守參・小宮山杢之進昌世・杉岡佐渡守能連等、正徳―享保期に活躍した地方役人と結び付き、また主として神田の邸臣から綱吉に付いて幕臣となった家の人達である)。

俊惟は享保十二(一七二七)年代官となる。延享元(一七四四)年五月には、「支配所定免之村々、年季之内、壹ケ年も破免無之、六ケ敷出入等も無之、惣て御役筋別て出精、数年実体ニ相勤候ニ付」という理由で、一五〇俵加増、父の代に倍増する三〇〇俵の家禄となった。(2)さらに宝暦四(一七五四)年には勘定吟味役に抜擢された。(3)その長男俊博も宝暦元年代官となり、同四年には代官の上首の地位につき、さらに同七年遺跡を継ぐとと、勘定吟味役に登用された。

俊博の弟が揖斐十太夫政俊である。揖斐の家はもとは尾張の住人で、織田信長・信雄に仕え、ついで徳川家康の旗本となった。代々書院番か小姓組の番士を勤めてきたが、宝暦七年喜左衛門政方の養子として、岡田俊惟の次男政俊を迎えた。政俊は揖斐家を継ぐとすぐ代官となり、明和四年には前述のように、その治績を認められて、西国郡代に昇格した。その後、富次郎徸俊・靫負政喬・造酒助政恒に至る。

政恒は天明六（一七八六）年遺跡を相続、西国郡代となったが、寛政三（一七九一）年三月十八日「さきに祖父徸俊職にありしとき、豊後国日田郡其外村々富豪の者より、調達銀と名づけ、多分の銀子を出させ、不納の村方助合に用ひしよしなりといへども、已に手代ども死失し、書しるせしものも分明ならざれば、村方助合の事は取用ひがたく、全く徸俊をのれが費用とし、且手代どもの私欲せしと相きこえ、不束のいたりなり。しかれども其事分明ならざるうへは、今又穿鑿を遂られずといへども、村々より出せるところの銀子は返弁に及ぶべし、されども右等の始末曽てわきまへざる事、等閑なりとて御氣色かうぶり」、こうして二年後寛政五年六月、岡田俊惟から数えると五代にわたった西国代官・郡代を辞任するに至ったのである。(4)

岡田・揖斐一族が幕府首脳部から高く評価を受けた理由は、前述のように支配地平穏、年貢徴収成績良好ということであるが、実態は必ずしもそうではなかった。岡田俊惟が奥州信夫・伊達両郡の代官であった享保十四（一七二九）年、年貢減免・夫食貸要求の大きな強訴をまき起し、これが享保改革の年貢増徴の最初の障碍となったことは、すでに述べたところである。次いで享保十九年豊後日田の代官となったが、延享三（一七四六）年支配地日田・玖珠両郡十三ヶ村の百姓の強訴・逃散事件を生んでいる。(5)

揖斐政俊の代にも、宝暦九（一七五九）年だ日向児湯郡の百姓の逃散事件が生じている。この時には代官所支配下の百姓五〇〇人余りが、近隣の高鍋藩領内へ逃込んだので、幕府は帰郷の説得に応ぜぬ者の逮捕を領主秋月種美に命じ、また佐土原藩（嶋津久柄）・延岡藩（内藤政陽）に紛糾に備えて待機を命じた。(6)このような事態を発生させているにも拘わらず、何故か岡田・揖斐一族は「取りしまり宜しく」と幕府首脳部から評価されているのである。

ところで揖斐造酒助政恒は、二〇年程も前の祖父禕俊の郡代在任（一七七二―七七）中の嫌疑により咎めを受け、ついには世襲の郡代を解任されたのであるが、その嫌疑の主たる対象となった調達銀が、実は或時には岡田・揖斐一族好評の因をなしたのではあるまいか。

調達銀は「不納の村方助合に用ひ」たものというが、それは天草についてみると、すでに天草が西国郡代の支配に入った明和五（一七八六）年、つまり禕俊の父十太夫政俊の時、助合銭というものの取立てが始められている。(7)さらにそれは溯って揖斐政俊の父岡田庄太夫俊惟が、日田の代官に赴任した時に設けたものと認められる。(8)その資金は年貢納入に事欠く貧農が負担し得るものではなく、銀主と称する領内の富農・富商からの調達で、いわば代官が年貢滞納を防ぐために、百姓に年貢納入資金借入の斡旋をしたのである。その債権は郡代の権力によって年貢同様に保護され、返済不能の者の土地は容赦なく銀主に取上げられた。(9)

寛政元（一七八九）年に至って、農民三名がひそかに江戸へ出て、勘定奉行所へ駆込訴をし、この一件が長崎奉行所での吟味となり、また同年五月、将軍代替りに伴う諸国巡見使来島の際にも、生活の救済と農地の返還を直訴したことから、揖斐失脚が始まったと思われる。(10)

しかし兎も角、天草領二万一〇〇〇石は、揖斐郡代の支配に入った明和五（一七八六）年以降毎年のように年貢が増徴されている。即ち、(11)

明和五年　前年比　一三一二石増　総額一〇四九五石
同　六年　同　三四四石増　同　一〇八三九石

同　七年　　同　　　四二九石増　同　一一二六八石

この結果、三年間に支配前より年貢額二〇八五石増、年貢率五割三分七厘となり、率にして約一割の増徴となった。そうしてこの年から一〇年間の定免、さらに安永九（一七八〇）年には一〇年延長された。岡田・揖斐一族の高い年貢徴収量維持の背後には、このような高利貸資本との結び付きがあったと認められる。これによって一時的には地方役人として好成績をあげることができた。しかしそれは程なく破綻した。これは単に一西国郡代支配地の問題ではなかった。寛政改革においては、美濃郡代（千種）と飛騨郡代（大原）が寛政元（一七八九）年に、関東郡代（伊奈）が同四年に、それぞれ処罰されている。つまり西国郡代の揖斐を含めて、幕府の全郡代が一時期に罰せられている。その理由は一様ではないものの、いずれもその背景には地方役人と高利貸資本との密接な関係があったと推定されている。(12)

百姓に借金をさせても年貢を確保せねばならぬという発想は、すでに享保改革の段階に現れている。即ち田畑永代売の罰則の緩和については、寛保元（一七四一）年「公事方御定書」制定の過程で検討され、寛永二十（一六四三）年の禁令に較べて若干の緩和が認められたが、延享元（一七四四）年に根本的な再検討を行った。その際、売主について、評定所一座に対し将軍吉宗は「元来所持之田畑ニ放れ申度ものハ無之候得共、年貢等致不納、無據儀ニ而、御停止を致忘却たる事ニ候。然者向後所払ニハ不及、過料ハ可申付事歟」と諮問した。これに対し一座は「御下知之通、田畑ニ離れ申度もの無之、無據売買をも仕来候儀と奉存候。其上質地ニ入候程之もの、請戻候手当も無之、流地ニ罷成候類数多有之候得者、名目替候迄ニ而、即永代売ニ罷成候間、此度右御仕置相止候而も可然哉ニ奉存候」と答えた。しかし吉宗は「売買御免ニ成候而ハ、不身上之百姓、当分徳様ニ目を付、猥ニ田畑売放候様ニ可相成哉、（中略）是悲《ママ》差詰り候得者、今迄之通質地ニ差入候得者差支も無之候」という理由で、「過料」の罰則は残す事となったが、将軍吉宗・評定所一座双方に、年貢納入のためには借金は拠ないものという観念が共通しているところに注目する必要がある(13)。

宝暦期の幕府財政が、一方では農民の抵抗の激化に悩みつつ、兎も角、高額の年貢収入を維持し、一応の安定を保ち得た背後に、こういう事情を求めることが出来よう。こういう状況は、やがて幕府権力の根柢を崩す要因となってゆくのである。幕府財政の表面の平穏とその基盤の動揺との関係は、これを拡げて幕府政治と時代の底流との間においても、同様の現象が指摘できるのである。

註

（1）『御触書天明集成』三四　御代官え被仰渡等之部　二四六三号。

（2）『御触書宝暦集成』二一　御代官え被仰渡等之部　一〇一七号。

（3）『重修譜』巻一二七六（岡田）。

（4）同巻二九一（揖斐）。

（5）武石繁次『日田義民伝』（一九五四年、馬原村義民建碑委員会発行）。

岡田俊惟は日田に赴任した直後の元文二（一七三七）年、各村庄屋に命じ、享保二（一七一七）年から二〇年間の、平均取米の調査書類を提出させ、その後も屢々村勢の明細書等、領内の実情を知るべき参考資料を提出させた。庄屋達は連年の凶作に困窮している農民救済や勧農の資料とするものと思い、早速作成して提出した。ところが岡田代官はこれを農民窮状無視の、平年通の年貢維持の資料とした。これが代官悪政の一として挙げられているという。然るに延享四（一七四七）年四月勘定奉行への指令（前項「八　百姓一揆と年貢収納」註（13）参照）によると、「御取箇之儀（中略）村々之様子実事ニ相糺、立毛計ニ不限、村柄等考之、不難之年は、何程迄ニ取付可申と免付致し為差出、御勘定所え差置、（中略）帳面は御代官共に仕立差出候様ニ可被申渡候」とある。恐らくこれは、岡田俊惟がその一〇年前日田領内で実施した事を模範としているのではあるまいか。因みに俊惟はこの三年前に、その治績によって家禄を倍されている。江戸の幕府首脳部と、支配を受ける百姓との間では、全く受け止め方が違うのである。

（6）『憲教類典』五之四下　地方。

（7）「高浜村御用留」（天草町高浜「上田家文書」）。

（8）『日田義民伝』によると、岡田代官は助合石五年分を百姓から出させ、これを郷蔵に貯蔵し、端境期に払下げ、その代銀を商人に運用させたという。そうして百姓がそれを夫食のため拝借を請うても、年貢に準ずるものとして許さなかったという。恐らく年貢不納の穴埋めに充てる目的であったのであろう。

（9）寛政五（一七九三）年天草百姓喜右衛門・甚助、長崎奉行所への訴状、（上田家文書）「先年より百姓共、凶作之節、御上納差閊候砌、銀主ゟ借替、御上納相納候末、不作仕候者ハ追々借用仕候処、借用高相嵩、元銀返済難相成、年々前米として、御上納相済候上ニ而、米ニ而相払申候（中略）銀主方取立之義者、上納同前ニ、庄屋方ゟ厳重ニ取斗申候。不仕合之者ハ不作打続、前米払方相滞候得者、先祖代々譜請居申候田畑・山林・竹木并家屋敷迄引取申候故、居所さへ無御坐」。

（10）松田唯雄『天草近代年譜』（一九四七年　天草本渡　みくに社）。

（11）上田宜珍『天草嶋鏡』。

（12）竹内誠「関東郡代伊奈忠尊の失脚とその歴史的意義」（徳川林政史研究所『研究紀要』昭和四一年度）。

（13）『徳川禁令考』後聚巻一三。

田畑永代売の罰則廃止に反対したのが、老中であるのか、将軍吉宗であるのかは明らかではない。『禁令考』後聚においては、しばしば吉宗の意向を「御好」という表現で示している。例えば百姓一揆の罰則について、「地頭申付非分有之、〔未進も於無之ハ、品ニより一等も二等も軽く可相伺事〕という評定所の原案に対し、〔　〕の部分に《朱書》として、〔者、其品ニ應シ一等も二等も軽く可相伺、未進於無之ニハ重キ咎ニ不及事〕とあり、「右朱書ニテ御好、酉（寛保元）九月二日帳面御下被成候ニ付、御好之通文言書改」と注記してあるごとくである。永代売罰則の改訂については、このような「御好」の文言はない。但、この応答が行われた延享元年六月頃の『大岡越前守忠相日記』を繰ると、五月十三日の記事に「今日左近殿（松平乗邑）、先達而上候御前之御定書、箱共ニ、并御定書内、御尋・御好有之御竪紙御書付一通渡シ被成候」とあり、翌六月十二日の記事には「左近殿え自分・対馬守（勘定奉行水野忠伸）懸御目、先月十三日被仰聞候御定書之内、御好有之条ケ之品々、御答書帳面一冊、永代売之義ニ付存寄書一通、先月十三日御渡候御尋書一通相添上之」とある。これによって永代売の罰則存置の件は将軍吉宗の意向であることと認められる。

第十一章　一橋治済の邸制改革

はじめに

徳川御三卿の一家である一橋徳川第二世治済（一七五一―一八二七）は初代宗尹（一七二一―六四）の四男であるが、兄一人は幼逝、他の二人は相次いで越前松平家を継いだため、宝暦八（一七五八）年宗尹の嫡子となり、明和元（一七六四）年父の死により十四歳で一橋邸の当主となり、寛政十一（一七九九）年隠居する迄その地位にあった。

この人についてはあまり芳ばしい人物評は伝えられていない。天明元（一七八一）年長子豊千代が一〇代将軍家治の養子となり、やがて同七年十一代将軍家斉となると、将軍の父として強大な権勢を身につけた。ことに御三家と清水・一橋両卿（当時田安は当主を欠いていた）申合せて幼い家斉を補佐せよとの将軍家治の遺命を受けると、幕政関与に大いに意欲を燃した。

田沼意次の没落期には、彼は御三家と組んで意次とその一派を排除すると共に、松平定信を老中に推し、さらに将軍補佐の職に就かしめた。後にはその定信を幕閣から失脚させて、寛政改革を頓挫させる黒幕的存在であったともいわれている。三上参次『江戸時代史』には「当時天下の憂に先立ちて憂ふる一老翁あり、松平定信といふ。天下の楽しみに先立って楽しむ老翁あり、一橋穆翁（治済）・嶋津栄翁（重豪、将軍家斉御台所実父）・中野碩翁（清茂、家斉愛妾お美代の方養父）といふ」と当時の風評を載せ、将軍家斉をめぐって醸成されたいわゆる化政時代の風俗頽廃の責の一端を治済に負わせている。

治済に関しては、とくに幕府政治に係わる方面について、大正以来かなり多くの論説が発表されているが、(1)なお未検討の史料も多いようである。私は先年来一橋徳川家の史料整理に従事して来たが、その中には治済自筆の文書類も多数ある。それらの過半は一橋邸の家政や領知支配に係わる内容のものであるが、それらの文書の一部を引用しつつ、治済の一面について紹介してみたい。

註

(1) 天明末期から寛政初期にかけて、一橋治済が幕政にどのように関与したかについて、管見の限り次のような文献がある。
菊池謙二郎「松平定信入閣事情」(『史学雑誌』二六―一一、大正四年)。

辻善之助『田沼時代』(大正四年)。

井野辺茂雄『幕末史の研究』(昭和二年)。

竹内誠「寛政改革」(岩波講座『日本歴史』近世4、一九七六年)。

同「老中松平定信の解任事情」(『東京学芸大学紀要』第三部門　第三五集、昭和五八年)。

深井雅海「天明末年における将軍家斉実父一橋治済の政治的役割」(徳川林政史研究所『研究紀要』昭和五十六年度)。

なお辻達也『新稿一橋徳川家記』(昭和五八年)にも、若干それに関連する事項を載せている。

一　一橋邸職制の整備

治済は明和元(一七六四)年閏十二月十九日、幕命により父宗尹の遺領をそのまま与えられた。時に十四歳。幼少のためその後も暫くは家政に関与しなかったが、明和五年四月朔日に至り「此節万端御様子被レ為レ整候ニ付、御自身御政事御取扱被レ為レ在候様」にと家老田沼意誠から告げられている。[1]彼は後に列ねる事例からも知られるように、祖父八代将軍吉宗の性質を承けてか、かなり細事にまで気の廻った人と見受けられる。しかし文献上その家政上の活動が認められるのは天明年間に入って、つまり彼が三十歳台になってからである。これはたまたま史料がその頃から残っているためと解するよりは、彼が次第に家政上の経験を積んで、家老以下諸役人に対し指揮能力をもつようになったがためか、或は天明の飢饉に伴う体制的危機を彼が感じ取り、その対策に迫られたがためと解したい。かれの邸臣指揮はこの後終生続くが、家政に関しては天明年間が最も緊張充実していたように見受けられる。

一橋邸の制度は初代宗尹が寛保元（一七四一）年十一月江戸城一橋門内に邸地を与えられてこれに移り、ついで延享三（一七四六）年九月播磨・和泉・甲斐・武蔵・下総・下野において一〇万石の領知を給せられた時に始まり、職制も一応この頃出来上っている。翌四年の記録によると、家老・番頭・用人・旗奉行・長柄奉行・物頭・郡奉行・勘定奉行・広敷用人・目付・徒頭・小十人頭等の役職の席順が定められている。[2]この他、家老と用人の中間に小姓頭が置かれたことがあり、また二世治済の頃から側用人がほぼ常置の職となっているが、当初は用人の上席ともいうべき存在であって、別にそういう職制を設置したとは思われないが、後になると家老に継ぐ職制として扱われるようになっている。

イ　家老・用人の職務内容について

このように職制はほぼそなわっていたが、治済はその内容の整備をはかり、天明四（一七八四）年十月番頭兼用人久田長考に命じ、奥詰久保次郎右衛門等を指揮して、邸内諸掛りの規則を調査させた。[3]その結果を受けて同年末治済より家老に宛て、家老・用人の職務内容を詳細に指示している。その概要を次に掲げよう(4)。

○家　老

一、お城詰番（江戸城へ交替で詰める）を始め、公辺向（幕府関係の職務）はこれ迄通り。

一、すべて家政の事を相談し、当主の思慮の及ばぬ所をも了簡し、邸臣の監督より始め、庶民の撫育に至るまで心掛ける事。

一、奥表共諸役人の申出す御用向を聞き、お為めによい様判断して言上し、当主よりの下知の趣旨を申渡す事。

一、お側向・奥向、不作法のない様、厳しく申渡す事。

一、すべて諸掛り役人へ出される願いや伺いをよく調査し、評議する事。

○御側掛り用人

一、御側向御用、奥向・奥勤の役人支配。

一、小納戸金渡し方管理。

一、左記役人申出事項を評議し、家老へ上申する事。

御広敷掛り奥頭役・御広敷用人・納戸頭・道具奉行・鷹方・賄頭・台所頭・馬役・御庭者。

○議定掛り用人

一、諸士分限帳管理。

役替・小普請入・隠居・家督・病死・足高・加増・御暇・跡抱・新規抱入等の節、明細書を頭支配より差出させる事。
一、番方小役人目見以下、入人《いりびと》願い（人員要求）の際、その向々用人と協議し、家老へ上申。
一、頭支配よりの帳面と、用人帳面と照合。
一、諸掛り隠居・家督・跡式願等につき、家老の命を受け、家柄・勤柄・元高等調査。
一、御目見・御奉公願、家老の命を受け、帳面へ登録、人員の都合を見計って上申。
一、諸勤務調査、書上げ。
一、御褒美等調査。
一、重役任命につき、家老と共に協議。
一、当主へ上申すべき諸願・伺は是迄の格による。
一、従前発令の件で中絶せるもの調査。
○御礼式掛り用人
一、年中の規式・御礼相調べ置き、節々家老へその次第を申出す事。
一、上使取扱いの格を調べ置き、節々家老へ申出す事。
一、吉凶・臨時の儀について同断。
一、御社参・仏参・名代について同断。
一、恒例の登城の儀について同断。
一、客来・使番・参上について同断。
○御勝手掛り用人

一、年々の収納増減、諸向入用惣高調査。
一、毎日用人部屋へ出仕し、勘定所へ不時に見廻る事。(5)
一、入用筋、家老よりの書面を検討、不相応の儀は諸係りへ申談じ、その上元払いをなす。
一、凶作等の節の手当につき、常々代官と申談ずる事。
○普請掛り用人
一、諸邸修復普請、領知堤・川除・道橋等目論見仕形帳を作成し、家老の指示を仰ぐ。
○用人総則
一、番頭二人、用人見習共七人、その内、側掛り・議定掛り・勝手掛り各一人、計三人は日勤、礼式掛り一人は泊りも勤める事。

ロ　勘定方職制改革――勘定所一座の制定

邸臣上層の家老・用人の制度整備が一段落すると、次には勘定方役人の制度改革に手をつけた。この問題は折から天明の大飢饉が起っている最中でもあり、また一橋邸財政改革がなかなか進まないこともあり、治済にとって緊急の課題であったと思われる。

一橋邸の財政・民政は、家老の下に御勝手掛り用人がいて総括し、その下は財政関係の勘定所と、領知方役所とに分れていたようである。天明四年暮に至り、治済は「領知方上役所、勘定所へ打込候儀」を指示した。つまり領知方の役所を勘定所へ合流せしめた。ついで天明五年二月十九日「右ニ付而は取計方等仕法之儀、仕来ニ不レ拘、品ニより相改り可レ然儀も可レ有レ之哉」と、勝手掛用人にその所存を書面で提出

するよう指令した。(6)

従来の慣例に拘らず、改めるべき所を考えて差出せという文章に治済の意気込みが窺えるが、用人等の反応は鈍かったらしい。そこで翌月治済は自身の思付きを家老に提示した。(7) その内容は、今後御勝手掛り用人・郡奉行・勘定奉行を合せて勘定所一座と唱え、書面上は上申下達すべて勘定所一座と記し、家老へ進達の場合、一座の熟談を経ていれば、誰でも詰合せた者が進達することを認め、勘定組頭・代官等の指揮も一座として行なえというのである。

そのねらいは従来の手続きでは、郡奉行・勘定奉行からの諸伺いや上申事項は、一度御勝手掛り用人の審議を経て家老に達し、場合によっては家老が評議を済ませてから当主の耳に入れる。そういう手続きを経ている中に日数もたち、時機を失する恐れもある。今回勘定所と領知方との合流を契機として、御勝手掛り用人を交えた両奉行の合議制を設ければ、一挙に協議もすみ、施政上の能率が甚だよいというところにあった。前年の家老・用人職制改正の場合は、用人を長として奥詰以下の担当者を設けて調査させ、その答申をまって治済が指示したのであるが、今回は下からの意見具申を待ちきれず、治済が改革案を提示した。

これに対し家老側は(恐らく用人連中の意向も同様なのであろうが)、表面上は「乍レ恐御尤成思召と奉二存上一候外ニ、私共存付候儀も無二御座一候」と返答しながら、それに下げ札を付けて、「御勝手懸り之儀ハ重役ニも御座候間、両奉行(郡・勘定)連名ニ而諸事申聞候様ニ而ハ、御勝手懸共一同仕、中聞候筋ニ罷成可レ申哉、左候得ハ、御勝手懸り共吟味仕候振合無二御座一候」という意見を申述べている。つまり家老等の考えは全く治済の指示とは対立するものであって、あく迄も御勝手掛り用人と両奉行とは審議の段階を異にすべしという意見であった。

御三卿の用人というのは布衣を許される身分で、幕府の平役人や番士よりは一段上の役職である。これに対し両奉行は、やはり幕府の付人、つまり派遣されて来た役人ではあっても、ようやく目見以上の地位として認められている者である。治済の指示に従えば、その身分の差を無視して合同の協議が行われ、上申も下達も連名でなされるという、格式破りの行為を認めることになる。

治済は前年の用人諸掛り規定でも、御勝手掛り用人を日々勘定所に詰めさせようとした。これに家老が反対し、用人は用人部屋に詰め、数日に一回勘定所を見廻ることにしようと意見を述べ、前述の如く妥協案が成立して、毎日勘定所を見廻るということになった。勘定所に詰めるのではないという点で家老側、毎日見廻りという点で治済の意見が通ったのである。しかし治済はそれであきらめず、今度は一歩進めて、用人を含めて勘定所一座と唱え、合同協議すら行わせようとしたのである。身分格式に拘わる幕臣出向の家老・用人等がこれに反対するのは当然ともいえよう。

治済はこれに対し、「勝手掛りと両奉行ニ而ニ段ニ評議致候儀ヲ、一役所ニ而一度ニ相済候処計之主意」が守れるなら、勘定所一座という名称を用いなくとも、勝手掛り用人の名前のみで上申下達してもよいという妥協案を示した。しかしそれもいけないというならば、従来と替ることもないから、前年取定めた勝手掛り用人日々勘定所見廻りもやめてしまえと、かなり強く申し渡している。この強い態度の前についに家老等も屈して、用人と奉行と役柄が違っているという事を確認の上、治済の指令を承服したのである。(8)

註

(1) 『公事一覧』(F二―七、一橋徳川家文書目録番号を示す。以下同)。

「此節万端御様子被レ為レ整候」とは、この前々年十一月治済前髪取りの儀を行い、前年十二月婚礼をあげるなど着々と成人への途を進み、この年十八歳に達したことを意味していると考える。

（2）目付「書付留」（C―一―一）延享四年九月二十六日・十二月十三日。

（3）同右（C―一―九）天明四年十月十一日、同年十二月一橋治済書状（L―一―二〇七）。

（4）同年一橋治済書状写（L―二二五〜二二七）。

（5）治済の指令は、勝手掛り用人は毎日用人部屋に出仕の上、勘定所へ詰めよというのに対し、家老より、清水邸では勝手掛用人が勘定所へ詰める事はしないと異議を申立て、三四日に一度、不時に見廻るようにしたいと申出た。またその定員もこれ迄通り三人としたいという意見であった。これに対し治済は、定員は一人は側掛りと兼帯し、勘定所へは詰めぬ代わりに毎日見廻るという妥協をしたのである。

（6）天明五年二月一橋治済書状（L―一―二三五）。

（7）天明五年三月一橋治済書状（L―一―二三八）。

（8）同　月一橋治済・家老水谷勝富等往復書状（L―一―二三九〜二四一）。

二　邸臣の育成と抜擢計画

近世中期の政治改革は、幕府にしても諸藩にしても、将軍あるいは藩主の主導のもとに、行政機構を改革し、それと並行して有能な人材を登用して然るべき部署に配置し、社会的変質に対応する政策を遂行するという共通点をもっている。一橋治済の場合、機構改革は前述の通りであるが、これに関連する人材の育成・登用はどうであったか。

イ　稽古所の設立

治済が邸臣の訓練にとくに関心を強めたと思わせる事実は、天明四（一七八四）年に入って現れる。これは前述の諸制度の改革などとも軌を一にし、天明の飢饉などに刺戟されてのことかと考えられる。まず同年八月には築地下屋敷前の大川において徒士の水泳を観覧し、ついで九月には大番士・小十人の大的射芸をみた[1]。十二月には奉公を勤めていない部屋住や惣領の中、諸芸に心がける者の調査を目付に命じている[2]。

武芸　免許以前でも相応に心懸けている者
手跡　大概達者である者
読書　五経をも読み上げた程の力のある者
算盤　掛算割算が相応にできる者

さらに翌五年四月には大番士・小十人の乗馬を観閲している[3]。

この間治済は邸臣の諸芸訓練所を計画し、次のように家老に申渡し、評議せしめている[4]。

築地下屋舗大畑又は添地之内え、軽く稽古所相建、尤一ヶ所之儀ニ付、日合イ差支無レ之様ニ繰合可レ申事、剣術・鎗術・弓馬・素読・手跡・算術等迄も、夫々相応ニ、勤仕之内より師範役相撰申付、屋形勤之者共并部屋住・次男・三男ニ至迄、勝手次第稽古ニ差出候様、下屋敷住居之者計ニ不レ限、外宅ニ而勝手次第罷出可レ申候、将又定日ニ出席之姓名、帳面え都度々々師範役之者記置、毎年十二月、目付共之内壱人掛り申付、取集メ置可レ申候、縦令勤仕之者ニ而も、稽古一件之儀ハ頭支配取扱は無レ之

積り、追而ハ同所ニ住居罷在候目付共え掛り申渡可レ然候、師範役之者、当時彼場所ニ不二罷在一分ハ、
定日ニ罷出候積り、

一、新法之儀ニハ候得共、差支無レ之候ハヽ、相建申度候、弥不レ苦評議ニ候ハヽ、時節柄之儀、響ニ
も可二相成一候間、此度ハ小納戸金之内より申付、追々手入等之節よりハ、表引請候積りニ致度候、

勤務のある者でも、稽古所へゆく場合にはその役職の頭支配の承認を一々得る必要はないという点、また設立経費については、時節柄邸財政への影響を考慮して、小納戸金つまり治済の日常経費から支出するという点に、彼の実現への意気込みが窺えよう。

こうして剣術・柔術には大番士小櫛熊次郎、弓術には小十人加藤矢太郎が選ばれ、同年十二月七日稽古所設立が公示された。但武術に限られたようであるが、公示内容は治済の意に従うものであった(5)。

文武奨励は、近世中期の名君の改革の特徴の一であるが、治済の施策は幕府の寛政改革に先行する早期のものに属する。その実効がどれほどあがったかは明らかにし難いが、ともすれば緩みがちであったことは否めない。例えば寛政四（一七九二）年七月三日付の治済の告諭をみると、先年来の武芸奨励に拘らず、奥向の者の武芸は未熟で、ことに若年の者は稽古を怠りがちであるが、今後査検して、実際に病気でないのに稽古を怠った者には急度沙汰するであろうと警告している(6)。

ロ　表番頭の創設計画について

御三卿の家臣には公儀からの付人、同じく付切およびその邸としての抱入の三種の身分があった。前二者は身分は幕臣であるが、付人は幕府の役職歴任の一段階として邸に派遣出向し、病没か老免にでもなら

ぬ限りやがて公儀の役職に転じてゆく。付切の方は邸の職員として定着するが、時折本丸目付に対し、家老より改名の有無その他当人の現況報告をする。またその子は必ずしも邸の役職に就くとは限らず、むしろ公儀の役職を命ぜられる場合が多かったと見受けられる。これに対し抱入は、しばしば公儀の旗本・御家人の縁故者が召抱えられる場合が多かったようであるが、邸としての採用者であって、幕臣としての身分はなく、幕臣への取立も稀であった(7)。

役職から見ても、重役である家老・番頭・用人・旗奉行・長柄奉行・物頭・郡奉行・勘定奉行を八役と称し、いずれも公儀の付人がこれに任ぜられていた。つまり身分の点からいっても、役職からいっても、御三卿の邸臣の上層、家政の要点は幕府から派遣された人員によって占められ、さらに場合によっては将軍側衆の監督を受けた。そこで治済の意志もかなり制約されたと推察する。前述の稽古所設立に際しての治済の書状に「新法之儀ニハ候得共、差支無レ之候ハ、相建申度候」など遠慮がちな表現が用いてあるところからも、治済といえども新儀・新法の施行はあまり容易でなかったことが察せられるのである。

こういう状況の中で、彼は抱入邸臣の抜擢の途を開こうとした。すなわち天明四（一七八四）年十二月、治済は家老に対し次のような意向を表明した(8)。

旗奉行より勘定奉行迄ハ御付人之積りニ有レ之候、併勝手筋勤之事故、郡奉行・勘定奉行共ニ壱人ツヽハ御付人之積り、其外ハ抱入之者ニ致度候、

その理由は次の通りである。

抱入之者共、稀ニハ旗奉行迄も昇進有レ之候得共、表役ニ而ハ目付役限りニ相成候間、勤仕之者規模も薄ク、老年ニ相成、供方等難レ勤候類、旗・長柄・物頭之類え遣シ候得は取続可レ申類も、無レ拠勤居申

候歟、不歩行等之者ハ小普請入相願候類粗有レ之、年来之勤功無レ詮ニ相成、不便成儀ニ存候、若右役筋不レ残不ニ相成一候ハヽ、半分ツヽ成共致度候

つまり抱入の者は原則として目付止りであるが、彼等に従来幕府付人で占められている旗奉行・長柄奉行(各定員一名)・物頭(定員三名)および郡奉行・勘定奉行(各定員二名の中一名宛)への昇進の途を開こうというのである(目付の上が広敷用人、その上が勘定奉行である)。

その事はまた老年のため当主のお供が困難になった永年勤続の抱入の者に対し、勤功に報ゆる途でもある。これによって抱入の邸臣の士気をたかめようと意図したのであろう。しかしこの改革は「手前切と違イ、御定メニ抱り候儀ニ付、得と両人(家老水谷勝富・林忠篤)評議之上、可レ然存候ハヽ、清水・田安申合、猶又評議之上、一統ニ可ニ申上一」と命じたのである。

この結果については文献上明らかでない。その翌天明五年四月に至って、治済は又新しい提案をした。それは表番頭又は大番頭という役職を新設し、長柄奉行の次席とし、一橋邸限りの人事で三〇〇俵を支給し、老年の抱入の邸臣をこれに任じて、大番士を支配させようという案である。(9) 恐らく幕府付人にとって替えて、抱入の邸臣を八役の中へ昇進させようという計画は、家老等によって否定されたのであろう。そこで一橋邸独自の立場で、しかも邸内限りの財源で、新しい役を設けて八役の中位の格に置き、そこへ抱入邸臣の勤功者を昇進させようと考えたものと思う。

しかしこれについても水谷勝富・林忠篤両家老は、清水邸の家老と結んで強く抵抗した(前にも記したが、当時田安邸は当主を欠いていた。家老以下職員はいたが、敢えて問合せなかったのではあるまいか)。その反対理由は次の通りである。

一、八役は公儀から付人が遣わされる程の重い役場である。その列へ新役を創置するには、たとい財源を邸自前でしても、公儀の許可が必要である。

二、大番士は従来番頭両名が組支配をしているが、表番頭の下に番士を移すと、番頭は支配を取放されることになる。敢えてそうするには、公儀に対し十分理由を説明しなければならない。又番頭自身も何か自分達に失敗があって組を召放されたかと思い、恐入るに相違ない。

これに対し治済は付札をもって反論した。

一、番頭は用人をも兼ねて居り、取扱い事務も甚だ多い上に、大番組も取扱って、表奥に差跨っていては手が届きかねるであろう。そこで表に番頭を設けたいというのが主意であって、その外に彼是理由をつけなくとも理解は得られるであろう。

二、番頭に対しては、奥向の役儀の重要性を家老からよく説明すれば、当人共が失態などと感ずることはあるまい。

これを受けて両家老は更に意見を述べた。

大番士という役は、邸臣中の重職の惣領がまず命ぜられる職であると共に、公儀御目見以上の二三男が邸臣に召出さる場合も大番席に入る。そういう役職の組を抱入の低い身分の者が取扱っては、組自体が軽くなってしまう。

これに対し治済は、公儀の例を見ても、必ずしも頭が重ければ組も重く、頭が軽ければ組も軽い事にはならないと反論したが、両家老は譲らず、ついに治済はまた時節もあろうとて、この案を撤回した。その後も時折邸臣抱入の者の昇進案を出しているが、公儀付人の壁は甚だ固く、彼の意図は実現しなかった。註

（7）に触れたように、彼の死後二年経った文政十二（一八二九）年に至って、邸臣抱入の者が公儀に召出されるという形で昇進している例があり、治済の希望もようやくここに叶えられたということになろうか。

註

（1）臨時御次第（F―五―一一）。
（2）目付「書付留」（C―一―九）天明四年十二月七日。
（3）臨時御次第。
（4）一橋治済書状（L―一―二〇七）。
年月は不明であるが、天明四年十二月に近い頃である。宛所もないが、家老への指示と認め得る。
（5）目付「書付留」天明四年十二月七日。
（6）「最樹院様御筆写」中（A―一―一八）。
（7）管見の限り、文政十二（一八二九）年十二月、一橋邸用人見習峯岸小膳、神田橋邸用人見習山名喜兵衛が幕臣に召出され、直ちに付切となったのが最も早く、これから時折そういう事例に接するが、多くはない（辻達也『新稿一橋徳川家記』）。
（8）天明四年十二月一橋治済書状（L―一―二〇六）。
（9）天明五年四月乃至六月一橋治済・一橋家老・清水家老書状（L―一―二四三・二四四・二四六・二四七・二四九・二五六～二五九・二七四～二七九）。

三　財政と民政

イ　財政健全化について

一橋邸の財政はすでに初代宗尹の時から食邑一〇万石よりの収入では不足し、何かにつけて公儀からの援助を仰いでいた。治済が相続して自ら家政を執るようになってからも、頻繁に倹約令・経費節減令を繰返しているが、あまりその効果はあがらなかったらしい。

天明三（一七八三）年に至り、治済は単なる経費節減にとどまらず、邸臣の減俸を家老に検討させた。それに応じて水谷勝富・林忠篤家老は次のような案を作って呈した。(1)

米二〇〇〇俵　家老二人（壱人に付き一〇〇〇俵宛、邸より支給分残らず減ず）。

米四〇〇俵　番頭二人（壱人に付き二〇〇俵宛、右に同じ）。

米一二〇〇俵　用人六人（右に同じ）。

米四〇〇俵　旗奉行一人・長柄奉行一人（右に同じ）。

米一〇〇〇俵　物頭三人、郡奉行二人（右に同じ）。

米一〇〇俵　勘定奉行二人。

米四四〇〇俵　小姓一四人、近習番二〇人、御付小姓二人、御付近習番八人（宛行高五〇石二〇人扶持宛の内、一人に付き一〇〇俵宛減ず）。

米五五〇俵　広敷用人二人、目付三人、徒頭三人、小十人頭三人（宛行高二〇〇石宛の内、一人に付き五〇俵宛減ず）。

米一五〇石　大番士三〇人（宛行高二五石五人扶持宛の内、一人に付き五石宛減ず）。

米一〇石　賄頭二人（宛行高二五石四人扶持宛の内、一人に付き五石宛減ず）。

米六石　台所頭二人（宛行高二〇石四人扶持宛の内、一人に付き三石宛減ず）。

米三六石　御用達三人、広敷御用達一人、御金奉行二人、勘定組頭二人、小十人組頭三人、御馬役一人（宛行高二〇石四人扶持宛の内、一人に付き三石宛減ず）。

米三〇石　代官六人（宛行高三〇石四人扶持宛の内、一人に付き五石宛減ず）。

米六六石　小十人三〇人、右筆三人（宛行高十七石三人扶持宛の内、一人に付き二石宛減ず）。

米一〇石　勘定衆五人（宛行高十五石二人扶持宛の内、一人に付き二石宛減ず）。

米二〇石　御徒目付一〇人（宛行高十五石三人扶持宛の内、一人に付き二石宛減ず）。

計　米一〇〇五〇俵（此石三五一七石五斗）。

米三二八石。

合計　米三八四五石五斗。

（但、一二石以下は減さず）。

これには両家老から次のような意見書がついている。

御勝手向之儀ニ付、段々と被二仰出一候趣共、乍レ恐御尤至極之御儀ニ奉レ存上一候、右ニ付、彼是と評儀仕候処、先年公儀より被二仰出一候御人御定高之面を以、十分ンニ取調仕候趣、別紙之通り漸く現米四千石余ニ相成り、先達而申上候御勝手向御不足積り都合壱万両之御償ニは、中々引足不レ申候、其上猶又評議仕候処、私共儀は御役高と申ニは無二御坐一候得共、(2)公儀よりも外御米頂戴仕候儀ニ付、如何様ニも格式通り取続キ相勤可レ申候、番頭以下、御屋形より被レ下候御宛行之分相減シ候而は、最初御領知渡り候節之御定も有レ之候儀、其上清水田安之者とも之並ニも違候間、公儀より被二仰出一候御振合ニ相響キ申候ニ付、其所を被レ為二仰立一候而は、何とやら如何ニも相聞可レ申哉とも奉レ存候、諸家ニも何ケ年之内、何分通り借り八木と申儀有レ之候間、右之振合ニ而、御手前より之御手当之内、半減宛御借米之積ニ勘弁仕見申候之処、八役之分ニ而弐千五百五拾俵ニ相成申候、其割合を以、末迄段々ニ割合セ、都合現米ニ〆、凡弐千石余ニ相成申候、尤御定人数之外、追々相増候御人之分えも割合懸ケ、其外奥表とも年中外被レ下、皆勤御褒美筋不レ残相減候而も、都合五千五百石程之儀ニ御座候間、迚も壱万両之御償ニハ引足不レ申候、勿論其上ニも御格外成御倹約ニ而も被二仰出一候ハヽ、今少之償方出来可レ仕哉ニ御座候得共、左程ニ切詰候而も、年限之内御立直りと申見込も無二御座一候、全ク無二御拠一御入用共にて、御一躰之御不足高ニ相成候得は、永久之御償方無二御座一候故、何れニも御不足之分不レ被レ為二仰立一候而は、往々御差支ニ相成可レ申哉ニ乍レ恐奉レ存候、勿論当時は御手当金・御取替金・御取替八木等も御座候得は、可成ニは御間合イ申候得共、御手当金迚も去ル亥年より拾ケ年内之儀ニ御座候得は、最早年限半バ過申候、尤右拾ケ年相立候得は、兼而御年延ニ相成居候御拝借金御上納も有レ之候、且御取替金之方は是又亥年より五ケ年内之御元済之儀故、当年迄之御事ニ御座候、御取替米八年切之儀ニ御座候間、何れも此上御願返シも相済可レ申哉ニ御座候得共、其程も難二相計一奉レ存候、依レ之、旁御操廻シ之御差支を相考、猶亦乍レ恐私共評議仕候趣奉レ窺候、以上

五月　　　　水谷但馬守

両家老の意見は一面現実を直指しているともいえるが、他面公儀より廻されて来た役人の、将軍世子実父治済の立場を利用しての、いわば「親方日の丸」的態度が窺えよう。治済が抱入の邸臣を公儀付人の独占する要職の中に登用しようといろいろ努力したのも、こういう弊風を打破しようとの意図からであったとも推察しうる。

結局、公儀へ働きかけて、この年末幕府へ返納すべき取替金一万三〇〇〇両は貰切りとなり、ついで翌四年六月、当年より五年間、歳入不足分毎年一万両を支給されることになった。(3) この後も治済は幾度か倹約について精神的訓示を繰返しているが、基本的には常に不足分を公儀に仰ぐことになる。

ロ　民政について

御三卿は一〇万石の領知を与えられていたとはいっても、他の大名とは異り、当主は江戸常住であるばかりでなく、邸の主要役人もすべて在江戸で、僅かに代官が派遣されて年貢徴収に当るのみであったので、領知の人民との結付きは甚だ薄かった。これはやがて明治維新後、版籍奉還が、他藩の如く藩知事時代を経ることなく、即廃藩置県に直結した根本的な原因をなすと考えられる。

それ故一橋歴代の事蹟を見ても、当主が領知行政にとくに意を用いた跡はさして見当らないが、治済については、折から天明の大飢饉でもあり、窮民救済にいろいろ指示を下したことが知られる。その中から一、二治済の面目躍如たるものについて紹介しよう。

1　天明五年七月甲州三日町鳴海屋太郎兵衛等の献金願出について[4]

天明四年の何月頃かは明らかでないが、甲州三日町鳴海屋太郎兵衛と同国一橋領藤田村医師周平が、領知凶作の節の救援資金として上げ金を願出た。これについて治済があれこれと気を廻し、勘定奉行・同吟味役および勝手掛用人に評議を命じ、さらに家老水谷勝富・林忠篤の意見を求め、ついで彼の見解を付して改めて評議させた。その結論が翌五年七月に至って出た。その経過はその際の両家老（水谷勝富はその前月公儀留守居へ転じ、公儀先手頭稲葉正存がその後任となったので、当時両家老は林忠篤と稲葉正存である。）連名の伺書に記されているので、それを次に掲げる。

甲州三日町鳴海屋太郎兵衛并同国御領知藤田村医師周平儀、御領知凶作之節、御救之御手当ニも相成候ため、両人儀上ケ金相願候儀ニ付、先達而奉レ伺候処、右太郎兵衛儀ハ毎々より入二御聴一候儀も御座候得共、周平儀ハ身元之様子いか程之ものニ候哉、為レ差利潤ニも不二相成一金子差上置候様仕度と申ニハ、如何之訳ニ而候や、実々存付申出候儀ニ候哉、万一御代官始地方懸り合之者ゟ響等ニ而も有レ之、無レ拠差出候か、又ハ何そ彼是紛敷手段等ニ而も有レ之候哉、左候而は以之外不レ宜、其上甲州之儀ハ人気六ケ敷国柄ニ而、毎度箱訴[5]状等も度々有レ之候事ニ御座候得ハ、御心遣ニ被レ為二思召一候間、私共限りニ評議仕、内々ニ而風聞等糺方も可レ有二御座一哉、一向ニ先其儘ニ而差置候方ニも取計可レ仕哉、極御内々蒙レ仰候御書之趣奉レ畏候、依レ之私共猶また評議仕、内々ニ而周平身元人柄等相糺させ候処、別紙之通甲州御代官ゟ申出候、書面之趣ニ而ハ差而如何成主意も相聞へ不レ申候得共、格別有余金貯置候と申程之身柄共相聞不レ申候間、先達而蒙レ仰候御趣意通り、鳴海屋太郎兵衛儀ハ差上金仕候積り、周平儀ハ先此度願之趣御取上無レ之旨可二申渡一哉ニ奉レ存候、猶又此段奉レ伺候、以上

七月

林　肥後守
稲葉主計頭

こうして両家老伺いの通りに取計らうことになった。献金申出の裏には何か事情がありはせぬかと気遣い、あるいは甲州人の気風を配慮するなど、細かい気配りに治済の一面が窺えよう。

2　天明六年凶作期の年貢徴収と定免年季の切換について(6)

天明の大飢饉に際し、一橋邸も関東に領知をもっていたので、かなりの損害があった模様である。(7)しかし代官等地方役人は年貢徴収に出精し、ことに定免年季の切換に当っては増免説得に懸命に努力をしたようである。この点治済とは著しく見解を異にしている。すなわち治済の意見は次の如くであった。

関東領知当年定免切替ニ而、是迄之定ゟ少々増申付候儀ニ付、去年迄之定相応ニも相見へ候間、増申付候ニは及間敷趣、下ケ遣候処、代官共出精之上議定致、村方ニ而も請候儀、跡ゟ緩ミ候而は、已来之取締不レ宜、尤増候とても、一村一家ニ割候而は甚少分之儀ニ而、難儀之筋も無レ之、減候とて格別救ニも不二相成一、名目緩ミ候迄ニ而、已来之為不レ宜段、猶又伺之趣相分り候ニ付、其通可レ然旨ニ而相済候、且又定免切替之節々、少々充増候儀は際限無レ之事ニ存候ニ付、其段承候へは、元来高免ニ候処、近来下免ニ成候故、古来之高免ニ相成候迄は、少々充増候積ニ候由、此儀如何成事ニ存候、代官共其心得ニ而罷在候ハヽ、行々取箇強相成、村方困窮之基と存候、其訳は、此間差出候帳面ニ、近年村方困窮ニ而、已ニ可レ及二退転一村方も有レ之由相見へ候、此段相違無レ之事ニ候ハヽ、右躰困窮之村々、免切替之度々増候事は相成申間敷事と存候、孰一事両様ニ而都合不レ致、相分り不レ申候、右之通実々村方困窮之儀ニ候ハゝ、少々成共取箇減し遣、村方様子も宜相成候上、相増候儀は可レ有レ之事ニ候得共、困窮ニ不二差構一、古来之高免迄ニ取上ケ候心得ニ而年々取扱候ハゝ、困窮は弥増、一村ニ村之退転も三村四村ニ及候筈ニ而候、左候ハゝ、何方を相手ニ取箇付可レ申哉、若又実は左程之困窮も不レ致事ニ候ハゝ、帳面之趣無益之申立、不埒之事ニ存候、依レ之、右之処相糺、孰も相分り候上、向後代官共心得方申渡可レ然候、

甚だ理路整然とした意見といえよう。但、この指令がそのまま実行されたか否か、遺憾ながら文献的に追跡できない。

註

（1）　天明三年五月一橋治済・家老水谷勝富等往復書状（L―一―一三七）。

（2）　『吏徴別録』上巻によると、延享三（一七四六）年田安・一橋両卿家老という名称が定まって以来（それ以前は両卿お守と称した）、役料二〇〇〇俵（公儀より一〇〇〇俵、邸より一〇〇〇俵）給せられることになっている。従って他の幕府の主要役職のように役高というものは定められていない。つまり二〇〇〇俵は足し高ではなく、世襲家禄の多少に拘りなく給せられたのである。

（3）　拝領物・上物覚書（F―五―六）辻達也『新稿一橋徳川家記』。
公儀から歳入不足補助を仰ぐについては、老中田沼意次・同格水野忠友および側衆御用取次稲葉正明にいろいろ運動をしたようである。衝に当った番頭兼用人鈴木次左衛門に対しては、取替金に関し銀二〇枚、合力金に関し銀三〇枚、用人大林与兵衛へは、取替金につき銀二〇枚、合力金につき二五枚、同じく皆川藤右衛門へは、取替金につき銀一五枚、合力金につき二〇枚を賞賜した。またこの件につき、田沼の腹心勘定奉行兼田安邸家老松本秀持が大いに働いたというので、当人の希望により紋服を特に下賜するよう計らっている。併せて

大林与兵衛へは、松本秀持への折衝に骨折ったとて、銀一五枚を別に給している。このあたり、一橋邸と田沼一派とはかなり親密であったようであるが、これは田沼側からの接触とばかりは考えられない（L―一―一七四・一七五・一八〇）。なお、次章「一橋治済と松平定信」参照。

（4）一橋治済・家老林忠篤等往復書状（L―一―二二三）。

（5）元文元（一七三六）年八月から、幕府は毎年派遣する目付が甲府逗留中、目付小屋門前に訴状箱（目安箱）を設置し、役人・代官の善悪等、江戸へ言上したい事を書付け、その箱へ入れるよう公示している（『御触書寛保集成』四四　公事訴訟并借金買掛等之部　二五九四号）。

目安箱の効果については、「山下幸内上書」その他ごく著名なものを除いてはあまり具体的に伝えられていないが、甲州では人民がしばしば訴状を投じている様子、また治済がそれを知っていて気にしているところが興味深い。

（6）「最樹院様御筆写」上（A―一―一八）。

（7）目付「書付留」によると、天明六年は領地四万四〇〇〇石の減少というから、恐らく関東は壊滅に近かったのであろう。

むすび

天明の大飢饉に伴う事態に対応して、一橋治済が邸制改革に大いに意欲を燃したことは、彼がその頃家老に下した多量の自筆書状、付け札あるいはその筆写によって明らかである。本稿ではその中から一部を選出して紹介しつつ、彼の改革の概要を描写してみた。

御三卿という地位は将軍家部屋住の境遇で、領知との結付きも浅く、従って他の大名より封建領主としての責任も薄い。いわば時世から浮上ったような存在であったが、治済という人物は必ずしも「天下に先立って楽しむ」と評されているような人ではなかったと思う。むしろ世間から隔絶された邸内に起居していたにしては、世情にも通じていたといえよう。何処から、どうして入手したか判らぬが、かなり社会の情報をにぎり、また家老からの上申に対しても的確な判断を下し得る能力をもっていたといってよい。

しかし治済はいわゆる名君たり得る条件を欠いていた。それは彼の腹心たるべき人材を持ち得なかったことである。家老以下八役に代表される公儀付人が治済の周辺を固めていた。本論で紹介したように、邸臣職制にしても財政にしても、治済の前に付人の障壁は堅固であった。もちろん治済自身、とくに財政問題に関しては、将軍世子、後には将軍の実父としての特権に甘える面が少なからずあったことは否めない。

やがて天明六年九月、治済は十代将軍家治の遺命によって、御三家と共に若年の家斉を補佐すべき立場となり、それからの彼の関心は大きく幕政へと傾いてゆく。従来治済に下されてきた人物評は、もっぱらこれからの彼の行動に対するものである。

第十二章　一橋治済と松平定信

はじめに

徳川御三卿の一家、一橋徳川家に伝来する記録・文書類の整理を手がけてから、すでに久しい年月が経過した。その間に文献を通して接した一橋歴代の中では、断然九世慶喜が有名であるが、私が興味をもつのは二世治済である。(1)

一橋治済は運のよい人だったといえる。初代宗尹の四男として生れたが、三人の兄の中、一人は夭逝、他の二人は幕命によって相次いで越前松平家へ養子にいったので、一橋邸の嫡子となり、明和元(一七六四)年十二月父宗尹の死去に伴い、一橋邸第二代の当主となった。(2)

これは第九章「徳川御三卿の性格」において述べたように、八代将軍吉宗の方針として、将軍家の庶子を独立した大名とせず、部屋住の身としておいて、適当な大名家へ養子に送り込むための待機の場として設けたのが、そもそも御三卿創置の当初の目的だったから、長男の方から順序に大名家を継いでいったわけである。

こうして治済は一橋当主となって後、安永八(一七七九)年二月、十代将軍家治の世子家基がなくなり、後継ぎを失ったので、治済の嫡男豊千代が翌々天明元(一七八一)年四月将軍家に迎え入れられた。やがてこれが十一代将軍家斉となったので、治済は将軍の実父としてこの上ない待遇を受けるようになった。その結果、治済は後世あまり芳しくない名前を残すことになった。

五弓久文『文恭公実録』文政元(一七一八)年六月五日条に次のような記事がある(原漢文)。(3)

五日　故一橋侯徳川治済髪を削り、穆翁と号す、側衆太田志摩守資同を遺し、外套五襲を贈る、時人、三翁は天下の楽に先んじて楽しみ、一翁は天下の憂に先んじて憂うの諺あり、三翁は治済及び故薩摩国主嶋津重豪、号榮翁、小納戸頭取中野播磨守清茂、号石翁也、一翁は故輔佐松平定信、号楽翁也、

（参取『口碑輯録』『蕉陰茗話』『松陰年録』）

十一代将軍家斉の父穆翁一橋治済と、将軍家斉御台所の父栄翁嶋津重豪、家斉側室お美代の方の養父碩翁中野清茂、この三人は将軍家斉をめぐって醸し出された大御所時代（家斉が将軍をやめて大御所と称された時期はごく晩年の四年間であるが、五〇年におよぶ将軍在職期間の過半を含めて、このように俗称する。）の、爛熟頽廃した世相風俗について重い責任の一端を負わされているのである。

しかし治済は前章に述べたように、邸制改革にも意欲を示し、領知行政にも強い関心を示すなど、近世中期の「改革」を推進した諸藩の「名君」に共通する一面をもった人であった。ことに天明六（一七八六）年十代将軍家治危篤にのぞみ、尾紀水三家や清水重好と共に、幼い家斉を輔佐するよう家治の遺命を受けてからは、極めて積極的に幕府政治、とくに人事の問題に発言し、幕政上の黒幕的存在とも評せられるようになった。その実状について述べてみたい。

註

（1）　治済という名の正式な訓み方は一橋家の記録の中には見当らないが、松平春嶽『閑窓秉筆』の冒頭の文章に「徳川十一代将軍家斉公ハわが伯父にして、一橋治済公の御子也」とあり、それに「ハルサダ」と振りがながある。同書を収める『松平春嶽全集』全巻の体裁から推して、この振りがなは春嶽自身の付けたものと思われる。春嶽は一橋治済五男田安斉匡の子であるから、「治済」の訓み方の根拠となしうるであろう。

（2）『新稿一橋徳川家記』巻二。

延享四（一七四七）年六月五日、一橋初代宗尹嫡子小五郎、松平宗矩（越前福井）の養子に遣わすべき旨、将軍家重の命を受ける。

同　年十二月廿八日、宗尹二男仙之助一橋嫡子となる。仙之助を徳川小五郎と改むべき旨、公儀より申渡される。

宝暦二（一七五二）年十一月九日、小五郎死去。

同　年十二月廿一日、宗尹三男仙之助、一橋嫡子となる。

同　八（一七五八）年三月十八日、松平重昌（宗尹長男）死去。家柄を考慮し、養子を認められる。

同　廿日、宗尹嫡子仙之助を松平重昌の養子とすべき旨、命ぜられる。

同　年十二月十九日、宗尹四男豊之助を一橋嫡子とする事を認められる。

同十二（一七六二）年十二月朔日、豊之助元服、徳川民部卿治済と称する。

明和元（一七六四）年十二月廿二日、一橋宗尹死去。

同　年閏十二月十二日、宗尹遺言として、治済兄松平重富（宗尹三男）と姉保姫（嶋津重豪夫人）に次のように伝える。

『覚了院様御実録』拾五（一橋徳川家文書A一―一五）。

（明和元年閏十二月十二日）

一、左之伺、去ル七日御家老田沼能登守、御用取次田沼主殿頭え令一覧、御老中松平周防守え直ニ致進達候所、先々え被仰達有之候様、能登守え主殿頭被申聞候。覚了院殿病中被申候者、若此度之病気養生不相叶、被致逝去候者、松平隼之助（宗尹五男、黒田治之）者弟之事故、異儀有之間敷候得共、松平越前守（重富）并保姫（治済姉、嶋津重豪夫人）なと者心得違、覚了院殿在世之節とハ心得も違候而者相済不申儀ニ御座候。民部卿殿若年ニ而も、相続被仰付候上者、覚了院殿同様ニ存シ、諸事相談相整候様可致事ニ候段被申候処、此度逝去被致候ニ付、右被申候趣、両所え被申達候様可被致哉、御内々御相談申上候様、民部卿殿被申候。依之奉伺候。以上

閏十二月　　　　　　　　　　　　　　　　田沼能登守（意誠）

　　　　　　　　　　　　　　　　　　　　田中出羽守（勝芳）

右伺済候ニ付、同十五日常盤橋（越前松平邸）家老酒井与惣左衛門、桜田（黒田邸）家老郡平馬呼出し、於御長座敷、能登守及面談候。

芝（嶋津邸）え之達者、老女取扱ニ而も有之たる哉、表ニ而之談方相見不申候。

『覚了院様御実録』は一橋初代宗尹の実録で全一五冊、享保六（一七二一）年閏七月の誕生に始まり、明和二（一七六五）年七月宗尹死去後の諸措置終了に至る。

『同家記』巻三。

明和元年閏十二月十九日、治済、父宗尹の遺領の相続を認められる。

（3）五弓久文（一八二一―八六）は備前府中の八幡宮の祠官の家に生れ、長じて江戸へ出て漢学を斎藤拙堂に学んだ。明治七（一八七四）年太政官修史局に奉職。主著は『事実文献』一二〇巻である。

『文恭公実録』はその例言第三条（末尾条）に

一、本書起筆、肇弘化二（一八四五）年乙巳、至安政四（一八五七）年丁巳、十三換裘葛、改竄塗抹凡十有八次、纔能脱稿（下略）

と記してあるので、その編纂経過が知られる。

その内容は十一代将軍家斉の公的事蹟を漢文編年体で叙述したもので、その部分に関してはとくに珍しい記事もない代りに、信憑性を疑うべきような記述もない。

しかし時に巷間の噂話等も混じている。本文に引用した「三翁一翁」の説は、三上参次の『江戸時代史』その他近代の史書にも引用されて、後世かなり広く流布しているが、その典拠はこの『実録』である。五弓久文は参考文献として『口碑輯録・蕉陰茗話・松陰年録』を挙げているが、遺憾ながら私はこれらの原典には当り得ていない。

一　一橋治済と田沼一派

天明六（一七八六）年九月六日江戸城黒書院において、尾張宗睦・紀伊治貞・水戸治保は老中列座の中、大老井伊直幸から、将軍の病気が漸く重篤の折から、世子家斉はなお若年のため、三家中合せ、心を添えるようにとの幕命を伝えられた[1]。ついで翌七日、一橋治済は清水重好と共に、笹の間において三家と同様の伝達を受けた[2]。これから幕閣人事を中心に、尾張宗睦・水戸治保および一橋治済の活動が始まる[3]。

当面の大きな問題は、幼将軍家斉[4]を輔弼すべき有能で清潔な閣老の選任と、田沼意次およびその一派の処分であった。前者についてはやがて松平定信の推薦運動となるが、これについては次節に述べる。

田沼意次は将軍家治の病気重態に陥った八月廿七日老中を免職されたが[5]、三家の面々はそれに満足せず、十月廿三日大老井伊直幸を江戸城三家控えの間に呼び、それぞれ次の通り、直筆で意見を申渡した[6]。

> 田沼主殿頭、近来御政事取計方不達　上聞品も有之、下民之不厭難儀、任我意、姦曲之儀共有之候趣、内々及承、驚入候。弥相違於無之者、甚以御後闇儀、尤御役儀御免之事ニ者候得共、其分ニ被差置候而者、天下之御為不可然、御太切之御事候条、早速被遂談判、御預ケ被仰付、御僉儀之上、重き御咎

被仰出候様致度存候。

尾州殿直筆

田沼主殿頭、あの侭ニ而被差置候而ハ、如何ニ存候。御預ケ被仰付、是迄之取扱振等御吟味有之候上、其申口ニ応、厳敷被仰付候ハヽ、以来一躰之響キにも相成、御政事（務）第一之儀と存候。

紀伊殿直筆

田沼主殿頭、近来者御政事取計、何と歟　上を致壅敝、任我意、姦佞之取扱有之、上之御仁徳下え不通、下民之不厭難儀、或賄賂抔受納有之、御役替等ニも私曲有之様及承候。弥左様ニ候へ者、甚以不相済義存候。先達而御役御免之事候得共、其通ニ被指置候ハヽ、　上之御為不可然候間、御預ケ被仰付、御糺有之、依仕義厳敷御咎被仰付可然存候。

我等（水戸治保）直筆ニ而指出ス

これに対し閣老達は、閏十月朔日の定例登城日に次のように返答した。(7)

壬十月朔日登城之節、掃部頭始老中、部屋え罷出、申聞候次第、如左。

此間被仰聞候田沼主殿頭事、何も申談、申上候処、御承知被遊、得ト御考被遊候處、御養君様御事ニも被為入、御先代ニ被仰付候事、其上当時御大変、御間も無之、厳敷被仰付候者、御先代ニ御当りも可被遊哉と、御遠慮ニ思召候事。

つまり家斉は養子であり、先代家治が信任重用した田沼意次を、代替り直後に厳しく処分しては、先代の責任をも問うこととなるので遠慮するというのである。これは将軍家斉熟考の結果というが、恐らく大老井伊直幸・老中松平康福・水野忠友等が処分に消極的だったのであろう。因に田沼意次厳罰を申入れた日、

三家一同は別に井伊直幸のみに、次のように意見を申出している。(8)

一、松平周防守（康福）、上座ニ乍罷在、近来田沼主殿頭御政事取計方、御後闇儀共有之候処、心付無之、其分ニ致置候段、心得不宜存候。依而御役儀御免被仰出、元之席被仰付可然存候。

閣老達はもし三家の意に押されて田沼厳罰を受入れては、やがて累は当時意次同僚であった自分達に及ぶことを懼れて、将軍の熟慮に名を藉りて身の防衛を計ったのであろう。しかしついにこの四日後の閏十月五日、意次は二万石を減封、上屋敷および大坂蔵屋敷を没収された。(9)

三家の面々はこれでもなお処分は軽いと考えた。そこで同月十六日、将軍補佐の任に当るべき人物として、松平定信をいかにして閣老共に申入れるかについて一橋治済の意見を求めたついでに、内容に意次追罰についての意見を求めた。(10)

任序、左之趣、至極御内密ニ相伺候

田沼主殿頭近来御政事取計方、不達上聞品も有之、下民之不厭難儀、任我意、姦曲之儀共有之、先御代（家治）之御仁徳下え不通、甚以御後闇致方、不届之至ニ存候故、先達而御役御免之事ニは候得共、我等共申合、其分ニ被差置候ハヾ、天下之御為、不可然候間、御預ケ被仰付、御僉議之上、重御咎被仰出候様ニ致度旨、去月廿三日、掃部頭始老中え相達候処、当月朔日登城之節、掃部頭初老中ゟ申聞候ハ、田沼主殿頭事、何も申談、申上候処、御承知被遊、得と御考被遊候処、御養君様之御事ニも被為入、御先代ニ被仰付候事、其上当時御大変御間も無之、厳敷被仰付候は、御先代ニ御当りも可被遊候哉と、御遠慮ニ思召候、主殿頭義ニ付而は、先達而御役義御免被遊候得共、浚明院様御病中被仰置候趣御座候間、思召可有之との趣ニ御座候、然処、去ル五日主殿頭え被仰渡相済申候、右は拙者共奉

存候ニは、被仰渡之趣事軽キ様ニ被存、心痛仕候、此通りニ而は、却而御為成間敷奉存候、其許様ニは如何思召候哉、御賢慮之程伺度奉存候、以上

大納言（尾張宗睦）
宰　相（水戸治保）

民部卿様

しかし治済は田沼追罰には消極的であった。尾張宗睦・水戸治保からの手紙に対し、同月廿四日次のように返事を認めている。(11)

主殿頭事ニ付思召之趣被仰下、猶又拙者存寄も御聞可被成段、委細承知仕候、成程主殿頭儀、年来自分一人之権威ニ募、段々御取立之御厚恩忘却仕、同列ゟ以下末々之御役人迄、己ニ従ひ、或は縁ヲ求メ、賄賂仕候者計御用立候躰ニ申上、追々御役も被仰付、家来共迄威福を自由ニ致候様ニ相成、御旗本之面々も格外ニ丁寧ヲ尽し、名分倒置致候儀も、曽而取押候了簡も無之、却而家来え暦（歴）々之御旗本縁組等仕候者ヲ引立候様ニ仕り、右之風儀一同ニ押移り、諸番頭・諸奉行も皆々賄賂を以、立身諸願ヲ取扱候様ニは罷成候、其外自分之利欲強ク候ゟ、聚斂を御為と相心得、新田開発、明キ地ヲ町場ニ取立、諸運上・冥加金等、末々之難儀ニ寄、上ヲ誘り候事をも不顧、御益筋とさへ申出候得は、取上候而申付候事共、一躰甚無道之仕方、誠ニ御三人様思召之通被仰付候も、不飽足者ニ而御座候、然處、当八月中、浚明院様御病中、主殿頭取計方不宜趣、男子向ゟ老女共へ内々申達候由ニ而、老女共ゟ出羽守（水野忠友）え申談候処、捗取不申、漸々主殿頭引込候事ニ相成候段及承申候、其間ニも何か品々意味合有之、主殿頭ヲ悪敷取計候様子ニ而、実は品能世話致候者も有之候趣ニ及承候、何か一

向ニ訳合不相分候事ニ而御座候、右之節、主殿頭御役願不差出させ、浚明院様え具ニ言上仕、御三人様思召之如く、直ニ御預ケニ被仰付、段々御僉議之上、厳敷被仰付候ハヽ、御仕置も相立、世上一同、人情も悦服可仕候得共、前書ニ相述候通、同列初、権勢ニ預り候面々、悉ク主殿頭え交りヲ厚ク仕、殊ニ一向器量無之者共故、果断之取扱は不仕得事と奉存候、乍然差(マヽ)も当時ニ而、内心は格別、表向ニ而ハ諸向崇敬仕候主殿頭、即座ニ御役御免被仰出候事故、不足ながらも人情快々と仕候躰ニ相見え候、然ル処、又候去ル五日、少々厳敷方ニ被仰付、御代思召有之哉ニ付と申名目ニ而は有之候得共、当時之御年寄共、彼是之批判ニ不堪、不得已取計候事と相察し罷在候処、是は全ク廿三日ニ被仰立候御主意ニ彼是注ヲ付候而、上様思召と申趣ヲ御三人えも申上置、二半成取扱仕候事と相見へ候、何共不決着成事ニ御座候、殊ニ松本伊豆守御咎も思召有之と申事ニ候得共、孰御勝手向取扱方不宜故と奉存候、左候ハヽ、渠ニも不限、御勝手懸り之分ハ、老中・若年寄も夫々御咎可有之候所、其御沙汰も無御座候、如此不分明成事ニ御座候得は、迚も当時之姿ニ而は埒之明不申事と奉存候、个様ニ朝ニ無人か如くニ候も、偏ニ主殿頭姦曲故と被存候、此上は、主殿頭事、御僉議有之候共、元来一円之悪事故、是と申个条も相分り申間敷候、其上年来取扱之相違を相糺候ハヽ、当時相勤候御役人、一人も潔白成者は有之間敷候、其内近来之取扱、融通金・印幡沼(マヽ)抔之儀ヲ相糺候ハヽ、随分一廉之獄も成可申候得共、是以僉議ニ掛り候者も、理非明白之決断出来可致者も相見へ不申候故、如何カ白ケ候事ニ相成、取始末出来兼、又候不分明成取捌有之候ハヽ、却而人情之動キニ罷成、御仕置ヲ信し不申端ニも可罷成哉と奉存候間、先是迄之儘ニ而相静り候方、可然奉存候、行々自然と露顕之筋も有之候ハヽ、其節は縦二代目ニ相成候而も、大久保石見守之古例も御座候間、如何様ニも御仕置相立候様ニ罷成方可有之候、

勿論是迄之儘ニ而被差置候而も、最早御為ニ拘り候程之儀有之間敷奉存候、主殿頭不届ニは御座候得共、元来至而小量之者ニ御座候間、退役罷在候而も、御不為ヲ企候気遣は有之間敷奉存候、右ニ付、先頃主殿頭退役之砌之次第、為御心得申上置候半と存、認置候間、別紙掛御目申候、是は拙者随分心付、内々及承候事ニ而御座候、先右之通ニ存罷在候得共、若心得違ニも被思召候ハヽ、何分無御底意御示教可被下候、猶又御相談可申上候、以上

閏十月廿四日　　民部卿

大納言様

宰　相様

治済はまた同月十九日付尾張・水戸宛の書簡において、家治療治の医師共の処分が軽きにすぎたことを批判したのに続けて、意次追罰と同時に罰せられた勘定奉行松本秀持に対しては、むしろこれを弁護するような意見を申述べている(12)。

松本伊豆守儀も、先達而一旦公事方ニ被仰付候処、又々思召有之趣ニ而、小普請入、半知ニ被仰付候事、何共不相分儀共ニ奉存候。其上渠ハ末之者、一人ニ而如何様ニ存候とて参り候者ニハ無之、其上御勝手方之重モと申候而者、出羽守(13)・石見守(14)、此両人只今迄之姿ニ而罷在、殊ニ石見守儀者、此節御人調へ取扱候処、不存寄顔ニ而取計候事共、甚心得不申儀ニ御座候。

右之趣共者甚之御内々密々之儀ニ御座候得共、及承候儀、御三人様ニも御心得可有之与ハ奉存候得共、為念相認入御覧申候。早々火中奉頼候。以上

閏十月十九日

治済がこのように田沼意次等弁護の態度を示したのは、初代からの一橋邸と田沼一族との関係に由来すると考えてよい。一橋初代宗尹には、兄田安宗武と同様、将軍の小姓・小納戸など主として奥勤めの者の二三男が「小五郎（宗尹幼名）付き」として召出された。紀州藩から徳川吉宗に従って幕臣に加えられ、小姓を勤めていた田沼意行の二男意誠もその一人で、享保十七（一七三二）年に小五郎付きに召出され、その小姓となった（当時十二歳）。一橋と田沼の縁はここに始まる。[15] その身分は「一橋付切」というもので、将軍直参として、時折本丸の目付に対し、邸の目付から当人の身上報告書が提出されたが、一般の幕府役人のように、将軍の代替りに本丸へ誓紙を提出することはなく、邸の職員として定着し、子孫も原則として邸臣に留った。なお意誠の兄意次はこの時十四歳、父意行の部屋住の身分で、ようやくこの年将軍吉宗にお目見を許された頃なので、意誠の召出しは意次の権勢とは全く関係ない。

意誠は一橋宗尹にかなり気に入られたらしい。役職も小十人頭から用人を経て、宝暦三（一七五三）年には側用人に昇り、同九年「一橋付人」の身分となった。これは公儀の役人として一橋邸へ派遣されるという身分で、やがて本丸の役職等へ転任・昇進の途も開け、子孫も公儀の役人に任用される。将軍の代替りには本丸へ誓紙を呈するのは、一般の幕臣と同等で、一段の昇格である。

これは宗尹がとくに直書をもって、側用人大岡忠光を通じて九代将軍家重に懇願したところであった。[16]

「中包み紙

宝暦八寅年

河野長門守・田沼市左衛門儀、御願筋書付

大岡出雲守殿書面」
御前御意被遊候者、先達て出雲守以御願被遊候義
公方様え出雲申上候処、尤思召候者、年内余日無之候、来春
可被　仰上の義御意之御書付御預置被遊候
寅十二月十五日」

「包み紙
書付　　大岡出雲守」

先頃従　刑部卿様御直ニ蒙　御意候田沼市左衛門・河野長門守義ニ付、
刑部卿様思召之御儀、猶又御書付之趣、御序刻、言上仕候。右ニ付
御意御座候者、市左衛門義、　刑部卿様御思慮之御義者御尤之御事ニ被為
思召候。乍去、　上より右之趣被仰出候御事者折も可有御座御儀ニ被
思召候。御手前ニ而市左衛門義御取立被遊候御事者御勝(ママ)而次第之御儀にて、何の
思召も不被為有候との御事ニ御座候。右　思召之趣　刑部卿様え可被御申上候。以上
三月　　大岡出雲守

意誠は一橋付人の身分を許されると共に、切米二〇〇俵取りから安房国五〇〇石の知行取りとなり、一橋家老に任ぜられた(三九歳)。この時市左衛門を改めて従五位下能登守に叙任された。それから安永二(一七七三)年死去する迄一五年間家老に在任、この間、明和七(一七七〇)年には三〇〇石の加増を受け、都合家禄八〇〇石となった。その晩年こそ意次の全盛期に当るが、意誠の昇進は前述のように宗尹に気に入

られたためかと思う。

意誠の長男意致は、父が付切から付人の身分に昇格したので、その就職は公儀の小姓組番士から始まった(廿二歳)。その後若干の役職を経て、安永七(一七七八)年三十八歳で一橋家老に任ぜられ、従五位下能登守に叙任。通説この任命は田沼意次が自己の権勢維持のため、甥を御三卿の一橋邸へ送り込んだものと解釈されているが、私はむしろ一橋治済が意次の意を迎えようとして、意致を家老に招いたのではないかと推測している。

意致は家老在職三年足らずで、天明元(一七八一)年閏五月、治済の長男豊千代が(家斉)が十代将軍家治の養君として将軍家へ入ると、それに従って西丸番頭格として公儀に移った。これは治済が意次に推薦するところであった。はじめ四月朔日田沼意致が将軍家治御用取次稲葉越中守正明から、豊千代将軍養君の件を申渡された時は、次の如くであった。(17)

一、御同人(稲葉正明)御申聞被成候者、此度御人等之儀ハ荒増御評義も被成候処、一人も不被召連候而可然程之義ニ思召候。此所ハ此方共得与考候而申上候様、越中守御申聞ニ付、御幼年様之御儀、一人も側向之者不被召連候而者、御差支ニ可有之段申上候処、女中向ハ御附之分ハ被召連候儀ニ可相成、表御側廻り之者ハ先ツハ無之程之義ニ御心得被成候得共、此所ハ今日主殿頭(田沼意次)殿え罷越、直ニ伺候様被仰聞、其外万端之程合も、主殿頭殿え直ニ伺置候様被仰聞候ニ付、左候ハヽ、今日同役方え罷越、申聞候上、今日夕方迄ニ主殿頭方え罷越候様可仕旨申上候。

この旨を一橋治済に報告し、病気のため在宅中の同僚水谷勝富を訪問して相談し、さらに田沼邸へ赴いて意見を聞いた結果、豊千代馴染みの奥女中数名を連れてゆくこととなった。従って豊千代には男の邸臣は側廻りの者も一人も付いてゆかない予定であったが、治済は田沼意次に直々次のように頼んだ。[18]

「端裏書

封シ候而、田沼主殿頭へ、同人甥能登守ヲ以遣」

一、此度重キ御内慮　被仰出候。然ル處、是迄家老共相兼相勤來候間、何卒壹人被召連、相応之御場所え被仰付候様仕度奉存候。其内田沼能登守儀は、別而出情仕、年若ニも御座候間、右之者被仰付候様仕度候。尤御間柄ヲ御離、御評議御座候様、御頼申候。　以上

（天明元年）四月

こうして治済の希望通り、田沼意致は豊千代に従って江戸城西丸に移り、小姓組番頭格という身分で、豊千代の側衆御用取次を勤めることとなった。その後意致がどの程度治済と伯父意次の間を取持ったか明らかでないが、[19]治済は着々と意次一派との昵懇を深めていった。

前章「一橋治済の邸制改革」において述べたように、一橋邸の財政は天明期に入って悪化を著しくした。そこで天明三（一七八三）年治済は家老以下諸役人に財政改革についての意見を求めた。しかしその答申は甚だ心許ないものばかりで、勘定奉行や勘定吟味役は申し述べる意見もないといい、勝手掛用人は、もともと歳入が歳出に見合わないのだから、公儀から年額金五〇〇〇両・米五〇〇〇石の合力を仰ぐほかはないという。[20]水谷勝富・林忠篤両家老も、支出はすべて拠ろない入用であるから、公儀へ不足を申立てるほかはないと申述べた。[21]その結果、天明三（一七八三）年十二月には、当暮公儀へ返納すべき取替金一万三〇〇〇両が貰切りとなり、翌四年六月には、邸勝手向難渋のため、当辰年より申（一七八八）まで五年間、年金一万両が下賜されることとなった。[22]これら公儀からの財政援助獲得については、治済の密命を受けた勝

手懸り用人三人が、内々田沼意次・勝手掛老中水野忠友・側衆御用取次稲葉正明と交渉していたことが、次の文書によって知られる。(23)

「上包紙」

三人之衆え被下物伺書付、尤伺之通り、

御筆有之

水谷但馬守

林　肥後守

田沼・水野・稲葉三家え、御内々御使之儀伺書付并上御合力金被仰出候ニ付、御勝手懸り

「端裏書」辰（天明四年）六月十一日伺済候書面、被下物有之。

銀三拾枚　鈴木治左衛門

銀弐拾五枚　大林　与兵衛

銀弐拾枚　皆川藤左衛門

右、此度、御合力金之儀ニ付、御用向取調等取扱、出情骨折候ニ付、拝領物被仰付之。

別段

銀拾五枚　大林　与兵衛

右、此度同断御用筋之儀ニ付、松本伊豆守并大前孫兵衛え承合等、各段骨折相勤候間、別段拝領物被仰付之。

（朱書）

天明三卯年十二月

銀二拾枚　　　　鈴木治左衛門
　　　　　　　　大林　与兵衛
銀拾五枚　　　　皆川藤左衛門

右、御取替金被進限り之積、被仰出候節、拝領物被仰付候事。

右之通、奉伺候。以上

六月十日　　　　水谷但馬守
　　　　　　　　林　肥後守

「伺之書面、何レも伺之通、取斗可申事」

（朱書　治済筆　別紙）

このような公儀要路との折衝には、当然相応の贈与が内々に行われていたことを、次の文書は物語っている。(24)

「端裏書」　　伺

唯今迄、主殿頭・出羽守并越前守、右三人え御内々被遣物等御取扱御座候節之御使、治左衛門・藤右衛門両人被仰付、申合相勤候処、治左衛門儀御用御取次相勤候所ハ、藤右衛門同勤ニ御座候得共、治左衛門儀は別而御用多、其上御役柄も重ク御座候ニ付、幸イ当時猪飼茂左衛門儀、藤右衛門同役被仰付候儀、両人ニ而御内御用筋も取扱候儀ニ御座候得ハ、旁右御使治左衛門儀ハ御免被遊、茂左衛門・藤右衛門両人ニ而相勤候様ニ被仰付候而も可然哉、私共評儀仕候趣、先達而奉伺候処、追而御沙汰可被遊旨蒙仰候。右伺之通被仰付候御儀ニも御座候ハヽ、近日主殿頭・出羽頭《ママ》并越前守え、此度御合力金被仰出候ニ付、御内々被遣物御使藤右衛門相勤申候節、茂左衛門噂為致置候様ニ可仕哉、此段奉伺候。
以上

（天明四年）六月

水谷但馬守

林　肥後守

治済はまた勘定奉行兼田安家老の松本秀持にも請託するところあったらしく、当人の希望する紋服を褒賞として与えようとしている。[25]

「中包紙」

松本八え被下候御紋付之儀、越前守殿え伺候処、主殿頭殿えも御談合有之候上、松本え御紋付被下置可然由。

本文之趣不相成候ハヽ、先刻之通りニ而宜敷候。

先刻伺有之候伊豆え之遣シ物、不図存出シ候ハ、去年之頃歟と覚申候、紋附之品望之由、内々何レもゟ治左衛門ヲ以申聞有之候哉と覚申候。其砌問合之処、先見合之振合ニ相成居候哉と覚申候。左候ハヽ、内々越前抔へ問合候而も、去年表立取調、掛合等当屋敷へも罷出程之事故、是非拶挨（マヽ）筋可有之儀、殊ニ当時田安家老兼勤之事故、外御役人とも違イ各段失礼之品ニも無之哉、可然存候ハヽ、越前へ之口上、伊豆守度々掛合等、屋敷へも罷出、糺等有之、太義成ル儀ニ存候趣ニ而、有合之品故、紋附上下・羽織抔之類遣シ可然哉之段、何レも宜敷存候由、程能先内々越前迄咄、様子宜敷相聞候而、双方打合セ可申段、答有之候ハヽ格別、又無用之振合歟、迚も難相成抔と申趣ニ候ハヽ、越前限聞置之積りニ申談可然候。田安当時大夫斗故、左様の被下筋無之哉、若済居候ハヽ、可相成儀哉に存候。右之趣、得と勘弁之上、取斗可然存候、以上

但、口上振りハ宜敷作略有之候。

六月卅日

治済は田沼意次一派と深く結付いて、邸の財政援助を中心に公儀に依頼するところ多大であったが、さらにこれに慊らず、甲州に城地をもらうことを心願とし、これを邸臣に口演した。(26)

口　演　之　覚

一、勝手向差支ニ付、度々厚キ　御恵ミ有之候而、種々省略申付來候得共、年分収納と暮方引合不申、去年ゟ申上置候処、段々御紀之上、去ル頃ハ結構ニ御手当テ被仰出、難有安堵致候。全ク主殿頭殿始メ、厚キ御世話之儀と満足ニ存候。又々間も無之、左之趣心願致候儀、甚恐入候御事ニ候。併先年も被仰出、此方身分之儀ハ是迄之通、其他ハ諸家之振合ニ押移り取斗可申旨、被仰渡有之候。猶又各段倹約相用、外借用金等不致用被仰出、承知之上、何レも始、御附被置候者、其外抱入之者共一統申合候儀ニ候。

然ル處、先代　御本丸ゟ当屋敷え御移徙之砌ゟ之形合、引付ケ有之、并諸役人等何レも公辺御役人ゟ勤方伝達有之候由、前々ゟ及存申候。何ヲ申候而も、何も存候通り、其形ヲ略候間、捗取不申候。一躰之所、如何様ニ省略申付候而も、仕来等も有之、旁何も引当テニ相成候程之見合も無之、自然と入用相嵩ミ、家来共末々迄も右之気分付纏イ、別而女中向抔は、今以御本丸御廣敷ゟ勤來候者抔も有之、結構之御様子等存居候間、中々此方并何レも始メ役人共存候程ニハ行届不申儀共有之候哉

ニ存候。然ル上ハ、迚も此分ニ而ハ又々領知凶作、臨時吉凶等も有之候ハヽ、定メ而早速ゟ差支申上候様ニ相成候而ハ致難渋候。

然共、右躰之儀ハ全ク天災之事、不時・臨時迚も、訳相立候儀ハ、何分迷惑ニハ存候得共、是迄と違イ、先段々相認候通り、外借用等不申付儀ニ付、無據申立候ハヽ、猶又主殿頭殿始、世話も有之候ハヽ、　御恵之筋も可有之哉ニ心強ク存候得共、左様ニ訳も難相立、日用少分ツヽ之入用、且又子共成人ニ随而追々無據入用相増可申、其上先達而申立候砌ゟ、可相成丈ハ厳敷険(マヽ)約申付、是迄年来仕来り之事共迄も相止させ候事故、右躰之儀ハ追々ニハ立戻り可申哉、少々宛之廉々重り候得ハ、大造之入用之嵩ニも相成可申、か様之筋ニ而相嵩候節、申立ニも難相成、甚難渋ニ存候。夫ニ付、先年も内々心願之儀申談候通り、何卒城知拝領被仰付、此方国元致往返候ハヽ、又別段之仕法ニ相成、同高之諸家風儀取斗向迄も承合之上、仕法等相立候ハヽ可然存候。諸家ニ而ハ公役共多ク有之、国許致往返候而も、何分取続居申候間、何卒右之通ニ致度候。左候ハヽ別段之儀ニ相成、一統和熟可致哉ニ存候。尤供立斗是迄之通りニ致度候。其外ハ屋形限り之儀、身分ヲ始、諸家之通り質素ニ致度候。当時之姿ニ而ハ、何レ清水・田安之並も有之、出来不致儀ニ存候。

領知村々様子書之内、古城跡有無之儀、内々ニ而前々相糺置、猶又此節も内々相糺候処、相違無之候。甲州之内、中条村と申所ニ、武田勝頼古城跡有之候由、迚も急々ニハ出来不致候間、弐三拾ケ年も掛り、皆出来之手段ニ致、当分ハ手軽ニ住居斗取繕イ、可成ニ住居致度候。尤家来共、追々ハ皆在住申付候様致度候。

扨又、公辺ゟ御出方申上候儀恐入存候間、何分当時之収納高ニ御手当壹万両ヲ差加へ、右之割合ヲ以、甲州ニ不残領知拝領致度候。左候ハゝ、是迄之領知、播州・泉州・関東筋不残差上候心得ニ候。此儀如何ニ候ハゝ、当時之領知其侭被差置、御手当金丈之積り、甲州え地面拝領致度存候。尤有来り甲州其侭被置候積り、其外巨細之儀ハ兼而極内々与兵衛へ調申付置候。相尋可然候。

（一部断簡カ）

最前移り候事故、為心得申聞候。

八月

これには田沼意次を「主殿頭殿」と敬語付きで呼び、意次等の「世話」に強く依存する気持が甚だ明瞭である。これでは容易に御三家に同調して、意次糾弾を唱えるわけにもゆかなかったであろう。

ところが翌七年八月に至って、治済は一転して意次追罰を尾張宗睦・水戸治保に提案した(27)。

又々残暑立帰り候得共、弥無御障被成御座、珍重奉存候。

然者去年閏十月十六日被仰下候田沼主殿頭御仕置、事軽キ様ニ被思召、世上一統心服不仕趣御聞及、御苦労ニ思召候間、拙者存寄も御聞可被成与之儀ニ付、其節愚案之趣御答申上置候。然処、右御答ニも申上候通、主殿頭一躰之悪事故、此節ニ至候而も是与申箇条之旧悪露顕可致様子ニも相見え不申候。此節之侭ニ而末々相済候而者、成程余り御宥免ニ過候事ニ奉存候。依之、此上者居城所替被仰付候ハゝ、余程之御祟ニ而可有御座候。相良者主殿頭自力ニ而随分宜取立候由、殊ニ土地柄も宜場所ニ御座候間、東国筋、余分無之悪場所被下候ハゝ、大キ成痛ニ而、世上一統ニ心服可仕与奉存候。此儀御同意ニも被思召候ハゝ、御序之節、御年寄共被仰達候様ニと奉存候。当時御年寄共之内ニ者、右之御取扱心付居候者も可有之哉、御座候へ共、抽候而申出候儀難仕可有御座候。御三人様ゟ被仰達候ハゝ、夫を本ニ

仕リ、不捨置、取計可仕儀与奉存候。依之御内々申上候。以上。
猶以、当日目出度奉存候。
八月十五日
民部卿
大納言様
宰　相様

宗睦・治保もこれに同意し、同月廿三日紀伊治貞を糀町邸に訪ねて熟談したところ、治貞も賛成したので、九月朔日の月次登城の節老中へ申入れることとした(28)。その結果十月二日に至って田沼意次に下された処断は甚だ厳しく、意次は隠居・蟄居を命ぜられ、家名は嫡孫意明に相続を許されたものの、遠州相良城は収公、所領も二万七〇〇〇石を没収、僅かに一万石を与えられたのである(29)。松本秀持も十二月五日追罰され、前年半減された知行地の中からさらに一〇〇石を削られ、逼塞を命ぜられた(30)。

治済が何故ここに至って意次への態度を豹変させたのか、その真意は明らかにできないが、或はこの年五月のいわゆる「天明の打こわし」が衝撃となったのかと思われる。後述するように、この年六月松平定信の老中就任が実現したのは、この事件が定信反対派に少なからぬ恐怖心をもたらしたからだというのがほぼ通説である。一橋治済という人物は世情の動きに甚だ敏感であって、五月十二日にはすでに邸臣が町方の騒ぎに出会うことを禁ずる令を発している(31)。

治済がこの頃から意次追罰に傾いていった様子は、水戸治保の次の覚書から窺える(32)。

「端裏書」

天明七丁未五月廿三日、大崎鄙邸え招請ニ而罷出、咄シ候書留メ。

但、我等書留、火中いたし候事と相見、無之候ニ付、尾州殿書留ヲ追而写ス。

天明七丁未五月廿三日、我等屋敷え　御城老女招請ニ付、大崎罷出、其節我等え申聞候趣之書付、六月朔日市ケ谷邸え、御城退出ゟ同道ニ而相越、右書付之趣、尾州殿へ相咄候。

大崎申聞候次第

一、先達而一ツ橋え為　御使罷出候節、民部卿殿被申聞候者、于今主殿頭取計候御政事之風儀止ミ兼、気ノ毒被存候由、兎角築《ママ》後守（側衆横田準松）不宜候故、右之通ニも可有之旨、何卒築後守御除ケ方者有之間敷哉与被申聞候ニ付、大崎答申上候ニ者、此儀ハ甚六ケ敷、私手際ニ者参かね候旨申上候。今日参候ニ付内々申聞候。

ともかくこうして田沼意次一派は幕府の要路から追出されたばかりでなく、追罰を加えられていったのである。

註

（1）『文公御筆類』一二八〇「天明六年丙午九月六日ゟ同八年三月三日迄覚書」。
（2）『一橋徳川家文書』「御密用書付」L一―一二九四。
（この頃、三卿の中の田安邸は当主を欠いていた）。
（3）紀伊治貞は病気のためか、あまりこの三者の活動に加わらず、清水重好も発言の形迹が見当たらない。
（4）十代将軍家治は三家・両卿に遺命した直後の九月八日に死去。家斉十一代将軍となる。十四歳。
（5）『浚明院実紀』巻五五、『寛政重修諸家譜』（以下『重修譜』と略）巻一一一九（田沼）。
（6）『文公御筆類』一二八〇。
（7）同右。
（8）同右。

(9)『文恭院実紀』巻一、『重修譜』巻一二一九。
(10)『文公御筆類』一二八〇。
(11)同右。
(12)同右。
松本秀持(『重修譜』三四七)は安永八(一七七九)年勘定奉行、田沼意次の腹心として活躍。天明二(一七八二)年からは田安邸家老兼任。同六年十月兼任免除、同年閏十月五日勘定奉行免職、領地五〇〇石の中、半分を没収、小普請入り、逼塞を命ぜられる。
(13)水野出羽守忠友(『重修譜』三三〇)。
明和五(一七六八)年奥勤兼若年寄、勝手掛を命ぜられる。安永六(一七七七)年側用人、天明元(一七八一)年老中格、勤務もとの如し。同年勝手掛。同五年老中、勝手掛、奥勤兼務。
(14)酒井石見守正休(『重修譜』巻六六)。
宝暦十一(一七六一)年若年寄、安永六年勝手掛。天明六(一七八六)年将軍代替りにより、本丸・西丸の庶務を沙汰し、諸役人の勤務調査の功により、十一月廿八日時服七領を賜う。
(15)『有徳院実紀』巻三五、『重修譜』巻一二一九(田沼)。『新稿一橋徳川家記』、辻達也「徳川御三卿の生活」(『専修人文論集』五三、一九九四年)。
(16)『一橋徳川家文書』「河野長門守・田沼市左衛門儀御願筋書付」L一―二九、同「書付(田沼市左衛門・河野長門守儀ニ付)」L一―三〇。
河野長門守は、名は通延。一五〇俵取りの下級の旗本であったが、享保十(一七二五)年小五郎付近習番となり、やがて用人に進む。一時本丸の役職に転じたが、寛延二(一七四九)年から一橋家老に昇り、従五位下長門守に叙任。宗尹の懇願の効あってか、宝暦九年西丸留守居に転じた(時に六十七歳。『重修譜』巻一三五二)。

(17)『一橋徳川家文書』「田沼意致『御隠密御用記』（豊千代様え御養君ニ被仰出候ニ付）安永十年四月一日」C一〇―一。
(18)『一橋徳川家文書』「書付（田沼能登守相応之御場所え被仰付候様御願之書）」L一―七三。
(19) 意致は伯父意次等失脚の際も連坐することなく、天明六（一七八六）年十一月病気のため将軍近侍の辞意を表わしたが聴されず、翌七年五月再び請うて辞職した。しかし寛政六(一七九四)年大番頭に復職しているから、意次等とは一線を画するところがあった人かと察せられる。
(20)『一橋徳川家文書』天明三年四月、鈴木治左衛門他書付「御勝手向之儀ニ付」L一―一三一、「御勝手向御難渋之儀ニ付」L一―一三二。
(21)『一橋徳川家文書』天明三年七月、「御勝手向御内実御用向書付」L一―二七。
(22)『一橋徳川家文書』「拝領物・上物覚書」F五―六、「一橋徳川家記」（『徳川諸家系譜』第三所載）
(23)『一橋徳川家文書』「伺書（御勝手懸り三人之衆え被下物之儀ニ付）」L一―一七四。
(24)『一橋徳川家文書』「伺書并指示（田沼主殿頭等への使に猪飼茂左衛門を加うべき儀ニ付）」L一―一五八。
(25)『一橋徳川家文書』「御筆（松本伊豆守へ被下物之儀ニ付）」L一―一七七。
(26)『一橋徳川家文書』「口演之覚」L一―一一五。
『一橋徳川家文書目録』には本文書を天明二年に配列するも、本文に「去年ゟ申上置候処、段々御紀之上、去ル頃ハ結構ニ御手当テ被仰出」とあり、また「御手当壹万両」と記してある。治済が公儀より一万両の手当金を支給されるようになったのは天明四年六月からである。従ってこの文書は天明四年八月のものと考える。
(27)『文公御筆類』一二八三「天明七年八月十五日、尾張宗睦・水戸治保宛一橋治済書簡」。
(28)『文公御筆類』一二八三「天明七年八月廿五日、一橋治済宛尾張宗睦・水戸治保書簡」。
(29)『重修譜』巻一二一九（田沼）。

(30)『重修譜』巻三四七（松本）。
(31)『一橋徳川家文書』「御書付留」C一—九。
江戸において騒動は五月十八日に勃発、廿二日に至るのであるが、一橋邸では不穏な空気を早く察していたのであろう。

天明七年五月

一、世上騒々敷候ニ付、増加役拾組被仰付候。

一、御屋形勤仕之面々、右町方其外物騒敷場所え致出会候儀致間舗、勿論家来等至迄、右躰之場所え顔出候事無用たるへく候。尤家来迄も無用ニ而外出致間舗候。場末之所迄、御家人等ニ心得違之ものも有之候趣相聞候間、右之段急度相守候様可致候。

右之趣可申渡旨、肥後守（家老林忠篤）殿被仰渡候段、御目付松平源左衛門、田中善三郎殿え被申聞候事。

別紙御書付壱通、肥後守殿御渡被成候。仍之申達候、以上

五月十二日

当番

御目付中

尚、第一条の増加役十組とは、従来一組であった先手加役「火付盗賊改」を一挙に十組としたことで、幕府当局もこの頃の江戸民衆の動向に強い危機感をもっていたことが判る。但、『文恭院実紀』巻二、『御触書天明集成』二四「諸役人并組支配勤方等之部」一九三六号には五月廿三日とある。また『森山孝盛日記』にも廿三日条に次のように記してある。

於殿中、町奉行・御作事奉行・御勘定奉行（初は御勝手不抱処、一統ニ四人出ル）・寺社奉行都合十人被召出、御老中方御評議有之候由、俄ニ御先手見廻り被仰付、六組と被仰渡候処、加役堀帯刀（秀隆、当時定加役）

迚被仰付候ハヽ、今少し大勢之方可然旨申上、十組被仰付、直ニ今日より相廻、若手ニ余り候ハヽ、切捨ニ可仕旨被仰渡、只今迄両町奉行・加役両人、四組相廻へ共、中々手ニ合不申候由。

これによれば増加役決定は廿三日と見るべく、一橋邸の記録には錯簡があるのかとも思へる（『御書付留』は一橋邸目付の記録であるが、日記ではなく、覚書様の物を後日まとめて記したものと認められる）。従って邸臣への町方外出禁令も、或は廿三日と見るのがよいかもしれない。

(32)　『文公御筆類』一三七二。

横田準松は幼少から家治の側近として奥勤を続け、安永二(一七七三)年側衆御用取次に任ぜられた。天明七(一七八七)年五月朔日三〇〇〇石加増、九五〇〇石となる。但これについて老女大崎は水戸治保に次のように述べている。

一、筑後守御加増之義ハ、初発伺之節、五千石与相済候処、老女共ゟ申出、先三千石ニ而も可然候、又追而ハ兎も角もと　上えも御内々者申上、其筋えも申談候上、三千石ニ相成候事。

横田準松が大奥女中からあまり好感を持たれていなかった様子が窺われる。しかし大崎は続けて、

一、稲葉越前守勤役之節ハ、御用向之儀一人ニ而取計・伊勢守（側衆御用取次本郷泰行）抔えも相談も不致、至于今候而者、筑後守も差支候品有之由を申聞候得共、只今若狭守（同御用取次小笠原信喜）へ何事も相談不致候故、やはり同様之儀ニ而、若狭守義甚心痛而已致シ相勤候由之事。

と述べ、当時の奥向に横田準松が専権をふるっていたことを物語っている。

ところがその数日後、準松は役職を免ぜられ、菊間広縁伺候を命ぜられるに至ったのは、治済の意見の効果であったのであろうか（『重修譜』巻四五一〈横田〉）。

二　松平定信の老中推挙

十代将軍家治から遺命を受けた御三家と一橋治済は、田沼意次一派の排斥と併行して、幼将軍家斉補佐の適任者を閣老に送り込む工作を開始した。その模様を『文公御筆類』を主な典拠として追ってみよう。[1]

前節で言及したように、治済は当初田沼意次追罰にはやや消極的であったが、将軍補佐の老臣選任には意欲を燃やしていた。天明六年十月廿四日（御三家が田沼追罰を閣老に申し入れた翌日）、尾張宗睦・水戸治保に次のように申述べている。[2]

〔朱書　十月廿四日参ル〕

不順之時候ニ御座候得共、弥御障も不被成御座、一段之御事ニ奉存候。然者至極内密ニ而御頼申入候趣、左ニ申述候。

一、近年世上一統風儀悪敷罷成、実義を取失ひ、利欲専らニ而、下々之痛ニ相成候儀も不顧、御益抔と相心得、新法之運上事等申出候得は追々申付、下民之心離レ候儀日々相増、諸御役人御奉公筋之儀も廉直之風無之、権威ニ而已媚諂ヒ、御役替、立身之儀も器量・実躰之吟味ニ不及、評議不宜人物ニ而も、賄賂を以相進ミ、或は権家内縁ニ付、不順之吹挙も有之、奉行・頭人迄此風ニ推移り、組支配之人品ニは聊不心附、御役出、御用掛等賄賂を以取行候様子ニ相聞え、何共歎ヶ敷風儀ニ相成行、実々御為ニ不相成趣、兼々心ならす罷在候砌、格別之御明断を以、先頃重立候御役人一両輩退役被仰付、世上一統目を覚し候様子ニ御座候処、無程　御大変ニ而、当時　上様御若年之御時節罷成、御太切至極之御事ニ奉存候。此段は定而御同意之御事と奉存候。然處、当時相残居候御役人、只今迄之風儀ニ相随ひ、何之存寄も無之打過候輩故、此已後万端立直シ、年来之悪風相改、　先御代之思召ニも相叶、　上様御補佐ニ可相成者無御座候。此侭ニ而行成次第之取計ニ御座候而は、只今迄ゟ段々弱ミ計付候而、自から御威徳も薄ク相成行候。

上様万端御裁断被遊候節ニ至り、誠に御手之付方も無之様ニ可相成と、甚心痛之事ニ御座候。何卒実義・器量之者、先壹人加判之列被仰付、夫ゟ追々賢才之者も引立、御役被仰付、享保之御仁政ニ立帰り、上下安堵、万民帰服有之様ニ相願候。

当時追々加判之列ニ可相進御役筋相勤居候面々、孰も右之御奉公出来可致者一向ニ不相見候。然ル上は御役筋之順ニ不拘、御普代之内、世上一統評議も宜、実義・才力有之、御為第一ニ可相勤者御撰ミ無之候而は、不相叶儀と奉存候。依之少々存当り之族も御座候間、水野出羽守事は前々内用向談候事も有之候者故、先比至極内密ニ而薄々心付申遣候處、随分請は宜候得共、誠ニ律義一遍之生得、此節は畏緬《マヽ》仕罷在候。取切候而取扱候儀一向ニ不相叶候。

ついで閏十月六日には具体的に老中三名・若年寄三名をあげ、殊に松平定信を筆頭にあげ、もし老中から意見を求められたら、そのように答えたいと告げた[3]。

〔朱書　閏十月六日参ル〕

一両日は俄ニ寒冷相募候得共、弥御障も無御座、珍重奉存候。然者此間段々内存之趣密々及御相談候処、無御伏蔵被仰下、千万忝奉存候。其御方ニ而も、先日中度々御会合被成、御熟談之上、去ル廿三日掃部頭始御年寄え御書付御渡被成候由、依之拙者存寄御相談申候趣も申遣可然被思召候由、承知仕

候。早速取認差遣申候。右ニ付、御三人様御渡被成候御書付之御主意は不奉存候得共、拙者存寄之趣、掃部頭・御年寄共致承知候ハヽ、此度加判之列被仰付候者、誰ニ而可然哉と申儀、御同列えも御年寄共ゟ相伺、拙者方えも可申聞哉と奉存候。其節は左之名前之面々兼々相応之人及承、殊ニ初御筆之者は、前々ゟ面談も仕、別而委敷心立も存罷在候間、相答可申哉と奉存候。

松平越中守（定信）　酒井修理大夫（忠貫）　戸田釆女正（氏教）

追々若年寄被仰付、相応ニも可有之与存候。左之通。

稲垣長門守（定計）　本多弾正大弼（忠籌）　加納備中守（久周）

右之通御座候。是又如何被思召候哉。尤其御方ニも兼々思召当り之者御座候ハヽ、可被仰下候。誠ニ御為第一之ニ御座候間、御三人様御相談被下、御実評之所無御遠慮被仰下候様ニ奉頼候。以上

閏十月六日

上書　大納言様

宰　相様

御三家側もこれに同意し、もし老中から質問があったら、これらの人物の名をあげたいと返答した。(4)その後やや手間取ったが、十二月十五日に至って、御三家連名で松平定信を推挙した。(5)

天明六年十二月十五日

松平越中守推挙之儀申達候次第

松平越中守事、実儀成者ニ相見へ、其上諸事心得宜敷様ニ、我等共及承候。年若ニは候へ共、只今之内ゟ加判之列被仰付候ハヽ、後々御為ニも相成可申奉存候。依而此段各迄相達候事。

尾張大納言
紀伊中納言
水戸宰　相

右、尾張殿直筆ニ而、我等致持参、御礼過、於部屋掃部頭始老中え申達候。此節尾張殿風氣、紀伊殿ニも所労故、両所添書をも持参致し候事。右添書左之通り。

本書之趣、我等共一同ニ各え可申談候処、風氣ニ罷成、不致登城候ニ付、委曲水戸殿ゟ可申談候。

十二月十五日　　尾張大納言

本書之趣、我等とも一同ニ各え可申談候処、歩行不自由罷在、不登城候ニ付、委細水戸殿ゟ可被申談候。

十二月十五日　　紀伊中納言

右之通り申達置候所、今日登城之節、御目見以前、掃部頭・老中、部屋え罷出、左之通り申聞候間、尾紀両公とも所労ニ付登城無之候間、我等ゟ手紙ニ而、市谷え申越、糀丁えハ市谷ゟ被有通達候様、申越候事。

旧冬十五日被仰聞候、松平越中守義ニ付、御書面之趣ヲ以御内々ニ達御聴候。御考も可被為在之旨、御沙汰ニ御座候御事。

但、右之儀、周防守口上ニ而被申聞候ニ付、順阿弥を以、書付ニ而給り候様、右を尾紀両家え文通致し候旨申達候得は、早速封印ニ而、周防守ゟ順阿弥ヲ以指越候間、本書ハ尾州殿え遣し候事。

天明七年丁未正月十五日

これに対し、老中や大奥老女から反撥があった[6]。

二月朔日尾張殿邸え大崎罷出、申聞有之候次第、尾張殿心覚ニ被認、翌二日我等市ケ谷え相越候ニ付、為見被申候間、致借用写置也。

（朱書）但、尾張殿被認候侭、左ニ写之、

一、大崎申聞候者、先達而松平越中守事申上候ニ付、　上之思召ニ者、三家共御世話申上候儀、宜敷人物ニ而可有之候ハヽ、可被仰付思召ニ而、水野出羽守え御意被遊候処、承知不仕候由、上ニ者、三家共御世話申上候儀、御取用不被遊候段、御気之毒ニ思召候。夫ニ付、高岳え、右之儀　御意可被遊哉之段、此間大崎へ御内々御相談御座候ニ付、随分　御意被遊宜敷奉存候旨、申上候由、其後高岳え御意御座候由、右ニ付而、高岳・滝川抔了簡ニハ、　惇信院様御代、御身近く御縁有之者、御役儀ハ被仰付間敷旨、上意も有之候故、此節越中守被仰付候而者、惇信院様思召ニも違ひ候。被仰付衆弥宜敷、御為ニも相成候へは、宜敷候へとも、若何そ不調法有之候節、御取計も難被成事に候得は、宜しかるましく存候由。尤表向之評議も右之趣ニ、大崎咄候様子ニ而相聞へ候。右之通ニ付、大崎儀、此屋形え罷出、右之趣申聞、我等存寄相窺ひ候様、高岳はしめ申聞候故、今日罷出候由。

一、右之儀大崎申聞候ニ付、惇信院様思召之趣ハ、我等共一向不奉存候。高岳始メ了簡之趣、尤之儀ニ存候。併一存ニ而者答も申難候間、紀州・水戸申談、追而大崎迄答之趣可申遣候間、先々高岳はしめへ宜敷頼入旨申述置候事。

一、大崎申聞候者、高岳はしめ右之通申候を、大崎一人被仰付、宜しかるへくとも申難候故、何共不申候へ共、　上之御為ニさへ相成候人ニ候ハヽ、何卒被仰付候様致度旨申聞候事。此外咄し候儀も有之候得共、書取かたく、大意計書付候事。

（天明七年）
二月朔日

惇信院つまり九代将軍家重の意向として、将軍の縁者は役職につけないというのである。これを聞いた治済は二月六日付の尾張・水戸宛の書簡ですぐに反論し、将軍と縁ある者というのは外戚のことであって、松平定信は三家三卿の同族であり、外戚とは尊卑格段であるから、定信に役儀を仰付けても、九代将軍の遺誡に背くことにはならないと述べた。(7) 尾水両家共この意見に賛成し、二月十三日に老女大崎を市ヶ谷尾州邸に招き、次のように申渡した。(8)

二月十三日、尾張殿邸え大崎罷出候せつ、尾張殿一同申達候扣へ之写

一、惇信院様尊慮之上者、士貢《マヽ》可申上儀無御座、乍憚御尤至極之御儀ニ奉存候。乍去、宜敷人ニさへ候得は、御縁有之者被仰付候而も、御差支も有御座間敷哉、若御目かね違ニ而、追而不調法、如何之筋等御座候節ハ、御縁ニ無御拘、御咎メ被仰付候而も、天下之御為之儀ニ候得は、御遠慮ニ不被為及候様奉存候。

一、惇信院様思召之儀者至而重キ御事に候得者、当御代ニ而者、勿論御背キ被遊間敷儀候得共、依時宜軽重之御考も無之候而不相成御事ニ奉存候。当時ニ而者、惇信院様思召ニ御背キ被遊候御筋合ニ而も、此節宜敷人加判之列被仰付候方、天下億兆之幸ニ御座候得は、惇信院様思召ニ者齟齬いたし候而も、此節被仰付方、軽重之御考被為在候ハヽ、重キ方ニ乍憚奉存候事。

一、惇信院様御代御縁有之者と之儀者、御外戚之儀ニ而、既ニ其人も不宜事も有之候ニ付、以後ハ御縁有之者は、御政事筋えは被仰付間敷旨、被仰出候御事と奉存候。右は御外戚之者、以来権威をふるひ候事無之様ニとの思召、乍恐甚御尤至極之御儀ニ奉存候。越中守事ハ我々共と同宗之事ニて、格別御次第も違イ候事、同宗と外戚、尊卑体段《(ママ)》格別ニ而、越中守御役義被仰付候而も、御先代之御遺戒ニ御背被遊候と申事ニ而は無之儀と、乍憚奉存候。其上周の成王之為ニは、周公旦ハ叔父ニ候得共、政事筋専ラ周公取扱候事も有之候得は、別而此節、上御若年之御事ニ被為在候得は、宜敷人ニさへ候得は、御役儀仰付、奉輔佐候ハヽ、甚御為ニも可相成と、我々共ニおゐてハ奉存候。乍去此儀ハ我等共主意ヲ申届度、ひたすら申候事ニハ曽而無之候条、各方計御承知被置、ひそかに 上之御聴ニ被入候儀ハ格別、表向へハ沙汰無之様致度存候事。

治済はこの反論に手応えありとみたのか、更に勢いづいて、尾水両家へ次のように申入れた。(9)

天明七年二月十八日尾張宗睦・水戸治保宛一橋治済書状

此間は折々風烈、春和相成兼候、弥御障も不被成御座、珍重之御事ニ奉存候、然者先比ゟ度々御贈答仕候上、改候而不及申儀ニ候得共、当時御代初と申、殊ニ御若年之儀、万端御太切之儀、勿論ニ御座候、其上近年已来、執政専権、利欲賄賂之跡ニ而、御治世とは乍申、頻年不熟衰微之折柄、別而改正之御仕置無之候而は、御為ニ不宜儀と奉存候、先達も御相談申候如く、委細存寄相認、掃部頭始老中え申遣候処、其趣入御聴候と申挨拶迄ニ而、御取用之御様子、一向無御座候、是は此節老中之内、右之勘弁第一ニ、忠勤可仕様子之者無之故と、乍恐安心不仕事ニ奉存、何卒御為ニ宜敷人物、先一人成共登庸仕候様致度、松平越中守事御役被仰付可然段、内々ニ而御用取次、御側えも申遣、御三人様ゟ

も御推挙之儀及御相談、則被仰立候処、此間被仰下候通り之訳ニ而、是又埒明不申候、当時之者共は主殿頭抔と違、格別之邪智も無之様子ニ御座候間、御三人様ゟも被仰立、拙者共も彼是申談候儀、孰取用可申哉と存候所、ケ様ニ行届兼候儀、何故之子細ニ御座候哉と、得と相考候ニ、大岡出雲守勤役已来、御用御取次或は御側用人、奥兼御老中抔と、名目は時々違候得共、老中之外ニ一場所相構、諸事此處ニ而決シ候上、老中え申出、万事取扱候故、老中は誠ニ内評相済候事を、表立取扱候迄之役ニ相成候、当時もやはり其仕方ニ而、御若年之御時節故、御用御取次と老中互に持合、其上ニも難決儀は、自分共と同意之老女と申談相定、表向は思召之名目ニ而取扱、手前之祿位を固ク致候主意と相見へ、是迄之振合を改候儀、何寄以不同心ゟ事起候儀と被存候、小笠原若狭守儀は、全ク当風計ニ而も無之様子ニ相見え候間、極内々ニ拙者存寄申遣候処、是以此方ゟ申懸候儀はかなりニ請答仕候得共、あの方ゟと申候而は、何事も一円不申聞候、増而其余之者共ハ、拙者方ゟ何卒何事も口出し不致様ニ致度存候様子而已ニ而御座候、此分ニ而は、御三人様ニ而も、御為ヲ被思召、色々御勘弁も有之、拙者儀も乍不及存寄附候得共、脇ニ而辛労仕候而已ニ而、何之詮も無之事ニ御座候、尤も式日、定日等、表立罷出候外ニ、是迄之引付ニ而、月々一両度は大奥えも罷通り候得共、差定り之事計ニ而、御内々聴請之上、御取捌も不被為在候事故、是又詮も無御座候、依之近比差出ケ間敷御座候得共、一両年之直ニ言上など可仕御都合も無御座候、縦令見合言上仕候事相成候而も、乍恐当時之御年柄ニ而は、御内は、重キ御役人之進退、其外何そ廉立候御政務は、拙者登城之序か、又は老中・御用御取次を以成共、御尋御座候様ニ仕度奉存候、左候ハヽ、心之及候丈ヲ勘弁仕、難決儀は御内々ニ而、御三人様え御相談申上、御為宜方ニ相定、御請候様ニ可致候、此儀は自分ゟ致方無之事ニ御座候間、御三人様御評議被下、不苦筋ニも思召候ハヽ、御序之節、老中か又は毎度御屋形え罷出候老女えか、可宜と思召候方え、御心被附御座候様致度候、非才之拙者御政務筋ニ携り度内存ニ而は曽而無御座候得共、年月重り、万事御自身ニ被聞召候御時節迄、当時之儘ニ而御座候而は、御為ニ不相成儀眼前ニ御座候故、此所歎敷、自分ゟ難申出儀御相談申上候、若又不可然儀ニ思召候ハヽ、兼々御懇切被仰談被下候儀ニ御座候間、少も御無遠慮、其段可被仰下候、尤先達而御三人様ゟ老中え被仰含候儀、捗々敷取扱も不仕候故、此儀も又々埒明申間敷と可被思召候得共、御三人様ゟ被仰立候儀、一度ならず二度迄は、よもや等閑ニは仕間敷候、不同心なからも取扱可申と奉存候、右之道筋さへ付候ハヽ、何分勘弁之上、相応之人物引出し、改正之御手段相立候様仕、其上ニ而拙者少もいろひ候存寄、毛頭無御座候、愚意之長文、前後相分難くと奉存候、宜御賢覧可被下候、以上

二月十八日

追啓　惣而加判之列被仰付候当朝、御三人様え老中被遣候御様子及承候、右は誰被仰付候と申御知ニ而御座候哉、又ハ誰被仰付候ニ付御相談ニ而、御三人様思召をも御尋之御主意ニ御座候哉、古来は余程前広ニ御沙汰御座候處、近来当朝ニ相成候事ニも御座候哉、故実承度奉存候、若左様之振合ニ御座候ハヾ、向後古来之通りニ立帰り候様ニ致方も可有御座哉と奉存候ニ付、相伺候

大納言様

宰　相様

民部卿

つまり当時は将軍若年を理由に、老中と御用取次が結託し、更に老女を捲き込んで、将軍の思召を名目に、改革につとめて同心しない。そこで当分、重職の人事その他重要な政務については自分が諮問を受けるよ

う、三家から老中か老女へ申入れてくれというのである。

一方老女側は、治済の反論によって、「惇信院様御遺誡」を楯にとっての松平定信入閣反対は引込めざるを得なくなったものの、別の理由を持出してきた[10]。

二月廿一日、尾張殿え、為　上使、大崎罷出候セツ、大崎申聞有之趣、尾張殿被認、為見被申候ニ付、写置候。

一、先達而相渡シ候書付、高岳始メへ申聞、勿論越中守ニは限り不申、誰々ニても、宜敷人被仰付候様致度与之儀も申聞候処、何れも尤之儀ニ存候由。

一、此間、姫君様ゟ大崎え御文被下候由、右ハ越中守御役儀被仰付、後々何そ不調法等有之候而は、姫君様御気之毒ニ思召候間、何卒御役儀不被仰付候様ニ被遊度と之御事ニ付、高岳・滝川抔えも、大崎ゟ右御文之趣申談候処、今日罷出候節、此間之御答申上、越中守難被仰付趣、申上候様申聞候由。

一、大崎申聞候は、此間民部卿殿え花見にて、老女衆被招候由、其節高橋え逢被申候而、別紙書付之人別、何レも人品悪敷候間、老中へ不被仰付候様ニ、高岳始メへ申聞候様ニ与之事ニ候。然れとも大崎存候ニは、民部卿殿ゟ世話有之儀、余り世話過候も、却而高岳始メ惣躰之様子も如何ニ存候間、右之人別之儀、何卒我等ゟ大崎へ申聞候ハヽ、其趣高岳はしめへ申聞候様致度候旨申聞候故、委細承り候、我等共人物之儀委敷儀不存候間、追而三人共得与申談候上、大崎まて可申遣旨申談置候事。

姫君様というのは十代将軍家治の養女種姫で、実は田安宗武の女、松平定信の妹で、安永四（一七七五）年将軍家の養女となり、「姫君様」と称せられていた。その種姫の反対で、松平定信の入閣は不可能だという。

また治済の幕府人事介入については、老女大崎も反感を懐いたのではあるまいか。治済からではなく、三家から大崎へ申聞かせてくれれば、高岳その他の同僚へ取次ごうというのである。治済の性格については、別稿にやや詳しく事例をあげて述べたところであるが[11]、祖父吉宗ゆずりというべきか、甚だ細部にわたって気の届く性質で、しかしまた一面、上流武家貴族育ちの身勝手な言動も免れなかった。恐らくそういう性格が、後述するように折角極力推挙した松平定信との不仲を生むに至った大きな理由かと、私は考えている。老女大崎が早くも敬遠する言辞を表したのも、治済のそういう性格に由因するのではあるまいか。

尾張宗睦・水戸治保がこの頃治済をどのように評したか、文献上は判らないが、治済の幕府諮問役には結局同意しなかった[12]。

天明七年三月六日一橋治済宛尾張宗睦・水戸治保書簡

此間は不順之気候ニ御座候、弥御障り不被成御座、珍重奉存候、然者先達而被仰下候、一両年之内は、重き御役人之進退、其外何そ廉立候御政務は、其許様御登城之御序か、又は御年寄共・御用御取次等を以成り共、御尋御座候様ニ被成度思召候由、左候ハヽ、御心之及候丈ハ御勘弁も被成、其上ニも御決断難被成儀も有之節は、御内々ニ而我々三人共えも御相談被成、御為宜敷方ニ御定、御請被成候様ニ可被成旨、此儀は御自身様ゟハ被成方無之御事ニ御座候間、我々三人共評議仕、不苦筋ニ存候ハヽ、序之筋、老中か又は屋敷え罷出候老女え歟、可宜と存候方え、心を附候様被成度思召候由、先達而及貴報候通り、何れニも重キ御事ニ奉存候間、三人共熟談仕候處、我々共ゟ申出候儀、一度ならす二度迄ハよもや等閑ニは致間敷思召候由ニハ候得共、当時之振合ニ而は、此上共ニ届合之所、甚無覚束儀ニ、於我々共は奉存候、其上何とか其許様ゟ、我々共え御内々御通達も有之上ニ而、松平越中守推挙抔之儀も申達候様ニ存取候者も有之歟ニ相聞エ候間、旁前段之趣申出候而も、不行届時は、其許様御身分儀と申、如何ニ奉存候間、先ツ御見合之方ニも可有之哉と、三人共申合候、兼々御懇切ニ贈答も仕候儀故、無伏蔵愚意之趣申上候、乍然我々三人共勘考之品、不行届儀も可有御座候間、猶又御賢慮も御座候ハゝ、被仰下候様致度奉存候、以上

三月六日

やがて、前節に述べたように、天明七年五月中旬の江戸市中の打ちこわしの衝撃か、定信入閣をめぐる事態も変化する。(13)

六月九日市ケ谷え大崎より差越候口上書之うつし

恐乍口上書ニて申上候

御機嫌よく入らせられ候御事、御めて度有難りまいらせ候。
さ様ニさ候へは、松平越中守との事、
姫君様初ニ御不承知の御事も表え申置候間、
このたひ御為ニ相成候事ニて御さ候へハ、
何も思しめしもあらせられぬよし、御意御さ候段、表へ申置候。
右ニ附、近々ニ被仰付候御沙汰も御座候よしニて御座候。
段々あなた様方御せわさま被遊候御事、

扨々私ニ忝、有難存上候。
民部卿様ニもかねて左様あそハし度思しめしニ被為有候得共、
思しめし通りニも相成かね、御こまりあそハし入らせられ候
御事ニて御さ候。扨々御かけさまニて御為にもよろしく
太平の御事と、ことのほかく有難り申候。
此義聞せられ候半とそんし上候へとも、
あまり有難さのまゝ、御内々私共心計ニて申上度、恐乍口上ニて申上候。以上
こうして天明七（一七八七）年六月十九日、松平定信の老中就任が実現したのである。

註

（1）『文公御筆類』は水戸徳川七代治保（一七五一―一八〇五）が諸家へ発信の控、尾張宗睦その他から来信、或は尾州家から廻覧書状の写等を集めた文書集で、田沼末期から寛政へかけての幕政の内実を知るのにこの上ない好材料を提供してくれる。すでに、菊池謙二郎「松平定信入閣事情」（『史学雑誌』二六―一　一九一五年）に利用され、また、竹内誠「寛政改革」（岩波講座『日本歴史』近世4　一九七六年）、同「老中松平定信の解任事情」（『東京学芸大学紀要』第三部門第三五集、一九八三年）にも引用されている。私も『新稿一橋徳川家記』（一九八三年刊）編集の際、一橋治済関係史料として若干蒐集したので、右の諸文献所引のものと重複するところも含めて、必要部分を紹介する。前節に引用したのも同様である。
なお、深井雅海「天明末年における将軍家斉実父一橋治済の政治的役割」（徳川林政史研究所『研究紀要』昭和五十六年度）には、徳川宗家文書の中の一橋治済関係文書が紹介されている。
また、井野辺茂雄『幕末史の研究』（一九二七年刊）は、松平定信関係史料によって、治済の行動を叙述してい

る。
（2）『文公御筆類』一二八三。
（3）同右。
（4）同右。
（5）同一二八〇。
（6）同一二七五。
（7）同右。
（8）同右。
（9）同一二八三。
（10）同一二七五。
（11）『新稿一橋徳川家記』編集後記二「一橋徳川家史寸描」、辻達也『近世史話』所收「一橋徳川家と御三卿」（一九九一年　悠思社）。
（12）『文公御筆類』一二七五。
治済と御三家の関係も、後述するように、松平定信老中免職後は疎遠になってゆく。
（13）『文公御筆類』一二七五。

三　松平定信の将軍輔佐就任

折角苦心して松平定信を老中に送り込んだものの、定信は閣内で孤立無援の状態であった。その模様を定信は一橋治済に、十月六日付で次のように申述べている(1)。

越中守ゟ來ル一封之写

端書

其御手薄様の御事、誠ニ十分之一も書□不申、驚歎ニ堪不申ほとの事共、御為と申候義ハ、相為に謀り難くとも申候も、失言ニも可有之哉候得共、御為宜しきとハ申上かたき事共故、打明シ奉申上候。呉々も御火中なりとも、又ハ書付御返し被下候とも奉願上、火中も御面倒之御義と奉察上候。

御返し被下置候而も宜く奉存上候。

密ニ奉申上候。明日参邸可仕旨奉申上候。乍恐痛所又々差起、無據御断奉申上候事、甚以恐入奉存候。此節主殿頭御咎メ被仰付候而、世上も何となく人気動き、主殿頭勤役中同役仕候者とも、追々左遷も可有之哉と申唱候上、その身々々も不安心に存候哉ニ何となく相察申候。其刻私義参邸仕候ハヽ、必世評も可有之義と奉存候。痛所ニ付御断り奉申上候へとも、つら〳〵右之處存廻らし候てハ、何とぞ十五日過之比か、又ハ当月末までに参邸仕度奉存上候。痛所快く候以後も参邸不仕候てハ、同役共も如何と又々疑ひ可申候ニ付、猶程ヲ見合可奉申上候。一日も早く奉申上度事御座候ニ付、則左ニ荒増相認申候。

一、前々ゟ人材之義厚く仰御座候義、御尤ニ奉存上候。同役共之義を彼是申上候ハ恐入候事ニ御座候得共、何レも故習ニ染ミ候故に哉、当座々々の事のミニ心得、曽而遠慮仕候事ハ無之、誠に絶言語候事のミ御座候。一々申上奉り候ハヽ、御驚歎可有之輩存上候。已ニ田沼之御咎メ之評義ニも、最初より度々談し候ても、鳥丹（鳥居丹波守忠意）・阿勢（阿部伊勢守正倫）之徒ハ仕宜斗り仕候と申様成ル義、一日引込候へハ、御祐筆組頭を以テ一々相談有之類ひ、智力を尽し候て不行届ニハ無之、意と不仕候と申程之義、ケ様ニ而ハ私式之微力ニて、中々重任を引うけ、中興之義無覚束、甚以奉恐入候。私義御役被仰付候ゟ、何とそ少々も御為ニ相成候義と心力を尽し候へ共、愚蒙之義、不行届恐入奉存候。

一己之義を存候か、勤向聊私曲有之候か、御為に疎略有之候かに及ひ候ハヽ、忽チ天地之罰を蒙り可申義と、日光山え祈誓仕、何とも恐入候存上候得共、私室ニ間居仕候ても、昼夜となく中興之義のミ不及なから相考、已ニ蒙命候ゟ今日まてハ、春情を遏絶仕罷在候程之義ニ御座候へとも、微力難成功ことにハ、無益有害にも至可申哉と恐懼無極奉存上候。乍然、いつれとも来年中までにハ少々ハ快復之たよりも可有之哉、乍併前文之朝廷無人と申候様成義、ことに私一人ニ而働き候も御手薄成ル義、此所ハ兼て御思慮有之候様ニ奉願候。私一旦死失仕候ハヽ、同志之ものも追々退キ申候に至り申間敷も難斗、御太切之義と奉存候。此等不申上時ハ是又御為ならす、申上候も、私心底又々不快ニ御座候へとも、不得已書付申候。書中残り候てハ猶又罪戻深く御座候。御投火之義奉願候。書余ハ乍恐痛所快く候後、参邸之義又々奉願候而、可奉申上候。此外之義、御大切之事共御座候へとも、是等ハ人材ニ付候ケ条之義ニ御座候。只今之処ハまつ可也ニ可仕候へとも、乍恐私死失之後ハ別而奉恐入、ケ様申上候而ハ、謙辞無之様ニ恐入候へとも、事一盃ニ不奉申上してハ、是又不忠と奉存候。愚蒙之義ニ候とも、心力を尽し極メ候覚悟ニ付、不行届ハ無是非奉存候。外々ハいつれも才智有之人も多く、私式杯ゟハ遙ニ立のび候人有之候へとも、とかく意とせずと申様成ル風儀故、習に候哉与被察候へハ、別而恐入奉存候。

猶愛宕下等之私事ハ逐而参邸之節、可奉申上候。燈下馳禿筆、不文狼籍奉恐入候。呉々も御投火之義奉願上候。

十月六日夜　　　　松平越中守

「上包ニ」書付

そこで治済は松平信明（当時奏者番）を差当り側用人として送り込み、機会を見て老中という含みで、三家から閣老へ申入れてほしいという書状を送った。(2) 事は急には進行しなかったようであるが、翌天明八（一七八八）年二月二日信明は側用人に進み、四月四日には老中に任ぜられて、なお奥向の事務も兼ねた。(3)

側用人から老中に進む例は、五代将軍綱吉の側用人松平忠周が八代吉宗の時老中に用いられ、(4) また正徳期の側用人本多忠良がやはり将軍吉宗によって老中に登用された例があるが、(5) これらは側用人辞任後、若干の年を隔てて別の将軍の時に老中となったものである。

同じ将軍の時に側用人から老中に昇進する例は明和九（一七七二）年の田沼意次に始まる。(6) ついで天明五（一七八五）年に水野忠友が側用人から老中に昇り、奥勤を兼ねた。(7)

松平定信もこれを継承し、まず定信自身老中に任ぜられると奥勤を兼任した。(8) さらに松平信明を側用人から程なく老中へ昇進させ、奥勤兼帯とし、ついで本多忠籌を天明八年に若年寄から側用人に登用し、寛政二（一七九〇）年四月に老中格、奥兼帯とした。(9) これと同時に戸田氏教を奏者番兼寺社奉行から側用人に

昇進させ、十一月には老中としている。(10)

このように定信は表奥の要職を改革派で固め上げてゆくのと並行して、前代の遺老である老中松平周防守康福と水野出羽守忠友とを、御三家の意向という形で閣老から排除した。(11) さらに定信は、当時老中の首座にはあったが、よりその閣内における立場を強化すべく、御三家と治済に協力を求めた。そこで大老職或は大老格昇進、少将任官（すでに老中任命の時、侍従になっているので一段昇進、但、老中で少将の前例はない）等の案が出され、曲折を経て次のようになった。(12)

天明八年二月廿八日尾張宗睦・水戸治保宛一橋治済書簡

昨日迄両度御丁寧ニ御挨拶被仰下、忝拝見仕候。又々冷気ニ御座候得共、弥御障不被成御座、珍重奉存候。然者此間段々御相談申上候越中守事、内密申上候趣、則松平伊豆守始、御用取次共迄被仰出候処、右三人ニ而評義仕候は、御大老格与申候而も、加判・月番も仕、官位も進ミ不申候而は、差而何之替りたる振合も無之、却而珍敷様子之者被仰付候抔、世上不審も有之、格別御取締之助ニも相成間敷候間、一向ニ大老格与申事無之、職名ハやはり是迄之通ニ而、段々出精ニ付、御褒賞として御道具被下、御名代并月番御免ニ而、諸事御政務筋補佐申上候様ニ被仰付候ハヽ、可然哉と申合、先ツ御内慮之趣越中守え斗内々ニ而申聞、并右評議之趣も申談候処、孰ニも難有儀ニ奉存候。拙者言上有之たるゟ起り候事ニ候間、拙者存寄も承候様ニ与、伊豆守え越中守申聞候由、則一昨日伊豆守拙宅え罷出、委細申聞候。尤此間申上候通、辞退之上含有之儀は口外可致様も無之、其上右之評議之趣、最初含候訳ゟ猶又宜可有御座了簡仕候間、何分可然段及挨拶候。越中守儀も月番相勤候而は、差定り之諸取扱等甚数多ク、肝要之儀与混雑仕候而難儀御座候故、右之通被仰出候へは、勤方専一ニ相成、至極宜奉存候段、内々ニ而も申越候。右ニ付、此間申上候趣とは又々振合替り候間、御心得被下候ため如此御座候。入組候訳合、不文書取兼候。宜御賢察可被下候。已上

二月廿八日

猶以、未伺已前ニ付、治定之趣ニは無御座候。為念申上置候。

大納言様

宰　相様

民部卿

こうして天明八年三月四日、定信は将軍家斉から諸事輔佐を命ぜられ、大和包永の脇指を下賜、月番を免除された。(13)

註

（1）『文公御筆類』一二八三。

（2）同右。

逐日冷気相募候得共、弥御障も不被成御座、珍重奉存候。然者此一封御両所様え、私ゟ差上呉候様、一昨夕越中守ゟ指越申候処、昨日は少々故障有之、延引立候。右ニ付、今日為持上ケ申候。

右之序ニ申越候は、松平伊豆守儀御側御用人被仰付候様、御両所様ゟ御発言有之候而可然哉と奉存候旨、右之訳、当時老中え被仰付候而も、周防守始古キ者共有之候故、彼是心ヲ置候間、越中守如何程ニ引立候而も、万端差支多、御用立申間敷と奉存候由、依之、御側御用人と御発言有之候様仕度段、申越候間、申上候。以上

十月九日

大納言様

宰　相様

民部卿

（3）『重修譜』巻二五六（大河内松平）。
（4）『重修譜』巻八（藤井松平）。
宝永二（一七〇五）年九月側用人、同六年正月綱吉死去により免職、享保二（一七一七）年京都所司代、同九年老中。
（5）『重修譜』巻六八一（本多）。
宝永七（一七一〇）年十二月側用人、（『重修譜』には「御側の諸事を見習ふ」とあり、翌正徳元年六月、官位席次は昇るも、「其職故のごとく」ある。『柳営補任』巻一には宝永七年九月「見習」、十二月「本役」とある。いずれにしても忠良の場合は、間部詮房の立場の権威付けのために、譜代の名門である本多をその次席に据えたもので、側用人としての実質的な役割は詮房が遂行していたと考えてよい）。

正徳六（一七一六）年五月、将軍家継の死去により免職、帝鑑の間詰となる。

享保十九（一七三四）年六月老中。
（6）『重修譜』巻一二一九（田沼）。
（7）『重修譜』巻三三〇（水野）。
田沼意次の場合、『柳営補任』には明和六年「老中格、奥兼帯」とあり、この時老中と同様に表向きの職務を勤めるようになったと読めるが、『重修譜』ではこの年、「老中に准ぜられて持鎗二本をゆるさる」とあり、老中の政務を執りつつ、奥の仕事を兼ねたとは読めない。明和九年に正規の老中に任ぜられた時には、『柳営補任』『重修譜』共に「奥兼帯」とは記してない。但『浚明院実紀』巻二五、安永元年正月十五日条には、「田沼主殿頭意次、宿老の班に加えられ、昵近もとの如し」とある。水野忠友の場合、老中と奥勤兼任が明記してある。
（8）『重修譜』巻五五（久松松平）。
『文公御筆類』一三九二所載、寛政四年八月晦日付本多忠籌「御請」（尾張宗睦・水戸治保への返書）に、定信の

たことが判る。

補佐御免願却下を報じた中に「奥勤兼帯御免願之義も、比節御沙汰不レ被レ及」とあり、定信が奥勤を兼ねてい

(9)『重修譜』巻六八三(本多)。

本多忠籌の場合、正規の老中ではなく老中格であるが、寛政五(一七九三)年迄勝手掛を勤めているから、それは単に席次や儀礼上の待遇ではなく、表向きと奥向きとを兼ねていたことは明らかである。

(10)『重修譜』巻九一四(戸田)。

(11)水野忠友は天明八年三月廿八日、松平康福は同年四月三日退職(『重修譜』巻三三〇〈水野〉、巻三一七〈松井松平〉)。

『文公御筆類』一二八三。

天明八年三月十六日一橋治済宛尾張宗睦・水戸治保書簡

○一両日は余程和暖ニ御座候。弥御障も不被成御座、珍重奉存候。一昨々日は其御屋形え被為在　御成、万端無御滞相済候由、目出度奉存候。然は昨十五日登城仕候砌、越中守え逢申候処、其節越中守申聞候は、周防守・出羽守御役御免之儀相調度候得共、同席共え及相談候儀、越中守ゟ難申出候間、我々共ニも先達てゟ右之存慮ニ罷在候事ニ御座候得は、今日対談之節、越中守え我々共ゟ相咄候趣を以、同席其外えも及談判、相調候而、　上之思召相伺候様致度旨申聞候ニ付、我々共申合候処、何分可然候ニ付、我々共相咄候趣を以、可然取計有之候様致度段、及挨拶申候事ニ御座候。此段申上置候。以上

三月十六日　　大納言

宰　相

民部卿様

(12)『文公御筆類』一二一八三。

大老井伊直幸はこれより前、天明七年九月に退職している(『重修譜』巻七六〇)。

(13) 『重修譜』巻五五、『文恭院実紀』巻四。

四　松平定信の解任

このようにして松平定信は御三家と一橋治済と絶えず連絡をとり、その協力を仰いで改革推進の態勢を固めていったのであるが、寛政五(一七九三)年七月に至り、将軍成長を理由に補佐御免を願出たところ、補佐のみならず老中迄免ぜられるという、定信の本意に大いに反する結果を生じてしまった[1]。これには一橋治済が関与するところ少なからぬものがあったと認められる。

第九章「徳川御三卿の性格」で述べておいたが、安永三(一七七四)年九月二代治察が歿して以来当主を欠いていた田安邸に、天明七(一七八七)年六月、治済は五男慶之丞を三代目当主として送り込んだ。すなわち田安斉匡である。田安宗武の子として生まれた松平定信にとって、その当主については恐らく強い関心があったであろうが、事は定信老中任命直前に決定され、定信自身はこれに関知しなかったようである。治済は一方でこの頃定信を幕閣に送り込むことに尽力していながら、定信生家に自分の息子を入れることには、どうも定信と連絡せず、むしろ定信入閣に消極的な当時の閣老等に働きかけていたように思われる。定信は幕閣の立場からこれを快しとせず、その後の御三家との往復書簡の中に、治済との関係の何処かに間隙が生じてきていることが私には感じ取られるということを指摘しておいた。しかしそれは直ちに表面化することなく、定信将軍補佐任命に至ったのである。

松平定信と一橋治済あるいは将軍家斉との関係悪化については、次のような通説がある。

将軍家斉は孝心から父治済を一橋邸から江戸城西丸に迎え、大御所すなわち前将軍の待遇をしようとした。しかし定信は、治済がその地位に拠って幕政に容喙するのを嫌い、将軍の要望を強く拒んだ。これによって将軍家斉・一橋治済と松平定信との関係が悪化し、定信失脚の要因をなしたという。

これについて『文恭院実紀』付録巻二に次の記事がある。

御父君にてわたらせ給ふ一橋儀同治済卿は、さきに准大臣に任じ給ひ、網代輿をおくり、その傅役に加禄さへありて、御孝志いと厚くおはしましき。つゐに西城にうつし給ひて、大御所の尊称をおくりまいらせたき盛意まし〳〵て、宿老松平越中守定信、松平伊豆守信明を召出て、しか〳〵の尊慮ありしに、いづれも然るべからざる旨を答へ奉りぬ。そのゝちある日、御ちか〳〵と定信をめし、しゐて前命を遂給はんことを宣ひしに、定信なほ御旨にもどりて、さき〳〵のごとく答奉りしかば、公殊に御いきどふり、御けしきかはらせ給ひ、御はかせをもて定信を斬給はんとせられしに、たま〳〵御側平岡美濃守頼長(2)御かたはらにありて、その御挙動をしらざるさまにとりなし、越中守よ、御刀賜ふに、はやう拝戴せよといひければ、公やむ事を得たまはず、御刀をすてゝ御奥に入給ひぬ。こゝをもて定信御刀を拝領して退しとなん。其後青山下野守忠裕(3)閣老となり、公またふたゝび是の儀をとひ給ふ。忠裕御うけ申上たてまつるには、臣子の君父をあつかふにいたりては、いかばかり美号を贈りたてまつるとも、猶心にあきたらず侍り。今の尊問の如きは、常人の情意にこたえて、一橋邸を尊び給ひて大御所と仰ぎ給はんこと、げに御至孝といひつべし。されど国家の制儀にあらず。既に正徳のころ甲府参議綱重卿を尊び給ひて、大相国を贈りまいらせられしは、文昭院殿の追尊の盛意に出しところに侍り(4)、又有徳院殿の父君紀伊大納言光貞卿は、薨じ給ひし後とても、更に御贈官の儀なし。ましてや今一橋邸いまだ御よはひ高からざるに、この尊号を贈り給はんこと、御譖踰の御事なるべく、さきに定信等が申上し言は、万世の公儀となるべければ、幸にその言葉を捨給はずば、社稷の福これに過るはあらじと、言葉を尽し諌め奉りぬ。こゝをもて尊意の遂給はざることを思召て、遂にその儀はやめ給ひぬとぞ。御孝心といひ、諌をいれ給ふといひ、感仰し奉るもあまりある御事になん。（『実録』）

しかしこの記事には致命的欠陥がある。すなわち「一橋儀同治済卿は、さきに准大臣に任じ給ひ（中略）、つゐに西城にうつし給ひて」（傍線、引用者）という文章をみると、家斉が治済を西丸へ移そうとしたのは、治済任准大臣（文政八年＝一八二五）より後年と解せられる。然るに松平定信の老中在任は天明七（一七八七）年から寛政五（一七九三）年までで、年代が合わない。

その典拠とする『実録』とは、五弓久文《ごきゅうひさぶみ》編『文恭公実録』である。その文政八年七月七日条は次の通りである（『文恭公実録』巻之四（三カ）〈内閣文庫本〉）。

故一橋侯徳川治済任二准大臣一、命爾後称二儀同殿一、許三治済乗二網代輿一、贈二公乗輿一、且加二賜千五百石于治済家老土岐信濃守朝利一、初公欲下移二治済于西城一尊称中大御所上、諮二諸輔佐松平定信、老中松平信明等一、兼謂二不可一、一日公特召二定信一、強欲レ下レ命、定信固二執前議一、公変レ色払レ袂、抜レ刀将レ斬レ之、適側衆平岡頼長在レ側、陽為下不レ知二其意一者上曰、越中守拝二賜刀之辱一、公不レ得レ已、投レ刀而入、於レ是定信拝レ刀而退、後及三青山忠裕為二老中一、公又諮レ之、忠裕対曰、夫臣子之於二君父一、務崇美レ号、雖二増累盈レ百、猶恐称述未レ慊、今殿下越二常情一、欲下尊二一橋殿一為中大御所上、可レ謂二至孝一矣、然非二国制一也、正徳中贈二大相国于生父甲斐侯綱重一、出二文昭公之追尊一、如二有徳公之生父紀伊侯光貞一、薨後無二贈官一、可レ法レ焉、今一橋殿春秋未二甚高一、為二太大君一、奈二僭踰一何、曩年定信等之言、万世之公議也、殿下用二其

言二実社稷之福也、公意塞、其議遂寝（参取『儀同殿御転任記』『松陰年録』『中根氏雑記』――原本二行ニワリ、『　』ナシ）

これによると『実紀』が「つゐに」としている箇所は「初」となっており、これならば任准大臣と年代の齟齬はない。

五弓久文『文恭公実録』は本章の首にも述べたように、将軍家斉の公的記事に関しては、その信憑性を疑うべき記述もない。しかし右に引用した記事の「初め公、治済を西城に移し、尊んで大御所と称えんと欲す」以下の文章は文政八（一八二五）年の治済の任准大臣の記事に関連させて、巻間流布の噂話を掲載したもので、編者は将軍家斉の孝心を表す挿話としたのであろうが、信憑性に乏しいものである。恐らく定信老中罷免に関連して創作されたものであろう。

それではこの逸話は全く根も葉もないことかというと、多少その痕跡は存在する。(5)

寛政三年正月十五日尾張宗睦手留、水戸治保写

寛政三年辛亥正月十五日、尾州殿登城之砌、越中守へ対談被在之候節、越中守咄之趣被書留、被差下候ニ付、尾州殿手留の儘、左写之、本書ハ致返進候事

民部卿殿住居方之義、一ツ橋屋敷内ニ而は、別ニ取立之場所も差支候、小石川下屋敷は御城え程遠く候得は、御城近辺ニ而、別ニ屋敷被致拝領度被存候旨、遠江守（加納久周、側衆・御用取次）・若狭守（西郷貞綱、側衆）え、一ツ橋家老共ゟ申聞候由、右は越中守え相咄不申候ハ而は、難成旨相答候由ニ而、右両人より越中守え申聞候ニ付、場所之義は何方之御望ニ候哉之旨、家老共え相尋候処、田安御門外御薬園之明地、又は鳥居丹波守（忠孝、老中）屋敷ニ而も宜敷旨申候由、其後猶又申聞候は、田安

御門外明地は更地ニ付、家居取立之入用相積り候處、六千両程も相掛り候、中々自力ニ難相成候得は、御助力有之候様致度旨、夫ニ付、家老共相願候は、三ノ丸之内歟、或は二ノ丸明キ有之候得ハ、二ノ丸ニ住居有之様相成候得は、取立之義も無之候間、左様ニ仕度と之趣申聞候由、右ニ付相尋候処、尤民部卿殿内存ニは無之、家老共之存寄ニ候旨申聞候由、依而同席共申相候處、田安御門外明地は、二三千両も御金不被進候ハ而は難成可有之候、鳥居丹波守屋敷は、一ッ橋屋形之向ニ付、撰通りには可宜候得共、御役屋敷之義、夫々操替へ候屋敷も、当時差支候得は、浜御殿内ニ住居有之候ハヽ、締りも宜敷、可然哉ニ候得共、御城へ程遠く有之候、夫ニ付、全躰民部卿殿内存は、隠居被在之、山水を被楽候御存慮ニは無之哉と之義も、家老共え相尋候処、全ク左様ニも無之、只々引離レ、安楽ニ被在之度望之由、申聞候旨、色々相考候得は、吹上之内、月光院殿御住居有之候場所抔も可宜哉、左候得は、御城え程も近く有之候、二ノ丸抔、御城内之住居は如何ニ有之哉之旨、申聞候ニ付、成程左様ニ拙者義も存候、御城内之住居は、外ゟ之見込も宜ケ間敷被存候、田安御門外之明地之方、第一可然様ニ被存候旨、致挨拶候處、民部卿殿ニは御続柄之義ニも有之候得は、中納言被仰出候而も可然哉と申聞ニ付、兼々其許様共御咄相申候義も有之候、御続柄之義ニ候得ハ、最早昇進有之可然義ニ存候旨、及挨拶候事ニ御座候、

亥正月廿一日写

つまり一橋邸は次第に手狭になったというので、寛政二（一七九〇）年には田安門外（飯田町）に邸地を拝領した[6]。しかし一橋側は、田安門外の地は更地なので、家を建てるとなると自力では不可能である。そこで城内二の丸か三の丸の明き屋敷に入りたいという意向を、家老林忠篤・飯田易信が御用取次加納久周・

西郷貞綱迄申出た。しかしこの二人の側衆ではきめかねるので、これを松平定信に相談した。これを定信が尾張宗睦登城の際に相談したのである。

家老達は「尤民部卿殿内存ニ付無レ之、家老共之存寄ニ候」と申述べているが、これはいわば当時の常套手段であって、もしそれを治済の意向として家老が公儀へ伝えてしまったら、引込みがつかなくなる。そこで家老の意見ということで打診をしてみたわけである。しかし現職の老中鳥居忠孝の役屋敷を移して、そこを治済の屋敷としょうという案や、江戸城内二の丸・三の丸内を住居としょうという発想はとても本丸から出向の中級旗本である家老の言出し得るところではなく、恐らく治済から出たものと考えられる。結局治済の城内の居住については、松平定信はもとより、尾張宗睦も水戸治保も不賛成で、幕府は同三年二月飯田町邸（田安門外）建築補助金として三〇〇〇両を支給した。(7)

治済の住居問題と併行するように、中納言昇進が松平定信と御三家の間で議せられた。御三卿の当主は廿五歳から三十歳に達すると参議に任官する。御三家の中、尾・紀両家は嫡子の中に参議、家督を継ぐと中納言に昇り、水戸家は家督後数年で参議に任ぜられるのが例なので、御三卿は水戸に准ずる地位と考えてよかろう。

御三卿の中納言昇進は、田安初代宗武が明和五（一七六八）年五十四歳で昇っているが、治済の父宗尹は四十四歳で歿する迄参議であり、七回忌の時に中納言を追贈された。これに対し治済は寛政三（一七九一）年三月、四十一歳で中納言となった。(8)治済より六歳年長の清水重好が翌年中納言となったのは、治済との釣合からであろう。

治済のこの異例の昇進は、将軍の実父という特別の立場を表向きの理由としているが、実は治済に城内居住をあきらめさせる代償であろうと私は推察する。

これより前、寛政二年五月頃治済は体調を崩したため、隠居か、もしくは小石川下屋敷へ長く逗留することを望んだ。これについては松平定信も御三家も賛成であった。(9)

「端裏書」戌（寛政二年）十一月十五日尾州殿手留之写

寛政二年庚戌十一月十五日、登城之節居残り、於部屋、松平越中守え致對談候刻、越中守申聞候趣之覚、左ニ記之。

一、兼而も我々共致承知候、民部卿殿隠居御望之義、外ニ存寄は不被在、民部卿殿存念ニは、被致隠居、安楽ニ末永く御繁栄之処被拝見度与之願望ニ而、追々越中守え申聞有之、当夏病後以来、猶又申聞有之、無余義趣ニ有之候。然共、隠居し申候義、年齢も有之、年若ニ而は先ツは宜敷筋ニも無之候へハ、御続柄之義、上ニ而御聞届も難被遊候筋合ニ有之、右之段、民部卿殿も能く承知被在之、当時之願望ハ是迄之通ニ而、小石川下屋敷え被相越、長く逗留被在之、月次等登城之義は御用捨ニ而、一ケ月ニ三度程も登城被致度与之内望ニ有之候。右之義同席及相談候処、我々共ニ而も一日程は下屋敷に逗留もいたし候へは、長く逗留被在之候迄ニ而、差支も有之間敷哉ニ付、内々御聴ニも相達候処、何卒程近き屋敷ニ住居被在之候得者、上ニも御安心之御様子ニ御座候処、御城近き屋敷は何方も無之、必竟同様之事ニ付、小石川下屋敷ニ而も苦ケ間敷哉之旨、領知抔被遣候義者決而如何ニ候得共、御続柄之義ニ候へハ、右程之義者外三卿方之差響ニも相成間敷哉ニ申相候由、今日逢候序故相咄候旨申聞候ニ付、民部卿殿ニは御続柄之義格別ニ有之候而も、外三卿方之差響ニハ相成間敷、殊ニ下屋《(ママ)》ニ逗留而已之義ニ候得者、苦ケ間敷被存候段、致挨拶候事。（下略）

寛政二年庚戌之冬十一月廿一日写畢

治済が小石川（現文京区千石）の下屋敷に引込んで、登城もあまりしなくなることは、定信達にとっては好都合だったであろう。しかし将軍家斉にとっては、右尾張宗睦の覚書にもあるように、治済小石川邸逗留の希望を「内々に御聴ニも相達候處、何卒程近き屋敷ニ住居被ﾚ在ﾚ之候得は、上ニも御安心之御様子ニ御座候」と、治済をなるべく城近く住わせたいと望んでいた。もしそれが城内二の丸・三の丸に住居すれば、将軍や治済にとっては最も望ましいことであったろうが、定信達にとっては此の上なく迷惑な事態で、そのために中納言昇進を引換えとして持出したものであろう。

このように努めて近隣に住居したい将軍家斉と治済、なるべく両者を隔離したい定信ら閣老や御三家、この葛藤が『文恭公実録』の治済西丸大御所説などを生み出したと考えるが、治済と定信とが実際に何か衝突したか否かは明らかでない。しかし両者はこの後幾度か、定信は辞意、治済は隠居の意を表明するようになる。(10)

寛政四（一七九二）年八月定信はまた将軍補佐ならびに勝手掛・奥勤兼任の辞任を願出た。この時、高野山金剛院の住職真隆と大奥女中との間に醜聞発覚し、真隆は遠島、奥女中は老女高橋の隠居をはじめ、多数の処罰者を出した。定信の辞表はこれに関連し、大奥の定信に対する反感の昂揚を背景に、いわば将軍の信を問う意味があったようである。(11)この時は側用人本多忠籌の意見に基づき、定信の辞意を認めれば、大奥女中の処分について何か不首尾があったように世間が受止める懸念があるというので、却下となった。(12)この措置について、将軍は予め御三家の意向を本多忠籌に問わしめたのが、別紙の書状である。(13)尾張宗睦・水戸治保は早速これに同意した。この状の袖に、一橋治済へも同様の状を送ったが「思召無之」との返事だったとある。これはその措置に治済も「異論なし」という意味に理解すべきであろうが、「敢えて意見を表明せず」という意味を含んだ返答となると、翌年の定信免職への伏線とも理解できよう。

「上包紙」松越願之事

寛政四年壬子八月廿七日市ケ谷え
本多弾正大弼ゟ差越候書付之写

張

且弾正え尾州殿ゟ我等両名ニて廿八日
之日付ニて遣し候書付扣へ、右之答、又候
弾正より同卅日に差越候書付之写

「中包紙」

写

上

本多弾正大弼

一橋えも被仰遣候所、思召無之旨御請被仰上候。
越中守私迄差出候願書二通、別ニ訳書一通、伊豆守願一通、被仰出之案一通差上申候。御補佐御免之義願書、伊豆守迄差出候得共、思召有之ニ付御差留被遊。奥兼帯、御勝手掛之義相願候得共、別紙之通被仰出、越中守申上候趣、尤ニ被思召候ニ付、伊豆守儀来ル卯年秋迄御勝手掛可被付候。丹波守義者老年、外勤向も御用捨も有之事故、御勝手掛之義御用捨可被遊候。奥兼帯願之主意尤之筋ニ付、無程御免可被仰付思召ニハ御座候得共、此節老女思召有之、隠居被仰付、其外御暇被下候女中も有之候得者、此節落合候而御免にて者、不首尾之姿ニ相響可申哉之旨申上候ニ付而之義ニ御座候。此段思召之程、私より相伺候様ニ被仰付候。

八月廿七日

「中包紙」

御　請　　写

本多弾正大弼

松平越中守御補佐御免願御差留、御勝手掛之義も相願候得共、先其儘相勤候様、奥勤兼帯御免願之義も、此節御沙汰不被及、追而御免之御含之義以御意之旨申上候所、思召不被為有段被仰下、其段申上候。御補佐御免願・御勝手掛御免願者、今日御差留被仰出候。

八月卅日

この時は補佐御免願は差留め、勝手掛もその儘であるが、松平信明に来年秋迄という期限付きで勝手掛を命じ、奥兼帯は「追而御免」という含みで、「此節御沙汰に及ばれず」ということになった。(14)しかし定信はその翌五年七月またもや補佐辞任の願を出した。ところが今回は「越中守方、近来ハ心得違之筋も有」之候ニ付」という理由で、辞表を受理する意向であるという内々の通報を、尾張宗睦・水戸治保は一橋治済から受取った。驚いた両家は同年七月十九日定信の親友本多忠籌に書状を送り、その評議を憂慮する旨を告げ、極密に情報を知らせてほしいと求めた。(15)

（端裏書）

扣へ

尾張大納言

本多弾正弼殿

丑（寛政五年）七月十九日　　水戸宰　相

松平越中守方、先達而避勢之願品有之、御差留ニ相成居候処、此度又々辞職之義相願候、越中守方、近来ハ心得違之筋も有之候ニ付、此度者願ニ被為任候御評議之由、内々橋邸ゟ被申越、奉承知候。尤其通ニ者難被差置御事ニ者可有御座候得共、越中守方当職被仰付候以来、抜群之勤功有之、且当時迠も、下々一統感服いたし居り候趣、追々風聞承り及び候。御政事向も近来者御行届之御様子ニ而、一統風義も相改り、甚以恐悦之至ニ奉存候。然処、願ニ被為任候と者乍申、下々ニ而相伺ひ候而者、品能く当職を被除候義と而已可奉存候。左候時者、是迄御用ひ被遊候御詮も薄く相成、已来下々之風義相返候而者、甚以残念之義奉存候。右者定而至当之御評義ニハ可有御座候得共、我々共義も常々御用向之御模様も不奉存之義故、外々之様子を以て相考候而者、願ニ被為任候而者、御為ニ宜ケ間敷様奉存、甚心痛之至ニ奉存候ニ付、極密ニ而御手前へ申達候間、何卒我々共安心仕候筋、御申聞可給候。若又遠慮被在之候品も候ハヽ、我々共心得ニも相成候間、無心置、其段も内々申聞可給候。依而此段密々申進候事。

七月十九日

本多忠籌からの返答がいかなるものであったか明らかでないが、松平定信は七月廿三日将軍補佐のみならず、老中をも免ぜられた[16]。

この時定信は少将に昇進し、家格も溜詰となったので[17]、一橋治済から意見を求められた際「御尤之御義」と尾張宗睦・水戸治保は返答した。しかし深く考えてみたところ、定信が「御邪魔ニ相成候ニ付、品能く被レ転」という疑念が一般に生ずるのではないか、この点不安心だというので、かねて定信と「刎頸之交」を結んでいるという本多忠籌に尋ね[18]、また尾張宗睦が一橋邸を訪問して、治済に質問状を呈した[19]。

一橋治済も本多忠籌も、これに対してどのように答えたか判らない。また松平定信も退職後は御三家側と疎遠になったのではないかと推察される。やがて翌寛政六年四月、尾張宗睦が一橋邸を訪問した際、治済は定信免職について次のような自筆の覚え書を宗睦に手渡した。(20)

（端裏書）
寛政六年甲寅四月廿五日、一つ橋へ尾張殿（宗睦）被相越候せつ之覚書写

一、越中守（松平定信）壱人被召出候義は時々有之候、外老中壱人被召出度思召候而も、被召出候事不相成勢イニ相成候、右之故ハ、老中壱人被召出候義は不可然段、越中守兼而申上置候、自分壱人罷出候義は、御補佐故之儀と、外ニ而は相心得候趣ニ御座候、

一、御用部屋脇六畳之間に而、越中守御用、御取次之者談し候義ハ、自由ニ相成候得共、外老中へ御取次之者談しは不相成勢イニ御座候、尤何の訳と申儀、兼而越中守承知之上は、随分相成候旨、其比は弾正大弼（本多忠籌、側用人）御取次詰所ニ罷在候間、談し出来仕候、

一、右之訳合故、伊豆守（松平信明、老中）え談被仰付候得共、殿中ニ而ハ出来不仕候、遠江守（加納久周、側衆、御用取次）儀は、同人間柄故、折々罷越候間、宅ニ而談シ候由、

一、一両年已来、越中守御威光十倍之よし、追而は御苦労御出来可有之旨、

一、加藤佐門屋敷添地続永御預地之事、

永之字ニは不及か、越中守妻之里也、

一、牧野備前守領分内潟之事、

右潟ヲ新田かニ相成可然段、越中守領分之百姓内々申出候よし、夫ヲ弾正大弼へ申談、御勘定

所ゟ吟味等差遣シ、御料所之内と御引替ニも可成調候由、左候而は、備前守難儀ニ付、遠江守と備前守間柄故、遠江守え内々相歎キ候よし、右之段、越中守へ相咄候処、一向取上ヶ無之候よしニて、弥御紀有之候内、越中守娘を備前守悴へ縁組取結ヒ候処、前書之調ラへ、何となく相止ミ候由、

一、御役一両年と違、近年ハ甚御威光強、人を見て挨拶違、自分気に入候人ニは能あいしらい、気に不入人えハ、あた方かちニ不人相にて、ひんと挨拶有之、一言一句漸々と申達候様ニ相成候事、

一、去六月十一日、明十二日六ツ時過御供揃と被仰出、月番和泉守、遠江守へ申聞候は、明朝之御供揃刻限、六ツ時過と被仰出候得共、何寸廻り之御沙汰にや、拙者共登城刻限難合、六ヶ敷候間、及問合候段申聞候ニ付、不相伺候得共、しのゝめの比、御挑灯引候比は、可被為成哉と奉存候と申候節、越中守申聞候は、拙者共は六ツ時揃ニて可然候、増上寺ニて着替いたし候内、被為成候へハ、御出迎ニ不出分之事ニ候、此義ハ御規式ニも無之、若不罷出候得は、不調法申上候て相済事也と申候事、

一、去五月廿四日、越中守相願候主意は、当時御人も相揃候儀、其上病身之事ニも候間、御用済次第、早メニ退出仕度と之趣ニ御座候、其後遠江守えも、同様之趣ニ相認、六月十日差越候旨、翌十一日先是迄之通り相心得候様、伊豆守え被仰出候處、同人引込、廿日之処、廿一日又々越中守ゟ伊豆守え文通有之、其主意、先日之願被仰出候儀ニ候ハヽ、其已前、内々承知致度、何そ御ふしも有之候節、被仰出之已後ニては難相成事故、内々伺度との趣申越候故、即日伊豆守ゟ遠江守へ右手紙差遣、今一応伺候様申越候ニ付、再応相伺候処、最前之通と被仰出候ニ付、則伊豆守え相達候よし、右内

意之答ニ、猶相願度趣ニて、奥ニ罷在候弾正ニ候へは、心得方も承度なとゝの義、認差越候、遠江守へも、同様之趣ニて、弾正存寄感服不致との趣重モニ相見へ、弾正存寄承度との儀ニ付、手紙同人見セ、返書則越中守へ差遣、為見候由ニ御座候、右之外ニも品々我意有之、夫故、只今之内御免被成候ハヽ、可然、尤兼々内願之儀も有之候ニ付而也、
退役之前日、被為召候段達候處、殊之外立腹之様子ニて、一同口ヲ閉候処、弾正申候は、兼々御願之義故被仰出候と申候へは、左候ハヽ、少将ニ被仰付、御補佐其儘、御用部屋へ罷出度段、右之趣不相済候へは、退散不致と之趣ニ付、伊豆守ゟ則相伺候へは、少将并御用部屋之義御許容被為有、漸々と退散有之候よし、其跡ニては引替、殊之外落涙ニて難有り、伊豆守へも手紙差越候よしニ御座候、
一、此節之儀は、伊豆守より委敷申上候よしニ及承申候、
右ハ寛政六年甲寅四月廿五日、一ツ橋屋形へ尾張殿被相越候処、中納言殿御咄し、覚書之写也、
但、本書覚書ハ一ツ橋中納言殿手筆也、

松平定信の専権我意を、聊か吹毛の疵とも思われるものにわたって列挙している感があるが、要するに定信の失脚に演じた一橋治済の役割の大であったことは、十分に察することができる。当初御三家と一橋治済の後援のもとに、表と奥の要職を同志の諸侯で固め上げた松平定信の改革体制も、将軍の実父一橋治済の離反によって、僅か七年ほどで破綻してしまったわけである。

定信免職から一ヶ月ほど経た八月十九日、水戸治保は尾張宗睦を市ケ谷邸に訪ね、次のような相談をした。(21)

「上包紙」

丑（寛政五年）八月十九日市ケ谷へ持参いたし候処、先ツ当時ハ差扣へかた可然旨、乍去、此書付預ケ被置候旨、被申聞候事。

書　付

「端裏書」　手を引候一件　草稿一

去ル午年、先」御代重き奉蒙　御遺命、不及なから、我々共」心付候義ハ、各迄御咄申候」事も有之候。且去ル未年」松平越中守老席被」仰付候以来ハ、御内々我々共」存寄」御尋之義も有之、又ハ越中守」より我々共へ被尋候品も有之候」ニ付、其節々存意之趣」越中守へ申談し候。然處、」当時ニ至り候てハ」上ニも御年被為長、御」政事向、御手ニ被為入、越中守」義も御輔佐御免之」事ニ候得は、御政事向」之義、我々共存念、各ゟ被」尋候義、以来御用捨ニ」相成候様いたし度候。乍」勿論」御遺命を蒙り奉り候我々共」之義ニ候得は、御為に」対し万々一如何と心付候」事ハ、各迄御咄し可申候。」只々御政事筋之義ニ付、」各より御相談有之候義者」最早御用捨之義相願候。」我々共も、御政事向之」義ニ付御相談事、年久ク」相成り候得は、万々年之後、」当時之通り之御模様有」之節、御政事筋多」門ニ相成、其御害之義出」来間敷ものニも無之候得は、」御輔佐之人被免候時」節ニ者」御遺命を蒙り居候三家共も、」御政事向之御相談ハ相止ミ、」御為筋之義心付候義申」上候者、三家共一統之義ニ者候」得共、」御遺命を蒙り候者ハ猶更、」心付之義者各迄内々申上候」事ニ相成り候ハゝ、後来之」御害も無御座、可然義与」我々共申相候間、此段及」御相談候条、御存慮御申」聞可給候事。

「端裏書」手を引候一件　草稿二

御政事筋之義、以来御相談之」義御用捨相願候処、格別重き」事ニ而　御尋御座候ハヽ、」登城之節、各より」御尋御座候様致度存候。只今」迄者、午年以来之移りニて、」一ツ橋殿より極御内々御相談も」御座候処、右等之義ニてハ、我々共」より御請申上候ニも差支候義も」可出来哉、不表立義、旁以」当惑いたし候義、以来有之間敷」とも難申候間、右てい之義者」相止ミ、格別重き事ニて御」尋被下候義候ハヽ、各を以御」下問被下候様致度存候。」左候得は、御筋合も表立」可宜与、我々共内々申相候ニ付、」御咄し申候事。（」は原文改行を示す。）

つまり前将軍家治から遺命を受けた自分達であるが、補佐の定信退職後は政事向の相談には与らない、もし格別重要な案件については、今後閣老から公的に諮問してほしい、一橋からの内々の相談は迷惑であると老中へ申入れようというのである。「上包紙」に「先ツ当時ハ差扣へかた可レ然旨」とあるので、果して宗睦・治保が老中へこれを申入れたか否か明らかではないが、松平定信の免職は御三家の幕政からの離反をも招いてしまったのである。

註

（1）『文恭院実紀』巻一五。

（2）平岡頼長、寛政三（一七九一）年二月小姓組番頭格奥勤より側衆へ昇任、文化十三（一八一六）年死去に至る。

（3）青山忠裕、享和四（文化元、一八〇四）年正月所司代より老中へ昇任、天保六（一八三五）年辞任。

（4）徳川綱重、六代将軍家宣父、宝永七（一七一〇）年閏八月贈太政大臣。

（5）『文公御筆類』七九一。

（6）「拝領物・上物覚書」（F五―六）、『新稿一橋徳川家記』。

(7) 同右。

治済は翌四年正月に飯田町邸に移ったが、この邸はその年七月廿一日に類焼。再び一橋邸に戻り、九月にはその邸地を返上、一橋邸に隣接する神田橋邸を与えられた。これは結局鳥居忠孝を移転させた所であった。(『最樹院様御筆写』下〈『一橋徳川家文書』A一―一八〉、寛政十二(一八〇〇)年二月家老宛治済状の中に「神田橋屋敷拝領、尤御金拝領之処、鳥居丹州え為二手当一相贈」とある。つまり将軍実父の威光をもって現職老中の役屋敷を移転させ、そこに移り住んだのであるが、さすがに移転費用は治済が負担したのである)。

(8) 『文恭院実紀』巻一〇。

(9) 『文公御筆類』一三四二、『文恭院実紀』巻八、「拝領物・上物覚書」、「御屋形吉凶覚書」(『一橋徳川家文書』F五―二)、「御出殿覚書」(同・F五―九)、『新稿一橋徳川家記』。

(10) 治済は寛政四年正月十九日、飯田易信・伊藤忠移両家老に対し、隠居を願出たが公儀より差留められたので、内々嫡子治国に家事を譲りたいという意思を伝えたが、両家老から思い止らせられた。(『一橋徳川家文書』L一―四二四「御筆、刑部卿え家事相譲、隠居保養致度儀其外ニ付」、同文書A一―二〇『最樹院様御教訓御書』、『新稿一橋徳川家記』)。

(11) 『樂翁公伝』第十二章。

松平定信については『樂翁公伝』第十二章によると、老中就任早々退職の時機に関して御三家や老中同役に予め相談するところがあり、天明八(一七八八)年秋から寛政二(一七九〇)年にかけて、辞職の内意を洩らすこと数十回に上ったが、御三家その他に阻止されたという。

(12) 『文恭院実紀』巻一三、『文公御筆類』一三四二。

(13) 『文公家御筆類』一三四二。

(14) 奥勤兼帯はほぼ二ヶ月後の同年十月三日、松平信明と共に御免となった(『文恭院実紀』巻一三)。

(15)『文公御筆類』八六〇。
(16)『文恭院実紀』巻一五。
(17)『重修譜』巻五五（久松松平）、『文恭院実紀』巻一五。
溜詰の家格は、定信養父松平定邦の心願であり、田安邸から養子を迎えたのもその願望成就のためだったという。天明五年十二月から定信一代は溜間を控え室にすることを許されたが、家格としての溜詰ではなかった。老中辞任に伴って、溜詰を家格と認められたので、白河松平家代々の願望は達せられたわけである。また左近衛権少将の官も溜詰に対応するもので、老中より一段上格の待遇である。これは養父の心願を実現したいという定信の願望であったことは、水戸治保が一橋治済から伝え聞いたところである。
『文公御筆類』一〇八六～一〇八九。
「上包紙」寛政二年　松越進格之儀
民部卿殿被仰聞候覚
越中守兼々咄ニ而被為聴候處、代々溜詰望願之由、越中守を養子ニ是非々々取結度、杢頭（松平定邦）取込候も、御続キ柄を以心願成就致候様ニとの事之由、其比主殿頭えしきりに相頼候ニ付、主殿頭踏込て世話いたし、田安へ度々申込候へとも、大蔵卿殿・法蓮《ママ》院殿ニも御不承知ニて、御断被成候由之処、是非々々御承知有之候様ニ、左なくハ、田安之御世話何事も御断可申なと申候由。仍之無御據御承知可被成候。乍去大蔵卿殿万一之儀も候者、取戻候儀相成哉と御尋《ママ》之所、其儀ハ随分相成候事《ママ》ニ御座候旨、主殿頭申上、然者御取結可被成とて被遣候處、間もなく大蔵卿殿御誓去ニ付、然ハ兼而御約速之如く、御取戻シ可被成段、主殿頭え被仰遣候處、其砌杢頭ニも、万一御取戻シ有之候而ハ、兼而之願望不成就と取込、其事御沙汰無御座候様ニ主殿頭え相頼候ニ付、只何となく沙汰無に相成候。其後越中守家とくに相成、何とぞ心願成就いたし候様ニ、杢頭精々申含、越中守ニも何分主殿頭え相頼、法蓮院殿ニも何分と大奥え御頼被成、夫より四品御礼席、溜之間被仰出候。翌年ハきっと溜詰可被仰付、田安え御内意位ニ老女よりさた有之之處、法蓮院殿卒去、是ニてハいかゞ哉と、田安老女高岳・瀧川え御遺言等申達し、何分と頼候處、御在世之内申上候儀、いささか変じ可申様無之、安心可致なと挨拶有之ニ付、いよ〳〵来年参府後ハと楽有之處、存もよらす御大変、扨其上越中守当時之身分ニ被仰付、杢頭難有いかに存候へとも、初願者成就不致、越中守も至孝之人物故、此所甚愁歎いたし可申事必定せり。追而折を以此儀御両所え御相談被成、言上被成、別紙之ことく被仰出有之様ニと思召候所、此節杢頭甚大病之由、御承知被成候。万々一死去もいたし候ハヽ、杢頭存生之うち願望不成就之儀、越中守嘸残念之至りと思召候ニ付、此節被仰出有之方と思召候。御両所御相談之上、存寄も無之候ハヽ、言上ニ被及、尊慮御伺候様ニとの御事。

五月廿七日

是等ハ書取被成可被仰候得共、此節御執筆御不自由ニ付、私え被仰含候との御事。

寛政二年庚戌六月写

(18)『文公御筆類』八五七。

「端裏書」

寛政五年癸丑　扣へ

八月七日

本多弾正大弼殿

尾張大納言

水戸　宰相

此度松平越中守方被仰付品之義ニ付、先達而従橋邸、我々共存寄被相尋、右は上ニも我々共存寄御承知被遊度御様子之由、被申越候ニ付、此度之御取調之趣、御尤之御義ニ奉存候旨、橋邸え之相達候事ニ有之《(ママ)》候、就夫、我々共　御為筋之義御大切ニ奉存、深く相考申相候處、右之ケ条之義共、聊不安心之様ニも奉存候故、御手前御存意之処致承知、我々共存慮之不及処、聊不安心ニ奉存候筋、安心いたし度、極密々ニ

申進候間、無伏蔵御申聞可給候、
一、越中守方当職被仰付候以来、御政事向御行届之品不少、殊ニ御輔佐之義、重き御事を被任、上之思召無御隔被召仕候ニ付、斯迄之御成功も被為出来候御事ニ候處、此度越中守方再応願候ニ被任、御役義被免、席をも御進、殊ニ被任少将、御首尾相之処ハ宜候へ共、諸御役人を初、下々一統より奉見上候而は、御邪魔ニ相成候ニ付、品能く被転候と而已可奉存哉、是迄一統、諸家之風義至迄も、相改り候義ニ有之、格段恐悦之御事ニ候処、越中守方御役被免候ニ付而は、人々之存入変し可申哉、左候而は、是迄御改正有之候義、御詮薄き様ニ相成り、此以後世上之模様如何可相成哉、少々不安心ニ被存候ニ付、御手前御存慮之趣承り度存候事、
一、以前　御為筋之義勘考之上、伊豆守方上坐ニ相成候而は不可然趣、我々共へ御申聞候義も有之候處、此度越中守方老席被免候に付、既右之姿ニ相成候、伊豆守方人物、今程は御気遣ひも無之趣ニ相成候哉、近年之様子、我々共一向不存義ニ付、此段も御尋申候事、

八月七日

(19)『文公御筆類』一三九一。
「包み紙」　尾張殿橋邸え被相越候節、持参可被有之哉之書付
松平越中守被仰付品之義ニ付、先達而拙者共え御尋有之、　上ニも拙者共存寄、御承知被遊度御様子之由被仰下、追々御かけ合ひ之うへ、此度御取調へ之趣、御尤之御義ニ付、存候旨其許様迄御答申上候事ニ御座候。
就夫、拙者共、御為筋之義深く相考申候處、聊不安心之様ニ奉存候品少々御座候故、本多弾正大弼へ内々申遣、存意承候処、弾正大弼より右之答申越、先ツ拙者共安心仕候得共、猶更其許様思召を伺ひ置候得は、遺念無御座候。依而左之ケ條之趣、極密々相伺ひ候間、無御伏蔵、御存慮被仰聞候様仕度奉存候。

一、越中守当職被仰付候以来、御政事向御行届之品不少、殊ニ御輔佐之義、重き御事を被任、上之思召無御隔被召仕候ニ付、斯迄之御成功も被為出来候御事ニ候處、此度越中守再應願候ニ被任、御役義被免、席を御進、殊ニ被任少将、御首尾相之処者宜候得共、諸御役人を初、下々一統より奉見上候而者、御邪魔ニ相成候ニ付、品能く被転候と而已可奉存哉。是迄一統諸家之風義ニ至ル迄も相改り候義ニ有之、格段恐悦之御事ニ候処、越中守御役被免候ニ付而者、人々之存入変し可申哉、左候而者、是迄御改正有之候義、御詮薄き様ニ相成り、此以後世上之模様如何可相成哉、少々不安心ニ奉存候事。

一、松平伊豆守上坐ニ相成候而者不可然趣、先達而越中守并弾正大弼論談之義有之、其許様ニもご承知之事ニ候處、此度越中守御役被免候ニ付、既ニ右之姿ニ相成候。伊豆守人物、今程者御氣遣ひも無之趣ニ候哉、近来之様子拙者共一向不存義ニ付、右之段、弾正存慮を承候処、近来ニ至り候而者平々と仕候様子にて、是そ無心元と存候機兆も不相見候由申越候得共、御太切之御義故、其許様御存慮を猶又相伺ヒ置候得は、拙者共安堵仕候義ニ御座候事。

一、此度越中守御役義被免候義ニ付、弾正大弼取計ひ、御為一途ニ存込ミ取計ひ候趣ニ者候得とも、拙者共外より見候而者、御政事筋之義ハ二段ニ相成り、　上之御身へ付、御心労薄き様ニと奉存候筋、初段ニ相考候様ニ有之候。右者奥向相勤候ニ付、左も可有之哉ニ候得共、御政事向ハ御大切至極之義ニ有之候得は、越中守非分之処、諸御役人之内ニも粗存知候者も有之、世上ニても少しハ非分有之段存知候時節ニ至り、此度之如く被仰渡、御政事向御離し被遊候ハヽ、人気も穏ニて、御為ニ可然様ニ、拙者共申相候。

右者先達而御文通之節も申上候通り、拙者共義ハ常々御用向取計ひ之模様も不奉存候義、誠外より見込候義而已を以、聊不安心ニ奉存候間、御存慮之程相伺ひ、拙者共疑ひを散し申度赤心之處御咄申候事。

一、弾正大弼ゟ我々共尋候せツ、申越候書付之内、自分之不和ゟ取調へ候事ニ者無之と之義御座候。右者申迄も無之、御為第一ニ相考可申処、就中右之段者事長く相認候ニ付、我々共義却而不審を生し候。其上弾正大弼者越中守と御役以前より親友ニ有之、能く持合候様ニ我々共存罷在、既伊豆守上坐ニ相成候てハ、御為筋如何と之評議之節、越中守書付へ、其許様御付札ニて被仰遣候御書付ニも、御手前と弾正との如くニ有之度候、伊豆守・和泉守不劣争ひ候勢ニ而者、是非　上ニ而御セラレ方御六ケ敷物と被思召候義をも、拙者共承知仕罷在候。
御内輪之處不奉存候義ニ付、先達而之趣と余り相違仕、越中守・禅正大弼、先年ハ刎頸之交とも可申処、今者目を側メ候様ニて、甚拙者共疑惑仕候。越中守義、後年之御害ニ可相成と御深察ニて、只今被免候御意味合、且前段拙者とも疑惑仕居候義とも、御存慮相伺ひ、是亦疑を晴し申度、御面談を幸ニ仕、思召相伺ひ申候事。

治済に向っては、定信と本多忠籌の不和が今回の要因かという疑問を呈しているが、その文章の末尾に「越中守義、後年之御害ニ可二相成一との御深察ニて、只今被レ免候御意味合」と記しているように、実は治済こそ定信排斥の当人と、御三家側は考えていたと読取れる。

(20)『文公御筆類』七七四。
(21)『文公御筆類』七九三・七九三ノ二。

第十三章　『源公実録』について

はじめに

享保九（一七二四）年以降柳沢家が居城とした大和郡山市の柳沢文庫から、『柳沢史料集成』第一巻として、平成五（一九九三）年三月『源公実録』が刊行された。徳川五代将軍綱吉の側近として名高い柳沢吉保の実録である。

私はこの『実録』の存在をオーストラリアで知った。昭和五四（一九七九）年正月、私はオーストラリアの首都キャンベラにある国立大学太平洋研究所に、かねて昵懇のS・クローカー教授に招かれて客員研究員として赴いた。その主目的は、同所において柳沢吉保を主題に学位論文を作成中の、ベアトリス・M・ボダルト＝ベイリー女史のお手伝いをすることにあった。

ボダルト＝ベイリー女史は柳沢文庫から、吉保の日記『樂只堂年録』や坂田諸遠『甲斐少将吉保朝臣実記』など、柳沢吉保研究の基本史料のマイクロフィルムやプリントを借用していたが、それらの中にこの『実録』もあった。表題は今回刊行の『源公実録』ではなく、『永廟御実録』であったと記憶する。

私はボダルト＝ベイリー女史のお相手を務めながらこの『実録』を見て、吉保関係史料としてなかなか質のよい文献であるとの印象を強くし、じっくり検討の機会を得たいと思いつつ、今日迄歳月を送ってしまった。今回柳沢文庫においてこれを公刊されたことは、柳沢吉保個人についてのみならず、元禄—正徳期の幕政をはじめとする諸方面の研究に貴重な史料となることは疑いない。たまたま今回発表の場を得たので、紹介を兼ねて私見を述べてみたい。

この『実録』は春夏秋冬四巻より成り、その量は刊本A5判一七七頁（一頁一七行四三字のゆったりした組み方ではあるが）が本文である。その後に堀井寿郎氏の懇切な「解説」六八頁が付載されている。「解説」は「吉保洗塵」「『柳沢家秘蔵実記』について」「谷口元淡」（この『実録』の序文の筆者）の三章より成るが、とくに「吉保洗塵」は六八頁中五二頁を占め、徳富蘇峯『近世日本国民史』の吉保論への反駁を中心に、吉保雪冤につとめた文章である。

一　柳沢吉保論の文献について

江戸時代における吉保の人物像はもっぱらいわゆる実録物によって形成されていた。内山美樹子教授によると、(1)柳沢騒動物語といわれ実録体小説の成立年代は次の通りである。

日光邯鄲枕　宝永六年―正徳元年（一七〇九―一一年）

増補日光邯鄲枕　寛延（一七四八―五〇年）頃

元宝荘子　安永四（一七七五）年　『翁草』巻七七・七八所収

護国女太平記　天明（一七八一―八八年）以前

この間『増補日光邯鄲枕』を戯曲化した「けいせい邯鄲枕」が明和五（一七六八）年正月に大坂三枡座で上演され、同八年十二月には近松半二「桜御殿五十三駅」が竹本座で上演されたという。つまり五代将軍綱吉が死去するとすぐに、吉保生前から柳沢騒動物が作られ、時代を下るに従って潤色されていったのである。(2)

近世後期の学者大名の一人池田冠山（定常　一七六八―一八三三、因州若桜領主）は『思ひ出草』の中で、

近世の事をしるしたる厭燭《（ママ）》太平樂記・護国女太平記などいふもの、いかなる邪人の作り出しけん、かたもなき事を書きつらね、おほやけをそしり、人をして疑惑せしむる事、罪誅をを容《（ママ）》れず。しかるに愚昧無智の人は、おほやけには嫌疑あれど、是は実録也といひあへる。憎むべく、又憐むべきの甚き也。余或時述斎老人（大学頭林衡　一七六八―一八四一）に此事をかたり、痛く禁ぜられてはといひければ、某いまだこれを見ずとて、所謂貸本といふものを取寄せ、一覧し、さていつぞや二書の事を仰ありしかども、申禁したらバ、さればこそ事実たるにて、人の見るをも許し給らぬ也とて、いよ〳〵信ずる輩あるべし。人情得てしてかくす事は見たがるなれば、すておくなりと申されき。（巻三）

と述べている。このような大名にまで眼にとまり、また林述斎なども貸本で容易に手にすることができたほど、『護国女太平記』はひろまっていたのである。

柳沢騒動物語は長編であるが、太宰春台の著と伝えられる『三王外記』には要約して記してあるので、それによって梗概を摘録しておこう〈（　）内は引用者注記〉。

柳沢保明、王（憲王＝常憲院＝徳川綱吉）藩（館林藩）に在る時より左右に近侍し、王位（将軍職）に即くに及び少府郎（小姓）となる。王甚だこれを愛幸し、累ねて秩を増し、ついに封じて列侯となし、侍中（側用人）、位関宿侯（牧野）成貞に亜ぎ、権列相を傾く。王しばしばその邸に過臨し、賜うこと家人に及ぶ。元禄七年河越に封じ秩六万石。（中略）後数歳、関宿侯成貞老を告ぐ。河越侯保明中に在りて権を専らにすること丞相の如し。高崎侯（松平）輝貞これに副う。（中略）初め王河越侯邸を過ぎ、河越侯その美人をこれに見えす。王安暉の母を悦び、頗るこれに狎る。既にして安暉を生む。河越侯微に

言う、その子己に似ずと。以て王に諉う。王も亦いまだ甚しくこれを拒まず、以為く、儻しやこれ有るかと。これより安暉を視ること子の如し。河越侯則ち敢えてこれを子視せず（中略）。王河越侯保明を寵すること日に滋く甚し。しばしば秩を増し十一万石に至り、国姓を賜い松平氏となす。故事大国之君、王これに名を賜い、その二名之一を以てこれを兄弟に比する也。ここに於て河越侯に名を賜い、吉保と曰う。（中略）又河越侯長子安暉に名を賜い、吉里と曰う。峡公（甲府綱豊＝家宣）西城に入るに及び、乃ち更に吉保を封じて峡（甲斐）侯となし、秩四万石を増し、もと食する所と共に十五万石、実は二十余万石と云う。（中略）王に内嬖三人あり、その一小屋氏[3]、寵貴后に並ぶ。号して五城夫人という。その二藤氏[4]、大佐と称す。その三も亦藤氏[5]、新佐と称す。並びに皇人の子也。大佐姪あり[6]。宮に在り、峡侯これを小田原侯（大久保）忠増世子忠郁に嫁す。治装数千金を費す。大佐峡侯を徳とし、しばしばこれを王の前に称す。且峡侯世子吉里を愛し、日夜言語に発し、王のこれを悦ぶを欲す。（中略）峡は山国なり。駿州は海に瀕し、魚塩の利あり。故に峡駿を并すに非ざれば、以て国をなすべからず。峡侯すでに峡あり、よって駿を并せんと欲し、王に侍するの間、しばしばその意を言う。大佐旁らよりこれに賛す。王乃ち大佐と北城を築きて老し、吉里を取りて以て子となし、大佐をしてこれに母たらしめ、吉里をして峡駿二州之地に侯たらしめ、王吉保とともにその養を饗けんことを謀る。宝永五年有司に詔して北城を築き、肥後侯[7]に命じて工役を助けしむ。ここにおいて峡侯頗る不軌の心あり、以為く、王千秋之後、嗣王図るべきなりと。（中略）王后藤氏、王の峡侯父子を寵すること已に甚しきを見、又その大佐とともに老を北城に謀るを知り、諫めんと欲して可ならず。是歳冬、王麻疹を患う。六年春、王病愈ゆ。乃ち峡侯を益し、駿地を以て秩百万石となすを定む。（中略）正月辛巳（九日）、宗室列侯群士太夫咸な朝賀す。壬午（十日）王暴かに殂す。二月庚戌（九日）藤后殂す。或は曰く、王既に謀を成し、将に遂に癸未（二月十一日）を以て詔を下さんとす。藤后これを知る。故に期に先んずること一日、よって起居に進候し、手ずからこれを刃戕し、藤后も亦即ち自殺す。列相近臣合議し、藤后の喪を秘し、出痘起ざるを以て聞す。月を逾て喪を発すと云う。（原漢文）。

池田冠山は『思ひ出草』（続編巻二）の中で、

太宰純（春台）の三王外記は蹟なき譫言にて、物わきまえる方は一瞥してその偽はしるけれど、真文にて書し、且ツ名儒の撰といふ所にて、愚かなる人ハ信じ、これをもて上を誇るにいたる事、この厭燭《ママ》太平樂記・女護《ママ》国太平記よりも一層罪重かる、

とこの影響を案じているが、このような柳沢吉保像は明治以前にはかなり常識化していたようである。

筑前秋月出身の学者坂田諸遠もかかる俗説による吉保像を先入観としてもっていたが、弘化三（一八四六）年正月江戸小石川春日町（東京文京区春日）の朽木泰綱邸において、『寛政重修諸家譜』の柳沢譜を見て、世間の流布する所伝とかなり異なることを知り、所伝に誤りが多いのではないかと疑いを懐き、これを正そうと発念した。その中に柳沢家には吉保の日記『樂只堂年録』というものがあることを知り、縁故を求めて閲覧を願ったが、これは柳沢家でも厳秘の書物であって、容易にそれは聴されなかった。

しかし諸遠は根気よく閲覧を求め、ついに完本を縦覧することを許可され、やがて明治三〇（一八九七）年頃、つまり一念発起してから五十年余を経て、『甲斐少将吉保朝臣実記』本篇八一冊・付録一九冊、合わせて一〇〇冊の大著を完成した。これによって柳沢吉保に関する謬伝偏見は大いに払拭されるべき基本的文献を得たのであるが、未公刊であり、写本も少ないので、閲覧者の数も乏しいと思う。

江戸時代以来の柳沢吉保についての俗説に対し、大いに吉保の立場の弁明に努めている文献として夙に知られているのは『柳沢家秘蔵実記』である。この本は国書刊行会叢書大正期の配本として、三田村鳶魚編『列侯深秘録』に収録され、大正三（一九一四）年に刊行されている。右刊本の底本奥書に「文政六未（一八二三）年初秋写之」とあることから知られるように、その成立が明治以前であるのは明らかであるが、成立年代も編者も分からないので、私などもその信憑性にかなりの不安を懐きつつ利用してきた。この『秘蔵実記』と『源公実録』との関係については、前に触れたように堀井寿郎氏の解説があるので、それに依拠しつつ、項を改めて紹介する。

柳沢吉保論として最も公正で学術的論評といい得るのは辻善之助「柳沢吉保の一面」である。[8] この論文は、吉保に関する俗説の排除については多く『甲斐少将吉保朝臣実記』に依拠し、[9] 主として吉保の禅学修行・信仰生活について、吉保が禅僧諸師との往復問答等を編纂し、これに霊元法皇の序文を受けた『勅賜護法常應録鈔』等によって論評したものである。恐らくその後の吉保論も、信仰生活や人物評の面においては、文献的にこの論文の域を超すものはあまりあるまい。[10]

註

（1）　内山美樹子『浄瑠璃史の十八世紀』Ⅲ近松半二「明和八年の近松半二」（勉誠社　一九八九年）。

（2）　もちろんこのような実録物が公然と刊行さるべくもなかった。すべて写本（当時は「書き本」といった）として転写され、主として貸し本屋にひろがっていったのである（拙著『江戸時代を考える』〈中公新書　一九八八年〉三「近代化」日本の基盤の形成参照）。また上演の場合、例えば「桜御殿五十三駅」では時代を室町時代とし、将軍は足利義政、それに輪王寺宮に見立てた一休宗純なども登場させている（内山美樹子　前掲書、同「演劇史のなかの天皇」〈『日本の近世』2　中央公論社　一九九一年〉）。
（3）お伝の方、五之丸方。黒鍬之者小屋権兵衛（小谷忠栄）女、瑞春院。（『徳川幕府家譜』乾）。
（4）大典侍、清閑寺熙房女、大助殿、北之丸殿と号す。寿光院（『幕府祚胤伝』五、『柳営婦女伝系』一四）。
（5）新助之方。豊岡有尚女、清心院（同前）。
（6）野宮定基女。定基室は清閑寺熙房女、北之丸殿の姉。将軍綱吉の命により、柳沢吉保の養女として大久保忠郁に嫁す（『寛政重修諸家譜』〈以下『重修譜』と略す〉巻一六四　柳沢譜）。
（7）『重修譜』巻一〇五によると、肥後侯すなわち細川綱利が助役を命ぜられたのは常憲（綱吉）廟普請である。『常憲院実紀』巻五七（宝永五〈一七〇八〉年四月廿九日条）によると、北丸普請助役を命ぜられたのは南部主馬利幹（盛岡城主、『重修譜』巻二一〇）・中川因幡守久通（豊後岡城主、『重修譜』巻二六〇）・松浦壹岐守棟（肥前平戸城主、『重修譜』巻四七五）の三人であり、『重修譜』のそれぞれの譜にもその旨記してある。
（8）大正一三（一九二四）年十一月京都帝国大学史学研究会講演、『史林』一〇ノ三・四、『人物論叢』（雄山閣一九二五年）『日本文化史』別録三（春秋社　一九五三年）。
（9）堀井寿郎氏は前述の「解説」において、「辻氏、蘇峰老が引用に使った『朝臣実記』は、どれを披閲したのだろうか。或は、解説子の知らぬ簡便な活字本が存在するのだろうか」と記しているが、辻善之助の使用したのは史料編纂所本で、その抄録写本はなお私が家蔵している。
（10）辻善之助は『勅賜護法常應録鈔』『甲斐少将吉保朝臣実記』の他、『樂只堂年録』も史料編纂所本を披見している。『柳沢家秘蔵実記』については、国書刊行会叢書本を内閣文庫本『柳沢秘記』と対校しているが、掘井氏の推測するように、『源公実録』自体は知らなかったようで、『秘蔵実記』の別名と理解していたようである。

二　『源公実録』の編者

刊本『源公実録』は柳沢文庫蔵『永廟御実録』二冊本を底本としている。標題は四代目藩主柳沢保光（一七五三—一八一七）の筆蹟である。序文の筆者谷口元淡が『永慶寺前甲斐国主源公実録』と題しているところから『源公実録』が通称となり、刊本もこれを採ったという。[1]

筆者は藪田五郎右衛門重守（一六六四—一七四七）。元禄元（一六八八）年家臣に召し出され、[2]用人を勤め、元禄一〇年家老職、[3]正徳二（一七一二）年柳沢の家号を称することを許された。享保一〇（一七二五）年郡山において隠居、白鷗と号し、[4]延享四（一七四七）年死去した。

本書の成立は、その奥書に「于時元文五庚申（一七四〇）年仲秋丙寅（八月廿八日）藪田白鷗居士重守謹書」とあり、さらに「寛保元辛酉（一七四一）年三月十三日、御用人大井衛守、江戸表出立之節、市正（重守嫡子里守）方え遣し、同四月二日若殿（柳沢吉里嫡子信鴻、当時の名信郷）様へ市正より上ル」とあるので、その経緯が分かる。

但、その呈上本は現在存在不明で、本書の底本はその控え本と考えられる。原本呈上後も補追をしていた跡が認められ、重守死去の前年、延享三（一七四六）年十一月朔日、柳沢吉保三十三回忌に際し、郡山龍華庵（吉保位牌所）へ龍華山永慶寺という山号寺号が認められたという記事などが挿入されている。

序文を書いた谷口元淡は通称新助。近江の人で、歌学を北村季吟に学び、儒学を荻生徂来に学んだ。[5]堀井寿郎氏の見解では、寛保二（一七四二）年九月九日没、享年六十七、つまり延宝四（一六七六）年生まれが妥当のようである。また同氏は元禄三（一六九〇）年、すなわち北村季吟父子が将軍綱吉に歌学方として召し出された翌年、その縁故で、元淡十五歳の時柳沢吉保に召し抱えられたのではないかと想定している。(6)ともかく『源公実録』の完成が元文五（一七四〇）年であるので、この序文は谷口元淡が極めて晩年に撰述したものである。「序文」に「元淡先侯暬御之小臣(7)、道未有聞、而以侍奉有日、命淡以序」とあるから、幼少の頃からかなり長く吉保の側近に仕えた人で、それ故に序文を草したのであろう。

註

（1）本項に一々注記せぬ所は、専ら刊本『源公実録』巻頭の「附言」および巻末の堀井寿郎「解説」に依る。

（2）「重臣略譜」（『柳沢史料集成』第二巻『分限帳類集』上　柳沢文庫保存会刊　一九九三年）。
　この年吉保は側用人に任ぜられ、一万石加増、合わせて家禄は一挙にほぼ六倍し、一万二〇三〇石となったので（『重修譜』巻一六四）、家臣も多数召し抱える必要があり、藪田重守もその一人に選ばれたのであろう。『源公実録』末尾にも「私儀、二十五歳より六十二歳迄、不調法第一之者、御用捨を以被召仕」とあり、一六八八年から一七二五年迄に相当する。

（3）「元禄三年分限帳」に「御用人」とあり、前出「重臣略譜」に「元禄十丁丑年御家老職」とあるが、「元禄七年分限帳」にすでに家老の中にその名が見える（前掲『分限帳類集』上）。

（4）「重臣略譜」。

（5）柳沢淇園撰の谷口元淡墓誌銘には「洙泗正脈　紫陽忠臣」とあるので、朱子学派正統ということになるが、徂来の高弟服部南郭とは親交があったようである。

（6）『柳沢史料集成』第二巻『分限帳類集』上　所収の分限帳をみると、「享保九年（一七二四）分限帳」（柳沢家が甲府から大和郡山へ移封の際作ったものであろう）に、「御用役　一、百三十石　谷口新助」とある。しかし「甲府御城主之節分限帳」には谷口新助の名は見当たらない。この「分限帳」の作成年代は分からないが、柳沢吉保の甲府城主は宝永元（一七〇四）年十二月以後である。またこの「分限帳」に「儒者　御番頭支配　一、四百石　荻生惣右衛門」とあるが、徂来が四〇〇石に加増されたのが宝永三年四月、五〇〇石に加増は正徳四（一七一四）年十月であるから、この「分限帳」の年代は限定できる（平石直昭『荻生徂徠年譜考』　平凡社　一九八四年、『源公実録』巻頭付載「吉保略年譜」）。

但、この「分限帳」には、徂来と共に『憲廟実録』の撰述に与った服部南郭の名も見えないから、何かの方針で削られたものかと思われる。『源公実録』春の巻には「御側服部幸八、谷口新助御相手仕、御自身（吉保）御校合被遊」とある。

（7）　褻は褻に通じ、「なれる」（狎れる）の意。褻（褻）御は「なれちかづく」、近臣・近侍の者。

三　『源公実録』と『柳沢家秘蔵実記』

国書刊行会叢書『列侯深秘録』（大正三〈一九一四〉年刊）所収『柳沢家秘蔵実記』は、堀井寿郎「解説」に詳しいが、ほぼ『源公実録』春夏の巻と一致している。従って本来『源公実録』が、その撰述の意図とする先君柳沢吉保頌徳から生ずる制約を負っていることを除けば、かつて私がこの『実記』に懐いていた信憑性への不安は、『実録』の公刊によって薄らいだことになる（もちろん『実録』の刊行によって、敢えて『実記』を使う必然性はなくなったのであるが）。

『秘蔵実記』の筆者について、堀井寿郎氏は他見が極めて難しかった筈の『源公実録』を写し得たという点と、『憲廟実録』の跋文を八代将軍吉宗の命令で修正したことについての、黒田直重から藪田重守宛書状（『実録』春〈二一頁〉『実記』巻上〈二一五頁〉）の宛名に「藪田市正様」とある後に、『実記』に「柳沢と改候得共、御切紙上書名乗候故に、凡てケ様被遊候也」[1]とあるのは、『実録』にはなく、『実記』の筆者の補筆である。これを書き込むこまかい配慮をなし得た人という点で、谷口元淡を想定している。しかしまた後述する荻生徂来に関する文章を挿入している点から、元淡ともいい切れないと迷っている。私は寛保二（一七四二）年に没した谷口元淡よりは後生の人と想定する。

その根拠としては、まず右にも触れたが、『秘蔵実記』には荻生徂来『政談』の文章が挿入してあることである。[2]『政談』は享保十一—十二（一七二六—二七）年頃成立したと考えられるが、その後長く秘せられ、徂来の高弟の一人服部南郭（一六八三—一七五九）すらその存在を知らなかったらしく、南郭著『物夫子著述書目記』（宝暦三〈一七五三〉年成）にもその名が見えない。管見の限り、その最も早い写本で年代が知られるのは、内閣文庫蔵『宝暦九〈一七五九〉年己卯初春写之』という奥書のある本である。また『愚痴拾遺物語』（宝暦八年自序）の記事から推して、その著者馬場文耕も『政談』について知識をもっていたことが知られる。これらによると、服部南郭は知らなかったが、その晩年の宝暦年間、一七五〇年代には、『政談』の存在は一部世間に知られるようになっていたと考えられる。[3]谷口元淡は寛保二（一七四二）年に没しているから、その親友服部南郭も晩年迄知らなかった『政談』の存在を、元淡生前に知ることはなかったであろう。

次に『秘蔵実記』にはしばしば固有名詞の下に二行割り注が加えてあるが、それらは『源公実録』には付いていないものであったり、『実録』の注（傍注が多い）とは異なった注記である場合が少なくない。それらの割り注の中に『秘蔵実記』が元淡没後の成立であることを示すものがある（それらの割り注が、いずれも『秘蔵実記』成立以降に、後人によって加筆されたものであって、さらにその後伝写の際誤って原文の如く写してしまったのならば、成立年代推定の根拠とはならないが、今は『実記』筆者の註記として取り扱う）。

次にその事例を掲げよう（『源公実録』『秘蔵実記』共に、割り注は〈　〉で示しておく。また『実録』と『秘蔵実記』と多少字句に相違のある場合は『実録』の方を採り、一々註記しない）。

『永慶寺様（吉保）忠孝を第一に被遊候事（『実録』春、『秘蔵実記』巻上）、『憲廟実録（常憲院贈大相国公実記）』に関する条

一、当御代様え右御実記之儀、林大学頭〈信篤〉被仰上候由ニ而、上覧被為遊度旨大学頭え上意ニ付、被差上候（下略）。

「当御代」の下に『秘蔵実記』は〈有徳院様〉とあり、『実録』には註記なし。

八代将軍吉宗は延享二（一七四五）年将軍辞任、宝暦元（一七五一）年死去。従って元文五（一七四〇）年成稿の『実録』の時には、将軍吉宗は当然「当御代」であり、『秘蔵実記』は宝暦元年以降の成立を想わしめる。

「御家臣を被召仕候御様子之事」（『実録』夏、『秘蔵実記』巻下）

一、元禄年中、御城御内々御祝儀之節、永慶寺様より御箱肴両種・御樽、兵部様より御箱肴計被差上候、

『実禄』は「兵部様」に傍注「屋形様御儀」とあり、『秘蔵実記』は「兵部様〈乾徳院様御事〉」とある。

「兵部」とは柳沢吉里、元禄十二（一六九九）年兵部改め、従四位下越前守に叙任、宝永六（一七〇九）年

相続、延享二（一七四五）年没。[4] 法名乾徳院瑞竜金利。従って『源公実録』撰述の時には、吉里は柳沢家当主故、「屋形様」との傍注は当然である。『実記』に吉里の法名を註記しているのは、その成立が延享二年以後であることを示している。

右のように年代の明らかな記事ではないが、次に掲げる『秘蔵実記』の割り注も、それが『実録』では註記なしか、または簡単な傍注のみの箇所に付けてあるのは、『秘蔵実記』成立の頃には、特に註記を必要とするほどすでに年代が隔っていることを物語っている証拠と思われる。

「文昭院様厚キ御思召之事」（『実録』春、『秘蔵実記』巻上）

一、同（正徳）二壬辰年正月七日、永慶寺様御登城之次第（中略）、了本院は大老ニも無事ニ候哉と銘々御尋、

『秘蔵実記』、了本院に〈永慶寺様御実母〉と割り注、『実録』註記なし。

夫より左京様御部屋へ参、御喰積、御茶出、大文庫に入、御小袖一拝領、町方え御帯十筋一箱届候様ニとの仰にて被下置候。

『秘蔵実記』、右京《マヽ》様に〈正親町大納言豊実公御女[5]〉と割り注、『実録』〈御女中〉とのみ傍注。

『秘蔵実記』、町方に〈永慶寺様之御準室様、御法名理性院本然自覚大姉様〉と割り注、『実録』註記なし。

右京と左京の違いは誤字であるとしても、家宣側室左京勝田氏月光院は七代将軍家継の生母であり、吉保側室正親町町子も柳沢家にとっては重要な存在であった筈である。この両者を註（5）に記したように錯誤しているとすれば、この割り注の年代、ひいては『秘蔵実記』作成の年代は、月光院没年（宝暦二〈一七

五二〉年）をかなり降るものと推定し得るのではあるまいか。

次に『秘蔵実記』が『源公実録』を明らかに誤写したと認められるのは、右に記した正徳二年正月七日吉保登城の記事の中、家宣が吉保生母了本院の息災について尋ね、吉保が自分の子供達の処遇について御礼を述べた記事に続く箇所である。すなわち『秘蔵実記』では「御熨斗御手自拝領仕、ひたと側へ御出被遊候」とある。さながら家宣が祝儀の熨斗を吉保に手ずから渡して後、ひたと吉保の側へ寄って来たと読める。しかし『秘蔵実記』は「御熨斗」の後、「御手自拝領」迄の間、約四八〇字を欠落させているのである。欠落部分については後項に触れるが、吉保の側へひたと寄って来たのは家宣の子鍋松、つまり後の七代将軍家継なのである。堀井氏の解説によると、この落ちた部分は原本の丁度一丁半に当たり、原本が風か何かで一丁めくれたのを『秘蔵実記』の筆者は気付かず、欠落のまま書き続けていったのであろうという。


次に『源公実録』になく『秘蔵実記』に挿入されているのは、いずれも荻生徂来に関する記事である。その一は『秘蔵実記』成立年代に関して前に言及した徂来『政談』の記事挿入であるが、これについては後項で取り上げる（『実録』夏の巻、『秘蔵実記』巻下「御慈悲深く御座被成候事」）。

その二は『実録』には全く記事がなく、『秘蔵実記』にのみ、巻上「御上え之御奉公、依怙贔負《（マヽ）》無之様ニと思召候事」の項の冒頭に、赤穂浪士の処分について、老中の意見と柳沢吉保の見解、それに荻生徂来の意見を載せている。それによると、老中達の意見は「全夜盗之輩之致方に付」討首ということであったが、吉保はこれを嘆かわしく思い、退出後徂来等に相談したところ、徂来は忠孝を心がけた者を盗賊と取り扱うことに反対し、切腹を仰せ付ければ浪士の名誉ともなると主張し、吉保もその意見に満足し、綱吉の賛成を得て評議を変更させたという内容である。

約一〇〇〇字に達するこの文章は、掘井氏の指摘するように、『政談』の挿入と共に徂来を主役とする文章であり、恐らく徂来の門下に係る人の加筆になるところであろう。(6)

この他、『実録』夏、『秘蔵実記』巻下「御平日之御事、附、御意之次第」の項の末尾一四箇条において『秘蔵実記』には錯簡があり、最後尾四条が前に載っている。また細部にわたって対校すると字句の相違がかなり目立ち、『秘蔵実記』では文意不通の箇所もあるが、ここでは一々の指摘は省略する。

最後に『秘蔵実記』は『源公実録』前半の春夏の巻のみを写したものなので、後半秋冬の巻の項目を次に掲げる。

『秋』

御勤之内、御仁徳深く御座被成候故、御取持を以、先例無御座各別之儀共、公儀より被仰出候事

禁裏之一万石増進、仙洞御殿地進上、陵墓調査、神社仏閣修覆、東叡山中堂建立、上賀茂葵祭再興、京都所司代役料一万石給与、

平日諸事御謹ミ深く、御遠慮被遊候事

在国・在所等御機嫌伺御断り、御城内外番所等下座に及ばず、年頭・五節句等私宅挨拶御断り、諸大名庭園へ家老拝見招待遠慮、公儀用達町人の家臣招待に応ぜず、諸大名の名産品辞退

御仁心深く被成御座候に付、諸人御慕ひ申上、奉崇敬候事

酒井忠清縁故者の将軍不首尾取成し、諸幕臣昇進等取持ち、堀田正俊関係者の将軍不首尾取成し、三家その他諸大名との交誼(藪田重守宛諸家書状)

付録『冬』
薬師寺宗仙院、御養生被遊候様物語之事
江戸川田久保・月桂寺之事
江戸小日向、龍興寺之事
甲州龍華山御建立之事
　付、同国一蓮寺・常光寺、御画像御納被遊候事、并恵林寺之事
御終焉、并御没後之御事
御子孫様万々代迄御守り可被遊御教訓、御自筆之事
御年録写之事
　付、白鷗、御高恩を戴き奉り候事、以上

註

（1）堀井寿郎氏は刊本（国書刊行会叢書本と思われる）の頁数を示しつつ、本文引用の文章を載せているが、刊本には次の如く記してある。傍註（ ）は内閣文庫本『柳沢秘記』による辻善之助の対校である。

柳沢と改候得共、数年御切紙の上書名乗候に付（とも）、風とケ様御認被成候也（哉）

国書刊行会叢書本を謄写した『甲斐叢書』所収本も同じである。堀井氏はどういう刊本に依ったのであろうか。

（2）『柳沢家秘蔵実記』巻下「八、御慈悲深く被成御座候事」第三条、『源公実録』夏の巻、当該箇所には『政談』引用と思われる文章はない。なおこれについては後項に述べる。

（3）辻達也校『政談』（岩波文庫、一九八七年）解説、辻達也「荻生徂来と『政談』」（『近世史話』所収、悠思社、

一九九一年）。

（4）『重修譜』巻一六四　柳沢譜。

（5）家宣側室には右京と名乗る者はない。左京は七代将軍家継生母勝田氏、月光院。浅草唯念寺林昌軒住職勝田玄哲女、大番士矢島治大夫娘分として奉公した（『徳川幕府家譜』乾「家宣譜」、『柳営婦女伝系』巻一六「月光院殿之伝系」）。なお、正親町家に豊実という人はいない。恐らく吉保側室町子が正親町実豊の娘であるのと錯誤したのであろう。

（6）田原嗣郎『赤穂四十六士論』（吉川弘文館　一九七八年）において、浪士の処分に関して『評定所一座存寄書』と『柳沢秘記』との相違を取り上げ、『柳沢秘記』を「比較的たしかな記録との評判がある」としながらも、この点については信憑性に欠けると記している（第二章一）。『源公実録』に全く載らず、かなり後世に成立した『秘蔵実記』（『柳沢秘記』）において加筆された箇所であるから、信憑性の低さは明らかである。

四　『政談』道入一件と『源公実録』『秘蔵実記』

『秘蔵実記』に荻生徂来『政談』の記事が挿入されていることについて前に言及したが[1]、それは『政談』巻一の次の記事である（『政談』には流布板本系と写本系と、やや異なる二系統があるが、まず流布本を引用しよう[2]）。

御先々前御代（綱吉）ノ時、美濃守（柳沢吉保）ガ知行所川越ニ一人ノ百姓アリ。困窮シテ田地家鋪モ無ナリタル故、渡世スベキ様モ無テ、妻ヲ四五日先ニ暇ヲ遣シ、己ハ頭ヲソリ、道入ト名ヲ附、一人ノ母ヲ連テ所ヲタヾヨヒ出タルガ、熊谷カ鴻巣辺ニテ母煩ヒ付シニ、夫ヲ其所ニ捨置テ、其身ハ江戸へ来リシヲ、跡ニテ所ノ者ドモ、其母ニ委細ヲ尋問テ川越へ返シケルガ、夫ヨリ右ノ道入、親棄ト云コトニ成タリシヲ、美濃守儒者共ニ、「親捨ノ刑ハ如何行フ事ナルゾ、和漢ノ先例ヲ考へ差出スベシ」ト申附シニ、其時某美濃守方へ参テ未ダ新参ノ時ナリシガ、儒者共何レモ考テ、「親捨ノ刑ハ明律ニモ見ヘズ。古今ノ書籍ニモ無之。此者ノ始末畢竟非人也。母ヲ召連テ乞食シタルガ行罷レタルト云者也。親棄トハ号シ難シ。妻ヲ四五日前ニ暇ヲ出シタレバ、乞食スル迄モ親ヲバ伴ヒタル所、非人ノ上ニハ奇特也。己ハ妻ト同ク家ニ居テ、母ヲ他所へ捨タラバ親捨ト云ベケレドモ、之ハ母ヲ捨ルノ心ナケレバ、親捨ト申難シ」ト儒者ドモ一同ニ申タレドモ、美濃守合点セズ。「如何様ノ者ニテモ親ヲ捨ルニハ忍ビザル筈ノコト也。此様子何様ニモ上聞ニ達シテ、上ノ思召ヲ伺ヒ可申」トナリ。

其頃ハ朱子学ヲ御信仰ニテ、理学ノ筋ニテ、心ノ上ノ詮議専也。美濃守ハ禅者ニテ、儒者ノ理筋ハ余リ平日ハ信仰セザリシ也。其時某申様ハ、「世間饑饉ニテモ参ラバ、箇様ナル者他領ニモ幾程モ出ベシ。親捨ト云ハ有間敷コト也。是ヲ親捨ニシテ、如何様ノ刑ニモ行タラバ、他領ノ手本トモナルベシ。某存候ハ、箇様ナル者ノ、所ヨリ出ルヤウニ致スコト、第一代官・郡奉行ノ科也。其上ハ家老ノ科也。其上ニモ科人可有。道入ノ咎ハ甚軽キコト也」ト末坐ヨリ申タルヲ美濃守聞テ、始テ尤也トテ、道入ニ母養料一人扶持取ラセ、其所へ復シ置キ、某ヲモ用ニ立ツベキ者トテ、念頃ニ仕タリシハ此事ヨリ始レリ。

右の事件につき『秘蔵実記』では、吉保が儒者に尋ねる前にそれが幕府に報告され、閣老間で問題となっている。

すなわち

右のせがれを尋出し、親捨の様に外より申立、御役人共も其次第に存候て、江戸表へ疑敷様子に申来候故、右書面之趣被達上聞候處、林大学頭へ御吟味被仰出、右京大夫輝貞公などにも親捨と御極被成候、左候へば遠島被仰付筋可有之候

つまり『政談』の「右の道入、親棄ト云コトニ成タリ」というのは、『秘蔵実記』によれば柳沢家中の判断ではなく、すでに幕府の意向であり、吉保はなんとか親捨の刑を免れさせようと思って儒者の意見をきいた。母を同道したのは「奇特」という見解も儒者のものではなく、吉保の意見となっている。

そこへ徂来が、このような困窮者を領内から出させた為政者の責任論を展開し、吉保を感服させた。これは『政談』と一致している。『秘蔵実記』では、吉保はこの一件につき、さらに勘定奉行荻原重秀の意見をも聴き、親捨ではなく、生き別れということに決定して綱吉に上申し、綱吉も納得したと記してある。

『政談』写本系では、流布板本が「此様子何様ニモ上聞ニ達シテ、上ノ思召ヲ伺ヒ可申」と、吉保はまだ綱吉には報告してないように記してあるのに対し、「その様子いかさまにも上聞に達して、上の思召しの筋のよう也」とあり(3)、『秘蔵実記』と同様、親捨という判断はすでに幕閣において下されていたと見なしている。吉保はそれに従って親捨という見解をとっていたが、徂来が意見を述べてこれを覆したことになる(4)。

ところが『源公実録』の記事はかなり異なっている。

江戸表へ、うたかはしき様子に申来候故、右書面之趣被達上聞候処、大学頭え迄御吟味被仰出候、右京大夫〈輝貞公〉などにも親捨と御極め被成候、親捨に成候へハ、遠島被仰付候筋に在之候、永慶寺様ニハ、親捨ニ何トソ不成様ニ思召候得共、右之趣ニ御座候、

百姓の事に候得は、御勘定頭萩(ママ)原近江守殿呼申候而とくと可承合由、御意被成候ニ付、五郎右衛門

（傍注〈白鷗事〉、藪田重守）罷出、とくと申達候処、委ク御聞請、親捨と申にてハ無之候、飢饉の節ハ、何国にても渇命におよび候ヘハ、妻子共一所に乞食に出、まよひあるき、別れ〳〵に成申候、是ハ行わかれと申者にて御座候、ケ様成者、親捨に成候而ハ、此節国々に如何程も有之事に御座候、決而親捨にてハ無御座候由、御申に付、右之趣共申上候処、猶又近江守殿え御直談被遊、行わかれと被申上候而、右之次第被達上聞候処、弥、行わかれに相極り申候、

つまり決定的な意見は勘定奉行荻原重秀が述べており、荻生徂来はその他の儒者と共に、全くここには登場して来ない。『秘蔵実記』は柳沢吉保の憐愍の情と、荻原重秀の意見との間に『政談』の記事を挿入した形になっている。

『政談』によれば、この一件は徂来の才識を吉保に認めさせた重要な契機であり、彼の経歴上欠かすことができない事件というべきであるが、『源公実録』が荻原重秀の意見のみを載せて徂来に言及していないのは何故か。

『秘蔵実記』は前述のように徂来に関する記述を挿入して、特に徂来を称揚する跡があるが、『実録』とて敢えて彼を無視しているわけではない。例えば夏の巻『儒仏神無甲乙御崇敬被遊候事』の項に次の記事がある。

一、御実記（『憲廟実録』）御用、荻生惣右衛門（傍注〈三十郎父〉）被仰付、御実記御出来、日光准后様え被差上候ニ付、惣右衛門え百石加増被下度由、屋形様（吉里）え被仰候而、都合五百石被仰付候、其節之御意には、家の飾り、惣右衛門程成ル儒者ハ公儀にも無之様に思召候、

恐らく『実録』編者藪田重守も、徂来を柳沢家の重要人物と目するに吝かではなかったであろう。

『政談』には、親捨ての罪に問われた者について「己は頭をそり、道入と名を付き」「熊谷か鴻巣辺にて母煩いたるを、道の側にすておき」（岩波文庫本）など、『実録』には見えない具体的な記事がある（『秘蔵実記』には載っているが、これは『政談』の記事を借用したのであろう）。ここから考えて、この一件は徂来の記憶にかなり強く留められていたと想像できる。

なお『政談』には見えないが、勘定奉行荻原重秀がこの一件について極めて妥当な意見を述べていたことが『実録』によって知られる。『秘蔵実記』にも載っているが、徂来の意見が『実録』には載っていないだけに、一度閣老間で決定した「親捨て」が覆され、「行わかれ」と判定されるに至った経緯の中での重秀の見解の重要性が強く出されている。

荻原重秀については、貨幣悪鋳・収賄など秕政・悪徳の役人像が『折たく柴の記』によって我々に焼き付けられているが、新井白石にとっては不倶戴天の政敵ではあっても、後世の歴史家は、重秀に対する公平な歴史的評価を改めて下す必要があろう。

荻生徂来に係る事項でさらに問題とすべきは、『憲廟実録』編述に関する『源公実録』の記事である。(5)

常憲院様御治世三十ヶ年、御政務之御次第、一ヶ年を一冊宛ニ御認、序跋、林大学頭殿〈信篤〉也、此書、御城御日記等、委被逐御吟味、荻生惣右衛門清書仕、差上候而、御側服部幸八（傍注〈正徳年中幸八御暇〉）、〈谷口新助御相手仕、御自身御校合被遊、相違之事共一々御直シ被遊候、御外題を常憲院殿御実記〈三十冊〉一箱ニ入、黒田豊前守〈直重公〉を以、准后様え被差上候（下略）。

この跋文については、後の八代将軍吉宗に『憲廟実録』を上呈した時、吉宗の命によって大いに削除させられた。

『源公実録』にも、

大学頭（林信篤）え上意には、生類御憐ミ之儀、美濃守（吉保）、右京大夫（松平輝貞）心得違申趣に相聞え候。中々常憲院様御慈悲向之儀、両人ニ御任せ可被遊御様子には不被為思召候。生類御憐ミ之儀は深き御思召可有御座ニ而、右の所を直し可差上由ニ而、御実記下ヶ被遊、右之通、御直し被差上候。

しかし削られたのは生類憐みに関する部分だけではなかった。その中でも次の部分はとくに注目する必要がある。

建武より以来、王化陵夷して海内武命を欽ム、天の与ふるところ、民の帰するところ、誠に物を改むるに近し、況や神祖天下を乱賊に取玉へるに、尚西伯の至徳に法り、(6)坤道を守る玉ふこと、国家の定謨なる上、尚深く天命未改の精微ヲ鑒ミ玉ふにや（禁裡を尊崇まします㕝、世々に超玉へり。(7)）

この跋文「源吉保入道保山謹録」と記してあるが、徂来の手になることはほぼ常識化している(8)。然るに『源公実録』に、序跋は大学頭林信篤が撰したと記してあるのは聊か疑問である。序文は明らかに林信篤署名の漢文であるが、跋文はいかに柳沢吉保往時の権勢をもってしても、林大学頭に文章の下請けをさせえたであろうか。吉保家臣の荻生徂来ならばそれは可能といい得る。

内容からいっても、右に引用した部分などは、徳川将軍の立場についての解釈、まさに徂来ならではの感があり(9)、凡庸と伝えられる林信篤のよく表わし得る所ではないように思う。或は藪田重守の筆の誤りか。或は跋文は公的にはほとんど削られてしまって、短い文章になってしまったので、撰者について重視しなかったのか(10)。

註

（1）『秘蔵実記』巻下「御慈悲深く被成御座候事」第三条。

（2）『日本思想大系』36「荻生徂徠」所収（岩波書店　一九七三年）。なお『政談』の諸本については、辻達也校註『政談』（岩波文庫、一九八七年）解説参照。また拙稿「荻生徂来『政談』流布の過程に生じた内容変化について」（専修大学『人文科学年報』一七　一九八七年）に詳細に校異を記しておいた。

（3）『政談』岩波文庫本。

（4）流布板本では、柳沢吉保が「親捨テ」の刑について儒者に諮問したのに対し、「親捨テノ刑ハ明律ニモ見エズ（中略）、乞食スル迄モ親ヲバ伴ヒタル所、非人ノ上ニハ奇特也」云々と「儒者ドモ一同ニ申タレドモ、美濃守合点セズ」とある。これについて丸山真男『日本政治思想史研究』第一章三節では、「他の儒者が依然として宋学的な立場から〈奇特〉であるかどうかといふ様な、道入の主観的動機のみをひたすらあげつらってゐたとき、徂徠は（中略）為政者の政治的責任に問題を移した」と論じている。ところが写本系『政談』では「儒者ども一同に、某も申したれども」と、徂来も「奇特」云々を申し立てたことになっている。もちろん徂来の意見の重要性は、丸山説の通り「かようなるものの、所より出るようにする事」の政治的責任論にあるが。

（5）『源公実録』春「永慶寺様忠孝を第一ニ被遊候事、附、御先祖様を御大切ニ被遊候事」。『秘蔵実記』巻上の記事も、服部南郭について「御側服部幸八〈後浪人致、赤羽根に住居、南郭先生事〉」と『実録』の傍注より詳しい割り注が付いている他は同文である。

（6）吉川幸次郎「民族主義者としての徂徠」（『仁斎・徂徠・宣長』岩波書店、一九七五年）は明治大学蔵本により、平石直昭『荻生徂徠年譜考』註18（平凡社、一九八四年）は東大南葵文庫本により、いずれも「神道」と記している。私は国会図書館本に拠る。国会本も一部に判読困難な箇所もあり、必ずしも整備を尽くした写本ともいいかねるが、「西伯の至徳に法り」とあり、「天命未改の精微ヲ鑒ミ」とある前後の文章から推せば「坤道」を採るべきであろう。なお南葵文庫本は「建武」を「建文」と記してあるようであるが、これは「建武」でなければならない。

(7)（ ）内の「禁裡を尊崇」云々の文章は、修正後も残された部分である。

(8) 前引吉川幸次郎・平石直昭両氏も徂来の作であることを当然視している。

(9) 荻生徂来『弁道』下「王覇」に次のように述べている。

王覇の弁は古のなき所なり。孔子の、管仲を「その仁にしかんや」と称し、書に秦誓を載するを観れば、すなわち孔子はいまだかつて覇を以て非となさず。王と覇と、その異なる所以の者は、時と位とのみ。(中略) かの方伯たる者は、諸侯を約して共に王室を輔けんと欲す。徳足らずして力を仮るもまた已むを得ざるの事にして、あに以てその人を罪すべけんや。かつ湯は七十里を仮り、文王は百里を仮りて興る。孔子は尺土の封なければ、すなわち興ること能はず。これ徳ありといへども、あに必ず力を仮らざらんや。故に桓文の罪は、力を以て仁を仮ることに在らずして、王室を尊ぶを名となして、以てその私を済すに在り。(西田太一郎校注『弁名』　日本思想大系36『荻生徂徠』所載、原漢文)

徂来は恐らく徳川将軍を以て覇者と見なしていたのであろう。家康が天下を制するに及び、「物を改むるに近し」つまり革命に近い時節に至っても、なお「天命未改」の故に、周の文王が殷の紂王に対したのと同様、坤道すなわち臣の道を守り、王室を輔け、歴代王室を尊崇して来た。これは孔子の非とする所ではない。

『憲廟実録』跋文（正徳四〈一七一四〉年と『弁名』（享保一〈一七一六〉年）とは、このように共通する思想に立っていると認められる。

(10)『柳沢家秘蔵実記』の筆者は、前にふれたように、原本にない徂来に係る記事を挿入しているところから、徂来との関係の深さを想わせるが、この跋文については原本同様、林信篤の撰としている。

五　柳沢吉保と六代将軍家宣・側用人間部詮房との関係について

五代将軍綱吉没後の柳沢吉保の立場を考えるに当たって、最も質のよい文献として用いられているのは新井白石『折たく柴の記』である。その綱吉葬送前における六代家宣と吉保の間の応答を、白石は次のように記している。

（生類憐みの令について）此禁除かれずしては、天下の憂苦やむ事あるべからず、されどさほどまでに仰置れし事を、御代に至て其禁除かれん事もしかるべからず、たゞいかにもして御遺誡のごとくならむ事を思召されしかば、まづ吉保朝臣をめして、思召よられし所を仰下されしに、此朝臣ももとより此事よしとおもふべきにもあらず、殊に前代（綱吉）の御覚こそ他にことなれ、此後の事はかりがたしと思ひしかば（傍点引用者）仰下さるゝ所、誠に御孝志の至とこそ申すべけれといひし（中略）、吉保も髪おろして御供にさぶらはん事を望申す旨あり。双なき御恩に感じまいらせてかくおもふ所はことはりなれば、我またとゞむべきにもあらず、されど（中略）我世のはじめに此等の例を始ん事、もっともしかるべからず、所詮御葬事終らむほどに致仕して、子息に家事ゆづらむのちに、望申すごとく髪おろさんには、代々の例にもたがはず、またみづからのこゝろざしをも遂ぬべき事なりと仰せられしかば、此朝臣つゐに仕をも致したりきといふ。

これは『折たく柴の記』（巻中）に割り注として記載してある所で、白石も「此両事は我には仰もきかせ給はぬ事なれば、其事のありやなしやをばしらず。されど我に語りし人も[1]、うきたる事いふべき人にもあらねば、其説をこゝに注しぬ」と、伝聞である事を記している。しかし引用者傍点部分「殊に前代の御覚こそ他にことなれ、此後の事はかりがたしと思ひしかば」と吉保の心中に迄立ち入ったような記述は、恐らく白石の憶測であろう。ここに白石の吉保に対するあまり好意的でない態度が表れている。

吉保隠居に至る事情について『兼山秘策』には、白石と室鳩巣との問答として、『折たく柴の記』の文章より断定的に記されている[2]。

私（鳩巣）申候は、保山老（吉保）抔事、御代替の砌は、日本一統に何卒可被仰付抔と申候処、結構に被仰付候、是等御仁厚成儀と奉存候、御浅慮成儀とは相見不申旨申候得ば、（白石曰）保山其外御意に応じ不申面々皆結構に被成置事、悉皆常憲院様へ被対候ての儀候旨被申候故、私申候は、されば其故御仁厚之儀と奉存候、新井氏被申候は、扠政にさへ預らぬ様に被成置候得ば、其を御構に不被成儀に候、（中略）常憲院様御他界の日、美濃守殿御前へ被出、私事常憲院様御厚恩の儀に候得ば、追腹も不仕候では不叶者に候へ共、御法度の儀に候へば不及是非候、責て剃髪仕り度旨直に願ひ申上候処、（中略）歴々其方など様なる者、剃髪と申儀終に御格無之儀に候へば、此度此方代替に、御先代よりの格を御敗り被成候儀難被成候、御葬送も済申候はゞ、早速隠居被致候て、剃髪願の通に被仕可然と御意に候故、もはや美濃守隠居願不申候では不成候、

『折たく柴の記』にも「此朝臣つゐに仕をも致したりき」（傍点引用者）とあるが、『兼山秘策』の問答によれば、吉保等は家宣の気に入らぬ遺老であり、それを家宣は巧みに（吉保からすれば本意ならず）隠居に追い込んだことになる。

『源公実録』に見える家宣と吉保の関係はかなり異なっている。『実録』春の巻には「文昭院様（家宣）

厚キ御思召之事」という項を立て、家宣の吉保に対する恩恵厚情を列挙している。

まず「一、宝永年中、御成六度」[3]とある。これを『常憲院実紀』から拾ってみると次の通りである。

宝永三年　二月十一日（巻五三）
同　年　十月　五日（巻五四）
同　年十二月　七日（仝右）[4]
同四年　二月　九日（巻五五）
同五年　二月十八日（巻五七）
同　年　十月十一日（巻五八）

次に綱吉死去の時の家宣と吉保の応答についての記述がある。

常憲院様御他界之砌、文昭院様御前え永慶寺様を被為召、御手を御取被遊、其方儀、唯今迄之通、政務之儀御頼被成度由、上意御座候ニ付、奉畏候、併病身ニ罷成候へハ、中々御請ハ得不申上候由被仰上候得は、老中ハ有之事ニ候へ共、御一分様ニ天下之政務無覚束被為思召候、間部越前守（傍注〈御側〉割り注〈詮房公〉）も曽而不案内ニ候へハ、旁以御頼被成由、上意ニ付、難有御思召ニ奉存候、併私儀、御先君様被仰付置候趣も御座候得は、兎角隠居可奉願覚悟ニ罷有候、右之次第御請不申上、迷惑至極奉存候由、被仰上候へハ、御先君様蒙仰罷有候事ニ候ハ、是非とは得御意不被為遊候、御請不申上候段、尤ニ被為思召候由、

吉保が不本意の隠居に、家宣によって巧みに追い込まれていったとする『折たく柴の記』や『兼山秘策』の記事とは、著しく吉保の隠居の事情について異なった印象を受ける。

『松蔭の日記』[5]にも、綱吉の没した翌日、家宣の吉保への言葉を次のように記している。

（綱吉死去の）あしたにものぼらせ給ふ。西の御所にまゐらせ給へれば、御やすみ所におはしますほどなり。近くめして、また何かとこまかにのたまはす。

「さきにも聞きつる如く、今はかくてひたみちに入道せむと聞ゆるなむ、いとことわりある事なれど、さきの御世さまことにものしつるうへ、かがかたにも心ことなりつるいさをしなむ、忘るゝ世なければ、いでそのあたり若き殿原など[6]の事、此身のあらむ程はつゆばかりもおろそかにおもふ心あるまじきなり、年月おほやけざまにおもくならひて、又たぐふべきもあらねば、今のうへにてはかならず、まづ後見などやうに人も思ふべきほどなれば（中略）今かく髪などおろして物せられむにも、おのづからわがかたにいさゝかもよからぬふしありてやなど、大かた世のさがなきにも、まづとりいでてそしり聞えむことぞかし、かつは此のち猶さるべき事は、問ひ聞きはからむにも、いとさはるべきになむ、いかにもして此事まづ思ひとゞめて、よしさは出で仕ふる程こそあらずとも、今しばしまち聞えてこそ」

などのたまふも、御涙のひまなく流る（下略）

やがて家宣の将軍宣下の式の翌日、宝永六（一七〇九）年六月三日、柳沢吉保の隠居が許された。その後は駒込の別荘六義園に住んだが、毎年正月七日平川口から登城し、御座の間において将軍に歳首を賀し、ついで大奥にも参賀するのを例とした[7]。

『源公実録』には正徳二（一七一二）年正月七日の模様を記載してある。

御台所前に而乗物より下り、御台所口より上り、坊主衆案内ニ而、例之通直に御座之間御次迄参、表御札相済候哉と坊主衆え尋候へハ、未入御にてハ無御座候。（中略）御座之間後ノ方、御縁頬通、屛風立廻シ、火鉢有之候、則此所ニ居申内、入御之御様子ニ而、早速間部越州被参(8)、能時分出候、追付御前え召可申由ニ而語居被申候。暫在之、御小姓衆案内ニ被参候ニ付、御座所御一ノ間え入候得ば、此方より不申上御礼可申上と仕候得ば、直に是へ参候様ニと上意ニ付、越州致同道、御休息之間え罷越、候内ニ、目出度春之由、上意ニ付、相応之御請申上候処、息災そふに相見え、重畳之儀、（中略）宿ニ而奥始何も息災ニ候哉、了本院は大老ニも無事ニ候哉と銘々御尋ニ付、相応ニ御請、御礼申上（中略）夫より彼是御咄共有之、御熨斗、「出、御手自、日（マヽ）出度由御意ニ而頂戴、直ニ御召之御小袖三、不相替被下置候、幾久可被下由、上意有之、御礼申上、御前退キ可申といたし候得ば、奥え参候様ニと御意にて、御立被遊、御錠口より御跡に付参候。内御庭彼是咄等被遊候。右之内、初中後、越州我等側ニ居被申、執成共被申候、

公方様（傍注〈文昭院様御儀〉）御一座ニ被成御座、御台様へ年頭之御祝儀申上。

公方様、御台様え御向被遊、保山儀随分息災ニ見え候由、御意在之、御台様御挨拶在之、御側え召、御台様御手自御熨斗并御小袖三頂戴、随分息災ニ長命成様ニと思召候由、奥えも能心得申候得由御意在之。相応ニ御請申上、去年中も不相替、私并女房方へも度々拝領物被仰付、御懇ニ御尋被遊、難有奉存候之段、御礼申上、女房儀宜申上度旨申候段も申上、御二方様へ奉向、私儀も女房儀も、寒暑之節成共、可奉伺御機嫌儀と毎度奉存候得共、ケ様ニ引込罷有候へハ、左様之儀仕連々（マヽ）、ひたと相伺申度様ニ罷成候へハ、隠居之詮も無御座、却ていかゝと存、不任所存罷有候段申上、段々御懇ニ御意共有之。

鍋松様[9]御部屋え参、御目見仕候様ニと御意ニ付、越州案内にて罷越、御機嫌克御目見、御熨斗[10]」御手自拝領仕、ひたと側え御出被遊候に付、頓而御馬ニ被為召、私罷有候在郷[11]え御成被遊候ハ、御馳走可申上由御座興申上候へハ、御機嫌ニて、右之御挨拶御意被遊候。

夫より左京様[12]（傍注〈御女中〉）御部屋へ参、御喰積、御茶出。大文庫に入、御小袖二拝領。町方[13]え御帯十筋一箱届候様ニとの仰にて被下置候（中略）

右相済、退出之節、越州被申候ハ、遠方え御引込御座候へハ、世上之人口、彼是御案シ被成候儀も可有之候へ共、今日之様ニ御機嫌能、不相替御懇之御儀共に候得ば、又御目見ニ御出被成迄ハ、寛々御樂ミ、少も不依何事、御気遣被成間敷候、少も御内意申入可然儀在之候はゝ、早速可申入候。甲斐守、刑部、式部、用之儀何にても可承候。我等恩ニ成候事ニ候へハ、せめて之儀ニ右之所存候。度々安否をも尋可申事ニ候得共、其段ハ去々年任約束、無其儀候、毛頭疎意に不存候、御息災ニ御暮候様ニと[14]被申候ニ付、諸事頼入候由、致挨拶候。

これは吉保が藪田重守に「御厚恩之御事、屋形様（吉里）御失念無御座様ニ可申上」と命じて物語った当日の模様、と『実録』には記してある。

将軍家宣の柳沢吉保に対するこのような厚遇は、『兼山秘策』に見える新井白石の言葉によれば、吉保当人への優遇ではなく、故将軍綱吉への配慮から出たものであり、「政にさへ預らぬ様に被成置候得ば、其を御構に不被成儀」という見解も成り立つ。しかしそれは政敵とはいえない迄も、前代綱吉施政に対して強い批判的立場にある新井白石の見方であって、それに対する柳沢吉保の受止め方も当然あり得る。従来、『柳沢家秘蔵実記』には、その成立・編者・校訂等において、文献史料として若干の不安があったが、その原本というべき『源公実録』の公刊によって、新井白石の主張のみに依存せざるを得なかった文献上の欠陥を補うことが出来るようになったのである。

註

（1）このような家宣と吉保との機密事項にわたる応答を知り得る立場にあり、且白石と親密な人といえば、家宣側用人間部詮房がまず想い浮ぶ。

（2）『兼山秘策』（正徳元年）辛卯五月十三日鳩巣書簡。

（3）家宣第一回来邸については『源公実録』春「常憲院様（綱吉）厚キ恩御思召之事」にも、

一、宝永二乙酉年十一月朔日、大納言様（傍注〈文昭院様御儀〉）御本丸え被為入、於御休息之間、公方様御対顔之節、来ル六日、大納言様え御饗応被為進候、被為入候様ニと上意有之、其上ニ而、春に成候ハヽ、美濃守方へ大納言様被為入、御ねたり被成、馳走ニ御あい候之様ニと被仰出候ニ付、大納言様御太慶ニ被思召候、とくに被為入度思召候得共、上意無御座候故、御指扣被遊候。春ニ成候ハヽ、早く可被為入と御請被仰候ニ付、難有仕合に奉存候、私儀もとくに奉願度存候へ共、病身故、かけはしり御馳走も成かね可申と存じ、指扣罷有候所に被仰出、有難奉存候旨、及言上候。

大納言様ニ何之馳走無之候而も被為入候を、御大悦ニ被思召候、併、色々御ねだり馳走に御あい可被遊由、両御所様段々御懇之上意有之候。則、西丸え参上、御礼申上、退出。

とある。また正親町町子『松蔭の日記』にも、

西の御所（家宣）のやむごとなくさだまらせ給ひて、大かたの御有様、御所の御もてなしにかはらずたちつゞきおはしますに、御所には折々こゝにわたらせ給ふ事の、とりどりたゆる事なく、わたくしの御心やり所などのやうにおぼしわたるを、さる事と聞しめしおきて、此春おはしますべき御けしき賜らも給ひて、その御まうけどもひまなしこぞより御けしきありて、たびたびのたまはするを、「さて待ち聞え奉らむ

は、げにいとかしこく侍るべけれど、年頃大かたの身のほど物やみがちに、よろづおろそかになむなりにて侍れば、すくよかにかけはしりてつかうまつらむ事も、いとかたくなむ侍るべき、さるは中々おろそかなりと御らんじられ奉らむ事も、いとかしこくおそれ入りてなむ」など申し奉り給へど、せめてをかしとおぼしおきて、仰事給ひ、かつはかたじけなきめんぼくのほど、なほざりならねばしひてもすまひ奉らせ給はず、かくてまち奉らせ給ふなりけり。すべての事御所のにかはらず、猶はじめてのたびとて、めづらかなるさまをくはへ給へり。おまし所も、これの御れうに、こたび造りそへせて給へり。ことどもあらため給うて、二月十一日と聞ゆ。（『松蔭の日記』廿三　大宮人）

とあり、その時の模様を事細かに記している。（『甲斐叢書』三　所蔵）

(4)　この年、甲府家下屋敷だった地に根津権現が建立され、十二月三日正遷宮。この神社は家宣の父綱重の臣根津宇右衛門の霊を祀ると伝えられ、そのため家宣はこの日根津神社に初参拝、その帰途柳沢邸に立ち寄った。

(5)　『松蔭の日記』廿八　「めぐみの露」。

(6)　吉保の子吉里・経隆・時睦らを指す。

(7)　『重修譜』巻一　六四。

平川口から登場し、台所口から本丸に入り、中奥御座の間で将軍に謁するのは、将軍昵近の待遇である。

(8)　『秘蔵実記』は「早速間部越州に参」とあるが、これは原本誤写であろう。表へ出ていた将軍が御座の間へ戻って来たので、間部詮房が吉保の控えている席に来たという意味である。

(9)　七代将軍家継幼名。

(10)　「　」内約四八〇字、『秘蔵実記』には欠落。原本の丁度一丁半に当たる部分という。（堀井寿郎「解説」）。

(11)　吉保隠栖の地。駒込六義園。

(12) 家宣側室勝田氏、七代将軍家継（鍋松）生母。第三項「源公実録」と「柳沢家秘蔵実記」注（5）参照。
(13) 吉保側室正親町町子。
(14) 『秘蔵実記』には「御息災ニ御暮候様ニと」の次に「上意之由」の四字を挿入している。

第十四章　『享保通鑑』について

一　『享保通鑑』の編者

本書の編者について、佐村八郎著『国書解題』(明治三十二年＝一八九九)ならびにこれ迄唯一の刊本である三田村鳶魚編『未刊随筆百種』巻一七所収本(昭和三年＝一九二八)共に編者名を記してない。しかし通説としては享保期の名代官として知られる小宮山杢之進昌世(号謙亭)の編者といわれている。その説をとるものは管見の限り左の如くである。

滝本誠一「増補田園類説解題」(『日本経済叢書』巻八、大正四年＝一九一五)
糸賀国次郎『加賀美桜塢より山県大弐へ』(昭和十一年＝一九三六)
岩波書店『国書総目録』第二巻、「享保通鑑」項(昭和三十九年＝一九六四)
吉川弘文館『国史大辞典』第四巻「享保通鑑」項(昭和五十九年＝一九八四)

ただし右の四篇とも出典が示されてない。

また主要な写本についてみるに、本書の底本に用いた国会図書館本およびこれと対校した静嘉堂文庫本には編者名はない。さらに岡山大学池田家本・京都大学国史研究室本にも編者名はない。東京大学図書館本の外帙背には「小宮山謙亭」と印字があるが、この外帙は後世に作られたと思われるもので、すでに小宮山説が流布して後に印字された疑いがあり、必ずしもその説の典拠とはなし得ない。つまり小宮山昌世編という通説の文献的根拠は極めて薄弱である(岡山大学本については宮崎道生氏、京都大学本については朝尾直弘氏、東京大学本については宮地正人氏に、それぞれ御手数を煩わせた。ここに深謝の意を表する)。

小宮山昌世編者説は本書の内容からも若干の疑点がある。まず第一に小宮山杢之進昌世といえば「地方の聖」（『地方凡例録』巻二）と称せられたほど精通した農政官僚であった。その人の編纂にしては、農政関係の記事があまりにも乏しい。僅かに巻一六（三七一―二頁）に享保十四（一七二九）年五月十五日関東郡代伊奈忠逵と代官池田季隆が配下の不正行為のため処罰された記事があり、これが『徳川実紀』の典拠として採用されている程度である。この他は代官・勘定衆等についての辞令その他簡単な記事と、農村関係の政令等が散見するが、本書の特色というには当らず、有能な地方役人の編纂にはふさわしくない感を受けるのである。

第二の疑点はより具体的に、本書の記載事項には、大目付からの指示・通達が著しく多い事である。すなわち左記の通りである。

○巻一

一、正徳六年閏二月九日（六・七頁）大目付横田由松宅へ諸大名留守居を召集して指令。
　所領の分知を受けた者が本家を相続する際、その分家所領の処置について。

二、同年四月十三日（一〇頁）、有合せの役人衆へ、大目付通達。
　東山道・山陰道・山陽道のよみ方、海道・道中の区別。

三、享保二年二月廿九日（一六頁）、殿中にて大目付申渡。
　三月・五月朔日の礼について。

○巻二

四、享保二年八月廿日（二七頁）、大目付横田由松宅にて、留守居へ通達。

乾字金通用期限について。
五、同　年十二月廿日（三〇―三一頁）、大目付より触。
将軍鷹野より還御後の御機嫌伺い。
六、同　月廿五日（三一―三二頁）、大目付より触。
御留場にて鳥殺生の者訴人令。
○巻三
七、享保四年五月十六日（五二―五三頁）、大目付衆より触。
播磨より武蔵迄沿道諸領主へ通達。朝鮮信使往来の節人馬指出の儀、代官より指令について。
八、同　年七月三日（五四頁）、大目付中より触。
乾字金引替期限について。
○巻四
九、享保六年五月廿五日（九二頁）、大目付横田由松より触。
鳥を献上物又は音物とすることの制限。
一〇、同　年六月廿九日（九八頁）、横田由松宅へ諸留守居召集、書付を渡さる。
領知田畑町歩人数改めについて。
一一、同　年七月廿九日（一〇一頁）、大目付中より触。
領知内拳場鷹番廃止について。
○巻六

一二、享保七年正月十六日（一一二五頁）、大目付中より廻状書付。
　古書籍調査について。
一三、同　年四月六日（一一三三―一一三四頁）、大目付中より触。
　熊野三社権現勧化について。
一四、同　月七日（一一三四頁）、大目付中より触。
　百姓田地質流し禁止令。
一五、同　月十二日（一一三四―一一三五頁）、大目付中より触。
　出火の際、身上相応に下人差出し、防火に努むべき事。
一六、同　月十八日（一一三五―一一三七頁）、大目付中より触。
　前将軍七回忌法会について。

○巻七

一七、享保七年九月五日（一一五六頁）、大目付中より触。
　青山・三田両所上水廃止について。
一八、同　月晦日（一一五七―一一五八頁）、老中水野忠之の指令を大目付中より伝達。
　公儀より新田開発仰付けらるべき土地について。
一九、同　年十一月四日（一一五九―一一六〇頁）、大目付中より触。
　放火犯訴人について。
廿、同　月六日（一一六〇頁）、大目付中より触。

将軍吉宗女芳姫死去について。
廿一、同　月十八日（一六一頁）、大目付中より触。
餌差廃止令。
○巻八
廿二、享保八年正月九日（一七七頁）、大目付中より触。
葵紋付衣類・諸道具規制令。
廿三、同　月廿一日（一七七―一七八頁）、大目付中より触。
近火消防の実績申告制。
廿四、同　年三月五日（一七八頁）、大目付中より触。
小判切疵金・軽目金通用制。
廿五、同　年四月二日（一七九頁）、大目付中より触。
献上の紋付衣服は公儀呉服師へ注文すべき事。
廿六、同　年五月廿七日（一八一頁）、大目付中より触。
江戸城玄関前冠木門修覆のため、月次礼取止めについて。
○巻九
廿七、享保八年八月廿九日（一九三―一九四頁）、大目付中より触。
質地流し禁止令撤回。
廿八、同　年十一月二日（一九五頁）、大目付中より触。

中屋敷・下屋敷。抱屋敷出火の節も、差扣伺いを提出すべき事。
廿九、同　年十二月十六日（一九七頁）、大目付中より書付。
老中方へ歳暮・年頭の廻礼について。
三〇、享保九年正月廿日（一九七頁）、大目付衆より触。
防火人数差出令。
三一、同　年二月六日（一九七―一九八頁）、大目付衆より触。
米穀下直に伴い、諸物価引下令（同月十五日付触書）。
三二、同　年閏四月廿三日（一九九―二〇〇頁）、大目付衆より触。
用水中の井堰・郡村境論等の出訴規制令。
三三、同　年六月廿四日（二〇二―二〇三頁）、大目付衆より触。
万石以下倹約令。
三四、同　年七月十日（二〇四頁）、大目付衆より触。
妾を妻となす儀について。
三五、同　年九月廿二日（二〇四頁）、大目付衆より触。
六代将軍家宣十三回忌法会香奠献上制。
三六、同　年十月十九日（二〇五頁）、大目付衆より書付。
五代将軍綱吉十七回忌法会香奠献上制。
三七、同　年十一月八日（二〇五頁）、大目付衆より触。

東叡山法事以後、惣出仕令。
三八、同　月十九日（二〇六―二〇七頁）、大目付より書付。
若君（家重）へ初拝礼・献上等について。
三九、同　月廿日（二〇七頁）、大目付衆より書付。
若君御礼後、老中・若年寄宅へ廻礼について。
四〇、同　年十二月十六日（二〇七―二〇八頁）、大目付衆より触。
歳暮・年頭の祝儀のため、老中・若年寄邸廻礼について。
○巻十
四一、享保十一年三月晦日（二二五頁）、大目付彦坂重敬より触。
諸国人口調査について。
四二、同　年四月廿日（二二六―二二七頁）、大目付中より書付。
奉公人の下請に立った武士方の家来を、その奉公人出入につき奉行所へ召喚する措置について。
四三、同　年五月十五日（二二七頁）、大目付衆より触。
大納言家重袖留祝儀について。
四四、同　年六月十日（二二七頁）、大目付衆より触。
将軍生母死去により普請・鳴物停止令。
四五、同　月十一日（二二八頁）、大目付より触。
将軍吉宗生母死去により、将軍への機嫌伺いについて。

四六、同　月十九日（二二八―二二九頁）、大目付衆より触。
将軍吉宗生母葬儀後、本丸へ惣出仕令。
四七、同　月廿七日（二二九頁）、大目付衆より触。
明二十八日、月次出仕令。
四八、同　年九月二日（二三〇頁）、大目付中より書付。
武士・百姓・町人の間の屋敷譲渡規制。
四九、同　月十八日（二三一―二三二頁）、大目付より触。
疵金・軽目金通用について。
五〇、同　年十一月（二三七頁）、大目付より触。
南都興福寺勧化について。
○巻十一
五一、享保十二年四月廿九日（二五九頁）、大目付中より触。
関八州猪鹿狼害除鉄砲許可制。
○巻十二
五二、享保十二年五月廿九日（二六九頁）、大目付中より触。
将軍生母一週忌法事中の諸指示。
五三、同　年七月廿四日（二七四頁）、大目付興津忠閭より触。
先年将軍日光社参の節、諸向勤方等調査。

○巻十三
五四、享保十二年八月十七日（二九〇頁）、大目付松平正常より廻状（交代寄合仲間留守居宛）。
先年将軍日光社参の節、留守中勤方調査。
○巻十四
五五、享保十二年十一月五日（三一二―三一三頁）、大目付中より書付。
将軍日光社参供奉の面々の雇人に関する令。
五六、同　月六日（三一三頁）、大目付中より書付。
武士方組合辻番請負制。
五七、同　月廿七日（三一五頁）、大目付より触。
新規神事仏事禁止令。
五八、同　十三年正月廿七日（三二四頁）、大目付中より触。
将軍日光社参留守中、領内通行制限令。
○巻十五
五九、享保十三年四月十四日（三三二頁）、大目付中より触。
明十五日、月次出仕なき旨。
六〇、同　月廿二日（三四七頁）、大目付中より書付。
将軍日光社参相済みし祝儀のための登城令。
六一、同　月廿四日（三四八頁）、大目付中より触。

六二、同　年五月朔日（三五一頁）、大目付衆より触。
将軍日光社参相済みし祝儀の能見物すべき旨、諸大名等への令。
六三、同　月八日（三五二頁）、大目付より触。
老中松平忠周死去についての諸指令。
六四、同　月廿五日（三五三頁）、大目付中より触。
将軍日光社参相済みし祝儀の能、諸役人等見物すべきの令。
外堀にて魚釣禁止令。

○巻十六

六五、享保十三年六月廿日（三五七頁）、大目付中より触。
立坊（昭仁親王＝桜町）御祝儀について。
六六、同　年九月四日（三六〇頁）、大目付中より触。
地神経読の官位・院号等禁止。
六七、同　月九日（三六一頁）、大目付中より触。
老中大久保常春死去について諸指令。
六八、同　月廿六日（三六一―三六二頁）、大目付中より触。
大八車等の事故重罰すべき旨の令。
六九、同　年十一月三日（三六二頁）、大目付中より触。
防火見廻り令。

七〇、享保十四年正月廿日（三六四頁）、大目付衆より触。
用水中の井堰・郡村境山野論の訴訟規制再令。
七一、同　年四月廿四日（三六八―三七〇頁）、大目付中より触。
四代将軍家綱五十回忌法会につき諸指令。
七二、同　年五月六日（三七〇頁）、大目付衆より書付。
家綱法事相済みしにつき惣出仕令。
○巻十七
七三、享保十四年六月四日（三七六頁）、大目付衆より触。
将軍養女竹姫、島津継豊へ再縁の祝儀について。
○巻十八
七四、享保十四年十月廿八日（四一五頁）、大目付中より触。
元禄十五年以来の借金銀、金利引下令。
七五、同　年十一月朔日（四一六頁）、大目付中より触。
拝借金上納延期。
七六、同　月十九日（四一八―四一九頁）、大目付衆より触。
竹姫入輿の道筋について。
七七、同　月廿一日（四一七―四一八頁）、大目付より触。
倹約令。

七八、同　年十二月十一日（四二〇―四二一頁）、大目付中より触。
竹姫入輿見送りについて。
七九、同　月十二日（四二三頁）、大目付中より触。
金銀相対済令撤回。
○巻十九
八〇、享保十四年十二月廿八日（四四六頁）、大目付中より触。
主殺し捜査。
八一、同　月廿九日（四四六―四四七頁）、大目付中より触。
正月三ケ日出仕の時刻について。
八二、享保十六年正月十一日（四五〇―四五一頁）、大目付中より触。
秀忠百回忌法会についての諸指令。
八三、同　年二月廿九日（四五三―四五四頁）、大目付より触。
倹約令。
○巻廿
八四、享保十六年五月十七日（四六六頁）、大目付中より触。
大納言家重婚約お弘めにつき、明十八日惣出仕令。
八五、同　月十九日（四六七頁）、大目付中より触。
家重結納の祝儀について。

八六、同　年七月三日（四六九頁）、大目付有馬純珍より書付。
八嶋大奥年寄仰付けられしにつき、向後老中並の贈物あるべき事。
八七、同　年十月九日（四七四頁）、大目付中より触。
防火見廻り令。
八八、同　月十三日（四七四頁）、大目付中より触。
普請奉行より予告なく武家屋敷間数測量は致さざる旨。
八九、同　年十一月十二日（四七五頁）、大目付中より触。
曲輪内徘徊禁止、牛車・大八車等過重荷積取締りについて。
九〇、同　日（四七五—四七六頁）、大目付より触。
大手・内桜田・西ノ丸大手下馬前にて、供の者笠かぶり禁止。
九一、同　年十二月六日（四七七頁）、大目付中より触。
日光山修覆完成の祝儀について。
九二、同　月十七日（四八一—四八二頁）、大目付中より触。
家重婚礼相済みし祝儀の能について。
九三、同　月廿日（四八六—四八七頁）、大目付中より触。
歳暮・年頭の祝儀のため、老中・若年寄邸廻礼について。
○巻廿一
九四、享保十七年二月朔日（五〇一頁）、此紙面順達、大目付興津忠閭へ相返すべし。

諸国人数帳、七年以前の通り提出令。
九五、同　年三月五日（五〇二頁）、大目付中より触。
参勤伺いの時期について。
九六、同　月廿七日（五〇三頁）、大目付中より触。
部屋住の者の養子願、向後認可すべき旨。
九七、同　年四月九日（五〇三―五〇四頁）、武士諸向へ大目付より通達。
象肉・白牛売出しについて。
九八、同　年七月廿五日（五〇五―五〇六頁）、大目付中より触。
西丸老中安藤信友死去により諸指令。
九九、同　年九月廿三日（五〇七頁）、大目付中より書付。
来月十日、五代将軍綱吉二十五回忌法会についての諸指令。

大目付は幕府諸機関に老中からの指令を伝達する任務を持っていたとはいっても、代官が右に列挙したように頻繁に大目付から伝達を受けていたというのは、いささか奇異に思える。ことに、乾字金の通用期限（巻二、三）、田畑質流しの禁止とその撤回（巻七、九）、疵金・軽目金通用令（巻八、十）、井堰・山野境論訴訟取扱い（巻九、十六）、関八州害獣駆除鉄砲許可制（巻十一）等は勘定所に深く係わる事項であり、もし編者が代官であるならば、これらの伝達を上司たる勘定奉行から受けているのが当然であろう。それを大目付からの触という形で収載しているところに編者についての通説に対する内容上からする第二の疑点がある。

そこで次に本書の記載内容中に、編者に関する手がかりがないか、検討してみよう。まず注目する必要があるのは、交代寄合に係る記事が多いことである。それを列挙すると次の如くである。

○巻一

一、享保二年三月十一日（一七頁）、大広間において武家諸法度発布、万石以上は将軍にお目見する。

交代寄合、表向より御礼申上候面々、又は御勝手より御礼申上候面々も、一統万石之末席ニ出座、但交代寄合之面々悴者不㆓罷出㆒、

○巻四

二、享保六年六月十一日（九三頁）、若年寄支配の寄合に対し、親類書提出を命ぜられる。

但、交代之寄合江者、御触無ㇾ之、

○巻五

三、享保六年十月十二日（一一九頁）、大手桜田立番の足軽廃止の通知。

御目付平岡市右衛門・稲生次郎左衛門ゟ交代寄合之面々え廻状到来、

○巻六

四、享保七年四月六日（一三三―一三四頁）、熊野三山権現修覆勧化についての大目付よりの触。その本文年月の奥に次の如く記してある（括弧内の名乗は引用者の註記）。

松前志摩守（邦広）、菅沼織部（定易）、松平主馬（定相）、榊原部（亮長）、生駒主殿（親猶）、本堂主計（苗親）、山名中務（豊就）、山崎兵庫（堯治）、最上監物（義章）、松平（池田）三治（喜以）、朽木主水（周綱）、五島兵部（盛朗）、近藤縫殿助（用清）、木下縫殿助（栄俊）、平野権平（長暁）、竹中主膳（重

栄)、伊東三吉（祐陳)、戸川玄蕃（逵富)、金森左京（近供)、
右之分ハ在所之交代も致候義ニ候ヘバ、知行所并寺社共ニ奉加取立候様ニ可レ被二相達一候、

右十九家の中、松前氏を除いて悉く交代寄合である。交代寄合としては、通例これに陸奥岩瀬領主溝口氏を加えるが、溝口氏はこの頃当主直道が小姓組番頭を勤め、寄合ではないので、除いてあるのであろう。

○巻七

五、享保七年九月十五日（一五七頁)、諸宗本寺より末寺へ、法事等節減・饗応等簡略化の指令を出した事について。

寺社奉行土井伊予守より山崎兵庫江被二相達一、兵庫より仲間中江相廻、

山崎兵庫堯治は交代寄合であり、仲間とは交代寄合の仲間をさすものと認められる、

六、同　年十月十五日（一五八—一五九頁)、この年七月諸大名に対し、領地の石高一万石について一〇〇石の割合で上げ米を命じたことに対する代償として、参勤による江戸在府期間を半年に短縮した。この日これに対応する指令を交代寄合に下した。

交代寄合之面々被レ為レ召、御礼已後、御白書院於二御縁頬一、戸田山城守・水野和泉守・安藤対馬守列座、在江戸御人多ニ付、半年宛在府被二仰付一候、

○巻一三

七、享保十二年八月十七日（二八九—二九〇頁)、先年将軍日光社参の節、留主中勤方の記録あらば提出せよとの令。大目付松平正常より、「交代寄合仲間留守居え」の宛所の廻状を渡される。

○巻一五

八、享保十三年四月廿四日（三四八頁）、将軍日光社参相済みし祝儀の能を来る廿八日催すにつき、諸大名とその嫡子に見物を命ぜられる。「表向ゟ御礼之交代寄合、表高家、右同断見物被二仰付一候」。
九、同　年五月八日（三五二頁）、来る十一日・十二日同じく祝儀の能の見物を、留守居以下主要な諸役人に命ぜられる。「表向ゟ御礼無レ之交代寄合、右同断」。

○巻廿

十、享保十六年十二月十六日（四八一—四八二頁）、大納言家重婚礼相済みし祝儀の能を見物すべき令。
十九日の分、万石以上、「表向ゟ出仕之分　交代寄合、表高家」。
二十一日・二十二日の分　主要な諸役人、「表向出仕無レ之交替寄合」。

これらの大部分は幕府が諸大名を対象とした指令を交代寄合にも廻達したものであるが、編者がわざわざそれらを収載しているところに、交代寄合との係り合いを考えさせられる。また第二番にあげた事項は、若年寄支配の寄合への指令であるが、とくに交代寄合は対象となっていない旨断り書きをしているところから、編者の交代寄合への関心の深さが窺いうる。

次に本書にはしばしば美濃という国名が現れて来ることが注目をひく。すなわち次の如くである。

○巻二

一、享保三年七月（三七頁）、美濃辺、五月より八月ニ至り、五十年以来大旱。

○巻九

二、享保九年七月六日（二〇三頁）、当五月朔日より打続旱（中略）、美濃国は五十七年已前申年以来之旱魃也と云々。

三、同　年十月廿五日（二〇五頁）、美濃笠松郡代辻甚太郎より、西美濃筋村々え、以二書付一、此度大垣・加納・岩村・勢州桑名・亀山、右城々之御詰米有レ之付而、御買上之筈候間、望次第入札可レ致之由、相触候。

○巻一〇

四、享保十一年正月（二一八頁）、当正月、美濃より江戸え御定米廻船ニ参候ニ付、加茂郡にしふから村市兵衛、不破郡青野村長十郎と申者之次男十三郎と申者、上乗ニ参リ候。船頭彼是十三人乗船之処、難風にて八丈島え被二吹付一。

○巻一五

五、享保十三年五月七日（三五二頁）、今日濃州大川筋洪水。

○巻一六

六、享保十三年六月七日（三五七頁）、濃州大川筋洪水。

さらに美濃の中でも、不破郡岩手・関ヶ原・垂井に係る記事が浮び上がる。

○巻九

一、享保九年三月九日（一九八頁）。

御用之唐馬三疋、長崎御用聞高木佐太夫所より、人指添、江戸へ指下ニ付、今日関ヶ原罷通候。

二、同　年十二月（二一〇頁）。

当冬岩手辺寒気甚薄、寒中折々雪降候へ共、早速消候而積り不レ申候。

○巻一〇

三、享保十一年三月（二二五―二二六頁）。

当三月上巳頃より、岩手辺余寒強、折々雪降。八日之朝霜降り、氷甚強く張ル。岩手辺、二月下旬より七月迄、疱瘡病人多、五六十年来之流行なり。

○巻一六

四、享保十四年二月十一日（三六五―三六六頁）、稲生下野守（正武、勘定奉行）宅え、御勘定奉行并道中奉行立合、留守居共被レ相二呼之一、左之通書付直ニ被レ相二渡之一、同十八日、岩手え相達。

長崎より象通過について。

五、同年五月朔日（三七〇頁）。

今日、長崎より江戸へ御取寄之象、関ヶ原休、垂井宿宿り也。

なお次の記事も編者と美濃或は岩手・関ヶ原などとの関係を示す傍証となるであろう。

○巻八　享保八年四月廿三日（一八〇―一八一頁）。

御茶壺宇治往来の節、道中の者心得。

道中奉行彦坂壱岐守宅え、家来被レ呼、被二相渡一御書付。

つまり将軍の御茶壺が江戸と宇治往来の間の心得を、大目付兼道中奉行彦坂重敬から申渡しを受けるべく、編者の家来が出頭している。これはこの編者が江戸―宇治間の道中に沿った領地をもっていることを物語っていると考えてよい。すなわち美濃の関ケ原付近の領主を指向する一つの傍証であろう。

このようにして、交代寄合と美濃関ヶ原・岩手あたりとの関係者を求めると、そこに竹中氏が浮上って来る。竹中氏は『寛政重修諸家譜』巻三七〇によると、美濃の住人竹中半兵衛重治が豊臣秀吉に従ってその謀臣となり、その子丹後守重門は関ヶ原の戦いで徳川家康に従い、小西行長逮捕の功をたて、美濃国不破郡岩手の領主として六〇〇〇石を知行し、その孫左京重高の時交代寄合となる。そうして『享保通鑑』の編者に該当するのは、竹中主膳重栄《しげよし》である。

竹中重栄は左京重高の弟民部重貞の子として寛文九（一六六九）年に生れた。初名を元倖《もととみ》という。父重貞は伊予大洲藩主加藤泰興の臣加藤蔵人茂吉の養子となったが、元倖は天和二（一六八二）年十二月十六日従兄竹中主殿重長（竹中重高嫡子）の末期養子となり、竹中家不破郡岩手五〇〇〇石（一〇〇〇石は重高の代にその弟重之に分知）を相続し、主膳重栄と称した。そうして交代寄合となり、享保十四（一七二九）年七月十八日致仕、嫡男元敏に家督を譲り、宝暦十（一七六〇）年六月十六日歿した。享年九十二であった。

『享保通鑑』巻五（一二一―一二三頁）享保六（一七二一）年十二月廿日条の次の記事も、編者竹中主膳重栄説の裏付けとなるであろう。

一廿日、一万石已下御門番相勤候面々、若年寄月番大久保佐渡守宅江被二召呼一、勤番之人数之御書付一通宛、面々江佐渡守被二相渡一候、但虎之御門江御渡之文言如レ左

虎之御門　上書ニ　竹中主膳
　　　　　　　　江
　　　　　　　小出主水

一侍三人、一徒士二人（下略）

江戸城の諸門勤番の旗本の面々を若年寄が招いて、それぞれに渡した従者に関する指令書の中、とくに虎の門勤番についての文書をここに載せている。これは編者がこの両名の中のいずれかであることを示唆し

ていると見なしてよかろう。この両名の中、小出主水とは小出尹従《ただより》で、和泉国大鳥・河内国錦部両郡にて五〇〇〇石の旗本であるが、交代寄合ではない（『寛政重修諸家譜』巻九二九）。従ってこれ迄考えて来たように、編者は交代寄合という線で推せば、この指令書をここに載せたのは竹中重栄ということになる。これはまた、美濃国不破郡岩手・関ヶ原あたりに縁故深い者という線から割出した竹中重栄説と合致するのである。

要するに『享保通鑑』の編者は通説の代官小宮山杢之進昌世（謙亭）ではなく、美濃国不破郡岩手五〇〇〇石の領主、交代寄合竹中主膳重栄なのである。

『不破郡史』上巻（第一〇篇第五章）に、竹中重栄に触れて、「享保十四年七月十八日致仕し、家督を子元敏に譲り、訒山と号し、詩文を友とし、又竹中家の記録類の整理をなす。」とある。その典拠は明らかではないが、或はその整理した記録類というのが『享保通鑑』を意味しているのかと思われる。

二　内容構成について

従来唯一の刊本として、恐らく専らこれが利用されてきたと思われる『未刊随筆百種』巻一七所載本は、その底本は抄録本であって、今回底本に用いた国会図書館本および対校した静嘉堂文庫本とは各巻の記事の収載年月も一致せず、その内容にも脱落が多い。ことに本書は幕府の人事や儀礼について煩瑣なまでに記載してあるのに、『未刊随筆』本はその多くを欠き、従って通読した印象を異らしめている。

一方『未刊随筆』本には末尾に「通鑑増補」として追加の記事があるが、これは天明・寛政にわたる記載もあり、当然後人の加筆と見なすべきであり、本書（辻達也校訂本　一九八四年　近藤出版社）はこれを削除した。

国会本も静嘉堂本も巻一七から一九にかけて錯簡があり、両本共享保十五年の記事を欠く。享保十五年として条文をたてているのは『有徳院実紀』その他の傍証によればいずれも享保十四年の記事であり、同年の記事はかなり前後重複しているので、本書ではその重複部分を削除した。『未刊随筆』本も同様で、享保十五年を欠き、十五年とあるのは十四年の誤りであるので、この錯簡は本書成立後かなり早く、あまり伝写を経ぬ中から存在していたものかと思われる。

本書は編者が書き貯めていたものと推測される幕府の行事・人事や大目付から伝達された諸指令等表向きの記事の中に、江戸を中心とする市井巷間の事件などの覚書を記載しているのであるが、その方針が享保十年頃を境に前後で異なっている。ことに享保十四年以降は表向きの記事の詳細度が極端に著しくなる。同十四年から十七年迄三年分（十五年欠）で本書の三六四頁から五一八頁迄一五五頁（補註を含む）、つまり三割の紙数を占め（これは享保十四年についての重複分を除いた数である）、しかもその大半が表向きの記事である。例えば享保十四年には有名な天一坊事件があるが、これについては僅か一頁たらず、評定所における刑の申渡しを載せているのみである（巻一六）。或はこの事件は後世にはいろいろ脚色されて有名になったが、当時は取るに足らぬ事件で、詳しい事情もわからなかったのかもしれない。それにしても京都の本島知辰『月堂見聞集』巻廿一には、はるかに詳しく江戸からの情報を載せているのであるから、やはり編者のこの事件に対する関心が低かったのか、または編纂の方針によるものであろう。これに対し同じく『大岡政談』で有名な享保六年に起った「直助権兵衛」一件については、巻四において八五頁から八九頁迄五頁にわたって詳しく記しているのである。

享保十四年は、私が本書の編者と断定する竹中重栄致仕の年であり、彼の隠居と本書の編纂とが何か係り合っているかとの想像も不可能ではないが、それにしては同年の記事の甚しい錯簡や、十五年の記事の欠如が不可解である。いずれにもせよ、享保十年を境に、それ以前は五、六年を中心に市井の記事に詳しく、それ以後は巷間の記事は載せても簡単で、公儀表向きの儀礼・人事に詳しく、十四年以降はとくにそれが著しいという事実を指摘するにとどめておく。

次に本書は享保期の史料として、他書に見られない記事が載っているところに大きな価値があるので、その点について触れておこう。まずこの時期は八代将軍吉宗によっていわゆる享保改革が遂行された時であるが、これに関連する事項で本書に独自の記事のあるものを列挙すれば次の如くである。

享保六年　四月将軍吉宗親しく諸奉行の裁判を覧る（巻四、八九頁）
同　年九月　将軍吉宗諸大名を面諭する（巻五、一一三―一一八頁）
同七年七月　諸大名に上げ米を課し、参勤期間を短縮する（巻七、一四三―一五九頁）
同十一年三月　小金野の大巻狩（巻一〇、二二一―二二五頁）
同十二―十三年　将軍日光社参（巻一二、二七三―二七五頁、巻一三、二八八―三〇〇頁、巻一四、三一一頁、三一八―三二三頁、巻一五、三三九―三五二頁）
同十四年五月　関東郡代伊奈半左衛門・代官池田喜八郎等処罰（巻一六、三七一―三七二頁）

ついで政治に関係ある社会的記事を拾うと左のようなものがある。

江戸の町数・人口調査（享保三年改―巻三、五二頁、同六年改―巻五、一二二頁、同八年改―巻八、一八七

頁）
江戸の火災被害（享保六年、巻四、九四頁）
江戸入津物資数量（享保十一年、巻一一、二五〇―二五一頁）
江戸の水害状況（享保十三年、巻一六、三五七―三六〇頁）
出羽漆山百姓一揆（享保八年、巻八、一八八頁）
作州津山百姓一揆（享保十二年、巻一一、二五四―二五七頁）

第三に本書は江戸の巷間に生じた事件について数多く記載している。件数からみると享保五、六、八、十二年に多いが、記事の内容からいうと享保五、六年が詳しい。中には後世『大岡政談』として有名な事件もある。それらの主要な事件を次に列挙しよう。

享保五年
松平摂津守家来大貫善右衛門殺害一件（巻三、六七―六九頁）
雑司ヶ谷本能寺遊女隠匿と丁稚殺害（巻三、六九―七三頁）
大盗佐々波伝兵衛逮捕（巻三、七三―七四頁）
大番元与力郷町源里の処罰（巻三、七六―七九頁、巻六、一二八頁）

享保六年
直助権兵衛（巻四、八五―八九頁）
常陸久昌寺所化不忍池へ投身自殺未遂（巻四、九四頁）
増上寺所化周縁、師僧の遺産詐取一件（巻四、九四―九八頁）

幕府医師西牟田玄悦方にて呉服詐取事件（巻四、九九―一〇〇頁）
主殺権兵衛一件（巻四、一〇一―一〇二頁）
死次第組五人男（巻四、一〇三―一〇四頁）
浪人武谷三楽誣告一件（巻五、一〇八―一一二頁）

享保八年

関所破り内藤斎宮捜索（巻八、一八六―一八七頁）
放火犯をぢゐ五兵衛（巻九、一九四―一九五頁）

享保十一年

忠僕小揚理兵衛（巻一〇、二三二―二三五頁）

享保十二年

白子屋お熊（巻一一、二五一―二五二頁）
深川六万坪の殺人（巻一一、二五八頁）
本郷金助町にて放火誤認（巻一一、二五九―二六〇頁）
坊主藤本道賀留守宅殺人（巻一一、二五〇頁、巻一二、二六八頁）
房州浦にて破船荷物盗取一件（巻一二、二七〇頁、巻一三、二八七頁）
青山往還の仇討（巻一四、三一一頁）
小笠原幽庵先祖伝来の無人島見届書（巻一四、三一二頁）
越前屋御仕置一件（巻一四、三一二頁）

享保十四年

天一坊処刑（巻一六、三六八頁）

この他、恒常的な儀礼や行事、あるいは大目付からの指令などの中にも、幕府の制度や施政を理解する上に有益な記事が少なくない。

第十五章　「御取箇辻書付」と「御年貢米金諸向納渡書付」

はじめに

向山誠斎『癸卯雑記』四所収の「御取箇辻書付」ならびに「御年貢米・御年貢金其外諸向納渡書付」（以下「諸向納渡書付」と略）は、享保より天保に至る幕府の年貢収入・財政収支の趨勢を考えるべき恰好の史料として、とくに昨今しばしば利用されるようになってきた。この両者は『江戸叢書』巻八（大正六年）および『日本財政経済史料』巻一・一〇（大正十一―十二年）に収められて刊行されている。それ故利用者の大部分は恐らくこのいずれかによったものと思われる。しかしこの両者とも校訂・校正があまり厳密ではない。例えば『江戸叢書』本では「御取箇辻書付」の天明五（一七八五）年、「諸向納渡書付」の文化二（一八〇五）年の金の分を脱し、『財政経済史料』では「諸向納渡書付」寛政七年の米の分が落ちている他、ともに明らかに誤植・脱字と思われる箇所が少なくない。

管見の限り『誠斎雑記』の写本としては史料編纂所本（『江戸叢書』本はこれを底本としている）と国会（旧上野）本とがある。史料本は目録（上野本より写す）を除き、向山誠斎の養子黄村の献本である。国会本はその登録印によるに、明治三十（一八九七）年前後にかけて上野図書館が入手したもので、史料本よりはやや新しい写本と見られる。そこで国会本および『財政経済史料』本を参照しつつ、史料本を底本として筆写したものを以下に掲載する。蓋し、脱落・誤植少なからぬとはいえ、その『江戸叢書』・『日本財政経済史料』も容易に座右にし得なくなった今日、幾分なりとも日本近世史研究者の便宜となろうことを庶幾うものである（但し、漢数字縦書の原文を洋数字横書に改め、また混雑をさけるため数字以外の文字は最小限度に止めた)。

なおこの二史料については検討・考証すべきことが甚だ多い。例えばそれらの数字の信憑性、数字の内容、二史料の関係等、いわば初歩的な史料批判が十分行われぬまま、漠然と信頼すべき数字として扱われている感がある。しかしこれらの傍証とすべき史料甚だ乏しく、従ってその検討は容易になすべくもない。ただ僅かに「大河内家記録」(史料編纂所本)九所載「酉年御物成米金銀諸運上并戌年諸向納金銀を以戌年御払方御勘定帳」(以下「納払勘定帳」と略)という史料がある。これは享保一六(一七三一)年五月に幕府勘定方が行った享保十五年度の財政収支決算である。この数字合計が「諸向納渡書付」享保十五年の数字と完全に一致する。それ故、同書付の数字の内容を知る重要な参考史料として、これを全文掲げる(但し、縦書漢数字を横書洋数字に改め、また費目名の中に伊勢・日光等を擡頭してあるのは一般の費目名と同じ記載に改めてある)。その他若干傍証たるべき史料もあるので、断片的ながら参考に供する。一方『吹塵録』・『財政経済史料』巻一〇・『癸卯雑記』八等には、かなりかけ離れた数字も載っている。それらと上記二史料との関係などについては、なお後日を期さねばならない。

年代	御取箇辻書付		御年貢米 御年貢金 其外諸向納渡書付	
	石高	取高	納	渡
享保1年	4,088,530石	1,389,570石 米 1,074,035石 金 115,176両		
2	4,098,371	1,365,060 米 1,080,090 金 102,494		
3	4,044,570	1,435,542 米 1,127,181 金 111,765		
4	4,050,850	1,393,529 米 1,092,581 金 109,236		
5	4,057,180	1,395,682 米 1,098,490 金 107,949		
6	4,066,500	1,305,650 米 1,027,061 金 100,722		
7	4,043,320	1,414,290 米 1,115,508 金 108,478	米 529,919石 金 841,789両	550,705石 956,950両
8	4,112,390	1,303,930 米 1,050,289 金 91,534	米 720,959 金 1,023,715	699,991 797,713
9	4,278,370	1,488,360 米 1,190,997 金 107,910	米 603,910 金 1,032,793	647,153 710,401
10	4,360,670	1,466,215 米 1,166,544 金 108,849	米 670,580 金 805,725	665,612 702,769
(享保1～10平均)	(4,120,075	1,395,782 率 0.3387)		
享保11年	4,310,100石	1,500,691石 米 1,204,965 金 107,182	米 654,614 金 879,831	616,655 647,945
12	4,414,850	1,621,980 米 1,374,545 金 110,750	米 688,575 金 903,039	652,554 698,045
13	4,409,753	1,465,486 米 1,181,659 金 101,501	米 653,559 金 860,461	627,341 673,658

14	4,446,688石	1,608,354石 （米 1,292,703石 金 114,346両）	米 621,347石 金 778,314両	648,916石 727,569両
15	4,481,056	1,551,345 （米 1,233,428 金 115,654）	米 854,240 金 798,752	592,998 731,167
16	4,530,908	1,365,049 （米 1,090,557 金 100,769）	米 540,897 金 770,267	480,142 772,899
（享保７～16平均）			（米 653,860石 金 869,468両 米 35,654石 金 127,557両	618,206石 741,911両 余ル 余ル）
享保17年	4,521,401石	1,392,391石 （米 1,062,635石 金 119,558両）	米 611,017石 金 925,909両	676,259石 879,271両
18	4,541,744	1,461,986 （米 1,153,187 金 113,489）	米 829,474 金 863,474	776,985 899,017
19	4,541,816	1,343,519 （米 1,061,441 金 101,655）	米 710,326 金 1,090,265	683,491 759,118
20	4,539,331	1,462,706 （米 1,137,432 金 119,238）	米 771,158 金 974,204	593,449 935,067
（享保11～20平均）	（4,473,764	1,477,350 率 0.3302）		
元文１年	4,565,359石	1,334,481石 （米 1,018,661石 金 115,445両）	米 979,116石 金 1,890,121両	898,186石 1,483,030両
2	4,567,151	1,670,819 （米 1,314,779 金 128,643）	米 635,279 金 1,773,762	644,032 1,394,257
3	4,580,554	1,533,133 （米 1,181,529 金 127,282）	米 831,572 金 2,119,550	768,438 1,720,868
4	4,583,446	1,668,584 （米 1,313,907 金 127,838）	米 697,666 金 2,293,810	661,668 1,391,901
5	4,581,523	1,492,492 （米 1,153,881 金 122,431）	米 862,594 金 1,838,996	788,267 1,236,575
寛保１年	4,586,472	1,570,388 （米 1,228,550 金 123,445）	米 706,697 金 2,028,044	658,367 1,353,844

（享保17〜寛保1平均）			（米 763,489石 金 1,579,813両 米 48,575石 金 374,519両	714,914石 1,205,294両 余ル 余ル）
寛保2年	4,614,502石	1,419,558石 （米 1,140,592石 金 98,989両	米 809,362石 金 1,869,386両	761,792石 1,391,109両
3	4,624,664	1,636,409 （米 1,298,149 金 122,666	米 719,491 金 1,674,518	716,501 1,572,767
延享1年	4,634,076	1,801,855 （米 1,462,749 金 123,262	米 801,263 金 1,370,692	715,866 1,236,632
2	4,628,935	1,676,322 （米 1,335,114 金 124,001	米 979,661 金 1,522,522	866,035 1,117,949
（元文1〜延享2平均）	（4,596,668	1,580,404 率 0.3438）		
延享3年	4,634,065石	1,766,214石 （米 1,422,876石 金 124,602両	米 783,264石 金 1,610,317両	679,925石 1,257,594両
4	4,415,820	1,551,214 （米 1,237,156 金 117,334	米 871,440 金 1,450,224	735,676 969,050
寛延1年	4,411,241	1,590,491 （米 1,270,661 金 117,702	米 710,985 金 1,495,370	598,919 1,123,103
2	4,397,089	1,673,573 （米 1,353,984 金 117,411	米 710,824 金 1,579,538	620,664 1,124,477
3	4,390,109	1,693,726 （米 1,380,425 金 115,691	米 817,744 金 1,724,807	754,762 1,039,657
宝暦1年	4,394,525	1,704,664 （米 1,389,211 金 115,471	米 823,105 金 1,763,670	821,058 1,073,083
（寛保2〜宝暦1平均）			（米 802,713石 金 1,606,104両 米 75,594石 金 415,562両	727,119石 1,190,542両 余ル 余ル）
宝暦2年	4,409,637石	1,715,630石 （米 1,398,975石 金 115,947両	米 767,136石 金 1,834,995両	738,957石 1,030,674両
3	4,413,541	1,680,002 （米 1,365,578 金 115,165	米 838,673 金 1,788,672	720,066 996,125

4	4,407,515石	1,650,387石 米 1,336,747石 金 114,783両	米 677,640石 金 1,765,631両	715,567石 1,093,393両
5	4,412,347	1,642,551 米 1,336,213 金 113,371	米 842,742 金 1,809,358	822,747 993,063
(延享3～宝暦5 平均)	(4,428,588	1,666,845 率 0.3763)		
宝暦6年	4,406,064石	1,649,384石 米 1,331,264石 金 116,328両	米 821,546石 金 2,282,393両	815,576石 1,175,620両
7	4,420,503	1,552,846 米 1,262,896 金 105,630	米 781,630 金 2,225,829	791,105 1,099,129
8	4,426,889	1,649,532 米 1,332,456 金 116,202	米 693,070 金 2,326,334	724,495 1,105,392
9	4,471,712	1,701,560 米 1,383,755 金 116,464	米 773,919 金 2,459,883	799,665 1,310,505
10	4,461,631	1,685,345 米 1,369,539 金 115,682	米 783,993 金 2,254,486	716,321 1,127,419
11	4,465,654	1,680,127 米 1,359,958 金 117,523	米 692,834 金 1,996,775	645,875 1,209,490
(宝暦2～11 平均)			(米 767,318石 金 2,074,435両 米 18,281石 金 960,354両	749,037石 1,114,081両 余ル 余ル)
宝暦12年	4,458,083石	1,674,699石 米 1,354,852石 金 117,320両	米 658,161石 金 1,657,487両	736,667石 1,193,360両
13	4,375,836	1,643,963 米 1,334,204 金 113,262	米 820,027 金 1,443,105	870,193 1,231,471
明和1年	4,376,432	1,636,386 米 1,324,862 金 113,954	米 820,888 金 1,641,810	870,912 1,693,517
2	4,387,292	1,594,040 米 1,284,248 金 113,332	米 755,026 金 1,644,877	800,927 1,722,552
(宝暦6～明和2 平均)	(4,425,009	1,646,788 率 0.3721)		

明和3年	4,387,045石	1,538,971石 米 1,241,641石 金 108,724両	米 661,079石 金 1,746,589両	705,666石 1,768,242両
4	4,394,756	1,598,767 米 1,287,527 金 114,163	米 683,843 金 1,798,856	557,114 1,847,088
5	4,378,684	1,547,248 米 1,229,794 金 116,619	米 718,474 金 1,819,959	756,877 1,865,933
6	4,378,574	1,594,461 米 1,275,740 金 117,153	米 614,786 金 1,958,145	669,663 1,986,958
7	4,371,923	1,467,010 米 1,131,973 金 123,549	米 697,259 金 2,109,319	747,176 2,089,240
8	4,375,647	1,353,282 米 1,021,543 金 123,363	米 594,252 金 1,044,092	534,162 1,034,634
(宝暦12～明和8平均)			(米 703,171石 金 1,686,423両 米 21,764石 金 43,124両	724,935石 1,643,299両 不足 余ル)
安永1年	4,375,961石	1,525,624石 米 1,193,539石 金 123,281両	米 598,823石 金 1,833,470両	612,253石 1,342,716両
2	4,378,819	1,508,026 米 1,175,311 金 123,413	米 653,412 金 1,689,046	684,001 1,295,164
3	4,379,699	1,530,615 米 1,208,170 金 119,349	米 552,304 金 1,541,597	577,925 1,294,695
4	4,387,091	1,520,866 米 1,199,900 金 117,750	米 603,913 金 1,694,557	646,199 1,375,829
(明和3～安永4平均)	(4,380,819	1,518,487 率 0.3466)		
安永5年	4,387,201石	1,569,988石 米 1,250,265石 金 117,405両	米 621,516石 金 1,819,414両	703,503石 1,407,743両
6	4,392,791	1,556,681 米 1,237,367 金 116,793	米 644,491 金 1,804,161	727,344 1,426,733
7	4,372,435	1,517,858 米 1,190,441 金 118,462	米 732,536 金 1,958,469	726,011 1,697,583

8	4,373,996石	1,525,452石 米 1,194,575石 金 119,859両	米 646,901石 金 2,042,374両	638,382石 1,969,619両
9	4,371,639	1,427,789 米 1,124,839 金 108,691	米 628,384 金 1,973,101	611,740 1,957,589
天明1年	4,348,278	1,465,836 米 1,147,934 金 114,663	米 615,914 金 1,849,839	660,392 1,947,503
(安永1～ 天明1 平均)			(米 629,819石 金 1,820,602両 米 28,956石 金 249,085両	658,775石 1,571,517両 不足 余ル)
天明2年	4,332,441石	1,460,933石 米 1,138,370石 金 116,529両	米 627,745石 金 1,779,056両	684,999石 1,892,258両
3	4,350,709	1,219,484 米 968,418 金 95,865	米 634,016 金 2,124,848	699,492 2,424,897
4	4,360,521	1,492,139 米 1,172,935 金 116,465	米 614,117 金 2,044,075	653,230 2,261,220
5	4,330,634	1,403,708 米 1,093,200 金 114,412	米 626,095 金 1,714,217	605,481 1,870,586
(安永5～ 天明5 平均)	(4,362,064	1,463,986 率 0.3356)		
天明6年	4,341,213石	1,081,485石 米 851,493石 金 83,945両	米 634,912石 金 2,242,660両	627,310石 2,199,611両
7	4,361,544	1,444,933 米 1,164,205 金 112,291	米 492,320 金 2,452,935	448,437 2,401,891
8	4,384,334	1,433,377 米 1,162,389 金 108,395	米 634,755 金 1,912,239	510,846 1,588,145
寛政1年	4,384,279	1,410,414 米 1,118,088 金 107,612	米 654,431 金 1,903,566	475,529 1,633,166
2	4,380,524	1,442,995 米 1,159,230 金 105,731	米 705,676 金 1,914,375	482,241 1,438,203
3	4,382,813	1,356,289 米 1,088,669 金 99,550	米 506,287 金 1,242,485	563,268 1,227,721

(天明2～寛政3平均)			(米 613,035石 金 1,933,045両 米 37,952石 金 39,276両	575,083石 1,893,769両 余ル 余ル)
寛政4年	4,393,572石	1,470,399石 (米 1,187,978石 金 105,196両	米 654,913石 金 1,386,277両	643,593石 1,396,218両
5	4,393,000	1,476,278 (米 1,199,720 金 103,481	米 497,162 金 1,182,181	476,035 1,124,157
6	4,403,622	1,471,301 (米 1,190,091 金 105,320	米 637,396 金 1,081,650	485,159 1,173,060
7	4,504,516	1,545,767 (米 1,257,316 金 107,963	米 486,713 金 977,284	524,779 959,682
(天明6～寛政7平均)	(4,392,941	1,413,323 率 0.3217)		
寛政8年	4,507,226石	1,559,023石 (米 1,269,573石 金 108,164両	米 683,493石 金 1,262,443両	632,960石 1,025,662両
9	4,501,193	1,561,828 (米 1,274,532 金 107,273	米 646,960 金 1,319,770	636,370 1,347,153
10	4,504,565	1,544,821 (米 1,256,977 金 107,609	米 635,551 金 1,225,243	625,939 1,238,628
11	4,499,020	1,501,108 (米 1,212,107 金 107,801	米 648,801 金 1,085,485	619,054 1,331,273
12	4,493,395	1,552,740 (米 1,265,727 金 107,103	米 634,245 金 1,247,118	686,828 1,428,248
享和1年	4,474,977	1,558,351 (米 1,273,466 金 106,658	米 644,774 金 1,584,633	675,632 1,440,847
(寛政4～享和1平均)			(米 617,000石 金 1,235,208両 米 16,366石 金 11,284両	600,634石 1,246,492両 余ル 不足)
享和2年	4,488,636石	1,443,666石 (米 1,170,456石 金 102,311両	米 658,020石 金 1,335,835両	624,529石 1,395,503両

3	4,485,711石	1,562,872石 米 1,272,120石 金 107,627両	米 576,719石 金 1,344,744両	642,015石 1,215,634両
文化1年	4,487,780	1,536,203 米 1,266,228 金 107,990	米 743,418 金 1,103,643	603,386 1,265,656
2	4,487,885	1,546,915 米 1,277,485 金 107,771	米 562,082 金 1,243,672	654,597 1,270,827
寛政8～ 文化2 平均	4,493,038石	1,536,752石 率 0.342		
文化3年	4,482,740石	1,519,075石 米 1,250,456石 金 107,447両	米 567,623石 金 1,384,320両	583,161石 1,442,106両
4	4,453,870	1,425,102 米 1,163,522 金 107,211	米 593,045 金 1,506,520	548,877 1,491,993
5	4,459,079	1,391,881 米 1,151,226註 金 96,261	米 526,785 金 1,450,069	598,679 1,677,594
6	4,457,080	1,501,989 米 1,230,897 金 108,436	米 566,658 金 1,538,088	630,258 1,518,967
7	4,455,394	1,527,031 米 1,256,777 金 99,994	米 773,930 金 1,633,226	526,810 1,698,712
8	4,478,873	1,532,910 米 1,241,483 金 108,476	米 608,825 金 1,499,653	638,334 1,469,336
享和2～ 文化8 平均			米 617,710石 金 1,403,977両 米 12,646石 金 40,655両	605,064石 1,444,632両 余ル 不足
文化9年	4,434,556石	1,520,969石 米 1,240,486石 金 102,732両	米 536,036石 金 1,332,585両	599,495石 1,249,553両
10	4,437,458	1,501,877 米 1,221,763 金 103,459	米 626,719 金 2,265,821	575,137 1,981,801
11	4,442,669	1,535,799 米 1,249,917 金 105,053	米 508,984 金 1,391,281	552,269 1,254,153
12	4,423,929	1,501,023 米 1,214,791 金 105,240	米 526,480 金 1,364,573	539,686 1,688,483

文化3～ 12平均	4,452,564石	1,495,765石 率 0.3359		
文化13年	4,423,274石	1,483,067石 米 1,196,505石 金 105,212両	米 543,805石 金 1,382,262両	549,625石 1,579,530両
14	4,412,452	1,518,991 米 1,231,283 金 105,629	米 588,429 金 1,489,238	570,163 1,577,495
文政1年	4,334,570	1,519,374 米 1,233,374 金 104,982	米 613,630 金 1,916,082	545,127 2,137,343
2	4,352,548	1,537,207 米 1,250,568 金 105,133	米 563,071 金 2,244,739	589,205 2,428,254
3	4,333,634	1,490,752 米 1,205,297 金 104,672	米 577,091 金 3,416,194	593,401 3,505,958
4	4,326,489	1,433,694 米 1,148,678 金 104,968	米 576,087 金 4,729,156	622,669 4,873,513
文化9～ 文政4 平均			米 566,033石 金 2,153,193両 米 7,644石 金 74,415両	573,677石 2,227,608両 不足 不足
文政5年	4,320,482石	1,496,240石 米 1,208,342石 金 105,244両	米 532,455石 金 1,973,107両	559,175石 1,933,878両
6	4,333,886	1,403,384 米 1,117,660 金 105,592	米 555,087 金 2,070,386	530,656 2,187,837
7	4,223,923	1,427,619 米 1,158,677 金 98,889	米 527,276 金 4,704,858	567,319 4,761,446
8	4,223,068	1,317,840 米 1,065,745 金 94,194	米 517,302 金 4,635,493	523,276 4,265,040
文化13～ 文政8 平均	4,328,432石	1,462,816石 率 0.3379		
文政9年	4,229,389石	1,428,537石 米 1,163,502石 金 97,406両	米 486,881石 金 3,771,830両	529,648石 3,439,419両
10	4,218,089	1,434,498 米 1,166,669石 金 98,523両	米 533,602 金 3,296,021	549,310 3,288,741

11	4,194,554石	1,339,578石 米 1,077,787石 金 96,223両	米 521,064石 金 2,351,218両	527,024石 2,561,206両
12	4,201,033	1,399,289 米 1,133,201 金 97,797	米 479,957 金 3,247,703	544,506 3,200,672
天保1年	4,182,691	1,378,578 米 1,113,204 金 97,715	米 554,609 金 2,552,685	533,044 2,515,228
2	4,201,301	1,429,328 米 1,162,448 金 97,980	米 504,735 金 1,969,073	521,414 2,139,544
（文政5～ 天保2 平均）			米 521,296石 金 3,057,237両 米 17,241石 金 27,936両	538,537石 3,029,301両 不足 余ル
天保3年	4,204,038石	1,396,390石 米 1,120,504石 金 101,292両	米 550,899石 金 2,288,190両	568,291石 2,269,184両
4	4,205,910	1,258,230 米 1,005,367 金 96,022	米 554,132 金 2,296,938	540,274 2,354,338
5	4,202,806	1,427,193 米 1,150,709 金 101,648	米 569,403 金 2,262,161	560,528 2,237,257
6	4,205,570	1,304,313 米 1,036,653 金 98,054	米 646,571 金 3,054,018	583,790 3,240,783
（文政9～ 天保6 平均）	（4,204,538石	1,379,593石 率 0.3281）		
天保7年	4,202,493石	1,039,970石 米 807,068石 金 93,161両	米 532,692石 金 3,192,494両	566,754石 2,961,749両
8	4,229,581	1,392,915 米 1,122,234 金 100,023		
9	4,194,210	1,305,746 米 1,046,104 金 97,412		
10	4,192,837	1,407,218 米 1,140,499 金 99,311		
11	4,166,475	1,382,698 米 1,138,359 金 97,735		

12	4,167,613石	1,434,342石 （米 1,168,412石 （金 97,737両		

註　文化五年の取箇内訳中、米額は『財政経済史料』の数字を取った。
史料編纂所本は1,851,226石、国会本は1,7511,226石で、共に米金合計額より多くなっている。

〔参考 I〕

享保十四年

酉年御物成米金銀諸運上并戌年諸向納金銀を以戌年御払方御勘定帳

亥五月　　御勘定方

酉年御物成諸運上并戌年諸向納金銀を以戌年御払方之覚

1．大判　4枚

1．金　396,514両余

内金　61,722両余　銀ト代　酉地方御物成御代官御預り所納

外金　15両　大判2枚大坂ニ而御買上代引

1．銀　6,748貫300目余

外銀　3,661貫750目余　金ト代

1．灰吹銀　723貫500目余

1．	金　2,534両余 銀　81貫900目余	大坂諸川船・関東川船 銀座・朱座・其外品々　運上
1．	金　23,873両余 銀　4貫目余	小普請役金
1．	大判　286枚 金　1,229両余 銀　104貫500目余	払方御納戸へ献上 其外納共ニ
1．	金　225両余	元方御納戸端物払代
1．	銀　21貫600目余	長崎御用物代残
1．	金　4,915両余 銀　9貫800目余	品々納
1．	金　4,750両余	飛州榑木御払代
1．	銀　1,688貫600目余	二条・大坂 大津・長崎　御米大豆払代
1．	銀　2,482貫600目余	二条・大坂御囲米払代

是は二条・大坂御囲米8万石、去ル酉年御払代銀

1．	金　29,010両余 銀　1貫800目余	去戌年分 上ケ米之内金納之分
1．	金　38,658両 銀　400目余	去戌秋中 大名江御払米代
1．	金　8,654両 銀　10貫400目余	諸拝借 宿拝借　返納
1．	金　259両余 銀　5貫100目余	夫食 種貸　返納
1．	銀　600貫300目余	灰吹丁銀ニ吹立、銀座より納

1.	金　55,000両	長崎運上并 同所俵物諸色買入金返納
1.	金　400両	後藤吹出目金納
1.	金1,585両 銀12貫800目余	御代官御勘定不足金年賦返納
1.	金1,106両	新中和門院 承秋門院 御旧料物成
1.	金3,776両余 銀　1貫400目余	弐度類焼拝借返納
1.	金5,645両余 銀　600目余	瓦葺拝借返納
1.	金　398両余 銀　200目余	蛎殻葺拝借返納
1.	金　737両	新田地代金
1.	金　510両　此大判68枚	大判御払代
1.	金　13,636両余 銀　442貫100目余	上方 関東 川々御普請国役金納
1.	金　346両余	甲州判吹立候運上金
1.	金　150両余	仙台ニ而銭鋳立候運上金
1.	金　1,195両余	不時御払物代
1.	金　39両余 銀　100目余	闕所金
1.	佐州焼金　21貫100目余	佐渡奉行納
1.	秋田灰吹銀　1貫500目余	佐竹右京大夫納
1.	銭　2,209貫600文余	川船御年貢
1.	銭　25貫600文	御代官納
1.	蠟　1,416貫750目余	右同断

納合　金　595,144両余　銀　12,216貫500目余　大判290枚
灰吹銀　725貫目余　佐州焼金　21貫100目余　銭2,235貫200文余
蠟　1,416貫750目余

右　払　方

金　246,877両	三季御切米・御役料金
金　38,158両余 銀　1,318貫400目余	奥方御合力
金　34,892両	二条 大坂 加番在番御合力
金　8,782両	甲府勤番面々御切米金
金　604両 銀　580貫目	禁裏定式御用并御所方被進物小堀仁右衛門渡
金　787両	伊勢内宮外宮之殿舎末社御修復御入用

金　940両	年始参向之公家衆御賄御入用
大判　２枚	紀州刺田比古社江被遣候御祈禱料
金　148両余 銀　２貫100目余	日光御宮御霊屋御本坊亥年御普請ニ付 材木代并運賃
金　150両 銀　123貫200目余 銭　23貫文	氷川明神社御普請御入用御道具代 其外品々御入用
銀　21貫500目	河州誉田八幡社修復料被下銀
金　30両	池上本門寺本堂修復料被下金
金　100両	下野国足利学校修復料被下金
金　34両 銀　１貫700目余	御腰物方
大判　50枚 金　6,263両余 銀　355貫500目余	元方御納戸
大判　199枚 金　3,672枚（両カ） 銀　718貫500目余 銭　425貫文	払方御納戸
金　878両 銀　198貫500目余 銭　20貫文	西丸御納戸
金　１両余 銀　436貫100目余	御作事方
金　234両余 銀　540貫700目余	小普請方
金　12両余 銀　1,272貫400目余 銭　444貫500文余	御賄方
金　225両余 銀　54貫900目余	御材木方
金　23両 銀　253貫300目余 灰吹銀　100目余	御細工方
銀　225貫100目余	御畳方
金　752両余 銀　29貫100目余	町奉行方
金　15両余 銀　４貫100目余	御普請奉行方
銀　50貫目	火消方
金　46両余 銀　45貫800目余 銭　900文余	御船手方

金　2,209両余 銀　4貫400目余 銭　66貫300文余	御馬方
金　1,601両余	御鷹餌鳥代并巣鷹御買上代
金　23両 銀　1貫目余	盗賊改方
金　218両 銀　6貫900目余 銭　100文余	御鉄砲方
銀　18貫100目余	御具足方
銀　1貫500目余	御弓矢鑓奉行方
金　277両余	御持御先手火消同心弓稽古料
銀　41貫900目余	大坂口船手方
銀　1貫目余	同所　御弓方
銀　7·貫700目余	大坂口鉄砲方
銀　100目余	同所御具足方
銀　19貫100目余	吹上御花畑奉行
銀　600目余	植木奉行
銀　3貫600目余	御挑燈方
金　572両	御鳥見野先江罷越候御伝馬金并諸入用
銀　2貫目余	御同朋方
金　85両余 銀　87貫目余	浅草御蔵方
金　98両余 銀　1貫700目余	所々御使被下金
金　100両	屋敷引料
金　1,080両	御役屋敷修復料并家作料被下金
金　600両 銀　6貫800目余	類焼之公家衆江被下金銀
金　350両 銀　14貫600目余	大坂地役人役家修復料被下金銀
金　10,870両	諸拝借
金　2,963両余	夫食・種貸拝借
銀　46貫700目余	糴駒貸付金
金　114両	弐度類焼拝借
金　121両余	瓦葺拝借
金　20,000両	長崎銅買入前借拝借
銀　109貫500目余	大坂御城内外御修復御入用
金　2,440両余	駿府御城内外御修復御入用

金　566両余	甲府御城内外御修復御入用
金　515両余	日光御宮廻リ御修復并川除御入用
大判　2枚 金　6,670両余 銀　2貫600目余	江戸 二条　小給之者御給金 大坂
大判　29枚 金　224両余 銀　1貫400目余 銭　1貫300文余	宇治御茶料
金　47両余	勢州川俣谷御茶料
金　146両余	大豆御買上代
金　791両余 銀　700目余	油御買上代
銀　17貫500目余	二条・大坂御蔵詰諸入用
銀　20貫目余	大坂瓦御買上代
銀　17貫200目余	池田炭御買上代
金　62両余	白土駄賃
銀　33貫700目	伏見筋違橋・六地蔵橋・肥後橋・大坂灘波橋懸直并御修復入用
銀　29貫100目余	和州北山材木江戸廻運賃
金　6,690両余	飛州榑木元伐賃并川下ケ諸入用
金　269両余	信州榑木筏賃
銀　10貫200目余	伏見役所入用
銀　188貫800目余	五畿内川筋国役御普請入用
金　4.327両余	武州鶴見川御普請入用
金　7,000両余	武州中川御普請入用并武州・野州・常州・総州沼々新井筋御普請御入用
金　3,699両余 銀　40貫200目余 銭　2貫700文余	新田検地御用并品々御入用
金　1,148両余	相州酒匂川大川通，所々川除用水御修復入用
金　413両	遠州今切御関所御修復御入用
金　4,763両余 銀　100目余	上方 関東私領国役御普請入用
金　27,067両余 銀　562貫800目	上方 関東川除御普請入用
金　8,891両 銀　460貫300目余	廻米駄賃運賃車力加子米代
金　909両余 銀　100目余	御鷹野之節品々御入用

金　559両余 銀　300目余 銭　10貫500文	小金金ケ作御厩飼料并御厩修復入用 野馬捕候牧士被下金
金　89両 銀　100目余	甲府御厩飼料并駒御買上代
金　160両余	象飼料
金　6,775両余 銀　92貫800目余 銭　18貫文	上方関東在方品々御入用
金　1,799両余	所々新田御普請、潰地地代并作物代
金　2,445両	武蔵・下総国新田場出百姓家作料
金　4,059両余 銀　48貫600目余 銭　80貫300文余	江戸 二条小払 大坂
金　25,709両余 銀　494貫目余	御代官江被下候諸入用
金　57,603両余 銀　1,315貫800目余	江戸大坂御買上米代
金　232両余 灰吹銀　9貫800目余	竹姫君様御入輿御入用残金
大判　8枚 金　4,185両余 銀　19貫300目余	二丸御賄料渡
灰吹銀　715貫100目余	銀座渡
銭　980貫500文余	猿楽渡
鑞　1,416貫750目余	払方御納戸渡

渡合　金　565,156両余　銀9,960貫700目余　大判290枚
　　　灰吹銀　725貫目余　銭2,073貫100文余　鑞1,416貫750目余

差引　金　29,988両余　銀2,255貫800目余

戌年御遣方　余ル

佐州焼金　21貫100目余　銭162貫100文余

此　訳

金　1,106両余	新中和門院・承秋門院御旧料物成
金　3,662両余 銀　1貫400目余	弐度類焼拝借返納
金　398両余 銀　200目余	蛎殻葺拝借返納
金　141両余 銀　2貫300目余	道中金
金　918両余 銀　4貫600目余	所々新田御年貢并流作場地代

金　8,873両余 銀　253貫200目余	上方 関東川々御普請国役金
金　352両余 銀　200目余	闕所金
金　541両余	寺社御修復料
金　3,711両余	二丸御賄料
銀　75貫目	大坂御金蔵有之候欠所銀、二条御蔵納
金　2,664両 銀　541貫800目余	為替滞金銀

是ハ去戌年御遣方銀、大坂ニ而川口茂右ヱ門・田中惣七・久保田孫兵衛為替ニ相渡候内、江戸上納相滞候分。但追而上納次第、去戌年御遣方残ニ可成分

金　7,622両余

銀　1,377貫100目余

金ニメ　22,951両余

二口合　金　30,573両余 銭　162貫100文余	戌年御遣方残り

佐州焼金　21貫100目余

右之外

去ル巳より酉迄五ケ年残之内、戌年相渡候分

1．金　1,621両 銀　34貫600目余	竹姫様御入輿御用品々御入用残金
1．金　4,444両余	二丸御賄料
1．金　1,036両余	宿拝借并東海道・中山道宿々改所入用
1．金　2,432両余	瓦葺拝借
1．金　87,408両余 銀　352貫900目余	江戸 大坂御買上米代
1．大判　337枚	払方御納戸渡
1．大判　68枚	御払ニ成
1．漆　4貫目	御烏帽子師江渡

西丸献上金銀　納方

1．大判　211枚 金　569両 銀　90貫500目余 銭　57貫文	戌年献上　西丸御納戸納
1．大判　690枚	去ル酉年残リ

納合　大判　901枚　　金　771両余　　内金　202両余　　銀ト代

銀　78貫600目余　　外銀　11貫900目余　　金ト代

銭　57貫文

右　払　方

大判　40枚　金771両余 銀　68貫300目余　銭　57貫文	西丸御納戸渡

差引　大判861枚　銀　10貫300目余　戊年御遣方　余ル

西御物成米并戊年諸向納米を以戊年御払方

1．米　494,767石余	西御物成、江戸・二条・大坂・大津・駿府・甲府御蔵納
1．米　5,252石余	江戸・二条・大坂・大津御蔵出目米
1．荏大豆　4,853石余	西御物成、江戸・二条・大坂御蔵納
1．大豆　98石余	二条・大坂御蔵出目大豆
1．米　72,661石余	江戸・大坂上ケ米納
1．米　234石余	諸向納
1．米　281,326石余	江戸・大坂御買上米
1．大豆　350石	江戸御買上大豆
1．大豆　1,502石余	去ル酉年御遣方残大豆
1．塩　103石余	大坂御蔵納

合　米854,240石余　荏大豆　6,803石余　塩103石余

右　払　方

米　151,264石余	三季御切米・御役料渡
米　65,753石余	定御扶持方
米　3,211石余	御役扶持
米　11,277石余	奥方御合力并比丘尼衆・惣女中御切米御扶持方
米　1,813石余	加茂八幡六孫王社祭礼其外所々御入用
米　16石余	年始参向之公家衆御賄料
米　87,951石余 大豆　1,841石余	二条・大坂・大津・駿府・甲府在番加番御合力并地役人御切米御扶持方
米　220石余	御仏供料
米　9,750石 大豆　63石	御賄方
米　4,162石余	江戸・二条・大坂・駿府御作事扶持
米　8,356石余	御代官江被下候入用米
大豆　709石余	御馬飼料
米　65石余	御犬飼料
米　2,446石余	猿楽扶持
米　494石余	道中筋時打候者御扶持方并宿々御救米

米　452石余	江戸・二条無宿牢舎扶持
大豆　637石余	火消方
荏　410石余	油御入用
米　72,225石	去戌秋中　大名江御払米
米　5,000石	松平下総守城詰御用米
米　3,134石余	京都西陣類焼ニ付、御救米并拝借米
米　131,098石余	二条・大坂・大津御払米
米　6,742石余 大豆　200石	江戸・二条・大坂 大津・駿府・甲府　諸色小払
大豆　1,297石余	二条・大坂御払大豆
塩　103石余	大坂御城味噌御用
米　27,569石余	去ル酉年御遣方不足ニ付酉御年貢米之内を以相渡候分

渡合　米592,998石余
　　　荏大豆　5,157石余
　　　塩　103石余
差引　米　261,242石余　　戌年御遣方余ル
　　　荏大豆　1,646石余

右は去ル酉御物成・諸運上并戌年諸向納金銀米を以、去戌年諸色御入用払方御勘定書面之通相違無御座候　以上

亥　五月　　駒木根　肥後守
　　　　　　筧　　　播磨守
　　　　　　稲生　　下野守
　　　　　　松波　　筑後守
　　　　　　萩原　　源左衛門
　　　　　　杉岡　　弥太郎
　　　　　　辻　　　六郎左衛門
　　　　　　神谷　　武右衛門
　　　　　　細田　　弥三郎

〔参考 II〕

A 「御取箇辻書付」の総石高について

幕領の総石高は「御取箇辻書付」のほかに「享保十四年御代官并御預所御物成納払御勘定帳」（以下「何年物成勘定帳」と略）・「享保十五年御取箇相極候帳」・「享保十七年物成勘定帳」（以上『大河内家記録』所収）・「宝暦七年御料高」（『丁未雑記』）・「寛政九年物成勘定帳」（『戊申雑綴』）「天保九年物成勘定帳」（『吹塵録』）・「天保十二年書抜帳」（『財政経済史料』巻一〇）がある。これらを対照させると以下の如くである。

年代	御取箇辻書付	他史料	差
享保 十四	四、四四六、六八八石	四、四四四、四五〇石	二、二三八石
十五	四、四八一、〇五六	四、四八一、〇五六	〇
十七	四、五二一、四〇一	四、五一八、三九六	三、〇〇五
宝暦 七	四、四二〇、五〇三	四、四二〇、九〇〇	三九七
寛政 九	四、五〇一、一九三	四、五〇〇、〇五六	一、一三七
天保 九	四、一九四、二一〇	四、一九一、〇四二	三、一六八
十二	四、一六七、六一三	四、一一九、〇四四	四八、五六九

すなわち享保十五（一七三〇）年の「御取箇辻書付」と「御取箇相極候帳」との総石高は全く一致する。その他は一致せぬが、天保十二年（一八四一）を除き、他の差は僅少である（ただし宝暦七（一七五七）年の

場合、上記の数字は『丁未雑記』に記してある合計高である。今日改めて計算すると合計四、四八二、九〇〇石となり、六二、〇〇〇石の相違が出る。これは『丁未雑記』またはその原本の計算違いか、あるいは個々の代官所の石高の中に誤記があるのか判明せぬ。恐らく後者ではないかと想像している）。

B　「御取箇辻書付」の年貢高について

前記のように「御取箇辻書付」の総石高と「御取箇相極候帳」の数字と一致し、他とは一致せぬということは、「御取箇辻書付」がいかなる帳簿を基として作成されたかを予想せしめるものである。そこでそれらの帳簿の性格について検討してみよう。

先ず「御取箇相極候帳」は或年の収穫に対する年貢賦課決定額を、翌年二月勘定所でまとめたものである。その額は各代官所または大名預り所ごとに、米か米・金であらわしている（讃岐・隠岐では麦、駿河・遠江・信濃では鐚で表示している所もあるが、いずれも大名預り地であるから例外といえよう）。米・金併用の所は三河・遠江・駿河・伊豆・相模・武蔵・安房・上総・下総・常陸・下野・上野・陸奥および美濃・信濃・甲斐・越後・出羽の一部と長崎奉行付の地で、他は米のみである。金の地域はほとんど関東・東海・奥羽であるから、恐らく永高に対する年貢を表したものかと思われる。

これに対し「御取箇相極候帳」以外の帳簿は、「宝暦七年御料高」を除き、いずれも「物成勘定帳」である（天保十二年書抜帳も名称こそ異れ、性質は同じである）。これは或年の収穫に対し、実際に徴収した年貢の品目・数量と、それから差引いた諸経費・雑費および幕府の各地の蔵へ納入した数量とを詳細に記したもので、作成は収穫の翌々年に勘定所が行っている。その品目は米・金・銀が中心であるが、ほかに大判・

荏大豆・塩・蠟等多種類に及ぶ。年貢徴収に関する決算書というべきである。

この両帳簿の相違を具体的に例示してみよう。たまたま享保十四年の「物成勘定帳」があり、一方享保十五年の「御取箇相極候帳」には前年の取箇との差が記入してあるので十四年の取箇を算出することができる。そこで享保十四年の年貢について、同一代官所若干を抜出して比較をしてみると次の如くである。

代官	御取箇相極候帳	物成勘定帳
武蔵 相模 下総 駿河 伊奈半左衛門	米 四〇、五八一石 金 二二、八三五両	米 三九、五七二石 金 二八、五〇五両 荏大豆 一一五石
美濃 伊勢 辻 甚太郎	米 四二、一九四石	米 二七、九八八石 金 一〇、二八一両
大和 原 新六郎	米 二九、一三八石	米 七、一三五石 銀 一、二八一貫〇二 材木 七、五二八本
出羽 森山勘四郎	米 一四、一四四石 金 七〇七両	米 七、八六八石 金 五、二〇〇両

すなわち「物成勘定帳」は石代納等すべて実際に徴収した品目別に数量を記しているのに対し、「御取箇相極候帳」は、恐らく永高に対する金納と思われる部分を金額で表示している他は、悉く米で表示しているのである。ところで「御取箇辻書付」の年貢額は、総額を米で表し、その内訳を米と金とで表示している。その金額からみてこれには石代納等を含まぬと思えるから「御取箇相極候帳」の表示法と一致するわけである。前記のように総石高が一致し、これもまた一致するとすれば、前者は後者に基いて編纂されたものと考えられよう。ただしそこで疑問となるのは両者の年貢額が下記の如く一致せぬことである。

年代		御取箇辻書付	御取箇相極候帳	差
享保十四年	米	一、二九二、七〇三石	一、二七五、二四一石	一七、四六二石
	金	一一四、三四六両	一二三、五六〇両	△九、二一四両
十五年	米	一、二三三、四二八石	一、二三〇、七〇六石	二、七二二石
	金	一一五、六五四両	一二〇、七四三両	△五、〇八九両

ところで「御取箇相極候帳」には米金合算の年貢総額が示されていない。そこで「御取箇辻書付」によって金一両あたりの米価を算出し、これによって「相極候帳」の金を米に換算して総額を出してみると次のようになる。

年代	米価	相極候帳総額	御取箇辻書付総額	差
享保十四年	二石七六〇	一、六一六、二六七石	一、六〇八、三五四石	七、九一三石
十五年	二石七四二	一、五五二、六六五石	一、五五一、三四五石	一、三二〇石

この合計によると両帳簿の年貢の差は米金別の場合よりは僅少に見えるが、とに角数字が不一致の点は疑問とせねばならぬ。

尚、古島敏雄氏も指摘しておられるが（岩波講座『日本歴史』近世四　七七頁）、この換算米価は甚だ低い。これについては後考に譲る。

C　「諸向納渡書付」の数字について

享保十五年の「諸向納渡書付」の数字が同年の「納払勘定帳」と一致することについては前にふれたが、それについて多少説明を加えよう。

先ず米については「勘定帳」の納渡の各合計の項を見れば一目瞭然である。つまり「書付」の塩・大豆等を省き、米のみを記したものである。

一方金の方は「勘定帳」の金と銀を幕府公定の金一両銀六〇匁をもって換算・合計したものであり、これまた米の場合と同様、その額は全く一致するのである。

なお「納払勘定帳」に見える享保十四年の物成額と、同年の「物成勘定帳」に見える江戸・大坂等幕府の蔵へ納めた物成の額とを較べると、金が二九〇両違うのは不審であるが、他は銀・大判・焼金・灰吹銀・銭・米・荏大豆・塩・蠟等すべて一致する。つまり「諸向納渡書付」の内容は「納払勘定帳」によってその細目がわかり、その年貢に関する部分は「物成勘定帳」によって各代官から徴収される所まで遡って知り得るのである。

以上によって「御取箇辻書付」「諸向納渡書付」の数字の内容・意味等について一応の手がかりは得たといえよう。前者においてはやや疑問点は残るが「御取箇相極候帳」と関係深いことは認められよう。後者においては「納払勘定帳」「物成勘定帳」によって、その内容をかなり詳細に分析しうるのである。しかし遺憾ながら「御取箇相極候帳」も「納払勘定帳」も管見の限り僅か一年分しか見られない。もしかかる帳簿を広く発見し得たならば、単に「御取箇辻書付」「諸向納渡書付」の傍証にとどまらず、江戸幕府財政史研究の進展に多大の寄与をすることであろう。

最後に付言せねばならぬのは「諸向納渡書付」に記してある一〇年ごとの平均は、あまり意味のない数字、というよりこの書付に対して単純な平均を出すことは誤りをおかすということである。例えば享保七―十六年一〇年間の平均として三五、六五四石の余剰を算出している。一〇年分を加算してその一年平均の余剰米が三五、六五四石あるならば、一〇年間には三五六、五四〇石の米が蓄積されたことになる。然るに少くとも米に関する限り、その年の余剰米は翌年の収入に繰入れ、不足分は翌年の支出としているのである。すなわち前掲「納払御勘定帳」によると享保十四年には米が、二七、五六九石余不足した（「納渡書付」の数字とも一致している）。この分は十五年の財源たる十四年収穫に対する年貢米をもって補い、これを十五年度の支出としている。また十六年度の予算概算（『大河内家記録』九所収「去戌御物成小物成当亥年可

ない。）を見ると、十五年の余剰米を十六年の収入の中に入れている。かかる事実から推して、享保十六年に幕府の保有する余剰米は、同年の納米五四〇、八九七石と渡米四八〇、一四二石の差六〇、七五五石であって、享保七年以来の毎年の収支差額累計ではないと考えるべきである。同様に単純な平均では宝暦十二年から明和八年まで一〇年間に年平均二一、七六四石不足となるが、実は明和八年には六〇、〇九〇石余っており、天明二年から寛政三年までの平均では三七、九五二石余っているべき米が、実は寛政三年には五六、九八一石不足しているのである。米はいう迄もなく長期の保存のきかぬものであるから、余剰は翌年消費し、不足はその出来秋分を繰入れねばならぬ。幕府の会計帳簿もその通りにしていたのである。

金銀は米と異り貯蔵のきくものであり、幕府においても米とは違う会計操作をしていたらしい。例えば享保七年から十六年までの平均が一二七、五五七両黒字であるから、一〇年分とすれば一二七万両余の余剰となる。この頃幕府が江戸奥金蔵に百万両の貯金をしていることから考えて（「御勝手方覚書」）、一応余剰は貯えたとも考えられる。しかし「御勝手方覚書」や『癸卯雑記』八に見える江戸・大坂等の貯金銀の量の変遷と、「諸向納渡書付」に見える金の納渡一〇年平均の差額とは著しく相違していることがある。例えば幕府の総貯金銀は金額にして宝暦三年に二、四九九、五三七両、明和七年に三、〇〇四、一〇〇両である。これに対し宝暦二〜十一年の平均では九六〇、三五四両の余剰が出ている。つまりこの一〇年間に総計九六〇万両余ったことになる。恐らく一部は貯えていったにしても、他は米の場合と同様余剰は次年度収入へ繰入れていったのであろう。それを単純に平均した結果、年平均九六万両という多大の余剰が計算上出てしまったのではあるまいか。しかし金については管見の限り繰上げ・繰越しの証明が不能であり、後考に譲らねばならぬ。とも角いずれにしても「諸向納渡書付」の数字に関する限り、単純平均を用いることは注意せねばならない。

〔補　記〕

「御取箇辻書付」が享保元年に始まっているのは、恐らく八代将軍吉宗の登場、すなわち享保改革の着手と深く係っているであろうことは想像に難くないが、かかる集計を開始するに至った事情はさだかでない。室鳩巣『兼山秘策』によると、吉宗は将軍就任後程なく、五人の老中にそれぞれ質問したが、ほとんどの老中は答えられなかった。諸老中は慌てて早速調べる旨答えたが、吉宗は急ぐには及ばぬといって、話はそれまでになった。その中の一人井上正岑に対する質問が、幕府一年間の財政収支ということだったそうで、或はそこで老中が急遽勘定方に報告させたのに始まったのかとも想像できるが、もとより確証はない（『兼山秘策』第三冊　享保元年七月十六日付）。[1]

これに対し「御年貢米金其外諸向納渡書付」が享保七年に始まるのは、次の指令と関連性がかなりあるように思える。

享保七壬寅年八月十九日

荏大豆納之儀、当寅年ゟ委細吟味之上、荏大豆作り候村方斗取立之、作り不申村方は可被差免候、掛り高之儀は、先格之通、高百石ニ荏は壱斗、大豆は弐斗懸り之積りニ候、勿論荏大豆作り候儀相止、外之物作り、荏大豆年分ゟ致不足候村方も可有之候得共、可成程は納方不減様ニ可被申付事、

一、餅米納之儀も、当寅年ゟ可被差免候

一、御台所え相納候爪木・御薪も向後可被差免候

一、漆納之儀、漆木一切無之、又は木数少キ村々は、高直ニ買納、百姓令難儀候由、然共古来漆木有之候処、大風之節なと吹倒、或は枯候以後植立不申、漆木不足ニ而、畢竟村方油断之筋ニ候故、貫目容易ニ可差免事ニ無之候得共、此上村方漆木之多少相改、又は植立候而も土地不應分は、吟味を詰、貫目差免候共、年季を限、苗木植立、生立候内は極之貫目之内差免候共、村方相改可被相伺候

右品々作り不申村々も、前々ゟ引付を以相納、又は所ニより相廻し候而も拱出等ニ成候ニ付、高直ニ買納等にもいたし、村方令難儀之由ニ候間、書面之通差免候、其訳とくと百姓え為申聞、御取箇ニ見込、厘附上り候様ニ勘弁あるへく候

一、小物成其外納物之内ニ、古来私領之引付を以、御料ニ成而も御蔵入並ニ無之品々、私領之儘ニ而取立候ニ付、村方事多、畢竟御取箇付候障りニも成候間、此類は吟味之上、其分量程、本途御取箇之外ニ何分通りと、相應ニ米金ニ而取立、其品々之名目ハ相止候積、委細吟味之上可被相伺候

一、村入用之儀、前々も相達候通、一村限ニ委細吟味候而、年々入用減少候様可被致候、以上

寅八月十九日

神谷　武右衛門
吉田　左兵衛
辻　六郎左衛門
杉岡　弥太郎
萩原　源左衛門
筧　播磨守

駒木根　肥後守
大久保　下野守
水野　伯耆守
（『教令類纂』二集一〇五「御料所之部」）

右の指令は幕領の年貢を、今後原則として米金に整理統一するという、年貢徴収の合理化政策である。従来地域的特産物を小物成として納入させていたが、その地域内にあっても生産しないか、またはその量が僅少の村々にも慣例として割当て、その村民は他から購入して納めていた。今後はそういう村への納入割当を止め、その分本途物成である米金の増額をはかるという施策である。

例えば多摩川の鮎も従来は将軍御菜鮎として沿岸の村々から納入させていたが、これを廃止し、江戸市中から購入することとした。右指令にある餅米・爪木・薪の納入廃止と同様である（但、鮎については、延享二年に至り、大御所吉宗の希望で直接多摩川漁民から購入することとなった。〈『大岡越前守忠相日記』延享元年七月六日・廿八日〉吉宗も将軍を引退してやや口が奢り、新鮮な鮎が食べたくなったのであろうか。しかしこれはあく迄も購入であり、年貢整理統一の原則は崩していない）。

このように雑多な年貢納入品目を大きく整理して、原則として米金に限定統一した結果、幕府の財政収支の勘定帳の費目も大幅に単純化しうるようになった。もちろん種々の納入品は残っているが、財政収支の大勢を考える上には無視も可能な微小な数字となった。そこで米金の数字のみを集計した「諸向納渡書付」が享保七年に始まったものと私は推測する。

享保七年は将軍吉宗が老中水野忠之を勝手掛として、本格的財政再建に乗出した年である（その詳細については拙著『享保改革の研究』第五章以下参看)。右に述べた年貢徴収の合理化も、年貢収入や財政収支の集計表毎年の作成も、その一環として重視する必要がある。

註

(1)「御取箇辻書付」については、近年新史料が紹介された(藤田覚「江戸時代前期の幕領石高・年貢量に関する新史料」『史学雑誌』一〇四編一〇号「史料紹介」一九九五年十月)。これによると豊橋市美術博物館に大河内松平家から寄託されている『大河内家文書』の中に、享保以前の「御取箇辻書付」(仮題)があり、慶安四(一六五一)年に逆溯るという。これは寛政改革期に勘定奉行として活躍した中川飛驒守忠英の手に成る物で、当時の老中松平(大河内)信明に提出された物であろうという。

その基礎資料として用いられたのは、勘定所の「御勘定帳」という帳簿で、これは早くから年々作成されていたようである。但、その名称は恐らく勘定所の種々の帳簿の総称であって、私が本文で考察しておいたように、基礎となったのは「御取箇相極候帳」であろう。

なお新井白石もかかる帳簿をみたであろうことは、『折たく柴の記』巻中に、正徳二(一七一二)年勘定吟味役復活を進言した記事の割注に「前代(綱吉)の御時に至て、諸国御料の乃貢、年々に減じてわづかに二つ八分九厘という事に至りぬ」と記してある。これを右「御取箇辻書付」に照らしてみると、元禄十二(一六九九)年が弐ッ八分四厘余、同十四年が弐ッ八分九厘余となっている。

また白石は続けて「吟味の役を置れし明年、御料の貢米凡四十三万三千四百俵を増し」と記している。この俵数(三斗五升俵)を石高に直すと約一五万一〇〇〇石余となる。右「書付」によると正徳二年の年貢高は一二六万五九七〇石余、翌三年は一三九万〇五〇〇石余であるから、その差一二万四〇〇〇石余となり、若干の差異はあるものの『折たく柴の記』の数字は何か根拠をもっていると推定できる。

辻　達也（つじ・たつや）
1926(大正15)年7月3日東京に生まれる。東京大学文学部卒。日本近世史専攻。文学博士。横浜市立大学名誉教授。現在、専修大学教授。
著書『享保改革の研究』創文社、『徳川吉宗公伝』日光東照宮、『徳川吉宗』吉川弘文館、『江戸開府』（『日本の歴史』13）中央公論社、『大岡越前守』（中公新書56）中央公論社、『政談』（校注・岩波文庫）岩波書店、『江戸時代を考える』（中公新書870）中央公論社、『近世史話』悠思社。
編著『新稿一橋徳川家記』続群書類従完成会、『日本の近世』（全18巻）中央公論社ほか。

江戸幕府政治史研究

1996年6月25日印刷
1996年7月3日発行

著　者　辻　達也
発行者　太田善麿
発行所　㈱続群書類従完成会
東京都豊島区北大塚1丁目14番6号
電話　03-3915-5621
振替　00120-3-62607
印刷・製本　大日本印刷株式会社

『江戸幕府政治史研究』正誤表

	頁	行（△は末尾よりの行数を表す）	誤	正
1	一六	△5	掘 親良	堀 親良
2	一六	△5	掘 秀政	堀 秀政
3	二一	5	掘 直寄	堀 直寄
4	二四	最終行	掘 氏	堀 氏
5	二四	最終行	掘 秀政	堀 秀政
6	八一	5	作業奉行	作事奉行
7	一〇七	△6	掘 丹後	堀 丹後
8	二二九	△2	政 俊	正 俊
9	三三二	△3	「明律国字解」を	「明律国字解」を、
10	三三七	9	近松公実厳秘録	近代公実厳秘録
11	三三九	2	君取於呉	君取二於呉一
12	三四三	5	実記	実紀
13	三四九	△3	御書付を似	御書付を以
14	三五二	△2	中渡7箇条	中渡七箇条
15	三五三	3	惚巡見使	惣巡見使
16	三五七	8	〈一九一〇〉年代	〈一九一〇年代〉
17	三五八	△3	其後叉	其後又
18	三五九	最終行	度孫	庶孫
19	三六二	9	雅宅楽頭	雅楽頭宅
20	三七八	△4	義定案	議定案
21	三八一	2	松平伸明	松平信明
22	三八八	△2	掘田正亮	堀田正亮
23	三八九	6	大阪城代	大坂城代
24	四三二	△3	（一七五九）年だ日向	（一七五九）年日向
25	四六一	2	一村ニ村	一村二村
26	四六九	△7	事実文献	事実文編
27	四七一	4	致壅敞	致壅敝
28	五〇三	△6	さ様ニさ候へは	さ様ニ御さ候へは
29	五〇六	6	書□□不申	書かね（ママ）不申
30	五〇七	9	忽チ天地之罰	怱チ天地之罰
31	五一二	1	比節御沙汰	此節御沙汰
32	五一六	7	巻間流布	巷間流布
33	五二六	△4	同志の諸候	同志の諸侯
34	五三七	△9	物語といわれ	物語といわれる
35	五三八	3	罪誅をを	罪誅を
36	五三八	12	梗慨	梗概
37	五五九	6	『弁道』下	『弁名』下
38	五六四	1	御札相済	御礼相済
39	五六七	8	『甲斐叢書』三所蔵	『甲斐叢書』三所載
40	五八四	4	式家諸法度	武家諸法度
41	六二九	△8	延享二年	延享元年
42	六二九	△7	将軍を引退して	将軍引退を前にして

江戸幕府政治史研究 〔オンデマンド版〕

2015年12月15日 初版第一刷発行 定価（本体20,000円＋税）

著 者 辻 達 也

発行所 株式会社 八 木 書 店 古書出版部
代表 八 木 乾 二
〒101-0052 東京都千代田区神田小川町3-8
電話 03-3291-2969(編集) -6300(FAX)

発売元 株式会社 八 木 書 店
〒101-0052 東京都千代田区神田小川町3-8
電話 03-3291-2961(営業) -6300(FAX)
http://www.books-yagi.co.jp/pub/
E-mail pub@books-yagi.co.jp

印刷・製本 (株)デジタルパブリッシングサービス

ISBN978-4-8406-3618-6 AJ375